The Bicycling Guide to Complete Bicycle Maintenance & Repair
For Road & Mountain Bikes

单车维修养护宝典
（公路车·山地车）
（原书第6版）

[美]托德·唐斯（Todd Downs） 著

潘震 徐娟 张光准 译

机械工业出版社

本书是运动自行车维修与养护领域的经典畅销书，内容专业、实用，讲解清晰、细致，书中配有大量现场维修与养护高清图片，并以特写形式展示"师傅不传之秘"的操作要领。按照书中的操作步骤和详细提示，车友可轻松掌握运动自行车的整车调校，机构及配件的维修保养等全套技术。同时，书中还收录了大量专业的数据图表，可加深车友对运动自行车各类参数的认知和理解，使自己动手，打造一辆独具个性的运动自行车不再遥不可及。

本书是运动自行车爱好者必备的手边书，无论你是初级车友、资深玩家，或是专业车店技师，在维修和养护自行车时，都能从中快速找到你所要的答案。

THE BICYCLING GUIDE TO COMPLETE BICYCLE MAINTENANCE & REPAIR FOR ROAD & MOUNTAIN BIKES by Todd Downs

© 2010 by Rodale Inc.

Published under license from Rodale Inc.

本书中文简体字版由机械工业出版社出版，未经出版者书面允许，本书的任何部分不得以任何方式复制或抄袭。版权所有，翻印必究。

北京市版权局著作权合同登记　图字：01-2014-0459号。

图书在版编目（CIP）数据

单车维修养护宝典：公路车·山地车/（美）唐斯（Downs, T.）著；潘震，徐娟，张光准译. —北京：机械工业出版社，2015.4（2025.10重印）

书名原文：The bicycling guide to complete bicycle maintenance & repair

ISBN 978-7-111-49948-0

Ⅰ.①单… Ⅱ.①唐…②潘…③徐…④张… Ⅲ.①自行车—维修 Ⅳ.①U484.07

中国版本图书馆CIP数据核字（2015）第075552号

机械工业出版社（北京市百万庄大街22号　邮政编码100037）
策划编辑：张敬柱　张　建　责任编辑：林运鑫
责任校对：张　薇　　　　　　责任印制：郐　敏
河北虎彩印刷有限公司印刷
2025年10月第1版第8次印刷
210mm×275mm·23.25印张·538千字
标准书号：ISBN 978-7-111-49948-0
定价：69.80元

凡购本书，如有缺页、倒页、脱页，由本社发行部调换

电话服务　　　　　　　　　　　　网络服务
服务咨询热线：010-88361066　　机工官网：www.cmpbook.com
读者购书热线：010-68326294　　机工官博：weibo.com/cmp1952
　　　　　　　010-88379203　　金　书　网：www.golden-book.com
封面无防伪标均为盗版　　　　教育服务网：www.cmpedu.com

序

我第一次安装新链条（或者缠把带、换刹车块、紧碗组……）时，本书的作者、职业技师Todd Downs都在我身边，指导我做好每一步工作。至少我是这么觉得的，因为被折了无数角的、满是油污的《单车维修养护宝典（公路车·山地车）（第5版）》就躺在工作台上。

自行车是一种简约而美丽的机器，它的基本设计100多年来一直没有改变。然而，一辆自行车由上百个零部件组成，每年都有新的车型出现，新的零部件都需要新的工具和技术来安装和维护。而对我们这种对机械毫无兴趣的人来说，任何一辆自行车，无论新老，看起来都很吓人。

然而，通过这么多年我了解到，你越了解你的自行车，骑车的乐趣就越大，因为你能够拥有一台调校得更好、性能更优异的机器。你也能节省时间，当然也能省钱，因为周末你不用坐在车店里，看着技师给你修车了。对于很多人来说，保养自行车可以成为一种消遣，因为第一次成功调节变速器、第一次矫正车轮或设定避震器所带来的满足感，绝不亚于在比赛中取得冠军的喜悦。

无论你的技术水平如何，也不管你骑什么样的自行车——从最新式的碳纤维自行车到已经积满灰尘的老式自行车，你都能找到维修养护的方法。Todd，作为美国队和Mavic队的职业技师，在本书第5版的基础上增加了大量的新内容。这是一本真正的单车维修养护宝典。书中，Todd会介绍自行车的所有部分，告诉你每个部分都具有什么样的功能，解释它们如何联合起来让你的自行车能骑。你将会学到哪些工具和材料是必备的，哪些虽然可能不是，但却可以提高维修养护速度和精确度，让工作更轻松。Todd还介绍了最基本和最专业的技术，告诉你如何清洁、检查、润滑、调节，让你的自行车保持最佳状态。

自行车技师的手艺，虽然已经发展并记录了超过100年，但是和其他传统技艺一样，仍然主要通过师徒关系一代代传承下来。从这个角度来看，你不仅会受益于Todd的知识，而且还会学到众多职业技师的知识和经验。可以说，一书在手，别无所求。

劳伦·慕尼
《*Bicycling*》主编

目录

序

第一章
家庭自行车维修
骑车应养车 1
打造自己的维修空间 2
通过预防性维护避免出现问题 6
不要做理论家 12
自行车维修与保养的基本原则 12
自行车装箱 12
- 自行车装箱 13

第二章
车架 16
车架术语 17
车架的历史 18
车架材料 19
车架几何基础 22
人车匹配 26
车架保养 27
基本车架校正检查 29
车架重新喷漆 30
划算的投资 31

第三章
避震系统 32
避震前叉 33
后避震系统 35
长行程自行车 36
避震器的调整 37
避震器的通用技巧 39
答疑解惑 40
- 避震器调整基础 41

第四章
车轮与轮胎 43
什么样的车轮才算好车轮? 44
车轮的选择 45
车轮与自行车的兼容性 47
特殊用途的车轮 51
系统还是传统? 52
车轮的保养与维修 52
车轮的安装与拆卸 54
外胎的安装和内胎的修补 55
真空胎 58
管胎的安装和修理 60
车轮基础 61
车轮和轮胎的紧急维修 63
车轮的编制 64
答疑解惑 66
- 车轮的拆卸和重新安装 68
- 开口胎的拆卸、修理和重新安装 70
- 真空胎的拆卸、修理和重新安装 74
- 管胎的拆卸、修理与重新安装 77
- 轮圈的保养和维护 80
- 辐条的维修和替换 82
- 编织新轮组 84
- 调圈 88

第五章
花鼓 90
花鼓的结构 91
检查花鼓的调节 93
调节花鼓 93
花鼓大修 94
特殊的花鼓提示 96
购买新花鼓 96
答疑解惑 97
- 调节散珠花鼓 98
- 散珠花鼓的检修 100
- 超大轴杆尺寸的Campagnolo花鼓的检修

iv

和调节 103
- 润滑密封卡式轴承 106

第六章
牙盘组 107
中轴 108
认识中轴类型 111
更换牙盘组 111
准备五通 113
牙盘组和中轴大修 113
安装一体式中轴组 115
轴挡轴碗式中轴的拆卸 116
安装轴挡轴碗式中轴 117
安装曲柄（臂） 118
牙盘组的保养 118
答疑解惑 119
- 拆卸和安装Shimano双体牙盘组
  （XTR FC—M970型牙盘组除外） 120
- 拆卸和安装Shimano XTR FC—M970
  型牙盘组 122
- 拆卸和安装SRAM及Truvativ GXP
  牙盘组 124
- 拆卸和安装FSA外置式牙盘组 126
- 拆卸和安装Campagnolo及Fulcrum
  品牌的Ultra-Torque类型牙盘组 128
- BB30的拆卸与安装 130
- Shimano Octalink的拆卸与安装 132
- 一体式密封中轴组的安装 134
- 牙盘的维护 136
- 轴挡轴碗结构五通的调校 138
- 轴挡轴碗结构五通的拆卸 140

第七章
卡式飞轮与旋式飞轮 146
卡飞与旋飞的区别 147
选择正确的飞轮 148
清洁与润滑飞轮 149
拆卸旋飞 150
拆卸卡飞 151
安装旋飞 152
专门保养情况 152
答疑解惑 152
- 卡飞与旋飞保养基础 154
- 卡飞的拆卸与分解 156
- 旋飞的拆卸与更换 157

第八章
链条 159
链条的识别 160
保养链条的时机 161
截断1/8英寸链条 164
截断3/32英寸链条 164
清洗并润滑链条 166
重新组装链条 167
答疑解惑 168
- 魔术扣变速链条的组装与拆卸 169
- 链条的保养与维修 170

第九章
变速把手 172
变速把手的位置 173
基本变速把手的设计 174
拆卸变速把手 175
维修变速把手 176
安装变速把手 177
答疑解惑 178
- 公路自行车手变的安装 179
- Shimano Dura Ace Di2电子变速套件
  的安装与设置 182
- 山地自行车转把的安装、拆卸与维修 188
- 山地自行车指拨变速把手的安装、
  拆卸与维修 190
- 焊接式变速把手的安装 191

v

- 把端变速把手的安装　193

第十章
前变速器　195
前变速器的工作原理　196
选择前变速器　196
拆卸、安装与调节　197
特殊问题的调节方法　198
保养前变速器　199
自我调整前变速器　199
答疑解惑　199
- 前变速器的基本保养　200
- 前变速器的安装　202
- 前变速器的调节　204

第十一章
后变速器　206
后变速器的类型　207
后变速器的工作原理　207
选择新的后变速器　210
安装后变速器　210
维护　211
变速线和链条的调节　213
安装　213
调节　213
改装和配件　214
答疑解惑　214
- 后变速器的拆卸和安装　215
- 后变速器的清洁和润滑　217
- 后变速器的调节　219

第十二章
碗组　221
碗组类型和基本零件　222
购买碗组　224

制作碗组密封圈　225
调节　225
彻底维修　227
安装新碗组　230
碗组快速维修　231
答疑解惑　232
- 有牙碗组的调节　233
- 有牙碗组的彻底维修　234
- 无牙碗组的调节和彻底维护　238

第十三章
刹车系统　240
刹车的主要类型　241
液压碟刹　241
机械（线拉）碟刹　244
圈式刹车　247
刹车线管　248
购买合适的刹车　248
安装刹把　249
安装刹车　251
中拉式刹车、吊刹以及U刹　253
刹车的校正　254
一些常见问题的解决方法　255
日常维护流程　256
刹车故障的处理方法　256
碟刹答疑解惑　256
圈刹答疑解惑　257
- 手变和刹车线的安装　259
- 副刹把的安装方法　260
- 山地车刹把和刹车线的安装　264
- 公路刹把的更换　265
- 侧拉式刹车的安装　267
- 碟刹维护基础　269
- 液压和机械（线拉）碟刹卡钳的安装和调试（Avid及类似产品）　271
- 液压碟刹的安装和调试（Hayes及类似产品）　273

- 液压碟刹的安装和调试（Shimano、Hope、Magura及类似产品） 275
- 直拉式刹车（V刹）的调试 277
- 刹车块的维护 278
- 中拉式刹车的安装 282
- 吊刹的安装和调试 284
- U刹的调试 286

第十四章
把横与把立 288
正确的把立 289
选择把横 291
安装把横和把立 293
添加把横衬垫 294
安装刹把 295
缠绕把带 295
安装山地把套 295
调整把横和把立 296
答疑解惑 298
- 无牙碗组类把立的安装和拆卸 298
- 把横和把立的调整 301
- 缠绕把带 303

第十五章
车座与座杆 305
座垫基本构造 306
座垫 307
座垫的选择 307
座杆 308

整合型座杆 309
座垫倾角 310
座垫高度 310
前后位置 311
答疑解惑 311
- 座垫的安装和调整 313

第十六章
脚踏 317
脚踏的类型 318
脚踏的一般特性 319
保证自锁脚踏工作 320
保养脚踏的时机 321
拆卸脚踏 322
清洁和润滑 322
脚踏的调节 323
答疑解惑 323
- 山地自锁脚踏的保养 325
- 卡式轴杆的保养 327
- 传统脚踏的维修与保养 329

第十七章
档位 331
术语 332
变速系统的简化 333
修改传动装置 334
组装 336
档位图表 337
中英对照术语表 346

公路自行车图解

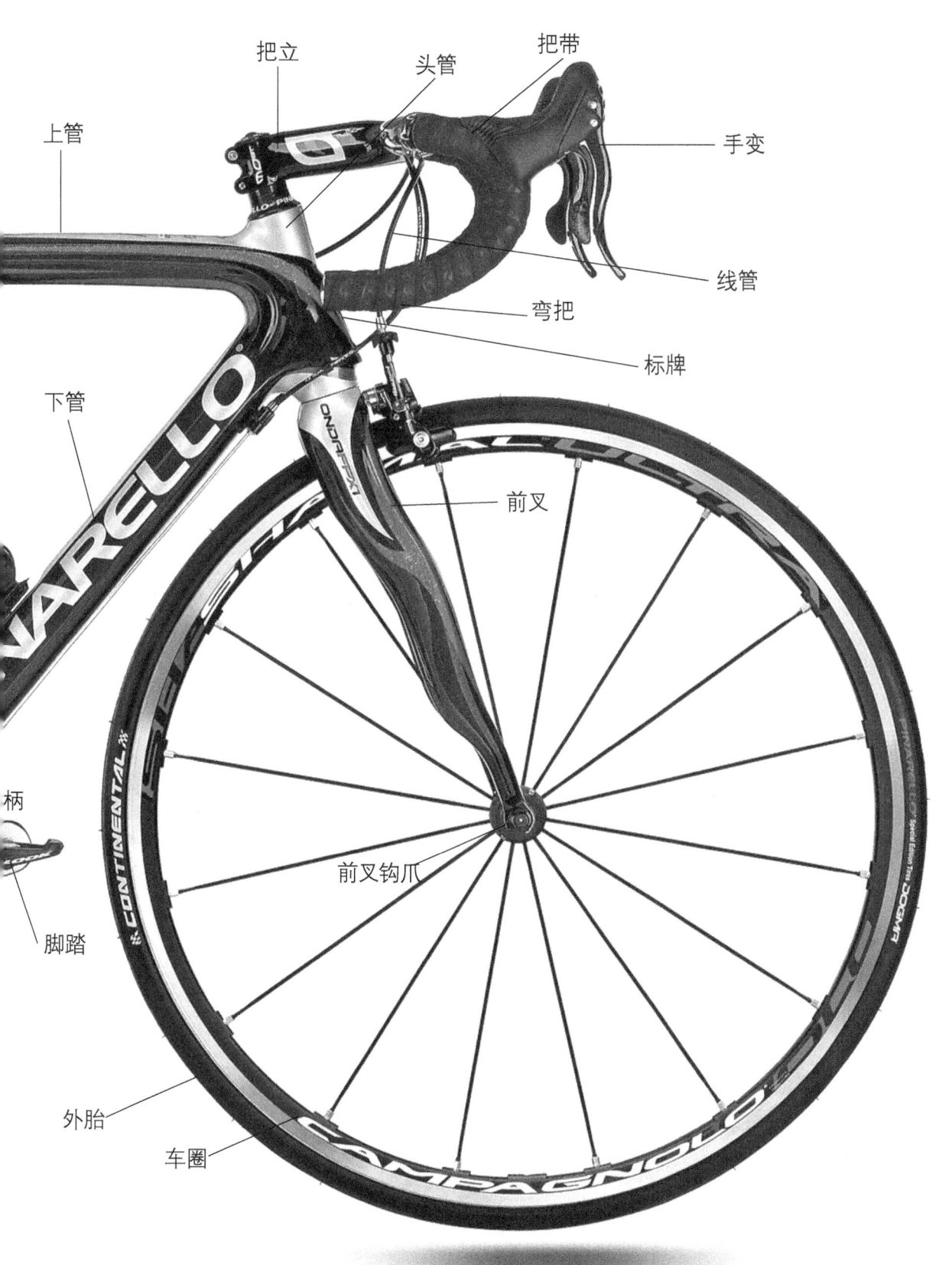

山地车图解

铁三车/计时车图解

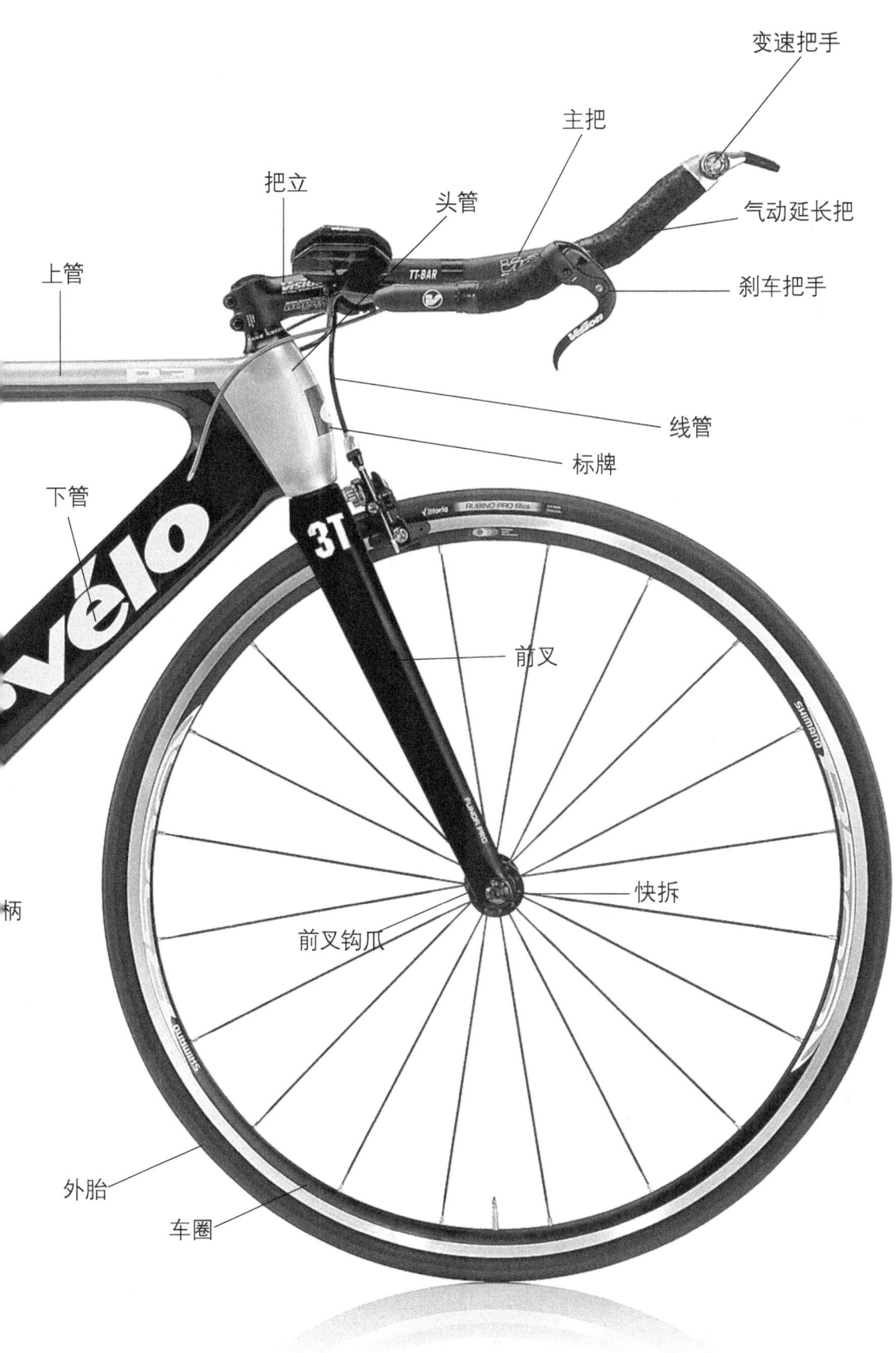

硬尾山地车图解

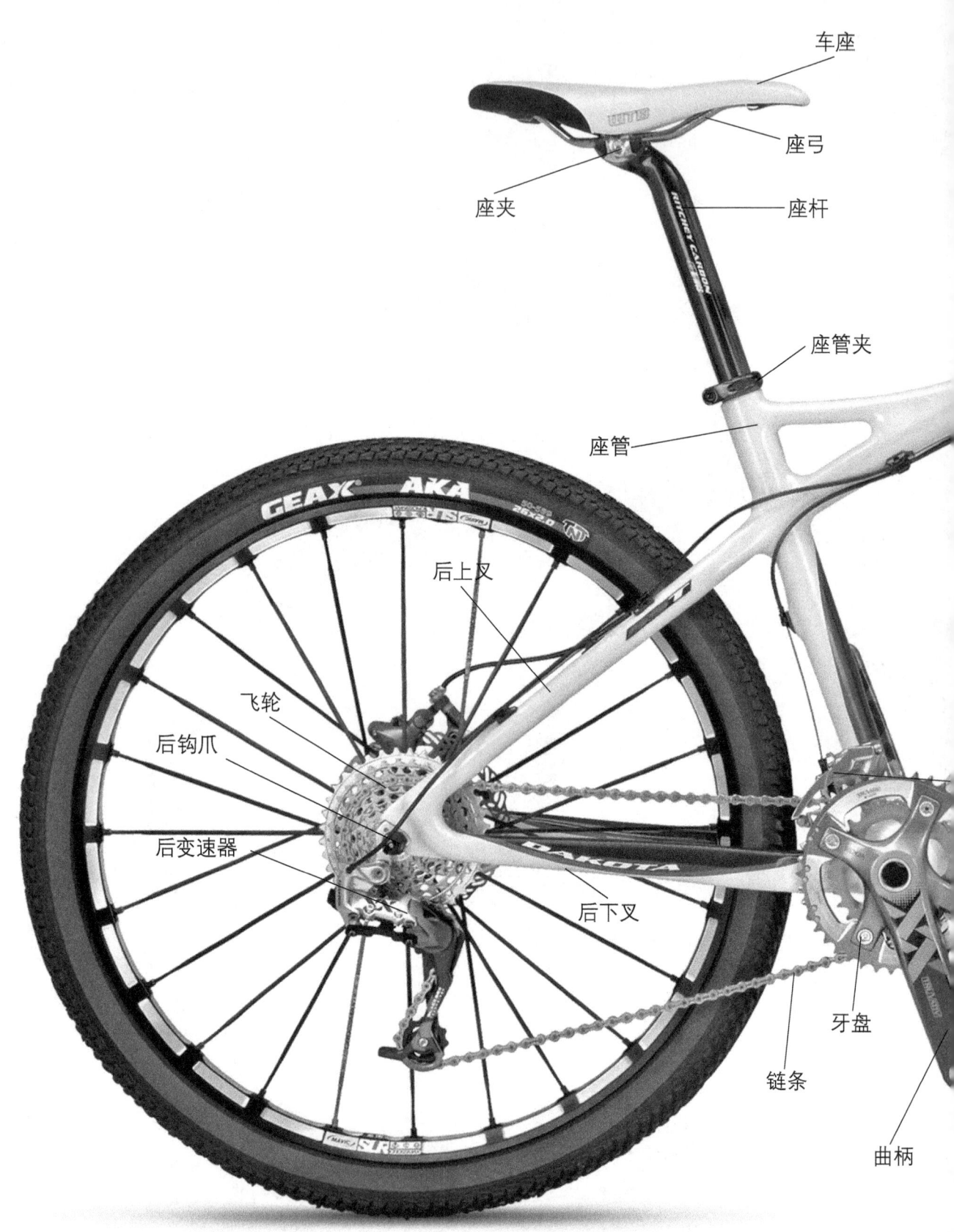

家庭自行车维修

第一章

你骑自行车是为了娱乐、健身、出行，还是为了寻求刺激，或者这四者皆有？可无论是为了什么，你都需要这本书。看完这本书后，你一定可以对自行车了如指掌。即使你认为永远不需要自己修车，但对所有骑自行车的人来说，充分了解自行车也是宝贵的收获。从书架上取下这本书已经证明你是一位自行车爱好者了，而不是一个对自行车和骑行只有三天热度的人。你也许经常骑自行车（甚至你有几辆自行车），可能骑得很远，也可能经常骑车远行。也许你只在好天气才骑车，也有可能连邮递员都不想出去的时候你仍然会去骑车。无论是哪种情况，不管自行车的质量有多好，只要你骑车，自行车就会有磨损。

幸运的是，自行车的维修养护几乎和骑车同样有趣、容易。在简单培训后，我们在家里就可以修理自行车了。相比之下，汽车被人蓄意披上了神秘外衣，所有平时用不到的东西都被隐藏在塑料和鲜亮的油漆下面。只有通过仪表盘上的提示灯才能知道哪里出现了问题，但只有经销商才可以摆弄你的汽车，他们通过特殊的诊断设备读取汽车计算机里面的数据，找出问题所在。而自行车则如此一目了然，轻型车架呈现出所有机械装置，供你检查或调整。近150多年来，随着技术的发展，自行车的形状、材料和尺寸标准确实已经发生了一些变化，但是基本功能并没有改变，仍然是同样简单的机械原理让它随走随停。

如果你是一个数据党，你会欣喜地发现，几何结构和尺寸公差可以决定你的自行车如何工作，何时可以工作，何时出现问题。我们都知道，为了保证无缝工艺，自行车组件都是按照非常精准的尺寸设计的，不过我们还要记住，是人让自行车动起来的。没有人，自行车根本都不能立住，不能转向，更不能变速。有了骑手，自行车才能真正成为一辆自行车。

"那么，它都需要什么呢？"你会问，"我都有吗？"每个骑车人都需要一个打气筒，一套补胎工具，一套折叠工具或迷你工具包，还需要知道一点点诀窍，好让你最喜爱的自行车或者任何一辆自行车可以顺畅向前运动。真的，就是这么简单。

手动工具很容易操作。有几家制造商提供各种高品质的工具，你家附近的车店员工可以帮你决定哪种最适合你和你的自行车。本书为你提供知识和信心，让你开始用自己的方式更好地了解你的自行车，因为了解你的自行车将使你的每次骑行更加愉快。这不正是它的真正意义吗？

骑车应养车

自行车养护可以非常轻松，既回报丰厚，还能帮你省钱。零件磨损后就需要更换——无论车店帮你安装还是你自己安装，你付的钱都不会变。一名优秀的技师是需要收费的，而一个水平一般的技师可能让你今后花更多钱。所以，自己动手的（时间）成本会回报给你金钱和自豪感。

成为你自己的技师，还有其他好处。自己动手越多，你就越了解你的自行车，它也能更好地工作。你很快会发现，这里拧两下，那里拧两下，往往就能保证它正常工作。你也会了解到，有些问题容易解决，有些则很困难。为了避免发生难以修复的故障你会学习一些技巧。你会看到预防性维护可以最大限度地减少昂贵的维修费用。

当你和朋友一起出去骑车时，如果你能判断出朋友的自行车存在的小问题，并很快修复的话，骑行是不是更有乐趣呢？你可以成为英雄，节约珍贵的骑行时间，也不用摇摇晃晃地走回家了。

当然，除非你已经决定把修车当成职业，开一家自己的一条龙自行车修理店，否则，有些维修需要专业的工具才能完成。比如车架校准台或铣削工具，自己维修并不常用到这两种工具，而且这些工具也很昂贵。当出现需要这类工具的情况，建议你到专业的车店维修，准确描述问题可以让一名合格的专业人员更快、更有效地帮你解决问题，正如你能清楚地说明症状，医生才能更准确地治疗。本书将对这些内容进行讨论，以便你可以了解和识别哪些维修可以自己进行，哪些维修请专业人士进行比较合适。

打造自己的维修空间

你家里用来修自行车的地方应该是一个舒适、开放的空间，而且有良好的通风条件。一般人们会选在车库或地下室修自行车，选在这两处时，一定要保证有良好的照明和干净的环境。地面当然不用干净得可以当镜子照，但是当你在杂乱的地下室里追逐寻找一颗1/8英寸的滚珠时，就知道那时是什么感觉了！

一个大约$4m^2$的空间就可以建造出一个非常舒适的自行车维修间。房间里可以摆放一张长1.2~1.8m、宽0.6m的工作台，上面放置工具、小零件、润滑油和清洗剂等。在工作台的对面放一个修理台以固定自行车。放置修理台的理想位置，应该是能让自行车距离工作台约90~100cm的地方，这样可以有足够的移动空间，同时保持自行车和工作台都近在咫尺。在工作台的后面安装一个挂物板，用钩子将常用工具挂在上面，以便保持物品整齐有序。刷成浅色的挂物板可以让工具更显眼。用黑色记号笔在板子上画出工具的轮廓，则能提醒你每样东西应该放在什么位置，哪些没有放回原位。在一小块区域钻出2英寸×4

只有将车用优质的工作台支离地面时，操作才是最简单的。图中为Park Tool和Pedro的几款修理台。

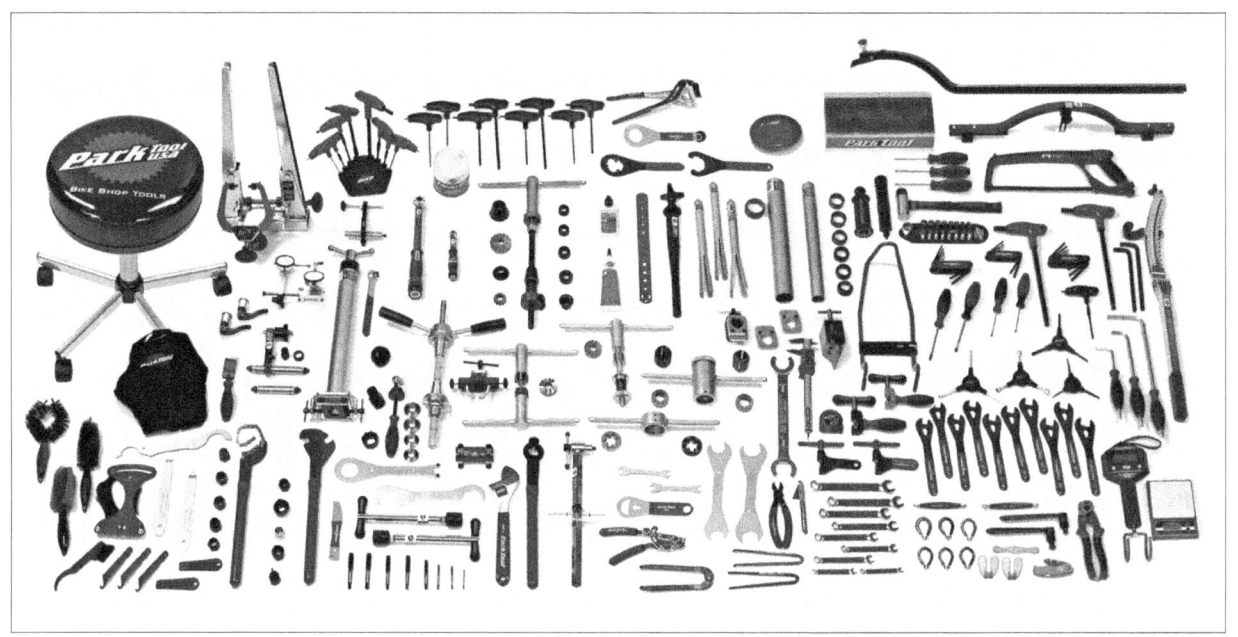

想要养护一大批自行车,则需要一大堆工具。图中罗列的工具远远超过了一般家庭的需要,但是它对于一个有抱负的职业技师来说,却是个良好的开端。

英寸的孔位可以方便摆放螺丝刀(学名为螺钉旋具,为方便大家阅读,以下均称螺丝刀)、散乱的六角扳手、笔、镊子等小工具。最后,在工作台的下面准备一个放小工具箱的架子(里面存放不经常使用的工具),一个小垃圾桶,抹布箱和一些小箱五金件与备件。

制作工作台的工具在五金商店有售,最结实的工作台只需要几块5cm×10cm大小,厚2cm的胶合板就可以轻松制作(建议购买高级胶合板,这种板子耐水效果更好,可防止工作台变形和掉皮)。适合大部分人身高的工作台高度为86~91cm(如果你身高超过182cm或不到152cm,应适当调整高度)。如果修车间比较大,可以把工作台做成243cm长,以便尽情发挥。

将自行车悬在离地面几十厘米的高度更方便修理。有很多方法可以做到这一点。这里介绍一些简单的方法,即从房顶上固定两根绳子,末端拴上钩子,把自行车吊起来,或者自制一个2英寸×4英寸的支架把自行车支起来(类似汽车的支架),离地面的高度以确保曲柄和车轮能够自由旋转为宜,这样就可以应付大多数简单的维修保养工作。如果频繁使用或进行比较复杂的维修,建议购置一个专业的自行车维修支架。支架有多种型号,能够满足从专业技师到业余爱好者的各种需求。支架可以夹紧座杆或车架管(请小心并仔细阅读使用手册——一些夹具非常有劲儿,如果使用不当可能夹碎车架),同时自行车可以任意旋转,使需要修理的区域更靠近你。

受空间限制,住在公寓的人虽然不能拥有自己的维修间,但只要有一个小型工具包,就可以快速、轻易地拆卸折叠工作台和维修台,将其收进柜子里。买一块油毡铺在地上,这样就不会损坏家里的地面了。修理自行车后擦拭干净,然后卷起来,和其他工具放在一起。

如果你已经拥有很多基本的手动工具,那么

常用工具

一般工具

- 十字螺丝刀（#1和#2）
- 一字螺丝刀（7/32英寸、1/4英寸和5/16英寸）
- 标准钳子
- 水泵钳（例如，Channel Lock等）
- 尖嘴钳
- 中小号大力钳（例如，Vise-Grip等）
- 对角剪钳
- 内六角扳手（2mm、2.5mm、3mm、4mm、5mm、6mm、8mm和10mm）
- 花形内六角扳手（T-7、T-25和T-40）
- 固定扳手组合套装（6~17mm）
- 活扳手（8英寸和12英寸）
- 8盎司圆头锤
- 塑料、橡胶、皮革槌
- 剪刀
- 卷尺（厘米/英寸）
- 钢锯架和锯条（18和32TPI，还有用于切割碳纤维的碳化锯条）
- 裁纸刀
- 锥子
- 冷凿（用于金属切割或雕刻）
- 冲子（用于推出或对齐）
- 外卡钳
- 小磁铁（用于吸出滚珠）
- 橡胶手套
- 安全眼镜或护目镜

自行车工具

- 带气压表的落地打气筒
- 修理台
- 撬胎棒
- 脚踏扳手（长柄扳手，用于拆卸和安装脚踏）
- 轴挡扳手（13~19mm，用于调节花鼓轴承）
- 美嘴芯扳手（解决汽车轮胎气嘴慢泄气问题）
- 剪线钳（剪断刹车线或变速线以及线管）
- 拉线器（又称为"第四手"工具，用于调节刹车线）
- 截链器（拆卸、安装和维修链条）
- 飞轮盖花键工具，分为卡飞工具和旋飞工具
- 链条扳手（在拆卸锁环时保持飞轮体稳定，或者用一对来拆卸飞轮）
- 辐条扳手，应该符合辐条条帽规格
- 14mm/15mm固定外六角扳手
- 曲柄拉码
- 齿盘螺栓扳手
- 中轴工具，应该符合中轴规格
- 碗组扳手（如果你的自行车有牙碗组）
- 前叉气筒（如果你使用气压避震器）

终极工具

包括之前所有的推荐工具，以及：

- Sutherland的《自行车机械手册》（零件测量的权威指导）
- 不锈钢直尺（6英寸/15cm）
- 坚固的台虎钳
- 溶剂槽（清洁部件和存储溶剂的安全地方）
- 调圈台
- 游标卡尺（测量零件精确尺寸的工具）
- 车轮中心定位量规（在编织或校正车轮时校准车圈与花鼓位置的工具）
- 冲子（修理螺纹；5mm×0.8, 6mm×1.0, 7mm×1.0, 8mm×1.0和10mm×1.0）
- 丝锥手柄
- 辐条张力计（用于测量辐条张力）
- 钩爪校正工具（修复弯曲的钩爪）
- 螺距规（测量螺纹）
- 碗组安装工具（安装碗组轴承）
- 辐条尺
- 尾钩校正工具（修复弯曲的尾钩）
- 锥形铰刀（手工扩大孔）
- 后三角校正指示规（检查车架精准度）
- 粗糙的中号圆形锉刀和平头锉刀（手工加工金属零件）
- 电钻和钻头
- 内六角扳手（球形头，适合在狭小的空间中操作；2~6mm，8mm和10mm）
- 内径卡尺
- 扭力扳手
- 切割机
- 六角套筒（搭配扭力扳手使用，4mm、5mm、6mm和8mm）
- 空气压缩机，带风机附件（简化轮胎充气和把套的安装过程）
- 卡簧钳
- 安全锁线钳和锁线（用于固定碟刹硬件和山地自行车把套）
- 截管器
- 液压碟刹注油工具

就可以开始自己动手了。如果还没有，则可以从当地的五金商店购买活扳手、钳子、螺丝刀、组合扳手之类的工具。当然，如果你喜欢自己收藏一套工具，自行车专用工具制造商，如Park Tool和Pedro都生产专业级别的常用工具以及自行车专用工具。除了前面列举的常用工具和整套终极工具外，你还需要切削油（如果你打算修复或制作螺纹）、电工胶带、油脂、清洗剂、喷雾润滑油、螺纹胶和蜡。如果你还不确定自己属于哪一类，那么从小工具开始，随着需求的增加逐渐添加工具。

现在，你的工作空间已经准备好了，你可以列一张定期维护任务清单，贴在你最喜欢的骑行日志旁边帮助你科学养护爱车。

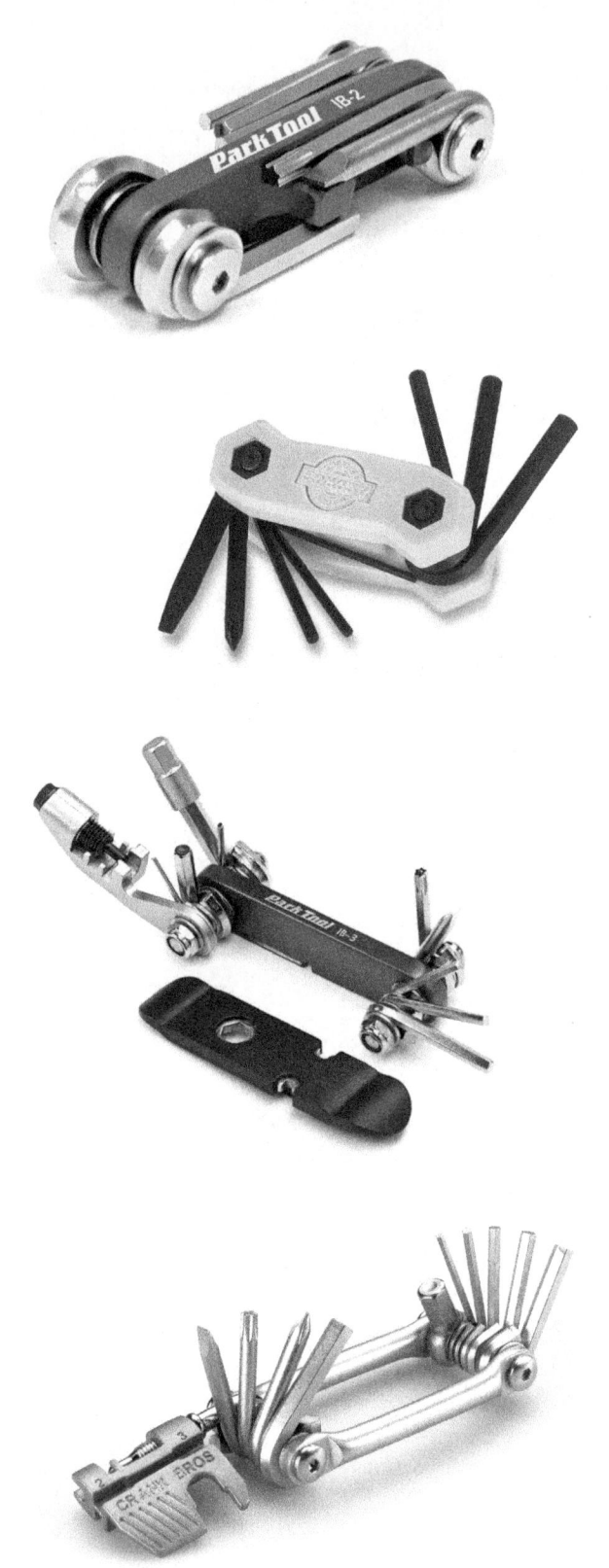

迷你工具有多种组合方式，可满足不同的需求。

通过预防性维护避免出现问题

预防性自行车辆维护的第一部分，也是最简单的部分——保持轮胎正常充气。你会在轮胎的侧壁上看到这条轮胎的推荐气压值。在两次公路车骑行或每周一次的山地车骑行后，都应用带气压表的打气筒检查胎压。保持适当的胎压，可以使骑行更有效。更重要的是，当你压过一个坑或石头时，你的车轮将有可能逃过一劫（你也可以屁股离开车座，用膝盖和肘部缓冲冲击）。

其次是保持自行车的清洁和润滑。定期擦拭车身，保持干净能够让你的车子有更好的表现，并防止腐蚀生锈。另外，干净的车架也便于检查上面的腐蚀迹象和裂纹。尽早发现这些问题让你有机会缓解问题，拯救你的车架（或你的门牙）。

至少每月一次（或在每次泥地骑行之后），用湿布擦拭车架。清洁时，使用多功能自行车清洁剂抛光车身（甚至可以使用Lemon Pledge家具上光剂快速喷洗清洁）。上光剂为你的自行车涂上一层光滑的表层，使灰尘和沙砾不容易粘着，可以方便下次清洁。

车圈也应经常清洁，否则上面积聚的灰尘污垢接触刹车块会降低刹车效果。至少每月一次（如果经常在肮脏的路面上骑车，则需更加频繁）使用异丙基外用酒精清洁车圈和刹车块。

检查刹车块的接触表面，用锥子或镊子挖出小石头、金属或其他嵌入的碎片，这些东西会切割车圈，甚至损坏车圈。然后用砂布、砂纸或细锉磨掉刹车块上形成的光面。

现在的大多数花鼓、碗组、中轴都是密封产品。如果你使用的是非密封产品，沙砾和污垢可能会进入轴承，而且难以清除。在这种情况下，必须拆卸零件进行清理，然后重新组装并润滑。当然你可以采取一些预防措施，例如在非密封花鼓的开放位置用烟斗通条包裹，用旧内胎垫在碗组的上下，这些都是经济而有效

骑行必备工具

下面是你出去骑车时应该携带的工具。把它们装在一个袋子里藏在车座下面或放在背包里。

- 备胎（即使你使用真空胎）
- 补胎工具（包含补胎片、胶水、砂纸，胶水需要经常检查，因为它被打开后很容易干）
- 外胎补胎片（修补外胎裂口；紧要关头，塑料袋或能量棒包装也可以代替）
- 撬胎棒
- 集所有功能于一身的迷你工具组合，例如Crank Brothers Multi 17（一个小工具，包括2mm、2.5mm、3mm、4mm、5mm、6mm、8mm的内六角扳手；截链器；一字螺丝刀、十字螺丝刀、T-25花形内六角扳手；辐条扳手；8mm和10mm的轴挡扳手）
- 微型打气筒或车架打气筒（设置为适合内胎气嘴类型的）或二氧化碳充气弹
- 二氧化碳气瓶
- 一小节短线（便于在路边临时进行"回家"修理）
- 应急的钱
- 身份识别信息（头盔里面也要写上）

的密封方法。这些技巧将在之后的相关章节中进一步讨论。

除了轮胎充气、清洁和润滑，其他的主要自行车养护工作都是为了确保零部件能够正确紧固和调节。

某些零部件如果松动或调节不当将会很危险；还有些情况的出现也会导致不必要的磨损和老化。经常检查，可以避免这两种类型的问题。

选择清洁材料

用什么来清洁自行车？首先用水。有些骑车人用水管冲洗自行车，也可以用浇花的水流或者喷壶都没有问题。冲洗后，上下弹跳车身，甩掉部分水分，然后让自行车在温暖的地方风干。大雨中骑车后，也可用同样的方式处理。在这两种情况下，如果你使用的是真皮车座，肯定不希望它太湿，所以应该包一个塑料袋来保护。冲洗时注意避免使用高压水流，例如汽车的洗车房里用的那种高压水枪。压力过大会把水冲进花鼓、碗组和五通中，同时把润滑油冲出来，导致你不得不经常养护或更换这些轴承。

冲洗的同时，可用海绵蘸中性洗涤液擦拭。某些部分可能过于油腻和肮脏，难以用洗涤液和水清洗。例如齿片、链条、花鼓内部、碗组、五通等部位需要使用除油剂或溶剂清洗。到底该使用哪一种取决于清洁的难易程度。一般来说，最有腐蚀性的溶剂也最容易挥发，也就是说它们的蒸气会迅速渗透到周围的空气中，可能会对你的健康造成危害。汽油和油漆稀释剂就属于这种类型的溶剂。两者都是非常有效的清洁剂，但也具有高挥发性和高可燃性，因此建议不要使用它们。

WD-40是一个众所周知的产品，由几种不同的溶剂混合轻油而成。如果你把它存放在开口容器中，其中最强的溶剂成分会迅速挥发到空气中。对于骑车人来说，喷装的WD-40用来清理变速器和链条可能最管用。然而，一定要小心使用，因为大部分零部件生产商并不推荐使用这个产品。Pedro's、Finish Line和Simple Green提供各种强度的自行车专用除油剂。使用自行车专用清洁剂或除油剂的优点是，大部分产品的成分都不会损害许多高性能部件上常用的塑料或复合材料。一般情况下，让柑橘类清洁剂（例如Pedro's Pro J、Finish Line Citrus Degreaser的柑橘除油剂等）尽量保留在链条和盘片上，但要远离变速器，减少接触自行车的油漆或清漆。"绿色"清

养护时间表

每次骑行之前

- 检查轮胎气压。
- 确保链条适当润滑。
- 确保刹车牢固有力。确保车轮位于车架的中心,快拆杆恰当紧固。
- 检查刹车是否正常工作,刹车块是否处于良好状态。
- 检查并调整空气避震器内的压力。
- 检查液压刹车油管是否有扭结或断裂。
- 弹跳自行车,检测松动或调节不当的零部件发出的震动和噪声。
- 确保各种包安装牢固,各种带子不会绞进车轮。
- 检查气筒/二氧化碳气瓶以及修理包是否完整。

每次骑行之后

- 从胎面上刷掉异物,并全面检查轮胎状况。
- 如果车很脏,应擦拭或冲洗干净。注意,不能让水直接进入轴承或其他敏感元件;弹跳自行车,甩掉多余的水分,然后将其存放在一个温暖、干燥的地方。
- 如果车座湿了,应擦干。
- 如果链条湿了,应擦拭后用链条润滑油润滑。
- 在潮湿环境中骑车后,取下座杆,把自行车倒过来,让水从车架里流出。先涂抹油脂或防黏合剂,然后再重新装回座杆(如果你使用碳纤维车架座杆,则需要使用碳纤维止滑剂)。
- 检查液压刹车油管是否有扭结或断裂。

每月(如果每周骑行5天或以上,应该缩短周期)

- 用湿抹布擦拭整个自行车。
- 检查车架、车圈、曲柄、前叉、车把和把立上是否有断裂的迹象。
- 用两腿夹住前轮,尝试用一只手转动车把;如果车把能够轻松转动,拧紧把立螺栓。
- 给链条、盘片快速除油,并重新润滑链条。
- 润滑后变速器的导轮衬套。
- 润滑前后变速器的转点。

洗剂,例如Pedro's Green Fizz(原生物除油剂)和Simple Green Bike Cleaner都很温和,不会伤害油漆或清漆,可以用它们清理车上任何残留的油垢。

最重要的是,这些清洁剂都是环保的,而且大多数都是可降解的。尽管这些可降解的清洁产品比较温和,最好戴橡胶手套,例如Park的Nitrile 技师手套可以有效保护双手和保持干净。

外用酒精比大多数溶剂对皮肤的伤害都小,适合用于较轻松的工作,例如清洁刹车块和车圈刹车面。一些技师推荐使用丙酮进行特定的清洁工作,例如从碳车圈上去除管胎胶。我们不建议这样做,虽然它不会伤害碳纤维,但吸入体内会造成身体伤害,而且蒸气也会刺激眼睛,还能穿透橡胶手套。如果有特别艰难的清洁工作,推荐使用石脑油。

除了中性洗涤剂、水和除油剂,清洁自行车

- 检查曲柄和牙盘是否松动。
- 清洁前叉避震器和后避震器；在除尘圈上使用润滑油，防止它们老化。
- 润滑自锁脚踏的弹簧和转点。
- 检查所有的刹车件是否安全牢固。
- 检查辐条张力和车轮的圆度，必要时进行调整。
- 检查变速线和刹车线是否有扭结和磨损。
- 测量链条长度，检查盘片齿是否已经过度磨损，必要时更换。
- 检查刹车块的状况，如果过度磨损，或者磨得非常不均匀，应及时更换。如果是橡胶刹车块，用锥子撬出镶在上面的异物，并用半圆锉挫平表面。
- 使用外用酒精清洁车圈。
- 检查附件（货架、水壶架等）是否有松动。
- 检查管胎的黏合情况。
- 给内变速花鼓点几滴油（如果有外部注油口的话）。
- 使用车座专用肥皂或皮革护理剂清洁真皮车座。
- 检查碗组是否调整妥当。
- 检查后避震器转点螺栓的适当扭矩。

每六个月
- 检查前后花鼓的轴承。
- 检查脚踏轴承。
- 检查五通情况。
- 检查座管是否与钢车架锈住。
- 清洁变速线和刹车线，使用轻型气雾性溶液冲洗线管。
- 检查自行车上的所有零件。
- 彻底保养前后避震器，以及后悬挂转点。

每年
- 拆卸花鼓。
- 拆卸碗组。
- 更换线和线管。
- 更换磨损部件，例如轮胎和刹车片。
- 更换把套或把带。

零件还需要一个水桶、许多抹布、几块海绵、垫子和刷子。合成材料制成的百洁布可以擦亮金属表面，因此适合清洁车圈，去除车架上的沥青。旧牙刷可以用来清洁飞轮齿、盘片齿和链条。较大的刷子特别适合清洗辐条、刹车周围以及车架的角落。试试哪种工具最好用，把它们收集在一起，放入水桶中。

碟刹对油类物质极其敏感，所以清理来令片和碟刹盘片时要特别小心。即使碟片表面上有少量的油也会影响碟刹的性能，甚至让来令片永久失效。建议使用自行车碟刹专用清洗剂，例如White Lightning Clean Streak或Disc Doctor，擦拭用的布也要相当干净。外用酒精擦可以用来清洁盘片。碟刹来令片通常不应该清洗，但是如果被油污染，应先用酒精浸泡，再用砂纸打磨，有可能可以继续使用。

润滑剂

进行彻底清洗后，润滑自行车活动部件是极为重要的。市场上有很多种润滑油，下面是一些通用的准则。

润滑脂（固态润滑油） 本书中经常提到使用中等黏度的润滑脂。这种润滑脂适用于自行车上所有轴承，以及飞轮、中轴、碗组、脚踏、轮轴等螺纹部件的安装，也可用于刹车和变速线的润滑和防锈保护。

常用自行车润滑脂品牌有Finish Line、Park Tool、Pedro's、Phil Wood等几种，这些润滑脂一般都是管装的。预计使用大量润滑脂，可以从汽车用品商店购买一桶白锂润滑脂。这种润滑脂性质类似，效果一样好。不过要确保你买的是白锂润滑脂，而不是汽车轴承润滑脂，因为后者含有处理二硫化钼。汽车轴承润滑脂过于浓稠，不适合在自行车上使用。

润滑避震器时，请务必阅读产品手册。有些型号只能使用指定的润滑脂。例如，使用锂基润滑脂，可能会损坏前叉内的衬套。

润滑油 润滑油用来润滑刹车卡钳、变速器或链条的转点。一些内变速花鼓需要定期注油保养（虽然某些产品是密封的，并不需要频繁地润滑，但是应该润滑时则必须拆开才能完成）。大多数避震前叉都用油来控制行程。

许多公司提供高品质的润滑油。例如Pedro's、Finish Line、ProGold、Dumond Tech，以及很多制造商都针对不同的用途推出各种润滑油产品。请勿使用我们熟悉的三合一润滑油，因为它是植物性质的，会导致所有运动零件出问题。对于避震前叉，应该使用产品手册上推荐的润滑油。

紧急时刻，可以临时使用普通的30w机油代替自行车润滑油，不过它也有缺点。当用在自行车链条上时，机油容易飞溅，弄脏你的车架、牙盘和后轮。更糟的情况是，机油如果溅到车圈的刹车表面和碟刹盘片上，可能会降低刹车力度，甚至毁掉盘片。

用过的机油还能用吗？我们见过机灵的车手在手边没有其他润滑油的情况下，将汽车的量油尺拔出，将油滴在干链条上。这绝对不是理想的解决方法。用过的机油中会含有微小的金属屑并变成酸性，将损害金属表面，增加磨损，但紧急情况下可以使用，毕竟比干链条的磨损要小些。

对于什么是最好的链条润滑油有不同的争论，因为自行车的零配件特别容易受到灰尘和水的损伤，骑行环境多变时更是如此。例如，适合美国南加州使用的润滑油不一定适合在美国缅因州使用。我们只能提供一些一般性建议。你可以尝试不同类型的链条油，选择最适合的。

一般情况下，湿性润滑油全年可以使用，但是容易沾染灰尘，需要频繁地清洗传动系统。相比之下干性润滑油最适合于温暖、干燥的环境，而且也不容易沾染灰尘。

如何使用比用什么更重要。与一些人的想法相反，链条外侧以及盘片的齿上并不需要厚厚的一层润滑油。真正需要润滑油的地方是链条的内部——链片、链轴和辊子的接触面。

正确的链条润滑方法，应首先从清洁链条开始。切勿将链条浸泡在溶剂或除油剂中，那样只会把链条中的原厂润滑油挤出来，再也无法回去，不但会大大增加传动系统的噪声，还会降低链条使用寿命。更好的方法是使用那种不拆卸链条就可以完成清洗的洗链器。这不仅节省了一个步骤，而且整个清洗过程中保持干净、整洁。如果没有洗链器，可以简单地用抹布浸泡除油剂后，缠在链条的下半圈的某个位置，同时向后转动脚踏。这种方法需要重复几次才能实现浸泡或使用洗链器所达到的效果。如果链节之间有厚厚的已经干了的污垢，先用旧牙刷将它们刷掉。如果时间允许，最好让链条干几个小时。

链条清洗干净后，继续向后转动脚踏，同时向每个滚子与链节的接缝中滴入润滑油。每一节都上油之后，继续转动脚踏20~30s，使润滑油深入内部。然后用一块干净的抹布擦去链条表面多

推荐润滑剂

润滑部位	润滑剂
滚珠轴承	常用自行车润滑脂
中轴轴杆	常用自行车润滑脂（除非曲柄制造商说明，否则不要润滑方孔中轴）
刹车线	气雾性溶液冲洗线管；如果需要，使用轻质油润滑
刹车转点	常用自行车润滑脂或特氟隆油
刹车弹簧	常用自行车润滑脂
链条	市面上润滑剂的品牌和种类有很多，请根据需要选择
变速器转点	特氟隆油
内变速花鼓	没有颗粒添加剂的轻型机油
座杆（钢或铝质车架或座杆）	常用自行车润滑脂
座杆（碳纤维车架与其他材质的座杆；碳纤维座杆与其他材质的车架）	组装剂（在非石油基油脂中添加微小塑料小珠，增加接触面的摩擦力，同时不影响碳纤维或树脂）
座杆（钛架与钢、铝或钛座杆；钛座杆与钢、铝和钛架）	防粘剂
把立（鹅颈类）	常用自行车润滑脂；如果有钛金属，使用防粘剂
把立（无牙型）	无需润滑
避震前叉防尘圈	特氟隆油
螺纹	白锂润滑脂、常用自行车润滑脂、防粘剂或螺纹紧固剂，视具体情况而定

余的润滑油。最后一步会在链条外表面留下薄薄一层润滑油，可以抑制腐蚀，同时最大限度地减少粘在链条上的灰尘。盘片的齿与链条接触后就可以获得足够的润滑油对抗腐蚀。

安装新链条时，你会发现上面有一层厚厚的蜡状油脂涂层。一些技师认为应该将这层油脂去掉，再使用专用链条油重新润滑。不过制造商普遍坚持保留这层油脂。如果你偏爱干性润滑油，那么第一种方法可能更好。而那些喜欢湿性润滑油的人最好适当地保留那层油再加上少量湿性润滑油来减少骑行几公里之后粘在链条上的灰尘和污垢。

如何让变速线和刹车线自由通过线管，有两种说法。第一种说法是，线表面涂抹油脂能够防止水和污垢进入线管。然而，随着线的运动，总会有污垢被拖入线管内。因此有油的变速线和刹车线应该经常拆卸、清除、去油。另一种说法是，完全干净的线和线管能够保证线在线管里快速顺畅地运动，尤其是特氟隆线管。对于非密封的系统，应该定期把线和线管拆下来，用溶液或非常轻的油脂，例如White Lightning Clean Streak或WD-40冲洗干净，保持线和线管的清洁。

不要做理论家

阳光明媚的星期天，你本来想骑车出去风驰电掣一把，结果被送进了急诊室。还有什么比这更糟的吗？或者更丢人的是，你不能骑车，因为上次骑车的时候弄伤了自己。那么，当你手持扳手时请记住这些事情，你会避免尴尬和受伤的痛苦时期。此外，要注意慢慢来，运用常识，多加小心。

戳伤 当你用螺丝刀、小刀、锥子、电钻或任何尖锐的东西向下用力时，确保空闲的手和任何身体其他部位都不在操作对象的正后方。否则，如果工具滑脱，很容易切伤或戳伤自己。

面部保护 同样，如果你向外拔任何东西，请把你的脸让开。经典的蠢事就是用力拔东西——例如冻住的座杆或车座。当它松脱的时候，正好撞到自己的脸。哎哟！

切割伤 当心尖锐的部分。例如，拆卸脚踏时，你在齿盘的周围操作，那里布满了险恶的"牙齿"（不仅尖锐，而且充满油污）。保护自己的好方法就是在拆装脚踏前将链条变到大齿盘上。这样一来，"牙齿"都被遮住了。另外还要注意分叉的变速线和刹车线，它们可能把你扎伤。

铁罐问题 使用喷雾润滑剂或清洁剂时，确保喷嘴远离你的脸（听起来很容易，但是很多人都会犯错误）。不要让铁罐掉落，否则有可能摔掉喷嘴，甚至可能弄坏喷头，导致不停地喷射。此外，使用前阅读说明书，万一不小心喷进眼睛，你也知道该怎么做。一定要在通风良好的地方使用喷雾式润滑油。

飞溅防护 使用溶剂时，戴上橡胶手套和防溅护目镜，保护皮肤和眼睛。

试骑 完成修理工作后，试骑一下，小心一点，要知道即使是最好的技师也会忘记点儿事情。最好轻轻踩踏，慢速进行测试，不要当成计时赛热身。

自行车维修与保养的基本原则

下面是自行车的保养和维修时涉及的一些最基本原则。

安全第一 戴上橡胶手套，保护手不会接触溶剂或油脂。使用锤子或电动工具时，佩戴护目镜保护眼睛。使用化学品时，戴上面罩，保持室内通风。

不要等到出现严重问题才作为 预防性维护是照顾自行车的最好方式。

润滑自行车时，使用大量的油或油脂，然后擦掉多余的，避免吸附灰尘 不拆卸就不要擦去轴承外表面的脏油脂，否则只会把污物压入轴承内。

大部分紧固件都是向右转锁紧，向左旋松开 记住"右紧左松"这个顺口溜。也有例外情况，最常见的就是左脚踏和右侧中轴。

在安装任何螺纹部件之前，检查螺纹是否匹配 不要强行安装不匹配的螺纹部件。永远不要强行用力：操作螺纹部件之前，永远要先润滑螺纹，然后小心地、轻轻地转动。

上紧任何零部件都要放轻松 自行车的零部件往往很小，由轻型材料制成。拧紧后，先检查紧固程度，必要时再拧紧。这样比破坏螺纹，甚至损坏零件要强得多。

某些维修工作最好留给专业人士 学会认识自己的技能和局限性。学会做出明智的选择，知道哪些是你可以处理的，哪些最好留给一个训练有素的车店技师。

自行车装箱

虽然这不算是真正的修车话题，但是知道如何正确地打包自行车装箱，运输时就会派上用场。大多数航空公司都要求把自行车放进专用的旅行袋子或箱子里，之后才能登机。通过物流或快递等方式运输时也需要将自行车装箱。

更重要的是，仔细的包装作业可以保护自行

车,避免行李员虐待你的宝贝。如果你没有自行车的装车袋,那么第一步就是找一个好的箱子,车店往往是个寻找的好地方。告诉他们你的是什么类型的自行车以及大小,这样他们就可以帮你选择正确的箱子。去之前最好先打个电话,因为车店不是每天都会有多余的箱子,只有来新车时才有。

有些车店会象征性收费,有些则免费赠送。除了包装箱,还需要一些2英寸宽的封箱胶带。选择质量好、快速黏合的胶带。其他需要的东西包括,一支黑色记号笔(在箱子上写新地址,划掉旧地址)、保温泡沫(或报纸、气泡布,用来保护车架)、绳子、松紧带、叉腿垫片(可以向车店索取或自制1英寸×1英寸,100毫米长的木块)和一个鞋盒大小装小零件的盒子。

叉腿的垫片非常重要,当粗鲁的行李员投放箱子时,可以保护前叉。如果你从车店得到塑料的垫片,可以把它们插进钩爪中。如果你自己DIY,则需要将其固定。仅仅把木块直接放在叉腿间是不够的,如果中途掉落就失去保护作用了。固定木块的一种方法是在末端钻上小孔,旋入塑料膨胀螺丝。此外,在螺丝和钩爪之间插入垫圈。

使用加固纸箱也是个好办法。一些细心的打包人员会准备一个特大号的箱子,并把正确尺寸的盒子包装好后放入大箱子里,形成双层保护。这样会增加重量,但是有助于保护箱子里的自行车。

如果你不想弄两个箱子,也可以简单地把纸板塞进箱子里加强保护。或者,如果你有些1/4英寸的三合板或旧的镶板,也可以用它们来做加强纸板。

请记住,将自行车带上飞机,航空公司要额外收取费用。使用UPS或联邦快递运送自行车通常更便宜,而且这样比把自行车从机场拖走更容易。在这个安全意识很强的时代,最好不要试图伪装装车箱或撒谎,否则你可能为此在安检时接受3h的彻底检查。

下面讲述的自行车装箱步骤会涉及本书后面的一些机械技术。如果哪一步你不清楚,可以参照相应的章节了解具体操作方法。装箱并不需要许多高级技术。

自行车装箱

1 为了防止划伤爱车，应先去除纸箱上突出的纸箱钉。准备好自行车，先拆卸脚踏、水壶架、车尾包、码表等。顺时针拧松左脚脚踏，逆时针拧松右脚脚踏，将脚踏放在小零件盒里。将链条变到前最小、后最大的盘片上。为了防止损坏，用保温泡沫、塑料泡沫或几层报纸包裹所有车架管和左曲柄（见下图），并用胶带固定。将车座和座杆整体拆下来。将车座套一个塑料袋，保护皮革或织物——塑料购物袋就非常好。气动把或任何其他大配件同样拆卸后包裹。

2 拆下前轮，去掉快拆杆。把轴末端包住，防止它戳穿纸箱或损坏车架。自行车店通常有各种专用的塑料保护片，也顺便要一个叉腿垫片。

液压碟刹的制动卡钳需要用东西抵住，防止活塞夹在一起。如果你有原厂提供的挡片，可使用它。如果找不到了，可将不用的硬纸壳对折后塞在活塞之间。

如果你打算把自行车带上飞机或空运，还应该考虑货舱中的低气压。把轮胎的气放掉一半，防止爆胎。空气避震器内的气压也应降低，防止爆缸或漏油。

二氧化碳充气弹禁止空运，最好把它们留在家里。机场安检发现后会挑出它们，当有自行车运输时，他们会用X射线机专门检查。

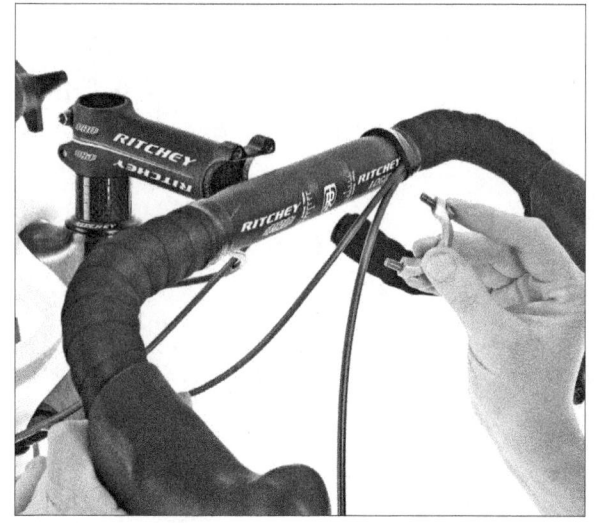

3 变速线、刹车线和油管可能会妨碍你把车顺利地放进纸箱里。公路自行车的前夹器很容易拆卸，所以，最好还是拆下来包好。松开各种变速线和刹车线，打开后刹车的快拆及各种刹车连接线，或者从过线座中将各种管松开。调整变速线，按几下右手的变速杆，变到小飞轮片上，然后拉动前变速器，使线松弛，便于将线管从过线座中取出。

4 从把立上拆下把横，这样，到达目的地后你就不需要调节碗组了。确保前叉向后转动时，把立不会打到上管。如果可能接触到上管，那么最好将它拆卸，并包装好，和其他小零件放在一起。用一块纸板包住裸露的头管，用把立的上盖固定前叉、碗组和垫圈。

5 将前轮靠在车架的左侧，用左曲柄穿过辐条固定（为清楚起见，图中去掉了泡沫）。将前轮分别固定在上管、后上叉及后下叉，防止运输时车轮乱动。把自行车放在地上，使曲柄处于水平位置，用一根绳子将右曲柄绑在后上叉上，防止它转动。

6 在钩爪内插入叉腿垫片，保护因箱子掉落而造成的冲击，还可防止钩爪刺破纸箱。如果你使用筒轴的前叉，只需要在叉端做好防护，防止碰撞和磨损即可。同时还应该给前叉上的各种小按钮、旋钮或者任何突出、暴露的部分更多的保护。

除非叉子还连着碟刹卡钳，或者像某些型号那样叉桥反装，否则应将叉子转向朝后。

7 尝试找到放置车把最安全的位置，要特别注意刹车把和变速把，将所有可能刮到车架的零部件都包起来，或者拆下来放在单独的盒子里。

拆下的前刹车夹器，把它固定在车架上有保护的地方或者叉腿之间，确保它不会自由摆动。

8 再次确认所有的小零件都在小纸盒里，用胶带封好，并把它放在纸箱的一端。将车放进箱子里，将装配件的小盒子置于前叉和下管之间。将座杆和车座以及气动把放在后轮的旁边，并固定好。

车架

第二章

当被问到"你在骑什么车"时，我们大多数人都会很快地说出车架的品牌名称。虽然每辆自行车都是由不同厂商生产的零部件组成的，但是车架生产商的名称就是这辆自行车的名称。这种说法并非完全错误，因为和其他单个零部件相比，车架的构造细节决定了一辆车的品质。

车架不需要太多的保养，而且受损的车架也可以通过车架厂商或经验丰富的专业技师进行修复。但是你不能因此就想当然地认为车架会没有任何问题。本章的重点是熟悉车架结构、车架几何以及如何检查车架可能出现的问题。

出于诸多原因，车架可以说是自行车中最重要的一部分。

首先是车架几何（Geometry）。车架几何是一个概括性的术语，它指的是车子的所有角度和尺寸，这些角度和尺寸能使车子适应并应对专门的路况。它通过确定座垫、牙盘和车把的位置，帮助你实现高效的踩踏。车架几何也决定了车子的操控性。车架几何的各个数值之间的特定关系决定了车子在冲下林道时的稳定性、车子的切弯性能以及负载能力。

不可能造出一个所有因素都最优化的车架，所以要在这些因素之间进行权衡，从而使车子成为一辆适合竞赛的车、一辆舒适的长途自行车、一辆负载能力强的旅行车或是一辆山地车。除了车架几何之外，车架的材料和所使用的轮胎也决定了骑行的舒适性和运动性。

一定程度上，可以通过改变车上的零部件来改变车辆的性能。例如，使用较轻的车轮能使车子更有活力，更有利于爬坡和加速。但是，车架决定了车子总体上的操控性和舒适性。因此，我们很有必要学习识别典型车架上的各个主要部分，并区分不同类型的车架。

车架术语

车架通常被描述成两个部分：前三角和后三角。前三角（又称为主三角）实际上是一个四边形，它包含以下车管。

头管（Head tube）：位于车架前部，用于支撑碗组或是转向轴承。

上管（Top tube）：上管连接了头管和位于座垫之下的座管。

座管（Seat tube）：座管指的是从座垫到中轴的车管。

下管（Down tube）：下管连接了头管和中轴。中轴用来支撑牙盘组的轴杆和轴承。

后三角包括后下叉和后上叉。后下叉指的是连接中轴和后钩爪的那两根车管。后上叉指的是连接后钩爪和位于座垫下的车管结合点的那两根车管。后下叉、后上叉和座管一起构成了一个完整的三角形。

车架上还有前叉和前叉竖管。前叉包含两个叉腿，叉腿连接于水平的叉肩上。在避震前叉上，叉腿通常由两个主要部分构成。直径较小的那部分被称为内管，一般是被固定、压入或夹入叉肩中；套着内管的那部分被称为外管。一些山地速降前叉的内管会超过叉肩而延伸到头管的顶部，这些前叉大部分被称为双肩叉，每个叉肩夹住三根车管（前叉竖管、左叉腿和右叉腿），因此也叫作"双三夹"前叉。叉腿的底部是两个前钩爪。前叉竖管位于叉肩之上，通常隐藏于头管之中，它连接着叉肩和碗组。

车架的材料会影响车架的性能。但正如我们之前说的那样，主要是车管的长度以及车管之间的相互连接关系（即车架几何）决定了一辆自行车的性能。

车架几何有两个关键部分。一个是前叉前探量（Fork rake），指的是前轴距前叉中心线的偏移量。另一个是中轴位置，可以是中轴到前后轴连接线的垂直距离（称为轴高差），或者中轴到地面的垂直距离（称为中轴高度）。车架上其他重要的方面还包括座管角度和头管角度。座管角度指的是座管与水平线构成的两个角度中较小的那个角度。头管角度指的是头管或前叉中心线

山地车架各部分名称

与水平线构成的两个角度中较小的那个角度。所有这些因素共同决定了自行车的轴距,即前后轮轴之间的距离。

车架的历史

尽管一直面临许多其他车架设计方案的竞争,但是经典自行车架已经延续了100多年。这种经典车架因其形状,又被称为钻石车架。在一些混合车和城市车上,厂商用第二根下管来替代经典车架的上管,这样更易于上下车——这些车架常被称为跨步式车架。但是钻石车架仍然提供最佳的刚性、强度和轻量化组合,因此经典车架也是目前使用最多的车架设计。

车架的刚性是非常重要的,因为车架太软会消耗踩踏的能量。从结构的角度来看,没有上管的车架是非常不完整的。为了重新获得因结构不佳而损失的强度,跨步式车架通常都采用沉重的管材制造,因而这些车架也都很重。在以前,这并不是什么大问题,因为大多数钻石车架也是用同样沉重的廉价管材制造的。但近年来,自行车市场已经焕然一新了。

随着科技在过去几年中的发展,厂商们可以采用更便宜的方法来制造轻量化的优质钢、铝、钛和碳纤维管材。同时,对性能更佳的轻量化自行车的需求也大大增加了。因此,大多数新手现在都希望能买到一辆轻量化的自行车。

近年来,车架生产商们投入了大量的精力以满足身材较小的车手的需求,这些车手以前只能跨步式车架的上管被第二根下管所替代,从而使上下车更容易了,但是损失了大量的结构强度。

使用跨步式车架。倾斜上管、特制的头管角度以及不同的前叉前探角度,不仅降低了上管高度,而且减少或解决了脚轮重叠的问题(即在处于踩踏行程的最前面时,你的前脚超过了前轮最后面的部分,从而很难或无法转向),也不必使用例如650C等特殊尺寸的车轮。这种特殊尺寸的轮胎和车轮虽然仍在生产,但是选择很有限,有时很难找到适合自己的零部件。

100多年来,钻石车架的基本形状仍然广受认可。尽管在这期间人体的结构几乎没有任何变化,但是车架几何结构却不断演进,其变化有大有小。正因为我们所骑行的地形不断变化着,才导致车架几何不断变化。

材料技术、制造技术的突飞猛进,以及对人体力学的深入理解,都影响着车架几何。现代的车手们可以骑上一辆看似简单,但却巧妙结合了传动效率和精准操控的车子。

车架材料

近几十年来,车架制造业发生了翻天覆地的变化。许多在20世纪80年代和90年代被

通过车管上的标签可以了解车架的材质,而且也提示着车子的质量。

奉为圭臬的传统法则已不再适用于现代的车架设计。在以前，几乎所有的车架都是用钢管材制造的，管材直径和管壁厚度的选择很少，所以影响自行车骑行品质的主要因素就是车架几何。通过使用较倾斜的头管角度和座管角度，以及更长的前叉前探量和后下叉长度，从而实现更舒适的骑行体验。但这是以牺牲操控敏捷性和传动刚性为代价的，所以那些偏好竞赛的选手只能通过牺牲舒适性来提高骑行表现，他们会选择那些具有更陡直的角度和更短的后下叉及前探量的车架。优秀的车架厂商能根据每个车手的独特需求来优化骑乘和操控性能。

从自行车制造工艺刚起步时，厂商们就已经开始尝试使用钢铁以外的材料了。但是直到20世纪80年代，这些做法才开始普及，并在技术上实现了真正的飞跃。第一个显著的进步体现在铝合金和钛合金材料上，这两种材料已经被研究了几十年，其中有失败也有成功。但是一旦出现了合适的管材成型和焊接技术，这些材料就立即找到了自己的具体用途。

此时，另一种新材料也激起了制造商们的无限遐想，那就是碳纤维。一开始时，碳纤维以编织管材的形式出现，通过工业黏合剂与铝套管相连接。碳纤维获得了一定程度的支持，但是碍于当时制造技术的局限性，没有发挥出它的全部潜力。

钛和铝的普及速度非常快，因为它们具有重量轻、耐腐蚀的特性。钛车架具有类似于钢架的骑行品质和弹性，正是这种舒适的路感使得人们对钢架赞誉有加。而铝车架拥有极具刚性的路感，能有效地传导动力，并为选手们提供良好的加速性。铝车架特别受参加环形公路赛的选手们的喜爱。环形公路赛是指在短距离环形赛道（通常是0.6~1英里，1英里约为1.6千米）上进行的公路比赛，其中有高难度弯道，需要参赛者一次又一次地迅速加速。对于更长的点到点骑行赛道，许多选手仍然会选择钛或钢质车架，可能是包含连续上坡、下坡和舒缓弯道的大环形绕圈赛，或是超过100英里的长距离赛事。参加这种比赛应该使用具有较好刚性的轻量化自行车，同时车子要能为长距离骑行提供一定的舒适性。

一直以来，一个相对较新的自行车种类正快速发展——并非是在公路上，而是在林道中。我们现在认为，山地车起源于美国加州北部的山林之中，从使用"气球胎"的沙滩车脱胎而来，配备改装并加强后的车架，再加上从车店里搜集来的零件组装而成。从这些改装的旧车开始，一个新行业诞生了，并有了快速的发展。

因为原始版的山地车已经非常好了，所以当时只有很少的车架厂商生产更好的车架。尽管公路车行业耽于传统，并常常阻碍甚至扼杀创新，但是对于山地车而言却没有什么既定规则，所以总是不断涌现出各种新创意。这种发明精神推动车架制造工艺不断取得革命性进展。与此同时，飞速发展的山地车运动也急需更轻、更耐用和操控性更佳的山地车出现。

当时仍有一些人依然坚信碳纤维才是车架的未来。碳纤维以及构成这种材料所用的树脂都取得了诸多发展，而且出现了更加精进的制造工艺。一些车架厂商当时已经发明了碳纤维套接管成型方法以及车架一体成型的技术。事实证明，这些方法能够制造更可靠的碳纤维车架，因为它们最大化减少了需要相互连接的材料的种类。

现代材料

现在，科技创新仍处于飞速发展当中。由于铝在重量和强度之间实现了很好的平衡，而且具有相对较低的成本，所以已经成为车架制造中使用最广泛的材料。制造商们使用各种生产技术生产出不同管径、不同管壁厚度以及不同管材形状的车架，在需要的位置提高刚性，同时还能保证骑行的舒适性。铝材具有轻量、高强度的特性，并能抵抗一定冲击，因此是制造山地车车架的佳选材料，同时也适用于那些经常在恶劣天气中骑行和崎岖路面上骑行的自行车。全避震山地车尤其受益于铝金属的易塑性，从而车架在各个方向都具有极高的刚性，进而使避震器发挥了全部潜能。

在铝中加入钪、陶瓷等材料形成铝合金。在铝中加入少量合金材料可以提高铝的抗疲劳性，并可以在制造车架时使车架更轻、管径更小。有些自行车制造商也会在不同部位使用铝和碳纤维等不同材料，比如铝材质的主车架搭配碳纤维的避震连杆。这样的车架整体上更轻，甚至会有更好的骑乘品质，但确实会增加一定成本。

钛车架本身具有比铝车架更柔软的骑乘品质。但仍有一些公路车手和崇尚硬尾车简约性的山地车手对钛车架钟爱有加。由于原材料的成本较高，所以钛材质的产品越来越少。但是钛具有优异的耐疲劳性、耐腐蚀性以及表面硬度，因此你一生也许只需购买一个钛车架即可。

为了实现最佳性能，人们普遍认为碳纤维才是最佳材质。

高级混合树脂材料再加上碳纤维材料，能够制造出当今最轻量、最具刚性的车架。碳的特性使得工程师们能设计出可以更好吸收和消除震动的车架，从而具有非常舒适的骑乘感受。人们一度认为碳纤维过于脆弱，无法经受住XC越野骑行强度以上的考验。但是现在即使是山地车也能从碳纤维的特性中充分受益。经过精心设计之后，碳纤维正成功应用于全避震车架上。这些车架能在最崎岖的山路上飞驰如常。这样高水平的性能表现确实需要付出一定成本。碳纤维材料价格昂贵，生产过程需要耗费大量人工，对于工程师而言也很有挑战性。碳纤维已经基本摆脱了"过于脆弱，仅适用于竞赛"这样的坏名声，但是哪怕是仅能在钛、钢或铝车架上造成凹痕的一点冲击，便可能让碳纤维车架产生裂缝，甚至车架完全报废。但是，现在在公路上和林道上随处可见碳纤维自行车，足以证明，对于许多车手而言，碳纤维带来的好处的确超过了所需付出的代价。

钢曾一度"失宠"，但现在正处于复兴期。这种材料研发曾经停滞不前，但是管材制造商们已经开发出改进版的钢合金，并能提供更广泛的管径、管壁厚度和抽管工艺的选择范围，所以钢材质又迎来了一个新的春天。钢架制造商们已经掌握了生产新型钢架的必要手段，在保持卓越骑乘品质的同时，也拥有了堪比铝车架和碳车架的重量优势和传动刚性。广泛的管材选择范围也意味着小型定制厂商可以满足每个客户的特殊要求，轻松而高效地制造出车架，从而让每个车手都拥有一辆专属于自己的自行车。钢也是普通材料中最容易修复的一种材质。因此，在经历不幸的摔车之后，钢架通常能够重新校正，甚至更换一两根管材，而无需丢弃旧车架再去买一个新车架。

不要上当受骗

所有车架材料都有不同的品质可选。例如，制造钢车架的材料通常是合金钢。高品质钢架曾经非常容易识别，因为它们几乎都混合了一定量的铬、钼或锰。过去，一个标有"Cro-Moly"和"Manganese-Moly"的车架贴标就是卓越品质的保证。但是现在却不那么容易识别了，因为现在的管材制造商们都严密保守着自己的钢合金秘密配方。你基本上可以信任由Reynolds、Dedacciai或True Temper的管材制造的车架，当然一些不太知名的品牌生产的产品也不错，只是一般难以找到。然而，如果过分吹嘘车架采用"高韧性""三种铬钼钢"或任何其他含糊的说明，那么就可以确定这个车架品质低劣。这些车架由更重、更软的钢制造而成，非常适合休闲骑行，但是对于狂热的车友而言，这些车架在骑乘品质、刚性和强度方面都不尽如人意。

在区分铝合金车架的品质高低时，问题同样很棘手。一般来说，由6000或7000系列铝（如6061铝、7005铝或7075铝）制造的车架具有较高的品质。然而，铝合金车架并非各个部件的简单拼接。也就是说，与所使用材质的特性相比，铝管之间的连接方式对车架品质有着更大的影响。

目前，钛和碳纤维车架价格昂贵，因此质量

相对有保证，但是也有区别。钛合金通常有两种混合比例：3Al/2.5V和6Al/4V，这两种钛合金比例都加入了少量的铝和钒。两者中比较柔软的是3Al/2.5V，更容易加工，与6Al/4V相比骑乘感受更柔顺，而6Al/4V具有很高的硬度。我们说的硬度（Hardness）是指材料本身固有的在切割和加工时的硬度。

碳纤维是最复杂的。编织布的重量和密度、碳束材料的弹性模量（用于测量编织布的刚性和抗拉性）、树脂、堆叠（即碳编织布在模具中的方式、形状和方向）都会对碳纤维车架的品质有所影响。我们已经知道非常多的应用碳纤维的方法，有时几乎每个月都能发现一种新方法。

车架几何基础

根据自行车设计用途的不同，座管角度、头管角度、前叉前探量、后下叉长度和五通下沉量都略有不同。这些因素的任何微小差别都会对车子的性能和你的骑乘感受产生重大影响。

座管角度主要在于确定双腿与牙盘组的相对位置，而这个位置会影响你的踩踏方式。一般来说，陡直的角度有利于高频踩踏，而更倾斜的角度适合在高齿比下的低频踩踏。

头管角度和前叉前探量决定了车子的操控性，这包括在巡航速度或高速下坡时的稳定性以及过弯能力。

一般来说，与旅行车、速降车、自由骑山地车或其他专注于全天长距离舒适骑行的车子相比，公路竞赛车或XC越野车等以性能为导向的车子拥有更陡直的头管角度。

为了确定什么样的角度最适合你，请先想想你最喜爱的公路或林道。它是不是一条蜿蜒的快速山路或山上的一条曲折单人道。如果是，那么一辆具有更陡直头管角度的车子能让你享受最大的乐趣。另一方面来说，你是不是喜欢花费几个小时深入探索山野或是欣赏乡间小路两边的风景？你是不是总在寻找附近最陡、最危险的下坡路段？如果是这样的话，你最好选择较倾斜或不那么陡直的角度。

但是自行车的转向感觉并非全由头管角度决定。头管角度、前叉前探量和轮径共同构成了一种称为"前叉伸距"的测量维度。这是决定一辆自行车转弯特性的关键因素。前叉伸距的测量方法是：从头管中心向地面引一条虚线，从虚线与地面的交点位置到前轴正下方位置之间的水平距离就是前叉伸距的值。

简单地说，较长的前叉伸距更稳定，而较短的前叉伸距操控更敏捷。除非是在图样上，否则几乎不可能测出实际的前叉伸距，而且不同的外胎尺寸也会改变前叉伸距，所以大多数车架厂商只在几何图标中标出头管角度和前叉前探量。当比较用途相似的自行车时，只要使用相似的轮组和外胎，就可以获得足够的信息，让你了解车子的操控特点。

后下叉长度也以多种方式影响着车子的骑乘品质。比如公路竞赛车车架上的较短后下叉使得车子骑起来有些生硬，但是后三角更不易变形，这在爬坡和冲刺时尤其重要。较短后下叉也能减少车子的轮距，而轮距越短，车子就会感觉更灵活快速。从另一方面来说，载重的旅行车需要有更长的后下叉以留下装配后货架和后驼包的空间。较长的后下叉也更能提供旅行车所需的稳定性。

载重旅行车通常有更大的轴高差或者说更低的五通高度。五通越低，脚踏位置就越低，人车整体的重心也会更低。一辆具有较低重心的自行车可以在不损失任何操控敏捷度的情况下提高稳定性，这对绝大部分自行车而言是个可取的优点。但大多数赛事都包含有弯道，而且许多选手喜欢在过弯时保持踩踏。对于这样的车手就有必要提高五通高度，从而在路面和脚踏之间留出空隙。那些专用于参加遍布急转弯的环形公路赛的自行车往往有很高的五通高度，而传统的公路车的五通高度则介于上述两种高度之间。山地车具有更高的五通高度，这样有助于通过障碍物并可

倾斜的头管角度能提高休闲骑行时的稳定性，而更陡直的头管角度可以提高操控性以达到最佳性能。

踩踏通过崎岖路段。

类似的在低重心稳定性与地面间隙之间的权衡问题，也存在于山地车的不同车架设计之中。一旦离开正常路线，你将会遇到一些大石头和倒木，更不用说深深的杂草丛了。

有了以上的整体了解之后，让我们再仔细研究一下主要的自行车种类以及它们各自的车架几何。

公路竞赛车 竞赛自行车的设计着眼于高速下的稳定性、便捷的过弯能力、快速的转向反应以及刚性且高效的骑乘品质，从而使能量损失最小化。追求这些优点的一个直接结果是：竞赛自行车在低速下不够稳定，如果有任何负重就会难以操控，而且需要花更多力气才能保持直线前进，路面的震动也会毫无保留地传导到你的身上。你可以通过以下典型的车架几何数据来识别一台竞赛车架。

- **座管角度**：73°~74°。对于座管短于21英寸/54厘米（从五通中心到座管上沿的距离）的车架要在这个范围的基础上加1°，而对于座管长于24英寸的车架需要减1°。
- **头管角度**：73°~74°。车架若小于21英寸/54厘米，则需要在这个范围基础上减2°；如果车架大于24英寸/61厘米，则需要加1°。
- **前叉前探量**：头管角度为73°的情况下，前探量应为1.5~1.75mm。头管角度每增减1°，则前探量需相应地增减0.125英寸（3mm）。
- **后下叉长度**：16~16.5英寸。
- **轴高差**：2.375~2.875英寸（60~75mm），这相当于11~10.5英寸的五通高度。

舒适型公路车 舒适型公路车是自行车世界中的中型跑车。它们并非全能战车，但也不是载重旅行车，其主要特性在于稳定的操控性，尽管以竞赛标准来看它还不够快。可以说，舒适型公路车只是为了玩乐，能满足你享受骑行的所有性能。请查看一下尺寸数据。

- **座管角度**：72°~73°。对于座管短于21英寸/54厘米（从五通中心到座管上沿的距离）的车架要在这个范围的基础上加1°，而对于座管长于24英寸/61厘米的车架需要减1°。
- **头管角度**：72°~73°。车架若小于21英寸/54厘米，则需要在这个范围基础上减1°。如果车架大于25英寸/63厘米，则需要加1°。
- **前叉前探量**：头管角度为73°的情况下，前探量应为1.625~2.625英寸（43~55mm）。头管角度每增减1°，则前探量需相应地增减0.125英寸。
- **后下叉长度**：16.5~17.5英寸。
- **轴高差**：2.625~3英寸（68~78mm），这相当于10.75~10英寸的五通高度。

旅行自行车 旅行车就像自行车世界中任劳任怨的骡子，即使在负重40~50磅的情况下，仍能表现出极佳的稳定性和直线循迹性。你可以骑着旅行车悠闲地看风景，而不用一直担心会偏离路面或误入机动车道。另外，旅行车在通过崎岖路面时也会很舒适，而且有足够低的齿比使你能爬上任何山坡。对于那些兴趣在于路边风景而非速度的车手而言，具备这些特性的旅行车正是他们的完美之选。

- **座管角度**：71°～72°。对于小于21英寸/54厘米（从五通中心到座管上沿的距离）的车架要在这个范围的基础上加1°。
- **头管角度**：71°～72°。车架若小于21英寸/54厘米，则需要在这个范围基础上减1°；如果车架大于25英寸/63厘米，则需要加1°。
- **前叉前探量**：头管角度为72°的情况下，前探量应为2～2.25英寸。头管角度每增减1°，则前探量需相应地增减0.125英寸。
- **后下叉长度**：17～18英寸。
- **轴高差**：2.625～3.125英寸，这相当于10.75～10.25英寸的五通高度。

山地车 不管你是想深入探索山林还是想寻求窄木道骑行的刺激，山地车都能带着你安全往返。在过去30多年的发展中，山地车设计变得越来越专业化。走进车店时，你会发现我们之前习惯性称为"山地车"的车子会被叫作XC越野车、自由骑山地车、速降车、全山地车、29er、攀爬车、土坡腾跃（DJ）车或者其他各种各样的名称。但是基本的规则还是相同的：又宽又结实的轮组和水平（或稍微上扬）的车把，使这些车子能应对土路、岩石、倒木等路况。

在城镇中骑山地车也会很舒适。实际上，据说只有10%的山地车在出售之后是用于非铺设路面的骑行。与公路竞赛车那种纤细、轻量的车轮相比，具有深深沟槽的宽轮胎更适用于吸收路缘石、坑洼的路面、下水道井盖、碎玻璃等各种路边杂物的冲击。山地车直立的骑行姿势使你拥有更宽阔的视野，可以很容易地观察到周围的行人和交通状况。

你在展示厅看到的大多数山地车仍将会是XC越野车。XC越野车最直接继承了众所周知的经典山地车。这是一种全能战车，XC越野车在装上布满胎纹的越野外胎之后，在林道的骑行会很舒适。而当它装上更细、更光滑的外胎之后，同样能舒适地在城镇里闲逛。这就是山地车的魅力：山地车更加直立的骑行姿势以及重量和强度的平衡性，使其成为许多休闲车手钟爱的全能型自行车。XC越野车有多种类型：一种既没有前避震也没有后避震；另一种只有前避震器（由于没有后避震，所以也被称为硬尾车）；还有一种既有前避震器也有后避震器。通常而言，硬尾车的前叉行程为63～100mm（2.5～4英寸），而全避震的车型的前后避震行程为80～120mm（3～4.75英寸）。

当你选购山地车时，大多数车店都会推荐3英寸以上的跨高间隙（即当你双脚脚掌着地跨立于车上时，身体与上管之间的空隙）。当你需要在崎岖地形上单脚或双脚着地时，如果没有足够跨高间隙会非常痛苦。如果你购车只是用于通勤或者代步，只是偶尔会在土路或沙滩上骑一骑，那么具有更长上管的自行车会更适合你。

- **座管角度**：70°～73°。对于小于19英寸的车架需要在这个范围的基础上加1°。
- **头管角度**：69°～72°。车架若小于19英寸，则需要在这个范围基础上减1°；如果车架大于23英寸，则需要加1°。
- **前叉前探量**：1.625～2英寸（43～50mm）。
- **后下叉长度**：16～17英寸，如果用于爬陡坡可能会更短。
- **五通下沉量**：1.125～2英寸（30～50mm）。这相当于12～11.25英寸的五通高度。

如果讨论的不是纯粹的山地车，那一切规则都可以抛在脑后。为了识别的目的，我们将介绍几种"典型"的山地车分类。

耐力山地车（Enduro bike） 这种双避震山地车与XC越野车大体相似，但是有更长的避震行程，通常是100～130mm（4～5英寸）。为了长距离深入探索山野，耐力山地车的头管角度较为倾斜，从而保证稳定性。

29英寸自行车（29er） 29er拥有29英寸的

山地车有时被称作是自行车世界里的SUV。耐用的宽轮胎和直立的骑行姿势使其能应付各种地形,当然也包括最崎岖的林道。

车轮直径,专为速度而生。与标准的26英寸车轮相比,更大的29英寸车轮能更平顺地通过崎岖路面,但是会损失一定的敏捷性。29er利用超长的上管和超短的把立以最小化脚轮重叠问题,但是它们与26英寸自行车一样保持着牙盘、座垫和车把之间的相对关系。

全山地车(All-mountain bike) 全山地车最紧密追随着山地骑行的原始精神。设计精良的全山地车在爬坡能力与下坡能力上实现了良好的平衡,既有足够长的避震行程以吸收崎岖地形带来的颠簸,又足够紧实能维持全天骑行的效率。不同全山地车之间的车架几何相差很大,避震行程从130~150mm(5~7英寸)不等,头管角度通常在68°~70°,而五通高度最低为11.5英寸,而最高达12.25英寸。

自由骑山地车(Freeride bike) 自由骑山地车专为下坡路线而打造。前后避震器的行程高达10~12英寸,头管角度很倾斜,五通高度则很高,这些特性使其在平稳路面上行动迟缓,而且车子的重量有时甚至让爬坡变得徒劳无功。然而,当你将自由骑山地车用于下坡路线时,你就会明白为什么要选择这些特性了。自由骑山地车能应对最崎岖的地形,吸收最暴力的落地冲击。你只会呼喊着:"让冲击来得更猛烈些吧!"

速降车(Downhill bike) 速降车有8~10英寸的前后避震行程,除了砖墙以外,可以快速地碾过任何地形。速降车的车架几何类似于自由骑山地车,但是有较低的五通高度和更陡直的头管角度,从而提高竞赛所需的操控性。

土坡车(Hucking) 这种自行车一般都是非常小的硬尾山地车,前叉行程为4~6英寸。这种车架可以用来应付严格的跳跃以及其他特技动作,可以安装超宽的外胎以吸收冲击力。

攀爬车(Trials bike) 攀爬比赛是一种专注于挑战障碍物的山地车比赛形式。攀爬车具有超短的后下叉(短至15英寸),很高的五通高度以及非常低的上管,这些设计有助于攀上和翻越巨石和树桩，同样有助于穿越人工障碍物和溪流——通常一次只移动一英寸。

公路越野车（Cyclocross） 公路越野是一种比赛形式，选手们会使用外观类似于公路竞赛车的车型在非铺设路面上比赛。在公路越野赛中，选手们需要面对一条由各种不同地形组成的赛道，赛道上还专门设有一些障碍物，迫使选手们下车然后扛着车跑一小段距离。因此，公路越野车的设计和制造既要有公路竞赛车的敏捷操控性和轻量性，还要考虑到这项激烈运动额外的耐用性需求。

混合自行车（Hybrid bike） 描述混合自行车最贴切的说法是"半山地车，半旅行车"。混合自行车的车架几何与旅行车紧密相关，具有较为轻松的角度和容纳700C宽胎所需的空隙。山地车对混合自行车的影响体现在水平或上扬的车把以及倾斜的上管，从而使其有舒适、挺直的骑行姿势并便于上下车。

躺车（Recumbent） 当说到躺车时，你可以将所有的车架几何规则抛在脑后。在躺车上，车手们成后躺的姿势向前踩脚踏，它们是最快、最舒服的自行车之一，但是对于车架构造却没有固定的原则。躺车的轮间距有短、中、长三种类型，座垫有带填充物的座垫和像草坪椅一样的座垫，既有两轮躺车，也有三轮躺车。躺车还有座垫上车把和座垫下车把，既有全避震躺车，也有无避震的躺车；甚至拥有整体结构的三轮车和两轮车，就像汽车一样。

人车匹配

首先，你应该能够轻松地跨过上管，双脚平放于地上而不会压到上管。对于用于越野的山地车，3英寸及以上的间隙是一个比较合适的距离。其次，调整座垫高度（首先确保座垫处于水平状态），使踩到下死点时膝盖能略微弯曲，此时双脚水平，而且拇指球位于脚踏中心正上方。

下一步，你可能需要一些帮助。上了自行

对于效率和舒适度而言，正确的姿势是至关重要的。

正确的调校能提高操控性并使骑行更有乐趣。

车后，先向后转动牙盘，直到曲柄朝前。在曲柄打平的情况下，穿过脚踏轴杆并垂直于地面的那条直线应该与膝盖后0.5英寸的位置相交。松开座垫夹，前后滑动座垫以接近这个理想的位置。

正确调校完座垫之后，手臂伸直，双手放在手变上，你的背部和上管应该形成45°或略小于45°的角度。可以提高或降低把立以获得正确的姿势。如果把立合适，那么手臂和身体所形成的角度不应大于100°或小于90°。在测量时，手臂应该伸直（但是在骑行时不能伸直手臂，而要一直保持弯曲），双手应该位于手变上。如果你经常骑行，而把立长了或短了0.5英寸，那么最好花钱买个新把立。

车架保养

现在你已经调校好了自己的"战车"，也比以前更了解车子的设计和功能，那么你应该如何保养车架才能确保其长久耐用呢？你需要做的比你想象的还要多。

防腐蚀 除了事故之外，钢架可能面临的最大敌人就是腐蚀。如果你骑的是铝车架、碳纤维车架或钛车架，那就不需要过分担心这个问题。但如果你用的是钢架（如果不确定，就用磁铁来检验一下），那就得小心注意了。无论是在室内还是室外骑行，如果你在骑行时出了大量的汗，那就要尽量经常清洗汗渍。即使车表面是干的，车架上的任何角落（尤其是各种紧固位置）的盐分累积都会持续腐蚀车架。焊接部分的问题并没有其他安装部位严重，但却同样会累积盐分。而且盐同样会影响由铝、碳纤维或复合材料制作的车架或组件。

无论室外骑行或室内骑行台训练，只要流了很多汗，之后都要及时注意你的车子，用水彻底而轻柔地冲洗车架。不要采用高压水枪或集中喷雾的冲洗方式，因为那样会导致轴承进水，这些水甚至还可能混杂着盐分。

透明的硅胶浴室防水胶也有助于车架防水。除非碗组上的锁紧螺母具有O形环密封圈，否则汗水会沿着把立内壁渗透进前叉竖管。由此产生的腐蚀有时需要使用钢锯才能将把立从前叉竖管上拆下来。在把立基部涂一层薄薄的透明防水胶（擦掉多余的）就能防止这一问题。

如果你偶尔还要在雨中骑行，那么同样应该在座管和座杆的连接处涂上防水胶。这样能防止后轮甩到座垫上的雨水渗进座管并在五通处堆积起来。即使你的轴承有密封件，五通的螺纹也会生锈，这最终会使中轴盖很难锁紧。最后，定期取下座杆，将车倒过来排水。

虽然最好的防锈措施是防止水分进入车管内，但是从内部防腐蚀也是一个好办法。每当你将座杆从车管内拔出，或者为了大修而拆下碗组或中轴时，要利用这个机会在车管内部喷WD-40之类的防锈剂。

也可以考虑在钢架车管内使用比如J. P. Weigle公司的Frame Saver防锈剂。在车管内部喷上这种防锈剂并等其干燥之后，它会形成一层保护层防止车架内部生锈。如果你使用的是钢架并在潮湿环境中骑行，那我们特别推荐你使用这种防锈措施。

补漆 即使在干燥、没有盐分累积的钢架上，掉漆位置也可能生锈。准备补漆前，不要用砂纸打磨掉漆位置，除非是为了清除锈迹。大多数品牌的车架，在裸露的表面覆盖着一层非常薄的磷化膜，若用砂纸打磨则会磨去磷化膜。因此，应该用稀料之类的溶剂清洁掉漆部位上的任何油渍，然后用一层或一层以上的与原车架颜色相匹配的油漆覆盖掉漆部位。如果在车架表面掉漆位置已经产生了锈迹，那在补漆之前要先用精细的砂纸清除所有锈迹。不要期望有奇迹：补漆工作的主要目的是使生锈损害最小化，最终还是应该寻找专业人士进行重新喷漆。

我们还应该采取一些其他措施来保护车架的烤漆。由于链条靠近于右侧的后下叉，所以当你撞上障碍物时，链条会撞击后下叉，并会发出金属撞击的铿锵声，在后下叉留下痕迹。有一个简单的方法能保护后下叉并消除链条撞击声，就是在后下叉上装一个乙烯基或泡沫护链贴。这些东西是粘贴上的，在本地车店只需花几美元就可买到。要想有更完整的保护，你可以在整条后下叉上缠上电工胶带或旧内胎。

由氯丁橡胶制成的护链贴也能出色地保护后下叉并消除链条撞击声。这种材料也用于制造冲浪者的潜水衣。

不过，当你使用这些护链贴时，你要在日常维护中对其进行定期的拆换，在雨中骑行之后也应及时拆换护链贴。这是因为它们可能会吸收水分，并对车架产生不良影响。

由于有些线管会磨蹭到车架，所以另一个保护车架烤漆的好办法就是在这些线管的下面贴上胶带，比如那些会磨蹭到头管的变速线管。这能防止线管在车架烤漆上磨出一个洞。要裁剪一小片椭圆形的胶带（应使用透明胶带或与车架烤漆颜色相同的胶带，这样才不会那么显眼），将其贴在线管下面的车架上。

为了避免由裸露的线（比如上管底下的后刹车线）的振动而造成的烤漆划伤，可以安装O形环（商店里应该有这些东西）。这些小小的橡胶O形环套在线上，防止骑行时不断振动。

修复弯曲　显然，让车架长期保持良好状态的最好方式就是在事故中避免扭曲变形。一个好车架有相当大的韧性，但是也不能指望它在缠绕树一圈之后还能恢复原来的形状。如果你不幸摔车并摔弯了车架或前叉，要把车架拿给技师做评估。有校正工具的车店有时能拉直金属车架或硬叉，使其恢复良好性能。碳纤维车架上的金属钩爪也可能修好，但是得由专家来处理。在任何情况下你都不应该试图自己动手校正车架或前叉。扭曲的避震前叉通常可以通过更换损坏的部件来修复。

修复凹陷　有时摔车之后车管上会出现凹陷。虽然很难看，但这些凹陷一般不会减弱车架性能。如果你用的是钢架，而且无法忍受车架上有凹陷，那么可以让车架制造商用钎焊材料填满凹陷。重新喷涂之后，车架实际上就会跟新的一样。但是对于碳纤维车架而言，任何表面损伤的迹象可能意味着裂缝和失效，所以应该寻求专业人士对车架进行检查。有一些碳纤维制造商能够修复碳纤维车架。

校正变速尾勾　另一种摔车后经常发生的车架损伤就是后尾勾扭曲。自行车侧倒或在变速时链条落入飞轮与辐条之间，这两种情况都会导致后变速器被强力向内拉，从而扭曲了尾勾。车架右侧安装尾勾的部位也会受到波及，有时还会很严重。

修复扭曲尾勾的正确方法是使用带有尾勾校正工具，这种工具带有一个触角，可以根据后轮位置来进行校正，从而保证尾勾确实复位。这对于现代的定位变速系统尤其重要，这种系统允许后变速和飞轮有微小的误差。然而，如果是旧自行车上使用的其他老式系统，你通常可以拆下后变速，然后用活扳手将尾勾掰直。你和你的朋友不太可能在骑行中携带尾勾校正工具或大号的活扳手。在这种情况下，可以利用后轮将其掰正——先取下快拆，将快拆杆插进尾勾，然后安上快拆，利用后轮使尾勾复位到足以支撑你骑回家的程度。不要试图掰正碳纤维车架上的尾勾，这可能会削弱将钩爪安装于后上叉和后下叉上的树脂胶。

有时候意外事故会破坏尾勾上的螺纹，如果你试图拆下后变速器，螺纹将无法再次使用。幸运的是，如果你车架的尾勾和后钩爪是一体的，那么有一个聪明的解决方法。位于美国科罗拉多州博尔德市（Boulder）一家名叫Wheels Manufacturing的公司制造一种叫作"钩爪救星"的零件，它装入受损的孔洞后即可继续正常使用。你需要做的只是校正尾勾的位置，然后将这个零件装上去，然后车架就像新的一样了。在家里，像这样修理完之后，你最好找一家有校正工具的车店来检查一番，因为如果后变速校正有误差，变速就会受到影响。

与铝车架和碳纤维车架相比，拉直尾勾和修复受损螺纹的工作更容易在钢车架上完成，效果通常也会更理想。因此，现在大多数铝合金车架和许多碳纤维车架都会有一个可替换尾勾，一旦扭曲或折断就能很容易地拆卸和处理。这些可替换尾勾的价格为15~30美元。使用铝或碳纤维山地车的车手应该在随身携带的工具包内放一个备用尾勾。

水壶架安装座松动或螺钉卡住问题的处理 在铝车架和复合车架上可能出现的一个故障是水壶架的安装座松动，或螺钉卡在安装孔内。这些紧固件出厂时已经被压入车架内，理应保持固定。如果它们在车架上不断震动或旋转，并且导致无法取下螺钉，那就应该把车架送到经销商或车架品牌下属的车店里维修。他们应该有工厂工具来取下卡住的螺钉，使安装孔复位并保持固定。

稳定车身抖动状况。一个通常归咎于车架的操控故障问题就是高速抖动，即在高速下坡时车子容易出现剧烈抖动。很显然，这是一个危险的情况，每一位骑车人都应该知道发生这种情况时应该如何处理。尽管并不总是很有效，但是用膝盖夹住上管应该能止住这种抖动。

高速抖动往往与组件调整（轮胎安装错误或不适当，碗组太松，轮组不正或张力不足）和尺寸大小错误（往往是座垫过高）有关。先要检查这些事项，然后试着骑一骑，看看车子是否仍然抖动。

如果抖动并没有消失，那还有另一个可能：对于坐在上面的车手而言，制造车架所用的管材太轻了。如果你买了一辆本来是为他人设计的二手定制车，或者你体型高大（比如超过6英尺高，200磅重）但骑着一辆超轻的自行车（在购车之前要试骑），这两种情况都会发生那样的问题。如果是这样，最好的办法是卖掉这辆车。

给车架打蜡 在自行车干燥且干净时，偶尔打一打蜡有助于改善外观并防止车架生锈。在市面上有多种自行车专用的上光剂，比如Pedro公司的Bike Lust，这些上光剂对许多定制车上常见的高品质烤漆没有任何损害。对于钛车架而言，涂抹Pledge这样的家具上光剂会使车架长久保持光洁如新，就像展厅展示的车子一样。

基本车架校正检查

车架的校正很重要，因为它对方方面面都有影响。例如，如果前叉略微弯曲，如果你双手脱离车把，车子可能会偏离路线。如果车架后三角与前三角不在一条直线上，那么每当换档到小盘时，就可能会掉链子。

车子刚从车店买来时，车架通常是校正好的。在技师组装车辆时，他会寻找校正问题的迹象，并进行适当的调整。如果车架误差太大，他就会把车架退给制造商。

不幸的是，车子在购买时校正很准确并不能保证它以后仍能如此。意外事故、过度使用，哪怕车子侧倒在地上，只要冲击足够严重，都可能导致问题。

一些车店拥有非常好的校正台和装置，能够精确测量并将车架按照非常严格的标准进行校正。如果你的车架严重弯曲，那就应该寻求他们的帮助。要记住，如果损伤很严重，可能无法修复，而且并不是所有类型的车架都能进行校正处理。严重损伤的迹象包括，车管出现褶皱和裂缝，如果你继续使用，那么车架可能会很快断裂。不要自作主张地尝试处理这样的损伤，最好是换一个车架。

车架材料也会有些影响。相较于大多数的钛、碳或焊接的铝车架，钢架更容易修复。如果你在检查时发现焊接的铝车架不够正，那就把车架带去车店。这可能是个保修问题。通常情况下，对于这些类型的车架几乎不可能作什么修正，最多是些微小的修正，而且应该让专业的技师来处理。

车架间距（开档） 为了能顺利地在车架上安装和取下轮组，前叉和后叉的宽度应该匹配于车轮的宽度（两个轴杆锁紧螺母外缘之间的距离）。检查叉子的宽度时，测量从一个钩爪内表面到另一个钩爪内表面的距离。前叉分开的宽度应为100mm。后叉分开的距离对于5速的车轮应为120mm，6速和7速的轮组应为

127mm，8速、9速、10速和11速的公路轮组应为130mm，而对于山地车轮组前叉宽度应为135mm。

如果宽度误差在2mm以内，通常仍可以相对顺利地安装和取下轮组。如果存在误差，并且很难安装轮组，那问题就不仅仅是钩爪间的宽度太窄或太宽，而且有可能两个钩爪已经扭曲变形，互相不平行了。如果是这种情况，那就应该去车店校正好两个钩爪。车店有特殊的工具能轻易地完成这项工作。修复钩爪不仅能方便轮组的安装和拆卸，而且能消除施加于轴杆的不均匀压力，否则会导致轴杆断裂。

校正车架后三角与前三角　变速问题通常与不当的链线有关，如果牙盘组与飞轮没有对齐就会发生这种问题。理想情况下，一条想象的线能够平分牙盘组和飞轮。如果车架后三角与车架前三角不能对齐，结果会导致链条和变速器出现偏差，从而产生变速问题。

这里有一个简单的方法来检查车架尾部的对齐情况。首先，先检查开档，因为这会影响后三角对齐。接下来，拿一条结实的线或钓鱼线，将其绑在右边的后钩爪上。将线绕过车上的头管，并将其拉回左边后钩爪，把线拉紧并绑在钩爪上，要与另一边的绑法一样。

现在应该有一条线从车架尾部开始，向前绕过头管，然后再拉回车架尾部。拿一把尺子靠着座管，向外伸出来，让线能够靠在尺子的刻度上，这样就能读出测量数字并记录下来。然后测量另一边的数值，应确保两边的测量方法相同。如果后三角与前三角对齐，则这两种数值应该相同。如果这两个数字相差4mm，而且存在变速不顺或掉链子的问题，那就要找个车店校正后三角。

车架的两个后钩爪应该互相平行，这样才能快速而顺利地安装和拆卸后轮。完全对齐对于垂直的钩爪也特别重要。H-tools工具是一对很重的钢杆，可以夹在钩爪里，能够为钩爪是否平行提供参照。在钢架和一些铝车架上，你可以轻轻地用这些工具将钩爪调回正确位置。但是不能在碳纤维或铝焊接车架上这么做。尽管用于组装这些车架的树脂异常强大，但是它们并不是冷加工的，只能由制造厂商重新校正或修复。由于钛的弹性和材料硬度，所以几乎不可能用手工工具进行修理，因此也只能将其送回工厂维修。

车轮循迹性　这项校正检查用于确定前后轮是否遵循同一条线。做这个检查时，要先拆下内外胎，并安装上轮组，注意要使其处于前叉和后三角的中心。拿住一根5英尺长的直尺（一片笔直的木头或金属亦可）的一端，将其靠在前轮上，使其与轮圈有两个接触点，然后将直尺朝着后轮伸过去。如果前后轮相互对齐，那么直尺也会与后轮轮圈有两个接触点。

这项校准检查并不是必需的，除非你怀疑存在问题。现代制造的大多数自行车都符合严格的标准。但是，如果车架存在问题或者摔车后你很担心，那么一个详细的检查可以让你安心或者提醒你需要对车架进行专业修复。

车架重新喷漆

钢架偶尔需要重新喷漆。如果铝车架、碳车架或钛车架的涂漆被刮花了，你或许也会想要重新喷涂一番。重新喷漆不仅能使车架很好看，而且能防止任何悄然进行的腐蚀现象。如果是钢车架，重新喷漆后，你就有理由购买新的零配件了。

我们并不建议你自己动手给车喷漆。这样的大活最好留给专业人士。如果你在所住区域中无法找到车架厂商或自行车喷漆专家，那就找一找最近的车店。车店里的工作人员很可能可以帮你推荐一家有信誉的喷漆工厂。

安排重新喷漆工作时，要确保工厂曾经处理过你送去的这种类型的车架。管壁很薄的金属车管在脱漆时需要很小心，以免误伤任何车管材料。碳纤维车架通常不能脱漆，只是在重新涂装前轻轻地打磨一下。喷漆工厂应该知道所有这些有关的事情。如果你在所处区域内无法找到一家信得过的喷漆工厂，那可以考虑将车架送到厂商或专业人士。

至于油漆的种类，烤漆和催化釉能提供最耐用的保护层。应该避免使用普通涂料，因为它们很容易脱落。Imron是一种单层油漆，曾经因为耐用性和易于使用而广受青睐，但是现在却不常用了。相反的，现在最常使用的是多层喷漆，先是一层有颜色的涂漆，然后在外面是一层起保护作用的透明油漆，这种喷漆的色彩饱和度和深度是单层油漆无法比拟的。

划算的投资

如果你好好保养车架，车架可以陪伴你多年，并随你征战数万里之遥。要及时处理掉漆部位，不要让汗水或道路用盐在车架上堆积。骑行时不要太鲁莽或随意跳跃，以免损害车架。要将车存放于室内，还要偶尔给车架喷上一层新油漆。

避震系统

第三章

第三章 避震系统

关于自行车避震系统的话题都可以单独出一本书了。曾经是山地车赛车手和顶尖级自行车迷才会使用的工具，现在几乎出现在所有类型的自行车上，例旅行车、躺车、双人自行车，甚至有些公路车现在都有避震系统。然而，山地车仍然是现代自行车避震系统的根源。在需要改进避震系统时，制造商们也总是率先在山地车上应用新技术。本章将介绍许多当前最常见的避震系统的理念和基本设计原则。

我们从基础开始。

虽然大多数人承认，随着地形的变化，充气轮胎将会压缩并反弹。其实自行车上的每一部分，无论是不是避震系统，都或多或少地吸收冲击，只不过不是那么明显。车把、车轮、座杆、车座，甚至最硬的碳纤维竞赛车架都有一定量的弹性，换句话说就是具有一定的吸震性。尽管所有这些部分协同工作，可以有效地帮你平稳通过一段颠簸的路面，但随着路面变得越加颠簸，需要更强吸震能力。

除了增加骑行的舒适性外，避震系统还对车子在崎岖地形的操控起着至关重要的作用。一辆无避震或者叫做"硬叉"自行车一般需要跳过岩石、树根、坑洼等障碍物，当然也要依靠车手的技术。加入了避震系统后，车轮则能够自动根据地形变化做出反应，让骑车人不必过分担心路况。然而，这种省心是要付出代价的。避震车架和前叉需要定期保养才能保持良好的性能。

避震前叉

除了极少数的例外，如今的自行车避震前叉都是伸缩套管式的。也就是说每根叉腿都由两个主要的组件构成：一根管套住另一根相对滑动。静止的部分叫作内管，运动的部分叫作外管。内管和前叉舵管分别压入叉肩。虽然许多现代前叉都是压入式的叉腿和前叉舵管，但是更老的设计是将这三根管夹在叉肩上，因而得名

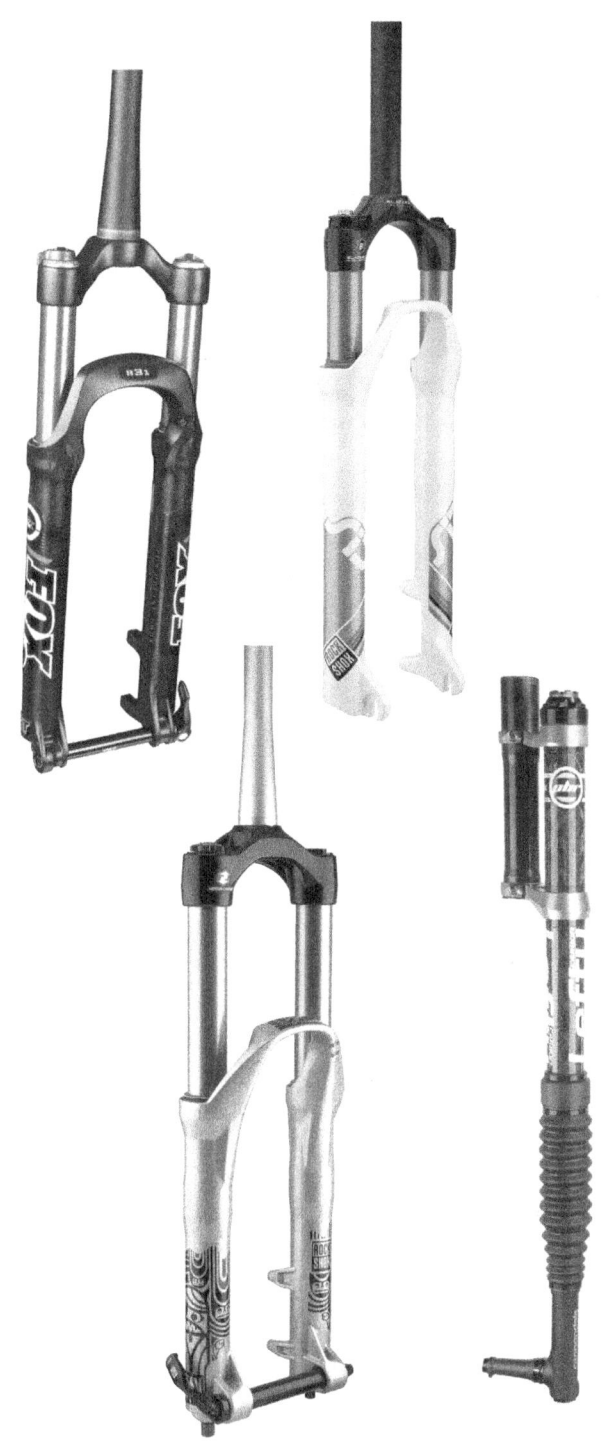

市场上有各种各样的避震前叉来满足不同的骑行风格。

"triple clamp"。

避震前叉外表看似简单，内部却蕴藏着无穷

的技术奇迹。新品的内部结构都属于高级机密。弹簧、活塞、阀门、气室和油室都是精心设计的，在实现最佳性能的同时尽量降低重量、延长使用寿命。可以这样说，这是一个微妙的平衡问题。不过，本质上所有的伸缩式避震前叉都以两个基本原则为基础。

俗称为优力胶的聚氨酯材料，如今已经很少见到。优力胶时间久了会变脆、失去弹性，修补件越来越难找到。出现这种情况时，通常最好直接更换。

回弹

首先，弹簧是避震效果最明显的结构。它使前叉具备了吸收冲击，然后恢复原状并准备吸收下一次冲击的能力。自行车使用的弹簧避震通常有三种类型：螺旋弹簧、气压弹簧和优力胶。其中，螺旋线圈在外形上就可以很容易看出是一种弹簧，它通常由不同规格或粗度的钢丝制成，缠绕成线圈状，受力后会压缩。

其实看不见的空气也可以用来作为弹簧。利用空气做弹簧的最知名案例就是自行车充气轮胎。在避震前叉内，向内部一个密封的空间充气即可把空气作为弹簧使用。空气弹簧相比钢质螺旋弹簧有两个好处：第一，空气轻；第二，前叉内变化的气压可以为不同的骑车人提供更大范围的调节功能，而不必拆卸前叉（螺旋弹簧则必须进行拆卸）。

最后一种就是优力胶。优力胶弹簧早先经常用于山地自行车的避震器，但现在已经很少见了。优力胶由聚氨酯材料制成，重量轻、结构简单，养护要求相对较低。然而，由于近些年前叉行程的不断增加，优力胶因其自身的缺陷而不得不退出市场，因为这种材料需要堆叠很高才能实现长行程的避震效果，无法与螺旋弹簧或气压弹簧相比。

控制

阻尼是指控制前叉压缩和回弹速度的能力。不受控制的弹簧的压缩和反弹速度过快，使你的自行车像弹跳器一样乱跳。为了控制这种情况，大多数高性能避震前叉都使用一定量的油和一个活塞来调节。通过改变活塞上孔洞的大小以及油的重量（或黏度），可以将前叉弹跳运动减慢到一个可用的速率。

现在有两种常见的油阻尼器类型。开放式阻尼器使用一定量的油使前叉内外管的润滑，并且利用油流经阻尼器的快慢来控制压缩和回弹速度；闭合式阻尼器则采用一根密封管，管中油和阻尼器活塞联合工作，由单独的油或油脂负责润滑工作。这两种方式各有利弊。闭合式阻尼器在前叉内保持密闭，比开放式阻尼器的保养需求要小，而开放式因为尘土可以通过尘封和油封进入管内，容易受到污染。但是，当闭合式阻尼器磨损或泄漏时，很难立即发现阻尼功能减弱。开放系统的密封圈无需拆卸即可看到并检查漏油情况，但在这种设计中，由于使用了大量的油，所以重量略大。

避震器保养

这些保养建议只是一般准则。你应该阅读产品说明书，了解制造商的推荐养护时间。

做什么	什么时候做
检查气叉的气压	每次骑行之前
清洁和表面检查	每次骑车前后
检查后避震转点的扭力和锁紧度	每骑行10h
换油、更换尘封	每骑行50~100h，或者发生泄漏
前叉大保养，更换新衬套	每100~200h，或者过于松动
更换避震转点	每100~200h，或者过于松动

保持干净

制造商的建议各不相同,但大多数制造商都同意,每次骑车之前都应该用肉眼观察是否有漏油等迹象。每次在正常环境中骑行50h以及经常在潮湿或泥泞的环境中骑行25h后,都应该拆卸和清洗前叉。推荐每使用200h后就进行一次全面的保养,包括更换所有密封件和衬套。当然,一旦出现漏油的迹象,应该立即更换密封圈,防止性能下降。

只要拥有正确的工具,保养前叉其实是相对容易的。最重要的就是要有一份由制造商提供的产品保养手册。如果没有,你也许能够从当地车店或通过访问前叉制造商的网站来获取一份。这里有一些最常见的制造商网站:

Cannondale, www.cannondale.com
FOX Racing Shox, www.foxracingshox.com
Manitou, www.manitoumtb.com
Marzocchi, www.marzocchi.com
Maverick, www.maverickbike.com
RockShox, www.rockshox.com
White Brothers, www.whitebrotherscycling.com

后避震系统

有时候感觉后避震的设计样式和越野路的种类一样多。从最简单的只有1英寸左右行程的软尾设计到复杂的具有8~10英寸甚至更长行程的速降专用后避震器设计,各种各样的全避震自行车足以适应任何骑行环境。

后避震基础

由于会拉动后轮的链条的存在,摇臂后避震设计变得十分复杂。如果后轴不能在链条的拉力下朝正确的角度运动,那么传动系统就会被压缩或拉伸。这意味着每一次踩踏都会使骑手升高或降低(即上下跳动)。相反的,每当后轮撞到东西并且后避震被压缩时,骑车人会感到曲柄变得忽慢忽快。

后避震设计还需要对抗另一种情况,就是制动力会让骑车人的重量向前转移并释放后避震。后避震是争分夺秒的赛车手们需要考虑的一件大事。但是对于追求顶级性能的爱好者来说,某些后避震设计会比其他设计更能对抗后避震伸展。

下面是不同的后避震设计解决这些问题的方法。

四连杆(four bar linkage) 又称为霍斯特连杆(因发明者霍斯特·莱特纳而得名)或FSR连杆(专利所有者Specialized公司的命名),四杆联动产生一个大致垂直的后轴运动轨迹,最大限度地降低了上下弹跳和后避震拉伸的情况。

高前转点(high forward pivot) 一些制造商使用单摇臂,转点位于前变速器的前上方。连接转点和后轴的直线大致经过中盘的顶部。在使用大盘或中盘时,这个转点的位置让避震器保持灵活,而在使用小盘时,避震器会回到未压缩的状态。

低转点(low pivot) 一个位于五通正后方的单转点,使避震器随时保持高度灵敏。其结果是,这样的设计最容易受到上下弹跳和曲柄忽慢忽快的影响。某些低转点自行车和四连杆设计有惊人的相似之处。下面是分辨方法:四连杆或FSR连杆的关键是后转点在后下叉上,后钩爪的前面。如果后转点在后钩爪上方的后上叉上,则是低转点设计,而不是四连杆设计。

高联动连杆严格地说,像DW-LINK、VPP、Maestro和Quad-Link等设计也可以叫作四连杆,不过高联动的设置稍微复杂一些。两个很短的连接杆将主三角与后三角相连。经过复杂的数学计算才能让高联动连杆有效运作。精心设计每根连杆的长度和每个转点的位置,使后轴移动的路径达到这样的效果:即在踩踏初始阶段避震器很硬朗(为了提高踩踏效率),随着避震器被继续压缩,它会变得更加灵敏。

浮动传动系统(floating drivetrain) 浮动传动设计,巧妙地利用了摇臂压缩时后下叉长度

单车笔记

略微增加的特点。踩踏时，后轮向下压，有利于在松软的地面上爬坡。浮动传动系统的独特之处在于，它在滑行时（比如在技术性下坡路段的滑行）会非常灵活，而踩踏时会变得很硬朗，有利于爬坡或冲刺。

软尾（softtail） 软尾是最简单的后避震设计。在后上叉靠近车座的一端去掉一小节，换上一个小的避震器。轻量的软尾设计并没有任何转点，仅能够为后轮提供大约1英寸的行程。然而，后上叉的中间可以弯曲。这个想法听起来很可疑，不过这么小的形变并没有超出安全形变范围，也不会因此而出现金属疲劳。

长行程自行车

速降车和自由骑自行车代表的是自行车避震系统设计的最高境界。在这个层面上，自行车开始看起来像没有发动机的摩托车，新的避震设计被不断地设计出来,然后开发和测试。

速降自行车是专门的下坡利器,其技术发展迅速。虽然它们看起来像是最近的创新发明,但是内置变速、超过10英寸的行程、碟刹早在20世纪90年代就已经试验过了。这些早期的尝试都没有投入实际生产,但如今无论是世界杯还是业余级的速降比赛,这些技术几乎无处不在。

对于自由骑自行车(FR)的解释各种各样。早期的时候,FR自行车基本上就是长行程的XC山地车,把立变短了,车把也换成了大燕把。100mm(4英寸)的车轮行程把一辆能下坡,同时也能勉强上坡的全能自行车推到了极限。这些早期的自由骑自行车重32磅左右。因此就出现了一群人轮流开车把自行车拉到坡顶,这样就不用勉为其难地骑着那辆不适合上坡的车爬坡了。大概在同一时间,加拿大温哥华北岸的一小群骑车人开始测试在自由骑变成自由落体之前,骑行的坠落线到底能有多陡。这些北岸骑车人创立了一种以前被视为是自杀未遂的新骑行方式。"北岸(NorthShore)"和"自由骑"很快成为了同义词。看中这种趋势的制造商开始推出更加重型的自行车,行程也更长,这种车就变成了我们今天所知道的自由骑自行车。(有趣的是,那些早期的北岸风格骑手骑的是装有燕把的硬尾XC山地车,它们的"长"行程只有3寸。今天,许多北岸风格的骑车人和自由骑自行车骑手仍然对硬尾车偏爱有加。)

早期的自由骑纯粹主义者并没有被遗忘。今天的全山地自行车正是体现了第一批自由骑山地车的精神。由于技术的突飞猛进,全山车手可以拥有5~7英寸行程的自行车,重量也不到30磅,新的摇臂和避震设计让车上坡和下坡时性能同样优秀。

避震器的调整

正如我们之前所说,如果你拥有一辆避震自行车或者给你的车增加了避震装置,那么你会得到一本用来解释基本调整和保养要求的手册。如果没有,请联系制造商索要一份。这很重要——市场上有太多不同类型的避震器,因此你必须遵守制造商的建议。如果你没有手册,从网站上也找不到,且你的避震器不是太少见,可以尝试咨询车店技师。

首先调整预压。这一步是根据你的体重来设置避震器。举例来说,如果你的气/油压后避震的气压较低,遇到颠簸可能就会打底。如果你的体重轻而气压设置过高,那么避震器将不会有什么作为,对骑行没有太多好处。

预压值(sag)指的是当你静态坐在自行车上时避震器的压缩量。为了方便检查预压,许多避震器制造商会在前叉内管或气压后避震的内管上套上一个O形环。将O形环放到前叉外管或气室的上端,然后轻轻地上车,再下车。如果没有O型环,可以用一根塑料扎带或绳子代替。上下车的动作会压缩避震器。测量前叉外管/气室到O形环的距离即理想的距离应该是总行程的25%左右。也就是说,如果你有一根120mm的前叉,那么预压值大约应该是30mm。记住,后避震的行程与后轮行程不同。将自行车后部的预压值设置为后避震总行程的25%,而不是后轴行程的25%。

气压前叉很容易调节预压。首先,参照使用手册,根据体重确定气压值。大多数气叉都通过一个美嘴充气,但是需要专用的接头或气针,就像篮球用的气针。需要特殊接头的前叉通常在购买时会附送一个。带有气压表的专用气筒最好用,它们可以将少量的空气充到很高的气压,非常强大和精确。此外,大多数避震器打气筒都有一个排气阀,你可以少量释放压力,这是落地式气筒很难做到的。

气压后避震通常需要很大的压力,有时超过200磅/平方英寸,所以一定要使用适当的打气筒。紧急情况下可以使用落地式打气筒代替,但是很难达到精确的气压值。

有些气簧避震器中还有另外一部分空气,称

为负气室。负气压给弹簧一个相反的力，从而使避震器对微小的颠簸也非常灵敏。这个气室的压力只能小于或等于主气室中的压力，否则平时就会使避震器处于压缩状态，缩短了总行程。

调节带有负气室的避震器的关键在于充气的顺序。首先，完全放掉负气室的气压。理想情况下，你应该取出负气阀的气门芯，但是要注意，会有少量液体喷出来。拿一块抹布放在气门芯拆卸器的后面，将喷射的液体降到最低限度。接下来，将正气室充到符合你的体重和骑行风格的气压。最后，把负气阀的气门芯装回去，然后根据你的骑乘风格给负气室充气。负气压使避震器的前一段行程非常硬朗；负气压越大，避震器的前一段行程就会越柔软和灵敏。

调节好气压避震器的预压后，定期检查也非常重要。因为气压避震器里面含有少量的空气，损失几磅的空气会让避震器性能下降，所以每次骑车前要检查气压。

螺旋弹簧避震器是通过旋转旋钮将避震器调节到适合骑车人体重的状态。螺旋弹簧的预压只能进行微调，设置过多的预压会使避震器打底。时间久了，它还会过分压迫螺旋弹簧，并导致其破裂，所以从一开始就要选择符合骑手体重和骑行风格的弹簧。你的前后避震器的说明书会提供可接受的预压值以及适合体重的弹簧推荐。

更换后避震器的弹簧相对比较容易，只需要几个基本的手工具就可以完成。更换避震前叉的弹簧则是另一回事。虽然所需的工具并不是特别专业，但是不同制造商的操作程序各不相同，可能会有一点复杂。操作任何未知事物之前一定要先阅读说明书，直至了解整个过程后再开始。

许多老式的优力胶避震器是通过预先在内部设置优力胶来适应骑车人的体重。不过，有些可以通过改变聚氨酯阻尼器进行微调。过去制造商会提供不同密度的阻尼器，但由于优力胶已经逐渐退出市场，所以可能很难找到新的。如果你有合适的阻尼器，那么拆卸前叉还是比较简单的，只需要在拆卸后换上更硬或更软的阻尼器就可以了。

对于某些前叉，更换阻尼器可能需要专门的工具，例如超长的六角扳手，你可以阅读手册寻求指导。同样的，修补件和专用工具曾经都可以由厂家提供。现在你必须费心寻找一番才能找到所需的东西。

一些廉价前叉和后避震的阻尼是出厂时预设的，不提供外部调节功能。然而，大多数避震器都会有某种形式的旋钮、拨杆或螺钉来调节回弹阻尼，而其他避震器则有调节压缩阻尼和回弹阻尼的装置来满足你的具体需求。关于如何调节避震器的阻尼，很难用文字说清楚。阻尼器的作用是减缓弹簧的动作（无论是空气弹簧还是螺旋弹簧），这样当自行车遇到颠簸时就不会感到"弹跳不停"，然后恢复到完全伸展的状态。与此同时，你也不希望弹簧压缩得过慢，以至于无法有效地吸收冲击；也不希望回弹太慢，以致避震器的行程不断减少——也就是说在经过连续的颠簸时，避震器无法快速回弹，行程被逐渐压缩得越来越短，直到最终完全打底。

你的避震器使用手册上会提供如何根据体重和预压来调节阻尼的方法，其实你也可以通过不断尝试找到这个值。首先将旋钮完全拧到一端——哪边都可以。一旦拧到尽头后，再将旋钮完全拧到另外一端，心里要记住一共拧了多少圈或多少下。现在把它拧到中间，避震器上的所有旋钮都按照这样的步骤来调节。

现在你的压缩阻尼和回弹阻尼都设置到中等，找一条你熟悉的线路试骑一下。当你撞上一个较大的隆起障碍物时，你是否感觉一个车轮要继续向上移动？如果是的话，就给那个车轮增加压缩阻尼。

是不是车子在碾过每个隆起障碍物时都感觉震动不止，就像来自地面的冲击绕过了避震器而直接传进你的身体？如果是则稍微降低压缩阻尼。回弹阻尼呢？是不是感觉车子在撞到一个较大障碍物或在生硬的落地后，它会把你

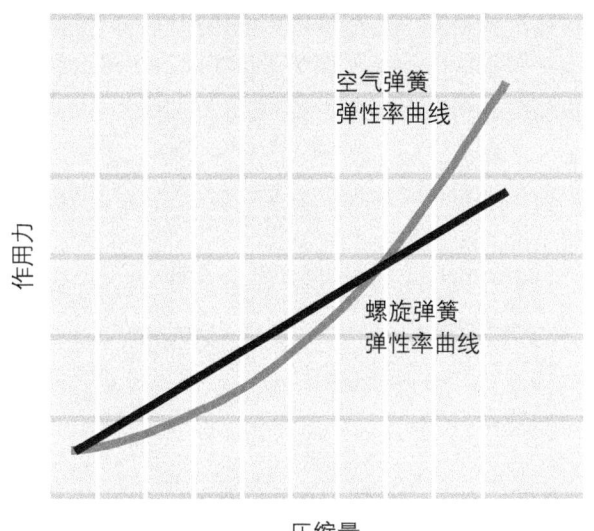

空气弹簧和螺旋弹簧的弹性率曲线

往上颠？那就增加回弹阻尼。但是，如果感觉自行车在快速经过一长段颠簸路面后，车子会往下沉或者没有恢复到全部的骑行高度，那就减少回弹阻尼。

你第一次几乎不可能调节得很完美，但不要气馁。阻尼调整是一个非常难把握的平衡问题。

除了这些基本的预压值、阻尼调整之外，大部分避震器都需要定期保养才能保持正常功能。定期检查前轮的快拆或筒轴，确保它们处于锁紧状态，因为这才是保证两条叉腿能协同合作的关键。每几次骑行后需要做的一件简单的事情，就是要擦掉叉腿上面的灰尘（如果安装了前叉保护套，应先小心取下），滴上一点避震油，压缩前叉几次，让油通过密封圈。这将有助于防止灰尘进入叉子，同时也润滑叉腿，保持前叉顺畅工作。大约一个月，如果顶盖、刹车部件、轴螺栓（叉腿的底部）松动了，就用扳手轻轻把它们拧紧。一定要经常留意刹车桥和钩爪是否有损坏的迹象。

如果你经常骑行或参加比赛，那就需要每一两个月清洁并润滑一次前叉；如果你经常在潮湿或泥泞的环境中骑行，则需要增加清洁的频率。

大多数避震前叉只需要几种基本的手工具就可以进行部分拆卸，完成更换阻尼油和清洁的工作。更换密封件、尘封和衬套通常需要一些更专业的工具。在自己动手拆卸前叉之前，一定要完全熟悉生产商的维修保养指南。

优力胶避震器通常比气压和液压阻尼避震器保养起来更加简单。对于前叉，要保持外管表面的清洁，使用喷雾润滑油轻轻润滑，或者滴入特氟龙油。对于把立和后避震器，唯一可能需要做的保养工作就是当零部件出现松动时，把螺栓上紧。如果你经常骑车，你可能要每年更换一次优力胶，因为它们会失去弹性。

所有依靠机械联动的避震系统使用一段时间后都会松动，所以最好经常检查螺栓，必要时拧紧。后摇臂是最容易松动的地方。你可以横向推拉后轮来检查是否有松动，后轮不应该有很大位移。如果有任何金属发出的"哐啷"声或者零件松动，则可能需要锁紧摇臂的固定螺栓。

避震器的通用技巧

下面是一些让你的避震器保持最佳状态的几个小技巧。

• 前叉的出厂设置适合一般的使用者——也就是说，如果你不在"一般"的行列，那么这根前叉可能无法正常工作。但你怎么才能知道呢？即使你尝试过所有预压设置，当你经过颠簸时，前叉要么几乎没有反应（体重轻），要么就反应过度而打底（体重重）。该如何解决？更换弹簧或油。几乎所有型号的避震器在调整后都可以适应很大范围的用户，不过有时需要单独购买不同的内部零件。

• 许多前叉都使用镁这种金属，因为它非常轻，但是冬天在撒过盐的道路上使用后很容易被腐蚀。如果你不得不在这种地方骑行，骑完之后必须立即清洗、擦干并润滑，否则你可能会毁坏前叉。

• 检查避震前叉的螺栓时，应该参照说明书中的扭力规格，这样才能确保螺栓足够紧。更重要的是，要保证在使用过程中前叉不会出现断裂或零件脱落。

- 每次摔车后一定要仔细检查。如果前叉无法像之前一样反弹，它可能已经在摔车时损坏。（通常来说，更换损坏的部件就可以修复。）
- 油阻尼前叉经常向外渗油。一点点油痕无须担心。然而，如果出油太多，说明密封件或O形环已经失效，需要拆卸和维修。

分隔内、外叉腿的衬套会因大量使用而磨损，这样叉腿会出现松动。捏住前刹车，前后晃动车身，检查是否出现这种情况。松动说明碗组松了或衬套有磨损。检查碗组，如果碗组没问题，说明需要更换衬套。这项工作需要全套的专用工具。这些工具可能非常昂贵，所以最好由车店代劳。

- 润滑前叉时，只使用制造商推荐的润滑油；其他产品可能破坏内部的塑料和橡胶部件。
- 碟刹是追求强大且一致刹车力车手的首选。但不要在不适合安装碟刹的前叉上强制安装，这种刹车的刹车力度非常大，可能超过叉腿的承受能力，导致叉腿断裂。
- 将山地车固定在汽车车顶架上时，有些固定支架用前叉当作固定点，此时无论是避震前叉或其他前叉，都要小心。如果支架只固定一根叉腿，（当你放车时）车可能翻到，从而损坏叉腿。
- 在检查预压或行程时，在叉腿顶部扎一根扎带。坐在车上，前叉会压缩，使扎带上移。从车上下来后，前叉会恢复原长，此时你可以测量扎带的移动量，也就是预压值，然后适当调整（说明书中会列出推荐的预压值，通常是整个行程的30%）。每次骑行后，你就可以看到前叉的最大行程（假设你骑得很猛，前叉出现过打底）。
- 如果你的避震前叉配备了原厂的橡胶保护套，那就利用它们。有人说这种保护套会堆积尘土和湿气，不利于密封圈的使用寿命，但是只要每次骑行后小心清理就可以避免这种问题。然而，较新款的前叉使用了更复杂的防尘设计和内管涂层，基本不再需要保护套。
- 在泥泞环境骑行之后开始清洁自行车时，不要用水直接喷在前叉的密封处，否则可能会让泥土渗进去。
- 双肩叉应该经常检查上面的橡胶套。它们有一项重要的工作：当前叉完全转到侧面时，它们确保叉腿不会猛烈撞击车架。因此，橡胶套的位置必须正确。

答疑解惑

问题：经过颠簸路段时，感觉不到前叉或后避震的反应。

解决方法：弹簧预压设置可能过高，改变调节量。

问题：经过颠簸路段时，前叉或后避震反应过度，甚至打底。

解决方法：增加到全部行程的30%左右。

问题：经过颠簸路段时，前叉不像以前那样灵敏。

解决方法：清洁并润滑内管和衬套。

问题：经过颠簸路段时，前叉不像以前那样灵敏，而且你之前摔过车。

解决方法：让车店来校正前叉。摔车可能导致叉腿弯曲。

问题：一条叉腿漏油。

解决方法：油封可能存在问题。重新组装前叉，更换密封件。

问题：叉腿的顶盖经常松动。

解决方法：更换上盖的O形环（如果有的话），并检查上盖的螺纹。如有损坏就更换。

问题：撞击障碍物后，前叉回弹得太快。

解决方法：增加回弹阻尼。

问题：前叉的锁死功能效果不佳或完全不起

作用。

解决方法：重新组装阻尼器，更换所有密封件，确保阻尼油的量符合制造商的要求。

问题：后避震的锁死功能效果不佳或完全不起作用。

解决方法：如果可修复，就用新密封件重新调节阻尼器。某些后避震器有高压氮气室。这种类型的后避震器通常不需要修理阻尼器，但如果需要，则只能由制造商来完成。

问题：爬陡坡时，你站起来踩踏，听到摩擦声。

解决方法：两边叉未能同时工作，导致轮圈或碟刹片蹭到了刹车块。确保车轮位于前叉中间，检查快拆杆或桶轴是否锁紧。

问题：你听到后避震出现"咔哒"声或"吱吱"的声音。

解决方法：用扳手拧紧所有松动的螺栓。阅读手册，确定哪些转点需要润滑，然后进行润滑。

问题：踩踏时，你的脚后跟碰到了后刹车。

解决方法：如果使用的是悬臂刹车，尝试使用直拉式刹车（它们更靠近车架）。如果已经使用直拉式刹车，尝试重新走线，留出空间。如果是Shimano的V刹，那就缩短弯管，或者安装拉线轮。

避震器调整基础

1 避震器能提高操控性和舒适性，但不是免保养的。首先，要根据你的体重进行调节。如果是气叉，要根据使用手册的建议，按照你的体重增加或减少气压。

前叉通常在每根叉腿顶部有气阀。为了防止气阀被沾染，可使用塑料或金属盖密封。去掉密封盖，露出阀门。

现在连接气筒。紧急情况可以使用一个标准的自行车打气筒，但最好使用专门的避震器打气筒。它们通常很像一只带有压力表的注射器，这种气筒可以更细微地调节气压，所以更容易使用，压力表也比大多数自行车打气筒的气压表更精密。

将打气筒接入阀门，充气到推荐的气压值（见右图）。如果气压过高，按下气筒侧面的排气阀就可以放气。两支叉腿都达到正确气压后，重新盖上防尘盖。

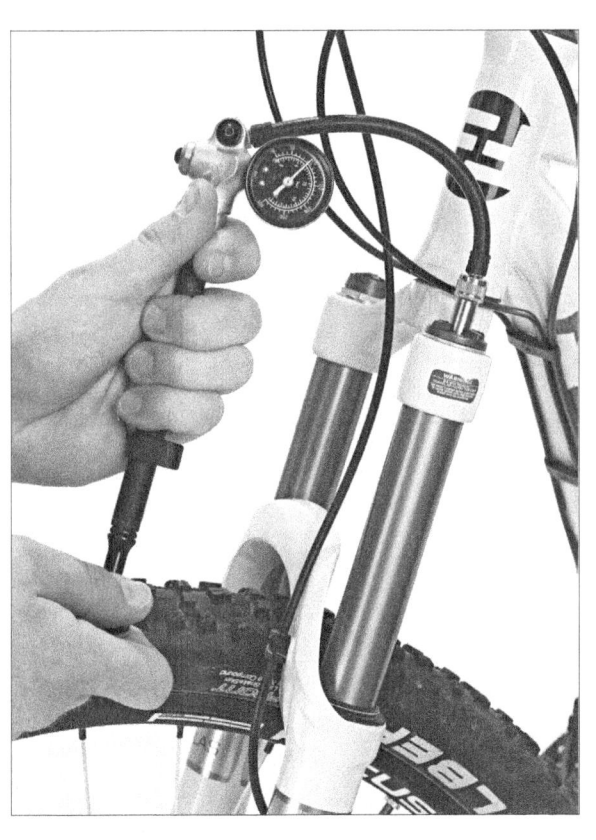

2 空气后避震比前避震需要更高的气压,因此就不需要过于精确的气压值。如果追求准确,最好使用原厂的打气筒。操作流程与前叉相同,只不过后避震只有一个阀门,而且气压更高。取下防尘盖,连接气筒,充气至推荐的气压值(见右图)。

螺旋弹簧避震器的微调只需要拧一拧。想要硬一些,顺时针旋拧预压旋钮。想要更软,就逆时针转拧。如果预压调节功能无法满足你的需求,那么就根据你的体重更换弹簧。

由于后避震器的螺旋弹簧位于避震器主体之外,所以更换起来非常容易,而且通常不需要任何专用工具。更换前叉的弹簧略微复杂,你需要将前叉部分拆卸,因此建议你在开动之前详细阅读使用手册。

3 你可以自己做的另一种保养工作就是检查连杆。由于许多避震器都要靠移动部件工作,例如用螺栓固定在车架上的摇臂,所以偶尔要检查它们是否松动。横向摆动就可以知道了。如果出现晃动,那么车轮无法沿直线前进,可能会影响操控。防止这种情况的方法就是定期检查连杆并拧紧松动的螺栓(见右图)。

某些后避震器使用阻尼油,也需要定期换油。有些避震器可以在家自己动手保养,但许多避震器使用高压氮气,所以必须由厂家授权的服务中心维修保养。

4 车轮与轮胎

第四章

大多数人知道"自行车（Bicycle）"这个词的意思是"两个轮子"。尽管车架可能决定了自行车大部分的操控性，但没有车轮一切都是妄谈。一辆自行车的骑乘品质和操控性的某些方面深受车轮和轮胎质量的影响。高品质车轮紧实且正圆，再搭配充气量适当的轮胎，让每次骑行都是愉快的旅程。另一方面，一个松散、变形的车轮或充气不足的轮胎让短短几分钟的骑行都变得痛苦，甚至是危险。低劣品质的车轮使转向很困难，尤其在高速下，而且刹车也会遇到麻烦。

什么样的车轮才算好车轮？

高质量的轮圈和花鼓都很重要，但是车轮强度的关键在于辐条。即使花鼓和轮圈很普通，但是经过编圈专家用高质量辐条编出来的车轮也会是一个好车轮。如果各个方向张力平衡，自行车车轮将变得又直又圆并且耐用，是艺术与科学的融合。正确的辐条张力使车轮能够保持正圆，并经受住从路面传导而来的重量和震动的压力。

当车轮受到重压时，花鼓下面的辐条会失去一些张力。如果这种张力不足，轮圈有可能永远变形。一个制造精良且保养良好的车轮应是一个很紧实的车轮，所有辐条都处于最佳张力状态。与一个松散的车轮相比，这样的车轮能够更好地承受从上面和侧面传来的压力。紧实的车轮比松散的车轮更灵活，所以更少出现金属疲劳。紧实的车轮更耐用且更不可能出现真正的变形。

幸运的是，从当地车店购买的几乎所有车轮，不管是单独购买还是作为新车的一部分，都很好。但是最好在购买之前对它们检查一番。转动车轮以检查轮圈的平直度和圆度。等车轮停止转动之后，拨拉或紧握成对的辐条来听一听或感受其的张力。要记住，在变速自行车的后轮上，左侧辐条张力比右侧辐条张力低的情况是正常的，这叫作dish（本章后面会进一步详细解释）。在带着购买的商品离开之前，任何新车或轮组套件的车店都应该愿意并渴望为你调整好车轮。一开始张力就适当的一对车轮在以后无需太多保养。

真正的需求　最好是能拥有一对由经验丰富的编圈技师专门为你制作的车轮，或者选择符合需求的定制机编轮组。定制车轮与厂编车轮比批量生产的车轮价格更高，但是你得到的是一套根据你特定骑行风格而制造的轮组。

另一种可能是学会编出自己的轮子。编轮子需要耐心、细心和高超的技术，对于许多普通爱好者而言这些要求可能太高了，但是这一过程对于那些具有平均技工水平之上的人来说应该是能够做到的。只有在编过多个车轮之后你才算真正精通，但是制造并使用自己的车轮所带来的满足感和成就感让所有付出都觉得很值。

合适的橡胶　好轮胎是由尼龙纤维制造的织网罩构成的，也许还会添加一些芳纶纤维（如Kevlar）之类的特殊材料来提高穿透阻力并减轻重量。橡胶化合物的选择要与轮胎的预期用途相匹配。竞赛轮胎使用由又轻又薄的黏性橡胶制成的胎面，旅行轮胎使用能够最大化胎面使用寿命的橡胶化合物，而山地车轮胎制造的目的在于耐用和在各种条件下最大化抓地力。

要避免使用那些在普通商店就可以买到的廉价轮胎。这些轮胎通常由低级别的棉或涤纶织物以及低质量且易磨损的橡胶制成。但是这样的廉价轮胎最大的问题在于推荐气压值很低，使得骑行的路感变得模糊不明。

空气垫　有了正确的胎压，轮胎就能快速且顺畅地滚动，同时在公路或林道上有很高的抓地力。

胎压正确的轮胎也能使轮圈免受来自颠簸、石块和坑洼路面的冲击。那么什么才算正确的胎压呢？每个轮胎都在侧壁上标有推荐的胎压范围。一般来说，对于公路轮胎，一般把气充到推荐胎压的最高值；而对于越野轮胎，最好根据情况的不同而调整胎压。在铺装路面或快速平稳又坚实的林道路面上，抓地力会很充足，所以你应该把气充到推荐胎压的最高值（通常为60~65磅/平方英寸）来最小化滚动阻力。越野骑行一般的推荐胎压范围为30~45磅/平方英寸，但是需要经过一些试验才能找到合适的胎压。为实现最佳表现，正确的胎压应该尽量低，使其刚好能避免蛇咬或在过弯时折叠轮胎。遍布石头的林道需要更高的胎压以避免扎胎；而较低的胎压则可以更好地贴合地面并获得最大化的抓地力。

种类 轮胎是易耗品，这样我们就有机会尝试不同的轮胎宽度、胎面花纹和橡胶化合物等。就像工作靴不适合跑马拉松、休闲鞋不适合深入野外的徒步旅行一样，自行车轮胎也有专业化分类——只有通过试用许多不同的轮胎，你才能发现什么样的轮胎与你的车子、骑行区域和骑行风格最相匹配。狂热的山地车手拥有满柜子适用于不同条件的轮胎是很正常的事情。公路车手常常在赛季前的训练中使用较重且耐磨的轮胎，而在赛季中使用纤细、轻量的轮胎。

车轮的选择

自行车车轮有多种尺寸大小和类型，直径从12~29英寸，宽度从0.75（20mm）~3英寸。自行车世界有多种轮圈和轮胎的编号系统，英美标准和欧洲标准是最常见的。尽管同一个标准内的许多车轮是可以互换的，但是每个系统确切的轮胎与轮圈的匹配是独一无二的。

英美标准使用两位数字来表示近似的直径英寸值（从胎面到胎面的距离），后面跟着一个用小数点数字表示的轮胎宽度数字。比如，26×1.9就是表示装上轮胎之后的车轮的直径大约为26英寸，而宽度约为1.9英寸。还有一种用于26英寸车轮的老标准，使用分数来表示轮胎宽度。这种标准曾经最常见于英国装有26×1 3/8轮胎的三速自行车。尽管两者都叫26英寸，但是不可混用。

欧洲系统是公制的。车轮直径用三位数的数字表示，用毫米表示安装上充满气的轮胎后近似的车轮直径。这个数字有时会伴随着一个两位数，以毫米为单位表示轮胎宽度。在这些数字之后通常有一个字母（A、B或C）表示轮圈直径。所以一个欧洲650×23C数值表示装上轮胎之后车轮直径约为26英寸。

现代欧洲标准较以前已经发生了变化。目前常见的轮胎规格可能只是过去数种标准中的一种。最著名的例子就是700C。

如果要测量公路车上最常见的700×23C轮组装上轮胎后的直径，你会发现它并没有真正近似于700mm（约27.5英寸）。实际上，你得到的测量值更接近于675mm（约26.5英寸）。这是因为这个标准最初基于的轮胎的尺寸更类似于700×35。两种轮胎都适用于同样的轮圈，但是更小尺寸的23mm轮胎降低了车轮整体的直径。另一个案例是650B，它曾经被遗忘了一段时间，但现在作为山地车车轮尺寸的一个选择却越来越流行起来。在这里，650的称号本来表示直径约为25.5~26英寸，但是装上一个2英寸的现代越野轮胎后，车轮直径就达到了约27.5英寸。

山地车轮胎

公路车轮胎

自行车轮胎有各种尺寸大小和胎面花纹。从用于平稳路面追求最快速度的高胎压窄胎，到最崎岖林道（在其间有许多选择）上使用的又软又重的宽齿胎，几乎任何地形都有适用的一款轮胎。

车圈与外胎兼容性及用途

车圈类型或名称	圈宽/mm	圈直径/mm	常用外胎尺寸	典型用途
公路700C开口	19~21	622	700×19C~700×28C	公路竞赛，一般公路骑行
公路650C开口	19~21	571	650×19C~650×25C	公路竞赛，一般公路骑行
旅行/混合700C开口	22~28	622	700×28C~700×47C	旅行，休闲骑行
旅行/混合650B开口	22~28	584	650B×28~650B×40	旅行，休闲骑行
越野公路开口	19~21	622	700×28C~700C×34C	公路越野比赛，轻度越野骑行
27″开口	23~28	630	27×1$\frac{1}{8}$″~27×1$\frac{3}{8}$″	休闲骑行
山地26″开口	25~32	559	26×1.25″~26×3.0″	山地竞赛，一般越野骑行，休闲骑行，越野旅行
山地650B（27.5″）开口	25~32	584	650B×2.0~650B×2.35 (27.5×2.0~27.5×2.35″)	山地竞赛，一般越野骑行，休闲骑行，越野旅行
山地29″开口	25~32	622	29×1.9″~29×2.3″	山地竞赛，一般越野骑行，休闲骑行，越野旅行
公路管胎	19~21	622	700×18C~700×27C	公路或场地竞赛
越野公路管胎	19~21	622	700×28C~700×34C	越野公路竞赛

选择车轮时必须考虑的因素包括直径（你最可能接触的是26英寸、27英寸、700C或29英寸）、轮圈宽度（这个规格影响轮胎选择，但没有正式编号）和轮胎尺寸。

车轮直径 这是由车架设计师决定的，他设计前叉与后叉以适应特定的尺寸。大多数设计使用27英寸车轮的公路自行车不能兼容700C车轮。有些可以试一试看是否合适，但是要确保可替换性。令人惊讶的是，700C车轮能够安装在一些山地车架上，从而让车子更适合公路用途。当你尝试这些替换时，要确保刹车块能够接触到轮圈（没有确定是否能适用之前不要去买）。

胎唇座直径 轮胎与车轮的兼容性由胎唇座直径决定。在每个车轮尺寸标准内，是一种被称作胎唇座直径（BSD）的测量值。这是测量轮圈与胎唇接触的最远两点位置之间的距离，胎唇就是轮胎织网罩厚厚的边缘。每个轮胎尺寸标准的BSD都是不变且特定的，例如，一个700C轮圈的BSD总是精确的（622mm）。正是它使许多不同尺寸的轮胎能适用于同一个轮圈。

轮圈宽度 这会影响公路轮胎的选择。尽管轮圈与轮胎的兼容性没有固定的规则，但是大多数轮圈都适用于多种公路轮胎尺寸。例如，一个外部宽度为20mm的狭窄轮圈通常能适用宽度为19~35mm的轮胎。在选择轮圈时，要预计你要遇到的各种骑行条件。第47页的表格显示不同类型的骑行各自应该使用哪些轮胎。找到你将要使用的轮胎，然后选择一个可以兼容的轮圈。

轮胎尺寸 在选择公路和山地轮胎时，要注意虽然可以信任制造商所列出的直径是正确的，但是他们标示宽度的方法是不可靠的。一家公司25mm的轮胎可能与另一家公司28mm轮胎的尺寸是相同的，一些26×1.75轮胎可能会被另一家制造商标成26×1.5，所以要想知道一个轮胎精确的尺寸，只能通过测量充满气的轮胎的宽度。国际标准组织（ISO）的轮胎尺寸系统是一种五位数序列，它也许能解决这种度量制度的混乱。尽管轮胎工程师理解并遵守这种系统，但这种形式的标记方法才刚刚开始被消费者作为选择轮胎的指导。

除了尺寸大小之外，轮胎在其他方面也有所不同，其中最重要的是织网罩构造和胎面花纹。

在选择轮胎时，要记住更粗糙的织网罩（意味着更大、更少的钢丝，每英寸内的纱线根数为30~60，即TPI）通常使轮胎更硬、更耐用，而具有更好的织网罩（100TPI或以上）的轮胎更柔顺、更平稳，能承受更大胎压，但是不太能阻挡磨损和切割。

选择轮胎的第二个关键因素即胎面花纹，它要根据你所骑行的路况的不同而不同。有些轮胎专用于柏油路之类的坚硬表面、混凝土或木地板以及坚实的多用途道路，这些轮胎的胎面花纹较浅，有时根本就没有胎面花纹。而专用于干燥松散地面的越野轮胎需要有许多大胎粒，而用于潮湿泥泞环境的轮胎的胎粒分布更稀疏，以免轮胎上积满泥土。

车轮与自行车的兼容性

当考虑更换车轮时，不能忽略车轮与自行车的兼容性。影响兼容性的因素包括车轮直径、轮圈宽度、花鼓轴尺寸和宽度、飞轮类型兼容性。如果所用的是老式的自行车，还得考虑塔基制式。

车轮直径 车轮直径很重要，因为它必须兼容刹车块。刹车块必须结实可靠地与作为制动表面的轮圈侧壁相接触。因为刹车块有许多不同

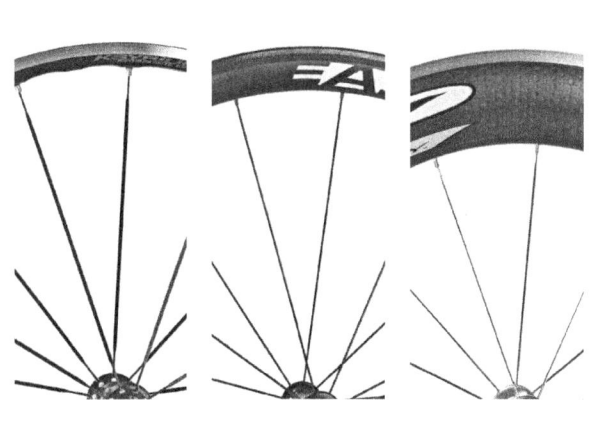

公路车轮胎

 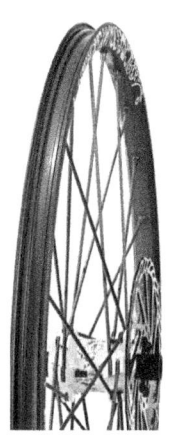 

山地车轮胎

公路车的轮圈有很多种剖面形状，称为框高。一个更深（更高）的轮圈更符合空气动力学，但是更浅的轮圈通常会更轻。山地车轮圈的圈宽更为明显，但是根据用途的不同，宽度也会有所不同。XC越野车的轮圈更细长和轻量。更强的宽轮圈能承受速降和自由骑的使用强度，但是它们会重得多。

的长度，而且安装在车上的位置也各不相同，所以不要认为刹车块能够适合任何大小的车轮。例如，装配有27寸车轮的自行车通常无法容纳稍小一点的700C车轮，因为刹车块不够低，所以不能接触到轮圈的制动表面，否则刹车块可能会摩擦轮胎并将其撕裂。由于需要测量这么小的距离，所以事先试安装所希望使用的车轮是非常有好处的。借朋友的车轮或去拜访一家车店，来看看你想用的车轮是否适用。

轮圈宽度 轮圈的宽度会影响所安装轮胎的形状，宽轮胎安装在合适宽度的轮圈上会达到理想的形状。如果轮圈太宽，那么安装上细轮胎后可能根本用不了。查看第47页的表格了解对轮胎和轮圈尺寸的建议，选择一个与骑行类型相适应的轮圈。

花鼓轴大小和宽度 这些必须适合你的车架。花鼓宽度是指从锁紧螺母到另一个锁紧螺母的距离，而且它需要符合叉腿之间（见右图）以及车架两个后钩爪之间的距离。否则，安装新车轮将造成很大破坏。

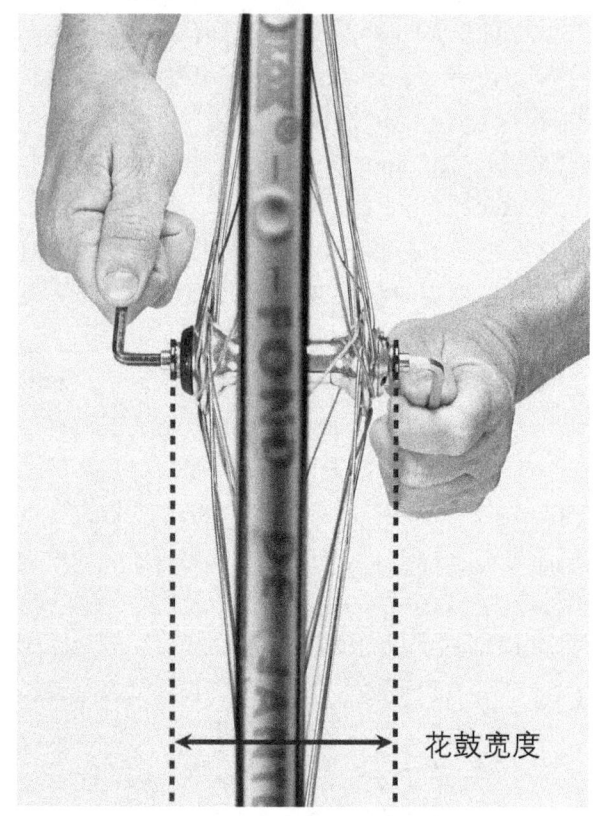

花鼓宽度测量的是两个轴杆锁紧螺母的外缘之间的距离，这个距离应该相当于车架或前叉钩爪之间的间距。

大多数前花鼓的宽度为100mm。这条规则的例外包括一些使用一体"桶轴"的山地车避震前叉，宽度将会是110mm。在后轮上也应该同样关注这样的宽度考量，后轮的尺寸范围会更大。现代公路车的后轮宽度是130mm，而山地车是135mm，除了少数例外。专为速降竞赛和自由骑制造的山地车有时使用150mm的后花鼓间距，从而安装桶轴（通常情况下，我们称这个区域为后钩爪，但是松动后轴时车轮并不会真的脱落。它必须抽出才可以）。场地自行车使用120mm宽的后花鼓，而老式变速自行车的宽度可能为120mm、125mm、126mm、127mm或130mm（老式山地车）。在老式钢架上，可以通过扩大或缩小后叉和后钩爪的间距来稍微变通这个规则，但尽量要实现紧密的匹配，从而使车轮与车架之间的差异不超过3mm。在完成修改之后，还要检查车架和钩爪的校准情况。但无论你做什么，都不要在铝、碳纤维、钛或风硬钢车架上这

么做。否则，在最好的情况下，根本行不通；而在最坏的情况下，可能会弄断车架。

竞赛车队的目标是将他们所有自行车的后轮和车架都设置成完全相同的间距。如果所有变速器都是为相同的飞轮间距而设置的，那么更换车轮就能快如闪电。如果你想在车上经常使用几种不同的后轮，就花些时间将它们设置成相同的总体宽度和飞轮间距。更换车轮后，可能会因变速器调整错误而出现有害的链条变速过度现象，但这是可以避免的。

轴杆直径各不相同。后花鼓上的标准快拆轴杆的直径为10mm，然而有些后花鼓使用9.5mm的轴杆。标准快拆前轴杆的直径为9mm。用螺母固定的轴杆可能为10mm、9.5mm（有时称为3/8英寸）或9mm。这些轴杆由钢制造，并且在整个长度上的直径都是恒定的。这些轴杆被称为普

通轴杆,从而把它与许多高端花鼓使用的专用轴杆区分开来。专用轴杆通常用铝制造,使用更大的不同直径来增加刚度和强度,同时又不增加重量。但即使是这些专用轴杆也有标准尺寸建议,后花鼓10mm,前花鼓9mm,以便保持与车架和前叉的兼容性。

大多数车架和前叉钩爪能够接受所有这些轴杆直径。不过,一些老式车架和前叉可能会比较紧。如果你的轴杆不能正确地装入钩爪,这可能只是因为油漆的厚度干扰了简易顺畅的安装。你可以用一把锉刀小心地刮掉多余的油漆。要慢慢处理,每刮几次之后就尝试安装轴杆,直到能完美地安装上去。如果你刮油漆刮到了裸露的金属,甚至磨掉了少量的钢,也不用太担心。在正常使用中完全磨掉这些油漆也是很正常的事情。

轴杆间的另一个不同之处是螺距。螺距是指一圈螺纹的顶端到下一圈螺纹顶端之间的距离,可以用TPI(毫米每条螺纹)描述,通常称为毫米间距。所以你在特定轴杆上可能会看到"10毫米×1毫米螺距×137毫米"(通常简化为"10×1×137"或"M10×1×137")或"3/8英寸×26 TPI×174毫米"("3/8×26×174"),这些标示中最后一个数字是指轴杆的总长度。稍微复杂一些的是,有时在描述轴杆的直径和螺距时会混合使用计量单位。一个例子是Campagnolo公司使用的10×26轴杆,即直径为10mm,螺距为26TPI。

要注意的是快拆轴杆必须超过锁紧螺母,这样钩爪才能靠在上面,但是超出锁紧螺母的长度不能超过钩爪的宽度。大多数工厂生产出来的前花鼓的轴杆两边会超出来5mm,而后花鼓上是5.5mm,这对于绝大多数车架都是很完美的。但是,一些老式、廉价的自行车上配备的钩爪非常薄。有些会薄到锁紧快拆时无法夹紧花鼓,当你踩踏时车轮会脱落下来。解决方法就是打磨轴杆末端,直到它的长度能使快拆夹紧车架。

桶轴 许多装有避震前叉的自行车使用一种直径很大的叫作桶轴的轴杆。前轮的桶轴有三种直径:15mm、20mm和24mm。轴杆通过每个叉腿末端的封闭环(由此得名"桶轴")并在此夹紧,为花鼓提供安全支撑并抵抗叉腿的不平均压缩。(我们将在第五章进一步涉及这个设计。)

桶轴设计也用在长行程、速降和自由骑山地车的后摇臂上,有三种尺寸:10mm×135mm(直径×钩爪间距)、12mm×135mm和12mm×150mm。由于这种设计所带来的好处,后桶轴正在变得越来越普遍。

桶轴在拆卸和安装时确实需要工具和更多时间。通常需要一个4mm或5mm的六角扳手才能松开压力螺栓和一个或两个6mm六角扳手来分离并拆下轴杆,不过一些类似于RockShox Maxle Lite、Fox Racing Shox QR15和20QR等无需工具的设计正变得越来越流行。

飞轮类型兼容性 更换后轮时会遇到的一个大问题是齿轮兼容性。有两种常用的装置用来保证飞轮的正常工作。现在标准的飞轮,安装在花鼓旁边一个叫作塔基的装置上。塔基内含用于滑行的轴承和用于驱动自行车的棘轮装置,因此在滑行时会听到打击声。

这种设计的好处在于,因为塔基是花鼓的一部分,花鼓一侧的轴承安装在塔基里,从而增加了轴承之间的距离,这能加强重要的花鼓轴杆并防止破损(一个以前常见的问题)。此外,飞轮片被锁环锁定,锁环相对容易拆卸,所以飞轮片更换也会简单些。

因为两大零件制造商无法达成一个统一的花键标准,所以现在我们有两种标准:Shimano和Campagnolo制式,这两者间不可互换。在购买轮组或筹划升级时,要确保所买车轮能与计划使用的飞轮相匹配。

另一个令人烦恼的东西是飞轮上的齿轮数量,最好也匹配(尽管对于升级有垫片套件允许添加一个飞轮片)。在什么样的装备对认真的车手最有益这个问题上,竞争者和工程师不断升级赌注,所以标准一直在变。重要的是,当你在维修或更换时,要明白自己想要什么。查看第五章

常见轴杆规格

尺寸 （直径×螺距×长度）	安装间距	常见用金
快拆杆		
后轴杆		
M10 × 1 × 137	126 mm	日产花鼓（Shimano、Suntour、Sansin等）
M10 × 1 × 141	130 mm	日产花鼓（Shimano、Suntour、Sansin等）
M10 × 1 × 146	135 mm	日产花鼓（Shimano、Suntour、Sansin等）
10 × 26 × 137	126 mm	Campagnolo 花鼓
10 × 26 × 141	130 mm	Campagnolo 花鼓
10 × 26 × 146	135 mm	Campagnolo 花鼓
9.5 × 26 × 137	126 mm	台产花鼓
9.5 × 26 × 141	130 mm	台产花鼓
9.5 × 26 × 146	135mm	台产花鼓
前轴杆		
M9 × 1 × 110	100 mm	日产花鼓（Shimano、Suntour、Sansin等）
9 × 26 × 110	100 mm	Campagnolo 花鼓
9.5 × 26 × 110	100 mm	台产花鼓
实心轴杆		
后轴杆		
M10 × 1 × 174	≤135 mm	
3/8 × 26 × 174	≤135 mm	
3/8 × 26 × 187	110~118mm（超长，用于儿童自行车的辅助轮）	活飞 BMX 花鼓
3/8 × 24 × 180	110~118 mm（超长，用于儿童自行车的辅助轮）	倒刹花鼓
前轴杆		
M9 × 1 × 155		日产花鼓（Shimano、Suntour、Sansin等）
3/8 × 26 × 155		台产花鼓

和第七章，你可了解有关花鼓与飞轮兼容性问题的更详细说明。

如果你有一辆老式自行车或在百货商店买了一辆自行车，那也有可能在你的后轮上是旋式飞轮。这种飞轮比较古老而且工作方式也不同。基本的不同在于这种飞轮自带齿轮片，而且轴承和驱动装置也在同个装置内。（记住在塔式飞轮系统中，轴承和驱动装置是内置在塔基中的，塔基是花鼓的一部分，而且飞轮片是分开的。）

因为旋式飞轮是用螺纹固定在花鼓上的，所以需要使用特殊的工具拆卸。而且因为齿轮片和轴承/驱动装置是结合在一起的，所以更难拆卸齿轮片，可能需要特殊的工具（取决于飞轮的具体类型）。

在任何情况下，当升级车轮时，也是换掉这种老式飞轮的最佳时机。这是因为这种飞轮越来越难找到。即使你找到了一个，以后需要匹配零件时可能就没有这么好的运气了。反之，如果使用新式的塔式飞轮系统，那就很容易找到所需要的零件了。

如果一定要用旋式飞轮，应确保螺纹与花鼓上的螺纹相匹配。标准螺纹是英式的，1980年后生产的所有山地车和大多数公路车都是如此。唯一可能带来麻烦的自行车是老式（20世纪60年代或70年代早期）法国公路车，比如Peugeot或Gitane。在这些自行车上，旋式飞轮可能是法式螺纹。不要在这种情况下试图拧上一个英式螺纹的旋式飞轮。它会稍大一些，似乎也可以装上去，但是你第一次骑行时就会破坏花鼓螺纹。因此，如果你有这类自行车，而且想要升级，最好的办法是买一个带飞轮的车轮或至少用一个符合英式旋式飞轮螺纹的旧车轮，因为现在仍然可以找到一些英式旋式飞轮。

特殊用途的车轮

竞赛和其他高性能用途需要不同寻常的装备。就像车架、前叉以及任何其他自行车上的组件一样，也有一个适合几乎所有骑行类型的轮组。

在公路车方面，工厂量产的轮组是大多数认真的爱好者和竞赛选手的最好选择。山地车也越来越多地由单独一家制造商来设计和制造所有的花鼓、辐条和轮圈，为特定的骑行风格优化每个车轮的功能。不过优秀的手工轮组仍然非常有竞争力。巴黎-鲁贝公路赛由于其长时间穿越法国乡村鹅卵石路而被车迷和竞争者所热爱。实际上，像巴黎-鲁贝公路赛这样对装备要求很高的赛事，大部分参赛者仍然坚持非常传统而精心打造的一对32根辐条的车轮，包括400g管状轮圈以及诸如Shimano Dura Ace或Campagnolo Super Record之类的传统轴承花鼓。

包含集体发车、不同地形地貌等各种因素的公路车赛，需要车轮在轻量、耐用性和刚性上达到平衡，从而使选手能将每一瓦特的能量都用于陡峭的爬坡和40英里每小时的冲刺上。在爬坡较少的地方，选手可以选择一个空气动力学轮组来最大限度地减少风阻，但是拉长的锥形轮圈更重一些。增加的少量重量实际上被一些精英选手认为是一种好处，更重的轮圈增加了车轮的惯性——保持自身旋转的倾向。这意味只需更少的力量就能在水平道路或缓坡上保持已经达到的速度，但是需要更多能量来加速和更大的刹车力量来减速。当车手独自一人在风中骑行，而且速度达到20~25英里每小时以上时，空气动力学的优势就能有最大的效果。

在计时赛和铁人三项比赛中，气动效率就是一切。选手们一个接一个地在水平或缓坡赛道上争分夺秒，所以制造商们将自己最精密的设计送来这里接受终极考验。经常能看到截面非常深的气动车轮甚至是后封闭轮搭配一体成型的碳纤维前轮，从而减少风阻。

现代一些优美的自行车旅行路线要穿行鲜为人知的乡村道路。这些道路车辆稀少，所以非常安全，但是缺乏维护车的地方。在载重骑行时，车轮必须结实，而且轮胎必须耐用。最好的旅行车轮仍然全部以传统的方式制造。想象一下你要在偏僻乡村的小自行车店内找一根专用辐条或轴杆，那么结论就显而易见了。使用500g的700C轮圈能够装上更大的轮胎，或450g的26英寸轮圈。同样的准则适用于双人自行车，它也受益于车轮辐条数量的增加。大多数自行车的每个车轮上有32根辐条，旅行车车轮通常有36根，而双人自行车的辐条有时多达48根。

参加XC越野赛的山地车手或那些想要挑战稍微比休闲林道骑行更难一点的车手，他们有非常多种的车轮选择以适应各种骑行风格。配备轮圈刹车时，大多数山地车仍然受益于一套精心打造的手工轮组。正常标准是32根辐条，搭配一个400~450g的轮圈。但是体型更大或更激进的车手可能会选择36根辐条搭配更加结实的轮圈。专为碟刹自行车打造的手工轮组也是一样的，因为这里正是车轮系统发挥作用的地方。山地车手通过驱动扭力、强力刹车以及穿越崎岖地形时的高速或低速操控会对山地车轮组施加不同压力，而特殊的编织模式、可供选择的辐条材料和计算机设计都被应用于考虑这种压力。

自由骑和速降山地车使用的是被设计成几乎坚不可摧的车轮，包括沉重的轮圈、轮胎、花鼓和辐条。与XC越野车轮不同的是，对于以0.1s甚至0.01s决胜负的速降赛而言，重量是次要的考虑因素，而可靠性是最重要的。自由骑更是如此，只要不是具备最佳的耐用性就可能造成严重伤害。

系统还是传统？

我们已经谈过一些有关设计车轮系统的优势，但还有另一个需要考虑的方面。所有车轮系统的制造商都希望为自己打造独一无二的品牌形象，所以市场竞争非常激烈，而且创新在市场上无法实现共享。因此，Shimano车轮系统的花鼓无法搭配Campagolo车轮系统的轮圈，而这两家公司的辐条都无法与Spinergy的辐条相互替换，同样的情况还有很多。相反，如果你在美国图森市买了一个高质量的32辐条传统车轮，但是在英国伦敦断了根辐条或在法国马赛需要一根轴杆，你很可能马上就能安装上替换零件并继续骑行。因此，车轮系统目前在追求终极表现的领域占据了宝座，而且这种统治似乎不可能会在我们的有生之年内终结。不过，如果想要在性能和使用可靠性之间实现平衡，那么传统车轮可能是更好的选择。

车轮的保养与维修

获取优越性能的最佳途径是确保车轮是专为骑行而设计、搭配高品质组件并且经精巧的制造而成。从此时起，最大的挑战就是避免损害。除非车轮受损，否则高品质的车轮除了花鼓润滑之外就无需定期保养。此外，如果保持适当的充气并且远离玻璃、金属、电线或其他碎片，那么高质量的轮胎就能持续使用数千公里。不幸的是，许多车轮设计和制造得并不好。这些车轮需要更多的时间和精力去保养，并且需要更频繁地维修。这些日常保养工作能帮你避免维修。

保持适当的辐条张力 制造得过于松弛的车轮（大规模生产的产品可能出现这种情况）会随着使用量的增加而变得更加松弛。多根辐条柔软无力的车轮是危险的并会迅速恶化。这可能导致突然崩溃或辐条断裂，因为每次使用车轮时，辐条都会增加疲劳程度。

如果辐条能在它固定于花鼓挂耳的位置上移动，辐条就会产生磨损，在你骑行时会稍微弯曲。就像你反复弯曲一根金属丝会出现的后果一样，辐条最终也会疲劳并断裂。适当的张力能使车轮上的每根辐条保持牢稳，避免出现导致断裂问题的弯曲现象。

除了使用寿命更长之外，张力适当的车轮不太可能有单个辐条帽因为振动而变松。如果发现了一根辐条很松，而且在这个点上轮圈并没有凹陷进去，那么罪魁祸首就是车轮太松了。解决问题的方法是润滑所有辐条帽，拧紧松掉的辐条，然后增加整圈辐条张力，也许会将每根辐条转半圈。整体拧紧的工作要慢慢来——因为随着辐条达到最佳张力水平，稍微旋转辐条帽就会迅速增加张力。辐条帽偶尔需要粘紧（螺纹胶），但是足够的整体张力通常能防止车轮出现进一步的松动。

辐条太紧也会有问题。如果车轮张力过大，它的构造会变得不稳定，在撞击石块、碎片或在林道上猛烈落地后会导致突然崩解。这种崩解通常被称为"薯条"，因为轮圈会遭受双重弯曲，就像酥脆的薯条一样。有时能在公路边或林道边将崩解的车轮压回原形，至少能让你慢慢地骑回家。将车轮平放在地上，然后将轮圈向上弯曲的两个点用力向下压。太紧的辐条也可能断裂，甚至损害花鼓法兰盘，所以你应该熟悉自己车轮正确的辐条张力。

张力可以用张力计测量，测量单位是千克力（kgf）。大多数钢丝辐条车轮的最佳张力为85~110kg，但要参考制造商具体的指导手册，从而绝对确保张力处于正确范围之内。

适当充气的轮胎　充气轮胎是自行车历史的重大突破之一。充气轮胎提供了抓地力、舒适性，并且能保护轮圈。为了实现这些优势，轮胎的充气量应该适当。车轮翻修的首要原因就是轮圈损伤，而轮圈损伤的首要原因就是轮胎充气不足，尤其是公路车轮胎，因为它比山地车轮胎的空气量少得多。与沟槽、树根、路缘石或其他危害相比，车主人对适当胎压的忽视或怠惰是一个更大的威胁。

每次骑行之前，都要检查公路车胎压，并且查看胎面是否有切口。如果你用的是昂贵的轮胎，那么骑着充气不足的轮胎出门就是在冒很大的经济风险。并非危言耸听的是，一个微小的道路危害会造成价值100美元的车轮损坏。

因为山地车轮胎的充气量比公路车轮胎大得多，所以每天检查充气量并不太重要。但是仍要定期检查胎压，因为即使是大号轮胎，低胎压也会造成问题。除了轮圈损害之外，使用充气不足的山地车轮胎需要付出的另一个大代价是"蛇咬"。如果轮胎因为岩石或路缘石而被挤扁，内胎就会被夹在外胎和轮圈之间，此时轮圈经常会切开内胎。你可以通过内胎上像被蛇咬过一样的两个对称的小洞来辨别出蛇咬扎胎。

绕过道路危害和轮圈损害　即使车轮张力适当而且轮胎胎压正确，也会很容易毁了轮圈。陷入深坑、骑进沟槽内翻倒或者撞上坚硬的东西，这些只是损坏车轮的几种可能。预防是关键。对于公路车，重要的是尽可能避免危害。减轻对车轮冲击的一个简单方法就是在你看见前方的障碍物时臀部要离开座垫。像赛马者骑马一样弯曲膝盖和手臂，让自行车掠过障碍物。

除了保护车轮之外，注意路面状况还有许多其他好处。公路上的碎片或水分可能造成摔车，尤其是在你转向时压上它们的时候。以大于90°的角度穿越铁轨是危险的，尤其是当所用的轮胎没有或只有很少的胎纹。你应该保持警惕，并学会快速巧妙地规避大障碍物，小心地通过无法完全避开的水洼或碎杂物。

显然，你无法避开越野路上的所有障碍物（要不然还有什么乐趣？），在越野路上保持车轮安全的关键是合适的胎压。如果胎压适当，你会惊奇地发现山地车轮能处理各种情况。尽管你有各种预防措施，也会发现车轮偶尔有凹陷。如果是这样的话，试试下面的解决方法。

充气　第一次检查胎面或胎侧的划痕后将胎压增加到最大值。

选用更大的轮胎　许多车手在经历了代价高昂的轮圈损伤之后，才知道不能使用非常细小的轮胎。纤细的公路轮胎最适合体型小的车手或近乎完美的铺装路面。

改变你的骑行习惯　避开路况特别差的路段，在不可避免的路面障碍前减速。

睁大你的双眼　学会提早发现危险地形，这样你就可以离开座垫并利用膝盖和手肘吸收路面颠簸，有助于防止车轮受到冲击。

扎胎、逆风和肮脏的链条是生活中的事实，而车轮损伤却不必如此。一个设计精良并精心打造的车轮应该能够提供多年无故障的服务，能免于摔车、胎压不足和危险。

避免辐条损伤　如果你用的是高质量辐条（例如由DT Swiss或Wheelsmith等名牌公司制造的不锈钢辐条）而且车轮张力足够，那么辐条损伤应该是很罕见的。辐条通常在两种情况下会受损：有东西卡在了辐条上；或者当你变速变到最大飞轮片时，链条变速过度落到了辐条上，从而切断了辐条。（变速过度最可能的原因是变速器弯曲。）运用些常识就可以尽可能避免这两个问题。然而，如果你发现有一个车轮莫名其妙地不够正，那就检查辐条是否有弯曲或损坏。

不管你骑什么自行车，都要记住一件事，就是在变速到最大飞轮片（你的最低档位）时要减轻踩踏力量。如果变速器是弯曲的而且链条跳过最大飞轮片落到了辐条上，你这么做就能够在发生任何实际损伤之前立即停止踩踏。在更换车轮后或使用变速器调整不当的自行车时，这一点尤其重要。

要在到达陡峭路段前测试变速系统　在调整变速器时，如果不必要就不要让它太靠近辐条。与辐条偶尔会落到辐条上的情况相比，变速时只能勉强变到低齿轮的情况会更好，因为一旦传动侧的辐条受损，它们就很可能断裂。

在摔车、车子侧倒或右侧朝下地把自行车塞进汽车之后，要轻轻地试一遍变速以确保后变速器没有被弄弯。如果变速器弯曲，变速变到低齿轮可能会导致辐条损伤。如果你实在不走运，车轮可能会将变速器拉进辐条中，从而变速器也会被毁掉。

车轮的安装与拆卸

你必须掌握这项操作，因为没有它你就无法补胎，而扎胎是最常见的自行车故障。在你要把自行车放在某些汽车架上或要在拆卸之后将其存储在一个小空间时，这项技能也是必不可少的。轻易安装和拆卸车轮的关键在于适当的组装。不管你的车轮是用螺母还是用快拆将其固定在车架上，拆卸和安装的过程应该就像你穿鞋和脱鞋一样简单。毕竟，车轮就是你的自行车的鞋子。

实践中，要在自行车被支起来后拆卸车轮。在拆卸车轮时，要使用你的修车架，或将坐垫鼻端悬挂在树枝、栅栏上，或悬在房梁的一个绳套上，或者让好友帮你把车抬起来。通过练习，你将学会在自己支撑车子的同时拆卸单个车轮。

打开刹车　因为刹车块通常被调整得很靠近轮圈，所以拆卸车轮的第一步就是找到一种打开刹车的方法。如果忘了这一步，轮胎将会卡在刹车内，从而很难安装和拆卸车轮。你确实可以不用打开刹车就将一个完全没有气的轮胎拆下来，但是如果轮胎固定住了而且充了气，那就必须打开刹车，否则车轮通不过。

幸运的是，大多数配备快拆花鼓的自行车在刹车卡钳上也具有能松开刹车线的快拆装置。大多数公路车有侧拉刹车。打开这种刹车，要找一找刹车卡钳（车轮上的U形零部件）上的小杠扳手，在刹车线被夹紧的位置附近。对于Campagnolo刹车，找一找手变上的一个按钮。转动扳手或摁下按钮以分开刹车块，并将车轮轻松地拆下来。

悬臂式刹车（许多山地车使用这种刹车）可以通过脱扣释放横向刹车线（从刹车的一侧到另一侧的金属线）来打开。用一只手向轮圈挤压刹车块让刹车线变松，将横向刹车线的一端从扣子中拿出来。松开刹车块，然后刹车臂就会弹开了。

如果是Shimano V刹等直拉悬臂式刹车，将刹车块挤向轮圈，然后向外拉L形的金属弯管即可。

碟刹不需要任何释放机制就可以轻松地拆卸和安装车轮。但是在安装车轮时要小心，以免将碟片压向卡钳。如果碟片无法轻松地滑入卡钳，那么可能有个来令片的位置不正确。在这个点对碟片施加压力可能会对活塞或碟片本身造成严重的损害。但是在取下车轮之后，就不要去捏液压碟刹的刹把了，否则会导致卡钳活塞完全推出并卡住。为了避免误操作，你可以折叠两三个名片塞进卡钳中，把来令片之间的缺口填补起来。

拆下车轮　对于配备变速器的自行车，第二步就是把链条变到最外面的那个最小飞轮片上。这使得链条和变速器处于足够松弛的位置，从而更容易拆下车轮。

前轮的拆卸最简单。首先，松开前轴。如果前轴是用螺母固定的，那就用扳手在前轴左右两侧交替地拧松螺母。螺母应该渐渐地拧松或拧紧。如果你只在一侧拧松螺母，你可能会松开或上紧花鼓轴承，可能导致轴承出问题。

在打开快拆时，要将快拆杆掰开到与车架垂直朝外的位置，然后旋转快拆杆，直到它再次与车架平行。在某些情况下，这样180°的旋转（比如拧松螺母）将使花鼓从前叉上脱开。

处理车轮阻挡装置　大多数现代自行车的前叉都有置于钩爪上的车轮阻挡装置。通常来说，它们就是用于防止车轮意外脱落的一些金属隆起，即使你忘了上紧快拆，车轮也不会马上脱落。尽管这些是很好的保护装置，但是它们让快拆的使用变得有些麻烦，因为当旋转快拆杆180°时，快拆的松开程度还不足以取下车轮。为了取下车轮，在打开快拆后要拿住快拆的一端，然后拧动快拆的另一端直到车轮能脱离车架。

逐渐松开轮轴螺母，或者一次性松开快拆。检查一下刹车分开的距离是否能让车轮脱出。现在在车轮上用力打一下。如果可以拆下，那么这次击打会震开钩爪槽内的轮轴，并使车轮脱落。

从后轮上取下链条　一旦轮轴脱离钩爪，车轮就不受约束了。如果是配备变速器的自行车，你可以抓住后变速器然后往后拉（顺时针方向），这样车轮就能取出来了。现在唯一的妨碍物就是链条了，它必须从车轮上取下来。如果你不介意手变脏，你可以用手把它拿开。或者你可以学着通过晃动车轮把链条晃开，这能让你的双手保持清洁。

确保正确匹配　更换车轮时遇到的大多数困难都是由于车架和车轮的不匹配造成的。你应该请专家使用必要的校正工具来调整车架，这让车轮能正确地安装上去。要不然每当拆下或更换车轮时，你会发现自己陷入了复杂的困境。

外胎的安装和内胎的修补

拆卸外胎看似是一项简单的任务，任何骑车的人都能完成。因为扎胎在很大程度上是不可避免的，所以学会拆下外胎、修补内胎和更换内外胎是很重要的。与拆卸公路车外胎相比，拆卸和安装山地车外胎会简单得多。但不管是拆卸公路车外胎还是山地车外胎，成功都取决于四个因素，最后一个也是最重要的一个因素是正确的步骤。

1. 轮圈和外胎尺寸。这些当然必须互相匹配。匹配不当问题很少是源于轮圈和外胎的制造不当。轮圈制造商的制造误差几乎不会超过直径的百分之一。大型轮胎制造商都小心翼翼地使自己生产的轮胎与流行的轮圈设计相匹配。你最可能犯的错误是使用了太窄的外胎。尽管外胎的直径可能正确，但是宽度不足会使安装变得困难（除非你把内胎换成超窄的型号）。而且窄外胎很容易扎胎并引起轮圈损伤，因为它的剖面不够高。

2. 轮圈设计。有些轮圈会比其他轮圈更容易安装轮胎。然而，没有一个简单的方法能够预测一个轮胎是否匹配。最大的影响因素似乎是整体直径以及轮圈的内槽与上边缘之间的差异。安装轮胎时，将先装入的一侧胎唇置于轮圈中间凹槽内，同时另一侧的胎唇悬于轮圈上方。这两者之间的高度差决定了安装和拆卸外胎所需的松弛程度。区别越大，就越容易安装。为了最大限度地从这种松弛中获益，要使用尽可能薄的胎垫。几乎所有轮圈都需要一个胎垫用来保护内胎免受辐条帽末端的损伤，但是这个胎垫使用的材料越薄，安装轮胎就越容易。

3. 内胎尺寸。要使用与外胎尺寸相匹配的内胎。内胎要搭配一定宽度范围之内的外胎一起使用。如果你的外胎是26×2.1，合适的内胎应该标示26×1.75–2.35。不要试图将这个26×1.75–2.35

的内胎装进一个1.5英寸宽的外胎内，因为在安装时内胎会聚成一团，使整个过程增加了不必要的困难。相反的，要避免将一个26×1.25-1.75的内胎塞进一个2.2英寸的外胎中，因为在充气时内胎会被伸展得很薄，增加了扎胎或蛇咬的风险。

4. 步骤。这是最关键的因素。没有熟练的步骤，即使是最匹配的零件也无法很好地配合。如同任何努力一样，态度起着重要的作用。我们经常在糟糕的时刻需要安装外胎，特别是在恼人的扎胎之后。在团队骑行中拖后腿和工作迟到一样，足以让大多数人气得直咬牙。顺畅高效地补胎，你很快就能继续骑车了。对于外胎和车轮安装以及修补内胎的完整分步指导，可以参见本章最后的修补部分。

取下外胎 车轮取下之后，要确保内胎是完全没有气的。旋开并按下法式气嘴或者用撬胎棒戳入美式气嘴，然后挤压外胎以排出内胎的所有空气。内胎排出空气之后，要将胎唇向下按进轮圈中央槽，使其脱离轮圈边缘，这样你就可以用撬胎棒将一部分外胎撬出轮圈边缘。用一根撬胎棒将胎唇撬出轮圈边缘，然后将撬胎棒勾在辐条上。然后用另一个撬胎棒在距离几厘米的同侧外胎上将胎唇撬出来。用第三根撬胎棒重复同样的工作，然后用它滑一圈，使这一侧的外胎全部脱离轮圈。现在伸手进去将内胎拉出来。为了取出气嘴，需要拉起上方的外胎，把另半边的外胎留在轮圈上。

查找并标记破洞 给内胎充气。如果幸运的话，你将听到"嘶嘶"的声音。如果是这样，就在这一点上做个标记，在距离破洞约1/2英寸的地方做个标记（因为如果标记处于破洞正上方，胶水将会掩盖墨水）。如果你没有笔，可以将破洞稍微撕大一点点以方便查找（别担心，补胎片的效果仍将非常完美）。

如果你听不到"嘶嘶"作响，那要么是慢撒气，要么就是快速漏气。后者很容易找到，因为内胎上通常有个大洞——如果稍微认真看就能看到。

慢撒气可能不容易找到。最好的测试方法是将内胎浸入水中，然后找一找气泡。要慢慢来，因为小洞只能慢慢释放空气。在检查时要在每一段内胎上停留几秒钟，然后马上标记破洞以免又找不到了。还是找不到破洞？如果是美嘴内胎，那可能是因为气嘴漏气。在气嘴上涂一些口水或者水，看是否有气泡冒出。如果是这样的话，就用气嘴工具拧紧并再测试一遍。还是漏气？拆下气门芯，在气门芯的橡胶部分抹一滴油，然后重新安装。或者更换气门芯。

修补内胎 首先用砂纸或补胎包内的金属锉打磨破洞的附近区域，打磨区域要比你计划使用的补胎片大一些。打磨之后，用手扫掉橡胶粉末。

有一种用于快速补胎的免胶水补胎片，能直接粘在内胎上。Park Tool生产了市场上最常见的产品，但是其他厂商也提供类似的产品。有了免胶水补胎片之后，一旦内胎打磨完毕，只要揭开锡纸将补胎片粘在破洞上，然后重新装上内胎。这些补胎片在设计时就是为了临时使用，但是它们能让你骑回家，而且因为不需要黏合，所以比正常的补胎片用起来更便捷。

如果你喜欢永久性的修补内胎，那就使用由Rema Tip Top、Schwinn、Trek或Specialized生产的标准补胎套工具包，这些包里含有补胎片、胶水、一片砂纸和一份说明书。补胎片非常有效，所以一条内胎修补多次之后也没什么不良影响。

包内的胶水是密封的。打开胶水，你需要拧开瓶盖并把它翻转过来，并将瓶盖内的长钉刺入胶水容器的顶部。在内胎上使用大量结合剂。胶水应该又稀薄又松软。如果胶水是又浓又黏稠，那它几乎没什么效果。在较大片的区域上涂抹胶水，要比你计划使用的补胎片更大。如果明亮又潮湿的胶水表面变暗，这就说明准备好了。在干燥天气里，胶水需要大约5min才能完全变干。如果有需要，那就等待更长时间。在胶水完全干燥之前不要贴补胎片，否则就没有效果了。

应用补胎片 大部分补胎片都配有表层的保护玻璃纸和底层的箔纸。拿住玻璃纸，并慢慢地将补胎片剥离箔纸（扔掉箔纸），这使得补胎片黏性的一面暴露在外。不要触碰这一面，因为你会弄脏胶水。将补胎片贴在内胎上（确保你覆盖住了破洞）并紧紧按住，从而它能贴住内胎。要保留住玻璃纸，因为它能防止胶水粘上外胎的内侧。

重新安装内胎（有效时机是胶水正在变干的时候）之前，要用手指（或者用破布更安全）来摸一遍外胎内侧，检查外胎的情况。在装入修补后的内胎之前，要去除任何金属线、荆棘或玻璃，否则内胎很快就会被再次扎破。

如果用的是高框车轮，就需要一个较长的气嘴或延长嘴。延长嘴是一种用铜或铝制造的螺口式伸长器，能确保有足够长的气嘴露出轮圈，从而能够连接打气筒。通常在旋下气嘴的头部之后，将延长嘴拧在法式气嘴上。在安装外胎时，要将其留在内胎上。而且在安装新内胎时，要记得将延长嘴换到新内胎上。

安装内胎和外胎　在安装内胎之前，要稍微打点气让内胎膨胀变圆并消除褶皱。直接往法式气嘴内胎里吹气就能使其膨胀，要是美嘴内胎就得用打气筒。不管怎么做，这点空气是避免内胎卡在胎唇底下的关键，这个小故障会让外胎安装变得复杂。

首先，将胎唇往后拉开以露出气门嘴孔，然后装上内胎的气嘴。（如果你需要完全拆卸外胎，那么在开始安装时要把一侧外胎放在轮圈上。）把气嘴调整到位，然后将其余内胎装进外胎。在整圈内胎都装入之后，要再次转动使内胎贴合轮圈。完成后，外露的胎唇应该平对着轮圈，而内胎应该完全隐藏在外胎内部并贴合轮圈。

现在是时候来仔细检查一番外胎是否安装正确。一些山地车轮胎是有方向性的，意味着胎纹应该朝向特定的方向。在胎侧找找箭头，箭头会表明应该朝哪个方向安装外胎才能获得最佳性能。有一个看起来微不足道但能够节约时间的小窍门，就是在安装外胎时让标签靠近气嘴的位置。当你下次扎胎的时候（要相信这是会发生的），你就能通过比对破洞到气嘴的距离和扎胎位置到标签的距离，来快速精确地定位刺穿内胎的异物。现在你只有两个点需要检查，而不需要检查整个外胎。

最好用手重新安装外胎，因为撬胎棒可能会夹住内胎，使内胎再次出现破洞。首先，在气嘴位置重新安装胎唇。一旦两边的胎唇都已经安装到位，要将气嘴往外胎内按压，从而确保内胎不会被夹在胎唇底下。用膝盖固定住车轮，然后用手向两边按压，利用你的大拇指或者手掌根部（手指靠在轮圈的背面）将胎唇向下压进轮圈。当你到达气嘴对面的最后那部分时，安装工作会变得困难，千万不要放弃。

要先蹲下来，如果你是右撇子就将正在处理的那部分放在右膝盖上，如果你是左撇子就把它放在左膝盖上。用你较弱的那只手抓住旁边轮圈上的胎唇，这样当你努力安装难以处理的最后那部分外胎时，胎唇不会脱离轮圈。使用你更强壮的那只手，将大约1英寸的外胎压进轮圈。通过手掌根部向前下方按压（你现在是抵着膝盖用力压，所以获得了很大的杠杆力），将外胎安装进去。当你装进1英寸之后，就往里压进另一个1英寸，就这样一直重复下去。当最后一部分安装到位，你就大功告成了。干得不错！

使外胎靠着轮圈　换完外胎之后，先休息片刻。开始检查胎唇座，要把外胎推离轮圈并往里

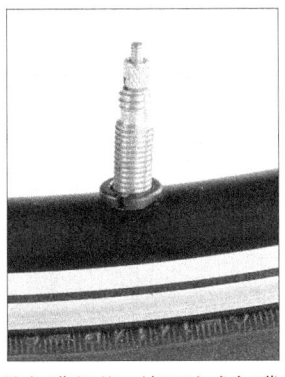

美式气嘴（左图）跟摩托车上的气嘴相似，然而法式气嘴（右图）更纤细，而且在充气前需要松开一个小螺母。美式气嘴的气门芯可以用一个特殊的气嘴盖或拆卸工具拆下来。这很方便修复气嘴漏气问题。有些法式气嘴也有可替换的气门芯。如果是这样，在气嘴旁边就有操作扳手的平面。

查看轮圈，一次只查看一侧的胎唇座。要确保看不到内胎。如果内胎被胎唇压住，说明外胎没有正确地靠着轮圈，内胎膨胀不均匀并且可能再次爆胎。扭动外胎使内胎往里掖，或者用一根撬胎棒将内胎轻轻地往里拨（要小心，否则会割破内胎）。最后一次将气嘴推向外胎，然后往回拉紧。

轮胎充气 如果一切正常，就充到20~30磅的气压。如果你正在使用手持迷你气筒或车架气筒（相对于落地式气筒），要小心地连接上气嘴。美式气嘴非常坚固，但是纤细的法式气嘴可能因为你施加蛮力而破损。压下气筒头和那个小杆（如果有）。为了防止在打气时对气嘴施加过多压力，要用拇指勾住外胎，其余手指从一根辐条后面绕过并拿住气嘴上的气筒头。这个方法能确保你在打气时不会弄断气嘴。

充进一定空气之后，要旋转车轮看看外胎是否平整一致。低气压时的隆起，可能会在高气压时爆炸。如果外胎看起来很直顺，那就把气充满。如果外胎不直顺，那就排出空气，用肥皂水润滑胎唇，然后重新充气，或者一切重头再来。

真空胎

许多山地车使用外胎和轮圈的组合，而不需要内胎。也有用于700C公路车轮的类似系统，虽然不常见，但是越来越受欢迎了。不管你是安装公路真空胎还是山地真空胎，都可以应用同样的技术。这个系统依靠一个具有特殊内部形状的轮圈和一个将丁基橡胶衬垫混入织网罩的外胎。真空胎能够节省少量的重量（因为没有内胎，但是外胎里的衬垫使它比普通的外胎加内胎的样式更重一些）并降低蛇咬的风险。另外还有一种叫作准真空胎的外胎，它不使用丁基橡胶衬垫，而是使用液态密封剂来确保气密性。然而，放弃使用内胎的真正魅力在于抓地力。因为消除了外胎织网罩和内胎之间的内部摩擦，真空胎的胎面能更柔顺地贴合林道或公路路面。以下是更换真空胎的步骤。

拆下外胎 一旦泄气后，就捏紧外胎的两边侧壁，直到你听到有胎唇脱离轮圈的声音。这可能需要费一些力气。如果你的外胎内有密封剂，要注意一旦胎唇脱离可能就会喷出一些密封剂。

美式气嘴跟摩托车上的气嘴相似，然而法式气嘴更纤细，而且在充气前需要松开小螺母。美式气嘴的气门芯可以用特殊的气嘴盖或拆卸工具拆下来。这很方便修复气嘴漏气问题。有些法式气嘴也有可替换的气门芯。如果是这样，在气嘴旁边就有操作扳手的平面。

用手紧握 如果捏的力量不够，那就用你的惯用手在上面紧紧握住外胎，而非惯用手从下面握住。用非惯用手往外拉，而用惯用手的根部按压外胎。应该很少有外胎能抵抗这种发力方法。先看好哪边的胎唇已经脱离了，然后继续将这一侧整圈的胎唇都推离胎唇垫。

把胎唇挤入轮圈中央，这是轮圈直径最小的地方。这时候你应该能小心地用手将第一部分胎唇撬出轮圈。撬胎棒可能弄断外胎的气密衬里或者划伤轮圈的密封面，所以最好完全避免使用撬胎棒。当然，有些外胎即使用最强的手指都掰不出来。把使用撬胎棒作为最后的手段。

使用三根撬胎棒 对于那些特别紧密的轮胎，要用三根你所能找到的最宽、最平滑的塑料撬胎棒。使用一根撬胎棒撬动外胎，并用另一头勾住辐条。第二根和第三根撬胎棒也这么做。取下中间的那根撬胎棒，然后跳过第三根再撬动外胎，重复这个步骤直到足以用手将其余胎唇取出来。用同样的方法将另一边胎唇从轨道上取出。一旦它脱离了自己的轨道，那么取下胎唇就会比第一次相对容易些。

补胎 修补真空胎的方法跟修补内胎的方法几乎相同，但是补胎片是安在外胎的内侧而不是外侧。首先确定漏气的性质。由于荆棘、玻璃碎片、钉子等造成的扎胎可以使用那些原本用于修补内胎的硫化胶补胎片，或者使用专用于真空胎的补胎片，比如Hutchinson制造的补胎片。大多数真空胎厂商都不建议使用免胶水补胎片。如果你使用密封剂，你很可能永远不会知道轮胎有小洞，因为密封剂能够填补这些小洞。修补那些仍可以应用补胎片的较大破洞时，需要完全清理外胎内部，因为残余的密封剂会干扰补胎片胶水的黏结。

清洁度能保证气密性　在轮胎外部定位并清除造成扎胎的异物。清除之后，你再检查整条外胎，看看是否还有可能带来麻烦的异物。清洁外胎内侧扎胎孔附近的区域，确保没有任何异物。

打磨表面　使用一张粗糙的砂纸或其他研磨材料用力打磨破洞附近的丁基合成橡胶衬垫，打磨区域应该略大于你使用的补胎片。用一点胶水抹在打磨区域上。真空山地胎和准真空山地胎依靠一个形状特别的轮圈或胎垫，将胎唇固定在合适的位置上并密封空气。

要有耐心　稍等几分钟让胶水慢慢变干，千万不要按你的万事通朋友说的那样用火柴或打火机来加快蒸发速度。当胶水从清澈变成浑浊时，就可以贴上补胎片了。剥去补胎片上的箔片，露出彩色的一面（通常是橙色），将它紧紧按在胶水上，然后至少保持60s。压紧补胎片边缘，确保补胎片已经完全跟轮胎的衬垫黏结在一起。没有必要去除补胎片上的透明塑料膜，但是去除之后能让你看清楚补胎片是否已经完全黏紧。如果在你试图揭开透明膜时补胎片翘起来了，这说明补胎片边缘没有完全黏紧。你可以用指尖将一些胶水抹在松开的补胎片边缘上。

蛇咬　尽管真空胎很少出现蛇咬，但确实可能出现。不幸的是，修补蛇咬后的真空胎几乎是无法成功的。因此，即使你骑行中使用真空胎，也最好带上一条备用内胎。即使你永远不需要它，你也应该把它当作你的搭档。根据车轮制造商建议的办法去掉气嘴之后，在真空胎上安装内胎就跟平常在有内胎系统上的安装方法是一样的。

安装真空胎

安装真空胎的方法和安装任何普通开口外胎是非常类似的。

润滑　开始时在轮圈内部喷洒稀释的肥皂水溶液——最好的配比大约是1/2茶匙洗碗皂兑32盎司的水。如果没有喷雾瓶，那就用沾了肥皂水的抹布或纸巾擦拭轮圈内部。

安装　将轮胎标签与气嘴对齐，然后将一边的胎唇装入轮圈内，把另一边的胎唇也装入轮圈。把胎唇压进轮圈中间最深的部分，能让最后那部分胎唇轻松地滑过轮圈壁。

额外的杠杆力　如果用拇指无法处理最后那部分胎唇，那就用塑料撬胎棒。使用时要温柔，选用最宽、最平滑的撬胎棒。真空胎里没有内胎会被夹破，但是要记住不能损害轮胎衬垫。

检查密封剂　准真空胎依靠密封剂来实现完全密封。市场上有不同种类的密封剂。有些是液态的，要么是在安装时倒进轮胎，要么通过一个可拆卸的气门芯注射进去。而其他的是荷负电气溶胶，在通过气嘴添加密封剂的同时将其充进去。要使用轮胎制造商推荐的密封剂和安装方法，从而达到最好的效果。有些密封剂可能含有比其他种类更加活跃的溶剂，这些溶剂将会腐蚀那些不兼容轮胎的橡胶。

充气　再次检查两边所有胎唇都在轮圈的中心。安装真空胎过程中最难的部分在于把胎唇移动到胎唇座。空气压缩机效果最好，落地式打气筒是第二好的，而手持迷你打气筒只会让你失望。快速把胎压打到20磅/平方英寸。此时轮胎应该成形，并且胎唇也应该形成宽松的密封，这让其余的步骤变得更加容易。继续慢慢打气，直到开始听到胎唇贴入胎唇座的声音。有时可以通过巧妙的方法将顽固的轮胎调整到位。在胎唇没有落入胎唇座的位置附近，用手掌抓住充好气的轮胎，然后双手向前扭动。

目光敏锐　检查胎侧以确保胎唇一致地贴紧胎唇座，并不断提高气压（最多可达60磅/平方英寸）直到胎唇座指示器（即大多数轮胎上高于轮圈壁1/16~1/8英寸的那个织纹环）在轮胎两边露出了同样的高度。从这里开始，把气压降到符合你骑行偏好的程度，然后就完成了。

管胎的安装和修理

管胎可用于公路比赛、场地比赛，有时还用于公路越野比赛，它们用一种特殊的接触黏合剂粘在轮圈上。这个黏合至关重要，因为如果管胎从轮圈上脱落，摔车就几乎在所难免了。正确的黏合是关键，而第一步是清洁轮圈。用砂布轻轻地打磨轮圈表面，给胶水更多的附着力。用丙酮或酒精清洁轮圈上所有的油渍或其他污垢。

对于新的管胎，最好先在不抹黏合剂的情况下把它放在轮圈上，充好气并将其装进轮圈。这能拉伸轮胎，使其在黏合时安装起来更容易。首先往轮胎里打进一点空气，但不要形成气压。然后在自己面前垂直放置车轮，使气嘴孔处于顶端。把气嘴插入气嘴孔，并用双手抓住轮胎的任意一侧。把每部分都按压在轮圈上，然后沿着两边继续安装。

向前弯腰使身体超过轮胎，在继续安装轮胎时，要注意观察气嘴看它是否一直处于垂直状态。如果气嘴扭曲了，那就用一只手用力把它拉直。当双手接近车轮底部时，轮胎将变得很紧。利用身体的重量拉伸轮胎，使其安装到位。把车轮提离地面，转动最难安装的那部分轮胎，然后用大拇指把这部分安装到轮圈上。

先转动几圈车轮，并矫直轮胎，然后打满气压。把它放在一边一段时间，最好是过一夜，但至少是10~15min，给它伸展的时间。（等待得越久，涂上胶水后安装起来也将越容易。）

轮胎已经拉伸好了之后，从轮圈上卸下轮胎。把车轮安装到车上，把车子悬挂起来，在轮圈上每个辐条孔之间涂上管胎黏合剂。把食指放进塑料保鲜袋里，然后用另一只手缓慢转动车轮，同时把食指按在轮圈上涂抹胶水，从一边轮圈壁到另一边轮圈壁涂上一层均匀的胶水层。然后在轮胎垫带的中心线上抹一圈胶水。用旧牙刷或者任何你不介意用完之后扔掉的东西，抹匀胶水使其覆盖整个底座垫带。

让第一层胶水风干1h，然后添加第二层胶水层。等待大约15min，使这层胶水开始变黏。然后完全按照之前的做法安装轮胎。要小心操作，这样就不会弄得轮胎侧壁上到处都是胶水。如果有一天发现几乎不可能从轮圈上拆下轮胎时，就会知道自己黏合得有多好。

当在用过的轮圈上安装管胎时，需要面对轮圈上残留的旧胶水。没有必要清除这些旧胶水，但是有一个光滑的表面还是很重要的，否则很难把轮胎安装到位。轮圈上也不应该有任何松散的干胶水，它们会妨碍新胶水把轮胎固定在轮圈上。

为了准备好轮圈，首先要把它装在车架上（轮胎应该已经被拆卸），然后一边转动轮圈，一边用适合轮圈轮胎底座形状的工具来刮胶水。轴挡扳手常常在这时非常适用，但是任何适合轮圈形状且有好的刮削边缘的东西都可以用。一边转动车轮，一边用刮削器沿着轮圈削掉旧胶水，同时使轮圈表面变得平滑。不一定要做到完美，只要有足够光滑和平坦的胶水附着面，使轮胎在轮圈上安装到位就行。准备好轮圈后，就像之前指导的那样抹上胶水，然后安装轮胎。

修补管胎 修补管胎是一项耗时但相当容易的工作。如果可以的话，在轮胎还在轮圈上时就定位刺穿的孔洞。给轮胎充气，听什么地方在漏气。如果听不到漏气，那么将轮胎靠近面部并转动轮胎，试着感觉泄漏的空气（虽然这听起来很不可思议，但是脸上的皮肤是非常敏感的）。仔细寻找外表面上的孔或切口，这就是刺穿孔的地方。一旦定位了刺穿孔，给它做好标记，这样从轮圈上取下轮胎后，能再次迅速地找到刺穿孔。

不幸的是，有些漏气是很难发现的。如果用以上方法中的任何一种都无法精确定位，那么把轮胎从轮圈上取下来，尝试其他的方法。

如果有缓慢的漏气，那么试着给轮胎充气，并浸没在水里，观察气泡。可是，在水里出现气泡之前，有时气泡会先在编织层里储存起来，所以这种方法并不是万无一失的。

确定轮胎漏气位置最有效的方法是：每次隔

离出一部分轮胎，然后看其余部分是否有空气漏出。如果没有，那么问题就位于被分离的那部分。试着用双手挤压一部分轮胎，以此封堵这一部分轮胎。一个更复杂的方法是，围着轮胎把它夹成一些2英寸×4英寸的小节，然后一节一节地找。一旦已经定位了问题的根源，那么开始修补。

管胎的缝合处上面有一层被称为底座垫带的保护带，这个胶带是用液体乳胶粘接到轮胎上的，而不是轮圈黏合剂。切断胶带并把它拉开，在刺穿洞的地方裸露出大约6英寸的缝合口。用永久记号笔标记缝合处，从而在拆线之后，能够辨别出哪些洞是彼此挨个穿过的。

用缝合拆线刀或小刀来切断缝合线，拉开轮胎，清除掉线头。小心地拉开保护胶带，从而能看到内胎。提出内胎，并寻找漏气的位置，用修补普通内胎的方法来修补漏气点。如果是乳胶内胎（非常薄，而且是肉色的），那么可以用从丢弃的管胎上切下来的乳胶片修补。只要在内胎和补胎片上都抹上胶水，然后等胶水风干，之后再把它们压在一起。

轮胎打开后，看里面是否有任何导致刺穿的碎片嵌入编织层里。清除掉任何有问题的东西。如果有碎片刺穿编织层的话，通常会有一个可见的黑色标记，而且很容易被看到，因为编织层是浅色的。还要检查是否有任何编织层线被切断。用编织层补胎片加固任何有损伤的地方。从旧的轮胎或帆布或尼龙上切下自己的补胎片。大点的尺寸是最好的；重叠2英寸或更多才比较合适。较大的压力能使编织层补胎片留在原位置，所以没有必要用黏合剂黏合它。

向编织层里洒一点滑石粉，帮助内胎装回原位置。如果有必要，晃动轮胎帮助内胎正确定位，然后拉直内部的纱网或胶带。现在已经可以围绕内胎重新缝合轮胎了，但是要按照最初完全相同的缝合孔进行缝合。如果穿过新戳的缝合孔将会削弱编织层强度。简单的重复缝合效果会很好，或者用皮革工人使用的缝纫锥子重新构建原来的交叉模式。用紧实的线，或必要时用牙线，在末端多重叠些，以防止散开。

非常重要的一点是，在缝合时不要把线拉得太紧。这么做会把轮胎编织层两个边缘夹在一起，在轮胎底部制造出一个脊，这将产生一个问题。轮胎的底部必须保持平坦，这样底座垫带能够粘住，而且轮胎在重新安装时能平整地装在轮圈上。如果编织层边缘被夹后会形成一个脊，使得轮胎无法平整地安装在轮圈上。为了确保这种情况不会发生，在缝合拉线时，只要刚刚够把编织层两个边缘合在一起就行。缝合时偶尔检查一下轮胎，确保在完成时，最终的接缝是平整的。

另一个常见的问题是使用错误的孔缝合轮胎。即使标记了缝合孔，而且非常小心了，但这还是可能发生。如果犯了这个错误，那么轮胎的胎面上将出现一个S形，所以在重新缝合时要检查是否有这个情况。如果发现现在胎面上有一个S形，那就切断刚刚放进去的线，再利用正确的孔重新缝合轮胎。每当你切开轮胎准备修补时，都要确保用一种不会使你忘记的方法标记原有的缝合孔。

用液体乳胶把轮圈垫带粘回原位置，这和用于覆盖并保护轮胎壁的材料是同一种。现在你拥有了一个完美的备用轮胎。

留在轮胎上的轮圈黏合剂残留物，意味着安装好轮胎后，它能与轮圈实现很不错的黏合效果。一个全新、从未黏合过的备用轮胎是危险的，所以要使用修补过的轮胎作为备用胎。或者，如果必须使用新的轮胎作为备用胎，首先在底座垫带上放上一个合适厚度的胶水层。最好把备用胎折叠4~5次，装在一个简单的袋子或旧袜子里，避免磨损、撕破和曝晒。

车轮基础

所有车轮的保养和维修既可以在调圈台上进行，也可以在整车上进行。处理装在车上的车轮时，要将车子悬挂起来，或者把它卡紧在修理架上，再或者只要把它翻转过来，这样车轮就可以自由转动了。

每月至少都要用抹布或肥皂水（不要沾到花鼓轴承和刹车片上）清洗一次车轮。检查外胎是否有划伤。如果它们很脏，那就用沾有少量溶液，如用擦拭酒精的干净抹布，擦拭轮圈、花鼓和辐条。（再次强调，不要让溶剂沾上花鼓的轴承。）累积在轮圈上的刹车块材料，会影响刹车效果，而且还很难除掉。可以用研磨块或软钢棉除掉这些残留物。

在恶劣天气中长期暴露后，辐条帽可能很难转动，使辐条张力的校正有点困难。在调节辐条之前，要用渗透油轻微地润滑辐条帽。把油滴在辐条插进辐条帽的部位，而且在辐条帽和轮圈之间的位置也要滴上油。

转动车轮并扭动每根辐条，感觉其松紧程度，找到任何松动的或断裂的辐条。当然，这些需要细心才能注意到。仔细检测轮圈，看是否有弯曲、摆动或凹痕。有多个原因会造成车轮摇晃，在尝试修复之前，必须先确定问题的根源。

松动的花鼓轴承　如果横向推车轮并感觉到松动，那么说明花鼓轴承已经松开了，所以几乎无法调圈。在调圈之前先调整花鼓轴承。花鼓轴承调整的说明请参看第五章。

不正确的花鼓张力　凭借经验，你可以通过感觉来发现松动的辐条。通常，松动的辐条会导致车轮偏摆。修理很简单，只要重新拉紧松动的辐条即可，但是每当你开始调圈时都要把以下几点记在心里。

- 调圈时不需要卸下外胎，但是应该放掉大多数的气压。否则，转动辐条帽可能会刺穿轮圈垫带并刺穿内胎。
- 当拧辐条时，谨防辐条扭曲。当螺纹损坏或润滑不足时，辐条会与辐条帽一起扭动，而不是拧紧辐条帽里。拧转辐条帽时要用两根手指来感受辐条是否出现扭曲。如果有必要的话，往回拧转以放松辐条。
- 钳子和活扳手无法替代正确的辐条扳手（有四种基本尺寸）。很难取下损坏的辐条帽，除非切断并更换辐条，否则很难去除辐条帽。辐条帽被拧死（生锈）的辐条是必须要更换的。
- 使用非常小的增量。每次只调整辐条帽的1/4圈，避免辐条张力过度。如果有足够的经验知道什么时候合适，则可以进行更大的调整。
- 车轮上同侧相邻的辐条应该有相似的张力。可以拨弹这些辐条，并比较它们的声音。
- 如果需要拧紧一根已经拧不动的辐条或者拧松一根已经很松的辐条才能矫正摆动问题，那么很可能轮圈已经弯曲了。如果辐条不能矫正轮圈的弯曲，试着强行将轮圈向反方向弯曲（可以在膝盖上进行），然后再尝试调圈。很有可能是需要直接更换轮圈。

断裂的辐条　断裂的辐条必须被移除，而且要尽早更换。通常最好连同辐条帽一起更换。如果车轮是完好的，那么更换辐条将会非常简单。对于后轮，可以拆下飞轮组。拿一根新辐条（选择正确的长度）穿过花鼓并往上连接到辐条帽，要完全复制其他辐条的模式。如果想避免在弯头的部分有尖锐的弯曲，那就可以在安装前把它弯大一点，而且确保之后把它拉直。拧紧新的辐条，直到它的张力和周围的辐条相似（弹辐条，比较它们的声音）。

如果有必要的话，在这点上进一步拉紧来矫正轮圈。这个过程通常很简单，就像在收音机的转盘被打乱之后重新调整电台一样。只拧紧和拧松新的辐条，直到轮圈非常平整。在某些质量非常轻或张力非常大的车轮上，断裂的辐条会在轮圈上留下了一个新辐条无法矫正的扭结。尽管常常是可以挽救的，但有时还是需要丢掉车轮。

凹痕和弯曲　导致轮圈变宽的小凹痕会使刹车动作不连贯，但是可以利用一把钳口光滑的老虎钳轻轻地将其修正。每次只挤压一点点，避免矫正过度。辐条的矫正也可以帮助隐藏这些损伤。常常可以矫正窄开口轮圈上的小凹痕，用窄钳口的可调扳手夹住弯曲轮圈的胎唇座，然后向外向上撬动。

较大的凹痕可就是严重的事情了，需要专业

知识。修复轮圈凹痕的一个方法是，把损坏那点的辐条放开，将车轮提离地面，并且让损坏的点位于下方。在平坦区域上方的辐条之间插进一个宽四寸厚二寸且长一英尺的木块。用锤子敲打木块，从花鼓上消除凹痕，最好将与轮圈接触的那部分木块切割成适应轮圈的形状。

一直敲打，直到轮圈稍微有一点点隆起。要小心——因为需要的力量可能比你想象的还要小，所以开始时要轻轻敲。有些轻量化的轮圈不能适用这种调整方法，所以不要认为这么做就一定会成功。如果需要矫正的部位长度超过1/2英寸，或轮圈出现裂纹或皱纹，那么最终的结果可能是不稳定的，所以也是不安全的。

横向的弯曲很难修复。对于局部的小弯曲，典型的解决方法是，在弯曲部位释放一些辐条张力，然后从车上或调圈台上拆下车轮。跪在地上，将车轮平放在面前，使弯曲部分朝下，而且最靠近自己。向车轮俯下身体，在弯曲两侧8~10英寸的地方握住轮圈，将其往地上按压。通过利用一些身体的重量，可以迫使轮圈恢复原来的形状。如果你足够幸运，也许就可以重新拉紧辐条并重新使用车轮了。

车轮和轮胎的紧急维修

你的车轮和轮胎看起来很难修好了。

永远不要说永远不会。如果一个意外使自行车不能用了，那么是时候采取紧急措施了。轮胎的损伤是最可能的困难。当发现轮胎编织层有切口，而且太大了，在压力下无法包住内胎时，那就使用一片内部加强补胎片。在紧急情况中，这种"补胎片"可以是一块破布，也可以是纸币、能量棒包装袋之类的高纤维纸，或者任何可用的东西。加固得越不合适，在内胎突出之前可以使用的气压就越小。如果编织层损伤接近轮胎的胎唇，可以试着在相应位置的内胎上缠绕一条长布，并将其缠绕过胎唇，这样当轮胎再充气时，长布就会被夹在外胎和轮圈之间。如果要在工具包里带着这样一条加固带，像5英寸×10英寸的矩形粗尼龙布就能用于这种情况。

一旦看到断裂的辐条就要将其移除，或至少缠绕在相邻辐条上，以防止打结。如果损坏的车轮不能卡在刹车桥或车架上，那么就需要一些现场的调圈工作。辐条扳手基本是必要的，但是在紧急情况下也可以使用其他金属夹具，比如可调扳手和钳子。把需要调整的辐条定位在接近后上叉、后下叉或叉腿的位置上。用手把轮圈往辐条需要拉直的那个方向上拉，一起握住车架和轮圈，然后挤压。这样的偏移之后，辐条会变松弛，而且容易拧动。

应急辐条 出门骑车时需要做的一件事是，携带一些特殊的辐条，不用拆卸车轮、轮胎或飞轮就可以安装。这些辐条被称为应急辐条，而且它们很容易制作。首先去店里买一些和车轮上辐条螺纹（通常是每英寸56个螺纹）相匹配的辐条，但是要比车上的辐条长大约1/2英寸。

你应该随身带上车轮，看看新的辐条是否能拧进已有的辐条帽里。如果很难拧上，那你需要一些和应急辐条相匹配的辐条帽，而且当安装应急辐条的时候，需要用新的辐条帽替换旧的辐条帽。购买与现有辐条的螺纹相匹配的应急辐条的好处是，能够方便地把应急辐条拧进旧的辐条帽里，这会节省给轮胎放气的时间；当需要更换辐条时，更换旧的辐条帽。

为了拧进应急辐条，要用对角钳切掉辐条弯头。把辐条的末端弯成L形。棘手的部分是要在正确的位置上弯曲辐条，这样辐条的长度才能匹配车轮上已有辐条的长度。如果不能找到完美的位置，那么宁可短些也不要太长。弯曲好后，辐条应该在末端有两个90°的弯曲，一个是与辐条长直部分形成直角，另一个是与第一次弯曲的部分形成直角。如果辐条被直立起来，那看起来就像辐条末端被弯曲成了一个L形。

使用应急辐条之前，首先移除断裂的辐条。然后晃动应急辐条的L形末端，用任何可以把它安装上去的方式，把辐条插进花鼓上的孔里，再从辐条之间穿过，连接到辐条帽上，然后拧紧辐条帽，直到弹辐条的声音和其他的辐条很相像。检查车轮的正度，根据需要调整。不需要拆卸车轮、轮胎和飞轮，就可以出发了。

土豆片形轮圈的修理 在车轮完全变形的情况下，除了重新编一个车轮之外几乎没有什么可做的了。但是通过运用一些蛮力技术，有时可能把损坏非常严重的车轮，矫正到能足够骑回家的程度。这里有我们发现的最有效的两种方法。

如果车轮形成一个非常对称的"土豆片"形状，那么试着把它反压回正常形状。在地面上平放车轮，用膝盖压在上面，用左右手握住轮圈相对的边缘，抓住高点，然后用力将它向下压。有时，这样会使车轮恢复成可以使用的形状。如果是这样的，那你应该感到非常幸运。这个修正方法能让你骑回家，但是车轮仍然需要用新的轮圈来重新编制。

如果因为侧滑或摔车而使轮圈的某个部分变形很严重，完全失去了原来正确的形状，那么试着把那部分插入一个狭窄的槽里，用车轮剩余的部分作为杠杆，把轮圈扳回原来的形状。这样的槽可以是门框、下水道格栅、巨石或树之间的空隙。尽可能发挥你的想象力。

你既可以使用这种粗暴的方法，也可以打电话求援，但是自行车是生存的工具，许多粗暴、临时的修理能让它们接着上路。

车轮的编制

除非从正确的部分开始着手，否则会觉得编制车轮异常复杂。在选择匹配的花鼓、辐条和轮圈时，如果能有专家指导，就会容易很多。排列好零部件，检查上面可能存在的任何形式的瑕疵。在辐条上抹螺纹脂（一种特殊的润滑脂）、辐条油或者油脂，然后把辐条插入花鼓中。

编轮 每次把辐条按组进行。车轮可以分为四个组，每组辐条从不同的方向插进花鼓的法兰。在36根辐条的车轮上，每个组包含9根辐条。首先把花鼓放在自己面前，轴杆朝下。如果正在编制的是后花鼓，那就把装飞轮的那一边向下（必须拆卸飞轮）。在法兰的顶部插进9根辐条，每隔一个孔插一根。找个地方坐下，把轮圈套在花鼓外围，既可以用面前的工作台来保持平衡，也可以用膝盖。旋转轮圈的方向，使轮圈的气嘴孔与你的身体相对。

拿起一根辐条，插入气嘴孔左侧的辐条孔里，然后稍微拧紧辐条帽，为了适应从花鼓顶部法兰穿出的辐条，这个辐条孔在钻孔时应该略微向轮圈的顶部偏移。如果这个孔使用的是其他的钻孔方式，那就只能尝试其他的编轮方法。幸运的是，现代轮圈上98%的左侧辐条孔都是向上偏移的。现在拿起旁边的第二根辐条，在第一个孔后留三个孔位，把它插进轮圈。拧上辐条帽，继续插入和拧上这个组剩余的辐条。

逆时针旋转花鼓，使原来的辐条偏离轮圈上的气嘴孔，这是第一圈辐条在编完的车轮上必须倾斜的方向。

翻转轮圈和花鼓，使另一侧的花鼓法兰朝上。仔细观察顶部法兰和底部法兰，你会注意到两边的辐条孔并不在一条线上。它们是互相偏移的，如果把一根辐条笔直插进一个辐条孔，它会碰到另一侧法兰的两个辐条孔之间。在花鼓上插进第二组的第一根辐条，使它在另一侧法兰上紧挨着第一圈的第一根辐条（即偏离气嘴孔一个孔位的那根辐条）。拿起这根新辐条（如果编的是36根辐条的车轮，那这就是第10根），将其插进第一根辐条旁边的轮圈孔里，距离气嘴孔有两个孔位。拧上辐条帽，然后插进第二圈剩余的辐条，要把它们插在第一圈辐条右侧的第一个孔里。此时，下一圈辐条不把车轮翻转过来。

把第三圈的辐条插进花鼓底部（第一次）法兰的剩余辐条孔里，接下来将是编轮进程中唯一复杂的部分。从膝盖上扶起轮圈使它保持垂直，就像在自行车上的那样。第三圈的辐条应该都用弯曲部分悬挂在一侧。如果它们不是这样的，那就将它们挂成这样。把车轮再次放平，翻转车轮使第三圈的辐条在上面，先握紧轮圈，然后相对着轮圈扭转花鼓，使其偏离气嘴孔。如果扭转正确，第1根辐条和第10根辐条（对于36根辐条车轮）将会互相平行。

Shimano为编碟刹车轮推荐了一种特定的模式，辐条承受张力的同时能保持车轮结构的完整性。

第三圈中每一根辐条的方向都与第一圈辐条的方向相反，但是它们共用上部的花鼓法兰。现在该安排正确的交叉模式了。在三交叉模式中，每根辐条在插进轮圈孔之前，应该从第一圈辐条中两根辐条的上方和一根辐条的下方穿过。第一个辐条交叉在花鼓的右侧出现。抓住任意一根松散的第三圈辐条，然后将其从第一圈辐条中的两根辐条的上方和一根辐条的下方穿过，然后插进第一个可用的轮圈孔里。略微拧上辐条帽，然后进行下一步。如果辐条在花鼓上感觉很紧，那也不必担心。这虽然有些麻烦，但也是好现象。

第四圈与第三圈是一样的。不用在膝盖上翻转车轮，只要把剩余的辐条插进底部法兰未用的孔里。扶起车轮保持垂直，这样松散的辐条就会垂落下来。然后换个方向平放车轮，现在第四圈的辐条在上面。把每根辐条编进剩余的轮圈孔里，要遵循之前同样的交叉模式。

初步拉紧 在所有辐条都拧上之后，就该把车轮装在调圈台或自行车上，这样双手就可以空余出来。在辐条帽拧进轮圈的地方，涂上一些温和润滑油，使它们更容易旋转。拧紧每一个辐条帽，直到露出三个螺纹。当车轮还处于松弛状态时，要在弯头处弯曲辐条，使它们符合新的方向。用大拇指或者一个小木槌，将外侧辐条压向花鼓，使它们贴平花鼓法兰。

如果使用正确长度的辐条，那么在此时辐条应该相当松弛。给每个辐条帽拧紧1/2~1圈（当辐条是在车轮上面时，顺时针拧辐条帽），然后检查张力。重复这样的均匀拧紧，直到辐条开始感觉有点紧。在开始调圈前，辐条需要有一定的张力。

调圈 车轮必须在纵向和横向上都拉直，直到达到想要的效果。编轮高手能在尽量低的辐条张力下，使车轮达到正圆状态。我们把这个最小张力下的最优平直度称为归零点。通过一层层地增加张力，直到辐条足够拉紧，此时车轮才算完成，也就是达到了归零点。如果车轮已经达到归零点状态，那么此时增加张力就不会干扰正圆性。且此时其他任何做法都会充满风险。

首先校正横向摆动。如果轮圈偏向左侧，那就拧松左侧的辐条，同时拧紧右侧辐条。如果问题出现在右侧，那么拧松右侧辐条，拧紧左侧辐条。旋转辐条帽，每次拧紧半圈。校正好一个点之后，就开始校正下一点。

消除横向摆动之后，接下来就要专注于圆度，每次拧半圈的量。转动车轮，观察高点和低点。通常，高点位置在车轮的另一侧有相对应的低点，找到低点，拧松辐条，在高点拧紧辐条，然后再移动到下一个低点和高点。一旦达到最大程度的圆度了，就要回到横向调整（因为圆度调整可能会影响横向正度）。在正度和圆度之间交替，耐心地一点点校正。就像抛光后的银子一样，车轮将会开始显示出耐心付出的成果。车轮实现很高的正圆度后，就该开始提高张力了。

有时会发现轮圈有一个不好的接缝（通常是与气嘴孔相对）。会注意到它，是因为在调圈时它会突然闪现。之所以要修复不好的接缝，是因为它们会刮到刹车块。修复时，把轮圈平放在台虎钳或者工作台上，然后用槌子或者锤子敲打轮圈上较高的部分。注意不要弯曲得太过分，它应该和其他部分一样高。如果还不起作用，那么就把它打磨光滑。

在车轮完工之前，必须确保花鼓在轮圈的正中心。否则，当把车轮安装到车架或者前叉上时，它可能会歪曲。可以用车轮碟形工具来检查。或者把车轮装到车架或者前叉上，倒转车轮，然后看是不是不管在什么方向花鼓都在同样的位置。碟形车轮应该不管花鼓是向前还是向后，都能总是保持轮圈在同一点。在需要时，通过只拧紧车轮一侧的花鼓螺母来矫正任何不对称，把轮圈向一侧或另一侧靠近。

增加张力 如果低张力状态下的车轮保持正圆，那么接下来的工作就比较容易了。通过将每一个辐条帽转半圈，来为车轮增加一层张力。在后轮上，给左侧辐条帽转1/4圈，将右侧辐条帽转1/2圈，这样能使轮圈保持正中。检查正度，如果有必要就进行调整，然后增加另一层张力。继续一层一层地增加张力，直到整体张力和其他调整好的车轮非常接近。弹拨辐条，听声音。记住，在后轮上，左侧辐条比右侧辐条的张力低较多是很正常的。无论何时拧紧辐条帽，辐条都倾向于有一点扭曲，所以在拧转之后，要往回松一点，这样辐条才能消除扭曲。如果不这么做，那么在骑车时辐条扭曲会自动消除，而这将破坏车轮平直度。

预应力 开始最后一步，用左右手抓住车轮上相对位置上平行的辐条。牢牢地握紧辐条，拉伸并且挤压辐条，这种做法能延长弯头的疲劳使用寿命，而且能拉伸所有的零件，以此在使用中不会出现松动。如果车轮变得非常松，那就增加张力。如果过度偏离正圆形，那有可能是车轮上的张力太大了，要重新调圈。如果第二次还不稳定，那就在实施第三次挤压步骤之前先放松辐条。如果辐条足够紧，而且即使挤压辐条，车轮也不会偏离正圆形时，车轮就可以使用了。找到正确的张力是学习起来最难的部分。如果有疑问，可以请专家帮你看一看。

记住，编轮者的目标不仅是要编制一个能够笔直运行车轮，还要有一致的张力。最好的车轮不一定是最直的，但一定是辐条张力最均衡的。不仅要保证车轮的正度，还要保证车轮张力的均衡。如果不确定该怎么调整，那就弹拨辐条来判断松紧度，并且要放松最紧的辐条，并拧紧最松的辐条。严格执行均衡张力所需的步骤，总是有助于编制出更好的车轮。

车轮的维修和编制是一门非常庞杂而又详尽的学问。这里提供的简单建议应该能使你有一个良好的开端，但是永远不要停止问问题和寻找额外的信息，而且别忘了享受你劳动的成果。

答疑解惑

问题： 每次解决完扎胎问题时，轮胎就又会被扎。

解决方法： 仔细检查内胎，看洞是在什么地方。如果洞是在内胎的内圈，那就可能是轮圈垫带错位，使内胎被辐条割破了。如果洞在内胎的外圈，那就有可能是外胎里还残留着尖锐的小物体。用抹布在外胎内侧转几圈，找到小物体，然后把它从外胎上清理掉。

问题： 车胎在慢慢地漏气。

解决方法： 在美式气嘴上抹些口水，如果看到有泡沫形成，表明有缓慢的漏气。拧紧气嘴，或者把它拆下，在橡胶密封圈上抹些油，然后重新安装。如果不是气嘴的问题，那就拆下内胎，并打进气，把它浸没在水里，找到漏气的洞。

问题： 轮胎一直出现蛇咬。

解决方法： 给轮胎充进更多的空气，或者安装更宽的轮胎。

问题： 安装外胎很困难，因为内胎阻碍了安装。

解决方法： 如果用的内胎比外胎窄，那么安装外胎就非常简单。要更换更细的内胎，或者更宽的外胎。

问题： 已经装上外胎，但是在轮圈上的位置不够准确到位。

解决方法： 放气，扭动安装不到位的位置，重新充气到30磅/平方英寸，用手把扭曲的位置压到位，然后充满气。如果还是不见效，试着放掉气，并在轮胎上抹些肥皂溶液，然后重新充气。

问题： 补胎片不能粘在内胎上。

解决方法： 抹上足够的胶水，让它完全风干（大概需要5min）。不要用手指接触补胎片有黏性的那一面，不要为了干得更快而对胶水吹气，因为可能在胶水上沾上水。

问题：无法给空气动力学车轮充气。

解决方法：装上有足够长气嘴的内胎（气嘴必须突出足够的长度才能打气），或者装延长嘴。要确保当安装延长嘴时，法式气嘴没有被拧紧。

问题：真空胎出现慢撒气情况。

解决方法：拆下轮胎，检查轮圈的胎唇那一圈有没有异物。轮圈的凹痕或划痕也能导致慢撒气。除了编制一个新的轮圈，否则没有其他办法能修复。如果轮圈还能抓住外胎，可以在真空胎轮圈上使用标准外胎和内胎。

问题：完成管胎的修补工作后，发现胎面上出现S形。

解决方法：缝合轮胎时用错了孔。切断缝合线，然后再试试。下一次要在编织层上做标记，这样就能在再缝合时知道该用哪个孔。

问题：不断有辐条断裂。

解决方法：通常这是因为车轮用的是质量差的辐条。用质量好的辐条更换原来的辐条，比如DT Swiss或者Wheelsmith不锈钢型号的辐条。

问题：在拆下车轮后想要再安装上时总是非常困难。车轮很难装进车架。

解决方法：记着把链条放在和拿下来时一样的飞轮片上（通常是最小的飞轮）。如果这么做之后还是很难装上去，那么车架钩爪可能弯曲了，这会使车轮安装得有点麻烦。最好到车店里检查，用特殊的工具调整。

问题：车轮正圆度不够。

解决方法：要调圈，确保辐条张力一致而且足够紧。如果辐条不断地松动，那就给每根辐条增加张力，这样应该能使车轮变得稳定。

问题：正打算出门骑车的时候发现唯一的备用内胎是法嘴式的，但是车上的设置是美嘴式的。

解决方法：带上内胎。法嘴内胎安装在美嘴孔的轮圈上会有点松，但是它仍然可以运转得很好。其实，如果想永久地换用法嘴内胎，可以在气嘴孔里插入橡胶，以此缩小气嘴孔的尺寸。或者，如果有法嘴孔的轮圈，想换成美嘴内胎，只要用1/4英寸的钻头攻轮圈的孔，把它变得更大。

问题：你正尝试升级车轮，但是发现新的车轮不能装进车架里。

解决方法：要想把车轮装进车架里，花鼓上锁紧螺母间的距离（从轴杆的一端螺母测量到另一端螺母）必须匹配车架上钩爪和钩爪间的距离（前或后钩爪内侧之间的距离）。大多数前轮是100mm，而大多数后轮是130mm或135mm（有些其他的是120mm/125mm/126mm/127mm或140mm的，不太常见）。如果正尝试装进太宽的花鼓，那么请销售人员帮忙调整车架，使车轮能正确地装进去（这只适用于钢制车架）。

问题：想把车上27英寸的车轮改成700C的车轮，因为如今每个人都在使用700C车轮。

解决方法：谨慎行事。在花任何钱之前，试着把朋友的700C车轮装在你的车上，以确保刹车块可以调得足够低，调整到可以正确地夹住700C轮圈。刹车可能够不着轮圈，因为700C轮圈在直径上比27英寸的轮圈小一些。如果刹车够不着，那么要么花钱换长臂刹车，要么坚持使用原来的27英寸车轮。

问题：车轮传出"嘎吱嘎吱"的声音。

解决方法：辐条可能松动了，稍微把它们拧紧些。如果它们是紧的，辐条可能在交叉的地方轻微摩擦，产生声音。用轻质油润滑辐条的每个交叉处，然后擦掉多余的油。

问题：用的是直拉辐条车轮（辐条从花鼓直接连接到轮圈上，没有与其他辐条交叉），车轮上的辐条不断地松动。

解决方法：试着增加辐条张力。如果辐条再次松动，可能是因为辐条的编制模式问题。直拉辐条承受冲击比交叉的辐条更直接，所以它们更容易松动。为了使它们保持拉紧，先拧松所有的辐条帽，在螺母上抹轻质螺纹黏结剂，然后重新拧紧车轮。松动的问题应该已经解决了。

车轮的拆卸和重新安装

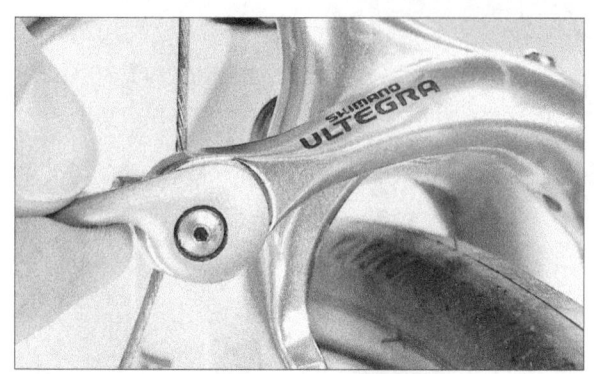

1 如果车上装配着快拆花鼓，那么拆卸前轮是非常容易的。首先，打开刹车快拆杆扳手来释放钳臂，使轮胎可以不被勾住，直接从刹车块间穿过。

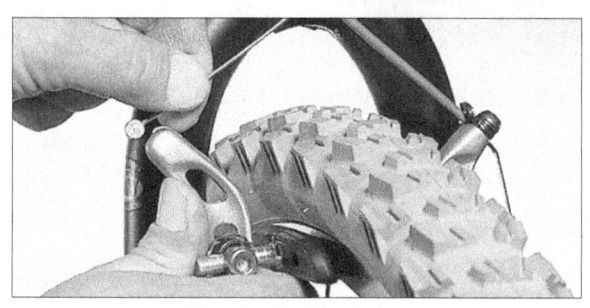

2 对于悬臂式刹车，用一只手把刹车片捏紧在轮圈上，然后掀起横向拉线的末端。

3 对于Shimano V刹或相似的线拉悬臂刹车，要从刹车臂的卡槽里解出弯管。

4 当快拆杆被锁紧时，快拆杆扳手将与车架或前叉平行，而且快拆杆的凸轮能将轴杆固定在位置上。向外拉扳手，划过180°的弧度（对于Mavic、FSA，或相似的快拆扳手应该是大概95°，尽管不是有很多像这样的例外情况）。前叉可能装配有车轮保留装置，即使快拆杆松开了，也能防止车轮脱落。要想拆下车轮，那就将快拆杆扳手保持在打开状态，然后逆时针旋转另一端的螺母，拧松快拆轴杆使其能从钩爪中取出。

如果车轮是使用螺母固定的，只要稍微松开一个，然后再稍微松开另一个，任何一个螺母都不应该完全拧下来。

5 如果你的车不是装配着快拆杆，那么也有可能没有刹车快拆装置。在这种情况下，要么稍微放掉点轮胎的气，要么拆下刹车块的其中一个或全部两个，让轮胎能从其中穿过。

6 由于链条和飞轮的存在，所以后轮拆卸起来有点复杂。转换档位，使链条落在最小飞轮和最小盘片上，往后拉变速器，使飞轮组能顺利地向下取出。（对于不太常见的向后开口钩爪，当一只手把车轮拉出的时候，用另一只手把链条从齿轮上拿出。照片里清楚地展示着两种方法。）

重新装上车轮时，要遵循相反的步骤。抓住快拆杆的两端，在拧紧快拆杆之前，要确保车轮牢固地装在钩爪里。快拆扳手应该牢牢地闭合，并将其旋转到不可能被钩住或翻转开的位置上。调整张力时，要保持扳手处于打开状态，旋转尾端螺母，用扳手测试调整情况，直到达到想要的程度。

7 碟刹在骑车过程中可能变得非常热，而且对油污非常敏感。你皮肤表面微量的油脂都可能足够损坏一对碟刹块。为了避免与碟刹片不必要的接触，可以考虑把快拆杆安装在与碟片相对的那一侧。

开口胎的拆卸、修理和重新安装

1 无论何时轮胎没气了,并且需要修理,那么一点点距离都不要多骑。推车或者把车搬到一个安全的地方,然后从车上拆下车轮并修补轮胎。

在分开外胎和内胎之前,在气嘴旁边的外胎上做标记,以此在外胎和内胎之间建立对应关系(或者是一直把外胎标签放在气嘴旁边),这能更容易定位任何可能嵌在外胎上的异物。

2 如果轮胎里还有空气,那就通过压气嘴来放气(首先拧开法嘴的末梢)。从轮圈上与气嘴相对的那一侧开始拆卸外胎,以此降低破坏气嘴的可能性。把外胎的两侧挤向轮圈中心的槽,以形成一些空隙,然后在外胎边缘下钩住撬胎棒,把外胎从轮圈里拉出来。(用一套质量好的塑料撬胎棒,而且不能有任何可能进一步破坏内胎的锋利边缘。)

沿着轮圈移动几英寸,在同侧的胎唇下钩住第二个撬胎棒,然后把外胎从轮圈里拉出来(见左图)。一旦有几英寸直径的外胎翻出在轮圈边缘外,就用手把剩余的外胎从轮圈里拉出。

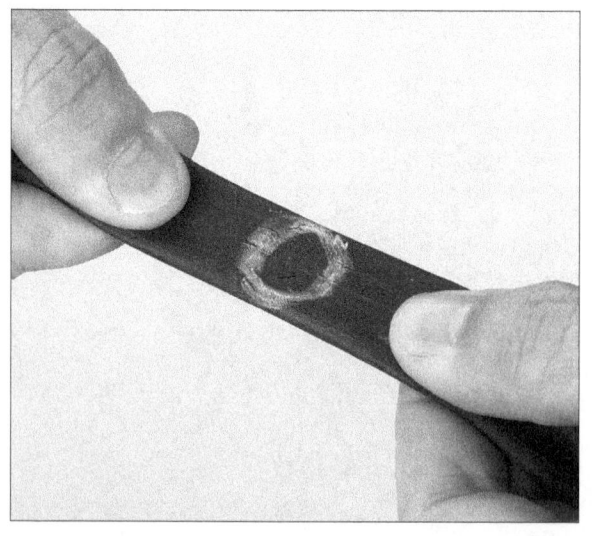

3 当外胎的整个胎唇都剥离轮圈时,很容易把内胎拆下来修理,在此时没有必要把外胎完全从轮圈上取下,当拆下内胎时只要把外胎推向一边。从轮圈孔里取出内胎气嘴,小心不要损坏它,然后把剩余的内胎从外胎和轮圈里拉出。

向内胎里打进些气,通过听或者感觉泄漏的空气来尝试精确定位被刺穿的洞。如果有可用的水源(用车辙里或道路上的水坑),那么把内胎浸没在水里,观察气泡。当定位了需要修理的小洞,在这一点上给内胎做标记(如果内胎是湿的,首先把它擦干)。

4 把外胎从车轮上拉下来并平放。在外胎上平铺内胎，使两者保持原本在车轮上时同样的关系。将气嘴和你之前在外胎上做的标记对齐，然后检查刺穿孔位置上编织层的内侧和外侧，清除掉任何有问题的杂物。

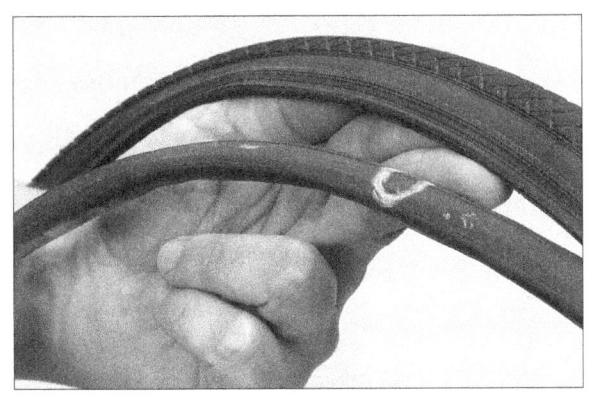

5 如果不能定位内胎上被刺穿的洞，那么检查气嘴杆。内胎在充气不足的外胎里会移动位置，从而轮圈可能切进气嘴的边缘。如果气嘴破裂了或被割破了，那就需要更换内胎。

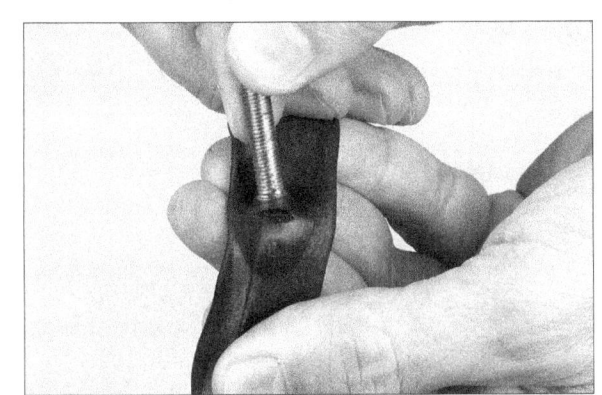

6 把内胎平铺在桌上，用维修套件里的砂纸或金属锉刀把刺穿小洞区域摩擦粗糙，用手抹去所有的灰尘。

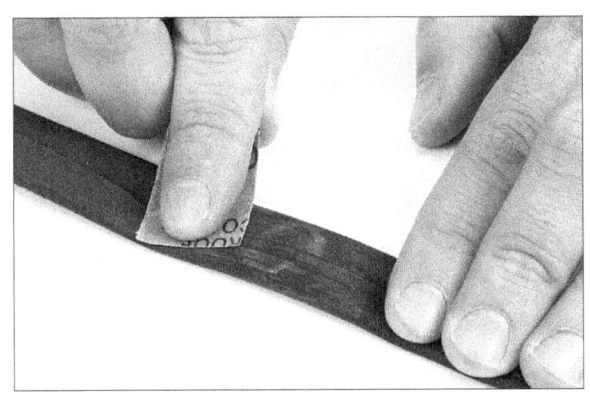

7 在内胎的粗糙区域覆盖上一层高质量的胶水，胶水覆盖区域要比打算使用的补胎片稍大些，确保没有会妨碍补胎片完全密封的水珠。在内胎上抹完胶水后，使它完全风干（这通常需要5min）。

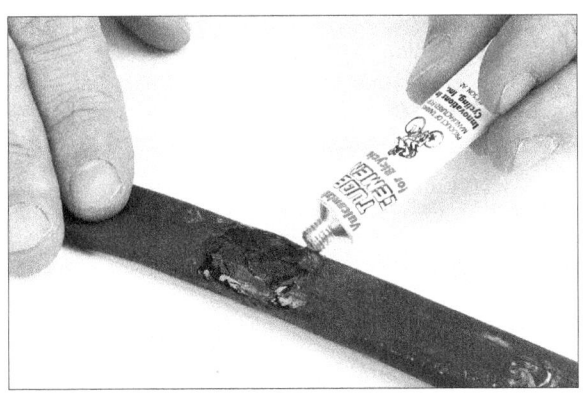

开口胎的拆卸、修理和重新安装（续）

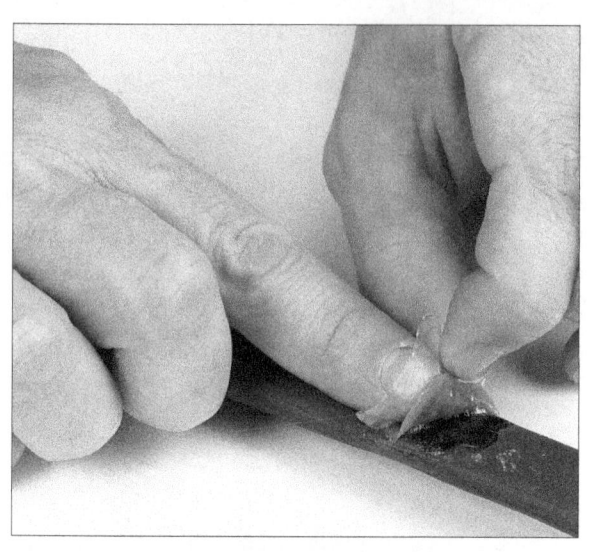

8 从维修套件里取出补胎片，选择能覆盖被刺穿洞尺寸的补胎片，而且能很好地接触破洞周围的区域。撕下补胎片上粘贴面的金属箔，并在内胎上相应的位置上固定住补胎片。

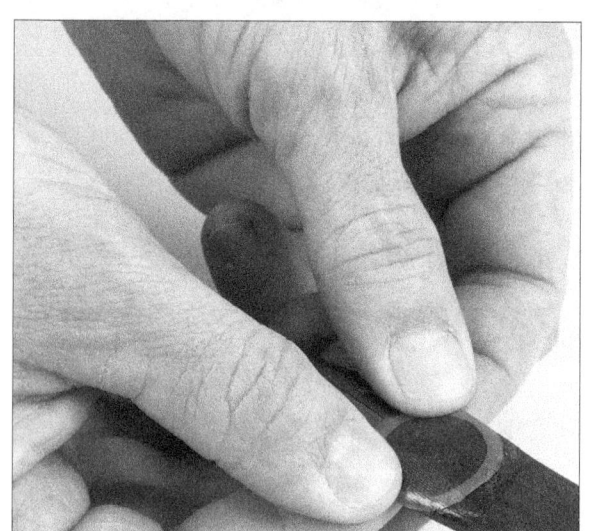

9 确保密封得很好，用力往下压，挤出所有的气泡，给内胎充入足够的气，使它形成一定形状。

把外胎的一边胎唇装回轮圈上，先不管另一边胎唇，而且在更换内胎时，大多数的外胎是悬挂在轮圈上的。暂时把气嘴孔附近外胎上的第二边胎唇往后拉，并要露出气嘴孔。

10 把内胎的气嘴杆穿过气嘴洞，然后把第二边胎唇压缩的部分拉回来并覆盖住内胎。从气嘴的区域开始，沿着轮圈把内胎塞进外胎里。

一旦内胎已经就位，那就在把第二边胎唇装回轮圈上时放出内胎里的气。当最先的几英寸胎唇就位后，把气嘴推进外胎里，确保气嘴周围没有任何部分被夹在胎唇下，然后继续沿着轮圈扒回胎唇。

11 尽量避免使用撬胎棒把外胎装回轮圈上。在大多数情况下，应该只用手就可以完成。如果用撬胎棒，可能会挤压内胎，甚至有损坏内胎的风险。为了获得安装最后一段胎唇所需的松弛度，要环绕外胎一周把胎唇两侧挤压到轮圈的中间槽。

当进行到安装外胎的最后一小部分时，可能会发现把它扒进轮圈里显得非常困难。

12 确保你已经获得所有可用的松弛空间，然后用双手抓住外胎，利用手腕有力地扭转试着把最难弄的那一部分胎唇扒进轮圈边缘里。如果这种方法不太实用，那就用大拇指或者手掌根部把胎唇一点一点地推进轮圈里。

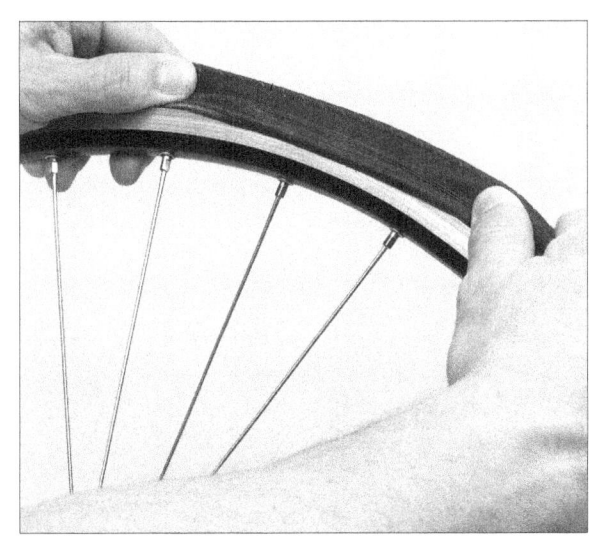

13 外胎已经装进轮圈后，要把气嘴往轮胎里推，再向下拉回，确保内胎上气嘴周围坚硬的部分没有被夹在外胎胎唇下。然后检查轮圈两侧，看是否有其他地方的内胎被压在胎唇下。如果真的有，那么内胎会受到挤压，而且在给内胎充气时，内胎的位置也不正确（用撬胎棒把内胎捅进外胎里）。如果一切看起来都没问题了，那么往内胎里充进20~30磅的气压。如果气嘴杆依然是笔直的，而且外胎位置正常，那么继续充气，直到到达官方建议的气压（通常印在外胎标签上）。

真空胎的拆卸、修理和重新安装

1 真空胎的维修与开口胎非常相似。在扎胎情况下，应停止骑行，把车推到安全的地点开始修理，并从车上拆卸车轮。用力挤压轮胎侧壁，使外胎胎唇的一边从凹槽里蹦出来。确定是哪一段胎唇脱落了，检查一圈车轮，然后把脱落胎唇的剩余部分推进轮圈的中心。

2 轮圈的直径在中心处是最小的，当胎唇在这个位置上时，可以把外胎拉起，从轮圈的一边拉出，从轮圈上取下胎唇。除非是没有办法，否则避免使用撬胎棒。在真空胎或者轮圈上使用撬胎棒会造成破坏，导致系统不再具有气密性。如果必须使用撬胎棒，必须非常谨慎，而且使用又宽又平的塑料撬胎棒。

3 用与第一次同样的方式把第二边胎唇取出来。第二边胎唇处于轮圈中间后，外胎应该很容易从轮圈上取下。

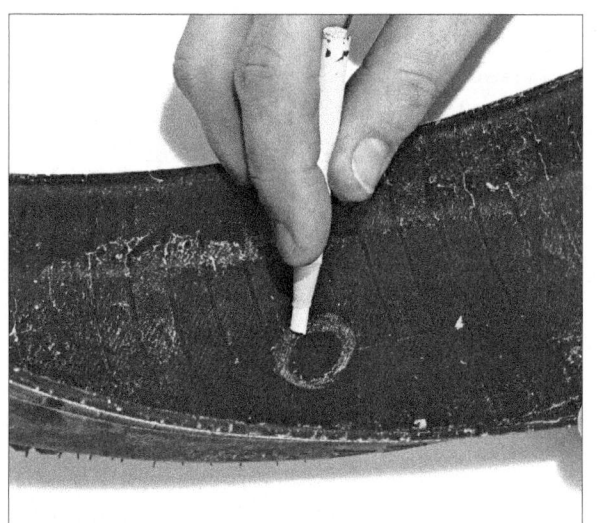

4 在外胎的内侧和外侧检查刺穿的原因，给它做标记，并且把轮胎取下。在骑行途中，使车轮可以重新使用的最快方法是从轮圈上拆下气嘴，以与开口胎同样的方式安装内胎（见第72页，开口胎的拆卸、修理和重新安装），然后可以在车店舒服的环境里继续剩余的步骤。

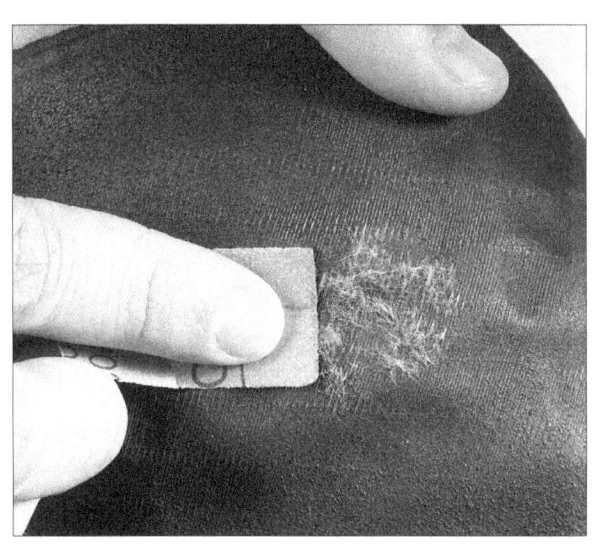

5 在刺穿洞的位置把外胎内侧往外翻，用修补包里的粗砂纸或锉刀使劲摩擦。在外胎内侧的破洞周围摩擦出一个区域，要比打算使用的补胎片稍微大一些。

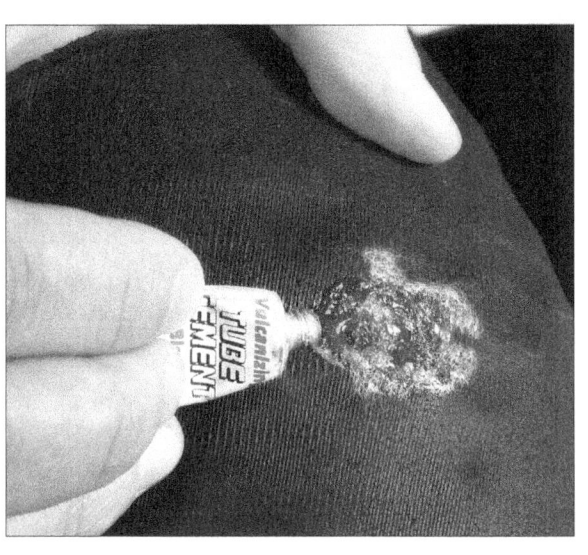

6 抹上一小块胶水，在粗糙区域周围抹匀，将胶水放置几分钟。当胶水从透明转变为浑浊时，就可以进行下一步骤了。

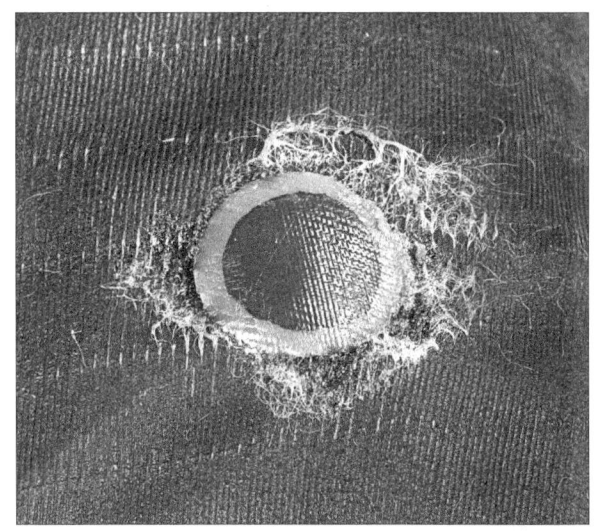

7 撕掉补胎片上的箔纸，把补胎片有颜色（通常是橙色）的那一侧紧紧压在胶水上。在补胎片上保持恒定压力2~3min，然后小心地从补胎片上剥掉透明塑料皮。虽然会遗留一些，但撕掉薄膜可以帮助你确定补胎片和外胎内衬是否完全硫化。如果补胎片的边缘被掀起，那么在补胎片上挤少量胶水，从里向外抹匀边缘。

8 当补胎片风干了，重新安装气嘴杆，准备好轮圈。用干净的布清洁轮圈，确保与外胎有好的密封效果。向轮圈里喷洒一些稀释的肥皂和水的混合物（大约1/2勺的洗洁精，加入32盎司的水），将使外胎胎唇更容易跳进它们各自的凹槽，而且会帮助保持好的密封性。如果没有喷洒壶用于此目的，那么用干净的抹布或浸泡有相同混合物的海绵。

真空胎的拆卸、修理和重新安装（续）

9 补胎片风干后，安装上外胎。第一边胎唇应该很容易扒到位置上。和有内胎类型的外胎比起来，真空胎上第二边胎唇的起始点没么重要，但是从气嘴相对的那一侧开始会稍微容易些。用大腿固定住车轮，使未安装的胎唇朝上。把胎唇装进气嘴相对侧轮圈的中心，然后用大拇指一点一点地把胎唇按进轮圈壁里。

最后一段外露的胎唇被拉紧后，再次检查是不是胎唇的剩余部分都被装进轮圈中间了。把车轮顶在腰上，使最后一段胎唇处于远离身体的那一侧，牢牢抓住仍然裸露在外的外胎的两侧。向前推挤使最后一点胎唇越过轮圈。虽然有些外胎很难推挤进去，但还是要在不使用撬胎棒的情况下付出最大的努力去完成。记住：虽然没有内胎会被夹住，但是你一定不想损坏一条昂贵的真空胎。

10 安装好外胎了，再一次检查是不是两侧胎唇都落在轮圈中间了。用落地式打气筒或压缩空气泵，快速给外胎充气到20磅/平方英寸。真空胎系统需要快速爆发性的充气，使外胎和轮圈之间创造良好的密封效果。迷你打气筒可能能达到这个效果，但是更可能只是导致情况恶化。一旦实现了初始的密封效果，就平稳地给外胎充气，听胎唇有没有弹进合适位置里。当胎唇开始安装到位后，每打几次气就检查一下外胎，直到胎唇在整圈车轮上安装得很均匀。外胎气压达到大约40磅/平方英寸后，可以用手掌根部，在没有安装到位的位置附近抓住外胎，稳定地推压外胎，从而顺利完成安装。如果有必要，可以一直给外胎充气到（但是不超过）60磅/平方英寸。当胎唇指示器（在轮圈壁上方延伸出1/16~1/8英寸的网格线）完全且均匀地裸露在外，那这就对了。把外胎打到所需的气压，重新安装车轮，然后就可以把车骑出去兜风了。

管胎的拆卸、修理与重新安装

1 如果骑行时轮胎变瘪了,应马上停下来。将车轮拆下,车胎留在轮圈上,打入一点空气以便找到漏气的地方。如果找到了漏气的地方,做上记号然后将车胎从轮圈上取下来。如果没找到,也将轮胎从轮圈上取下来。

如果轮胎在轮圈上粘得很好,那么取下它就不太容易了。试着两只手握住一部分轮胎,将它转出轮圈边缘,用拇指或者手掌推动轮胎的侧面。一旦有一个地方松动了,那么就有了突破口,更容易将其他部分取出来了。

如果在轮胎留在轮圈上时找不到漏气的地方,则往里打一些气,然后拿到耳朵附近听哪里有漏气的声音。就算没有听到声音,也能感受到漏出的空气吹到脸上。

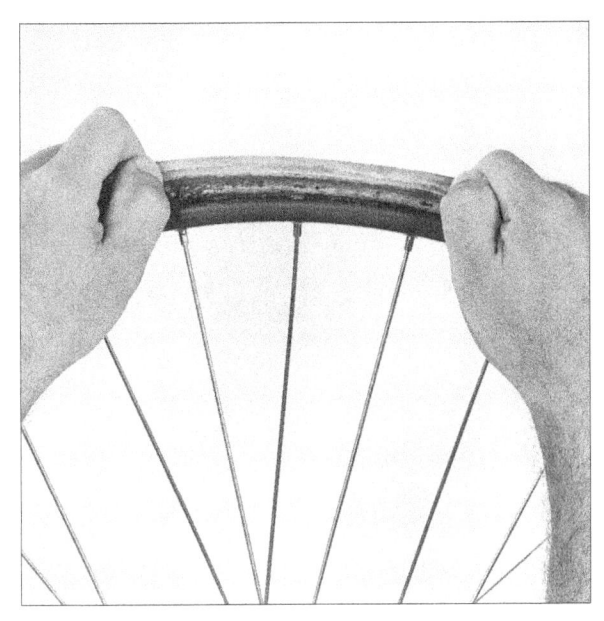

2 如果还是不能确定漏气的地方,将轮胎浸入水里,看哪里会冒出水泡。一旦看到、听到或者感觉到漏气的地方,做好标记。直到发现了切割口或破洞,才能确定问题出在哪里,因为空气可能从孔中泄漏,然后在轮胎里移动数英寸才冒出来。

最简单的隔离泄漏源的办法是将一小段扎住,然后打入空气。如果空气还在泄漏,就松开夹子,扎住另外一小段,直到没有空气泄漏,就知道问题出在哪一段了。取掉夹子,检查漏气的那一段,找到漏气的地方,用两块宽四寸厚二尺长的木材木板夹住轮胎的某段,然后用一个大的C型夹或者虎口钳夹住木板(见右图)。

3 使用的木片越小,需要挪动它们的次数就越多,但是能更精确地找到泄漏源。在剪裁和缝合之前准确地找到破掉的地方是很重要的,因为都希望使需要修补的区域最小化。

找到破损的地方后,将衬布揭开几英寸(见右图)。衬布是用胶粘在管胎上的并盖住缝线,这里用的胶与将轮胎与轮圈黏合的胶不同。缝线露出后,要在接缝上做上明显的标记,帮助你之后缝合时进行对齐。

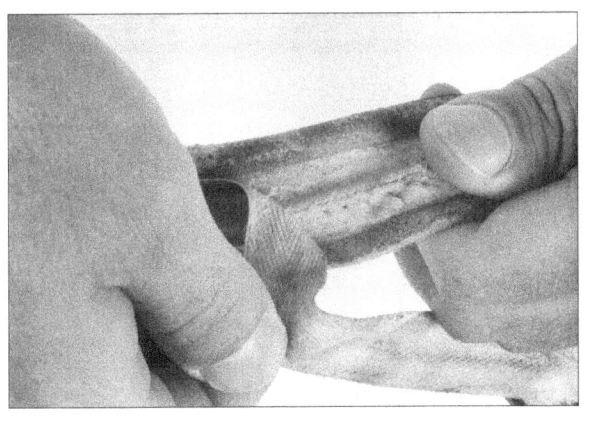

管胎的拆卸、修理与重新安装（续）

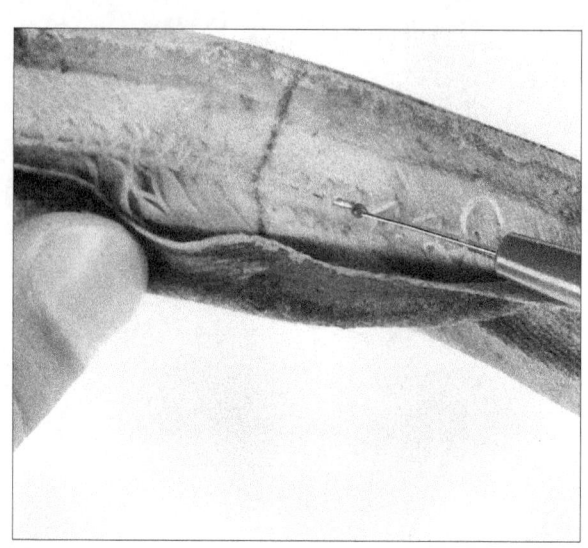

4 用一把锋利的小刀、刮胡刀片或者缝纫拆线刀（最好）切开缝线，取出需要修补的部分。

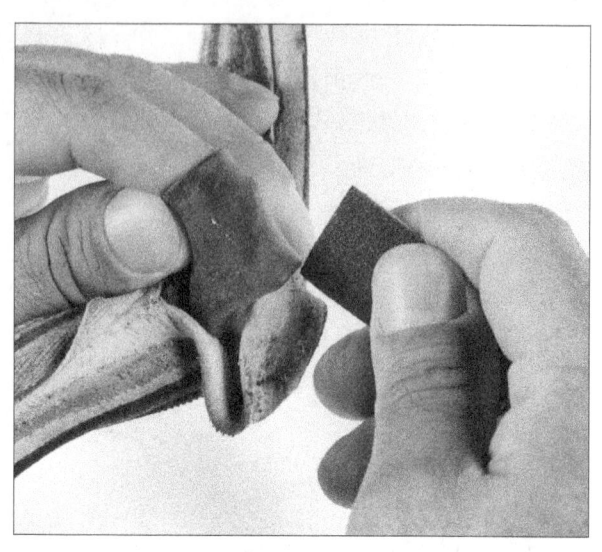

5 取出的那部分车胎，用精细的砂纸打磨破掉的部分，然后涂上一层修补胶，让它完全干透。（它会变得不光滑，这通常要在5min之后。）

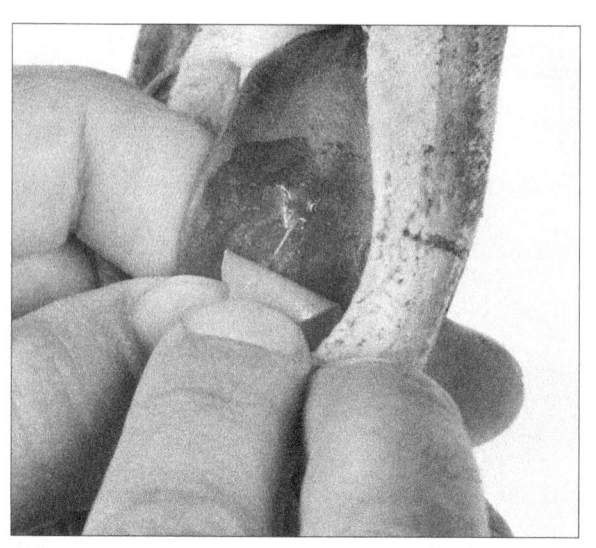

6 找一块大小适当的补胎片，在粘贴面撕掉保护层。为了完全封好漏洞，先把补胎片的一边贴在车胎上，然后向另一边粘过去。

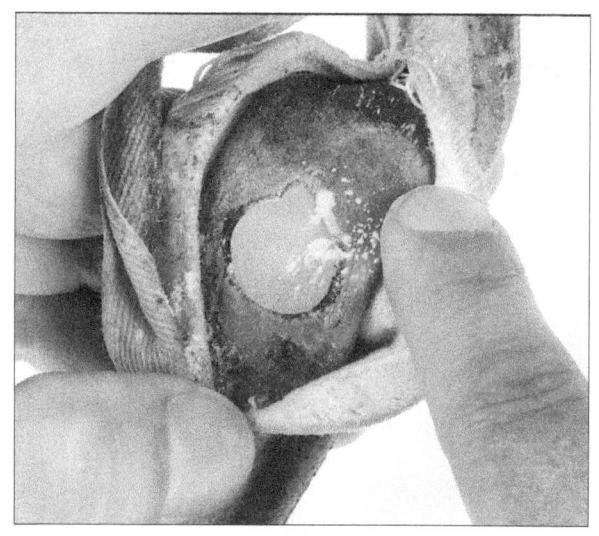

7 往内胎上撒一些滑石粉，让内胎不被外胎粘住。检查外胎的内侧和外侧，找到并清除任何可能再次扎破轮胎的异物。如果轮胎编织层有任何损伤，切一片坚固的帆布、尼龙或者旧轮胎，将它盖在损坏的区域。给补好的内胎充气后，就能把补丁顶到相应的位置，将内胎装入外胎。将编织层的边缘对齐，让做好记号的地方对齐。

8 用原有的洞重新缝合轮胎（重新开洞会降低轮胎可靠性），确保从修补区域两端的几个孔开始缝合盖住以前的缝线。如果你的缝纫技术出众，可以试着沿以前的缝制痕迹缝制轮胎，但是简单的缝制也能达到目的（见右图）。管胎修理工具包里有线，任何坚固的线都可以用。一些人更喜欢用牙线。在线的后端打一个小结，就像缝纽扣一样，缝完之后在另一端打一个结，再用液态乳胶粘上衬布。

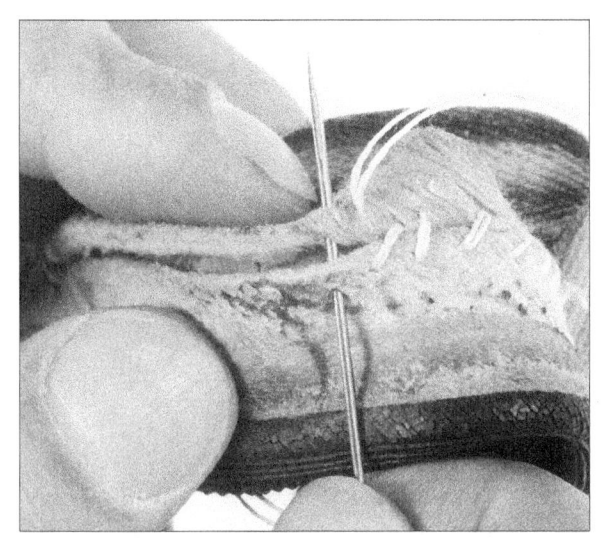

9 小心地将轮圈上的旧胶水尽量刮掉（不用完全刮掉）。如果是新的轮圈，用金刚砂纸轻轻地打磨，并用丙酮或酒精清洗，然后再涂上一层胶。如果你以前没有安装过管胎，那么就可以先不涂胶安装来练习练习。将轮圈放在干净的地面上，气嘴孔靠上。将气嘴从轮圈上的气嘴孔穿过去，从气嘴位置开始将轮胎拉伸套上轮圈，要同时从两个方向同时进行。

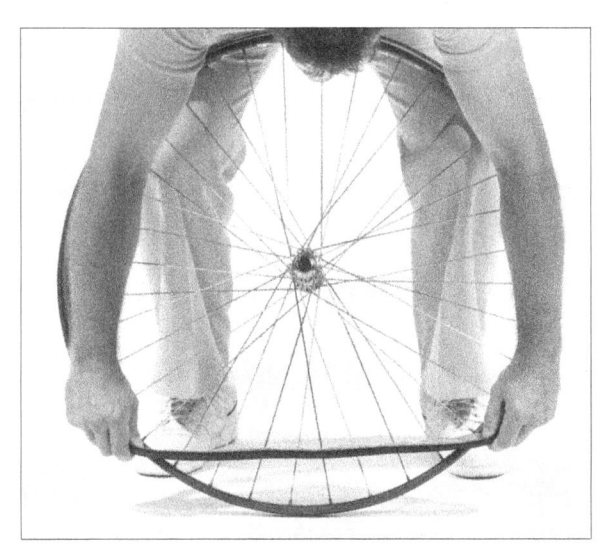

10 当套到最后一段最难处理的位置时，将轮圈抬离地面，同时拉伸两边的轮胎然后把最后那部分轮胎卷入轮圈（见右图）。

沿着轮圈整理车胎，确保轮胎没有扭转。整理好之后给轮胎充气。如果轮胎很难安装，那就充上气放一会儿，或者放一晚上，让它略微伸展一点。然后放掉气，取下外胎，并抹上胶水。

管胎的拆卸、修理与重新安装（续）

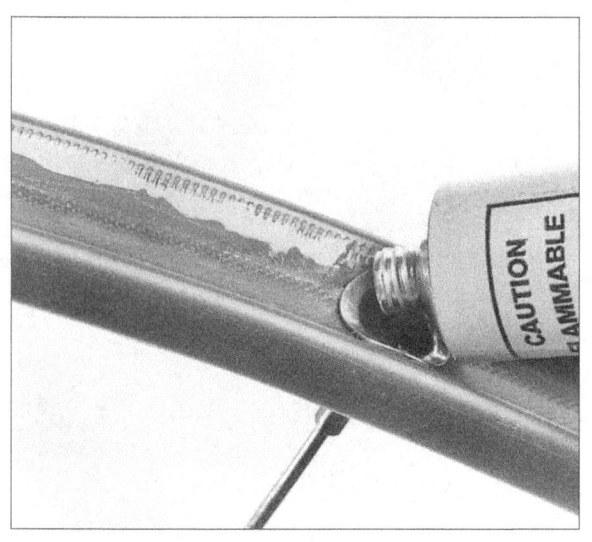

11 在轮圈每个辐条孔之间涂上管胎黏结剂，然后在整个轮圈上涂一圈胶水，在轮胎的衬布上也涂上薄薄的一层。

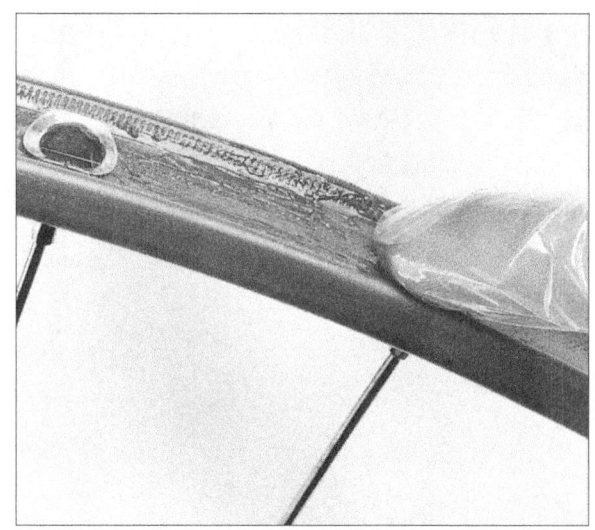

12 用一个小塑料袋套在手指上把胶水向四周抹开。一小时之后，再用同样的方法涂一层胶。

当第二次涂的胶水变黏稠后，开始安装轮胎。在把轮圈放到地上之前，把地面清扫干净，这样不会污染胶面（或者地面）。

像之前一样将轮胎卷进轮圈，然后转动车轮，检查胎面，确保车胎没有扭转并且位于轮圈中间。如果有必要，可以用手将其弄直。充进一些气，然后将车轮装回车上，如果一切都没问题，那就充满气。在使用之前要先放一晚上。

轮圈的保养和维护

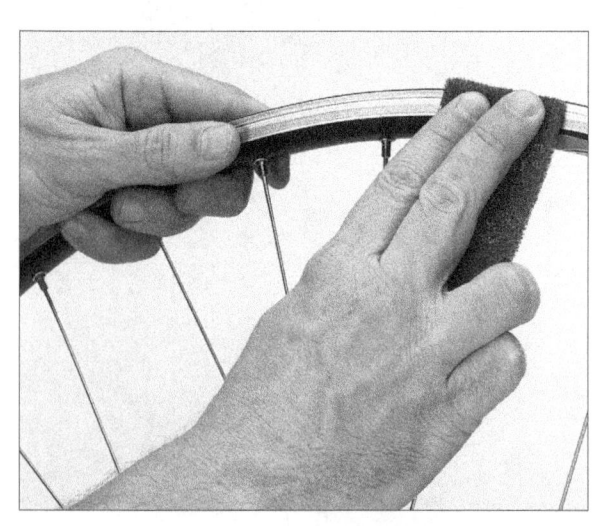

1 基本的轮圈维护包括定期清洗轮圈，因为污垢会影响刹车性能。就像清洗汽车一样，可以使用肥皂水清洗轮圈。为了清洁仍然留在轮圈上的污垢，要使用酒精之类的有机溶剂、钢丝棉或者由不会刮伤金属的材料制成的砂纸纱布进行清洗。

2 轮圈不仅会变脏，还可能被划伤或者出现凹痕。如果凹痕不是特别严重，可以将它压出来。将轮胎从轮圈上取下来，用带光滑钳口的钳子夹住有凹痕部位，进而将凹痕挤压出来。还可以用小的活扳手矫正轮圈边缘弯曲的地方，轻轻拧紧钳口，将弯曲的地方矫直。

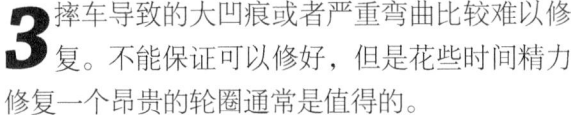

3 摔车导致的大凹痕或者严重弯曲比较难以修复。不能保证可以修好，但是花些时间精力修复一个昂贵的轮圈通常是值得的。

　　首先，将轮胎从轮圈中取出来，松开受损区域的辐条，然后确定是压还是拉。如果需要拉，那就将轮圈挂在树枝或者缘木上，使需要矫正的部位朝下。垫上一块小木块然后敲击，将轮圈敲回正确的形状。

　　另一种方法是将轮圈垂直地放在地上，将一根木棍穿过需要矫正的地方。用脚踩住木棍的两边。弯曲膝盖，用手抓住轮圈的上部，将它往上拉，将轮圈拉回正确的形状（见上图）。

4 横向扭曲也可以用类似的方式处理。但是就不用拆掉辐条了，只需要拧松弯曲位置对应的辐条。如果在某点有很大的变形，那就将轮圈固定到工作台上，用木槌敲击矫正。

　　如果弯曲特别大，两只手分别抓住受损区域两边8~10英寸的位置，然后抵着木块或者树干往下压，尽力将其矫正。这个方法也可以反着来。用膝盖顶住弯曲的部分，两只手抓住两边距离几英寸的位置，然后往回拉，将轮圈掰平（见上图）。

　　如果运气好，这些方法就可以矫正轮圈的变形，然后再调整一下辐条，就可以继续使用轮圈了。即使最终效果不佳，但至少也尝试过了。你应该换一个可靠的轮圈，将辐条调整到正确的张力，而且骑行时要尽力避开路上的坑洼和路边的树。

轮圈的保养和维护（续）

5 高性能、辐条少的轮组需要额外的呵护，这种轮组依靠超高的辐条张力来保证强度。如果辐条张力严重不均等，那么这种轮组就非常不稳定。

这种轮组的修复方法与传统轮组没有多少区别，但是如果你对自己的能力没有信心，那就把它们交给专业人士处理。

辐条的维修和替换

1 辐条式车轮是一个了不起的发明。如果安装和调校得当，这种轮组相当可靠；如果调校不当，它也很容易损坏。

辐条并不需要很多调校。重要的是要确保它们的张力适度。定期检查各个轮组，捏一捏辐条，确保没有松掉的。你既可以通过手捏辐条的感觉，也可以通过拨动辐条发出的声音来判断辐条是否松动（见左图）。

发现一根松动的辐条后，就用辐条扳手将其拧紧，拧到跟附近辐条相同的程度。拧紧松动的辐条之后，要检查轮组是否正圆，如有需要就进行进一步的调整（见第90页，调圈）。

如果使用专门的调圈台进行调校，轮组的调校会更简单、更精确。如果你没有这种调圈台，可以借助刹车夹器来检查轮组，或者将手指放到刹车块位置，查看轮圈到你手指指甲之间的距离，这样可以检查出轮组是否左右偏摆。

2 垂直正圆性可以通过在车轮上方的车架或刹车上绑一根尺子，或者把手指放在轮圈上方进行检查。然后转动车轮，看看车轮是否有不够圆的地方。

如果有辐条断掉，最好立刻停下不要再骑，把车推到安全的地方更换辐条。如果情况特殊必须要骑，首先将松掉的辐条端固定在临近的辐条上，然后慢慢骑到目的地。

用相同尺寸的辐条替换损坏的辐条。如果需要新的辐条帽，那就拆卸轮胎，拿开盖住辐条帽的胎垫，然后去除旧辐条帽，并将新的辐条帽装进去。接下来拆卸损坏的辐条，然后将新的辐条装入花鼓，方向应该和旧辐条一致。

3 将新的辐条插入花鼓上的辐条孔中，让弯头部分固定好，然后穿过其他辐条按以前的方式编好新的辐条。如果不能确定怎么编，就按照对称位置辐条的方式进行。

4 在将辐条拧入新的辐条帽之前，在螺纹上涂一点油。这样拧起来更容易，也能防止辐条帽里面被冻上。将辐条拧入辐条帽，然后用辐条扳手拧紧。

在拧辐条帽的时候，使用正确尺寸的扳手很重要。如果辐条帽上搭扳手的面被弄坏变圆了，调辐条就会变得很麻烦。同样的，在调整旧辐条的时候，最好在辐条与辐条帽接触的位置，以及辐条帽和轮圈接触的位置涂上一点渗透润滑油。转动车轮，让润滑油渗入它们之间的螺纹。

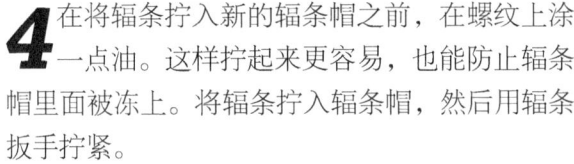

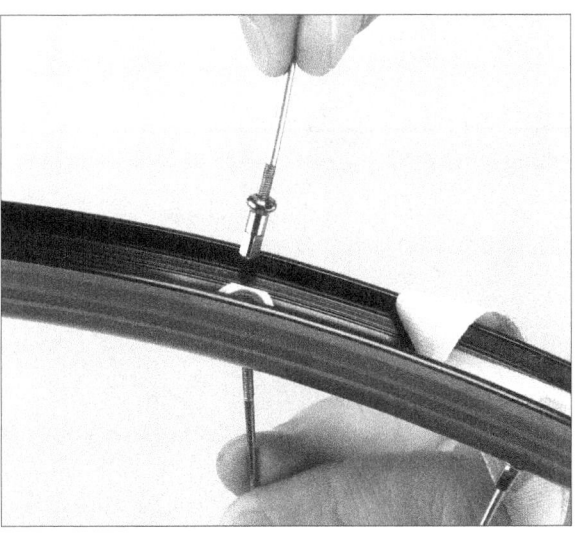

编织新轮组

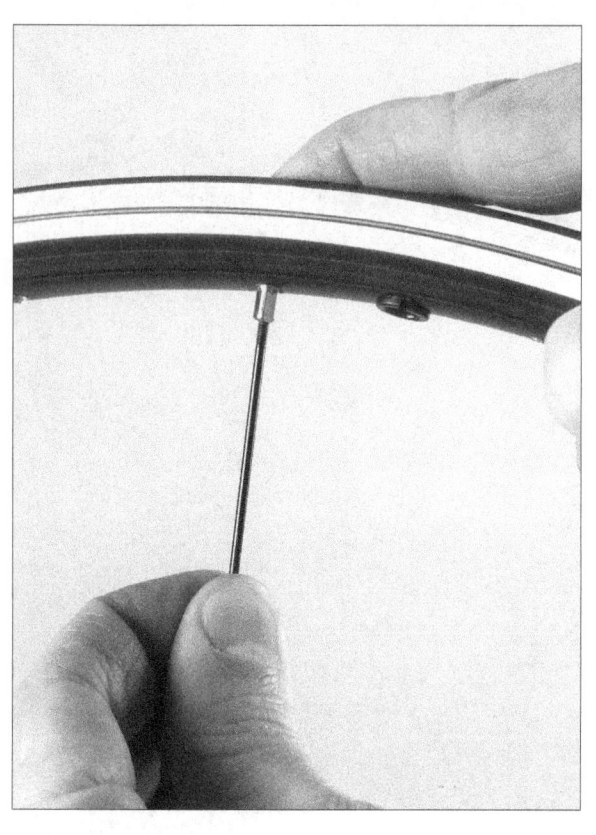

1 无论是组装28根、32根、36根还是40根辐条的车轮，首先将辐条分成相同数量的4份。坐下来，将花鼓放到面前，使花鼓轴杆朝下。如果是后花鼓，将塔基朝下（先不要安装飞轮），将第一组辐条每隔一个孔向下插进上方法兰盘的辐条孔。

拿起轮圈，把它悬挂在膝盖和工作台边缘之间，也可以平放在膝盖上，然后转动轮圈，使气嘴孔处于你身体的对面。将一个辐条帽装入气嘴孔左边第一个辐条孔里，然后拧上一根辐条。

2 向左（逆时针）跳过3个辐条帽孔，往第四个辐条孔放入一个辐条帽。然后查看花鼓，使新辐条位于第一根辐条的左边，将它拧到刚才那个辐条帽里（见左图）。照此类推，在轮圈上每隔3个孔，将第一组辐条都拧到相应的辐条帽里。辐条帽只需稍微拧几圈，足够固定住辐条就行。

3 逆时针转动花鼓，使原来的辐条偏离气嘴孔，这就是第一组辐条在整个车轮中倾斜的方向。

将轮圈翻一面，然后从上面的法兰盘往下看。注意这两个法兰盘的辐条孔并不是处于同一条直线上，而是互相偏离的。这样从上方法兰盘穿过的辐条就会碰到下方法兰盘的两个辐条孔之间。

根据下方法兰盘上装有最原始辐条的那个孔，找到上方法兰盘上与之对应的右边第一个辐条孔。从第二组辐条中取出一根装进去，这就是第二组的第一根辐条。然后隔一个孔将第二组剩下的辐条插进去。

4 将一个辐条帽装入最原始辐条所对应的轮圈孔右边的第一个孔里，也就是气嘴孔右边的第二个孔。将第二组中的第一根辐条和这个辐条帽拧在一起。从这个辐条帽开始，顺时针方向每隔四个辐条孔里放入一个辐条帽，然后将相应的辐条拧上（见右图）。这样就将第二组辐条装到了轮圈上。

在再次翻转轮圈之前，将第三组辐条插入花鼓下方法兰盘剩下的孔里，这样这组辐条的方向就和已经插在下方法兰盘里的辐条相反。开始将轮组翻转过来，但是车轮转到垂直状态时要停一下，使辐条的弯头勾住辐条孔，避免翻转车轮时辐条掉出来。

平放轮组，使这组辐条处于上方，这组辐条都将指向左边，与第一组辐条的方向相反。这时，你就该专注于编织方法了。如果你选择的是流行的三交叉编织法，第三组上的每根辐条都应穿过两根第一组辐条的上方，并从第三根辐条的下方穿过，最后拧到轮圈上。

编织新轮组（续）

5 将第三组的一根辐条穿过左边相邻两根辐条的上方，并从相邻第三根辐条的下方穿过，然后拧到最近的轮圈孔上（见左图）。注意，第一个辐条交叉点就出现在花鼓法兰的边缘，第二个交叉点也很靠近花鼓。在编轮组的时候不要担心弯曲辐条或者拧紧的时候感觉很硬，但是要轻柔地弯曲辐条，以免造成变形。在车轮装好辐条并调紧张力后，辐条会自己找到正确的位置。

6 当第三组辐条全部安装完毕后，将最后一组辐条装入下方法兰盘剩下的孔里。在装辐条时将轮组立起来，使辐条的弯头朝向轮圈。然后将轮组继续翻转到水平状态，用和第三组辐条同样的交叉法安装第四组辐条（见左图）。

所有辐条都拧入辐条帽之后，就该开始拧紧它们了。将轮组固定到调圈台上，在所有辐条的螺纹上涂上一点油，这样更容易拧紧。

开始时，你最好将每根辐条都拧入相同的距离，所以要将所有辐条帽往下拧，直到只剩三圈螺纹露在外面。在这个阶段，用螺丝刀会拧得更快、更方便。

用手指按压或者用木槌敲击辐条，让辐条贴合花鼓的法兰盘。

7 开始沿着轮圈整体调校，用辐条扳手拧紧辐条帽。每次拧紧1/2圈。当辐条开始有一定张力后，检查辐条在花鼓辐条孔里的位置是否合适。辐条收紧之后，就可以开始调圈了。

轮组达到正圆状态后，下一步就是将辐条拉紧到张力适当的程度。不幸的是，无法对此进行精确的描述。一位熟练的编轮技师可以感觉到什么样的张力是合适的。为了学习这种感觉，可以用一个已经编好的轮组进行对比，比较弹拨辐条时的声音和捏起来的感觉。

随着车轮变得越来越紧，转动辐条扳手会对辐条张力产生更加显著的影响，所以每次只拧动半圈。每次拧完后，都要再次检查一下轮组，进行必要的调整。在拧动辐条帽时，辐条会产生一点扭曲。扳手每拧一次，都要回一点，以消除辐条的扭曲。

8 编制轮组的最后一步是握住相互平行的辐条，一只手握住一对，然后挤压它们，产生预紧力（见右图）。如果轮组变松，那就提高张力。如果轮组形状明显变形，有可能是有些辐条张力过大。要重新调圈。如果还是无法保证车轮正圆，那就把所有辐条都松一点，然后再次调圈，最后第三次拧紧辐条。

第四章 车轮与轮胎

调圈

1 要精确地调校轮组就要把轮胎取下来，这样可以更仔细地检查轮圈的外周形状。如果不想将轮胎取下来，那就将轮胎里的气都放掉，避免拧动辐条帽时刺破内胎。

将车轮固定到调圈台上并调整卡钳，让卡钳的尖头靠近轮圈的两边。转动车轮并调整卡钳，让卡钳尽可能靠近轮圈，但是在任何点都不要碰上轮圈。

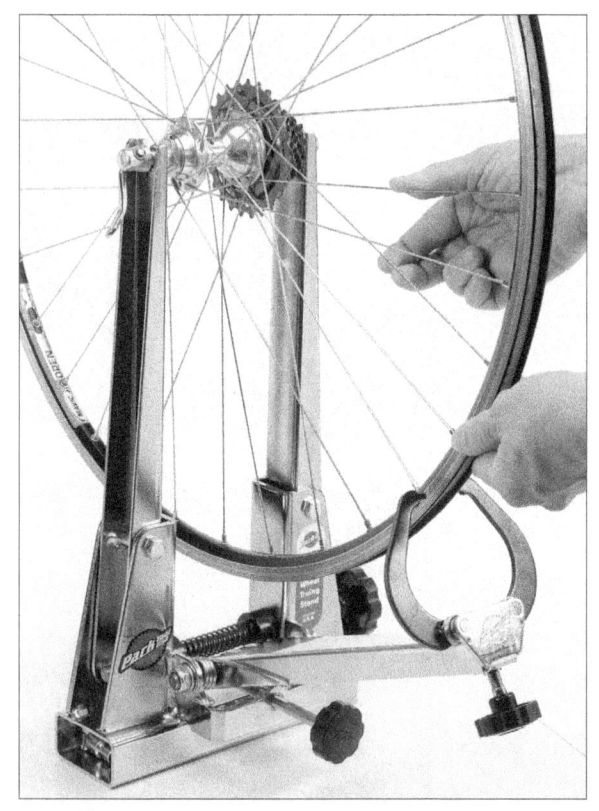

2 开始调整轮组，从气嘴处或者其他参考点开始，弹拨每根辐条看有没有明显的松动（见左图）。如果有，那就将它拧到跟旁边辐条差不多的程度。

往辐条和辐条帽的接触点上喷一些渗透润滑油，从而能更容易拧动辐条帽。而且要使用大小合适的辐条扳手，这样就不会损坏辐条帽的外缘。在拧辐条帽时，将一只或两只手指放到辐条上，确保它没有跟着辐条帽发生扭转。如果扭转了，就往回拧一点，以消除辐条的扭转，然后再继续尝试。辐条扭转产生的张力会在使用过程中得到释放，最终使调校徒劳无功。

转动车轮检查水平正圆性。如果想把车轮上的某一点往右拉，那就稍微松开从花鼓左边辐射出来并连接到轮圈偏摆位置的一两根辐条，同时稍微拧紧右边的辐条。如果想要往左拉，按照前面的相反方式进行调整。

3 以同样的圈数拧紧或拧松对应的两根辐条，每次拧1/4~1/2圈（见右图）。将所有辐条都调整了一两次之后，车轮就应该在水平上保持正圆了。

4 检查车轮的垂直正圆度。如果轮圈上装有轮胎，那就将一个卡钳放在轮圈侧壁附近，转动车轮，然后看是否有些位置偏高或偏低。如果已经拆下了轮胎，那就将卡钳（或者调圈台上其他可以作为参考的地方）靠近轮圈的外沿，转动车轮，然后查看轮圈到两边卡钳的距离的变化（见右图）。

为了消除突出点，将突出点对应的辐条帽再拧紧一点；为了消除低点，将低点对应的辐条帽松开一点。这时要成对地调整辐条，左边调整一根，右边也要相应地调整一根辐条。

一定要记住，当给轮圈某段增加或减少张力时，也会对轮圈其他的部分产生影响。所以每次只能进行微小的调整，并且要经常检查轮圈的正圆度。要在水平方向调圈和垂直方向调圈之间频繁切换，直到转动车轮时你只能在这两个方向上看到极小的变化。

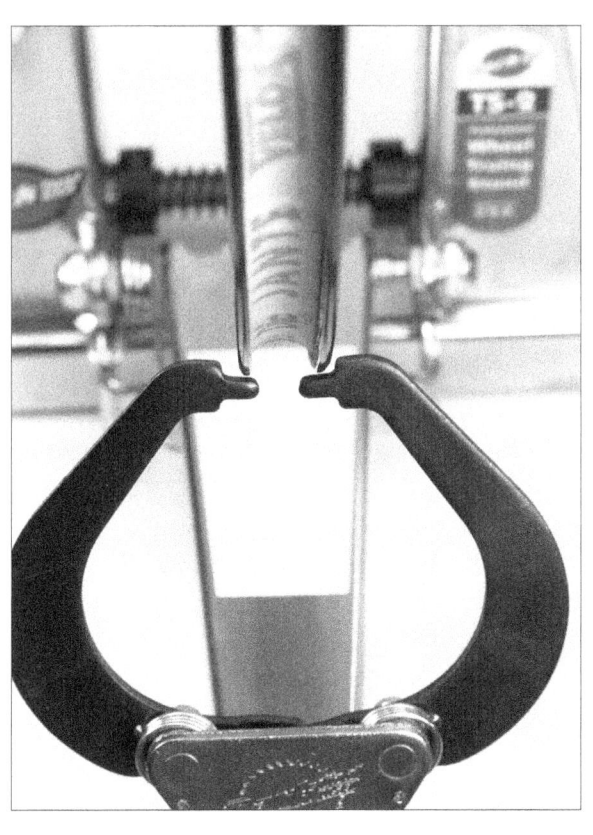

花鼓

第五章

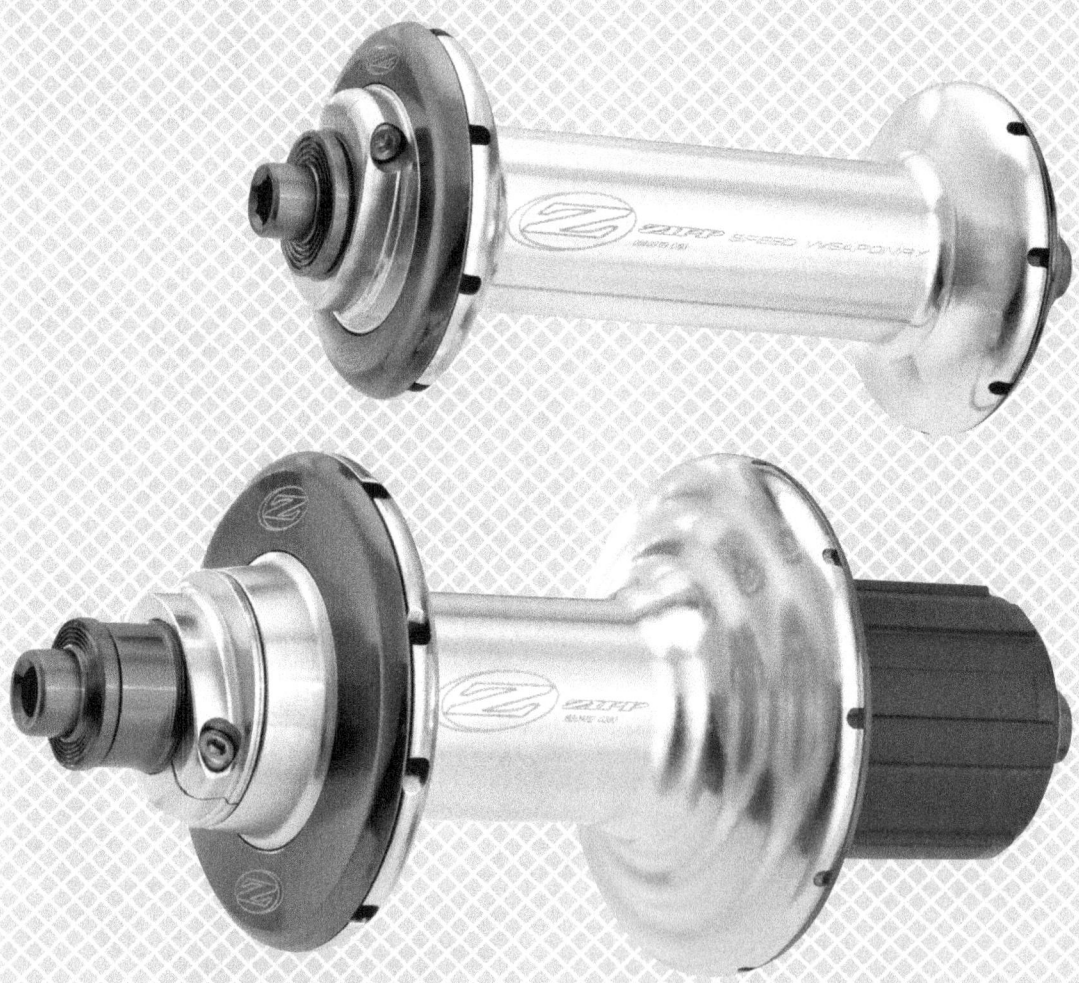

虽然会有个别人反对，但是大多数人都会同意的是，对于任何一辆车，升级一对转动平滑、质量上乘的花鼓是最有意义的。花鼓位于车轮的中心，它们是一对好轮组的基础。

花鼓起着两方面关键作用：其一，承载着轴杆和轴承，这是车轮旋转所依赖的组件；其二，固定辐条，使车圈外形圆整而且位置正确。只要定期保养，一个高品质的花鼓可以比几对车圈，甚至有时比几个车架都用得久（我们会看到已经使用了几十年的花鼓依然旋转非常平滑）。

虽然花鼓貌似很神秘，因为大部分零件都隐藏在内部，但是它的工作原理还是很简单的。只要有合适的工具，稍加练习，任何人都可以维修大多数类型的花鼓。

花鼓的结构

在开始拆花鼓之前，有件事情非常重要：了解花鼓是怎么组合在一起的。大多数花鼓都是传统的可调节的散珠轴承花鼓。这种设计的花鼓在所有价格区间里都有出售，而且易于维护。修补零件在大多数的自行车店里也都有提供。

花鼓最大的部分是外壳。外壳是连接辐条的部分，里面装着工作部件：轴杆和轴承。在外壳上固定辐条头的部分（突出来的末端）叫作耳缘（法兰盘）。

耳缘有不同的尺寸，这取决于车轮的用途。虽然也许很难从山地车的齿胎上感觉出来，但是一般来说，耳缘越大，车轮就越坚硬。冲刺型车手一般喜欢硬轮子，因为他们需要站着冲过终点。山地车车手为了平衡坚硬度和舒适性，一般喜欢使用中等耳缘的花鼓。

对于大多数常见的用途，可以参考以下原则：如果想要舒服的车轮，那就考虑用小耳缘的花鼓；如果想要坚硬的车轮，那就用大耳缘的花鼓。但是比起花鼓耳缘的尺寸来说，车轮的强度更多的是由辐条种类、车圈和辐条编法决定的。

编辐条的耳缘在不同的花鼓上有不同的大小，通常可分为低耳缘、中耳缘和高耳缘。

技师有时也会根据耳缘的类型来描述花鼓，通常可分为高/大耳缘花鼓、中耳缘花鼓和低/小耳缘花鼓。

在花鼓外壳里面有两个轴承碗，分别位于两端。轴承在轴碗的表面转动，又被轴挡旋在轴杆上。因为轴碗和轴挡的特殊形状，所以轴承能在圆形的滚动面上滚动。轴挡安装在轴杆上，而且被一系列的垫圈和一个锁定螺母固定住。

密封的卡式轴承是最受欢迎的传统散珠轴承的替代品。卡式轴承能让工厂在安装轴承时，使滚珠和轴碗之间更紧密。卡式轴承被压入花鼓外壳里，因为它们整合性的密封效果，所以很少需要维护。当密封的卡式轴承磨损了，只要把它拔出来，然后换一个新的就可以，之后你会感觉轮子转起来又跟新的一样。

但是卡式轴承并没有被公认为是最完美的解决方法。Shimano和Campagnolo都继续坚持认为，设计好的、做工好的、调节好的散珠轴承可提供最佳性能。但是广受尊重和早已证明品质优秀的卡式轴承制造商，如Chris King、DT Swiss、Mavic和Zipp，仍然信赖卡式轴承。这个争论一直没有定论。

前轮的花鼓轴杆被装进前叉末端的插槽里，后花鼓上的轴杆也是如此，这个插槽被称作钩爪。花鼓装在车架上的常见方式有两种：一种是实心轴杆，使用轴杆螺母；另一种是空心轴杆，用快拆拉杆锁紧。快拆杆由一根拉杆、一个扳手、两个弹簧和一个调节螺母组成。螺丝式花鼓的螺母必须用扳手才能拧紧和拧松，但是快拆花鼓却可以不用任何工具，就能用手锁紧或拆下车轮。

速降车和自由骑车经常采用一种新设计的轴杆，被称作桶轴。桶轴是一种大直径轴杆，穿过结实的叉腿或后钩爪，以及花鼓外壳。这种桶轴被牢固地夹在插槽里，组合成了一个强大又坚硬的连接部分。桶轴的目的，最初是为了用在长行程的避震系统中，防止叉腿或后三角部分的独立运动。

此外，碟刹产生的强大力量可能会把轴杆从传统的钩爪上拉扯下来，但是因为桶轴是把轴杆周围的区域都夹在钩爪上，所以可以抵抗住这种力量。虽然15mm直径的前桶轴迅速得到普及，但是标准尺寸的前桶轴还是20mm。也存在一种更少见的24mm桶轴，这种轴杆被用在Maverick和Specialized的前叉上。用于自行车后叉腿上的10mm和12mm直径桶轴，曾被采用，后又被弃用了，现在又重新启用。因为桶轴设计的好处是显而易见的，所以随着时间的转移，它们会变得更普遍。

轴杆可以用很多种方法固定住。在现代自行车上最常见的方式是快拆轴杆，一根拉杆通过末端的凸轮装置，将轴杆抓住车架或者前叉的钩爪（最上面一张）。实心轴杆用螺母来达到这个目的（中间一张），而桶轴（最下面一张）有一个大直径轴杆，能直接夹在特殊设计的车架和叉腿上。

检查花鼓的调节

想要检查花鼓调节得是不是到位，需要把车轮从自行车上拆下来。前轮很容易拆，只要拧松轴杆螺母，或者把快拆杆松开，然后把车轮从叉腿上取下来。

如果车上装有C形夹器，可能需要把刹车臂向外稍打开些，使轮胎通过刹车。大多数C形夹器都有一个快拆装置——一种很小的扳手，需要把车轮拿下来的时候，小扳手可以打开刹车臂，使轮胎可以轻松拿出来。大多数吊刹刹车都有一根横向拉线（从刹车的一侧拉到另外一侧），只要把一侧的拉线松开后就可以增大轮胎和刹车块之间的间隙。对于直拉式V刹车，将导线管从托架上取下，就可以打开刹车。如果车上的刹车没有这些装置，那么可以把轮胎里面的气放掉，直到轮胎足够软，然后从刹车块之间挤过去。

拆下后轮意味着要先解决好飞轮和链条。像上面描述的一样，打开刹车，增加轮胎和刹车块间的空隙。然后把后飞轮上的链条调节到最小飞轮片上，把牙盘上的链条也调节到最小盘。拧松轴杆螺母，或者打开快拆扳手。当把自行车后部分提起来时，把后变速器向后掰，向前下方推后轮，取出车轮。

把车轮拿下来之后，用惯用的那只手的拇指和食指捏住轴杆的一端，把轴杆轻轻地旋转几圈，看看在转的时候是不是觉得比较紧。如果是的话，可能因为太紧了，或者花鼓里充满了灰尘，也有可能是有些腐蚀了；如果花鼓并不觉得非常紧，那就检查它是否松动。再一次抓住轴杆，这次只要上下晃动和左右晃动。如果轴杆有相对移动，感觉有非常轻微的撞击，那就说明花鼓太松了。

无论花鼓太紧或者太松，一定要调节。若花鼓已经出现不良状况时还继续骑，可能会导致各部分不必要的磨损，也会限制自行车的良好性能。例如，松动的后花鼓会影响变速，而过紧的花鼓可能会产生杂音。

调节花鼓

大多数情况下是把车轮取下来调节花鼓，不用考虑把花鼓从车轮上拆下来进行调节。只有在几种情况下才需要这么做，那就是当想换花鼓、车圈或者辐条的时候。

调节传统的花鼓，只需要几种工具：适合轴杆锁定螺母的扳手和用于轴挡的专用扳手。花鼓扳手是一种很薄的扳手，用普通扳手夹住锁定螺母时，它可以插进轴挡上狭窄的操作面上；而普通扳手太宽了，所以不能并排使用。花鼓扳手在一些自行车店里都有出售，它们的大小为12~19mm，经常是成套出售。

通常尺寸大小是这样的：17mm用于轴杆锁定螺母，13mm用于前轴挡，15mm用于后轴挡，但是往往还是要检查一下，以确保无误。有时也会使用活扳手来操作锁定螺母。一些花鼓可能需要两个花鼓扳手，因为轴杆锁紧螺母的操作面很像轴挡的操作面，所以用不了普通扳手，只能使用花鼓扳手。在决定购买花鼓扳手之前，一定要检查一下花鼓，确定真的需要。对于以下的讲解，我们假设你正在使用的是一把花鼓扳手和一把普通扳手。

在调节装有飞轮的后花鼓时，首先要拆下飞轮（见第159页，旋飞的拆卸与更换）。当飞轮被拆卸后，就可以开始调节。

如果车上装的是卡飞后花鼓（塔基与花鼓制作成一体），那么就不需要为了调节花鼓而拆卸塔基。不过，可以顺便检查一下塔基是否有问题，因为用久了之后会松动，这会影响变速性能。

按照这里建议的步骤调节花鼓后，如果在第一次尝试后没有达到完美状态，不必沮丧，因为很少有人能在第一次就做到完美。

为了方便操作，把车轮平放在工作台上。用花鼓扳手固定住轴挡，用另一把扳手夹住上面的轴杆锁紧螺母。逆时针转动轴挡，顺时针转动锁紧螺母，彼此相反方向转动可以把轴挡和锁紧螺母拧紧。把轴杆的一端锁紧，可以避免在调节花鼓，或者骑车时轴杆突然松动。在前花鼓上，可以锁紧任意一侧，但是在后轮上，一定要锁紧安装变速器的那一侧，是为了便于之后装上飞轮时进行微调。

这在装有旋飞花鼓的车轮上很容易实现，因为只要把飞轮拆掉，轴挡和锁紧螺母就能显露出来。但这在卡飞花鼓上并不适用。必须先把左侧的锁死螺母、垫圈和轴挡拆掉，然后把轴杆向右侧推，才能显露出右侧轴杆部分，这时候可以锁紧轴挡和螺母。然后把轴杆推回花鼓里，重新装上左侧的零件。

在把花鼓一侧的轴挡和锁紧螺母锁紧后，把车轮翻转过来，把扳手放在另一侧的轴挡和锁紧螺母上。当固定住轴挡时，逆时针旋转锁紧螺母，把它拧松。

在对花鼓做出最后调节之前，需要注意几点。

● 如果是螺栓固定式轴杆，那在把车轮装回车架上之前，不应该有旷量。

● 如果是快拆轴杆，必须给快拆杆产生的压力留有点余地。因为快拆杆闭合时会压迫轴杆，这让之前的调节变得更紧，所以调节轴挡之初需要稍松一些，让轴杆能有一点点的旷量。

一旦锁紧螺母已经拧松了，就开始最后的调节，轻轻地顺时针拧轴挡，直到它和轴承完全接触。再稍微拧出来一点，固定住轴挡，拧紧锁紧螺母。还以之前那样的方式检查花鼓调节是不是恰当。

对于快拆花鼓，检查花鼓，以确定在快拆杆闭合之后花鼓不会太松。检查花鼓的唯一办法是，把车轮装上车，锁紧快拆，然后试着把车圈左右摇晃。感觉有没有什么异常（可能感觉起来有沉闷的响声），如果真有的话，那就说明花鼓调节松了。如果调节得不适当，重复调节和检查步骤，直到调节好为止。

如果在反复尝试之后，还是把握不住介于松和紧之间最合适的位置，那就调得稍紧一些。在骑车的时候，它会松动一点。除非为了能调节得刚刚好，已经做得非常仔细，还反复多次尝试过了，否则别放弃追求完美。在学习调节花鼓上花费的时间将来会得到回报，因为调节碗组、中轴和脚踏时都会用到相似的技术。我们应把调节花鼓看作是一种有价值的自行车一般维修和保养实践。

花鼓大修

检查花鼓状况，做出必要调节的频率大概是一年两次。为保证非封闭花鼓的长久使用寿命，对于公路车，至少每隔一年做一次完整的花鼓检修，对于越野山地车，至少每年一次。如果一年内骑行累计达到3000英里左右，那么花鼓也要每年做一次清洁和润滑。同样，如果花鼓因为某种原因全部浸没到水里，那么需要在第一时间进行检修——因为水会让轴承和轴碗生锈，损坏花鼓。

只有不使用精密轴承或密封轴承的花鼓才需要定期检修。使用密封轴承的花鼓，即使不做检修，也能保护轴承不接触污染物，正常使用更长的时间。

在检修花鼓的时候，使用与调节花鼓时一样的花鼓扳手和普通扳手。除此之外，还要找到或者购买一个大号一字螺丝刀或者金属撬胎棒，非植物基的中等黏度油脂，和正确尺寸和数量的新滚珠。（通常后轮用18颗1/4英寸的滚珠轴承，前轮用20或者22颗3/16英寸的轴承。）

更换轴承滚珠并不贵，所以别怕麻烦，也别舍不得使用新滚珠。一定要安装和现在使用的同样大小和数量的滚珠。（带样品去商店，用来匹配新旧滚珠。）

用与调节花鼓时同样的方式开始检修花鼓，遵循以下的基本步骤：

1. 对于装有旋飞的花鼓，把车轮平放在地面或者工作台上（见第159页，旋飞的拆卸与更换）。如果你的花鼓配有快拆杆，那么把调节螺母从快拆杆的一端拧下，再把快拆杆从轴杆里抽出来。注意把快拆杆从轴杆里抽出来的时候，千万别弄丢弹簧。把弹簧放回快拆杆上，旋上一点螺母，这样零件就不会丢失了。在做花鼓检修之前，把快拆组件放在一边。如果是普通的实心轴杆，那至少需要拆下其中一个螺母，才能够把轴杆从花鼓里拆下来。

2. 在后花鼓变速器一侧，用花鼓扳手拧紧轴挡，反方向拧紧锁紧螺母（前花鼓上任意一侧都可以）。这样锁紧一侧的轴杆，是为了在之后调节花鼓或者骑车时，轴杆不会突然松动。在检修期间，把锁紧螺母和轴挡留在轴杆上，也能在之后让花鼓组装得更容易些。

这对卡飞花鼓检修也很必要，但是为了能接触到右侧部分，首先必须拆卸轴杆；从第三步开始花鼓的调节或者检修。

3. 把车轮翻过来，让轴挡和锁紧螺母在花鼓的另一边。当把锁紧螺母逆时针松开时，用花鼓扳手一直固定住轴挡。

4. 拆下锁紧螺母，下面是锁紧垫圈，然后是轴挡。最好把轴杆的另一端放在桌面上，这样可以防止轴杆脱落，通常也会导致滚珠掉到地上。

5. 小心地拆下轴杆组件。最好用抹布或者纸巾接住滚珠。如果是卡飞花鼓，现在是用花鼓扳手把锁紧螺母和轴挡锁紧的时候了。（如果轴杆不能被推出来，先把飞轮拆下来，具体操作见第168页。）

用大号一字的螺丝刀或者撬胎棒取下防尘罩。这些防尘罩装在花鼓外壳末端区域。它们的功能是遮挡轴挡，防止灰尘进入轴承里。在检修花鼓期间可能不需要拆卸防尘罩，以免之后安装时出现问题。这样做的缺点是会使轴碗（花鼓内部轴承安装的地方）清理起来非常困难。

6. 在溶剂中彻底清洗所有的部件。检查轴挡和轴碗上有没有腐蚀点（表面上的小坑）或裂缝。把轴杆放在光滑的工作台面上滚动，看看是否有摇晃。如果摇晃了，说明它弯了。更换一根新的轴杆，要确认轴杆是匹配的。同样，替换掉任何一个有裂缝、有腐蚀点或者有其他过度磨损迹象的部件。

7. 如果轴杆上的轴挡也损坏了，像拆卸其他部件一样拆卸轴挡。在拆卸之前，测量并且记录突出锁定螺母外侧的轴杆有多长。当装新的轴挡时，首先在轴杆螺纹上涂抹润滑脂。这不仅帮助装上轴挡，还防止轴杆和轴挡之间生锈。当一起锁紧轴挡和锁定螺母时，注意保留轴杆之前同样的突出量。

8. 既然所有的部分都已经清洁完，而且破损的部分也都更换了，那么开始组装。首先，在花鼓轴碗多抹些润滑脂。如果有部分润滑脂进入轴杆里面，或者在防尘罩的边缘也不用担心。重新装防尘罩。试着把防尘罩的边缘尽可能与花鼓外壳边缘贴合。如果防尘罩弯曲了，当车轮转动的时候，防尘罩会和轴挡摩擦。因为防尘罩很容易弯曲，所以要小心。

有些防尘罩装得很松，导致它们不能固定在应有的位置上。对于金属防尘罩，很简单的一种解决方法是，用偏口钳轻轻地抓住边缘，往外面拉一点点。在另外两个点重复这么做，这样就有了三个被轻微拉出来的点，每个点大概在防尘罩一圈的1/3处。然后防尘罩就会压合得很好，而且也会固定不动。

9. 在轴碗里面装滚珠。在安装的位置上，滚珠应该被润滑脂包裹着。确定每边有正确的数量（通常后花鼓是每边9颗，前花鼓是每边10颗）和正确尺寸的滚珠（通常后花鼓用的滚珠是1/4英寸的，前面花鼓用的滚珠是3/16英寸的）。

10. 给整个轴杆和轴挡抹上润滑脂，将其插进花鼓里。放轴杆的时候，小心别把滚珠敲离轴碗。

11. 给轴挡抹润滑脂，然后沿着螺纹旋到轴杆上。在轴杆上套上垫圈，旋上锁紧螺母。

既然花鼓已经重新组合起来了，那么开始调节。记住上文提到的螺栓式轴杆和快拆式轴杆之间的不同之处。在锁紧螺母拧紧后，在螺栓式轴杆上不需要再有旷量，但是因为快拆装置会给轴杆施加压力，所以在这种轴杆上，应该留出轻微的松动。

在这两种轴杆上，当锁紧螺母没有拧紧时，把轴挡拧进去，直到轴挡和滚珠充分接触。然后根据正确调节的需要稍稍往回拧——介于1/8~1/4圈之间；给快拆轴杆要多旋转些。就像我们之前所说的，如果尝试了很多次才合适，也千万别惊讶。

同样记住：对于快拆花鼓，在把车轮装回车上并且快拆杆合上后，检查以确定花鼓是不是太松。左右摇晃车圈的时候，如果发现花鼓很松，那就拆下轮子重新调节，然后换上轮子，再次检查。要有耐心，用不了多久就会培养成一种感觉：即使车轮没有装在车上，也能知道什么样的调节是合适的。

比方说，多次尝试之后，似乎还无法把花鼓调节正确。要么太紧，要么太松，要么就是在转轴杆的时候有杂音。不要在一阵挫折之后就玩命砸车轮。休息一下，再试试。一种可能的解释是，在重新安装的时候，润滑脂被沙砾污染了。（有时某些部分看起来干净，但是里面还是有污物。）试着拆散花鼓，再一次清洁每一个零件，抹上新润滑脂，然后组装、调节。

如果这一切都做过了，还是不能在紧和松之间找到一个令人满意的折中效果，那就调节得稍紧些。轴承在骑一段时间后可能会变松一点，但是它们不会变紧。还要记住定期检查，以确保锁紧螺母没有松动，因为这也会导致调节好的轴承松动。

特殊的花鼓提示

为了能让非密封花鼓更防水和防污垢，可以在轴杆的末端套上橡胶O形环，把它们扒进轴挡周围的开口区域。O形环在五金商店和汽车配件店都有卖。另外一些很有效的"廉价密封圈"是烟斗通条和肉店的绳子。只要在轴挡旁边缠一圈烟斗通条或者系一截绳子，这样就能阻隔污染物。（只有在完成花鼓调节之后才能添加这种密封材料。）

如果花鼓的防尘罩上或者花鼓主体上有小洞，那么就用这个洞作为往花鼓里添加新润滑剂的一种快捷通道。这时需要一个有针状注射器的油枪，把润滑脂注入洞里。把注射器的针口插入这个洞口，挤进润滑脂，直到脏的润滑脂被压力通过轴挡周围的开口区域挤出来。当干净的润滑脂开始出现时，只要擦掉脏的润滑脂，花鼓就完成润滑了。

如果新买的快拆花鼓感觉非常顺滑，轴杆上没有空隙，那么对于现实中的使用，它们可能调节得太紧。你对于调节的感觉，其实是对制造商质量控制的考验。当车轮安装在车上时，因快拆杆造成的挤压，给轴杆留出一些余量是很重要的。如果跳过这一步，那么花鼓在转动的过程中，就会产生额外的阻力，导致过早磨损。

购买新花鼓

当买新花鼓的时候，要考虑以下因素。

耳缘高度 耳缘的高度会轻微地影响自行车的感觉。在公路车上，耳缘越大，会感觉到越多的道路冲击，尽管这是通常只有在长距离、颠簸的骑行中才会遇到的问题。对于短距离骑行，没必要考虑这个因素。因为山地车有较宽的胎提供减震，所以在山地车上耳缘高度不是那么重要。

密封的或传统的轴承 两者都很棒。我们推荐购买测试结果良好的，并且设计已经成熟的产品。咨询骑车伙伴和商店人员，购买有良好声誉的花鼓。传统轴承通常很容易维修，但是密封（或者"卡式"）轴承通常很少需要维修。在买密封轴承花鼓之前，询问所需的特殊工具和技术，还有保修事宜。

替换零件的配套性 如果三年后，因为轴挡的替换零件无处提供，所以不得不换掉整个花鼓，那么即使花鼓很贵，也不代表是非常好的花鼓。

卡飞花鼓与旋飞花鼓 有两种主要的花鼓类型：卡式的和旋式的。它们是根据后飞轮组的安装方式而命名的。卡飞花鼓，是目前最常见的，塔基和花鼓自成一体。旋飞花鼓，通过螺纹固定飞轮，这种花鼓是几十年前的标准配置，但是现在在质量稍不错的新自行车上已经几乎不存在了。卡飞花鼓的优势在于，花鼓轴承之间间隔较远，这样可以增强轴杆的力量。在旋飞花鼓上，任何能安装的飞轮组都可以使用，但是，如今越来越少的制造商还在生产旋飞花鼓。至此，最好的解决方法就是跟随着卡飞花鼓发展。

轴杆宽度 卡飞花鼓现在提供三种常见的类型：Shimano Hyperglide (HG)9/10速花鼓，可以和所有Shimano和SRAM的9速和10速卡式飞轮配套使用；Shimano DuraAce10速花鼓，只能支持Shimano DuraAce10速卡式飞轮；Campagnolo ExaDrive花鼓，可接受Campagnolo生产的9速、10速或者11速的卡飞花鼓。

这些花鼓存在交叉兼容性。比如，Shimano's Dura Ace 10速卡式飞轮有特殊设计的花键，使它既能适合Shimano Dura Ace10速塔基，又能适合更常见的Shimano HG9/10速塔基。HG塔基也能容纳原装的Shimano和SRAM产的8速卡式飞轮，同时也能容纳7速和一些6速卡式飞轮，不过需要用额外的垫圈填满间隙。Campagnolo花鼓只能使用自己产品。但是有趣的是，一些老款的Campagnolo 9速和所有的8速卡式飞轮，都是根据一种不同的老款塔基设计的，因此不适用于Campagnolo 1998年后生产的塔基。Campagnolo 的确在设计它们新款飞轮的同时，考虑到了向后兼容的问题，所以如果你有一个老款的Campagnolo车轮，不用再继续使用已经过时的零件了，可以更换新的飞轮。

对于旋飞花鼓，5速、6速、7速和8速的飞轮需要不同长度的轴杆，因为飞轮上的齿片越多，飞轮在轴杆上占据的空间就越大。这也就意味着，在买旋飞花鼓时，需要告诉店员飞轮上齿片的数量，这样他们才知道你需要哪种轴杆。

学习检修和调节花鼓并不难，这也是开始维护和修理自行车的好方式。一旦你体会到了努力的回报——滚动顺滑的车轮，你就会想要继续下去，而且还想掌握自行车其他方面的维修技术。

答疑解惑

问题：爬山的时候，车轮从车架上松脱。
解决方法：拧松轴杆螺母或者快拆杆，把车轮放置在车架插槽中心，然后拧紧轴杆螺母或者快拆杆，要比之前更紧些。

问题：闭合了快拆杆，但是车轮并没有被夹紧在车架里。
解决方法：只有正确长度的轴杆，才能让快拆杆起作用。把车轮留在车架上，拆下快拆杆，看轴杆的末端是不是从钩爪的外侧面突出来。如果是的话，拆下车轮，把轴杆锉短，直到轴杆末端不突出钩爪外侧面，然后再重新安装快拆杆。

问题：当横向摇晃车轮的时候感觉花鼓里有空隙，但是花鼓已经调节合适了。
解决方法：可能轴杆已经断了。拆下快拆杆，拉扯轴杆看看是不是断成两截了。如果断了就更换一个。

问题：维修完花鼓，也组装完成了，但是无法把花鼓调节合适。要么太紧，要么就太松。
解决方法：可能在花鼓轴碗里装了太多，或太少的滚珠，或者尺寸错误。后花鼓的每一侧通常是9颗 1/4英寸的轴承，前花鼓的每一侧通常是10颗 3/16英寸的轴承。

问题：当侧向摇晃车轮的时候，感觉密封的卡式轴承花鼓里有旷量。
解决方法：不用担心，这个是正常现象，可以接受。

问题：在侧向摇晃车圈的时候，感觉密封的卡式轴承花鼓里面的侧向间隙已经变得很大了。
解决方法：轴承可能磨损了。如果可能的话，可以更换一个，或者请专家或者制造商帮忙检查一下。

问题：闭合和松开快拆杆比平时要困难。
解决方法：拆下快拆装置，用渗透油给它润滑。如果这还不起作用，那么快拆杆可能磨损了，可以把它更换掉。

问题：检修花鼓之后，车轮不能正直地装入车架。
解决方法：确定快拆装置上的弹簧安装正确，涡形弹簧的窄头始终朝向里面。

问题：在螺栓式车轮的花鼓检修后，后变速器不能正常转换。
解决方法：螺栓式车轮始终需要在螺母和车架间放置垫圈。如果这些垫圈错误地放置在了车架和花鼓之间，就会改变间距，并且不能正常变速。拆下车轮，把垫圈装回本应安装的地方。

调节散珠花鼓

1 即使在今天，散珠花鼓仍然是自行车花鼓中最常规的类型。一个硬化钢制外圈装在花鼓外壳里，一个硬化钢制的轴挡拧在轴杆上，而两者之间装有滚珠。调节后的位置是靠锁紧螺母来保持的，它与轴挡拧动方向相反，防止轴挡转动脱离原来位置。

无论是前花鼓还是后花鼓，是卡飞花鼓还是旋飞花鼓，所有散珠花鼓都是用相同的基本方法来调节的。在调节后花鼓时，由于飞轮，可能需要一系列额外的步骤，所以我们在这里着重讲解后花鼓。

开始前，把车轮从车上拆下来（见第70页，车轮的拆卸和重新安装），把车轮平放在工作台上。拆下轴杆螺母或者快拆杆，用手指捏住轴杆，前后转动（见左图）。如果在轴承里感觉有点费力，那么说明轴挡调节得太紧了。

如果不是太紧的问题，那么检查是否松动。牢固地握住花鼓之后再试着前后转动轴杆。如果觉得有空隙，说明调节得可能太松了。但是，如果车轮使用快拆装置的话，那么是需要一定旷量的。在车上，花鼓感觉有一点点松有时感觉会很好。确定花鼓有没有调节好的唯一办法是，重新安装车轮，然后检查轴杆是否还松动。

2 太紧或太松的花鼓都需要调节。在调节花鼓之前，轴杆上必须锁紧有一套轴挡和锁紧螺母。在前花鼓上，两边都可以锁紧。但是在后花鼓上，花鼓的右侧（驱动侧）需要被锁紧。如果不确定后花鼓上的锁紧螺母和轴挡是不是已经固定，那就别拧动它。检查调节结果的过程可能有点复杂，但是这个过程不会一直进行，所以会减轻在调节时产生的挫败感。首先必须拆下卡式飞轮（见第158页，卡飞的拆卸与分解）或者旋式飞轮；否则，不可能显露出右侧的轴挡和锁紧螺母。现在拆下左侧锁紧螺母、锁紧垫圈、垫片（如果有的话）和轴挡，然后把轴杆尽可能地向右侧推，使右侧的轴挡显露出来。（小心别碰到滚珠——如果把滚珠撞出来了，只要把它们再推回轴碗里就可以。）

3 当轴杆推到了右边，用扳手固定住轴挡，用另一个扳手夹住右侧锁紧螺母，然后向相反方向拧动它们，使它们固定在轴杆上（见右图）。

4 把轴杆推回花鼓里，用手把左边的轴挡拧紧，直到轴挡紧贴轴承。然后添加垫片、锁紧垫圈和锁紧螺母，用扳手把轴挡逆时针转，锁紧螺母顺时针转，使各部分紧紧贴合。用手指捏着轴杆旋转，检查调节是否适当。如果有点费力，那么调节得太紧了。用扳手固定住右侧锁紧螺母，用花鼓扳手固定住左侧轴挡（见右图）。当工具固定住花鼓两端时，应该稍往后转些左侧轴挡，达到微调的目的。

如果花鼓太松了，在顺时针旋转左侧轴挡时，用扳手固定住右侧锁紧螺母，直到旷量消失。继续用扳手固定住右侧锁紧螺母，在与左侧轴挡相反的方向上拧紧左侧锁紧螺母。要想牢固住左侧，需要在轴挡和螺母上都插上扳手，彼此反方向拧紧。

可能需要几次尝试才能得到完美的调节效果，但是通过练习，这个过程会变得简单。如果很难调节好，这可能说明，花鼓受损了，或者只是充满了灰尘，这时需要检修和检查磨损情况。

散珠花鼓的检修

1 如果花鼓装有快拆装置，把调节螺母从快拆杆的末端拧下来，从轴杆里抽出快拆杆。小心别丢失涡形弹簧，因为在快拆杆从轴杆里抽出来的时候，弹簧会从快拆杆上脱落下来。把弹簧放回快拆杆上，稍微旋上螺母，这样就不会丢失了。在给花鼓做检修之前，把快拆组件放到一边。如果是常规螺栓式轴杆，要想从花鼓里拆下轴杆，至少要拆下一端的螺母。给轴杆轴挡上插上合适尺寸的扳手，在锁紧螺母上也插上扳手（如果是卡式后花鼓，一定要先操作左侧部分）。顺时针旋转轴挡，逆时针旋转锁紧螺母，把它们分开。对于检修旋式后花鼓，一样要拆掉飞轮。

2 从轴杆上拆下锁紧螺母、垫片和轴挡，按照顺序把它们摆放好。轴杆可以从另一端倒出来。如果你小心操作，只需要在花鼓里抹些润滑脂，就能保证滚珠不掉出来。当从花鼓上口取出轴杆的时候，水平握住车轮，并在下面铺一块布。这是为了保证一旦滚珠脱落的话，不会掉到地上。把另一端的轴挡和锁紧螺母留在轴杆上，以此简化花鼓的组装。这样，就很容易保证花鼓每一端的轴杆都留有合适的长度。

3 从轴碗里把轴承拆下来，并放在一边。它们不会再用到，把它们清洁干净了，通过它们可以了解轴承滚动面的情况，还可以作为购买滚珠的参照物。向轴碗里喷少量溶剂或者除油剂，用来分解润滑脂，然后用抹布擦掉污垢。再用擦拭酒精清洗滚珠，让它们自然风干。仔细查看轴碗上有没有凹坑、裂纹或者不规则磨损。廉价花鼓的轴碗上如果有凹坑或者其他损坏，可能暗示着需要更换花鼓，甚至整个车轮。一些高质量的花鼓可以通过安装新的轴碗来补救。咨询当地的商店，询问这种解决方法可不可行。

4 如果花鼓里有大量的污垢，可能此时从外壳上撬开灰尘密封圈是最容易的。这些密封圈一般很精密，所以操作时要非常小心。用一字螺丝刀从几个角度轻轻地撬动密封圈。一旦密封圈被取出，像上文描述的那样清洗并且检查轴碗和密封圈。

5 如果是Shimano塔基需要更换，这时候正合适。在塔基内插入10mm的六角扳手，逆时针旋转拆下中空内六角螺钉。固定螺钉可能会非常紧，这时可以把六角扳手夹在台虎钳上，用车轮作为杠杆，这样会拆卸得容易些。在花鼓外壳的花键上安装一个新的塔基。清洁并润滑固定螺钉的纹路，把螺钉重新安装进塔基和花鼓外壳里。

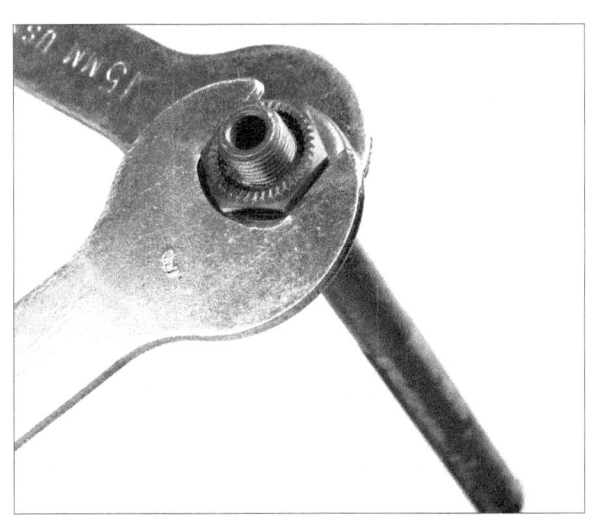

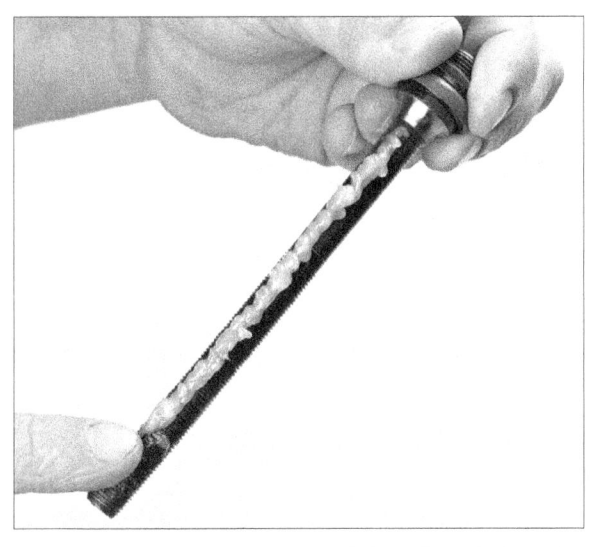

6 清洁轴杆，把它放在水平表面上滚动，比如台面的边缘，看轴杆是否扭动。如果扭动，这表明轴杆弯曲了，需要被替换掉。带着轴杆去商店，以便找到合适的替换零件。

　　如果轴挡被磨损得很厉害，需要更换的话，必须拆卸掉轴杆上的那个。在拧松锁紧螺母之前，测量并记录轴挡在轴杆上的位置，这样能让新的轴挡被拧到相同的位置。如果一切都组装完成，用花鼓扳手把轴挡和螺母彼此拧紧。

7 充分润滑轴杆。如果两个轴挡都从轴杆上拧下来了，那么把其中一个轴挡套回去，小心地拧到它合适的位置。更换锁紧垫圈和锁紧螺母，像上文中那样在轴挡压紧锁紧螺母。

散珠花鼓的检修（续）

8 当已经配齐所有需要的替换零件时，重新组装花鼓。把防尘盖装回花鼓外壳，为了轴挡能调节正确，一定要小心地把防尘盖放置在合适位置。一些金属防尘盖安装得很松，导致它们不能被固定住。一个简单的解决方法就是用斜剪钳的钳口小心地夹住边缘，轻轻地往外拉。在其他两个点重复这么做，这样就有三个被拉出来的点，每个点均匀分布在防尘盖周围1/3的地方。防尘盖将能紧密贴合，并且固定在这里。

在每一个轴碗上涂上厚厚的新润滑脂。向花鼓的每一边塞进正确数量和尺寸的新滚珠。通常，后花鼓每边装9颗 1/4"轴承，前花鼓每边装10颗 3/16"轴承。润滑脂暂时会黏住滚珠。向花鼓里插进一部分轴杆，让滚珠确实固定在轴碗里。在另一个轴碗中同样放入新的滚珠。一旦它们都已经就位，就把剩余的轴杆从花鼓里穿过来。

9 把轴挡拧到轴杆上，直到它和滚珠接触。提起车轮，检查轴承的调节是否到位。稍微转动轴杆保证滚珠安装正常，然后调节轴挡，直到松紧合适。

10 调节合适后，按照正确的顺序装上垫圈，最后是锁紧螺母。当拧锁紧螺母时，用花鼓扳手固定住轴挡。在轴杆里插回快拆杆，旋上螺母。如果是螺栓式轴杆，那就旋上轴杆螺母。最后重新把车轮装到车上。

超大轴杆尺寸的Campagnolo花鼓的检修和调节

1 一些Campagnolo花鼓采用直径非常大的轴杆来增强刚性并减轻重量。随着这种轴杆的使用，Campagnolo设计出一种检修和调节它们自己花鼓的简便方法。前后花鼓遵循相同的步骤，其中不同之处只在于，在所有的步骤中后花鼓上的塔基始终在轴杆上保持不动。Campagnolo的塔基用的是卡式轴承，所以不需要常规维护。

开始前先在工作台上放两块抹布或纸巾，一块可以是脏的，但另一块需要是完全干净的。拆花鼓时，把拆下的零件放在脏的抹布上。清洗干净后等待把它们重新装回去时，则放在干净的抹布上。拆下快拆杆，把快拆杆和弹簧放在一边。如果是老款的Campagnolo车轮，那么在花鼓的左侧可能有一个夹紧螺钉贴着调节环，这颗螺钉需要用2.5mm的六角扳手把拧下来。

2 拆轴杆左侧的轴碗要用到一对5mm内六角扳手，在轴杆的两端各插一根。把它们逆时针转动，轴杆盖就可以直接拧下来了。一定要始终注意轴杆盖和轴杆之间的薄垫圈。

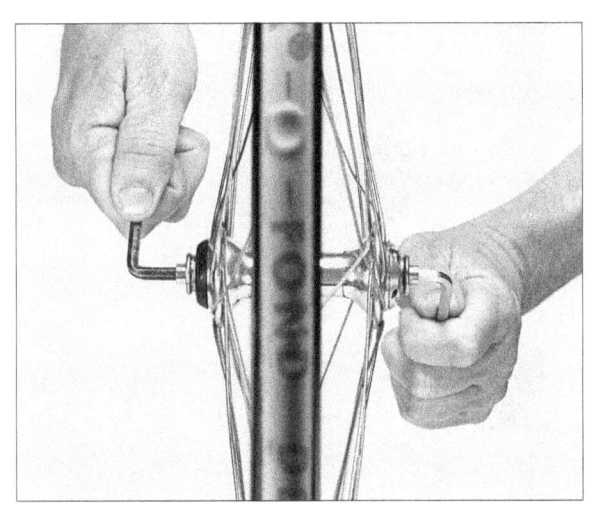

3 现在可以从轴杆上拧下调节环，不过可能需要一个扳手。

超大轴杆尺寸的Campagnolo花鼓的检修和调节（续）

4 用塑料或者橡胶锤轻轻敲打轴杆的末端，把轴杆从固定轴挡的卡簧里弄出来。轴杆是由铝制作的，所以这一步绝对不能用金属锤子。如果没有塑料锤，可以用螺丝刀的手柄，或者在用铁锤的时候，在轴杆末端垫块木头。从右侧拉出轴杆，从左侧拆下卡簧和轴挡。在后花鼓上，拉出轴杆时，为了不让棘轮爪卡住，可能需要逆时针慢慢转动塔基。

5 用小号一字螺丝刀或镊子小心地把白色密封圈从花鼓里撬出来。一定要温柔点：用太大的力可能会让密封圈变形，使密封效果变差，甚至没法使用。从花鼓外壳上拆下滚珠和滚珠保持架。仔细观察滚珠保持架在花鼓里的方向；装回去的时候需要保持同样的方向。如果有全新的滚珠保持架，那么可以扔掉旧的；如果没有，那就取出旧滚珠，用除油剂彻底清洁滚珠保持架，然后擦拭酒精，再将滚珠装回滚珠保持架。

6 清洁每个零部件。首先，用除油剂和抹布清洁。除油之后，用擦拭酒精和干净抹布或者纸巾擦掉污垢，使每个零件都清洗得一尘不染。把所有清洁完的零部件放在干净抹布上。在花鼓外壳两端的轴碗上涂抹新润滑脂，然后把轴承滚珠保持架装回原位置，滚珠保持架向里，滚珠向外。

7 在轴碗的轴承滚珠保持架上按回密封圈。只需要大拇指轻轻的一点力,密封圈就可以很容易地被按进去。从右侧插进轴杆,然后拧上左侧的轴挡和卡簧。对于后花鼓,可能需要慢慢地逆时针回转塔基,使棘轮爪滑入位,把调节环拧进位置,但是别拧紧。用两把5mm内六角扳手,把轴杆轴碗和垫圈装回轴杆末端,并拧紧。

8 不像其他大多数快拆花鼓,这种花鼓的轴承调节与快拆杆产生的张力是相互独立的。拧紧调节环,直到感觉到轴挡与滚珠接触。用活扳手稍微把调节环向里转动一点点,适当地预紧轴承。用手指转动轴杆,轴杆应该转动得很顺滑,不费力,此时不用像传统快拆花鼓那样把轴杆再拧松一些。如果调节得太紧了,需要回转调节环,用塑料锤敲轴杆末端,松开轴杆上卡簧。然后重新开始调节。当感觉调节合适了,拧紧调节环上的夹紧螺钉。

9 所有都做完后,把快拆杆穿过轴杆装回,这就可以骑车了。别忘了快拆杆上涡形弹簧的正确方向——小头朝向花鼓。

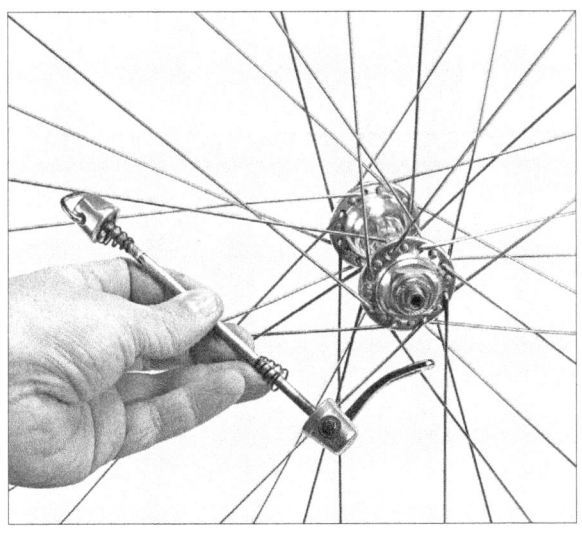

润滑密封卡式轴承

1 许多花鼓用精密的卡式轴承取代传统的散珠轴承。如果在拆下锁紧螺母和轴挡之后,看到扁平的塑料密封圈(见左图),那么这个花鼓用的就是卡式轴承。轴承组件是一个预制单元,在装进花鼓壳时就已经设定好轴承调节空间。

许多这种花鼓维护时,不得不送到生产厂家或者自行车店里用特殊的工具来维护。安装有这种密封轴承的花鼓,通常没有任何可供扳手操作轴杆的平面。如果有这种花鼓,在尝试维修之前,先咨询经销商。

但是,仍然有一些密封卡式轴承花鼓维修起来并不是特别困难。

2 这种轴承一般能保持得相当不错,这也就是为什么它们运用得如此普遍。尽管有密封圈保护着轴承,还是会有水分渗透进去,这也正是给滚珠除油的原因。维修这种花鼓时,首先擦掉积累在密封圈上所有的污垢。轻轻地把锋利工具的尖端在塑料密封圈的边缘下面滑动,撬起密封圈(见左图)。小心,不要把密封圈割坏或者弄弯曲了。

3 一旦拆下密封圈,会看见里面的滚珠,在滚珠的表面涂上足够的新油脂(见左图)。然后用手指简单地把密封圈按回原位置,直到感觉密封圈在密封匣里安装到位。另一侧的轴承重复这个过程,最后组装轴杆。

调节轴承时,把轴挡向里面拧动,直到紧贴轴承(或者防尘罩);再把锁紧螺母拧上贴合轴挡;用两个扳手——一个固定在轴挡上,另一个固定在螺母上——彼此反方向旋转,以锁紧调节位置。完成后,在轴杆里应该没有旷量,而且在转动轴杆时,花鼓轴承应该感觉很顺滑,不会很紧。

有些花鼓装有这种可维修的密封卡式轴承,但是采用的轴杆设计却看起来无法拆卸。在某些情况下是这样的;但是有时候,它们只是看起来很难拆开而已。这可能需要仔细研究才能发现拆卸花鼓的秘密,但是一旦明白了如何拆开花鼓,那么给轴承除油就变得非常容易了。如果觉得这个设计特别具有挑战性,那就联系商店或者制造厂家,寻求指导或建议。

第六章 牙盘组

牙盘组和自行车上大部分零件一样，其设计的根本目的就是要以尽可能高的效率完成任务。于是，作为众多大号零件之一的牙盘组也是车身上最好辨识的一个。市场上各种牙盘组的设计可能略有区别，但最终只为同一目的服务，即借助它将骑手腿部产生的力量通过脚踏转化为机械运动，通过链条最终传递到后轮上。同时，牙盘组还必须能够支撑骑手的体重，不论是站立骑行过程中还是腾空落地之后（如速降），都需要很好的机械强度。

大多数牙盘组包含一左一右两个曲柄（臂），一个中轴组（包括轴杆、轴承和轴承碗等），以及一片或多片牙盘。通常，右侧（由自行车正上方俯视）曲柄的支架或者圆盘上固定有牙盘（组），这部分称为曲柄爪。

曲柄爪以曲柄与轴杆连接处为中心向外均匀辐射。部分牙盘组上的曲柄爪与牙盘本身呈一体式，而其他类型的牙盘组上则为分体式，即支架与曲柄连为一体，牙盘为独立组件。分体式方案可使牙盘在磨损严重或者受外力冲击损坏的情况下，快速简便地更换。

总体而言，牙盘组有三种形式：一体式、固定销式和无固定销式。

按照曲柄（臂）与轴杆的连接方式，无固定销式牙盘组可分有三种：方孔、花键和双体。

方孔牙盘组是经典且轻量的一种类型。合金曲柄（臂）通过轴杆两端沿轴向倾斜的方孔与其连接（方孔曲柄是通过方孔固定在略带楔面的方柱形轴杆上的曲柄）。

花键牙盘组是牙盘组和中轴设计再次进化的产物。曲柄通过其末端刻有精确齿纹的圆孔与对应轴杆相连。中空、大直径花键轴杆更轻，强度更高，并能承受较方孔更高的扭力。

双体牙盘组因将轴杆与一侧曲柄（臂）连接形成单一组件而得名。Shimano（禧玛诺）、SRAM（速联）、FSA均生产轴杆与右侧曲柄及牙盘架连接的一体式牙盘组。一体轴杆穿过中轴，在另一侧通过一个锁紧螺母，或者一系列压盖，又或者定销固定。Campagnolo的牙盘组较为特殊，轴杆分为两段，各与一侧的曲柄（臂）连为一体，之后两段轴杆在中轴中部通过特殊花键相连并用固定螺母锁紧。

双体牙盘组可以有效降低牙盘组的复杂程度和重量，同时提供更好的强度和可靠性。

单体牙盘组（又称为Ashtabula牙盘组）通常用在儿童自行车或极其廉价的自行车上。这类牙盘组将两个曲柄和中轴轴杆完全铸成一体，常为钢制，虽然耐用，但非常沉重。此类牙盘组维护非常简便，只需一副尺寸合适，能够拆装左侧中轴螺母的管工钳即可。需要指出的是，这类螺母和下方圆锥滚子轴承（常被垫圈覆盖，用以调节中轴）上的螺纹常为反旋螺纹，即向左（逆时针方向）拧为拧紧，向右（顺时针）拧为松开。

固定销式牙盘组通过带锥度的固定销将末端带孔的双侧曲柄（臂）分别固定在轴杆两端对应凹槽中。通常，固定销通过锤子或者特制挤压工具压入，并在其露出一端加用螺母并拧紧，达到紧固的目的。

中轴

中轴通常包括轴杆（在接近两端处可能有锥形轴承座）、两个碗组和两个安装在自行车车架上的轴承。现在市面上见到的中端自行车上使用的中轴轴杆是一套在工厂已经组装完成，几乎不需要维护的中轴组。

自行车车架上安装中轴轴杆的部分称为五通，两者间靠密封环连接。连同轴承，这些组件为轴杆以及连在其上的曲柄（臂）提供支撑，并辅助其转动。

中轴的主要功能是为轴杆旋转提供支撑，但同时需要承受骑手踩踏产生的横向和旋转扭力。为了尽量降低能量损耗，中轴轴承必须得到良好的调校和维护。轴杆应该能在轴承上旋转顺滑，不致过紧或过松。油脂不仅起到润滑的作用，方孔中轴共有两种：一种中空带有内螺纹，用以固定螺栓（图中上方）；另一种轴两端有外螺纹，用以固定螺母（图中下方）。

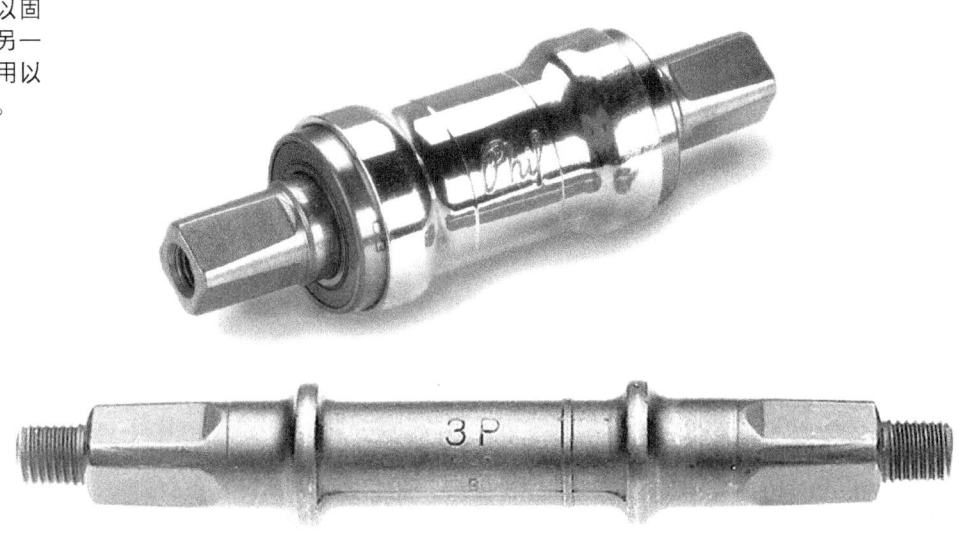

而且能保护轴承免受尘土污染或受潮生锈。

完全密封轴承系统是时下的业界标准。Shimano、Campagnolo、SRAM和FSA现在只生产此类轴承。因为使用密封防止润滑油和轴承本身与外界接触，所以极大降低了受污染的可能，几乎不需要维护。如果你有一辆1992年后生产的质量过硬的自行车，那上面很有可能使用了密封轴承的中轴结构。事实上，大多数此类的轴承都被设计成在磨损严重或受损后可直接整体更换的形式，以方便维护。幸运的是，此类轴承性能良好，且更换时也不需要花费太多。因为轴承在出厂前已经做了预调校和润滑，所以在使用过程中因调校错误而损坏的概率极低，同时也不需要时常添加或更换润滑剂。

其他非完全密封结构的中轴也可以定期维护，但可能需要一些特别的工具，有时还很昂贵，然而一些部件还是可以用标准工具维修的。针对非完全密封结构中轴的特殊设计，维护时最好还是查阅用户手册之后再进行操作。总体来说，如果能够接触到轴承，通常都可以添加润滑剂。

添加润滑剂是保证密封单元良好运行所需要进行的唯一维护项目。

更早一些的自行车，可能使用传统的需要经常保养的轴挡轴碗分离式的中轴结构。即使密封性最好的此类中轴，也经常被路上的污泥、灰尘、沙粒、后胎甩起的水弄得一塌糊涂。

越多越好

方孔中轴已被使用几十年，无数的考验证明了这种结构的价值。铝合金曲柄的方孔被略带锥度的轴杆支撑着，铝合金曲柄（臂）被牢牢地固定在轴杆上。

轴杆？轴心？有何区别？

这两个名词所指代的部分非常相似，日常生活中经常混用。细究起来，确实有所不同，主要差别在于一个不转动，一个转动。对于轴杆来说，在周围的零部件转动时，保持静止，例如车轮的轴杆；而轴心则是在一个相对静止的零部件中转动，例如牙盘的中轴。

人们对更优性能、更高强度、更小重量的自行车的追求绝对是无穷尽的。除此之外，自由骑（FR）山地自行车运动的兴盛也把广受青睐的方孔轴杆实实在在地推到了性能极限。

花键 现在市场上共有三种花键，其中Octalink V-1和Octalink V-2均由Shimano开发，第三种花键的设计标准，即ISIS（International Spline Interface System，国际通用花键结构标准）则是由Chris King Precision Components、Race Face以及Truvativ三家公司共同推出。三种花键之间完全无法互相兼容，所以购买时务必注意。

优点：花键中轴结构的优点总体上有两个：第一，通过使用花键而非带锥度的方孔，使曲柄（臂）和轴杆接触面大幅增多，这便能保证高扭力或者撞击情况下硬度较低的铝合金曲柄不会被较硬的轴杆弄坏（在极端情况下，曲柄和轴杆间的紧固连接将被破坏，并需要更换曲柄）；第二，随着直径的增大，轴杆可制成中空的，轴壁也可更薄，这便可在保证强度的同时减轻重量，当然，也可以做成更粗壮的实心轴杆，获得更高的强度。

性价比：因为五通尺寸不变，而轴杆直径加大，相应的，轴承必须缩减尺寸。但是，小尺寸轴承需要转得比轴杆更快，这也导致磨损得稍微快了一些。当然，这不是说你需要急着处理掉这些中轴，毕竟它们还能用上几千公里，针对其在强度、刚度、重量上带来的好处，完全可以忽略磨损稍稍变快的问题。

少即是多

高性能公路车和山地车现在几乎全部使用牙盘组和中轴结构的第三代产品——双体系统。

双体系统的推出可较好地解决前述问题，即在不改变五通尺寸的前提下加载大直径轴杆和3/16英寸全尺寸滚珠轴承。当然，这也是某些聪明的工程师想出来的方案，通过将轴承悬挂在五通外侧的方法，完美地解决了上述方案的空间需求。

中轴结构主要有三种，即方孔型（图中上方）、花键型（图中部）、外挂或双体型（图中下方）。在更换曲柄或者中轴时，请注意所使用的曲柄或中轴的类型。

再高一阶

在外挂式大直径轴承碗组的成功基础上，部分厂商推出了较受欢迎的内置式解决方法——BB30。

BB30是一种将大直径轴承放回到车架内部的一种结构标准。其优点是，轴杆制作时可以缩短长度，方便有效减少重量并提升抗扭强度。

高性能牙盘组使用双体系统，其中一侧曲柄（臂）被永久固定在大直径中空轴杆上。此类系统的中轴轴承悬挂于五通的外侧，使得轴承可以做得更大、更耐用，同时还可以提高传动系统总体刚性。

FSA、SRAM和Cannondale，还有其他厂商都在不遗余力地推行这种新标准。

但是这种结构上还存在变体，并且有一批人专门来推广它。BB86结构（或者BB90，又或者Shimano PressFit，不同厂家有不同叫法，至今也未形成统一标准）性能类似于BB30，只是角度不同。BB30的设计重点在于缩短五通的有效横向宽度，以容纳更短的轴杆，Shimano、Giant、Trek和Scott公司推崇的BB86则侧重于为车架增加刚性，通过将五通加宽，将以往的外挂在五通外面的轴承包在五通里面，这样也加大了与五通相连的下管、立管和后下叉的直径，从而提高车架刚性。

应该选择哪一种呢？现在还很难说。选择其中之一，就会失去另一种带来的好处吗？好像也不一定。这两种标准都反映了中轴的发展趋势，只是从不同的角度出发研制出来的。

认识中轴类型

老式的轴挡轴碗结构，与其他密封版本不同，需要经常维护。如果需要确认自己车上的中轴是否为这种结构，只要看一下五通左侧（没有牙盘的那一侧）有没有一个带缺口并且很可能有压花的锁紧环，同时还要看一下轴承碗的端面。

现代密封式中轴结构（见117页图）的轴承碗都有花键，以方便使用工具装卸。其他种类的密封中轴结构（如半封闭型）则在五通左右两侧都有带缺口的锁紧环。如果你注意到锁紧环仅存在于左侧且端面平齐，那么你的中轴很有可能就是老式轴挡轴碗结构。

为了运转正常，此类中轴需要时常保养，具体时间区间根据骑行里程数、骑行环境和中轴结构类型来确定。对于一辆只在阳光明媚的周末骑行，每次骑行距离不超过48km的公路车，2~3年进行一次中轴拆卸就足够了。如果不论刮风还是下雨，每天都骑行的话，中轴至少每年要拆卸一次。经常在泥地中骑行的山地车则需要每半年或更短的时间拆卸一次。这种预防性的保养可以防止因为小问题而导致大问题，以致不得不更换全新的中轴所带来的不必要费用。

中轴螺纹标准

中轴类型	螺纹标准
英规	1.37英寸 x 24TPI[1]
法规	35mm x 1.0mm
意规	36mm x 24TPI[1]

注：所有中轴螺纹类型左侧轴承碗安装/拧紧时均需要顺时针旋转。英规右侧轴承碗是反向螺纹（即安装/拧紧时需要逆时针旋转），法规和意规右侧轴承碗安装/拧紧时需要顺时针旋转。

更换牙盘组

如需更换牙盘组，则需要预先考虑以下问题。

中轴的类型是什么？如果牙盘组是单体形式的，比如老式施文（Schwinn）公路车或其他整车上使用的，则只能使用一体式牙盘组进行替

---

[1] 每英寸螺纹数。

换或者购买中轴转换套进行改造。但是，这类转换套件很难找且主要为BMX类型的自行车生产的。同时，因为这些套件为单速设计，所以几乎不可能装上双片或者三片牙盘。

虽然带固定销和无固定销型中轴固定在五通上的方式相同，但是如果你的自行车用的是固定销的牙盘组，想换成无固定销的曲柄，几乎需要更换牙盘组其他所有的东西。也就是说，从带固定销式牙盘组上拆下来的轴杆是没法用在无固定销的牙盘组上的。

更换中轴时需要注意的一件重要的事情是五通螺纹规格。大多数中轴使用英国规格或者意大利规格的螺纹，少部分老式法国公路车则使用带法规螺纹的五通。你必须寻找和自己车架相匹配的零件，因为不同螺纹标准之间没有互换性。更麻烦的是，通过车架的生产地经常无法确定其螺纹规格。但是，如果有一副卡尺以及螺纹对照表，就能很容易确定了，可通过对比测量结果和表中数据确定车架上的五通规格。除此之外，也可以带着轴承碗或者整车去自行车店进行咨询。

更换中轴时需要考虑的另外一个因素是五通的宽度。最常见的宽度有两种——68mm和70mm。部分山地车的五通宽度达到了73mm。68mm和73mm宽度的五通通常是英规螺口，70mm宽度中轴则多为意规螺纹。有时，中轴组或者轴杆上会标示"68"或者"70"，以帮助确定其设计宽度。当然，最准确的方法还是实际测量，即用一把尺子测量五通两端面（不包含中轴）的距离。

大多数牙盘组拥有为其单独设计的中轴组。如果将不同厂家的牙盘组和中轴组搭配使用，则需要确认两者之间的兼容性，或者可以请自行车店帮忙查阅相关资料。

大部分牙盘组替换件是用铝合金制造的，优点是安静、轻量、耐用，而且只要安装正确，就会后顾无忧。在购买时，最好选择牙盘可换型牙盘组，且最好选择铝合金制牙盘。某些价格便宜的牙盘组使用钢制牙盘，与铝合金牙盘相比更沉，在换档时也会发出更大的噪声，但某些山地车上用的牙盘组除外。在这些车型上，尺寸最小的牙盘为钢材质，因为铝制的磨损更快。

某些便宜的铝合金牙盘组将右侧曲柄（臂）与牙盘架连接为一体，制作过程和铆钉铆接很相似，即通过锤击一块金属使其扣紧在另一块金属之上。这种连接随着时间延长会慢慢变弱，并最终导致松脱。高质量牙盘组的曲柄和牙盘架则用螺栓连接或者用一块金属一体切割而成。

价格越高，制造牙盘组的材料就越轻，强度越好，制造精度越高，使得换档感觉更佳、更安静，牙盘使用时限也能获得延长。因此，更换牙盘组时应衡量价格和质量因素，挑选自己喜欢的牙盘组。

同时还需要确定的是牙盘的尺寸。某些牙盘组提供比其他同类产品更宽的选择范围。为获得个别牙盘组的具体信息，请向出售该产品的自行车店咨询或自行查阅制造商网站。关于如何具体地根据个人能力和需求确定牙盘尺寸，请参照本书第17章的内容。

最基本的是确定自己需要一个双牙盘组合，还是三牙盘组合。双牙盘是公路自行车赛和大部分公路车爱好者的标配选项，但不少人则青睐三牙盘带来的更灵活的档位组合。三牙盘组合在大部分山地车上是标配，其中包含的低速档位在负重长途骑行或者攀爬陡坡过程中能否提供很大的帮助。如果你不打算时常进行上述两种骑行活动，那么第三个牙盘基本是用不到的，所以选择时最好谨慎一些，按需购买。当然，购买前还要注意你中意的牙盘组能否安装你所想要的牙盘。

曲柄（臂）的长度也是需要考量的因素之一。山地车的标准曲柄长度是175mm，而公路车的则是172.5mm。尽管这两个长度最为常见、应用最广，但是厂商一般还会提供165~185mm，以2.5mm为变量的不同长度供选择。曲柄的长度为脚踏安装孔中心和中轴连接孔中心之间的距离，大部分的曲柄背面都会标有曲柄长度。

对于如何选取所需的曲柄长度，现在有多个理论依据可供参考，大部分理论通过骑手的腿长进行计算。长曲柄提供较长的力矩，所以对于爬坡很有帮助，但是每转一圈的时间要延长，于是限制了踩踏的速度。对于腿长的骑手，这就不是问题，因为更长的大腿肌肉可以从更长的曲柄上获利；对于个子矮的骑手，长曲柄骑起来就不太舒服了，虽然爬坡的能力可以获得提升，但是其他地形上骑手就要受罪了。

如果你个子够高（超过1.8m），经常爬坡，并且喜欢大齿比胜过高踏频，长曲柄（臂）再适合不过了；如果不是，最好还是选择172.5mm的曲柄，或者更短。

有趣的是，山地车出厂时即安装着175mm长的曲柄。这是因为，越野骑行过程中，需要经常爬坡，对速度的要求也不高，对于大多数骑手来说，这个长度刚刚好。总体而言，只有身高在1.5m以下的骑手才需要考虑使用更短的曲柄（臂）。如果你的身高没有超过1.95m，则不需要考虑更大的曲柄长度。购买之前，请确定所选择的曲柄长度能否保持足够的车架离地间隙。

准备五通

为了将轴承安装好，五通两端的截面需要尽可能地平行。在新车安装中轴之前，最好去有特殊工具的车店把五通螺纹和端面铣削一下。这对于使用轴挡轴碗的五通结构尤为重要，因为轴承碗需要严丝合缝地锁紧在五通两侧断面上。

大部分拥有现代设计的中轴都是密封结构，且在出厂前已经做过预调校，所以安装时只需要将其旋入五通即可，而无需预先铣面。但是五通内的螺纹依旧需要事先清洗，这样中轴组才能正常旋入。个别新车架上的五通螺纹较浅，这样直接安装中轴会比较困难。如果中轴组无法顺利安装，则需要自行车店帮忙攻螺纹（或铣牙）。

铣牙是安装中轴前的必要准备工作。专为此操作设计的工具——铣刀顺着螺纹向五通内部旋转，刀头切割螺纹以达到合适的形状和深度，同时让左右两端螺纹的轴杆在同一直线上。

铣面的工具则用来加工金属车架五通的两端。使用这类工具可以使五通两端变平滑，同时保持两面平行并且垂直于螺纹轴线。铣面之后，轴承碗才能紧实地锁紧在端面上，不至于踩踏时松脱。对于碳纤维车架，即使是那些有着金属五通的类型，也不能铣面，如果需要，则可以进行铣牙。

建议在一家专业的自行车店进行上述的铣牙和铣面工作，因为上述工具少见且昂贵，而且这样的准备工作并非经常需要做。传统工具是令收藏家和广大车友垂涎欲滴的一套Campagnolo工具套件，只不过该套件已经停产很长时间了。

这是一套专门用来为自行车安装前期准备工作制作的铣刀、套具、模具，以及其他特制手工工具。对于绝大多数金属车架来说，这套工具都是非常适用的。山地车则因为零件尺寸的差异，通常需要其他类型的工具。市面上还有相对便宜的工具组，但是它们的价格对于个人持有来说依然是偏高的。

当然，去自行车店做这些准备工作的话，花点钱就能解决。问题是，这些钱真的需要花吗？对于现代密封设计的中轴来说，只要在旋入费力时进行铣牙操作就可以了。对于分离式中轴，特别是价格不菲的好中轴，在装入还没处理过的车架前车架是否处理过，可以通过五通处的漆面来判断，最好还是找一家车店铣一下车架。这样做的好处就是，可以一劳永逸，而且还可以延长分离式中轴的使用寿命。

牙盘组和中轴大修

修理无固定销类型的牙盘组和中轴时，基于不同类型的零件，需要特殊的工具。通用的工具包括螺母扳手和曲柄去除工具。

大部分密封性中轴组通过花键工具安装到碗组内侧或外沿，或从后者上拆卸下来。请使用适合的中轴（通常是Shimano或Campagnolo的）工具。轴挡轴碗类型的中轴需要锁紧环扳手，可调轴碗需要针型工具，固定轴碗则需要一把扳手。

对轴挡轴碗式中轴拆卸时，需要预先购买中等密度润滑油，并购买新的正确尺寸的滚珠（通常为22个1/4英寸的滚珠）。

拆卸脚踏 如果牙盘组有些发腻，而你又想利用溶剂对其进行清洗，那就要去除脚踏，以免溶剂渗入脚踏的轴承中。首先将链条换挡到大牙盘上，以防止拆卸脚踏时手臂被牙盘齿刮伤。

拆卸脚踏通常需要15mm的脚踏扳手。个别的Time、Crank Brothers、Shimano或其他厂商出产的带锁脚踏则需要6mm或8mm的内六角扳手拆卸。部分用在法规曲柄（臂）上的老式法规脚踏则需要16mm呆扳手拆卸。右侧的脚踏，即牙盘、链条、飞轮所在的一侧，是右旋螺纹并需要逆时针旋转才能拆卸。左侧脚踏上的是左旋螺纹，需要顺时针旋转拆卸。

在拆卸任何一侧的脚踏前，先将此侧曲柄向车前方转动，将扳手架在脚踏上，使其与曲柄所在平面平行，然后向下用力。应防止自行车移动，由于后轮通过链条会为曲柄提供反作用力，因此应防止后者在拆卸脚踏式扭转。在此之前记得换挡到大牙盘，以防止牙盘齿划伤自己。

卸下脚踏后，开始拆卸曲柄。注意，先拆卸左侧曲柄。

拆卸带固定销的曲柄（老式自行车） 如果自行车上用的是老式带固定销的曲柄，拆卸时需要松开固定销一端的螺母，并用力将其顶出定位孔。使用扳手松开螺母，之后用锤子敲打固定销，使其推出。此过程中，最好在曲柄下垫木块，以提供支撑。专用的固定销工具（类似锥子）可以在市面上买到，但自行车个人所有者大多不愿花费那么多的钱去购买。一些人利用某些工具，例如锁环钳和重型夹钳，自制了固定销工具，但锤子仍然是最常用的工具。不论用什么方法，最好还是做好购买新固定销的准备，因为在拆卸过程中，这个零件经常会受损。

去除无固定销的曲柄（现代自行车） 拆卸这种类型的曲柄（臂）的过程尽管简单，但需要特定的工具。不要尝试使用除此之外的任何一种方法去拆卸。市面上有通用型的曲柄拆卸工具，但是为了最佳的匹配性，最好还是选用曲柄（臂）生产商制造的特定工具。某些曲柄制造商生产了一种一端是螺母扳手，一端是曲柄拆卸器，中间扁平方便抓握的工具。

通常有三种将曲柄固定在中轴上的方法。比如，一些自行车上使用内六角螺栓。这种固定方式拆卸起来很简单，只需要使用尺码相对应的内六角扳手逆时针旋拧螺钉即可。另外，一些自行车上可能额外安装防尘盖保护固定螺母，拆卸曲柄前需要先行拆卸防尘盖。还有一些曲柄装有快捷拆卸系统，在这样的系统上，防尘盖在拆卸过程中保留在原位上，防尘盖上的内六角螺栓孔允许扳手伸入其中。随着旋出，螺钉将会顶住防尘盖背面，迫使曲柄脱离中轴，这样你只需要用内六角扳手即可，而无需使用专用曲柄拆卸工具。

防尘盖仅仅是对曲柄上与曲柄拆卸器对应的螺纹进行保护。这类防尘盖一般有一个裂口或者方便内六角扳手进入的孔洞。如果是后者，应用合适的扳手拆卸防尘盖；如果是前者，应使用一字或十字螺丝刀拆卸。如果裂缝在防尘盖边缘，则需要将工具插入其中，撬开防尘盖；如果裂口在中央，则应拧开防尘盖。注意，不要损伤防尘盖。

拆卸防尘盖后，再拆卸将曲柄紧固在中轴上的零件。方孔中轴有两种规格（参见本书111页）：一种在轴杆两端有内螺纹，通过螺栓和垫片固定曲柄；另一种有外螺纹，通过螺母和垫片固定曲柄。使用扳手或者套筒扳手拆卸上述螺栓或螺母。注意：如果有垫片，应一并拆卸。

在将曲柄拆卸器插入曲柄前，顶销应当全部退出。插入曲柄拆卸器时应确保顶到底。同时，应再次检查，确保垫片不在曲柄孔内，否则曲柄拆卸将受影响。旋入拆卸器直到螺纹全部进入曲柄螺纹孔。

顺时针旋转拆卸器中心顶销（如有需要，使用扳手），直到感受到其对中轴产生的反作用力。继续旋转，迫使曲柄脱离中轴。

检查五通并清理牙盘 一旦曲柄被拆卸，应抓住中轴一端旋转扭动，检查其是否转动顺滑。转起来感觉是否不受到液体阻力，有多少尘土黏附在轴杆周围。这些是确定是否需要更换（如果是密封式中轴组）或者拆卸整个中轴组（如果是轴挡轴碗式中轴组）的必要指标。

拆卸曲柄后，应将五通周围车架上的泥土清除（注意不要让泥土混入中轴轴承，否则就需要对其进行拆卸或者更换），这时便可以拆卸右侧曲柄（臂），拆掉牙盘，对其进行清洗。使用内六角扳手（通常是5mm）进行这一工作，如果螺栓旋转，但是不能松脱，则使用牙盘螺母扳手（一种可以插入螺栓末端凹槽的特殊工具，如果没有，则尝试用一字螺丝刀代替）固定螺栓一端。在重新装配前最好对螺栓进行润滑，并进行最后的锁紧。如果没装紧，外出骑行时牙盘曲柄发出的杂音会让你疯掉。

如果中轴是密封组形式的，旋转时应该有液体阻力的感觉。如果旋转不需太大的力，而且无磕绊，无杂音，则说明中轴状态良好。同时，查看轴杆附近是否有锈斑，锈斑可以说明水汽是否已穿透密封环并对轴承造成污染。当然，损坏的密封式中轴也是能继续使用的，但骑行过程中必然伴有撞击噪声，只是别指望这个中轴还能使用很久。注意，轴承可能松脱并损坏轴杆。

密封式中轴组价格范围非常宽，如果现有的已经损坏，最好换一个全新的。安装也是非常简便的，只需要购买尺寸正确的替代品即可。新中轴的长度必须与原有中轴对应。如果你能带着旧中轴去自行车店，则店员会帮忙选择替换品。

如果手中的中轴是轴挡轴碗式的，同样应检查中轴旋转是否顺滑，如果能感到些许液态阻力而没有杂音或其他，则不需要进行拆卸。一定要记得查看固定轴承碗（左侧）以及锁紧环的紧固程度。

固定轴承碗很麻烦。向左旋应该能锁紧，如果发现变松，则向右侧旋转，只要能锁紧就可以。如果还是松的，则需要将轴承碗转出来，露出螺纹，抹上螺纹胶再次锁紧。在重新安装曲柄（臂）之前应再次紧固锁紧环。

安装一体式中轴组

安装新的一体式中轴组之前，必须将旧的拆卸。过程也不复杂，基本如前文所述，只需要用花键扳手将其旋下即可。先旋转左侧固定轴承碗，逆时针旋转，直到其从车架上脱落。之后拆卸右侧轴承碗，这次需要顺时针旋转，直至其松脱。

如果轴承碗无法旋转，不要尝试使用蛮力迫使其转动。此时应将润滑剂点在轴承碗边缘，并用锤子轻敲五通下方，帮助润滑剂顺利进入螺纹。稍等片刻，再次尝试旋动轴承碗。重复这个程序直到轴承碗松动。如果个人无能为力，则应当将车辆带至自行车店寻求帮助。

密封式整体中轴组出厂时已经经过润滑和必要的调校。安装新的中轴组前，尝试用手抓住中轴并旋转，感受一下工厂调校后的润度。在将中轴安装到车架上后，中轴的润度不应有过大的变化。

一体式中轴通常在驱动侧的轴承上预装了一个轴承碗。如果在钛合金车架上安装中轴，则在安装前应该在螺纹上抹一层抗咬合剂。Finish Line生产的Ti-Prep是一种专门针对钛合金车架的抗咬合剂，在大部分的自行车店都有销售。如果实在买不到，可以购买Permatex生产的抗咬合剂。这种抗咬合剂和Ti-Prep的性能差不多，在大部分五金店或者汽车用品店都能买到。这类产品能防止五通位置产生周期性杂音（类似敲击声响），同时能够避免五通部位发生电解腐蚀而导致轴承和五通粘在一块。抗咬合剂对钢制、铝制或碳纤维车架（因后者通常会有铝制的五通）都是有效的，不过也可以使用润滑脂。另外一种解决方法是将水管工常用的特氟龙胶带缠在螺纹上，之后再安装中轴组和轴承碗。

先用手将中轴组自驱动侧（有牙盘的一侧）顺时针方向慢慢旋入五通。注意不要造成螺纹错位。在将中轴组顺利旋入之后，将花键工具（扳手）套在中轴组上继续旋转，直到轴承碗完全旋入车架螺纹，因为轴承碗的外延，轴承碗旋入深度并不大。

安装另外一侧的轴承碗（注意不要造成螺纹错位），利用花键工具顺时针将其旋转到位。用手旋转轴杆，以检查其运转情况。如果与安装前相比润度下降或者发紧，那么轴承碗安装位置有可能不正。拆卸后再次尝试安装，并注意保持对正后再安装。将轴承碗旋转到抵住轴承为止。轴承碗安装到位之后，将花键工具（扳手）套在右侧轴承碗上尝试旋转，以检测其松紧程度，之后再次检测左侧的轴承碗。最后，旋转轴杆，转动应该和安装前同样润滑，如果不是，则需要拆卸后重新安装。

目前密封式整体中轴的类型有很多。上述程序对大多数此类中轴均适用。如果实际情况有别，则应当按照厂家安装手册中的说明进行安装。如果没有此类手册，可以向出售中轴的商铺咨询或者在厂家的网站上查询。

轴挡轴碗式中轴的拆卸

在拆卸此类中轴时，应先使用锁紧环扳手拆卸锁紧环（车体左侧）。某些扳手对应特定品牌的中轴，而其他钩形扳手或钳子则更为通用。值得注意的是，这些供某些特定品牌产品专用使用的工具肯定是契合性最佳的，但是并非所有厂家都生产这类工具，所以必要时，可使用通用工具。如果没有锁紧环扳手，用锤子和冲头小心敲打也能拆下锁紧环。对于一些凹槽尺寸比较特殊的锁紧环，不能用通用工具拆卸时，可以用锤子和冲头拆卸。

逆时针旋转锁紧环以进行拆卸。旋转时要小心，因为锁紧环和轴承碗上的螺纹常带有金属小刺，容易划伤手指。

尝试逆时针旋转可调轴承碗，以将其拆卸。完成这项工作通常需要特制扳手，此类扳手头部固定有销钉，可以卡入可调节轴承碗上的六个小孔中。某些轴承碗有凹槽，某些轴承碗可以使用内六角扳手安装拆卸。再次强调，某些公司为自家的可调节轴承碗生产特制扳手，以提供最好的契合性。同时，市面上有很多通用的带销钉或对应带凹槽的扳手可供选择。

拆卸轴承碗时应特别注意，某些轴承滚珠可能不在滚珠支架之内。拆卸前，最好在五通下方垫一块破布或者废纸，以接住可能从五通内掉出的滚珠。

将可调节轴承碗拆卸后，应拆卸中轴、轴承滚珠和防尘套，但并非所有五通都有防尘套。防尘套通常为塑料制品，置于五通内可防止车身管材内部的尘土或碎片落入五通对其或者轴承滚珠造成伤害。

固定轴承碗暂时可以留在车架之中。检查清理所有已拆卸零件以及五通和固定轴承碗。使用溶剂以及布头或者小刷子对零件上的污物和润滑剂进行清理。

对于轴承滚珠固定的位置，应对可调轴承碗表面进行检查，查看滚动表面是否有锈蚀或者过度的磨损现象。仔细检查轴杆凸起是否有磨损线，确定没有零件产生裂缝或者损坏，确定滚珠支架（用于固定轴承的金属或者塑料圈）是否完整。如果轴承滚珠或者护圈受损，应确认没有任何碎片黏附于车架内部，以防其在再次组装后落入五通部分对零件造成损伤。

如果某零件磨损严重或者受损，就需要对其进行及时的更换，否则会对五通准度造成不良影响，甚至磨损五通内的其他零件。

即使轴承滚珠没有磨损，也要对其完全替换。质量优良的轴承滚珠并不昂贵，使用其更换旧部件也使得中轴的校准变得容易。

如果固定轴承碗已经磨损并需要更换，最好去自行车店，可以利用特制工具完成更换。某些情况下，固定轴承碗可以用老虎钳夹住并从车架内旋出。如果固定轴承碗的表面足够大，可以用老虎钳卡住，但是得非常小心，否则就可能将固定轴承碗或者车架损坏。轴承碗可能固定得非常紧实，以防止其在运行过程中脱落。大部分家用工具可能无法提供足够的力量帮助取出这个零件。通常，如果需要特制工具帮助拆卸这个部件，装回去时也需要用到这个工具。

如果确实需要拆卸固定轴承碗，需要注意英规螺纹（大部分自行车使用该规格）为左旋，即拆卸时应当顺时针旋轴杆承碗。其他类型的螺纹，除了瑞士标准，均需要逆时针旋转。在钢制车架上安装固定轴承碗时，使用黏结剂使其牢固。

对轴挡轴碗式中轴进行铣牙和铣面操作 如果已经完全拆卸了轴承碗，可能需要对五通进行铣牙和铣面操作（对于整体式中轴组则不需要）。如前所述，铣牙能够确保螺纹面干净、深度合适，方便轴承碗旋入。铣牙工序同样能使螺纹同轴，这样能比未铣牙时更利于轴承的旋入和调整。铣面工序则可以令固定锁紧环和固定轴承碗的端面互相平行，并垂直于中轴所在的轴线。

安装轴挡轴碗式中轴

按照上文操作至此，你应该已经拆下并清洗了中轴的各个零件，对磨损严重的零件都进行了更换，现在开始准备重新装回各个零件。

如果固定轴承碗已经拆下，应在安装前，在其螺纹及五通内对应位置涂抹润滑剂。安装时应确保轴承碗正确锁紧，必要时使用专用工具。如果发现轴承碗与车架之间总是出现松动现象，不要涂抹润滑剂，这时应抹些螺纹胶并拧紧。

使用足量的中等密度润滑剂涂抹轴承碗内外环面。如果无法获得中密度润滑剂，则尽量选择低密度的同类产品，涂抹润滑剂时，应保证整个中轴都能得到充分润滑。注意，不要让五通上的尘土或者金属碎屑污染润滑剂。轴承碗环润滑好后，就可以安装轴承了。如果轴承在支架内，则应当对支架进行润滑，之后连同中轴一并旋入轴承碗中。如果是散珠，则应在安装中轴前，将珠子分别装入轴承碗中，并利用润滑剂将滚珠固定在里面。

卡式轴承与散珠轴承 轴承有两种，即散珠轴承和卡式轴承。支架可以方便地将滚珠固定在位置上，所以如果中轴上有这样的零件，最好善加利用。某些人认为支架会增加阻力，但是这些阻力非常小，基本可以忽略不计。实际上是，当轴挡轴碗式中轴还是主流时，很多职业车队的技师更多使用卡式轴承来提高中轴保养维修的效率。

最难办的一件事情是将支架正确地装入轴承碗。只有一种正确的安装方式，如果支架安装错误将无法正常调校；如果没有发现，继续使用，还会损坏其他零件。许多技师都会犯这种错误，当中轴出现问题需要修理时才发现。

支架主要有两种类型：一种边缘是圆形的，上面有一个指尖大的孔；另外一种边缘是平的，孔更小些。第一种支架更为常见一些。这两种类型的支架负责固定滚珠的开槽，从侧面看起来都是C形。对于第二种支架，"C"的开口方向应该朝向中轴上对应的凸起，这样才能使安装后两支架开槽方向相对，一侧磨圆的支架安装方向相反。

安装轴承后，装入防尘盖，以防止污染物落入五通中。这些防尘盖在大多数车店都有销售，也可以用柔性塑料做一个替代品。注意，其宽度应足够适配轴承碗，但不要让其过宽以致影响轴承的正常使用。同时还要保证防尘盖长度足够，这样装入五通卷曲起来之后才能保证两端略有重叠，以加强防尘性能。

安装时，在整个轴杆，尤其是安装轴承的位置上涂抹足量的润滑剂。涂抹在轴杆内侧的润滑剂可以延缓锈蚀。注意观察轴杆，两个末端的长度可能不同，这时就需要先将较长的一端放入五通，并穿过驱动端的固定轴承碗。注意，安装前在轴承碗上也要涂抹足量润滑剂。

可调节轴承碗上也要涂抹足量润滑剂，之后安装对应滚珠轴承或者滚珠架。对轴承碗的螺纹进行润滑，并将其旋入五通，直至轴承与中轴凸起紧密连接，再将锁紧环旋入五通并用手拧紧。

调整轴挡轴碗式中轴 现在，尝试转动中轴，确保中轴能够正常旋转。同时，尝试上下移动中轴查看其松紧程度。如果需要，将锁紧环松一些，并使用扳手对可调节轴承碗进行微调，直到中轴能够顺滑转动，同时没有松动。调整完成后，使用锁紧环扳手将锁紧环安装到位并锁紧。

拧紧锁紧环时，注意观察可调节轴承碗，如果盖子随锁紧环转动，则使用钩形扳手将其固定住。但是，扳手可能无法承受锁紧环旋转带来的转矩，这样就有可能损坏扳手。如果是这样，尝试将锁紧环和可调节轴承碗同时松开，再固定住锁紧环，同时将可调节轴承碗略微旋出，然后将两者一同旋入五通并调整到最佳位置。

这个过程需要耐心，可能需要操作很多次才能将零件调整到最佳位置。必须记住，在此过程中，不要在没有松开锁紧环之前就使用钩形扳手转动可调节轴承碗，如果这样做很可能损坏工具。

将一个曲柄（臂）套在中轴上，以方便查看其松紧程度。曲柄能提供更大的力臂，方便查出最微小的晃动。如果调整的结果总是有一点松或者有一点紧，那就拧紧一点，因为轴承内部的润滑剂经过使用就会让中轴运动顺滑起来了。

安装曲柄（臂）

重新安装曲柄（臂）。安装带固定销的曲柄时要注意两侧的固定销方向应该相反。如果曲柄（臂）处在一上一下的位置，则两个固定销中的一个固定销的头部应该朝向车前端，而另一个则朝向车后端。如果安装固定销后，两个曲柄不在一个直线上，则尝试取出固定销并从反方向重新安装，或者从自行车店或者网络上寻找新的替代件。

使用固定销压紧工具或者锤子将固定销拧紧。如果拧得过紧，将导致固定销上的螺纹滑扣，并对零件造成损伤。如果使用锤子锁紧，在固定销末端使劲敲几下，再拧紧螺母，并用锤子敲击几次，然后再次拧紧螺母。之后试骑一下，

查看其松紧度。注意，每骑行几百公里就应该检查其松紧程度。

安装无固定销的曲柄时，先将曲柄套在中轴上，旋入螺栓或者螺母并旋紧。这个过程中需要使用较大的力，注意不要使用过大的力，只要将螺栓或者螺母固定到位就可以了。如果你手头有扭力扳手的话，使用33~40N·m的力矩将螺母拧紧。

需要避免的一个操作是，在安装曲柄之前在方孔上涂抹润滑剂，除非厂家要求这样做。花键型曲柄则必须使用润滑剂。但是大部分厂家建议在安装方孔式曲柄时不要使用润滑剂，Shimano生产的几款山地车用的曲柄则例外。如果你不能确定，最好什么都不要涂抹，以防万一。在不应涂抹润滑剂的方孔中轴上涂抹润滑剂后安装曲柄可能导致滑动。

还有一种例外情况，允许在方孔上使用少量润滑剂，因为此类中轴锥形部分比较长，可以防止曲柄滑落。曲柄上产生规则性的杂音，通常由钢制中轴和铝制曲柄连接处锈蚀所致，而且这种情况多发生在利用螺母固定的中轴牙盘组上。

初次骑行之前再次锁紧曲柄上的螺母或者螺栓，并在之后使用过程中定期进行检查。

拆卸牙盘 大部分牙盘组使用的是可拆卸牙盘。通过松开固定螺栓（通常为5枚）来拆卸牙盘。一般需要5mm的内六角扳手或者梅花扳手完成这一工序，但某些老式牙盘则需要10~11mm的扳手进行拆卸。个别情况下，可能还需要牙盘螺母扳手，并用其来固定牙盘背面的螺母。这些工具在自行车店都能买到，如果买不到，一个大号的一字螺丝刀也能完成这个操作。拆卸牙盘螺母或螺栓一般需要较大的力，如果需要，可以在内六角扳手或者相应工具后面加上管套增加力矩，以方便拆卸。

牙盘组的保养

除了拆卸，牙盘组并不需要特定的维护，但是一些预防措施还是可以采取的，包括安装完毕

后和初次骑行前对零件的松紧程度进行检查。之后每个月也最好检查一次，因为曲柄松垮地套在中轴上会对零件造成严重的损毁。检查曲柄的同时，最好注意一下脚踏的松紧程度，因为连接不紧实的脚踏在连续骑行一定里程后，会对曲柄的脚踏螺纹造成较大的损害。

检查曲柄时，用力拽几下，查看其与中轴间的连接是否紧密。如果中轴是轴挡轴碗类，可以通过调整中轴来解决松脱的问题（在此过程中无需拆卸中轴）。如果中轴是密封式整体类，有一点轻微的松动也是无所谓的。但大多数情况下，松动表明已经出现问题了，很可能中轴也已经磨损。

如果曲柄已经弯曲（如在事故中由磕碰所致），只有钢制的曲柄能完全归位，铝制的曲柄则最好直接更换，因为铝材一旦被矫正，或者一段时间以后内部就会产生破裂。扭弯的曲柄爪则多可以恢复，即使是铝制的也可以。同样的，无论是钢制还是铝制的牙盘，在被弯曲后都可以矫正。这个操作并不如想象中那么难，但是最好还是让专业的自行车店去做。如果没有合适的工具和必要的知识，可能会进一步损伤零件。仔细在曲柄上检查是否有裂缝，如果有，这些裂缝在大力度踩踏的情况下很可能会导致断裂。

矫正牙盘的过程中，最好在其固定在曲柄上的状态下进行。矫正时是通过用锤子在需要的方向上进行敲击达到的。用手旋转曲柄的同时，从正上方查看，使用前变速器作为参考检查牙盘是否已经完全矫正。敲击过程中，先用较小的力，之后逐步加大到足以使牙盘弯曲的合适力度。如果某些部位难以敲击到，可以将螺丝刀固定在这个位置上，然后用锤子轻轻敲击。如果需要撬动牙盘齿或者尝试拉直过度扭曲的牙盘，可以用活扳手。调节活扳手上的转轮让扳手口的缝隙刚允许牙盘齿划过，之后逐步加大力矩向所需方向扳动牙盘。

如果拆卸曲柄过程中使用了不正确的工具，很可能会破坏曲柄上的螺纹。通常认为，螺纹损坏后就没法把曲柄卸掉了，但实际上有两种方法：第一，拆卸曲柄上的固定螺母，然后骑车在附近转几圈，这样曲柄就会松脱并自然脱落；第二，可以去专业车店，一般会备有Stein或者Var品牌的用于拆卸螺纹损坏的中轴的特制工具。需要注意的是，虽然螺纹滑扣的曲柄仍能装回自行车上，但是因为损坏的螺纹无法复原，而且之后也需要特制工具进行拆卸，最好的选择还是直接购买新的曲柄进行替换。

另一个可能出现的问题是脚踏螺孔的螺纹滑扣，这种问题通常出现在强力将尺寸不对的脚踏安装在铝制曲柄之上的时候。有时，这类问题可以修复，但一定要在专业车店，由专业人士使用特制工具进行。

答疑解惑

问题：大牙盘弯曲，导致链条和前变速器摩擦。

解决方法：首先检查是否有松脱的牙盘螺栓。如果牙盘弯曲，则需要将其拉直。如果找不到原因，可以提升踏频（90r/min比较好），这样可以减小作用在牙盘上的力，减轻其摆动。

问题：密封式整体中轴中有微小松动。

解决方法：拧紧锁紧盖、锁紧环，它可能有轻微松动。

问题：踩踏时有异响。

解决方法：拧紧曲柄螺栓。如果杂音依旧存在，拆卸曲柄，涂抹少量润滑剂，再次安装。

问题：拆下牙盘清洗并装回之后，前变速器无法正常变速。

解决方法：牙盘安装方向错误，应拆下牙盘并按正确方向安装。通常，锁紧螺栓能够嵌入牙盘上的对应凹槽中。从正上方查看，检查牙盘之间的空隙是否均匀。

问题：尝试拆卸锁紧螺栓的时候，螺栓只是打滑。

解决方法：用牙盘螺栓扳手或者一字螺丝刀固定螺栓的另一端，再次尝试将其旋出。

问题：对中轴拆卸后，总感觉过紧或者过松。

解决方法：滚珠支架安装方向错误，拆卸后重新安装。

问题：取出滚珠清洗时，支架弯折。

解决方法：尝试矫正或直接替换。如果不行，可以抛弃支架，直接将滚珠安装在中轴上。

问题：脚踏中有碰击的声音。

解决方法：如果中轴是密封式整体类型，那可能是因为水汽渗透到连接中轴和五通的螺纹中，产生了轻微的腐蚀。这种情况在铝合金五通上很常见，在钢制或钛合金制车架上也时有发生。拆卸曲柄和中轴，使用钢丝刷对螺纹进行清理，之后涂抹上新的润滑剂或者防粘剂（如前文提到的普通防粘产品，钛车架则需要使用Ti-Prep），或者在螺纹上缠绕特氟龙胶带后再次安装。对于非密封型的中轴，这类杂音通常产生于略微宽松的固定轴承碗（右侧），逆时针将其拧紧可解决问题。

问题：非密封型中轴上固定轴承碗总是松脱。

解决方法：将其旋出车架（通常为顺时针旋转，老式自行车上可能相反），清理螺纹，涂抹螺纹胶后再次安装拧紧。

问题：曲柄螺纹已经滑扣，导致无法拆卸曲柄。

解决方法：骑车转几圈，曲柄会自然松脱；或者带车去自行车店，它们可能备有拆卸已滑扣的曲柄的专用工具。

问题：骑车撞到硬物上，牙盘被撞弯。

解决方法：如果在路上没有工具，可以找一块石头敲击将其矫正。如果在家可以用活扳手（扳手口距离应刚好让牙盘齿通过）撬动牙盘迫使其归位。如果牙盘极度弯曲，就找同类产品进行替换。

问题：牙盘上的齿被撞掉了。

解决方法：不用担心，这时的牙盘依然能够正常使用。如果这个问题导致链条跳位，将断齿处的凸起部分搓平或折断即可。

拆卸和安装Shimano双体牙盘组
（XTR FC—M970型牙盘组除外）

1 拆卸Shimano双体牙盘组的第一步是用5mm内六角扳手将左侧曲柄上的两个固定螺栓（这些螺栓负责将曲柄固定在中轴上）松开。

2 使用Shimano曲柄安装工具（TL-FC16）逆时针旋转曲柄上的防护盖，将其拆卸。Park Tool生产的同类工具，型号为BBT-9。这时，左侧曲柄应该可以轻易从中轴上取下。

3 可以注意到，中轴和曲柄孔上各有一个比较宽的键槽，这个键槽可以确保重新安装左侧曲柄时位置正确。在轴承和曲柄间的中轴上应该有一个黑色薄片橡胶圈。拆卸这个橡胶圈，并将其放在曲柄上对应的槽上，以防丢失。

4 现在，轴杆可以轻易地从五通中拔出。如果拔出过程不顺畅，则说明中轴上可能有锈蚀部位。使用橡胶锤在曲柄上轻敲几下应该能解决问题。

5 使用正确的扳手将轴承从五通上拆卸下来。Shimano生产的对应工具型号是TL-FC32，Park tool生产的同类工具型号为BBT-9。大多数公路车和山地车上使用英规螺纹五通，左侧的轴承可能通过逆时针旋转拆卸，右侧的轴承一定要顺时针拆卸。

安装操作与拆卸过程完全相反。注意，不要过度拧紧左侧曲柄上固定器位置的盖子。这个盖子只负责基本定位，所以只需要用手拧紧就可以了。最后，安装所有的固定螺栓，并按照规定力矩拧紧。

拆卸和安装Shimano XTR FC—M970型牙盘组

1 XTR是Shimano生产的旗舰山地车牙盘组。Shimano山地车套件最先进的技术首先都体现在XTR上，然后逐渐推广到其他的套件上。XTR的最新型号融合了一些新特点，使得拆装过程都需要使用较其他Shimano牙盘组不同的工具。

拆卸的第一步是，先找到左侧曲柄和轴承之间调整环上的螺栓，将其松开。

2 调整环对不同宽窄的中轴有一定的容差，所以即使中轴有一点窄或有一点宽，也不会造成轴承在曲柄安装后无法调校。

用手抓牢曲柄，将TF-LC17把手安装到调整环上，同时向曲柄方向逆时针旋转，一直转到底。

3 拆卸曲柄前，必须先拆卸曲柄上的保护盖。将TL-FC35S上的凸起塞进保护盖并顺时针旋转以拆卸。

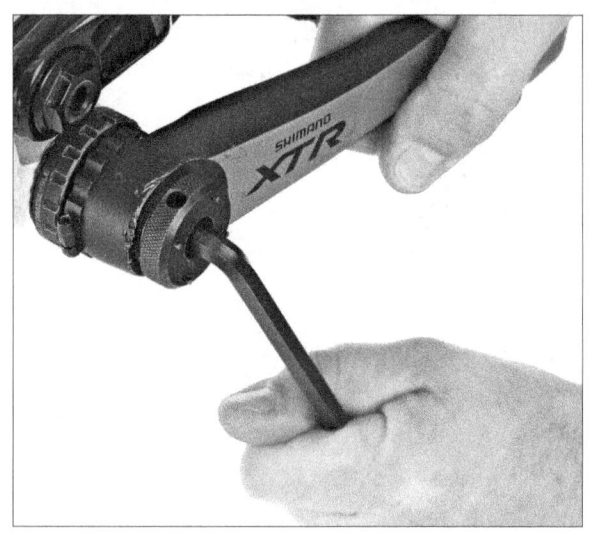

4 将TL-FC35翻转过来，并将有螺纹的一侧旋入曲柄。因为是反向旋螺纹，所以需要逆时针旋入。拧紧后，使用8mm内六角扳手逆时针旋转曲柄固定螺栓，将其拆卸。

5 右侧曲柄现在应该可以从五通中取出了，如果需要，可以使用塑料锤子敲击中轴一端帮助将其取出。

拆卸轴承的方法和拆卸Shimano其他同类产品的方法一致。左侧轴承需逆时针旋转取出，右侧轴承需顺时针旋转取出。

6 安装顺序与拆卸顺序相反。在确认五通内没有毛刺或者碎片之后，在轴承螺纹上涂抹润滑剂，安装必要的垫片（如不需要，则无需安装），之后将轴承旋入。右侧轴承需要逆时针旋入，左侧的为顺时针旋入。

将中轴穿过五通，确保链条位置正确，使其不至于被卡住。在曲柄爪中心用力推，确保其紧实贴合在右侧的轴承上。

将左侧曲柄对准中轴，并用曲柄固定螺栓，将其固定到位。

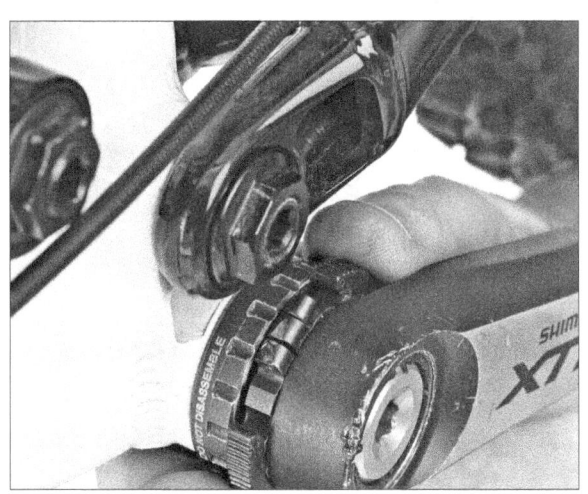

7 曲柄保护盖可以保持螺纹干净，所以切记不要将其遗失。即使是一点的沙粒也会导致拆卸工具不能安插到底。问题是，可以使用的螺纹数很有限，即使少旋一两圈也会降低系统强度，导致工具滑脱。

8 现在调整轴承。将TL-FC17把手安装到调整环上并顺时针旋转直至其顶住左侧轴承。TL-FC17把手只能用手操作，以达到准确的调校，所以只需要用手拧紧即可。记住，这只是对轴承的调校，以便消除中轴左右晃动，所以不要将其上紧。

拆卸和安装Shimano XTR FC—M970型牙盘组（续）

9 调整结束后，拆卸TL-FC17把手并将调整环上的固定螺栓拧紧。

拆卸和安装SRAM及Truvativ GXP牙盘组

1 SRAM和Truvativ生产的零件比较精简，GXP系列牙盘组便是一个例证。以下拆卸和安装步骤对SRAM的Red、Force、Rival，以及Truvativ的Noir、Stylo和Firex都适用。

　　拆卸左侧曲柄（臂）时，只需要使用8mm内六角扳手松开螺栓，直到再次感到阻力为止。至此，螺栓应当已经向外旋出，继续逆时针旋转螺栓，直到曲柄从中轴的花键上脱落。

2 左侧曲柄（臂）脱离后，便可以将轴杆从五通内连同右侧曲柄（臂）一同拔出。如果轴杆在五通内很紧，可以用塑料锤在另一端轻敲，帮助拆卸。

3 可以注意到轴杆末端直径的变化。这种坡肩的设计使得左侧轴承顶住左侧曲柄，左侧轴承可以稳定中轴，右侧的轴承可以在轴杆上自由转动，没有轴向负载。这种设计能够有效地减少阻力。

4 轴承碗组的拆卸与安装和其他外置类型一样，使用专用扳手逆时针旋转拆卸左侧轴承，顺时针方向旋转拆卸右侧轴承。

某些使用意规螺纹的意大利车架则有些特殊。如果碗组盖上标有"Italian"（意规）字样，则左右两边的曲柄（臂）均需要逆时针方向旋出。

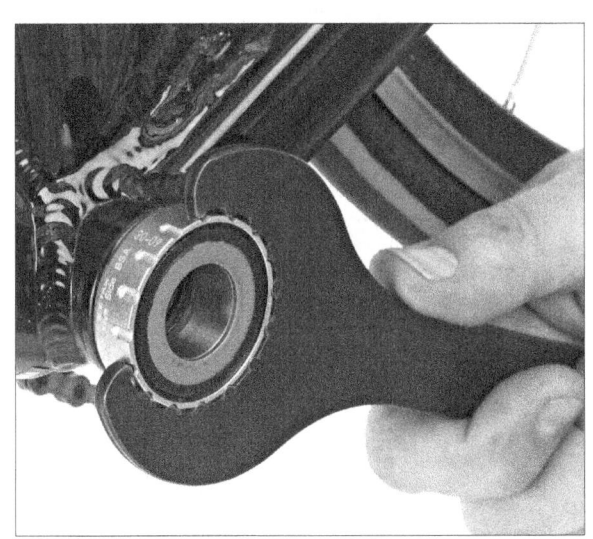

5 安装过程也很简单。安装前要保证螺纹干净，没有毛刺，在碗组的螺纹上涂抹足量的润滑剂，并确定是否需要添加垫片（尤其是对山地车型而言）。如果车架使用意规的螺纹，则应当将碗组中标有"Nondrive"（非驱动）的一个装在车架左侧，否则螺纹与五通螺口无法对应起来。

将链条放在不会影响安装的位置，之后将轴杆穿过五通，直至其无法继续伸出。将左侧曲柄（臂）与轴杆上花键对齐并使用锁紧螺栓锁紧。

拆卸和安装FSA外置式牙盘组

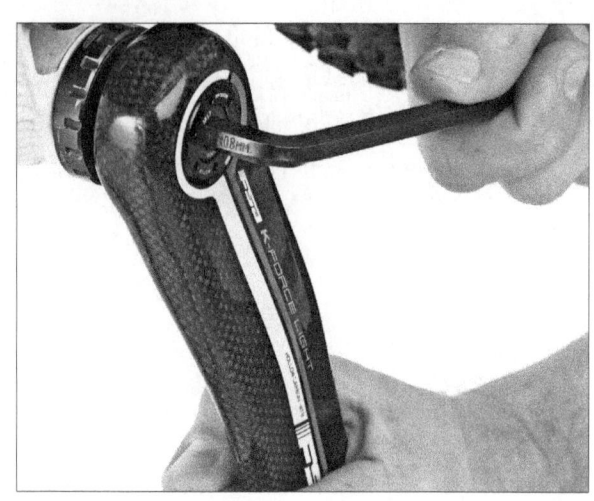

1 FSA牙盘组采用不同方式安装，某些使用压缩螺栓固定左侧曲柄（臂），有些则不是。两种设计各有利弊，但是只要生产过程中没有问题，安装就没有问题，两种设计都可以保证多年无故障地骑行。

如果牙盘组是Gossamer类型，则这种曲柄上有用于固定的压缩螺栓。松开这些螺栓并拆卸曲柄（臂）一侧的预装保护盖后，就可以将曲柄从轴杆上轻松拆卸了。

2 SLK类型的牙盘组不使用紧固螺栓，而是利用花键系统固定。固定螺栓同时起到拆卸器的作用。逆时针旋转可以将其松开，当再次感到阻力的时候，继续旋转直到曲柄（臂）能够顺利从轴杆上松脱。

3 SLK类型牙盘组在五通和左侧曲柄之间都有一个波浪垫圈。它看起来可能不是很重要，但是这个垫圈能够保证正确的轴承预载水平。

Gossamer类型曲柄有时也会有特制的垫圈。在这种情况下，垫圈是有对应中轴，而非对应牙盘组的，可以通过向自行车店咨询或者在FSA网站（www.fullspeedahead.com）技术文件单元查找五通对应垫圈的信息。

4 拆卸左侧曲柄后，使劲拽就可以将轴杆从五通中取出。如果很紧，可使用塑料锤子在左侧轻敲来拆卸。

将轴承碗从五通上拆卸，左侧的逆时针取下，右侧的则顺时针（意规螺口除外）取下。

5 安装时，先将轴承压入。在此前，应确保五通螺纹干净、无毛刺，在碗组螺纹上涂抹适量润滑剂，并确定是否需要垫片。

如果曲柄是Gossamer类型，而中轴需要密封垫圈，就一定要使用此类垫圈。将轴杆穿过五通，直到右侧曲柄端面与右侧轴承紧密接触。SLK类型曲柄在右侧曲柄上不需要垫圈。

6 安装左侧曲柄（臂）之前，将垫片或者密封垫片（如果Gossamer曲柄/中轴需要）放在轴杆上。

7 对于SLK类型的曲柄，将左侧曲柄与中轴对齐并使用锁紧螺栓将其锁紧。这时SLK曲柄就已经安装完成了。对于Gossamer类型的牙盘组，还需要额外几个步骤。用手将Gossamer左侧曲柄（臂）放置在轴杆花键上，安置到位之后，安装预压盖并锁紧。

8 使用锁紧螺栓将Gossamer曲柄锁紧。注意，对两个锁紧螺栓进行的旋紧需要交替进行，一点点加力直到两个螺栓都被锁紧到位。

拆卸和安装Campagnolo及Fulcrum品牌的Ultra-Torque类型牙盘组

1 Campagnolo及Fulcrum的Ultra-Torque系列在所有双体牙盘组结构中算是特立独行的设计。轴杆是分体设计，两部分各与一侧的曲柄（臂）永久固定为一体。两分体通过末端的花键相联，并使用螺栓紧固。拆卸或者安装螺栓时，需使用10mm内六角扳手配合2英寸（50.8mm）延长臂。

2 松开螺栓即可令两侧曲柄脱离。注意：与其他双体中轴设计不同，这里的轴承是压到轴杆上的，而不是压入碗组盖中的。

同时，轴承内侧还有一个波浪垫圈帮助轴承定位。

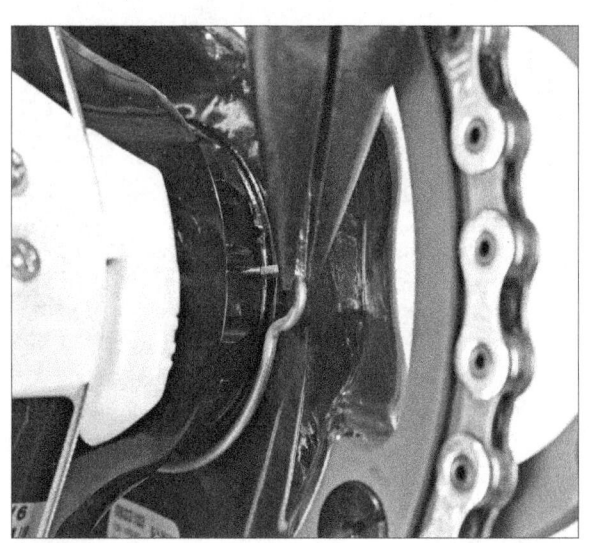

3 拆卸右侧曲柄（臂）及轴杆前，必须将右侧碗组盖上的固定卡子拆卸。这个卡子需要使用一些技巧才能够到，先用鹤嘴钳将卡子一侧拔出，之后再拔出另一侧。

这时，右侧曲柄（臂）应该能顺利地从碗组中拆卸了。

4 碗组盖的拆卸方法与其他外置式碗组中轴系统相同。拆卸左侧碗组盖时需要逆时针旋转，拆卸右侧的碗组盖时需要顺时针旋转（意规螺口除外）。

安装顺序与拆卸顺序完全相反。安装前，确保五通螺纹干净、无毛刺，并在螺纹上涂抹适量润滑剂即可。

5 在将Ultra-Torque轴杆放入中轴前,需要在花键上涂以适量润滑剂。

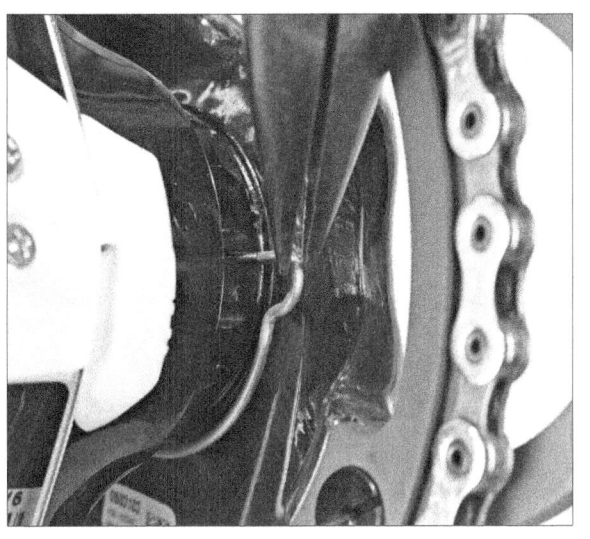

6 将右侧曲柄上的固定卡子重新安装到位。虽然其看起来不是那么重要,但这个卡子对于将右侧轴承固定在轴碗中有着重要作用,并可以提供足够的稳固性,防止牙盘组在五通内左右浮动。如果出现这种情况,则可能导致换档不顺,甚至造成链条松脱。

7 将波浪垫片置于左侧五通碗之中,并将左侧曲柄与轴杆对齐后装入碗中,确保花键对齐且连接正确,之后就准备好用点力气吧。

8 将曲柄锁紧螺栓放在延长臂一端,将其探入右侧轴杆并锁紧。

BB30的拆卸与安装

1 BB30 使用可以直接压入车架的整体式轴承结构。这种结构的安装和拆卸需要使用特定的工具，但是只要工具正确，且手边有一套快速安装和拆卸指南，过程就会变得很简单。

市面上此类结构设计各有不同，在这里仅介绍一下它们的共性。当然，在开始一切工作之前，最好从生产商那里找一本合适的维护手册。

如果曲柄上带有轴承预装调整环，就应该先使用螺丝刀将其松开。

之后，使用8mm内六角扳手拆卸左侧的曲柄。注意各个曲柄和轴承之间的波浪垫片、垫圈、垫片的顺序。

2 将右侧曲柄连同轴杆一同拆卸。这一边应该也有轴承垫片，但是没有波浪垫片。

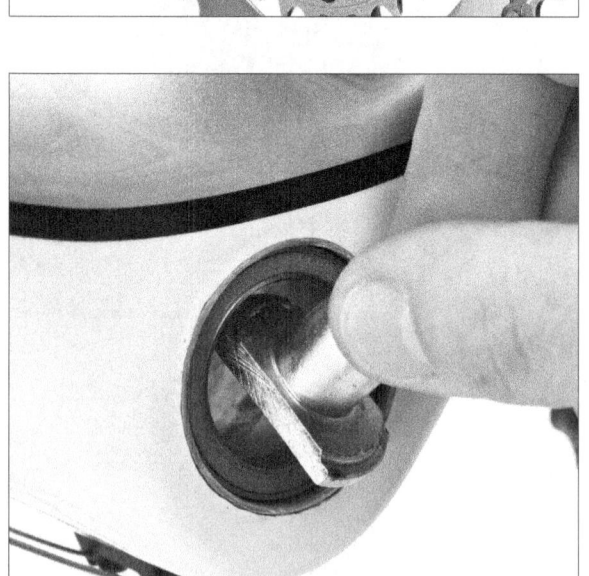

3 BB30轴承是压入的，所以拆卸时需要特定的工具。这个工具侧面看呈T形，将其沿一侧轴承孔探入，并顶在另一侧轴承上。

4 找一个辅助工具将布片固定在需要拆卸的轴承上,之后在拆卸工具凸出的一端进行敲击。只需几下,轴承就应该能从五通中移出。

5 在五通的两侧应当各有一个卡环(或叫揿钮环)嵌在五通内侧的凹槽之中。这些卡环可以使用特制钳子取出,但这一步并非必需,除非打算将它们移到另一个车架上。

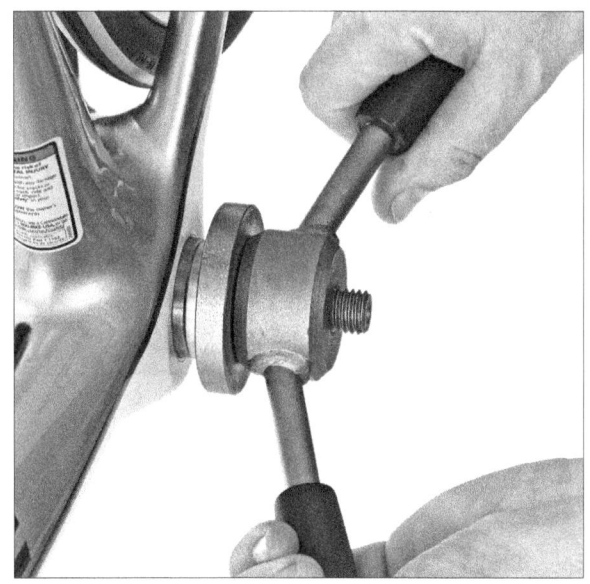

6 将轴承压入五通需要使用特制的挤压工具。首先检查卡环,保证它们已在五通内侧凹槽内卡紧,之后使用挤压工具将两侧轴承依次压入五通。

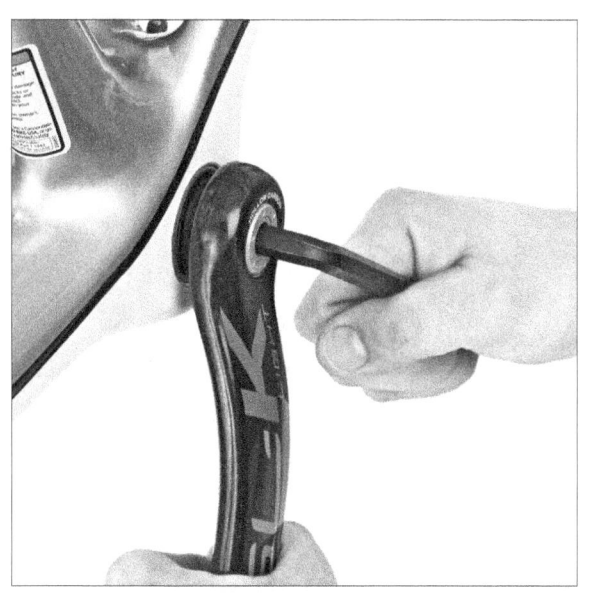

7 将垫片和轴承垫圈放在轴杆上,并与右侧曲柄相对,之后将轴杆推入五通之中。将轴承垫圈、垫片和波浪形垫片放到轴杆上,将左侧曲柄与轴杆对齐并使用曲柄锁紧螺栓锁紧。

Shimano Octalink的拆卸与安装

1 Shimano Octalink是第一种获得广泛承认的使用花键锁紧的曲柄与五通的标准。目前，市面上共有两种Ocatalink标准，即Ocatalink V-1和Ocatalink V-2。一小部分制造商，包括Chris King、RaceFace和Truvativ联合开发了一种与其抗争的ISIS(International Spline Interface Standar)标准。这三种设计无法互换，尽管安装和拆卸程序是一致的，但在更换组件之前最好确认牙盘组的规格。如果有止退螺栓，拆卸就变得简单多了，仅需用8mm内六角扳手将其松开即可。

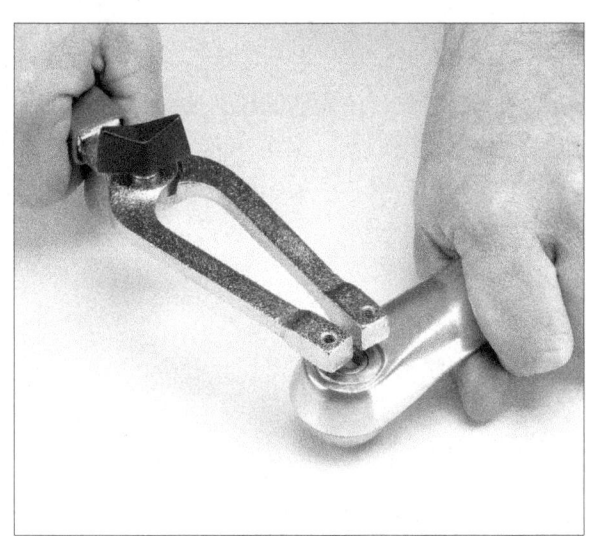

2 如果曲柄没有装备止退螺栓，应先拆卸曲柄固定螺栓和垫圈，然后使用与卸除带锥形轴杆工具类似的器械，将曲柄拆卸。因为Ocatalink和ISIS轴杆直径较大，且轴杆上的螺栓孔末端也比方孔类型曲柄大，所以这时便需要更大牙的曲柄拆卸工具，如Park Tools CCP-44。如果你已经拥有无钉销曲柄的拉拔器，只需要找一个铁心将其装在拉拔器的末端，就可以重新利用老工具了。

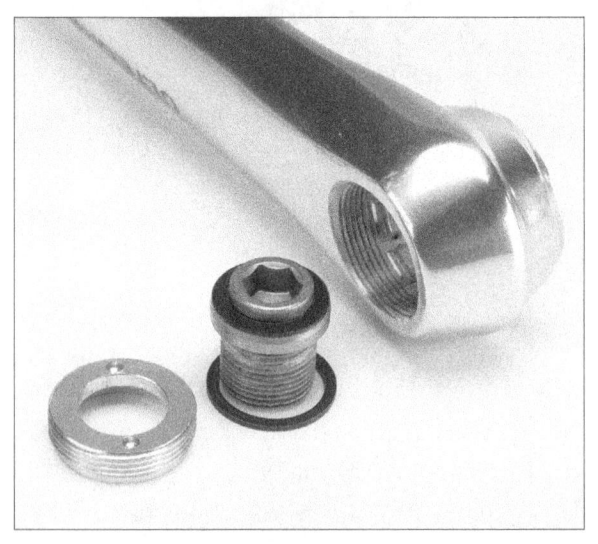

3 如果有止退螺栓，则重新安装时需要从拆卸止退螺栓开始。用小叉形扳手或者曲柄防尘盖拆卸工具（常与盘钉扳手做成一体），逆时针旋转防尘盖即可。注意：拆卸后的所有零件应该按照顺序放好。

4 在轴杆和曲柄孔内涂抹润滑剂，之后小心地将其与花键对齐。如果没有与花键对齐就拧紧，很可能造成永久损害，使得昂贵的曲柄报废。

5 使用8mm内六角扳手将曲柄固定螺栓与垫圈安装到位。锁紧的建议扭矩为33~45N·m。制造商肯定会推荐一个特定数值，但实际应用中简单点说就是：紧点，紧点，再紧点。在这种花键系统上只需要将螺栓拧到底即可，而不需要费脑筋去猜到底拧多少才合适。

6 如果没有止退螺栓，你的工作就已经完成了。如果需要，将塑料垫片和止动环替换后就可以了。

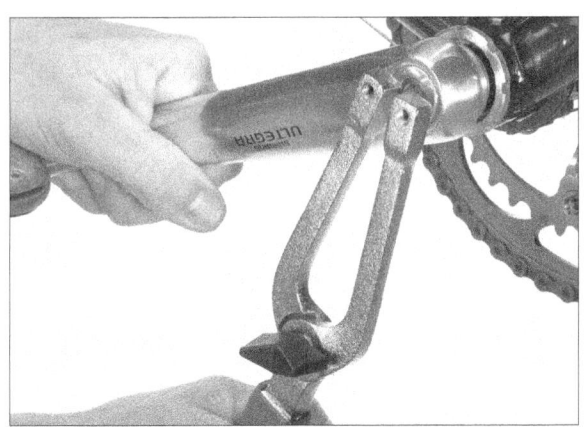

一体式密封中轴组的安装

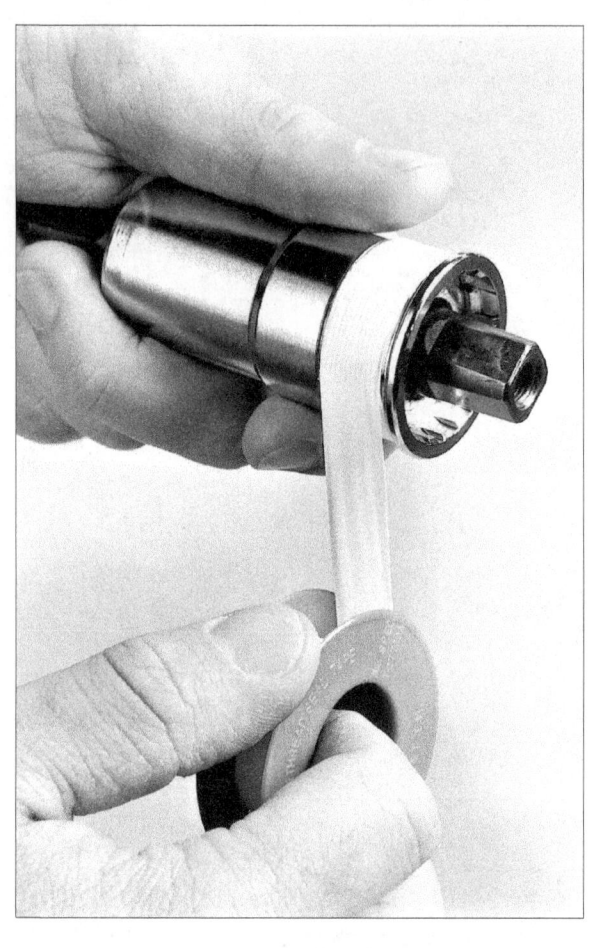

1 安装新中轴组之前，需要先将旧中轴组拆卸。过程很简单，只需要用花键拆卸工具，将旧中轴组拧下来就可以了。先旋转左侧锁紧盖，记得要逆时针旋转，直到将其拧出，然后顺时针旋转右侧锁紧盖，将其拆卸。

如果无法旋转锁紧盖，不要用蛮力，可以尝试添加Liquid Wrench或者其他类似的润滑喷剂，喷在锁紧盖的边缘，并使用锤子轻敲五通，这可以帮助润滑剂进入螺纹之中。稍等片刻，再次尝试拧锁紧盖。如果没有进展，则重复这个步骤或者将车带到车店寻求帮助。

一体式密封中轴组内部有润滑剂，且已经过厂家调校。安装新中轴组之前，用手轻轻扭动轴杆，感受制造商校准的阻力。在中轴组被安装到车架上后，轴杆转动应该和没有安装之前的阻尼感相近。

一体式中轴组通常有一侧的锁紧盖已经安装在中轴组上。如果需要将中轴组安装到钛合金车架上，应当在螺纹上涂抹Finish Line的Ti-Prep防锈或者其他类似的产品。在螺纹上缠绕特氟龙胶带也是一种方法（见左图）。

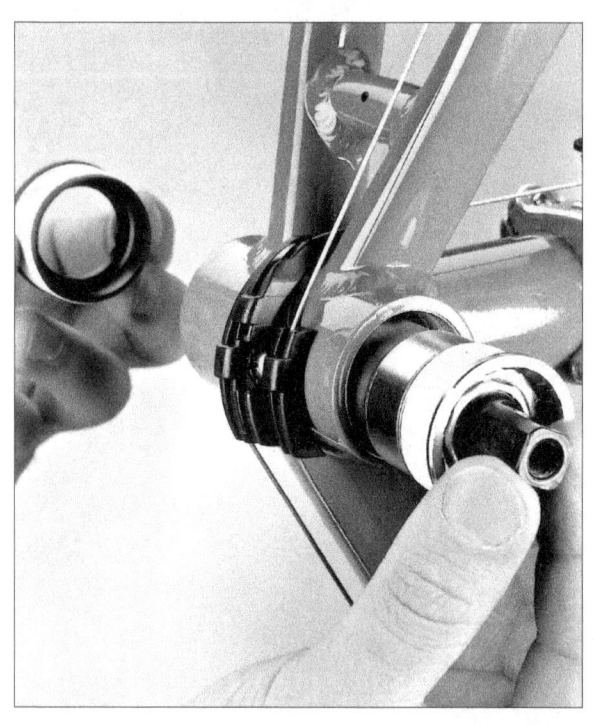

2 保护好螺纹可以防止日后五通区域可能发出的规律性杂音，并能有效预防电解腐蚀。电解腐蚀可能会导致中轴锈蚀到五通上（油脂通常使用在钢管材或者铝管材的车架上）。

用手顺着螺纹将中轴组逆时针旋入车架（见左图）。注意，不要造成螺纹滑扣。

3 当旋转中轴组开始吃力时，安装花键安装工具（见右图），然后继续拧动，直到锁紧盖完全旋入车架并锁紧（因为盖的边缘有凸出的唇边，所以到位后便无法继续旋入）。

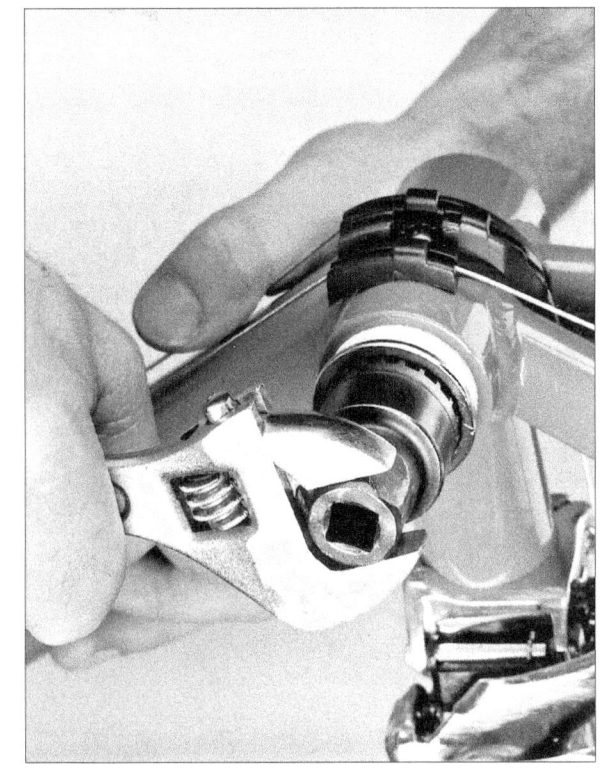

4 安装另一侧的锁紧盖（注意不要造成滑扣），使用花键工具将其顺时针旋入车架，直到锁紧盖另一侧与中轴组接触。用手轻轻旋转轴杆查看安装情况。如果较安装前偏紧，可能是锁紧盖错位，应将其拆卸，保证其对正后，重新安装。当锁紧盖安装到位之后，使用花键工具检查安装状况，如果不到位，则再次拧紧，之后再次检查左侧锁紧环。最后，用手旋转轴杆，后者此时应该旋转顺滑，和安装之前无异。

中轴组安装正确之后，开始安装曲柄。记住首次骑行之后对螺栓进行再次锁紧，之后每月都应该进行此类检查。

一体式密封中轴组的类型很多，现在也在出现越来越多的类型，上述程序对大多数现有类型都通用。如果你的中轴有所不同，应参照制造商提供的安装手册；如果没有这样的手册，可以从销售商手中获得，也可以联系制造商或者登录网站。

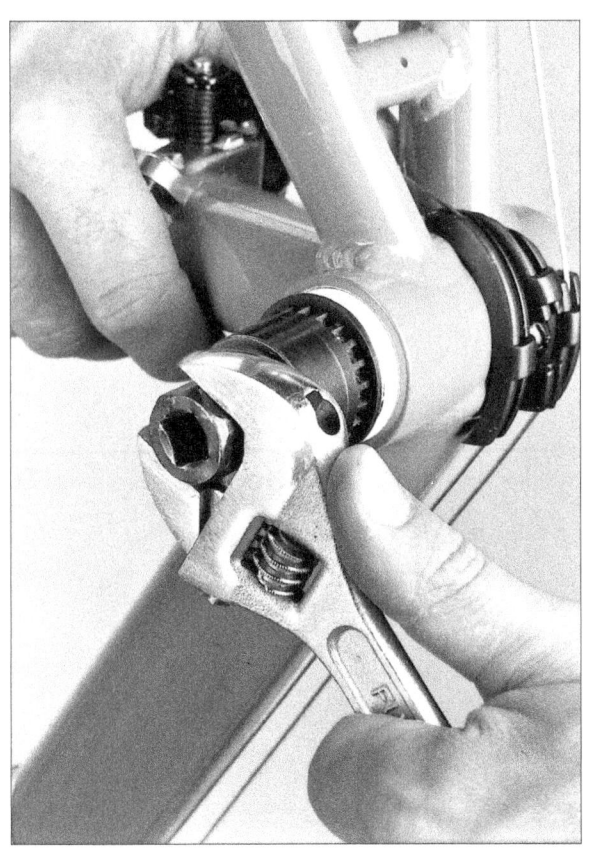

牙盘的维护

1 保持牙盘的洁净是个好主意。很多润滑剂与污物的混合物会通过链条传到牙盘上。污物中的沙砾等,会导致牙盘和链条更快地磨损。所以,至少一个月进行一次维护,当然更频繁也可以,尤其是经常在较脏的道路上大量骑行时,需使用布片擦拭牙盘。如果需要,可以用布片蘸上适量溶剂,便于清洁,或者使用硬毛刷子将污迹清除后擦拭(见左图)。

当然,如果你从来不清洗链条,再频繁地擦拭牙盘也是做无用功。因为链条直接和牙盘接触,要磨损也只能一起磨损,即便磨损速度不一样。这样,不论何时清洗牙盘,都应该对链条进行彻底的清洗。清洁和润滑链条的具体细节见179页。

2 某些时候,会碰到摔车导致的牙口弯曲现象,或者两个牙盘距离过近,导致链条在小盘上时会摩擦大盘。对第一个问题的解决是显而易见的,只要将弯曲位置拉直即可。要解决第二个问题,则需要将大盘向外侧(与小盘所在位置相对)扳动,直到两个盘片之间空间足够大。

以上两种处理都可以使用锤子或者专门的牙盘弯曲工具(见左图)来进行。这个工具结构很简单,较大多数单车专用工具的价格也便宜。但是,弯曲牙盘是众多需要依赖专业技师的工作之一。如果问题很严重,最好将损坏的牙盘更换掉。

如果在牙盘牙口上看到明亮的摩擦痕迹,就说明前后齿比导致链条与牙盘夹角过大。最严重的结果通常是由链条跨在大牙盘和最大的飞轮上,或者跨在小牙盘和最小的飞轮上造成的。

3 开始使用新链条和新牙盘时，每个链节都应该与牙盘正确咬合。使用一段时间后，牙盘的齿会逐渐磨损变薄。同时，链板也会逐渐磨入销钉的侧边，造成链条轻微变长。如果牙盘和链条磨损速率相当，那么它们的表现应该是能够让人满意的。但是，这种情况还是比较理想化而且少见。最终，两者都会严重磨损并需要进行更换。

更换牙盘通常比较简单。一般情况下，牙盘是使用内六角螺栓固定在右侧曲柄上的五爪牙盘支架上的。只要将牙盘固定住，拆卸五个螺钉（如果它们被卡住，可以用一字螺丝刀固定其后端）之后，就可以将牙盘整个取下来了（见右图）。将一个新的牙盘装上并使用螺栓将其固定到位（注意：一定要在上螺栓前对其进行润滑）。通常，在大牙盘某个螺栓旁边会有一个销钉凸出来。注意对齐这个销钉，因为牙盘上有特制的斜坡，帮助提升换档性能。只有牙盘对正安装，才能保证斜坡与踩踏用力协同。

4 作为预防，对牙盘盘钉应该定期进行检查。日常外出骑行，随身带一个包含盘钉扳手的工具组合也是很不错的主意！

轴挡轴碗结构五通的调校

1 经常用手抓住曲柄轻拽,以此检查曲柄或者五通内的轴承是否有松动的迹象。如果发现曲柄松动,需要立即将其调紧。即使没有感到松动,也应该至少每两个月对它们调紧一次。

2 将螺栓顺时针旋转以旋紧曲柄。现代设计的曲柄通常使用内六角螺栓,在老式曲柄上,可能需要先拆卸防尘盖。拆卸表面有豁口的防尘盖需要使用一字螺丝刀或者一枚大号硬币,如一元硬币。其他类型的防尘盖则需要使用内六角扳手拆卸,边缘上有豁口的防尘盖可以使用一字螺丝刀撬起。

3 防尘盖拆卸后,拧紧连接曲柄和轴杆末端的螺栓或者螺母,这时通常需要使用特制的扳手。尺寸合适的薄壁套筒扳手一样可以胜任。某些曲柄拆卸工具被设计成螺栓扳手的形式(见左图)。这样的工具需要与呆扳手配套使用。使用合适的工具将曲柄锁紧螺栓调紧,如果需要,应更换防尘盖。

4 在轻拽曲柄的时候，如果感到轴承中有松动，就需要对其进行调整。进行这个操作不需要拆卸曲柄，但是，这样做可以使调校变得轻松一些。参照152页进行曲柄的拆卸。对轴挡轴碗结构中的五通进行调节时，不需要完全拆卸锁紧环，只需要将其松开即可。此时应使用锁紧环扳手逆时针旋转（见右图），不需要将其完全旋下，只需要让其足够松脱，不至于影响可调整轴承碗的运动即可。

5 某些可调整轴承碗上有销孔，其他类型的轴承上可能有凹槽或者与扳手对应的平面。使用合适的工具顺时针旋轴杆直到松动感消除（见右图）。

操作时要小心，你可能需要旋转1/8圈或者更少以达到所需要的调校程度。随时用手抓住曲柄并旋转进行检查，当轴杆在轴承中旋转不过松或者过紧时，再次调紧锁紧环将轴承碗固定到位。

调紧锁紧环的时候，需要随时观察可调整轴承，它可能随着锁紧环转动，使得刚才的调整前功尽弃。

6 如果可调整轴承移动了，就需要使用扳手或者钳子将其固定，之后再调紧锁紧环（见右图）。如果工具是带销钉的扳手，有可能因为用力过大而造成销钉损坏。应注意施加到工具上的力，避免轴承与锁紧环一起旋转。如果需要使用较大的力，就应该考虑使用别的技巧。计算出调紧锁紧环时轴承碗会移动多大距离，之后松开锁紧环和轴承碗。固定锁紧环不动，退回轴承碗，给之后轴承碗的移动预留点距离。之后再次调紧锁紧环，这时轴承碗应该随其移动，直到锁紧到合适的位置。

如果已经拆卸曲柄，需要将其装回，调紧曲柄锁紧螺栓。如果有防尘盖，则将其重新安装到位。

轴挡轴碗结构五通的拆卸

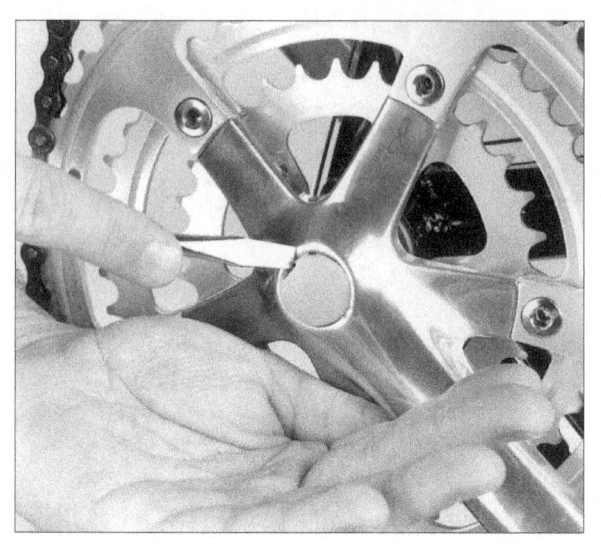

1 将需要的工具和零件（见120页）准备齐全，同时还需要22个1/4英寸的滚珠。

现在考虑一下拆卸过程中是否需要拆卸脚踏，如果需要，最好在牙盘组还在车架上面的时候拆卸。

使用内六角扳手逆时针旋转锁紧螺栓，以拆卸曲柄，注意拆卸螺栓配套的垫圈和垫片。

老式曲柄可能装有曲柄拆卸过程中保护螺纹免受损害的防尘盖。防尘盖很容易被损坏，所以需要小心操作。如果防尘盖边缘有豁口，则使用一字螺丝刀将其撬开（见左图）。

2 如果防尘盖中央有豁口或者六角形孔，可以使用适合的螺丝刀、硬币或者内六角扳手将其拆卸。

曲柄应该使用螺栓或者螺母固定在轴杆上。如果你的曲柄拆卸工具一端对应这种螺栓，可以连同扳手一起使用，逆时针旋转以卸除螺栓（见左图）。如果不是，则使用专门的曲柄螺栓扳手或者薄壁套筒进行拆卸。

将固定螺栓从轴杆中全部移出后，连同配套的垫片放在一旁。如果曲柄使用螺母固定，通常就不会有单独的垫片，因为螺母有锯齿状的边缘，可以起到垫片的作用。如果用于固定的内六角螺栓无法旋动，可参照第4步说明。

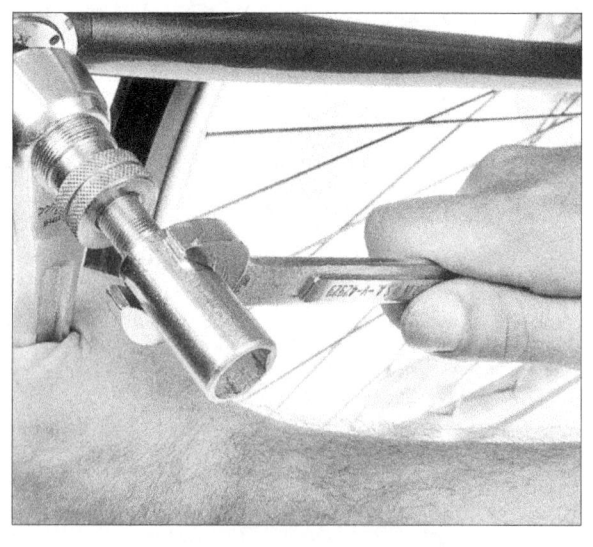

3 研究曲柄拆卸工具，在扭动可移动部分时，应该有一个连杆顺着工具中央移进或者移出。调整工具，使连杆一直推到最远端，之后将工具末端旋到曲柄上。

插入工具时，注意保证其螺纹与曲柄孔内螺纹咬合正确。尽量将工具旋入，再将扳手对在扳手段面上，然后将连杆不断旋入，直到连杆与轴杆末端相接触（见左图）。继续同方向旋转，将连杆顶在轴杆末端，这个步骤可将曲柄逐渐推离轴杆。

4 可以用一把内六角扳手安装和拆卸的系统曾经比较常见。这种设计，防尘盖和曲柄固定螺栓在拆卸过程中均要用到。内六角扳手通过防尘盖穿入曲柄螺栓的一头，当旋出时，螺栓会顶住防尘盖，迫使曲柄脱离轴杆（不需要其他特殊工具）。

将两侧曲柄拆卸轴杆之后，使用一个锁紧环扳手逆时针旋转，松开五通左侧的锁紧环（见右图），将锁紧环完全旋出车架。

5 使用叉形扳手逆时针旋转可调整轴承碗，直到其完全退出五通。

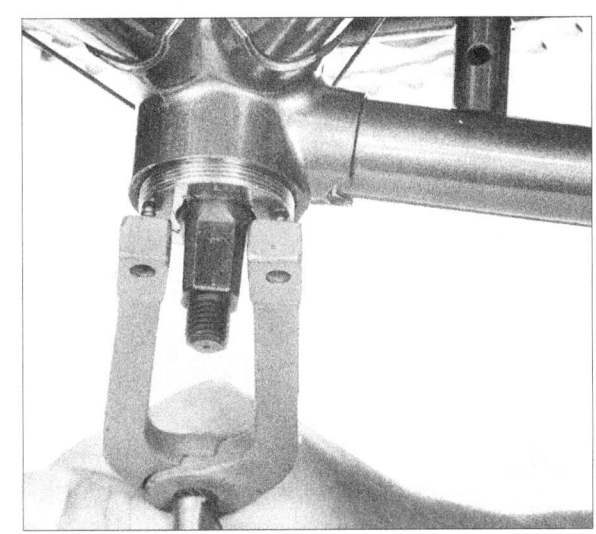

6 如果滚珠装在滚珠架内，则将车架倾斜并使用纸巾或者布片接住掉落出来的滚珠，否则它们可能滚得满地都是。即使需要替换这些滚珠，也最好对它们进行检查，观察是否有显示轴承内部其他组件受损的现象。同时，可以对它们进行清点，确认用于替换的滚珠数量正确（通常是22枚1/4英寸的滚珠）。

用手拆卸可调轴承碗的时候，用另一只手固定轴杆，防止固定轴承碗内的滚珠掉落。

轴挡轴碗结构五通的拆卸（续）

7 将可调轴承碗移出后，如果有塑料防尘垫圈，将其连同轴杆和轴承一同从固定碗组盖中拆卸。此时不要拆卸固定轴承碗（车架驱动侧），除非碗已经松开（查看碗口沿与车架之间的缝隙）。注意，某些轴承碗需要顺时针旋转拆卸。

8 使用清洗溶剂和布片或者硬毛刷对金属部分进行清洗，且不要忘记对固定碗组盖和五通进行完整的清洗。

清洗完所有部件后，仔细检查是否有损坏或者过度磨损的迹象。查看可调轴承碗，应该可以看到轴承与其内端面接触的边界线（见左图）。查看边界线周围端面上是否有瑕疵，边界线上某部分是否比其他部分磨损严重，沿线是否有凹坑造成滚珠卡住。

9 检查固定轴承碗，因其此时仍在车架上，可能需要一只手电筒。检查轴杆，查看与滚珠接触的双肩是否磨损，是否有过度磨损的迹象。

清洁并检查所有旧的滚珠，查看它们之中是否有裂开或者破损的。如果滚珠安装在滚珠架中，则查看滚珠架是否完整且没有损坏。

如果有任何破损部件，再次检查五通内部，确定没有金属碎片粘在车架上，因为这些留在管内的金属碎片会在重新安装后损坏五通结构。更换任何磨损严重或者破损的部件。

10 如果有疑问，带着这些组件到职业技师那里进行咨询。如果固定轴承碗需要更换，最好在车店进行。对固定碗进行合适的锁紧需要特定的工具，而这些工具昂贵且不值得购买（见右图）。在固定碗上滴上几滴螺纹胶，再使用扳手将其锁紧。如果还是松开，车店的技师可以很专业地将其锁紧。

如果你还没有购买新的滚珠，则可先将旧的滚珠收集起来并确定需要购买的新品数量。可以带一个样品去车店寻找尺寸匹配的替代品。如果你手中的是带支架滚珠，将一个旧的支架带去车店，寻找两个可以匹配的新品；或者将旧的滚珠轻轻弹出，再将新的放入旧的支架中，继续使用。

11 重新组装五通时，先在固定轴承碗上涂抹大量中密度润滑脂，将滚珠放入润滑脂中，润滑脂可以保证滚珠在轴杆安装之前固定在正确的位置上。

卡式轴承必须安装正确。为了确认安装是否，可以观察正确安装的一组。可以注意到，滚珠被一个个小小的C形金属支架分开。市面上常见的支架有两种：一种是圆形的，另一种是扁平的。扁平支架安装正确时，C形支架开口一段或者碗型一侧是朝向五通中心的。或者，换一种说法，支架上所有的勾爪都是朝向五通内部卷曲的（见右图）。圆形支架的朝向正好相反。

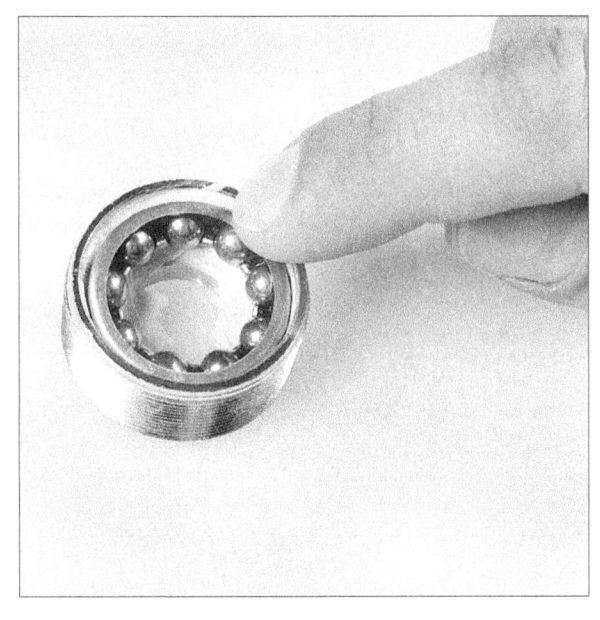

12 一旦滚珠在固定轴承碗内安装到位，就可以替换轴杆了。同样，轴杆方向必须正确，因为大部分轴杆都是不对称设计的。乍一看好像没什么区别，但是，一侧锥形的末端与可调轴承碗的滚珠线之间的距离可能比另一侧的要大（见右图）。如果轴杆上有制造商的名称，安装时就需要保证从正上方看去字体朝上；如果没有，应保证末端较长的一端处在驱动侧，多余的长度可以被滚珠占据。

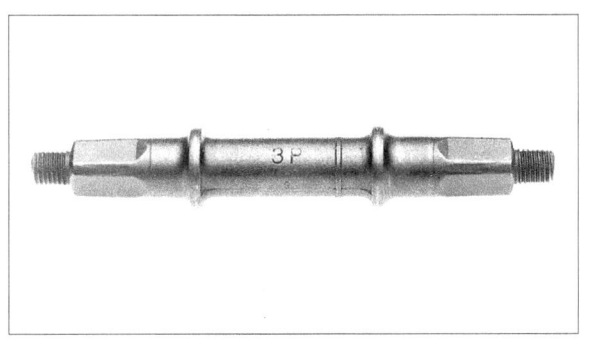

轴挡轴碗结构五通的拆卸（续）

13 如果有塑料防尘垫套，应清除其上的油污和其他污物。将轴杆固定在固定轴承碗一侧，并将防尘垫片滑入。

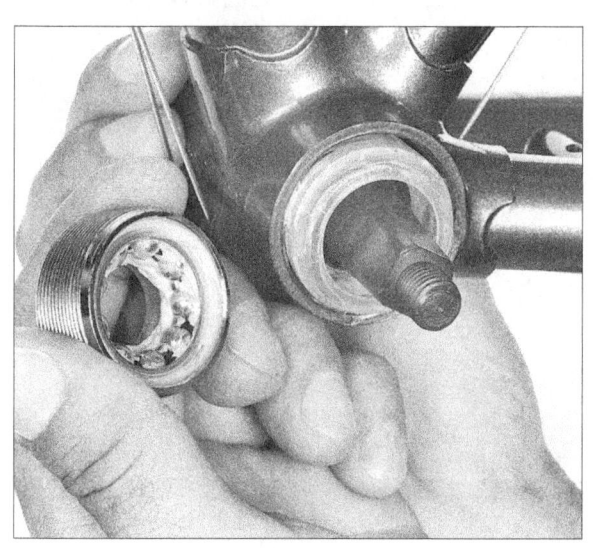

14 在可调整轴承碗上涂抹润滑脂后装入轴承。需要再次注意，如果使用的是带支架滚珠，应确保它们放入的方向正确。在螺纹上涂抹一点润滑脂，之后小心用手将可调整轴承碗旋回到车架内（见左图）。

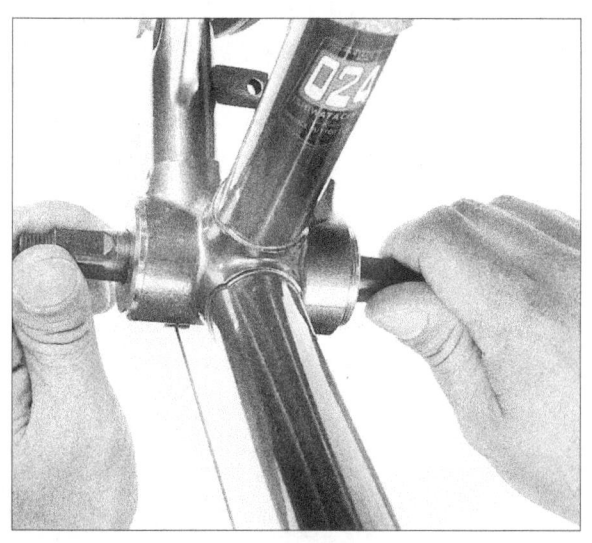

15 顺时针将可调整轴承碗旋入车架，直至其与轴承接触。将碗退出1/8圈，之后抓住轴杆并前后捻动，查看调校是否合适。如果感到轴承有阻力，则说明调校得过紧。使用叉形扳手将轴承碗退出一些，之后再次查看调校结果（见左图）。

在确认调校不是太紧之后，尝试将轴杆上下移动。如果松动，则说明调校得过松。顺时针小幅度扭动轴承碗，然后再查看。当感到轴承不太松，也不太紧时，再将锁紧环重新旋上。

16 尝试不用工具旋紧锁紧环，保证轴承碗不会移动。如果轴承碗还是随锁紧环移动，尝试在旋转锁紧环时，使用叉形扳手将碗固定（见右图）。如果感到施加在叉形扳手上的力很大，就不要再继续使用了，否则有损坏工具的危险。将轴承碗与锁紧环一同松开，之后保持锁紧环固定，同时将轴承碗旋回一些。现在将两者一起旋紧，并查看调校是否合适。

即使旋动轴承碗时没有困难，也可以上紧锁紧环后再次检查松紧度。当感到满意的时候，就可以装回两侧的曲柄了，应确保轴杆两端都没有使用润滑脂。

17 将一只曲柄套在轴杆末端，然后旋紧锁紧螺母或者螺栓，将曲柄安装到位（见右图）。

当两侧曲柄安装紧凑时，缓缓拽动和扭动曲柄，以再次查看其与中轴连接的松紧程度。如果对松紧程度不满意，可以在不拆卸曲柄的情况下进行调整，松开锁紧环，按照需要调整轴承碗，然后再次调紧锁紧环。当所有部件都到位之后，重新安装脚踏（如果事先已经将它们拆卸），之后再将链条重新挂在牙盘上。

最终，不要忘记重新安装防尘盖（如果需要）。它们可以保护曲柄孔内的螺纹，也是下一次拆卸五通时所需要用到的。

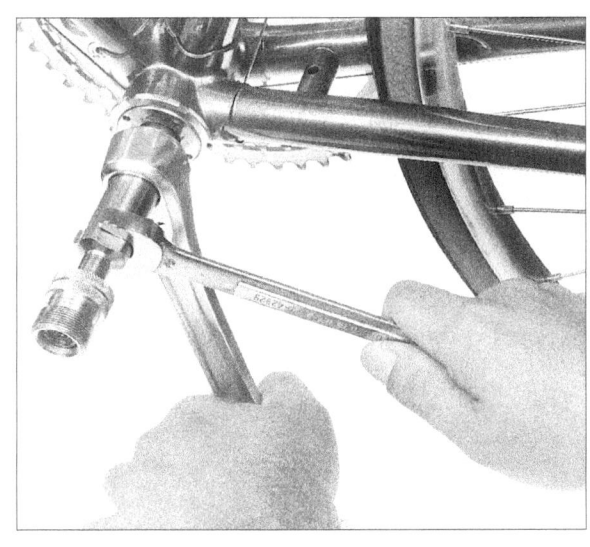

卡式飞轮与旋式飞轮

第七章

19世纪中后期，人们骑的自行车被称为"两轮机（velocipede）"和"高轮车（high-wheeler）"。两轮机的两个车轮大小相同，很像今天的自行车，但是曲柄固定在前轮上，类似我们小时候骑的三轮童车。高轮车出现得要晚一些，继承了两轮机的很多特点；不过，它的前轮非常大（直径达60英寸），因为发明者意识到，车轮越大，骑得就越快。

"高轮车"有一个严重的缺陷。如果自行车突然停下来，骑车人容易从高高的前轮上面飞出去。由于双腿被车把挡住，所以通常的结果是骑车人头朝下落地（在女权运动之前，几乎都是男人骑车）。"倒栽葱"常常是致命的，因此人们开始寻求更安全的设计。到了19世纪80年代，链条驱动后轮的想法被提了出来，安全自行车从此诞生了。安全自行车很像今天的自行车，唯一的区别在于它的传动系统是固定的，也就是说，只要后轮转动，曲柄和脚踏也必须随之转动。这种"固定齿轮"系统可以通过双腿对抗脚踏向前运动的力量来辅助刹车。由于有更多的控制性，今天的场地自行车（单速、无刹车的公路自行车，在椭圆形的室内自行车赛场比赛）仍然使用固定齿轮传动系统。

除了场地自行车和"死飞"（改装成固定齿轮系统的老式公路自行车，目前深受城市通勤者的青睐）之外，现代自行车都有一个棘轮结构和飞轮，通过链条把后花鼓和脚踏连接起来，但在你停止踩踏时也可以滑行。这样的自行车更安全也更舒适，可以在不同的地形骑行，还增加了档位装置，这套装置叫作旋式飞轮，它让后轮可以不受曲柄的限制而自由转动。

棘轮装置由轴承、齿轮和棘爪（千金）组成。棘爪向同一方向呈一角度，由弹簧支撑。滑行时，齿轮转动经过棘爪，棘爪被压倒，然后再被弹簧支起，因此你能听到棘轮系统发出快速的"咔哒"声。然而，当你踩踏时，棘爪啮合齿轮，驱动自行车前进。

飞轮片（有时也叫作盘片）是指带齿的齿轮片。飞轮片的齿数与牙盘片的齿数决定了自行车传动系统的齿比。飞轮片齿数越大，越容易踩踏；牙盘片齿数越大，越难踩踏。谈论飞轮片和牙盘片时，我们经常提到齿数（这个数字通常刻在片上，因此不必亲自去数）。飞轮片和牙盘片的组合越多，即档位越多，有效齿比也就越多，可以骑行的地形也就越多。用垫圈隔开的不同大小的飞轮片组合在一起，称为卡式飞轮（卡飞）或旋式飞轮（旋飞），区别在于不同的棘轮装置。

卡飞与旋飞的区别

变速传动系统发明之初，必须有一种方式来连接多个飞轮片才能提供不同的档位。发明者为这套变速系统发明了旋飞，它是个一体结构，由飞轮片（通常为5、6、7片）和垫圈连接到中心的棘轮装置，踩踏时驱动后轮转动，停止踩踏时可以滑行。中心部分包括轴承、齿轮、棘爪，称为飞轮体。旋飞的中心有螺纹，可以拧在后轮的花鼓上。

要拆卸旋飞，需要旋飞拆卸器的专用工具，每个品牌的旋飞都有自己的工具。旋飞可能很难拆卸，因为踩踏的压力会把旋飞锁紧在花鼓上。如果旋飞没有充分润滑，或者一位强壮有力的车手骑着它参加比赛，那么旋飞可能变得非常紧。旋飞另一个棘手的问题就是拆卸飞轮。各个品牌的拆卸都不太一样，但是大多数旋飞的飞轮片有些是滑动安装的，还有些是通过螺纹锁紧的。所以在更换飞轮片之前，一定要清楚你正在处理的飞轮是哪一种。

旋飞另一个有趣的方面是它对花鼓设计的影响。由于旋飞的间距要求，所以花鼓两端的轴承只能保持一定的间距。

也正因为旋飞的这些缺点，导致了卡式飞轮的出现。你仍然可以在某些自行车上找到旋飞，但自从20世纪80年代以来，绝大多数的自行车都配备了卡飞。

乍看一眼，卡飞（也常被称为飞轮组）长得很像旋飞，但是它们之间有着巨大的差异。最基本的区别是，卡飞的棘轮装置是花鼓的一部分（称为塔基）。它不是拧到花鼓上的，而是在制造时就做到一起。（记住，旋飞系统的飞轮是拧到花鼓上的，而不是一体的。）这就让卡飞花鼓拥有了一个主要优势：花鼓两侧的轴承可以分得更开，从而增加了对轴杆的支撑，强化了性能，有效防止其断裂。

另一大优势就是简单拆卸方法。你唯一需要做的就是松开锁环，接着整个飞轮就可以从塔基上取下。然后，你可以轻易地滑入新的飞轮（或者更换不同齿数的飞轮，让骑行更轻松）。

一定要了解不同卡飞之间的差异，然后确定你处理的是哪种类型的飞轮。如果你拥有一辆现代自行车，你的飞轮很有可能是卡飞。查看最小飞轮片外侧的锁环，它的中心应该有花键。旋飞主要用在更老的自行车上，它上面通常有两个用于拆卸的缺口，或者只有从飞轮内部才能看得见的花键，而且没有锁环。一旦知道了自己的是哪种飞轮，工作起来就更容易了。

选择正确的飞轮

如今，飞轮有众多不同的规格和品质。从齿数范围较小的公路用飞轮到范围更大的山地车和旅行车用飞轮，这中间还有多种组合方式，总有一种符合你的需求。

安装与兼容性 目前，卡飞和塔基有三种常见的标准。最常见的是Shimano的Hyper-glide（HG）系统，兼容Shimano、Sram和其他零售市场上的8速、9速、10速的飞轮。在7速飞轮最大飞轮片后面增加一个垫圈，同样可以安装在HG系统的塔基上。HG的塔基过去有两种长度——短的是专为7速飞轮设计的，长的是为8速及以上速别的飞轮而设计的。如果你的自行车是7速传动系统，看看最大飞轮片的后面是否有额外的垫圈。如果有，说明你用的是长款；如果没有，说明你用的是短款。

接下来的两种类型都比较专业。其中一个版本是Campagnolo用于9速、10速和11速飞轮的系统，另一种系统则仅适用于Shimano DURA ACE和Ultegra的10速飞轮。在1999年之前，Campagnolo使用的是不同的塔基设计的。虽然新款的Campagnolo飞轮能够安装在老式塔基上，但反过来却不行。同样，Shimano 10速飞轮可以安装在Shimano的两种塔基上，但是10速的DURA ACE和Ultegra塔基则不接受Shimano 8速、9速或SRAM以及其他品牌的飞轮。

飞轮的片数由你的变速拨杆决定。由于20世纪90年代初以后，大多数传动系统都采用某种类型的定位变速系统，所以一定要选择适合变速装置的飞轮。

Shimano和SRAM，以及大多数较小的零

旋飞和卡飞都是由不同大小的飞轮片组成的，并通过垫圈均匀地隔开。

售市场品牌，都采用相同的间距——间距是指从一片飞轮的中心到下一片飞轮中心的距离。这意味着，无论你将SRAM 10速变速拨杆和变速器与Sram10飞轮搭配，还是与更适合自己的Shimano10速飞轮搭配，都没有关系。两种情况下，变速器都能配合飞轮正常使用，SRAM和Shimano 7速、8速、9速飞轮也是如此。

Campagnolo的所有传动系统则采用独特的间距——8速、9速、10速和11速。所以，如果你有Campy的变速装置，就必须选用兼容Campagnolo系统的飞轮，否则变速就会出现问题，还会产生噪声。

即使是同一家制造商，7速、8速、9速、10速和11速传动系统的间距也不相同。所以你不能把9速飞轮装到10速变速器上，还希望它能完美工作。9速飞轮的间距更大，所以只有搭配相应的9速变速装置才能正常工作。

如今有一系列的飞轮标准尺寸，用以配合特定的传动系统。飞轮片的大小由生产厂家按照一定的齿比范围挑选，确保飞轮片之间能顺畅变速，从而适应变速器和变速拨杆的设计。这种飞轮适合大多数骑车人，因为目前9速、10速和11速的飞轮所能够提供的齿比足够应对大部分骑行环境。因此通常不需要对飞轮片齿数做出大调整。

今天，只有少数几家公司还在生产旋飞。如果你的自行车还是旋飞并且需要更换，运气好的话，你有可能找到一个可以更换的。

旋飞螺纹　在卡飞花鼓上，塔基是花鼓的一部分，想拆卸是很难的（通常也是不必要的）。然而，旋飞是通过螺纹固定在花鼓上的。因此，一定要获得正确的更换件。

多年来，旋飞和花鼓有三种螺纹类型：英制、法制和意制。今天，仍然使用旋飞的自行车都采用英制螺纹，这让事情变得简单，因为能够买到的旋飞都是英制螺纹。如果你正在使用一辆老式自行车，那事情可能会变得棘手。法制螺纹的旋飞非常独特，只能兼容法制螺纹花鼓。如果你发现磨损的飞轮是法制螺纹，你需要升级为英制螺纹花鼓或卡飞系统。然而，英制和意制螺纹非常相似，可以互换。

要想确定飞轮的螺纹类型，首先要确认制造商的身份。99%的日本花鼓和旋飞都使用英制螺纹，意大利生产的花鼓几乎都是意制或英制螺纹，其他地方生产的旋飞则需要具体确认。

你有两种确认方法。在某些飞轮上，螺纹类型会标记在飞轮体的背面，可以拆下飞轮找一找。有些制造商会按照国家进行标注——英国、法国或意大利。其他制造商则标出螺纹的规格——34.7mm×1.0mm为法制，1.370"×24 TPI（每英寸螺纹）为英制，35mm×24 TPI则为意制螺纹。如果旋飞上仅标有"metric（公制）"，说明它是法制螺纹。检查螺纹的另一种方法就是使用螺纹量规，螺纹量规通常可在工具商店购买。

清洁与润滑飞轮

清洁飞轮时，大多数情况下都只清洁外表面，这是因为外部最脏。你不必拆卸飞轮就可以清洁，所以很容易，只需要用一块抹布擦干净即可。

每片飞轮清理干净后，让飞轮转几圈。如果感觉或听起来很干，那就在飞轮上的开孔处滴一些中等粘度润滑油脂，推荐使用Phil Wood的Tenacious Oil。

通常无需对塔基或旋飞本体进行大修，因为运动部件只有在没有负载的情况下才运转。如果发出摩擦声，仿佛里面有沙子或灰尘，通常只需要用油冲去污垢即可。

清洁飞轮片时，要将链条取下并将后轮拆下来。用一块干净的抹布擦去飞轮表面的污垢。用抹布的边缘擦拭齿轮片之间的缝隙，或者用小号螺丝刀挖出卡在里面的污垢或碎屑，然后用抹布包住一根手指清洁飞轮齿。

向花鼓内主体和外主体的连接缝隙处喷一些

使用轴杆螺母或快拆杆来固定卡飞的锁环工具或旋飞拆卸工具，防止工具滑脱造成伤害。记住取下螺母和快拆杆，否则，锁环或旋飞不会完全松开的。

拆卸旋飞

拆卸旋飞的有三种原因：换掉磨损的旋飞、维修花鼓和更换辐条（因为旋飞会挡住花鼓上的辐条孔）。

你需要一个旋飞拆卸工具，这些工具通过卡住旋飞特殊的凹槽或花键来将其拆卸。几乎每种旋飞都需要不同的工具。如果工具不正确，很可能损坏旋飞，所以找到正确的工具非常重要。你可能需要从Park Tool等工具制造商订购专用工具，因为旋飞已经很少见了。

除了旋飞工具，你还需要一把大号活扳手或台虎钳来固定飞轮工具。

在拆卸旋飞之前，先取下后轮。取下车轮后，从飞轮一侧取下轴杆螺母或快拆杆。将飞轮拆卸工具卡在飞轮上专用的凹槽或花键处，重新装回螺母或快拆杆，并固定工具防止滑脱。你需要使用很大的力量才能拆卸飞轮。如果飞轮工具滑动，可能损坏操作槽口甚至是工具本身，所以在用力之前，一定要确保工具位置正确并牢牢固定在旋飞上。

将车轮直立起来，使飞轮一侧朝外，将大号活扳手固定在旋飞工具的操作平面上，你需要弯腰，右手用力向下压，直至飞轮转动。如果你愿意使用台虎钳，那就把车轮水平向下放好，用台虎钳锁住飞轮工具。

如果使用扳手，用力时必须保持车轮不动。如果使用台虎钳，工具将静止不动，所以你必须转动车轮来对工具施加力量。这两种情况下，你必须逆时针转动扳手或车轮，才能将旋飞从花鼓上拆下来。由于踩踏对飞轮造成的不断锁紧效果，所以需要很大的力量才能使飞轮松动。如果飞轮相当紧，你可以找一个更大的扳手或者用一根长管来增加力臂。

飞轮一旦松动，就可以去掉轴杆螺母或快拆杆螺母，然后继续旋拧飞轮拆卸工具。此时，你徒手就可以转动拆卸工具。如果是这样，可以取下轴杆螺母和整个快拆杆，放在一旁。

中等粘度润滑油，可以起到润滑的作用。要找到这个连接缝隙，并将车轮水平放置在修理台或地板上，逆时针旋转飞轮。外主体旋转而内主体保持静止。通常情况下，你可以看到这两部分之间的缝隙（不过有时需要拆卸飞轮才能看见），这里就是注油的位置。注油的同时转动外主体，使油能够进入内部。

注油后，用抹布包住飞轮和辐条，吸除流出的多余的油。如果注油之后，滑行时仍然有摩擦的声音，那就重复注油过程。这次你不妨先用轻质油和溶剂的混合物，如WD-40，尝试将污垢带出。然后再用中等粘度润滑油进行润滑。如果使用煤油之类的强溶剂，可能需要重复润滑飞轮数次才能使所有部位都沾上油。

有清洁和润滑花鼓的专用工具，使得这项工作变得更容易。这个工具叫作"Morningstar Products Freehub Buddy"，它可以接入花鼓的右侧，这样你可以直接灌入清洗剂和润滑剂。此外，这家公司还有专门的防尘盖以及防尘盖拆卸工具，这是一套非常棒的飞轮保养系统。

如果仍然需要杠杆作用才能旋松飞轮，那么最好先不要取下螺母或快拆杆。此时，在从花鼓上取下旋飞时，你必须不断拧松快拆杆或紧固螺母。握住花鼓左侧的轴杆或快拆杆，逆时针转动右侧的飞轮、拆卸工具和螺母。每当螺母对工具压得太紧时，要在另一侧稍微旋松轴杆或快拆杆。

拆卸卡飞

拆卸卡飞相对容易，同样需要拆卸工具，但无论更换辐条还是安装新飞轮，都变得更轻松。只要拆卸锁环（偶尔是带螺纹的飞轮片），就可以将整个卡飞从塔基上取下，因为其他部分没有螺纹。它们通过花键固定，因此装卸都很方便。

卡飞有两种类型：早期的卡飞用第一片（或几片）飞轮锁定在花鼓上；如今的卡飞（约1990年以后生产的）则通过一个锁环锁紧。确认方法：拆下后轮，查看最小飞轮片的中心（首先拆卸轴杆螺母或快速杆）。如果飞轮片的中心是花键的形状，说明它是当代产品，需要使用花键类工具（锁环拆卸器）卡住锁环。如果没有花键，说明它是个老式卡飞，需要使用两把链鞭来拆卸。链鞭由一把钢手柄和一节链条组成。

如果你有工具和一个新飞轮，就可以自己更换。拆卸飞轮有两个原因：一个是获得不同的齿比，你需要选一个齿数更多或更少的飞轮；另一个原因就是车上的飞轮已经磨损。

飞轮片由于链条和飞轮齿的摩擦而磨损。如果某一片飞轮磨损了，骑车的时候你就会知道。当你给脚踏施加很大压力时（例如加速或爬坡），链条会跳过磨损的齿（跳齿）。发生这种情况，你可以轻松感受和听到声音。飞轮齿数越少，磨损得越快，因为用于分担力量的齿数更少。如果飞轮片已经磨损到出现跳齿的地步，那么你需要更换整个飞轮以及链条。参考第8章有关链条的内容，学习如何减少未来花在链条上的成本。

只要你有合适的工具，更换飞轮并不困难。对于现代的Shimano、SRAM、Campagnolo的卡飞，你需要一个锁环拆卸器（Campagnolo与Shimano/SRAM有不同版本）、一把大号活扳手和链鞭。对于通过最小飞轮片锁紧的老式卡飞，你需要两把链鞭。

尽管Campagnolo（见上图）和Shimano（见下图）都使用花键接口安装飞轮，但是它们互不兼容。

对于现代的SRAM、Shimano和Campagnolo的卡飞，拆卸很简单。用链鞭固定大飞轮片，防止它转动，将正确的锁环拆卸器扣在锁环的花键上，用大号活扳手逆时针转动。拆下锁环后即可将整个飞轮从塔基上滑下来。

安装旋飞

安装旋飞不需要任何工具。首先要确定飞轮的螺纹与花鼓的螺纹相匹配，然后彻底清洁螺纹并使用中等粘度润滑油润滑，最后才能尝试把它们旋在一起。

注意，飞轮上的螺纹是钢制的，而花鼓上的螺纹通常是铝制的。如果螺纹错扣，你可能会弄坏整个花鼓。

在飞轮内部的螺纹上涂上润滑脂，然后一只手拿着飞轮，另一只手握住车轮，将飞轮对准花鼓，先逆时针旋转，这个拧松的动作将会对齐螺纹，防止螺纹错扣。一旦你感觉到两边螺纹已经对齐了，那就开始顺时针旋转。

最初几圈要轻轻地拧转。如果你感觉到任何阻力，就可能已经发生螺纹错扣了。要停下来，拆卸飞轮，再试一次。一旦拧进完整的3~4圈，你就可以安全地拧紧，直至螺纹全部拧进去。

专门保养情况

卡飞花鼓是将旋飞的内部结构与花鼓结合成一体。在这套系统中，通常可以使用一把10mm的内六角扳手将旋飞装置和花鼓分开。要想找到旋飞装置的替换件不是很容易，因此这个工作最好交给车店的技师。

一般来说，所有类型的卡飞和旋飞都非常可靠。基本的保养只需要擦掉表面污垢，并定期向轴承内滴少许油。由于定位变速系统的发展和飞轮片数的增加，原来安装7~8片的位置现在要安装10~11片，飞轮片变得更薄，飞轮齿也变得更短、更尖，链条也变得更窄，这一切都是为了提高变速性能。为了减轻重量，飞轮中添加了其他材料，而且采用了一个合金支架来组合多片飞轮的做法，你会发现高端飞轮要比老式的5~6速飞轮磨损得更快。因此，更换单片飞轮片已经成为过去。你可以通过定期更换链条来延长现代飞轮的使用寿命，公路骑行每750~1000英里更换一次。如果是山地骑行或在恶劣天气中骑行，则需要缩短更换时间。除了体重最轻的人，否则任何人使用链条超过1500~2000英里，都很有可能需要更换整个飞轮和链条。

答疑解惑

问题：安装卡飞时，无法将其装在卡飞花鼓上。

解决方法：卡飞只有唯一的安装方法。仔细查看卡飞，将两者的花键对齐后即可安装。

问题：卡飞生锈了。

解决方法：一点点铁锈不会很快破坏飞轮，所以这不是大问题。通常情况下，多用一点润滑油可以防止生锈，骑车时链条也会磨掉铁锈。

问题：一个或多个飞轮齿出现弯曲或损坏。

解决方法：为了把飞轮做得更轻、使用寿命更长，人们采用了硬化钢，而且飞轮齿也变得更小、更尖，因此几乎不可能完全恢复弯曲的飞轮齿。有些型号可能买得到单片或多个飞轮片，所以能够更换一片或几片飞轮，不必整个更换飞轮组，但是其他型号都不提供修补件，所以你必须整个更换。

问题：变速不如以前准确。变速时，传统系统会有噪声。

解决方法：检查飞轮锁环是否紧固。它可能松了，导致飞轮在花鼓上出现异动并发出声响。

问题：当你骑着装有旋飞的老式自行车时，旋飞无法滑行，而是推着脚踏转动。如果你停止踩踏，链条又会堆在一起。

解决方法：旋飞里面可能生锈了，要向里面滴入油。

问题：使用某一齿比时，突然出现跳齿的现象。

解决方法：跳齿一般有两个原因：飞轮间有杂物和飞轮片磨损。如果你在飞轮之间看到泥块、杂草、树叶、树枝或者任何其他异物，都要清理掉。异物可能无法让链条与飞轮齿完全啮合。如果没有异物，那么可能是因为飞轮磨损了，这很可能说明链条和飞轮都需要更换了。

问题：有一种很罕见的情况，你感觉并听到从卡飞花鼓或旋飞本体内传来一声响亮的金属撞击声。

解决方法：棘轮系统中的棘爪在升起后遭受了猛烈撞击。如果只是偶尔发生，则不用太担心，要清理并重新润滑旋飞或塔基内部。如果变成慢性问题，可能内部出现了永久性损坏，这样就需要更换整个旋飞或塔基。

问题：听到后轮发出"嘎吱嘎吱"声。

解决方法：拆卸飞轮，润滑花键，重新安装飞轮，拧紧锁环。

问题：踩踏感觉异响、不平顺。

解决方法：可能是因为链条脏了，或者尘土落入了卡式飞轮或旋飞轴承内。用轻型润滑油（如WD-40）冲洗，然后再用中等粘度润滑油（例如Phil Wood Tenacious Oil）进行润滑。重复操作，直到系统顺畅运行。

问题：你打算编一个新车轮，所以你剪断了辐条，但忘记了先要把旋飞拆下来，但现在你不能使用这个花鼓了。

解决方法：这可能会非常棘手。装上飞轮拆卸器，用坚固的台虎钳夹住花鼓（夹在拆卸器上），从而左侧的法兰盘是朝上的。在右侧的法兰盘（靠近飞轮的一侧）上包一片内胎，保护它。然后用大号水泵钳或活扳手夹住法兰盘逆时针转动，如果你够幸运，飞轮可能会松开，即使稍微擦伤法兰盘也不必担心。

问题：在拆装和清洗飞轮之后，变速没有像以前那么准确了。

解决方法：请检查是不是所有垫圈都装回去了，而且安装是否正确。每对飞轮片之间的间距应该是相同的，如果不是，变速器将无法正常工作。

问题：安装卡式飞轮时，装在花鼓上太紧了。

解决方法：有时，制造商会把塔基做得稍微大一些，因为他们希望大量销售飞轮，而飞轮随着使用会不断扣紧塔基。（这通常是因为塔基是铝合金材质。）安装卡飞时，要润滑塔基，然后轻轻将飞轮压入塔基。只要你轻轻摇动，不需要太用力，就可以成功安装。

卡飞与旋飞保养基础

1 卡飞和旋飞保养基本只有两点：清洁和润滑。我们建议至少每月保养一次。如果你在暴雨中骑车，则应立即清洁并润滑飞轮和链条。

最好将车轮拆下后再进行彻底的清洁工作。从飞轮上取下链条，松开快拆杆，拆下车轮。将车轮平放在工作台上或其他平面上，这样双手都可以用来清洁。

用抹布擦去飞轮表面的油泥和污垢。你可以将抹布沾上溶剂或将溶剂直接喷在飞轮上，有助于松动污垢。擦干净第一片飞轮的外表面后，双手握住抹布，拉紧抹布并将其塞进接下来的飞轮片的中间，用擦鞋的动作擦拭两面。

2 除了清洁飞轮片两侧之外，还要清洁两个飞轮齿之间的凹槽。如果只用一块抹布很难把飞轮擦干净，找一把旧牙刷或硬毛刷来清理异物，然后再用抹布擦干净（见左图）。

尽可能清洁飞轮齿。当链条拉动飞轮齿时，任何异物都变成一种研磨剂，加快链条和飞轮的磨损。清洗链条和飞轮不仅能延长使用生命，而且也能提高变速性能。

3 现在飞轮已经干净了，要开始清理内部结构。转动飞轮几圈，如果你只听到熟悉的棘轮声音，那么就需要开始润滑了。不过，如果你听到摩擦的声音，仿佛里面的小沙粒正在聚集，尝试将它们清理出来。

不要试图拆卸内部结构，它们是不可修理的，也没有修补件。清洁时，通常向装置内部滴入油或某种类型的溶剂，然后就可以冲出异物。

对于卡飞，要转动飞轮找到塔基内外的缝隙。通常，不需要拆卸飞轮就可以找到。转动旋飞，找到内外分离的缝隙（移动部分和静止部分之间）。

滴入自行车油或中等粘度的机油，转动旋飞，让油渗入（见右图），下面放一块抹布，接住流出来的液体。如果是卡飞，可以使用Morningstar Tools Freehub Buddy，向塔基内注油或溶液都非常方便。

4 如果飞轮仍然有摩擦感，尝试使用油和溶剂混合渗透液（比如WD-40等）冲洗掉异物。向里面喷射溶剂的同时旋转卡飞（见右图），擦掉多余的油和溶液，然后用润滑油再次润滑飞轮。

有些人使用煤油之类的强力溶剂。不过，使用这种溶剂后，必须反复润滑飞轮几次才能彻底润滑整个结构。推荐使用渗透油，以达到满意的效果。

卡飞的拆卸与分解

1 无论要更换辐条、润滑塔基和更改齿比，还是要更换磨损的飞轮片，都需要将卡飞从塔基上取下。只要使用正确的工具，操作是很容易的。Shimano 和 Campagnolo 的卡飞需要一把链鞭、卡飞锁环拆卸器和一把大号的活扳手。对于老式的卡飞（没有锁环），则需要两把链鞭。

首先拆下后轮。如果是现代卡飞，你会看到最小飞轮的中心有花键，锁环拆卸器就要卡在这里。

2 取下快拆杆，将卡飞锁环拆卸器插入花键。为了增强稳定性，要重新装回快拆杆（先去掉弹簧），将拆卸器固定住（见第152页）。这一步，虽然不关键，但可以防止用力时拆卸器晃动或滑脱。

3 将车轮立起来并固定住，将链鞭的链条套在最大飞轮片上，把手朝前（驱动方向）。然后用大号活扳手夹住拆卸器的工作平面，把手朝向另一边（见上图）。握住链鞭的手柄，将扳手向下推，松开锁环。

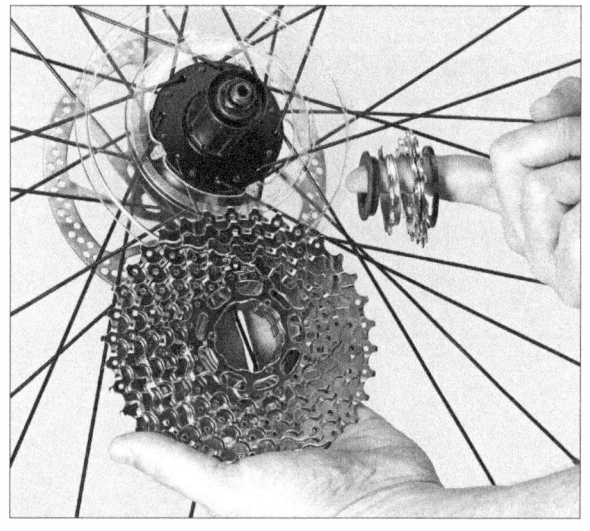

4 锁环松动后，取下快拆杆，继续握住链鞭手柄，徒手将锁环完全退出。取下锁环后即可将整个飞轮从塔基上滑下来。

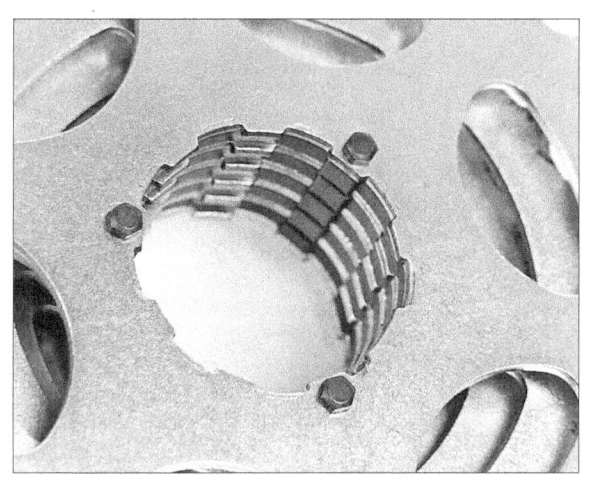

5 如果你没有在最小飞轮片的中心找到花键，那么你使用的可能是Shimano的老式卡飞系统，不需要锁环拆卸器。要取下飞轮，需将车轮立起来，一把链鞭缠在大飞轮片上，把手朝前（驱动方向），另一把链鞭缠在最小飞轮片上，手柄朝后。握住大飞轮片上的链鞭不动，向下推另一把链鞭，直至拆卸飞轮（见上图）。最小飞轮片完全退出后，剩下的部分即可从塔基上滑下来。

6 某些飞轮的其中几片用螺栓（见上图）或支架连成一体，拆卸时你会注意到。如果要分开这几片飞轮片，必须取下紧固件。一定要保证拆卸后所有部分按照顺序摆放，这样重新组装时不会出错。

旋飞的拆卸与更换

1 拆卸旋飞的原因有：最常见的就是辐条折了，或者你觉得另一种飞轮片组合更适合自己的骑行需求。而且，拆卸旋飞不仅方便清洗，而且还可以更换飞轮。在尝试拆卸旋飞之前，要确定你有正确的拆卸工具。

首先，将车轮取下。将飞轮一侧的轴杆紧固螺母或快拆杆完全拆卸，并将拆卸工具套在轴杆上，插入飞轮本体（见下图）。

2 一定要确保工具和操作面紧紧咬合，用螺母和快拆杆固定工具。

157

旋飞的拆卸与更换（续）

3 将车轮直立起来，使飞轮一侧朝外。用大号活扳手夹住拆卸器的工作平面（见上图）。

逆时针转动拆卸飞轮，所以要让扳手手柄处于方便你发力的位置——可能需要相当大的力量才能让飞轮松动。如果你习惯用右手，将扳手固定在花鼓右侧，这样你就可以向下压。如果要用左手工作，那就把车轮翻过来。

一手抓住扳手，另一只手固定住车轮，深吸一口气，全身用力向下压。

4 另一种方法是将拆卸工具固定在台虎钳上。抓住车轮，逆时针方向拧转以松开飞轮（见上图）。

一旦飞轮开始转动，那就停下来，松开用于固定工具的螺母或快拆杆（让飞轮能够继续旋出），此时你可能不再需要扳手。如果是这样，那就取下螺母或快拆杆，徒手旋转工具并取出飞轮；也可以继续用扳手操作，直到飞轮脱落。

5 安装旋飞比拆卸旋飞容易。首先，要确保花鼓和飞轮的螺纹是干净的，然后使用中等粘度的润滑脂进行润滑（见上图）。小心地将飞轮螺纹对准花鼓螺纹，首先逆时针旋转，使两者的螺纹能够对齐。

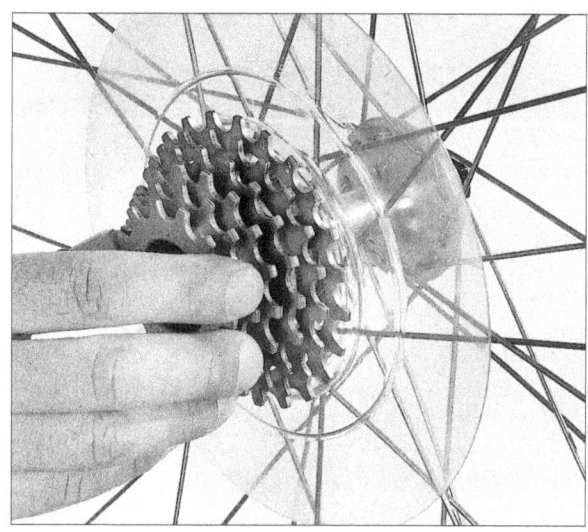

6 然后徒手顺时针将其拧紧。骑车过程中自然地继续上紧飞轮。不过刚开始要轻轻踩踏，让飞轮能逐渐锁紧。

第八章 链条

链条通常容易受到虐待，而且保养不善，这很大程度上是由于人们普遍错误地认为，保养链条的方法就是让它的表面被油覆盖。这种做法进一步让链条背上了"肮脏之物"的恶名，没有人愿意去碰它。现在是时候帮它平反了。

　　保养链条很容易，而且越经常保养，就越容易。更妙的是，干净、润滑的链条对你和自行车有很多种好处。它将更顺畅地变速，使用寿命更长；对变速器、盘片、飞轮等零部件的磨损更小；最棒的是，一条干净、润滑的链条能够更有效地工作。也就是说，你每次踩下脚踏时，浪费在链条上的能量更少，而带动你前进的力量更大！

　　如果你喜欢这一切，那么现在是时候关注你的链条了。开始保养链条之前，你应该知道你的链条是哪种类型。

链条的识别

　　自行车链条有两种常见的尺寸：1/8英寸宽，用于大多数场地、BMX自行车以及所有单速和3速自行车；3/32英寸宽（也称为变速器链条），用于曲柄上装有多片牙盘以及后轮上装有飞轮组的自行车。这个宽度指的是兼容的轮齿的厚度。链条两个内链片的跨度必须比轮齿稍微宽一些。

　　如果你不能通过传动系统的类型来确定链条的尺寸，那就去测量轮齿的厚度。厚度应该是3/32英寸或1/8英寸。如果你的链条是1/8英寸，那就简单了。如果你用的是变速器链条，那必须确定是什么类型。

　　传动系统或飞轮片数的不同，变速器链条也各不相同。确定链条类型的最简单方法就是数一下飞轮的片数。片数越多，链条越窄。如果你能告诉车店员工你的飞轮片的数目，以及你用的是什么样的变速装置（或者拿给他们看看），他们就能帮你选择适用的链条。注意：如果链条不正确，至少也会影响车子顺畅变速的能力，而最坏的情况就是根本无法变速。

　　标准宽度　标准宽度链条已经不再是标准，但名字却保留了下来。它们通常用在5速、6速的旧式自行车上，无法兼容现代的7速、8速、9速、10速、11速传动系统。通过练习，你用肉眼就可以分辨出标准宽度的链条。首先，查看内链片的表面。大多数标准宽度变速器链条的内链片都是直边的。此外，标准宽度的链销会突出外链片约1/32英寸。

　　窄宽度　窄宽度的链条适用于7速、8速传动系统。设计是相似的，不过大多数窄宽度链条的内链片的边缘都稍微地逐渐变细，这样是为了帮助开口略窄的链条套在轮齿上。凸起的外链片是许多窄链条的另一特点。外链片的微微隆起，再搭配盘片与飞轮的斜面和链销，便于在狭小空间内快速、顺畅地变速。

　　超窄宽度　超窄链条专门为9速、10速、11速传动系统设计的。超窄链条的宽度变化非常微小，大约在0.1~0.2mm，所以测量并不是确定链条与传动系统是否匹配的最准确方法。你应该遵守制造商的建议。

　　为了在原本只有8片或9片飞轮的地方塞进更多飞轮片，10速和11速飞轮系统的飞轮片宽度比老式的3/32标准更窄。为了适应更小的空间，同时还要实现平顺地变速，10速和11速的链条不得不做得越来越窄。有多窄呢？一根典型的标准宽度链条外表面宽度是7.3mm；而一根超窄的Campagnolo 11速链条最宽之处只有5.5mm。

　　窄链条与超窄链条上另一种可以看出的特征是几乎平齐的链销，这些链销的末端几乎不会突出外链片。

　　链销几乎不往外突出，这就有效缩短了链条的实际宽度，从而能套入密集分布的飞轮片的轮齿上，而不会相互影响。如果你曾经尝试过把一根标准链条安装在窄飞轮上，你就会亲眼看到间隙的必要性：标准宽度链条无法与飞轮齿啮合。

　　不过确实存在一些交叉兼容性。例如，9速传动系统的链条与8速链条的内部宽度是相同的，因此一根新9速链条可以用在8速自行车上，不过制造商不建议这样做。当然，最好还是使用

8速链条。窄链条主要的设计目的是用于7速和8速飞轮组，但同样可以用于大部分5速和6速的飞轮组。不过，肯定是标准宽度链条更适合这套系统，而且变速也会更安静、更准确。

10速链条 一定要注意，虽然SRAM、Shimano和大多数零件市场的10速链条基本都通用，但是不同的品牌仍然有细微的差别。也就是说，Shimano搭配Shimano，SRAM搭配SRAM仍然是最棒的组合。Campagnolo 10速链条是所有10速链条中最细的，为了获得最佳性能，应该只用于Campagnolo的10速传动系统。

越窄，越好保养？ 由于链条和齿轮变得更窄，踩踏的力量也被分布在更小的表面积上。同样的力量施加在更小的面积上势必导致磨损更快。为了解决这个问题，链条制造商们努力寻找或研发更坚硬的材料。最终，10速、11速链条的使用寿命几乎和7速、8速、9速系统一样。不过，由于10速和11速传动系统的性能要求和精确的公差要求，一定要使用专门的链条测量工具经常测量你的链条长度，Park Tool、Prolink和Rohloff都有这种工具。请你认真参考工具的测量结果，即使一切感觉良好，拖延更换链条的时间只会导致盘片和飞轮片磨损，而盘片和飞轮片比最贵的链条都要贵得多。

保养链条的时机

保养链条常见有三个原因：灰尘累积、变速不良和更换零件。

灰尘可以造成几种不利影响。链条上总能发现油和尘土的混合物，它能永久地弄脏你的衣服（现在你知道为什么这么多骑行服都是黑色的吧？）。这种混合物也会大大加速链条、飞轮和变速器导轮的磨损。最后，链节和链销间堆积的污垢会降低链条的灵活性，从而影响变速性能。

链条磨损 你是否发现后面变速时，几乎会多变了一档；而前面变速时，必须减轻脚踏的压力才能完成变速呢？链条如果横向或者侧向灵活性过多，可能会导致这些问题。虽然这通常被称为链条拉伸或伸长，但是这个问题其实并不是链节真正被拉长造成的，而是由于链销和滚子磨损引起的。随着链条的磨损，链销的内表面被慢慢磨掉，从而增加了链销间中心到中心的距离。这在一定程度上是没有关系的，但是一旦拉伸到一定极限，飞轮齿的磨损就会开始加速。

如果你是个敏感的骑手，可能会注意到其性

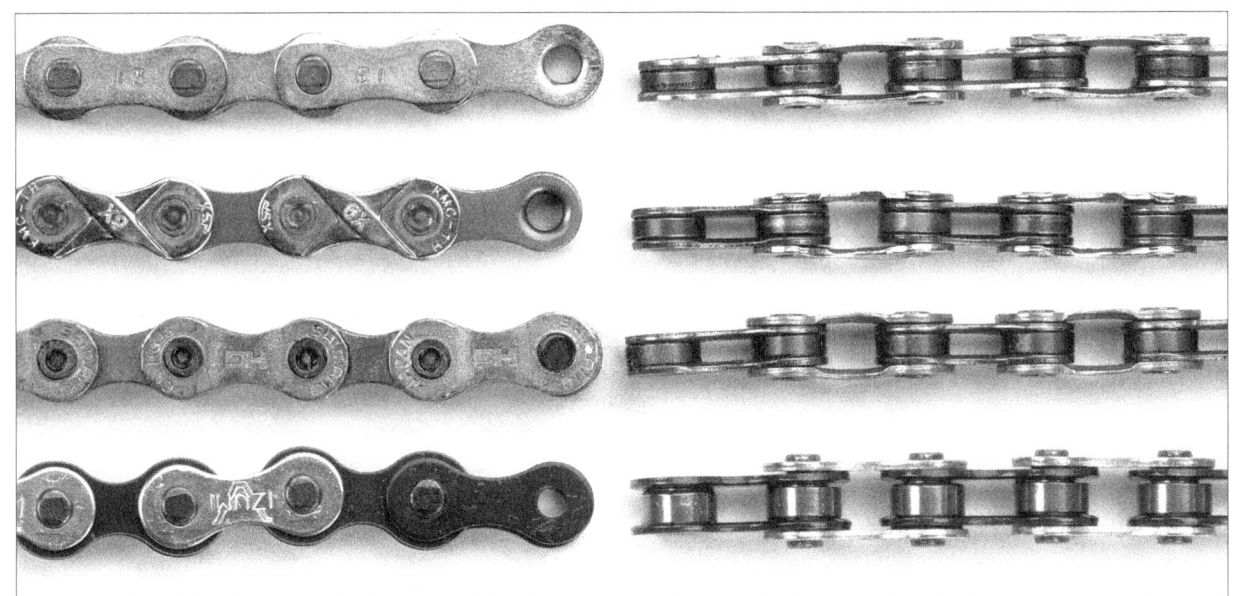

仔细观察不同自行车链条在形状方面的细微差别。向外突出的链片（最上方的三条）有利于变速器快速、安静地变速，而场地自行车的直边链片和宽阔的滚子（最后一条）有助于稳定地停留在飞轮齿上。

能的变化。除了缓慢和不准确的变速，磨损的链条还会产生更多噪声。你可能会听到链条零件发出的金属声音，这是由于磨损后松动的零件相互振动造成的（此时如果大量润滑链条，也可能继续保持安静）。另外，由于链节和滚子都因磨损而变形，无法很好地啮合飞轮齿，这可能造成粗糙的踩踏感觉。原来的踩踏感觉可能如丝般光滑，而现在感觉就好像传动系统中满是沙粒，无论如何清洗也无法恢复最初的感觉。所有这些感觉都说明，你的链条已经达到使用寿命极限，应该更换了。

链条和飞轮同时磨损　当链条磨损非常严重后，最常用的飞轮片可能也已磨损，因此链条和飞轮需要同时更换。经验丰富的人能够看出来飞轮的严重磨损情况，磨损的飞轮齿实际上会轻微呈现出钩子的形状。但是如果只是轻微磨损，那么即使与一个全新的飞轮并排比较，也很难辨别出。飞轮磨损可能会造成链条无法正确啮合，造成跳链情况，这通常被误判为"魔鬼变速"——就是说你的自行车神秘地自动变速。最坏的情况下，跳齿时你的身体会突然向前倾，如果你非常用力踩，还可能造成摔车。

为什么在链条的章节中讨论这么多关于盘片和飞轮呢？因为保证飞轮和盘片获得最长使用寿命的方法就是定期更换链条。链条磨损指示器（俗称链条尺，也就是测量链条磨损的工具）有很多种，而且相对比较便宜，多数还简单易用。好的工具测量时插在几节链条的滚子之间，结算出这一段的磨损情况——包括链销、衬套或内链片（根据链条结构）和滚子。如果你没有链条尺，也可以用一把12英寸长的直尺来粗略测量。假设一根全新链条相邻两根链销的距离是1/2英寸，那么24节就是12英寸。而测得某根链条的12节长约123/32英寸，就说明基本该更换了。如果测量值达到121/8英寸时，说明飞轮应该也已经磨损了。

算好经济账　如果你已经在10速或11速的自行车身上花费了很多钱，那么你的工具箱里一定要有一把链条尺——不要以任何借口推脱。一把很好的链条尺最多也只有一根高品质10速或11速链条价格的1/2，但是在飞轮没有磨损之前它能检测出链条的磨损，节约的成本是很可观的。

链节僵硬和跳齿　如果链条并没有磨损的迹象，但踩踏时仍然出现卡住或跳齿的现象，那么很有可能是传动系统中有异物，或者是出现了链节僵硬。这是指链条的关节处不能自由弯曲，导致无法正常通过后变速器并啮合在飞轮齿上。检查时，先把链条擦干净，能够看清每一节链条，检查飞轮的缝隙之间是否有异物（泥块、木棍儿，甚至是几根草，卡在飞轮之间都可能造成跳齿）。确定不是异物造成问题后，开始检查链条的硬节。把链条变到中间齿盘（如果只有两片则放在小齿盘上）和中间飞轮片上，这使链条基本在同一平面转动，同时减小了后变速器的张力，更容易发现问题。慢慢向后转动曲柄，仔细观察后变速器导轮，硬节链条不能紧贴导轮转动，因此通过时你就可以发现它了。

卡链　干重活的山地车链条会出现卡链现象，它是指链条卡在小齿盘和后下叉之间，这种情况通常出现在变档变到小盘时。发生时，脚踏动弹不得，迫使你停下来。一旦你经历过卡链故障，你就不想再发生了。

为了防止这个问题，一定要选择状况良好的链条，并让它保持干净和润滑。如果小齿盘由于卡链而损坏或过度磨损，请更换。也许最重要的是，记得变到小盘时，减轻脚踏的压力。变速时，一旦听到或感觉到链条卡住时，应立即停止踩踏，否则链条会卡得更加严重，会损坏部件，甚至造成更严重的问题。

发生卡链的一个常见原因就是泥。随着它们在链条和飞轮上的积累，换档变得迟缓，最终出现卡链的现象。幸运的是，有东西可以修复它。如果你还有多余的水，尝试冲掉飞轮和链条上的泥；如果你有骑行水壶，可以边骑车边向牙盘喷水。有时，这样做足以解决卡链问题。

如果你没有水了，那就找一个水坑或一条小溪，冲洗传动系统上的泥。将传动系统一侧放入水中，用手去除传动系统上的泥。这可能需要几分钟的时间，但这点麻烦和时间还是值得的，因为变速系统将恢复正常工作，还可以防止因为卡

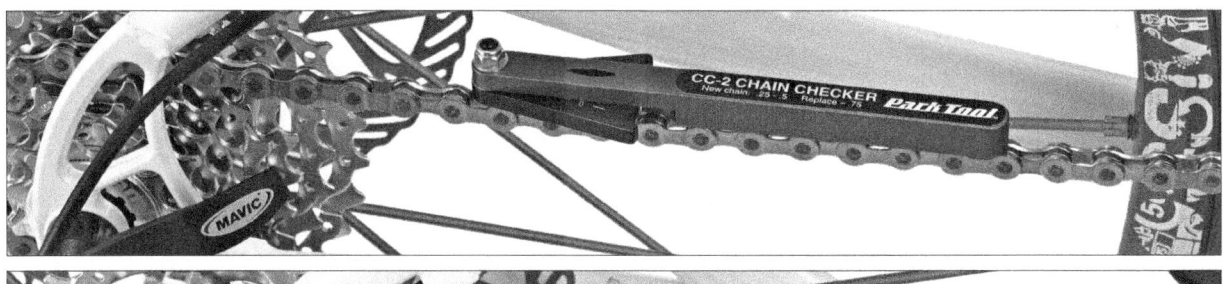

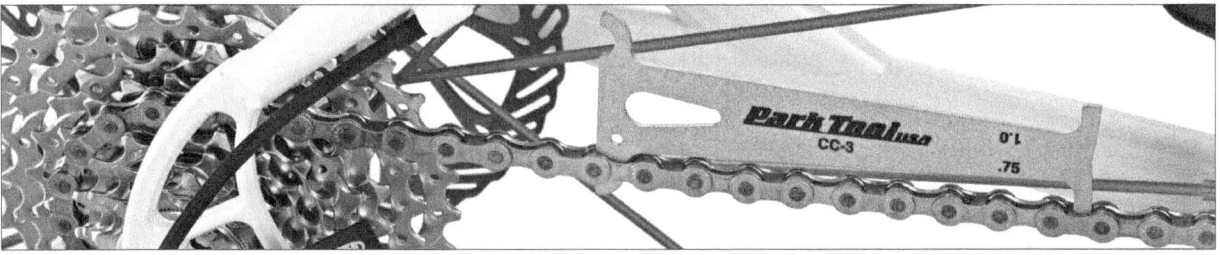

使用链条尺（例如上图中的这些），可以让你了解链条的磨损程度。在正确的时间更换链条可以让昂贵的飞轮的磨损降到最低。

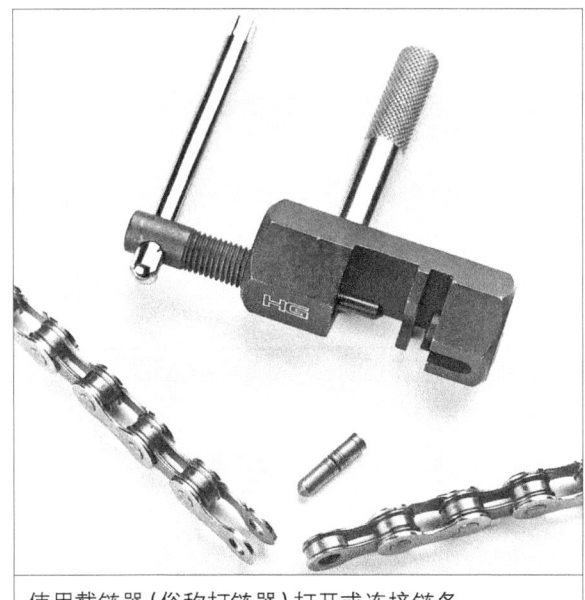

使用截链器（俗称打链器）打开或连接链条。

链而造成的损伤。

卡链同样可能发生在中盘和大盘上。骑山地自行车的时候，大齿盘的齿可能会撞到石头或圆木，从而造成弯曲或变形。这可能导致链条卡在某一两个齿上，然后被拽到上面，最终造成卡链。这种情况通常不会发生在中盘上，因为它受到大盘的保护，但是如果变速时压力很大，中盘齿也可能弯曲。如果盘齿弯曲，很难在路边快速修复，不过，如果你随身携带一把小号的活扳手，还是可以把一两颗弯曲的盘齿修复到可以使用的程度。用扳手夹住弯曲的齿，慢慢掰正。由硬质合金制成的盘齿可能会断掉，但这样并没有失去一切。即使连续两三颗齿折了，你的齿盘仍然能够带你回家。无论是盘齿弯了还是折了，总之你都要更换盘片，至少你还可以继续骑。

在继续骑车之前，你应先要解决卡链的问题，要把卡在齿盘和车架之间的链条取出来可能会很棘手。首先尝试将链条拉出，但不要猛拉或用力扭曲链条，你肯定不想弄弯链条或牙盘。有时候，在拉链条的同时转动曲柄可能解决问题。如果这些步骤不起作用，你可能需要截断链条再重新连接,甚至要拆卸曲柄。只要你有合适的工具,这两项工作都很容易。

如果你看到链条把车架划伤,不要惊慌,因为通常只是难看而已。如果链条刮到了金属,拆下右侧牙盘,你就可以直接处理后下叉了,然后用砂纸轻轻打磨受损的区域,再重新上漆。唯一需要担心的是,链条可能卡在碳纤维或铝车架上并且切入后下叉。碳纤维和超轻的铝合金车架如果出现裂口就可能会断裂,造成后下叉损坏(最坏的情况)。如果你的车是碳纤维或铝合金车架,而后下叉已经被深深划伤,最好请专业技师检查一下。

正确的链条长度　在更换零部件后要调整正确的链条长度。可能会影响链条长度变化的原因有:更换不同规格的飞轮,安装了更宽的三片式牙盘,以及更换后变速器。

链条长度的一般原则是,链条的长度应该足以同时挂在最大飞轮片和最大齿轮片上。这样当你无意中变到这个不常用的飞轮组合时,能够避免损坏变速器。如果使用三片式牙盘的小盘搭配后面最小的几个飞轮片,变速器可能会缩在一起。然而,最小齿盘搭配第3~5个大飞轮片是可以接受的。在这种飞轮组合下,后变速器不应该缩成一团。

调节链条的长度时会用到上次安装链条时剩下的链条,故不要扔掉任何新的或还可以用的短链条,除非你已经储备了大量的链条。因为你永远不知道什么时候需要加长链条或者更换僵硬或损坏的链条。聪明的山地车手和旅行者骑车时都会随身携带几节链条——如果链条出现故障又无人帮忙,你通常需要自己维修1~2节链条,而不必更换整根链条。

截断1/8英寸链条

如果你的自行车使用的是1/8英寸链条,那么链条可以从专门的主链节上打开,或者说"断开"。这一节比其他节都宽,仔细观察就可以辨认出来。主链节有两种类型:一种有一个弹簧卡子(看起来像细长的马蹄铁)卡住链节;另一种主链节用销钉固定,上面有凹槽。

如果主链节是卡子式的,用小螺丝刀或尖嘴钳撬开弹簧卡子,然后拉出同侧的外链片,将链条两端从主链节的销钉上滑下即可。执行相反的步骤即可把链条接在一起。

如果主链节是销钉类型的,只需要从侧面弯曲链条,让主链节的销钉略微靠近。这时,主链节的内链片从销钉末端滑落,从而打开链条。你可能需要松开后轮,让链条松弛,才能横向弯曲链条。应该说,这是一个简单而快速的方法。重新装回的方法和拆下的方法相同。

截断3/32英寸链条

1/8英寸的宽大主链节用在变速链条上就会出现问题,它可能影响链条通过前变速器和后变速器的导轮。这就是主链节从来没有被用在这种链条上的原因,但是现在却存在了。

为了拆开和组装许多3/32英寸链条,你需要通常被俗称为截链器的工具。买一个坚固的螺旋式截链器在家里使用,并考虑买一个小的便于骑车时携带,某些链条只能使用专用工具。确保你买的工具与你使用的链条是兼容的,自行车店或工具供应商应该能够告诉你正确的型号。

Shimano链条和Campagnolo的9速、10速和11速链条需要一或两根专用的销钉才能重新连接链条。拆卸链条时,首先找到链条上的连接销钉——连接销钉的末端在表面处理或形状上可能

某些变速器链条采用专门的魔术扣(例如图中的SRAM Power Connector),没有截链器也可以轻松安装和拆卸链条。

与其他链销略有不同。用截链器顶住连接销钉,然后将其完全推出。对于Shimano链条,从该链节的前端(指向链条转动的方向)将链销推出。在这个结构下,组装用的新连接链销将提供更强大的连接。

老式的变速器链条可以使用同一根链销进行

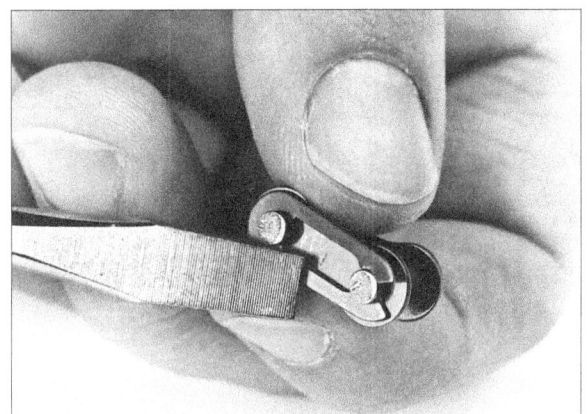

1/8英寸的链条有时从主链节连接,打开这节链节来拆卸链条。这种主链节有两种类型:一种是通过弯曲链条,拔出侧链片打开链节;另一种(见上图)则需要撬出弹簧卡子后打开链节。

正确的工具落入错误的手中也会变成错误的工具。截链器简单易用,但却需要经验才能用好。千万不要用自己车上的链条做实验——如果操作不当,链条可能在骑车过程中断裂。找一段安装剩下的或废弃的链条来练习拆卸和组装,直到熟练为止。

拆装。如果你用的是这种老式链条,而且还不到更换的时候,打开链条时一定不能将链销完全推出去,否则重新连接会很困难。用截链器压入链销时,目的是让链销的内侧端(靠近车的一端)略微突出链条内侧的外链片(面对链条时离你最近的那个链片)。如果你使用的是螺旋式的截链器(也有钳式截链器),要慢慢旋松截链器,操作过程中经常检查工作进展,不要将链销完全推出去。如果你的做法是正确的,你还需要握住将要打开的链节的一端,略微弯曲链节使其分开。在你使用截链器准备将链销压回去时,留下链节中的那一小段链销仍然会连接链条两端。

如果不小心把整根链销都推出去了,拆掉这一节和相邻的那一节链条,然后用新的一对链节替换。将新的链销推出去,记住不要犯相同的错误,然后替换损坏的链节。

你会注意到,我们的描述是假设你将链销朝着你身体的方向推出,而不是朝向车子的方向推出。这似乎有点别扭,但如果你是这样做的,说明你已经准备好进行更难的重新连接链条的工作了。因为你可以在靠近你这一侧的链条上操作,而不是更难够得着的内侧。

魔术扣

如果小心使用,截链器的效果非常好。不过,如果有魔术扣,打开和连接变速链条的工作会更加容易。SRAM、KMC和Wipperman都生产附送魔术扣的链条。KMC还提供单独出售的魔术扣,叫作Missing Link,兼容大多数7速、8速、9速和10速链条。SRAM也提供Power Link和PowerLock魔术扣,不过他们通常只推荐搭配SRAM产品使用。因为这些魔术扣跟其他链条不一样,所以很容易辨别。

SRAM的PowerLink魔术扣(用于SRAM的8速和9速链条)和KMC的Missing Link,是通过向内挤压链片打开,然后将两根链销推到一起。链条的张力让这种魔术扣不会意外分开。

为了应对更窄、更灵活的10速链条的更大压力,SRAM开发了一种扣在一起的PowerLock魔术扣，且一般不要打开。

清洗并润滑链条

有时似乎每个技师对于清洁和润滑链条的最佳方式有着不同的想法。但是我认为，大家都能同意的关键词是"轻轻"和"经常"。也就是说，每骑几次就把链条擦拭干净，然后滴入少量润滑油，而不要一年只清洗几次，而且每次都彻底浸泡链条。

首先要考虑的事情就是链条磨损的程度。每次清洗之前最好先测量一下，因为清洗一条需要更换的链条就没什么必要了，直接更换就好了。

除非你的链条使用了魔术扣，否则打开链条来清洗的想法还要三思。如果不是特别脏，用抹布和溶液就可以清洗干净。用溶剂一次喷几节链条，清理污垢，然后戴上手套保护双手，然后反复擦拭链条侧面和滚子，直至每一节链条都干净。

像Park Tool的CM-5这种洗链器，里面有一个溶液贮存器和许多小刷子，可以彻底清洁链条，对于不拆卸链条的清洗工作有很大帮助。遵照溶液贮存器的注入指示，并且使用温和的溶剂。自行车专用清洗液足以清理掉脏的润滑油和油污，但又不会伤害如密封件和导轮等橡胶或塑料部件。将洗链器卡在下半圈链条上，左手固定住，右手向后慢慢转动曲柄。让整根链条通过洗链器几次，必要时更换清洗液，再次清洗，直至干净为止。取下洗链器，擦干链条。此时，链条的滚子里面往往还会存积少量溶液，尽量让所有清洗液都蒸发后再涂润滑油。

使用魔术扣的链条可以反复拆卸，但是所有链条制造商一致认为，任何使用固定连接扣（Campagnolo 或Shimano的连接销钉或者SRAM的PowerLock）连接的链条首次安装后，拆装次数不能大于一次。这是因为拆装会减弱链节强度，严重时会造成链条在骑车时断裂。只要你经常擦拭链条，就可以减少飞轮和牙盘上积累的灰尘。

如果链条脏到你觉得必须拆下清洗，那么请小心。大多数人都认为，最好不要把链条浸泡在溶剂中，应该找一个足够大的浅盘，将链条放在里面。一定要戴橡胶手套保护好自己的手，然后倒入溶液，再放入链条。首先用硬毛刷挂掉大块污物，然后再用软毛刷清洁余下的砂粒。将链条从盘子中取出后，立即用清水冲洗，然后用抹布擦干。晾一会儿，使余下的溶液蒸发掉。等待时，将用过的清洗液倒入密封的容器中回收。一家友好的汽车修理厂可能愿意帮你处理用过的清洗液，也许会收取很少的费用，当然也可能免费。处理妥当后，重新装回链条，然后用链条油进行对其润滑。

关于溶剂 绿色除油剂（例如Simple Green等）可能含有表面活性剂——而某些表面活性剂留在链条上面太久会对表面产生腐蚀作用。记住，每次用溶液清洗后都要用清水冲干净，然后再擦干。只要链条悬挂晾干不太长时间，这点水分不至于造成腐蚀。

不能因为你使用的溶剂是绿色的，就以为它是可生物降解的。也不要以为自己用的是可生物降解的溶剂，所以就把它倒进下水道里。要考虑一下刚刚被冲洗出来的润滑油是否可生物降解，然后再确定你的处理方法。还可以回收沉淀后干净的溶液，下次使用。

润滑油 哪种润滑油最好，众说纷纭。有些人喜欢轻型的干性润滑油。因为它们干后不怕用手触摸，所以比其他类型的油粘黏更少的灰尘。清洗链条后，让其干燥，然后用这种专门的润滑油润滑，不仅减少灰尘的堆积，还能够有效润滑链条。

每次使用相同类型的润滑油，可以减少必须拆卸链条进行清洗的次数。每骑几次（视情况而定），给链条上一层湿性润滑油，然后擦掉多余的油和任何可以顺便擦去的油污。但是你仍然需要时不时地进行一次彻底的清洁，重新润滑，甚至更换链条，但是这种日常的清洗可以大大延长两次"大扫除"之间的时间间隔。

现在还流行使用各种蜡型润滑油，使用后仍

然要晾干。这种油需要经常使用，但是确实是最干净的一种链条油，它们不适合在潮湿环境中使用，适合在干燥环境中使用。

当然，也有人喜欢使用真正的油，这很自然。油的抗腐蚀性能更好，而且不容易被水冲掉，所以是早春或阴雨季节的不错选择。

市场上有太多种类的链条油，每一种都适合不同的用途（新品几乎每月都有），所以你可能需要尝试不同的产品，找到最适合自己的产品，也可以向本地车店或车友寻求建议。

有时候，使用强效溶液进行彻底清洁后，即使是轻微润滑后的链条仍然会"吱吱"作响。要想停止噪声，就要给链条涂一层薄薄的自行车油或油性链条油。尽可能擦拭干净，之后用你的喷装、滴装或蜡性链条油进行保养。

不管你做什么，都不要使用三合一油：那是一种不纯正的植物油，只会粘黏链条——它不能像自行车专用链条润滑油一样防止磨损。此外，不要使用机油来润滑链条，尽管这似乎是一种节俭的方式。用过的机油中包含之前燃烧产生的细小金属颗粒和酸性物质，磨损和腐蚀的作用要大于润滑作用。

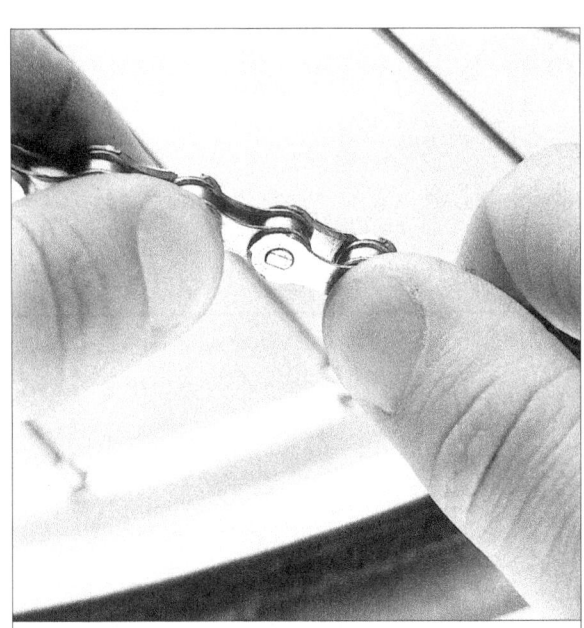

用手握住硬节的两端，前后弯曲，松弛链节，这种方法对新安装的链条有效。如果是旧链条，特别是已经生锈的，很可能需要用新链节替换坏的部分。

重新组装链条

为了保持链条松弛，连接时更容易，安装链条时，不要将其挂在牙盘上，但要确保它正确地通过前后变速器。

重新安装Shimano链条，需要一根新的链销。你面对链条，从背面将子弹形的引导针插入（与取出旧链销的方向相同）。这颗子弹形引导针将链条两端连在一起，并对齐截链器的链针。用你的截链器正确地推出链销，然后用钳子从侧面将突出的引导针掰断。尽管这个安装姿势有点笨拙，但是只有这样安装才能保证链节的最大强度。测试一些刚刚连接的链节，确保它能自由弯曲。如果需要，可以轻轻侧向弯曲链条，直到链节可以自由转动。Campagnolo链条需要的会更多一些。

重新连接Campagnolo链条，需要使用新的替换链节和两个专用链销进行重新连接。要安装多少节链节，就得从链条截下同样数目的链节（你也可以根据需要多截或少截）。9速和10速链条使用一根由两部分组成的引导针组装。链销是空心的，但是链销的方向是固定的，因此，只有一端能装上引导针。与Shimano相似，将链销从内侧向外侧压入，直至压入到位，然后压入第二个链销。

Campagnolo 11速链条使用一对一体的链销，安装后必须铆接好。Campagnolo11速链条只能使用Campagnolo的UT-CN300截链器进行重新组装。虽然市场上还有其他专用工具，但是Campagnolo只建议使用他们备套的工具。重新组装的开始步骤和Campagnolo的9速、10速链条相同，链销正确压入后，用UT-CN300末端的孔掰断引导针。然后取下工具，截链器上的铁砧翻到铆接位置上，将链条重新放入截链器内，这次从外侧操作。在截链器上安装链条固定器，保证链节对齐，然后旋拧截链器把手，使截链器的链针接触暴露在外的链销头，然后继续拧动大约3/4圈来磨亮链销。取下截链器，在第二个链销上重复这些步骤。

安装其他类型的链条，将链条上没有链销的那一侧（记住，链销应该朝向你）穿过后变速器、飞轮和前变速器（不挂在牙盘上），绕过五通，与另一端对接。如果此时将链条挂在牙盘上，张力让你无法将链条两端轻易连在一起。

将内链片一端插入外链片一端，还留在外链片中的链销应该能够将链条两端卡在一起。用截链器将链销压回去，直到链销突出两边外链片的长度相等。

使用这种方法后，链条上新连接的链节肯定会比较紧，有两种方法来使它松弛。首先，如果截链器上还有另外一个位置可以夹住链条，那就拧松截链器直到链条能够移动到另一个位置上，此时链条会被内链节夹住，而不是外链节。这意味着如果稍微压一下链销，外链节就能与内链节分开，让链条能自由转动。

第二种粗糙的方法，就是紧紧握住僵硬链节的两端，然后来来回回地侧向弯曲几次。如果链节还没有松弛，在弯曲时多用点儿力量，但不要弯过头，否则可能损坏链条。

一旦链条装回到自行车上，要花些时间偶尔擦拭一遍，每当它看起来比较"干"的时候，还要进行润滑。定期预防性保养能够减少"大扫除"的次数，这样也将帮助你保持良好的变速性能，将不必要的磨损降到最低。一旦你发现一条干净、顺滑的链条是多么美好时，你就永远不会再对它视而不见了。

答疑解惑

问题：链条总是黑乎乎、脏兮兮的。

解决方法：清洁，并减少润滑油的使用量或使用轻型润滑油。

问题：链条在路上断开，又没有修复工具。

解决方法：找一段铁丝（比如从铁栅栏上）或绳子（比如鞋带），尝试把链条两端绑起来，然后轻踩脚踏（若是上山则推车），你应该能够勉强回家。

问题：踩踏时链条"吱吱"响，润滑后仍不能解决问题。

解决方法：尝试渗透能力更好的链条油，并让油多停留一会儿。一定要擦去多余的润滑油，否则会吸附灰尘。

问题：用力踩踏时，链条跳齿。

解决方法：链条可能已经磨损。用链条尺测量，如果磨损则需要更换。如果链条磨损不严重，可能因为有链节变得僵硬了。通过转动曲柄，观察后导轮处，查找僵硬的链节，然后侧向弯曲链条使链节能自由转动。如果链节锈住了，那就只能更换。如果在不同的位置分别有僵硬链节，那就更换链条。如果链条没有问题，检查飞轮和盘片是否有弯曲或有损坏的齿，必要时要更换。

问题：踩踏时链条转动不顺畅。

解决方法：如果严重磨损则需更换。如果是新链条，但转动异常，那就尝试另一个型号的链条，有些链条比另一些链条要更顺畅。也可能是飞轮磨损了（如果牙齿变小或呈现钩形，说明已经磨损）。

问题：山地车变速时，链条卡在牙盘和车架之间。

解决方法：这就是所谓的卡链。保持链条干净和润滑有助于防止这种情况。变速时减轻踩踏力量也非常重要。如果卡链现象经常出现，通常需要更换牙盘。如果链条卡住了，先尝试将其拉出。拉动链条的同时可能需要转动曲柄。如果不起作用，那就通过拆卸曲柄或断开链条来解决问题。

问题：少数链节出现弯曲。

解决方法：尝试用钳子矫正，或用新链节替代（请务必使用同款产品）。

问题：链条转动时噪声很大。

解决方法：如果链条润滑了，且没有磨损，很可能是变速器调节的问题。

问题：总是出现掉链子的情况。

解决方法：这通常是变速器的调节问题。

问题：当你变速时，链条卡在盘片之间。

解决方法：确保链条宽度正确。如果宽度正确，检查牙盘钉是否上紧，要确保牙盘是直的。检查盘片的间距。更换磨损的牙盘。

魔术扣变速链条的组装与拆卸

1 使用魔术扣的链条（例如SRAM的PowerLink链条）无需截链器，就能很容易地将链条拆下来清洗。

　　首先，找到魔术扣。有些制造商会使用不同的颜色，更容易辨认。无论如何，魔术扣长长的孔都很容易识别。

　　如果你的10速链条上的魔术扣是黑色的，这可能是SRAM的PowerLock。PowerLock只能使用一次，不能反复拆卸。

　　用手指挤压两侧链片，这样能松开链销的两端。

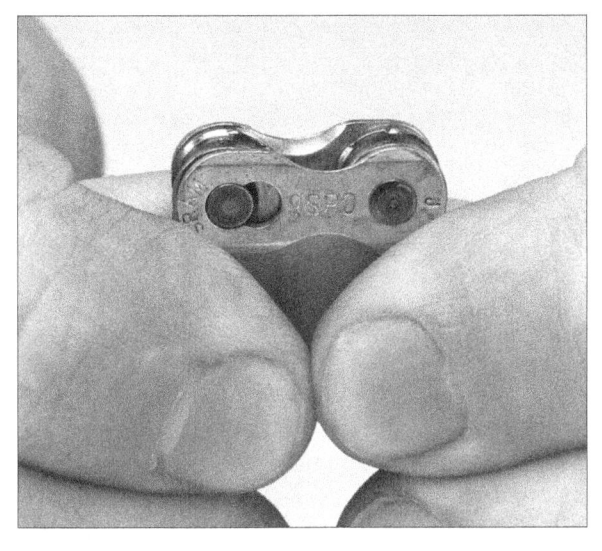

2 在把链片挤压在一起的同时，要把两个链销向中间推。每个链销都会沿着链片滑动到缺口较大的地方。

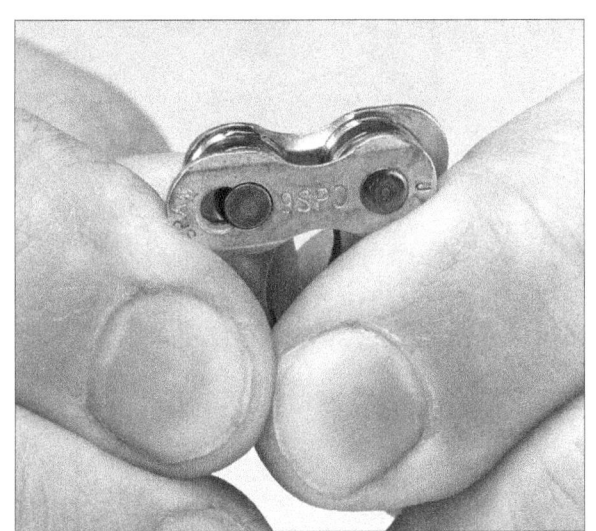

3 此时可以将两个链片拔出，就可以分开魔术扣了。重新连接链条很简单，步骤反过来就可以了。

　　它们不仅设计简单、易于安装和拆卸，而且和传统压入式链销同样强大，甚至更为强大。特别是用过几次后就更能证明这一点。

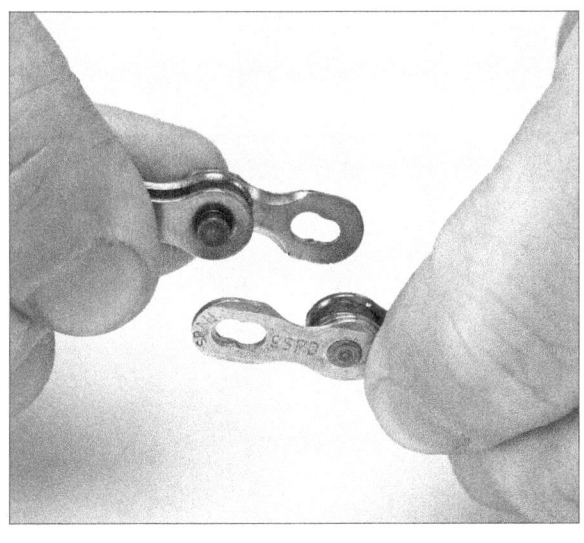

链条的保养与维修

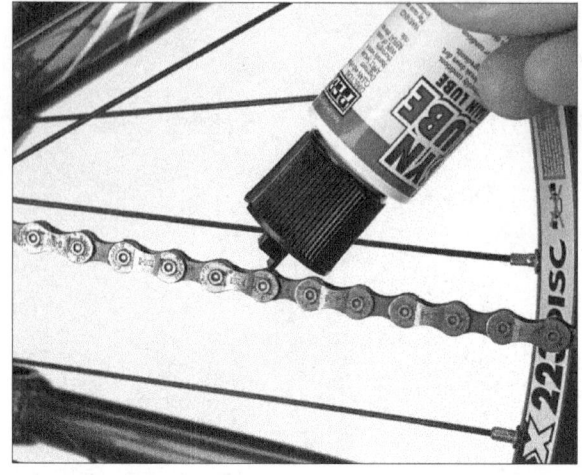

1 链条只需要一点点简单的保养就可以保持最佳的工作状态，清洁和润滑工作也通常不需要拆卸链条。

差不多每周一次清洗，或者在特别潮湿或泥泞的环境中骑车后立即用一块浸了少量溶剂的抹布擦拭干净。清洗链条后，让它自然风干后用链条油润滑。将链条油滴入链销与链片的间隙中，向后转动几圈曲柄，让链条油渗入磨损最大的地方。最后，用干抹布擦去链条外表面多余的链条油，链条外表面只需要薄薄的一层润滑油来保护其免受腐蚀。

2 如果链条真的很脏，可以使用洗链器进行清洗。

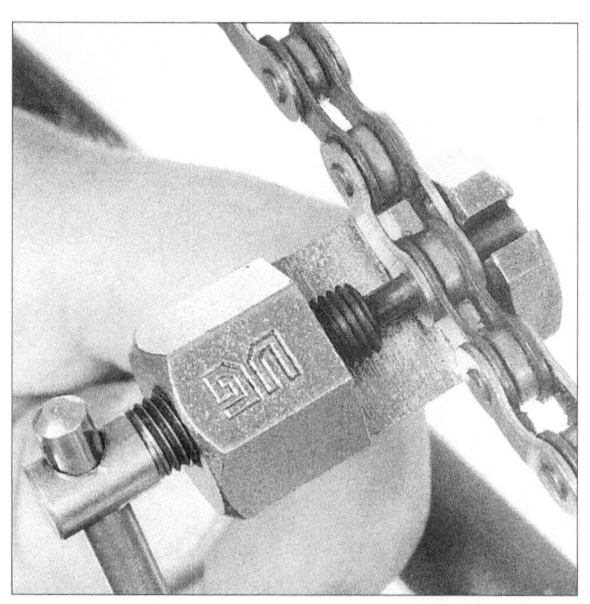

3 由于很多变速自行车上的链条都没有魔术扣（也有例外，见第166页），拆卸链条的做法通常需要专用的工具。

截断链条之前，先将其从牙盘上取下来，使链条失去张力。先逆时针转动把手，将截链器上的链针退后，把链条放入槽中，然后旋拧把手，用链针顶住链销（见左图）。一定要确保链针和链销在一条直线上，继续转动把手，将链销推出。

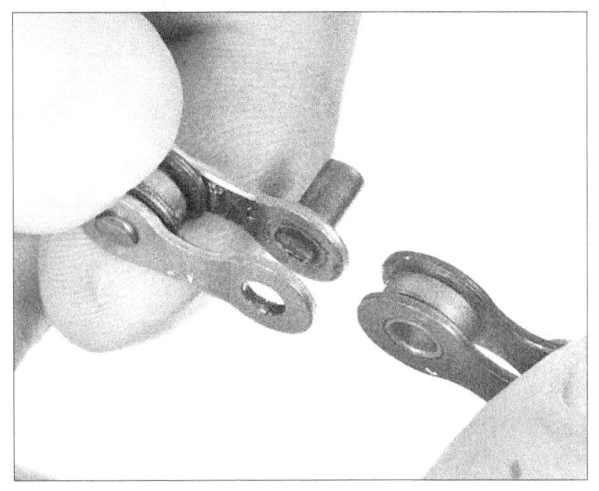

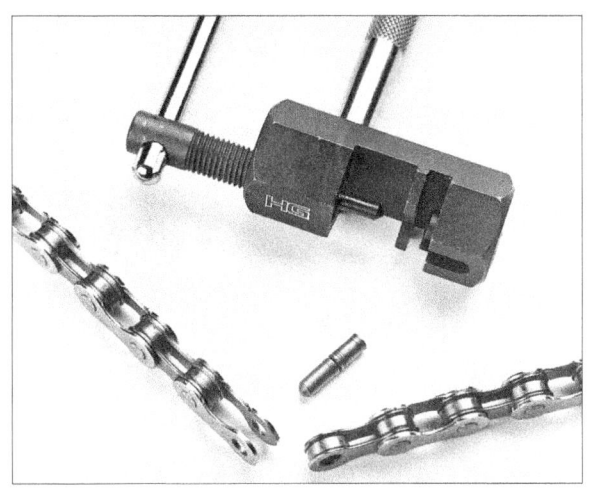

4 一些老式的链条可以使用相同的链销重复打开和连接链条。这种情况下，不要将链销全部退出，否则可能无法装回。注意观察链销，几乎被完全推出之时停下来，退回链针，然后弯曲链片将链条松开。如果第一次分不开，重复上述步骤，小心操作，直至链条分开。

5 Shimano的链条要求将整个链销推出，用一根专用的链销代替。Campagnolo的链条还要更麻烦一点，要求更换几节新链节，确保最理想的连接强度（见上图）。找到第一次连接链条的链销，它通常有不同的表面处理或凹槽。截断链条的位置要尽量在这个链销的对面。Shimano和Campagnolo都建议链条在安装后，拆装的次数不应该超过一次，因此不要随意截断链条。

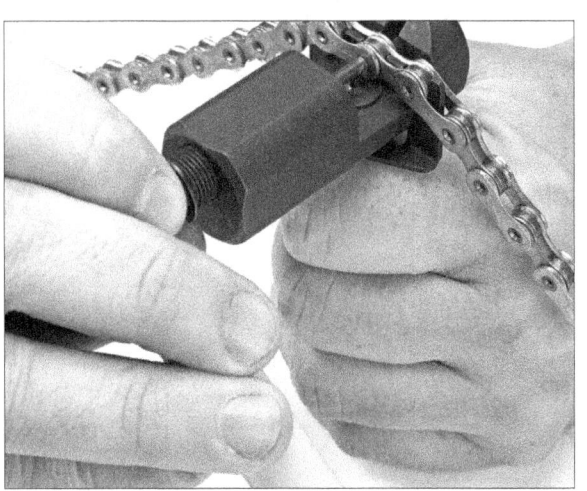

6 注意，Shimano最新的Dura Ace链条（CN-7900）、Ultegra（CN-6700）和105链条是不对称的，刻有"Shimano"字样的一面应该朝外。Shimano还给出了链条方向的建议。在自己面前拿着链条，内链片的那一端应该在左手边，外链片的那一边应该在右手边，这样安装才对。

7 对齐链片上的孔，用截链器压回链销。如果是Shimano或Campagnolo的专用链销，应该从自行车的内侧向外压入链销以获得最强的连接。链销入位时会发出"咔"的一声。之后，你需要截断引导针（如果是一体的，则需要使用钳子掰断）。只有Campagnolo 11速链条需要最后使用他们专用的UN-CT300截链器打磨替换链销的端口。

如果重新连接的链节很僵硬，那就来回弯曲几次使其松弛，将链条重新装上并抹上链条油。

变速把手

第九章

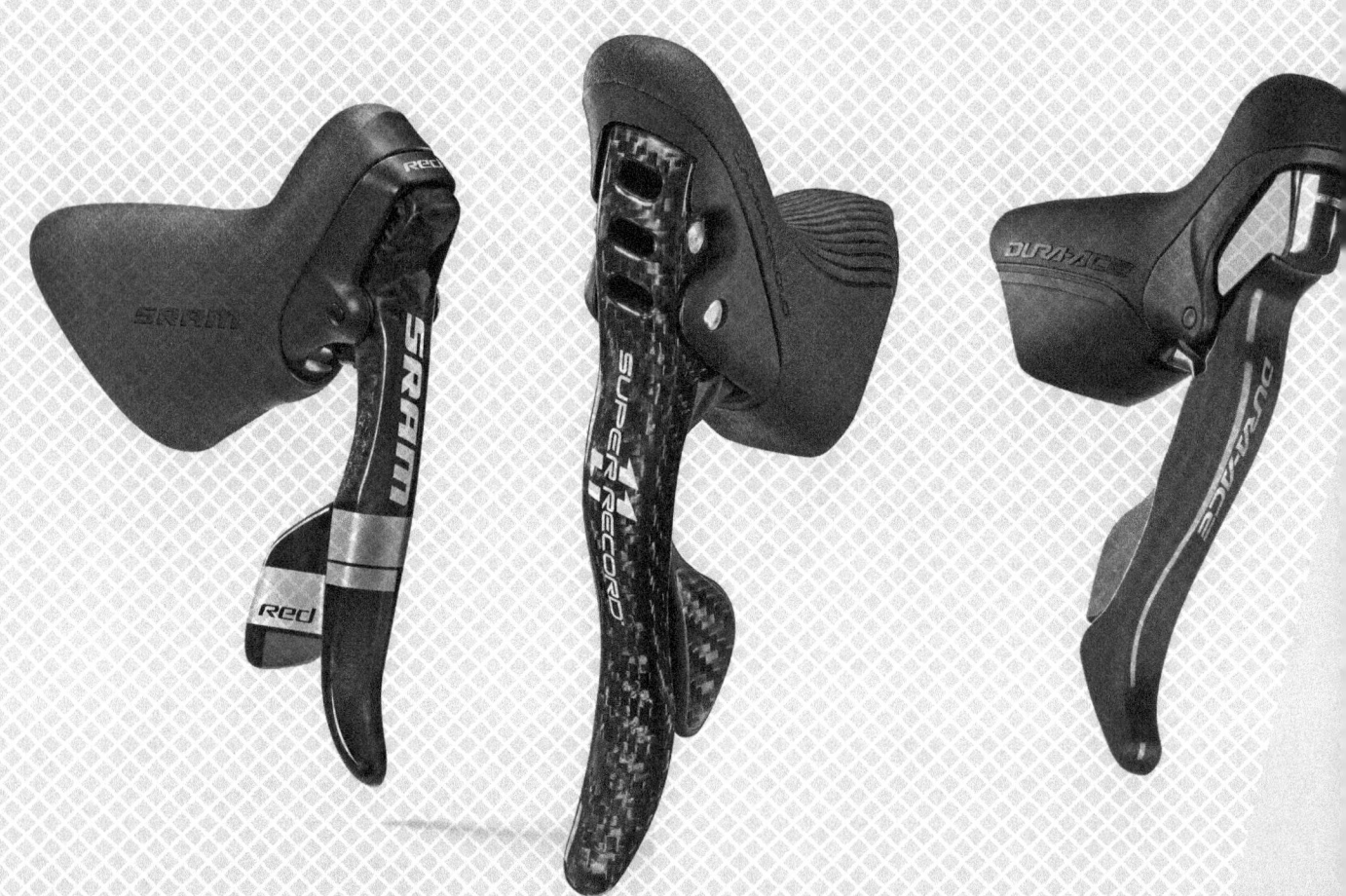

变速把手是连接你和自行车变速装置的媒介。在公路自行车上，变速把手通常安装在把横上，便于操作。不过老式自行车的变速拨杆可能在下管上面。

Shimano、Campagnolo和SRAM都制造公路变速/刹车一体把手（手变）。对于山地自行车，变速把手总是安装在把横上——靠近把套的位置。变速时，手不离开车把就可以用拇指和食指完成操作。这种设计的优势在颠簸道路上会显现出，因为手离开车把可能造成摔车。此外，山地自行车另外一种常见的变速把手是转把，SRAM和Shimano都有这类产品。转把占据了把套的部分位置，因此你的手一直握在转把上，随时可以变速。

除了尺寸、形状和位置的差异外，所有变速把手都有很多共同点。每个变速把手都是通过变速线连接到变速器或其他变速装置上面，例如内变速花鼓。我们主要讲解外变速系统的变速把手，但也要告诉你，内变速系统其实采用的是相同的操作原理。操作变速把手来拉紧或放松变速线，从而使变速器移动，拨动链条从一个齿盘变换到另一个齿盘，从而实现不同的档位切换。

由于变速器是弹簧式的，因此，除非受到变速把手的限制，否则松弛变速线的动作比拉紧动作更快。因此，现代外变速自行车的变速把手装置内，给每个档位设定了一个位置，对应一个档位，每次变化一个档位，装置会发出"咔"的一声。一些老式自行车变速把手位于下管上，计时赛和部分铁人三项自行车的变速把手安装在铁三把的末端，这几种变速把手通过摩擦力来定位，不会发出"咔哒"声。这种变速把手非常紧，可以对抗变速器弹簧的张力，所以保证选择好档位后不会乱动。这种对抗弹簧拉力的阻力有时是通过一种特殊的棘轮装置控制的。

变速把手的位置

现代的优质公路自行车的变速把手通常和刹车把手是一体的（通常称为手变），这种设计让骑车人在爬坡和冲刺时也能变速。事实上，只要手靠近刹车把手，然后向侧面推动变速拨杆或拇指按下按钮就可以变速。这种巧妙的设计使变速非常容易操作，在长距离骑行中，经常变速可以保持双腿活力充沛。Shimano、Campagnolo和SRAM生产的双控变速把手更复杂，也更昂贵，虽然比那些老式的梁变重一些，但是却能够提供巨大的变速优势。

很长一段时间，下管是弯把自行车变速把手的标准安装位置。变速时，你需要伸手去够把手。在一定程度上，这个动作会降低你的重心，一只手离开车把，还能保持稳定。此外，由于变速线更短，且更直接，所以变速更快速。而且，许多梁变都设计成安装到下管的安装座上，而这个安装座通常是焊接上的。它们实际上是车架的一部分，不会像普通的夹子那样打滑或断裂。这种安装座也让车架显得干净整洁。

把端变速拨杆也常见于一些长途旅行车上。它们安装在弯把的两端，和一体的手变同样方便。不过，它们真正吸引人的地方在于，可以在定位变速和摩擦变速之间自由切换。如果由于某些原因，影响到后变速器准确定位的能力，只需简单地拧一下旋钮就可以变换到摩擦变速模式，然后骑车人就可以自己进行微调，稍后再彻底维修。

山地自行车的变速把手有几种类型。可能安装在车把上方，用拇指操作（老式），或安装在车把下方（现代）。此外，还有非常流行的转把。

老式的安装在车把上方的变速把手非常简单，每边分别只有一个拨杆，前后推动来变速。车把下方的变速把手使用双拨杆：一个用于升档，另一个用于降档。有些设计采用两指操作：用拇指推一个拨杆变到更大的盘片，用食指拨另一个拨杆，变到更小的盘片。尽管后者比前后维修起来更复杂，也更重，但是它们已经成为标准，因为它们变速更快，而且变速时，握把姿势更好。

Shimano也为山地车生产一体的双控刹车/变速把手。这种把手可以向三个方向运动：向把横方向扳动，拉近刹车线；用指尖向下推，拉紧变速线；用手指背面向上抬，释放变速线。Shimano为这种系统搭配推出了反拉后拨。这种变速器的回位弹簧初始位置在最大飞轮片，而不是最小飞轮片，正好和大多数变速器相反。

选择哪种变速把手属于个人喜好问题。尽可能亲手尝试各种变速把手，不要只听别人的建议，否则你不知道会错过什么。

基本变速把手的设计

变速把手有三种基本类别：摩擦式、棘轮式和定位式（目前大多数自行车采用）。摩擦式把手采用多个摩擦垫圈，防止变速器因本体内弹簧的张力而移动。

棘轮变速把手很像摩擦式把手，同样利用摩擦力防止变速把手移动。它的一个特点是内置棘轮装置，让你向低档位变档时无需克服摩擦垫圈的阻力。这种设计的想法是平衡拨杆向两个方面转动的力量。

定位变速拨杆，当你变到相应的档位时会自动卡住。这样就无需进行微调。如果你需要变换一个盘片，只要按一下拨杆就可以了。

定位变速拨杆是最容易操作的装置，工作正常时，可以防止误操作。对于其他两种变速把手，棘轮系统比简单的摩擦系统更先进。

电子变速

大多数变速拨杆都是通过简单地拉紧或释放一根钢线来驱动变速器。它是一套历经数十年不断完善、简单而有效的系统。不过，这种机械式钢线确实也有它们的挑战。变速线要穿过线管，而线管容易沾染污垢或被腐蚀，使用时间久后，变速会出现迟缓和不准确的现象。当然可以简单地冲洗线管，定期更换变速线，但是制造商们一直在探寻新型的、更准确的、可靠的变速系统——电子变速系统。

电子变速设计过去已经有过尝试，成功过也失败过。最终，限制因素落在了轻量、可靠的电池技术上面。在很大程度上要感谢笔记本计算机的革命，自从最后一种电子变速设计从市场上消失以来，电池技术有了重大的进步。

Shimano花了几年的时间，从零开始研发Dura Ace Di2电子变速套件，并在世界上最苛刻的职业公路赛中进行了测试。结果证明它是一套轻、快、准、信的整合系统。这会成为标准吗？只有时间知道。Di2确实非常昂贵，但是对于那些愿意承担费用的人来说，初步性能报告显示，电子Dura Ace套件确实达到了一个新的高度。

影响变速把手性能的因素

大多数变速把手的设计是要成套工作，并且是由同一家公司制造的。一组套件包括前变速器、后变速器以及两个变速把手。你应该尽量使用整套装备，如果换成不同类型的把手，可能会对变速系统的性能产生负面影响。

变速把手通常不需要太多保养。人们遇到的

例如，SRAM、Shimano和Campagnolo的一体手变将变速功能和刹车功能都集中在手边，这种系统使变速操作如此方便，你会经常变速，在长距离骑行中，能够节省体力。

最常见问题是放任它们变松,然后丢失零件。有时候,"咔哒"声变得不那么明显。这通常是因为里面的部件脏了或磨损了。彻底清洁并润滑可能有改善。如果"咔哒"声仍然不清晰,内部小零件可能磨损了。出现这种情况的一个迹象是,一个原本调节好的系统却经常无法准确变速。在严重的情况下,甚至可能无法变到某一盘片上。通常情况下,变速把手应该整个更换,不过某些产品可以从制造商那里买到修补件。

如果变速把手和变速器不匹配,或者质量不佳,可能无法正常工作。这种情况是无法通过修理解决的。更换兼容的产品才是最好的解决方法。

拆卸变速把手

大多数变速把手都安装在把立、下管或把横上,把手带有一体或可拆卸的固定夹环,梁变则是通过安装座固定的。各种变速把手的拆卸方法都类似。

首先,如果有线帽,先将其剪断,拧松前后变速器上的紧线螺栓,松开变速线。

公路自行车的夹环式梁变或把立变速把手 如果把手是夹固在自行车上的,拧松并取下夹环紧固螺母和螺栓。轻轻张开夹环至足够宽度,从下管或把立上取下。

对于夹环式和钎焊式把手,用螺丝刀或手指松开张紧螺栓,有些张紧螺栓有一个D型环可以把握。拨杆是通过张紧螺栓固定在夹环上的。轻轻晃动变速杆,向外拉,直到它和两侧的垫圈都完全脱落,具体情况取决于安装方式。记住或用笔记录各个零件的顺序,便于稍后装回。

公路/铁三自行车把端变速把手(Shimano/Campagnolo/SRAM) 拧松变速器上的紧线螺栓,松开变速线。

在摩擦变速把手的一侧(从把端伸出的部分),防松螺母上有个很宽的螺丝刀槽。用螺丝刀拧开这个螺母,你会看到下面是一个凹头螺母。取下这个螺母,拧松两侧的螺栓,将变速拨杆拔出。然后将变速线完全拉出线管即可取下把手。

定位式把端变速把手用螺栓固定。在Shimano右手的定位变速把手上,有一个D型环,用于定位模式和摩擦模式间的切换。用螺丝刀拧下中心的螺栓(D形环连接到外面的一个环),卸下把手。左手的这颗螺栓可能直接连接D形环,可以用螺丝刀或直接用手拆卸。

一旦变速杆被拆卸,就可以拆卸本体了。在本体内,你会看到一颗六角螺栓。插入扳手,顺时针拧。转动一两圈后,膨胀塞就会变松,足以让你将把手从把横上取下。

公路自行车手变(Shimano STI/Campagnolo Ergopower/SRAM DoubleTap) 手变内的结构可能特别复杂。Shimano不提供手变的修补件,因此,如果手变坏了,必须更换。Campagnolo和SRAM都提供修补件,但是修理手变非常复杂,最好由专业人员操作。不过,从车把上取下相当容易,所以你可以自己更换手变或车把,而且更换变速线也很简单。

取下手变之前,首先拆卸所有缆线,即变速线和刹车线。操作变速杆到初始位置——变速线拉力最小的档位,使变速器将链条变到最小盘片上。剪掉线末端的铝帽,松开变速器和夹器的紧线螺栓。

略微捏住刹车把手,向前推动刹车线,露出线头后将线拉出。对于Shimano的手变,刹车线从手变的顶部退出,按住刹车把手,变速线会侧面退出。Campagnolo的Ergopower变速线从橡胶罩下面的一个小孔中退出,SRAM的变速把手则需要将手变向前转动一点,露出内部的线孔。

松开把带,然后松开手变侧面的5mm紧固螺栓(掀起橡胶罩)。松开夹环后即可将手变从把横上滑出。

山地自行车变速把手 山地自行车的变速把手种类很多,不同制造商的产品结构也不同。大多数类型的产品,包括把上和把下以及转把,都使用一个夹环固定，旋拧紧固件即可松开。当然，取下变速把手之前，必须先移除把套（有时还要取下刹车把手）。

重新安装的步骤相反。

维修变速把手

我们之前提到，Shimano STI 手变和Rapidfire变速把手，无论是公路还是山地自行车，都不能修理，损坏后只能更换。Campagnolo Ergopower以及SRAM Triggers、Grip Shift和DoubleTap手变则可以修复，可以从Campagnolo 和SRAM官方网站上下载维修指南。所有其他类型的变速把手一定程度上都可以自己维修。

公路自行车梁变　首先，分解把手，使用安全的溶液清洁所有零件。如果是定位变速把手，除非零件自己分开，否则不要分解所有小零件。大部分产品内都有工厂组装件，不适于普通用户操作，如果安装不当，可能无法正常工作。拆卸每一个零件，应记住相应的顺序。使用酒精擦拭塑料零件或金属零件。组装前，擦干所有零件。

如果清洁、组装好后，定位变速把手仍然不能正常工作，说明有内部零件磨损或损坏，这种情况一般最好更换。变速把手通常成对出售。

重新组装变速把手时，只有金属与金属接触的表面需要润滑。内部的尼龙垫圈通常是自润的，使用油脂或润滑油只会让它们太滑。记住，这些垫圈的主要目的是产生摩擦力，所以别希望它们太光滑。

如果修理更古老的摩擦式变速把手，更换垫圈后可能修复拨杆滑动的问题。从车店或网络上寻找匹配的垫圈。

如果找不到新垫圈，有几种方法可能改善性能。首先，把垫圈翻过来，看看是否有所改善。还可以用砂纸打磨，使表面粗糙。最后一种，在旧垫圈上装一个普通的平垫圈。

山地自行车转把　通常，变速慢的原因是线

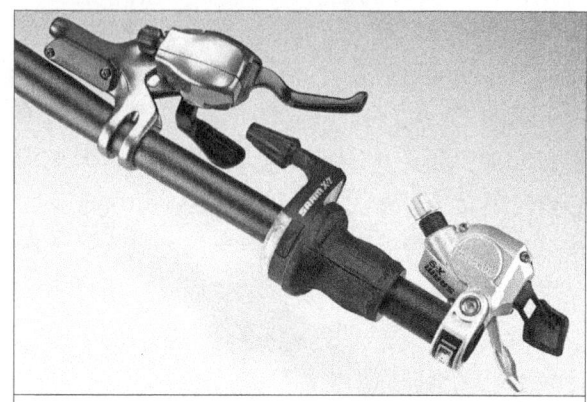

山地自行车手有几种变速方法可以选择。GripShift（中间）最简便、可靠。普通指拨（右）通过拇指和食指的推动和按动完成变速。Shimano的STI双控变速把手（左）将变速和刹车融为一体，刹把可以多方向操作。

和线管脏了，或者线管内进水生锈。首先检查变速线和线管。试试润滑，如果不行则更换。如果转把很难转动，或者不能正常工作，可能需要清洗和润滑。

维修转把时，一定不能使用可能损坏塑料和橡胶零件的润滑油和清洁剂。具体地说，避免使用汽油或柑橘类溶剂。Simple Green 和 Pedro's Green Fizz等产品都对塑料制品无害。如果没有，外用酒精或餐具洗涤剂加温水的效果一样很好。目前只有少数润滑油是SRAM等塑料变速把手的制造商认可的。SRAM的Jonnisnot、Shimano的SIS-SP41和Finish Line的Extreme Flouro油脂都是最广泛使用的润滑油。

清洁转把时需要将其解体　老款产品的打开方法是，将橡胶部分向外拉，露出内部结构（首先要移除把套或移开刹车把手）。其他型号在调节螺母附近有一个三角形的夹子，还有些产品要求向外旋转转把，才能将转动部分与静止部分分离。

SRAM的Grip Shift 内部结构稍微复杂，比老式的需要更多步骤来拆卸和清洗（详细说明及照片见192页）。

拆卸变速把手之前，确保有适合的润滑

脂。石油基的油脂会软化或损坏塑料零件，所以SRAM特别建议使用硅酮基润滑脂。硅脂可能很难在自行车店找到，但是摄影商店和船具店经常有售。（硅脂可以用于潜水相机和船只螺旋桨轴的O型圈。）

打开变速把手后，查看小零件的位置，做好记录。例如，定位弹簧往往是有方向的，如果装反了则无法正常工作。用抹布或棉签擦拭清洁内部。如果内部很脏，先用温水和洗涤剂清洗。然后风干，涂抹硅脂，然后重新组装，确保正确装回所有零件。

安装变速把手

如何安装变速把手主要取决于你选择变速把手的类型，尤其是公路自行车。

安装山地自行车的变速把手，通常需要取下把套，有时也要取下刹车把手，然后将变速把手装到位置上，最后装回其他的零配件。对于公路自行车，过程既可能更简单，也可能更复杂，或介于两者之间。

公路自行车的手变　像把端变速把手一样，手变也要使用长长的线和线管。根据品牌的不同，有两种安装方法。

Shimano最新的STI型号，SRAM DoubleTap和Campagnolo的Ergopower也是一样，变速线从手变本体内探出后，套上线管，并被缠绕在把带的下面。这不仅让自行车的外观简洁，而且还能保护线管，延长其使用寿命。

老款的STI手变，变速线从侧面伸出，通过线管一直延伸到下管的过线座。线管并没有被把带包裹，便于更换线管和把手安装。

首先找到手变夹环的紧固螺钉，松开后就可以在把横上自由滑动。将手变调整到舒适的位置后，锁紧夹环。

推动变速杆，将档位变到初始位置——释放变速线的所有张力，变速器位于最小盘片的位置。对于Campagnolo的手变，向下推动手变侧面的按钮；对于Shimano手变，向内推动小拨杆（位于主拨杆的后面）。

SRAM的手变只有一个拨杆，通过长推、短推完成升降档。长推使装置将变速线一直拉伸；短按使装置放松，释放变速线的张力。可以想想圆珠笔是如何工作的。虽然结构略有复杂，但SRAM手变的设计原理是类似的。确保链条和变速器位于最小飞轮/最小齿盘的位置上，现在可以安装变速线了。

安装手变时，最好使用新变速线。用过的变速线很难穿过SRAM手变，当然耐心一点还是可以做到的。将变速线插入线孔，从出口露出后，将整根线拉出。仔细观察线头，确保它进入正确的位置。卡在手变内的线头非常麻烦，还有可能破坏内部装置。

将变速线穿过线管和过线座　仔细检查是否正确安装了线管帽，并正确经过过线座。将变速线穿过变速器，拉紧后用紧固螺钉锁紧。反复变档几次，如果变速线出现松弛，重新拉紧。

将刹车线穿过手变、线管和夹器。锁紧刹车线，用力捏几下刹车把，然后重新调节刹车线，直至实现你喜欢的刹车感觉。线的末端留出2~3cm的余量，安装线帽并压扁，以防止线散开。（更多详情见第13章：刹车。）

将线管的开始一段用电工胶布缠在把横前表面，最后重新缠绕把带。（更多详情见第14章：把横与把立。）

把端变速把手　如果是第一次在弯曲的把横上安装把端变速把手，还必须安装变速线管。注意，线管的走线方式有三种。

1. 外大圈。线管从把端出来，沿着把横走到刹车把手的位置。从这里，线管向外伸出，接入下管的过线座。

2. 外无圈。线管从把端出来，沿着把横走到刹车把手的位置。继续沿着把横的形状走下部，直至到达距离把立4~5cm的位置，然后伸向下管的过线座。

3. 内走线。曾经流行将线从把横的内部穿过，这样骑车人握把时不会硌手。当时，宠物石和涤纶休闲装似乎也都不错。人类就是通过不断学习而生存下来的。

在车把上钻孔是有风险的。今天，大多数公路把横都经过精心设计，强度完全满足需要，但仅此而已，而且上面没有多余的孔。即使你的把横特别强壮，任何制造商都不会同意在上面打孔。绝对不可以在碳纤维把横上钻孔，这样会割断连续的碳层，降低把横的强度。

所有三种走线方式都要求走线后再缠把带。外走线时，可以用电工胶布将线管固定在把横上，便于最后缠把带。

有些人喜欢截短一小段把横，以弥补把端变速把手增加的长度。如果你决定这样做，截短和变速把手长度相同的一段，这样把横的总长度不变。

准备好安装把端变速把手时，将本体插入把横末端，并拧紧膨胀螺栓（膨胀螺栓位于本体内部）。你会看到一个六角形操作面。插入一把6mm的六角扳手，逆时针转动。拧一两圈后，膨胀螺栓应该足够紧了，但是要确保本体方向正确，使得变速杆以垂直方向转动，而不是其他角度。

如果还没有安装线管，现在安装，保证线管和变速把手出线的孔对齐。

当变速把手和线管都固定好后，将变速线穿过本体和线管，使用螺栓和螺母将拨杆固定在本体上。螺栓穿过主体和拨杆，另一侧用螺母固定。对于大多数型号螺母，卡在本体上一个螺母形的凹槽中。在凹进去的螺母外面还有一颗圆形防松螺母需要拧紧。

Shimano的定位变速把手用螺母固定。拧动D形环中心的螺母，锁紧右侧的把手。左侧把手同样适用一颗螺母锁紧，可能需要使用螺丝刀；如果有D形环，也可以用手拧紧。

将变速线引入前后变速器，并将线通过线夹，拉紧线，拧紧螺栓。

安装新变速线，装好后，操作变速器几次来拉伸变速线，然后再次检查变速线的张力。如果线被拉长了，松开紧线螺栓，重新拉紧后锁死。

公路自行车焊接式变速把手 轻轻地将变速把手和相应的垫圈按照拆卸时的顺序装回。小心地将定位拨杆件装到一起，如果安装错误，则无法正常工作。使用螺丝刀或用手重新拧紧张力螺栓。

将变速线引到前后变速器，分别拧紧螺栓。如果你要安装新变速线，装好后，操作变速器几次来拉伸变速线，然后再次检查变速线的张力。如果变速线被拉长，松开螺栓，拉紧线后重新拧紧。

公路自行车的梁变或把立变速把手 如果你要更换旧的把手，安装的顺序应该和拆卸的顺序相同。轻轻掰开夹环，打开开口，然后在下管或把立上安装或拆卸。

插入并拧紧把立或下管上的夹环螺栓和螺母。把立式变速拨杆，拨杆的顶端应该略高于把立的顶端。梁变把手的位置应该是你骑车时手臂自然下垂与车架相交的位置。某些车架上可能有一个小的止滑档，防止变速把手向下滑动。如果有，变速把手应该抵住它。

引导变速线分别通过前后变速器，拉紧并锁紧螺栓。如果你要安装新变速线，装好后，操作变速器几次来拉伸变速线，然后再次检查变速线的张力。前几次操作会使变速线拉长，需要把线重新拉直后锁紧。

答疑解惑

问题：你将车变换到一个舒适的档位后开始踩踏，但是自行车突然自己变到一个更高的档位。

解决方法：这通常出现在老式的非定位变速系统上。在把手的上面或侧面寻找一个D形环或螺母，拧紧（顺时针旋转）。这将增大摩擦力，使档位不会乱动。如果是D形环，可以边骑车边拧紧。

问题：安装新的变速线后，变速杆不能正常"咔哒"响地完成变速。

解决方法：松开变速器的紧线螺栓。用手转动曲柄，换档到最小飞轮和牙盘，确保变速拨杆处于起始位置。然后重新连接变速线。

问题：骑行时变速线断了。

解决方法：尝试把线打个结，换到轻松的档位上骑回家。如果是梁变，而且有几英寸的变速线被线夹压住，试试这样做：松开变速器的紧线螺栓，将这段线穿过变速把手一点，然后在上面打一个结，重新拧紧紧线螺栓，就可以变速了。

问题：已经清洁了转把并更换了变速线，但变速仍然很困难。

解决方法：更换变速把手，它已经磨损了。

问题：变速线管磨车架。

解决方法：在接触位置的车架上贴一块胶布。或者，如果可能的话，将线管绕过车架，插入另外一边的过线座。

问题：你改变了变速把手的位置，然后变速器不像之前那样能够正确找到档位。

解决方法：通常需要调节把手或车架上的调节螺母，逆时针旋转，增加线的张力，使变速器稍微移动一点，即可解决这个问题。

问题：转把变得非常难转动。

解决方法：清洁并润滑变速线，但仍然很难转动，可清洁并润滑变速把手。

问题：你正在从变速把手上拆卸变速线，却找不到线头。

解决方法：反复推回变速杆，使其回到最初状态，同时另一只手拉住变速线（最多可能需要推11下），这样线头就会露出来。

公路自行车手变的安装

1 找到手变夹环的紧固螺栓，松开后将手变滑入把横上相应的位置。这颗螺栓被橡胶罩遮盖，它通常在Shimano手变（左）的外侧表面，在SRAM手变（中）和Campagnolo手变（右）的上表面。

手变的位置应该让你在骑车时双手可以舒服地握住它，并且握下把的时候可以正常操作刹车和变速拨杆。你可能需要尝试几个不同的位置，以找到最适合自己的位置。确定位置后拧紧螺栓。

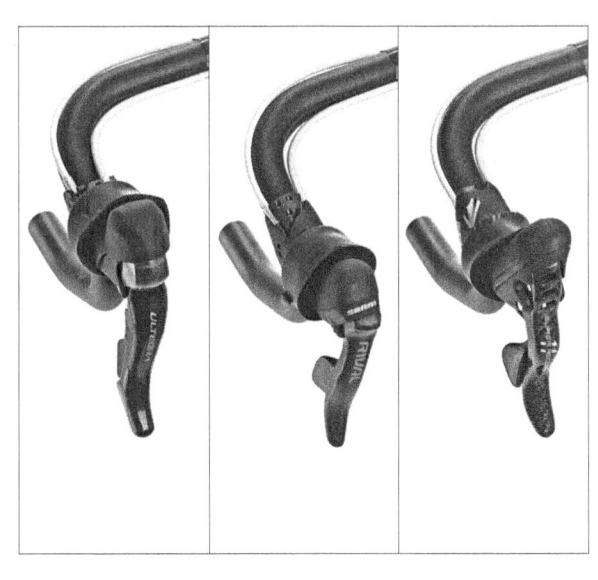

公路自行车手变的安装（续）

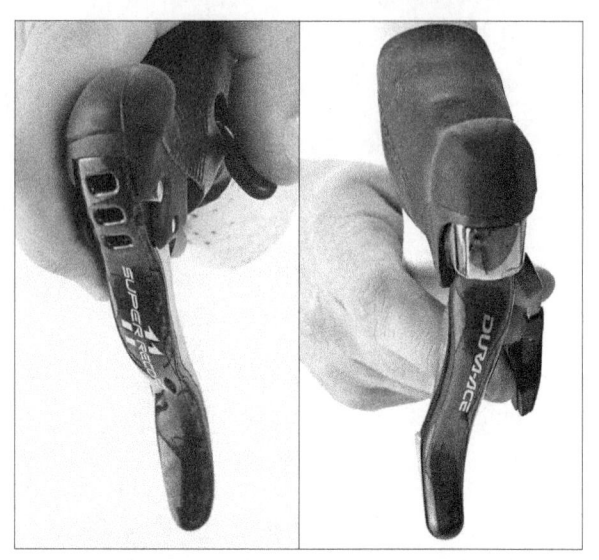

2 固定好手变后，开始安装线和线管。推动变速杆到"初始"位置——释放变速线的所有张力，变速器位于最小盘片的位置。对于Campagnolo的手变（见左图），向下推动手变侧面的按钮；对于Shimano手变，向内推动小拨杆（位于主拨杆的后面）。

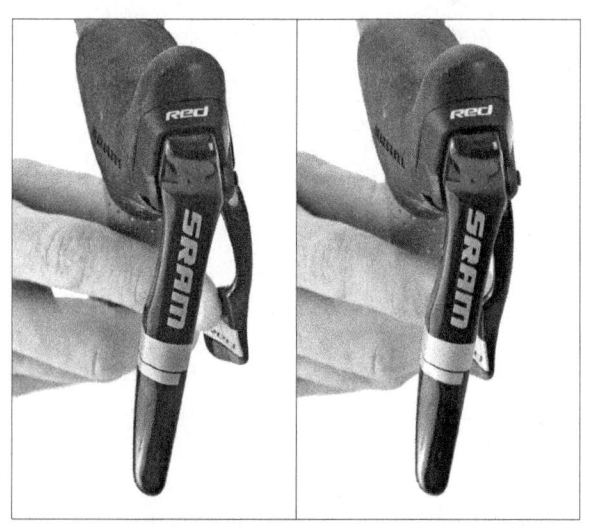

3 SRAM的手变只有一个拨杆，通过长、短行程完成升降档。长推可使装置的变速线拉伸；短按可使装置放松，释放变速线的张力。想想圆珠笔是如何工作的？虽然SRAM手变的结构略有复杂，但设计原理是类似的。

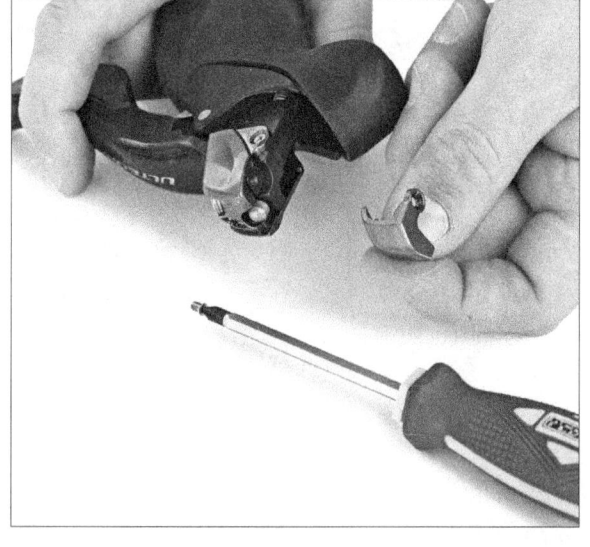

4 捏住刹车把手，找到刹车线的入口。某些Shimano产品在刹车把手顶部有一个防尘罩，装线时需要先取下。

5 Shimano和Campagnolo手变（见右上图）的变速线从本体底部穿入，SRAM手变（见右下图）的线孔则在内侧面。你需掀起橡胶罩才能找到它。

安装手变时，最好使用新变速线。用过的变速线很难穿过SRAM手变，当然耐心一点还是可以做到的。

将变速线插入线孔，从出口露出后，将整根线拉出。有时候，轻轻弯曲变速线末端1/4英寸的一段，更容易把线穿过去。仔细观察线头，确保它进入正确的位置。卡在手变内的线头非常麻烦，最坏的情况可能破坏内部装置。

抬起后轮，用手转动曲柄，确保链条和变速器定位在最小飞轮和最小牙盘组合上。

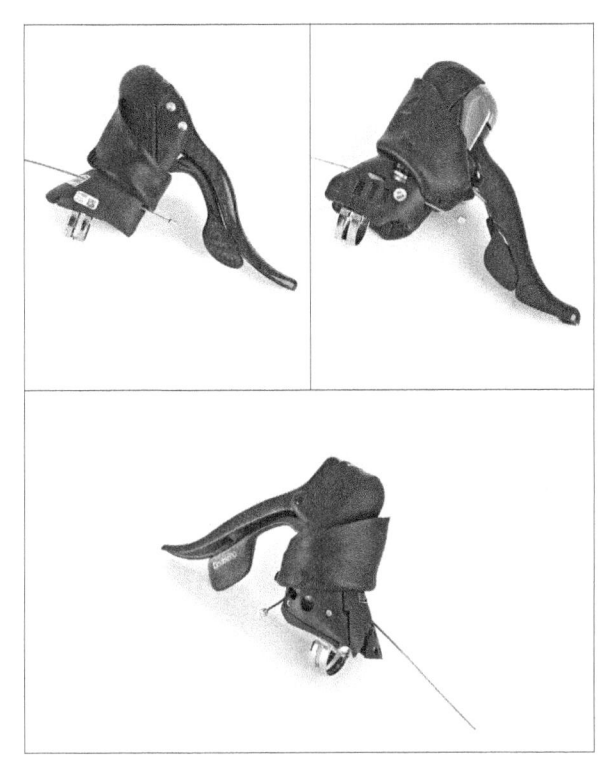

6 将线穿过线管，分别连接到夹器和变速器。确保线管正确安装了线管帽，并正确穿过把手和过线座。

在缠把带之前调整刹车和变速装置。变速器的调节方法参见第10章和11章，刹车的调节方法参见第13章。

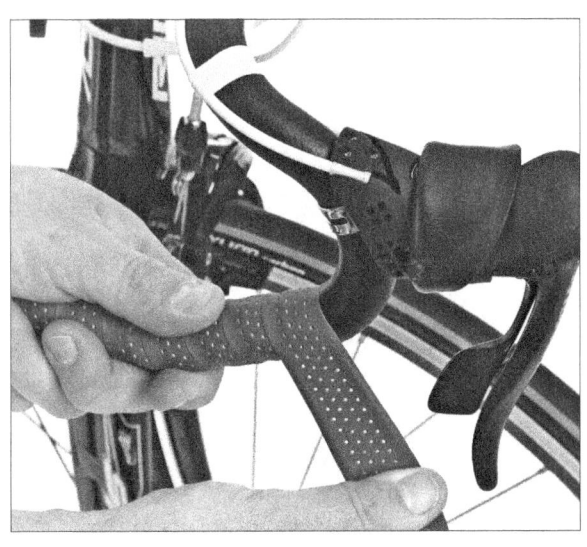

7 缠把带。用电工胶布固定把横附近的线管。尽管有些把横的后面留有走线的凹槽，最舒服的位置是把线管固定在把横的前端。选择适合自己的方式。固定好线管后，开始缠把带（具体方法参见306页）。

181

Shimano Dura Ace Di2电子变速套件的安装与设置

1 虽然电子变速的概念已经被人们实践过，但是Shimano花了几年的时间才开发了Di2系统并在最严格的条件下测试它。

由于Di2为一个完全集成的系统，我们将讲述整套系统的安装和设置过程，包括变速把手、变速器和走线。

安装几乎从一辆裸车开始，牙盘组已经装好C（见122页的"拆卸和安装Shimano双体牙盘组（XTR FC—M970型牙盘组除外）"）。

2 某些组装步骤你可能很熟悉，还有一些是Di2独有的。然而安装过一两个后，有些人发现，它比传统的套件操作起来更加迅速和顺利。

后变速器和其他型号一样安装在车架上，使用5mm内六角扳手将其旋入尾勾。

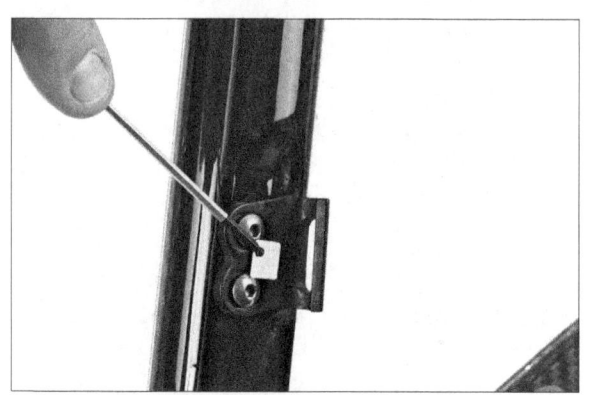

3 前变速器的安装也没有太大区别，不过有一个关键的不同，挂耳式的前拨必须在车架上装一块小钢板，这块钢板帮助座管承受加档时的压力。

如果使用夹环安装前变速器，那么它必须是Shimano的SM-AD79，其他夹环不支持Di2电子前变速器。不过，如果使用这种夹环，则不需要额外添加保护板。

4 前变速器的位置应该相对大齿盘设定，类似其他前变速器。牙盘齿和外导链板下缘的垂直间距在1~3mm之间最为理想。

5 Di2电子变速的前变速器的初始安装,其角度从正上方来看与其他前变速器略有不同。当导板调整到大盘最上方的时候,导板后部需要略向内倾斜0.5~1mm。

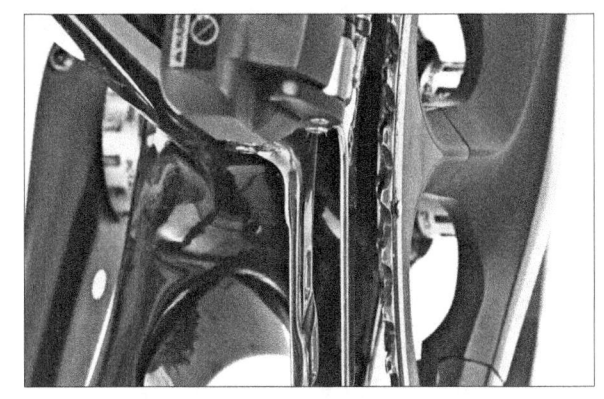

6 一旦设定好前变速器,使用支撑螺栓将导板推到最终位置。拧紧这颗螺栓,直到整个外导板与大齿盘对齐。升档时,这颗螺栓的预紧力能够保持导板对齐。

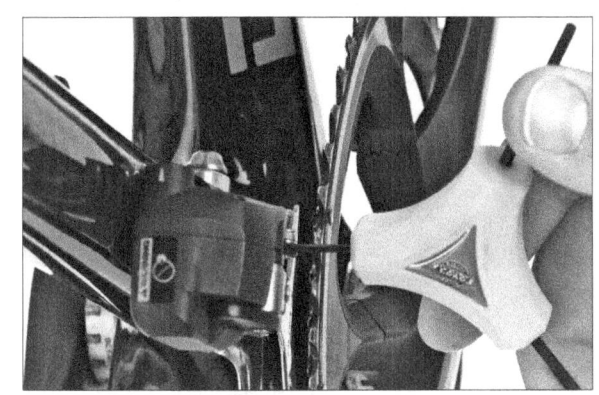

7 在下管上安装电池支架和水壶架。从支架的远端到水壶架的最近点距离应不小于108mm,这样不影响电池的装卸。

尝试安装电池。一旦确定支架的位置,拧紧水壶架的螺栓,并用扎带将支架固定在下管上。

在连接好所有电线之前,请取出电池。

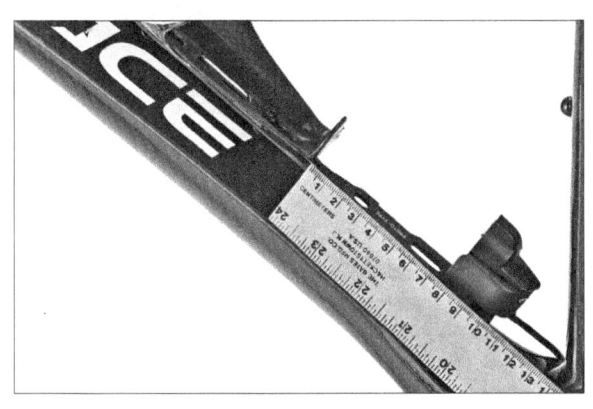

8 线的连接头会紧紧卡在一起。只要正确安装,橡胶保护的连接头是防水的,不会出现故障。

将接头A(带指示灯/复位控制器)和接头B插在一起,直到你感到或听到"咔"的一声。然后检查连接情况,确保密封部位没有明显的缝隙。

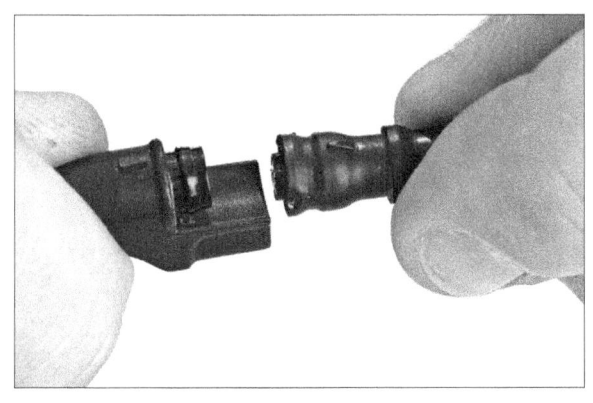

Shimano Dura Ace Di2电子变速套件的安装与设置（续）

9 连接前后变速器的接头应该有相同的感觉。仍然要仔细检查密封性。即使微量的水分进入内部，也会造成接头被腐蚀，影响信号传输。

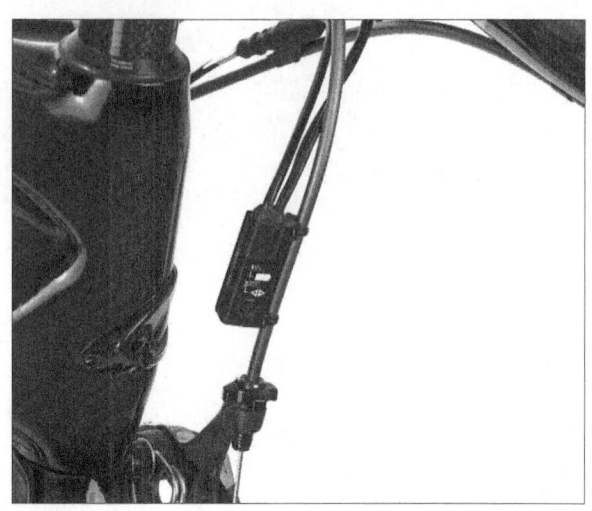

10 找一个合适的地方安装指示器/复位控制器。最好的地方可能会是前刹车线与头管平行的位置。要确保它的位置无论是骑车时还是在修理台上时，都容易操作。你会希望骑车时能够看到电池指示灯，而且保养时也更容易操作。

选择好位置后用两根扎带固定。

11 接下来，安装手变的电线：标有RD的一边连接右手变，标有FD的一边连接左手变。卷起手变的橡胶罩，会露出连接座。每个手变上有两个用塞子塞住的连接座，打开其中一个塞子，使用Shimano的TL-EW01工具把线连上。

无论接到哪一个都没关系，因为二者的功能是一样的。另外一个终端可以根据需要安装一个变速遥控装置。

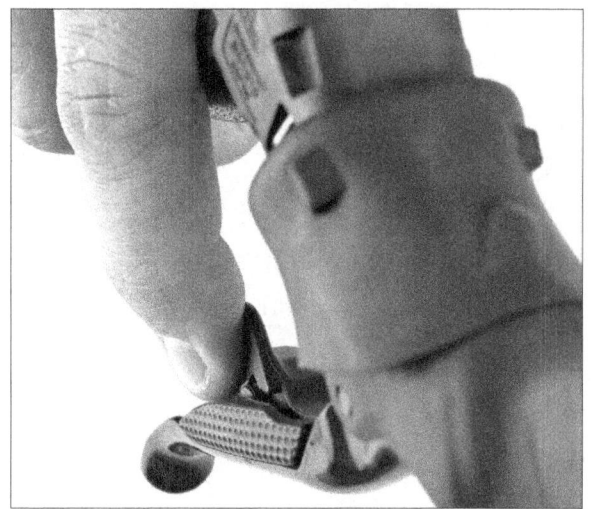

12 将电池重新装入系统。操作手变，测试电线的连接情况。如果需要从变速器或手变上拔出电线，使用TL-EW01工具的平头将其撬起。如果直接用手拔出可能会损坏接头。

一旦所有连接良好，将变速器调节到前大牙盘和后小飞轮的位置。

当变速器定位正确后，断开电池，以防止任何意外活动。

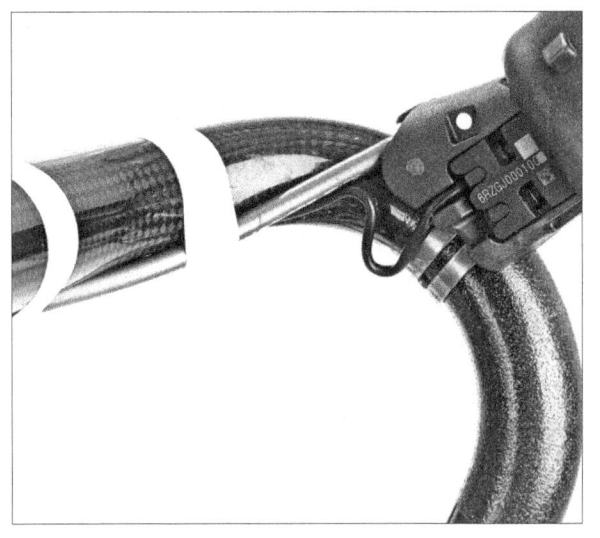

13 用胶带临时将电线固定在车架和把横上。在线从手变出来的位置弯一个S形，然后，左右转动车把，确保电线不会缠绕或拉紧。

14 将中轴导线座固定在五通的下部，然后可以将线盘起来，卡在里面。没有必要将线拉得特别紧，少量松弛对电线的寿命有好处，而且装上线罩后也看不到。

根据你的喜好设定好电线长度后，盖上盖子，用螺栓将中轴导线座固定好。

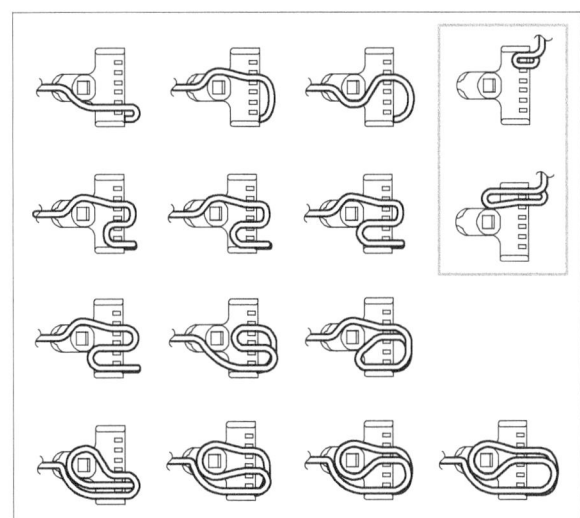

15 上图显示了Shimano推荐的几种中轴导线座盘线的方法。这里最多能盘绕120mm的线，保证安装后简洁整齐。灰框中的两张图教你如何梳理连接前后变速器的变速线。

16 用酒精擦拭车架上安装线槽的位置，将线槽粘在车架上，把线收入里面。

Shimano Dura Ace Di2电子变速套件的
安装与设置（续）

17 Shimano的新款Dura Ace链条是不对称的。正确的安装方法是使印有"Shimano"字样的一面朝外。其他步骤和其他Shimano链条相同。

装上后轮，将链条挂在大齿盘/小飞轮上，确定链条长度，并穿过后变速器，然后将两端捏在一起。如果后导轮和后轴在一条垂直线上，说明链条长度是正确的。

从内链节一端截断多余的链节，然后用专用的连接销连接链条。安装链条的详细内容见第8章 链条。

18 安装电池。现在，准备调节变速功能。转动曲柄，按四次右手变的按钮，使链条从最小飞轮片变到第五片飞轮上。

19 按住指示灯/复位控制器上的按钮，红灯亮起时松开，现在进入调节模式。

在调节模式下，在变速器的当前位置，每个方向有12个微调档。

慢慢转动曲柄，重复按下换档开关，直到链条轻轻接触下一片大飞轮，并产生很小的噪声。

20 按四次右侧的降档按钮，此时变速器导轮正好位于开始调节时那片飞轮的正下方。

再按一次指示灯/复位控制器的按钮，当红灯熄灭时，退出调节模式。

变换到所有的档位，包括前后变速器，测试调节结果。如果有任何噪音或变速延迟，返回到调节模式，再次进行微调。

21 变到最大后飞轮，使用#1十字螺丝刀调节低限位螺钉。退出这颗螺钉，直到螺纹的末端与变速器的接触点之间出现间隙。然后拧进螺钉，直到它与连接点接触。

变到最小飞轮片，重复上述过程，调节高限位螺钉，然后向外（逆时针）转动这颗螺钉一整圈。这样留出一点过度变速的余量，当从第二小飞轮片变到最小飞轮片时，保证快速、灵敏地高档位变速。

使用#1十字螺丝刀调节高、低限位螺钉。

22 变换到小牙盘/大飞轮的组合来调整B-张力螺钉。慢慢向后转动曲柄，调节B-张力螺钉，直到上导轮的齿尽可能靠近飞轮齿，但不要接触或发出噪声。

变换到小牙盘/小飞轮的组合，重复此调节过程。

23 前变速器的限位螺钉调节和其他型号一样。将档位变到小牙盘/大飞轮组合，用2mm的六角扳手调节低限位螺钉，直到链条和变速器的内导板之间产生小间隙，为0.5~1mm。

变换到大齿盘/小飞轮的组合，重复上述过程，调节外导板，同样也是0.5~1mm。

这样，你刚刚已经成功安装了新一代传动系统。现在检查刹车，缠把带，安装前轮，然后出去骑车吧！

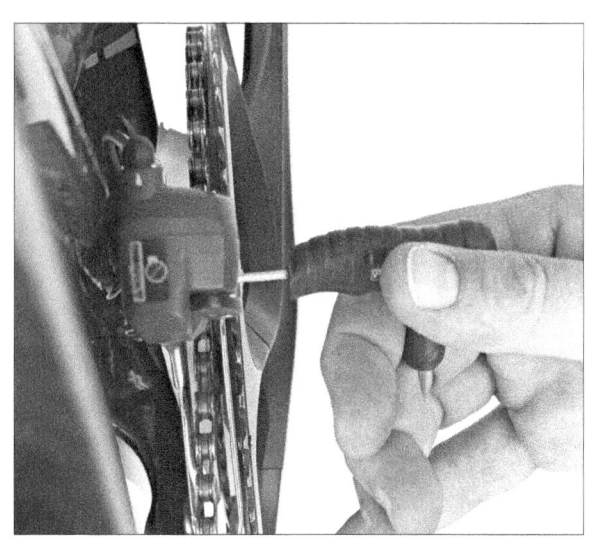

山地自行车转把的安装、拆卸与维修

1 转把变速把手（通常简称为转把），是占用把套的部分位置，安装一个可以转动的装置。用手转动这个装置（好像摩托车的油门），可以拉紧或松开变速线，从而完成变速。转把设计简单、轻量、耐用、易于修理。SRAM的转把经历了多年的演变，由于篇幅有限，难以涵盖所有内容，我们将介绍几款最新的SRAM的转把。如果你使用的是老款产品，可以通过当地经销商或SRAM官网找到维修保养说明书。

在开始工作之前，确保准备了硅酮润滑脂，硅脂不会软化或伤害转把内的塑料件，但不要使用石油基润滑油。硅脂可能很难在自行车店找到，但是摄影商店和船具店经常有卖。（硅脂可以用于潜水相机和船只螺旋桨轴的O形圈。）

要拆卸转把，首先转动转把，变到最小牙盘和飞轮上。去掉线帽，松开变速器的紧线螺栓，打开线槽盖。左手转把的线头隐藏在一颗小六角螺钉下方，后手转把的线头则使用一个小塑料夹子固定。取出螺钉或推开夹子，将变速线推出。如果只更换变速线，你已经完成了一半，只需要使用新线，倒序操作即可。如果还需要更多保养工作，请继续阅读。

2 取下把套，松开转把的锁紧夹环，将转把从把横上滑下来。夹紧内部的固定夹，推出转动部分，使其与主体分离。

3 分体后，你会看到它的内部结构有多么简单。使用对塑料无害的清洁剂/除油剂清洗零件，例如Pedro's BioCleaner或Simple Green。切勿使用柑橘类或石油基的除油剂，它们会融化塑料，对转把造成永久性破坏。

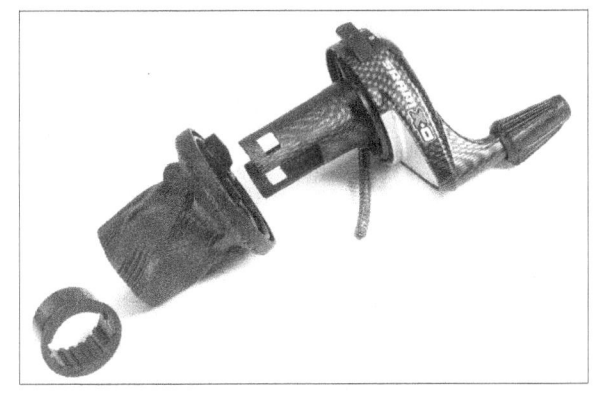

4 给转把内部的所有接触点涂一层硅氧烷润滑脂。最关键的部位是转动部位、止动槽以及线槽。

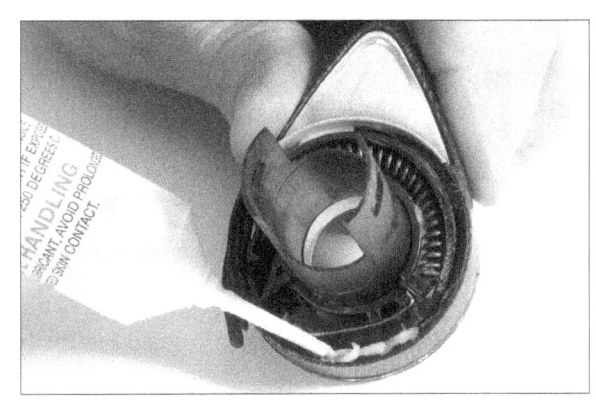

5 将转动部分不完全套在主体上。将弹簧连接到两根挂针上，同时轻轻转动转把，压缩弹簧使两部分零件组合。在重新安装固定夹之前，来回转动转把，确保一切安装正确。确定无误后，将固定夹卡入本体内。

6 重新将转把装回把横。转把变速线调节钮的最佳位置是在刹车把手的后下方——摔车时受到保护，而且骑行时方便进行快速调节。将把套装回，最简单的方法是在内部喷涂少许酒精。酒精可以起到润滑作用，便于安装把套，而且很快蒸发，不影响把套使用。更换变速线（和左手转把的螺钉），并调节变速功能。

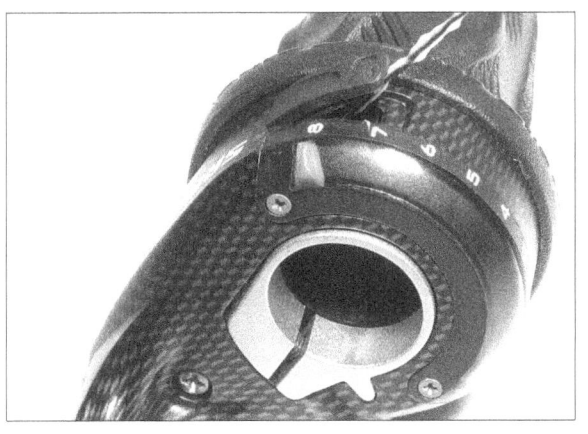

山地自行车指拨变速把手的安装、拆卸与维修

1 指拨是越野自行车最常见的变速把手的类型。有些产品有两个拨杆，都使用拇指操作，其他产品则一个用拇指操作，另一个用食指操作。不管是哪种类型，只要是为直把设计的变速把手，其装卸方法都大致相同。

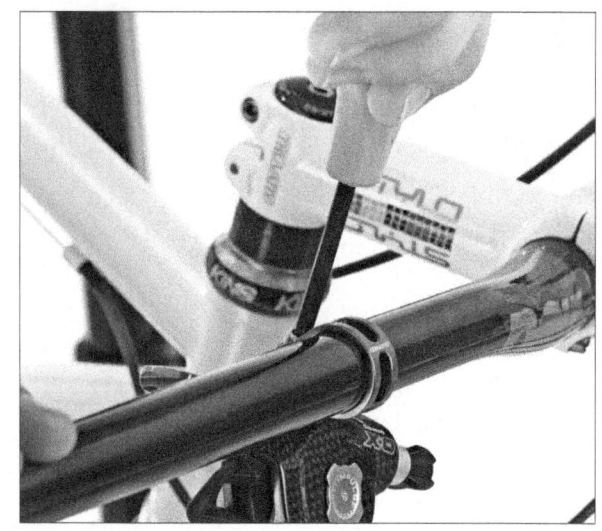

2 将变速把手安装在光秃的把横上。变速把手应该略向下倾斜，拨杆向外指向把端。

先轻轻锁紧螺栓，待把横上装好所有装置后再完全锁紧。

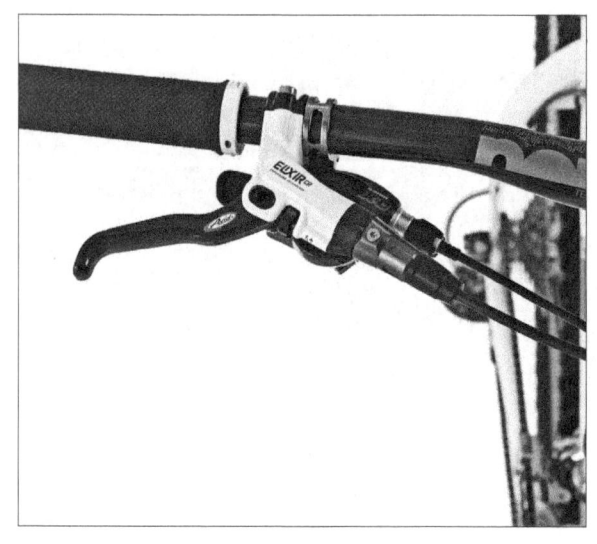

3 接着，安装刹车把手和把套，轻轻锁紧刹车把手。

直接安装把套可能要花一点功夫。先将外用酒精喷涂在把套内部，再安装会更容易。酒精让把套轻松滑入位，迅速蒸发后不影响把套使用。

4 估计一下你的骑行姿势，使你在坐骑或站骑时都能够舒适地操作变速拨杆和刹车把手。

一旦确定变速和刹车把手的位置，再完全拧紧所有的固定螺栓。最后，设置并调节变速器和刹车器。变速系统和刹车系统设置和调节的详细内容，请参阅第10章和第11章，以及第13章。

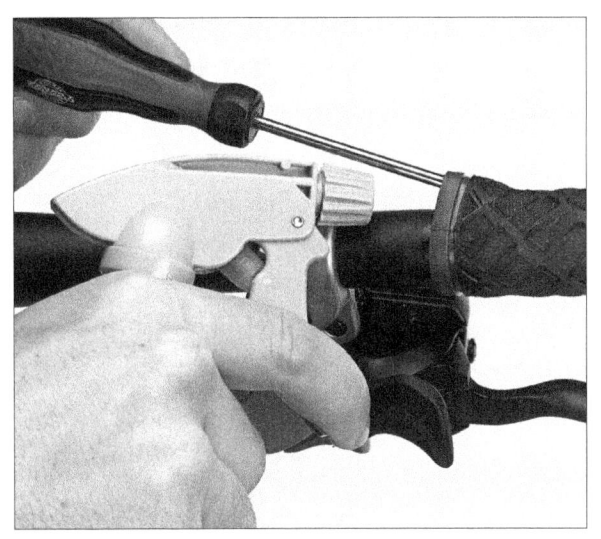
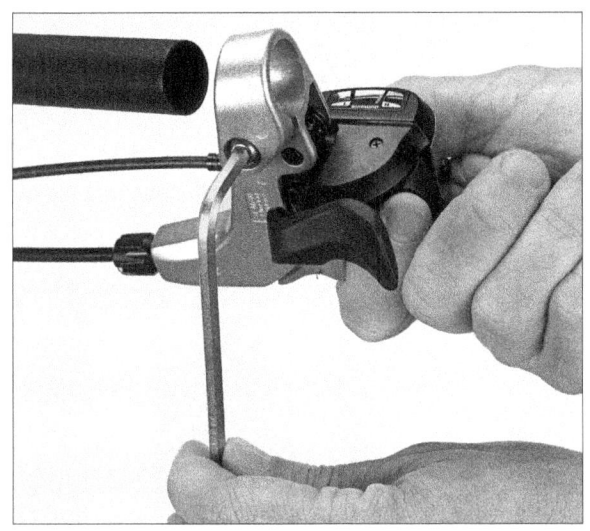

5 拆卸锁死把套非常容易。只要松开锁紧环，把套即可取下。然而，大多数把套都是一体橡胶或泡沫材料制成的，通过摩擦力固定在把横上。拆卸这类把套时，在开口端喷涂一些酒精和水会更容易拆卸。用螺丝刀或类似工具撬开开口端。注意不要划伤把横，特别是碳纤维把横。

6 有些直把变速把手集成了刹车把手。安装唯一的区别是，整体只用一个夹环和螺栓固定。

焊接式变速把手的安装

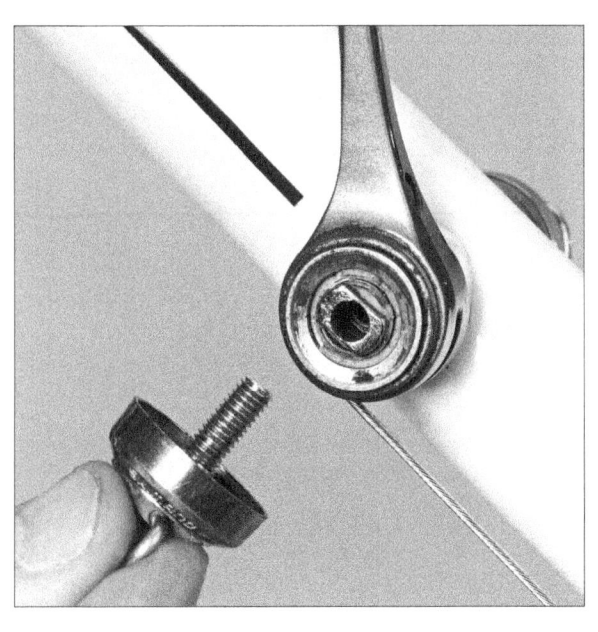

1 一个变速把手是由几个单独的零部件组装而成的。分解时一定要注意每个零件的位置和连接方式，便于正确组装。

当然，如果你购买了一套新款的变速把手，它们是组装好的。如果你买的是焊接式自行车的变速把手，为了方便安装，它们会按照顺序装在一个塑料模型上。你需要将每个零部件从模型上取下，然后按照它在模型上的位置安装在车架上。

将变速把手装在车架的焊接座上，确保所有的零部件都按照正确顺序组装。将紧固螺栓旋入座中，固定把手（见右图）。

焊接式变速把手的安装（续）

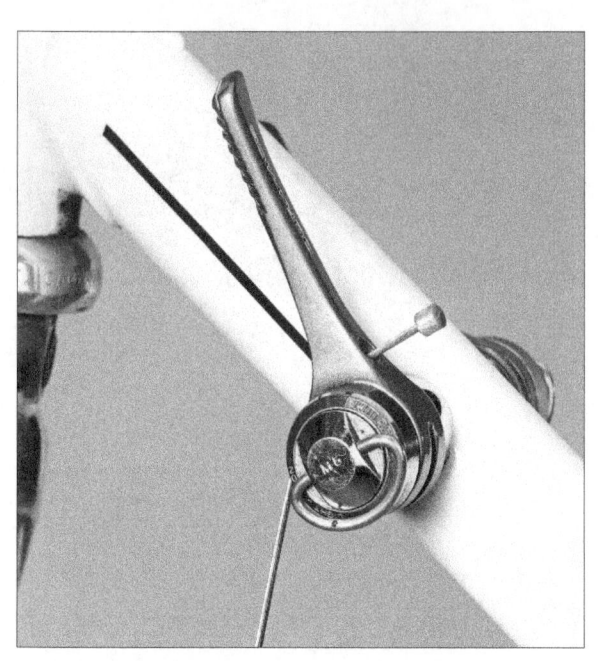

2 紧固螺栓的头可能需要使用螺丝刀、内六角扳手拧紧，或用手锁紧D形环。只有装入变速线才能正确拧紧这颗螺栓。

如果你要重复使用旧线管，请使用轻型溶液，例如WD-40或White Lightning Clean Streak，通过尖头嘴冲洗。使用相同的产品清洁变速线，然后用抹布擦干——如果用钢丝绒或类似思高的其他清洁布擦拭更好。干净的尼龙线管配合冲压变速线的效果最好。

安装变速线时，将拨杆推到最前方，同时将线从上面向下拉。将线完全穿过去，直到线头完全进入把手的线槽中，然后将线拉向五通。

3 有些自行车在下管上安装了过线座。这些过线座引导变速线经过五通的上面，然后进入前后变速器。在其他的自行车上，过线座则位于五通的底部。

4 安装变速线。如果使用线管，将其固定好，把变速线穿过去（见左图），并将线穿过变速器的线夹。

5 用钳子夹住线末端，用力拉直，拧紧紧线螺栓（见右图）。

安装新线后，反复操作变速拨杆，预拉伸变速线，然后重新紧线。如果拨杆有一段空行程，继续把线拉紧，紧线螺栓后面保留大约1 1/2英寸的变速线。用剪线钳剪断多余的线。

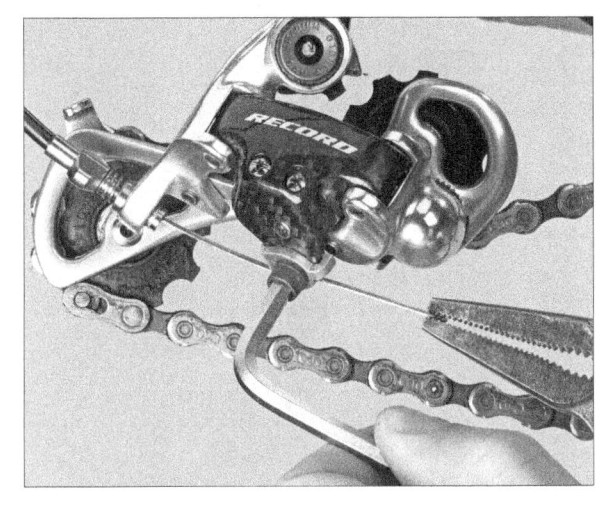

6 装好变速线后，最后一步就是检查拨杆的张力。依次检查前后变速器，变换所有档位。可以在维修台上进行，但最好边骑边测试。如果拨杆很难拉下，说明张力太大；如果很容易拉下来，但是会自己退回，说明需要更大的张力。拧松或拧紧张力螺钉来调整张力。如果螺栓配有D形环，可以骑车时直接用手调节。

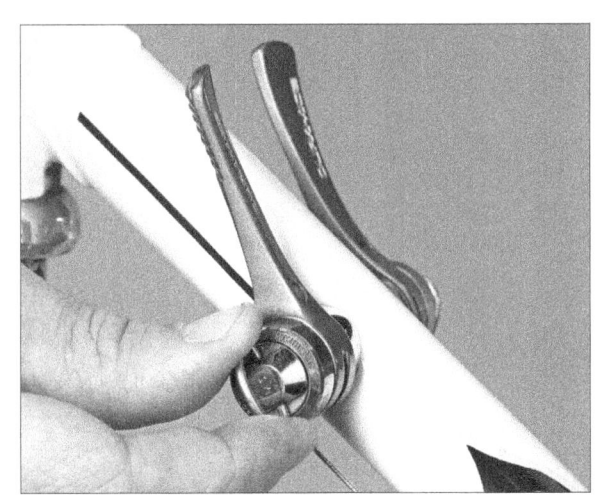

把端变速把手的安装

1 在计时赛或铁人三项自行车的专用把上安装把端变速把手非常简单。而在弯把上安装时，必须首先安装刹车把手，否则无法穿过刹车把手的夹环。

首先将变速把手的本体插入弯把的末端。线管接头应该位于底部，凸出部分朝外。使用6mm的六角扳手，逆时针拧动膨胀栓（膨胀栓位于本体内部）。

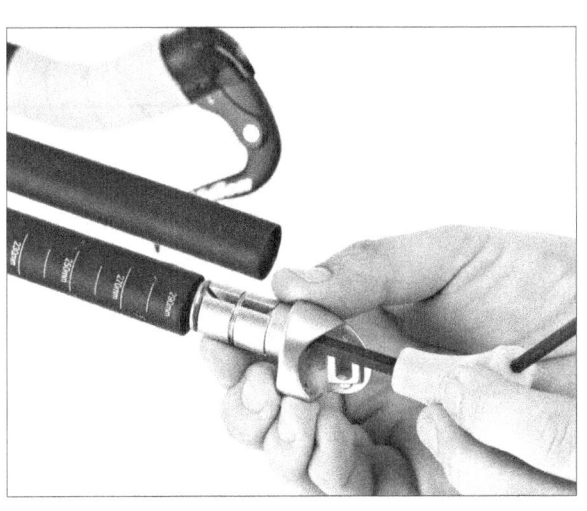

把端变速把手的安装（续）

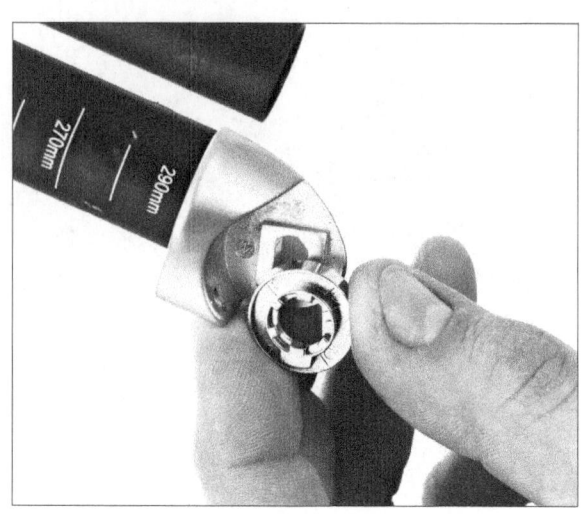

2 安装底座和定位垫圈，定位垫圈的键应该指向下面。

3 安装拨杆，将拨杆上的键位与定位垫圈上的键对齐。用螺钉将拨杆固定在座上。对于Shimano的产品，左侧（前）把手的螺钉是大头的，右侧（后）把手的螺钉是小头的，将它们拧进把手内的凹槽。选择正确的螺钉，用一字螺丝刀固定拨杆。

如果使用线管套，根据准备缠把带的休息把的长度截断——通常约5英寸或6英寸，然后用胶带固定。对于公路弯把，例如你的旅行车上的把横，其长度应该匹配把横底部水平部分的长度。

4 在变速线管的末端安装金属线管帽，塞进线管套，并插入把手的线管座。确定合适的线管长度。理想情况下，线管在线管槽和下管的过线座之间应该形成一个平缓的弧线。分别左右转动车把，确保线管不会跑出过线座。

5 轻轻操作Shimano的拨杆。这样你可以清晰地看到线孔，将线穿过变速把手和线管。

将线穿过变速器，用紧线螺栓固定；并在线管上装上线管帽，用力拉直变速线。紧线螺栓后留出大约1英寸的变速线，剪断多余的线，并安装线帽。安装另一个变速把手则重复这些步骤。

10 前变速器

第十章

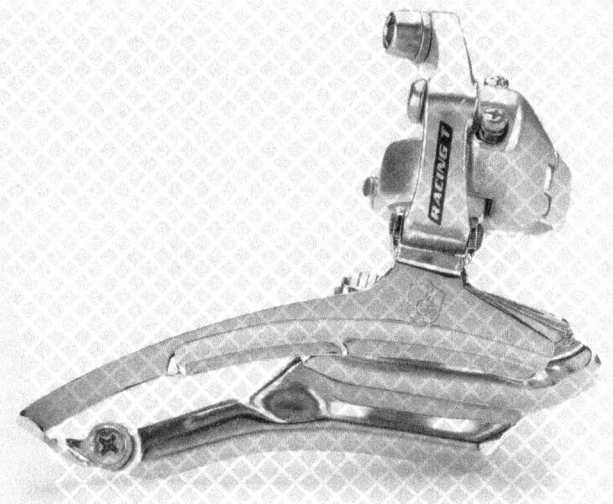
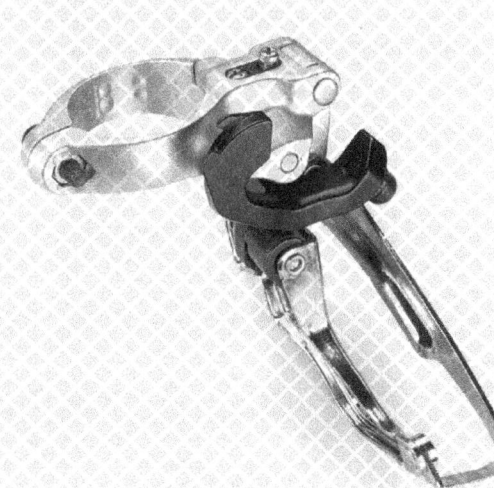

前变速器的简单外观掩饰了其正确矫正和调节的复杂性。前变速器将链条从一个盘片变到另一个盘片，是通过向链条的侧面施加推力完成的。踩踏时，左变速把手拉紧或放松变速线，从而使前变速器导板向外移动或被弹簧拉回正常位置。这两个动作推动链条从一片牙盘的齿上变换到下一片牙盘的齿上。换档是一回事，而持续完美地正常工作则是另外一回事。

更困难的是，前变速器必须在链条承受拉力的情况下，完成链条从一个盘片到另一个盘片的变换工作，因为它变动的是链条受力张紧的部分，而不是像后变速器那样变动底下链条相对松弛的部分。

在许多情况下，前变速器在两个盘片之间往复变动，也就是双片式牙盘。随着山地自行车及其休闲款车型的普及，使得三片式牙盘随处可见。三片式牙盘与两片式牙盘相比，要求前变速器具有更宽的移动范围。因此，适用于两片式牙盘的前变速器无法兼容三片式牙盘。

如果要使前变速器进行迅速、利落、灵敏的变速，就需要对其进行精准的操控，所以前变速器的操作方法使很多新手震惊。了解这些原则能够帮助你顺利换档，同时还能够让你掌握维修前变速器所需的知识。

前变速器的工作原理

前变速器工作时只是侧向推动链条，而不是推拉的同时提起链条。它们推动的速度，或者换档的速度，由几个设计因素决定：导链板（推动链条的两片水平金属板）的高度、导链板之间的宽度或距离和整个变速器主体的刚度。变速器与盘齿之间的距离和使用的链条类型，也会影响换档的速度。为了便于讨论，我们默认链条是一个常量。

导链板的宽度非常重要，因为这决定了推动链条的移动量。导链板越宽，推动链条的面积就越大。然而，前变速器设计者限制了内导链板的宽度。由于外导链板必须定位在外牙盘上1~3mm内，所以，如果内导链板太宽，那么当把链条变换到外牙盘片时，可能会碰撞导链板的下边缘。用于半档变速的前变速器（很少使用盘片组合，通常一个牙盘片只搭配四个或五个飞轮片），其内导链板必须为正常宽度，以避免这个问题。相比之下，专为山地自行车或其他自行车设计的，飞轮搭配在八个或八个以上的前变速器，通常具有很宽的内导链板。

之前介绍过，更宽的导链板推动链条的面积会更大。也可以反过来说，导链板越宽，链条需要推动的面积就越大。这意味着，随着变速器导链板变宽，要应对链条更大的杠杆力量，所以变速器本体也要更硬。换档时，变速器的本体和连接臂必须要对抗弯曲或扭曲的力量。变速器的本体越硬，换档就越快。

导链板的间距对换档的速度也起到一定作用。导链板间距越小，对链条的控制性越高，换档也就越快。缺点是，导链板间距越小，在变换后变速器时，就要经常调节前变速器，因为后部换档后，链条的角度发生了变化，可能会摩擦前变速器导板的末端。

发展潮流

由于定位变速把手不具备老式摩擦变速把手的强大微调能力，所以前变速器导链板的形状一直在不断改善。如今，导链板倾斜和扭曲，再配合盘片侧面的挂钩和铆钉，能够把链条提起来，有利于从小盘变换到大盘。

精准是要付出代价的。当前，大多数前变速器的设计要求是作为一个更大的系统中的一个部分，这个系统还包括后变速器、变速把手以及一套特别组合的牙盘。一般来说，为了获得最佳性能，应该使用全套套件。选择不同的牙盘可能是满足齿比需求的一种简单快捷的方法，但是对于高达11速的大范围齿比组合，如果搭配不平衡，即使齿比合适，表现不佳的变速性能也会拖后腿。

选择前变速器

选择前变速器时，首先要考虑你所需要的换

档能力。对于大多数变速器，都会指定可以接受的齿容如14齿，20齿，指的是最大和最小盘片的齿数差。想要知道牙盘齿数差，用大盘的齿数减去小盘的齿数就可以了。

竞赛级变速器齿数差通常为10~16齿。运动型前变速器则可以最多接受20齿，而旅行用变速器的齿容则高达26齿。

变速器制造商提供的齿容通常比较保守，如果你准备小小的改动，略微超过也没有问题。官方数字的计算有三个基础条件：链条长度正确、后变速器位置正确和小盘对小飞时链条不会蹭前变速器。即使蹭链条，也是蹭前变速器的最低点，也就是两块导链板末端连接的位置。使用三片式牙盘时，为了避免蹭链条，建议在前面使用最小盘片时，后面只使用最里面的3~5片飞轮。

公路竞赛用前变速器的间距通常比山地车前变速器的间距窄。因为，公路竞赛用变速器换档更快，但是变后飞时需要及时微调前变速器。也就是说，为了避免蹭链条，当链条在后面左右移动时，前变速器必须随着链条略微转动。

在选择过程中，还必须考虑大盘的尺寸。变速器的导链架应该尽可能匹配大盘的弯曲率，以达到最佳的变速性能。为了防止尾部干扰牙盘齿，本来为最大44齿盘片设计的变速器如果搭配53齿的盘片使用，那就必须将变速器定位到很高的位置才能正常换档。

另外，前变速器还要匹配车架。此时需仔细查看它的安装方式，也可骑着车或带着旧变速器去车店。这一点很重要，因为某些前变速器的安装方式很特殊，例如有些安装在中轴和五通之间的一块钢板上。

选择新的前变速器时，还要注意变速线的走线要求。大多数变速器都要求裸露的变速线穿过过线座。某些老款产品则允许变速线全程用线管包裹，变速器本体内还有一个线管槽。如果你想把自行车设计成内走线的，但你买了一款要求外走线的前变速器，那你只有在五通下面放一个过线座，才能正常使用。

你可能还需要更换变速线，因为新的走线方式要求变速线更长。如果你担心这个问题，购买前要咨询经销商。

山地自行车上，前变速器根据变速线的连接方向，可以分为上拉式和下拉式。各种各样的避震系统设计也激发了不同安装方式，从传统的夹环式到"E型"中轴安装式，再到直装式。只有选择正确的安装方式，才能使其正常工作。

有些公路车架，通常是小厂订制的加大或异形管材的铬钼合金车架或碳纤维车架，要求使用挂耳式前变速器。也就是说，立管上无法安装夹环。这时就需要一个永久固定在立管上的安装座，通过螺栓固定变速器。如果你的车架只支持这种安装方式，那就要确保购买的变速器支持这种安装方式。对于钢架，车架制造商可以拆卸这个焊接座，这样你就可以使用其他安装方式的前变速器了。如果要将其拆卸的话，需要在那个区域重新上漆。

拆卸、安装与调节

链条使前变速器的拆卸变得较为复杂。虽然有些老款产品的导链架使用螺钉固定，但是目前所有的产品要么是铆接的，要么是一体的。无论哪种情况，都要往正确的方向拨动变速拨杆，让线完全松下来。用扳手松开锚定螺栓，把线松开。

假设你的前拨是新款的，接下来就要截断链条了。如果没有魔术扣，则需要使用截链器（见第8章 链条）。如果你用的是老款变速器，那么拧下导板末端的螺钉和螺母就可以把链条取出来，不过安装新变速器时可能仍然需要截断链条。

拆下链条后，松开变速器的安装螺栓，将其从车架上取下。直装型和E型变速器可能还需要拆卸牙盘和/或中轴。

安装时，先不要完全拧紧螺栓，只要能够固定位置即可，稍后还需要微调定位。然后，将链条穿过导链架重新连接好。

在确定好合适的高度之前，不要安装变速线，否则拉力会导致变速器错位。此外，安装螺钉时不要拧得太紧，以便于上下、左右调节。

将链条从内盘上取下，让它垂在五通上。将导链架向外拉，使其处于大盘的上方。调整变速器夹环的高度，使导链板下缘与最高盘齿之间的距离为1~3mm，然后稍微拧紧变速器螺栓。

设置好高度后，要对齐变速器。将链条重新挂在小盘上，然后调节变速器的角度使外导链板从上面看与大盘平行。调整好角度后，完全拧紧螺栓。至此，前变速器的位置已经调节完成了。

下一步是调节变速线长度。操作变速把手，完全释放变速线拉力。将线穿过变速器，用力拉紧。用钳子拉紧变速线末端，同时拧紧锚定螺栓。剪断多余的变速线，保留大约1英寸。装上线帽，防止变速线散开。如果是新变速线，要反复操作变速把手，使线拉伸，然后重新调节变速线。

现在开始设定限位螺钉，其目的是使变速器既能够轻轻完成换档，又不会让链条掉落到牙盘之外。

将链条变换到后最大飞轮和前最小盘片上。找到公路自行车或老式山地自行车变速器的低限位螺钉（也称为内限位螺钉，通常是两颗限位螺钉中最里面或最上面的一颗）。对于"上摆"式山地自行车变速器（它们很容易辨认，因为它们的立管夹环位于导链架的下方），限位螺钉是相反的，但是会标记"High"和"Low"。调节低限位螺钉，使内导链板距离链条大约2mm，骑车后，可能需要重新进行微调。如果站骑或用力踩踏时会蹭链条，那就重新调节低限位螺钉，使内导链板略微接近链条。

设定完成后，换档到最小后飞轮片和最大盘片。现在调节高限位螺钉（也称为外限位螺钉），使外导链板距离链条大约2mm。其微调方法与低限位螺钉微调方法相同，但应注意：在任何情况下，变速器的摆臂都不应该碰到曲柄。

特殊问题的调节方法

如果变速器动作迟缓或者换档过度，且无法通过定位螺钉矫正，则通常可以手动调整导链架的形状。

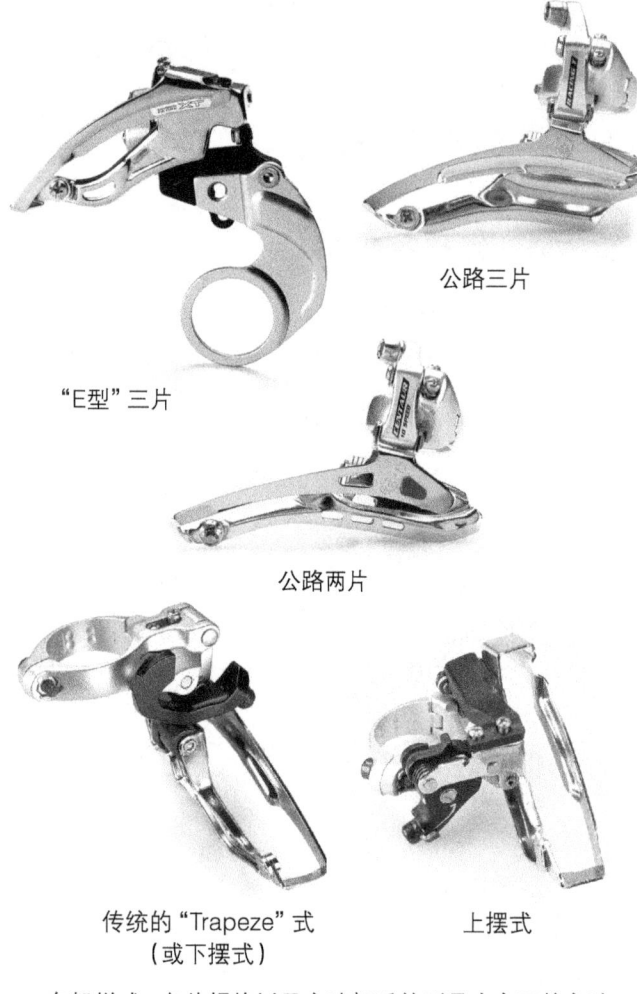

公路三片

"E型"三片

公路两片

传统的"Trapeze"式（或下摆式）　　上摆式

车架样式、盘片规格以及变速把手的型号决定了前变速器样式。

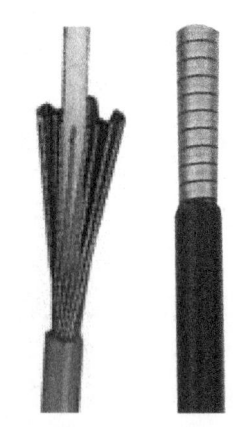

螺旋线管（右）结实而有弹性，但是当线被拉紧时，它会稍稍压缩。现在9速、10速、11速定位变速系统采用直线型或无压力线管（左）来保证精确的换档。

如果链条总是掉落到大盘外侧，或者变速器从大盘变到小盘时比较迟缓，那么可使外导链板的鼻端略微朝向链条弯曲，但是，不要弯曲很大，否则会蹭到链条。

另一种情况，如果链条无法变换到大盘，则从上面观察内导链板，导链架鼻端应该略向链条弯曲。如果不是这样，那么轻轻将其掰弯，但不要使其蹭到链条。

如果仍然存在问题，那就从前面检查导链板。如果内导链板没有与外导链板平行，或者略微朝向内，那么把它弯曲到与外导链板平行就可以了。

最后，应确保换档问题不是由于变速线调节不当引起的。如果变速拨杆推动一段行程才开始拉紧变速线，说明变速线太松。此时可将变速拨杆推到头，在锚定螺栓处拉紧变速线后再重新锁死。对于某些系统，可以通过顺时针旋拧变速把手或车架上的调节螺母来拉紧变速线。

保养前变速器

前变速器的结构虽然简单，但必须要保持干净，否则堆积的灰尘最终会进入轴承表面。一旦进入，它就变成了研磨剂，会磨损轴承表面，造成过早磨损，这种磨损将导致变速装置松动，最后造成变速不良。请记住，刚性是精确变速的重要条件。

清理变速器表面的沙尘，并使用溶剂清理内部的沙尘。将变速器擦拭干净，使溶液挥发掉，然后用轻型润滑油润滑转点。TriFlow 或 Finish Line干性润滑油也非常适合。在摇臂末端开放的位置滴入少许润滑油，操作变速器，然后再滴入一些。擦掉多余的润滑油，否则会迅速沾染新灰尘。

自我调整前变速器

如果你对自己的前变速器很满意，只不过每次后变速器换档一两次后，前变速器就需要微调，那么你可以把导链架变宽一点。松开并取下导链架的螺栓，然后在两个金属片之间插入一个垫圈，这样可以增加内外导链板的间距，让链条的移动范围更大。

为了保证前变速器干脆利落地将链条从一个盘片变到另一个盘片上，要特别注意三件简单且重要的事情，即清洁、适当的润滑、调节。前变速器优异的性能将使你尽情享受骑行。

答疑解惑

问题：骑车时，在把链条变到小盘时出现链条掉落的情况。

解决方法：通常可以继续骑行，轻轻踩踏，同时将链条变回大盘片，如果足够幸运，链条会回到盘片上。如果问题经常出现，要检查低限位螺钉的设定。

问题：站姿爬坡时，链条蹭变速器。

解决方法：调节低限位螺钉，使得在使用低档位时，链条和导链板之间有更大的间距。

问题：站姿冲刺时，链条蹭变速器。

解决方法：盘片可能略微弯曲变形。仔细查看，如果盘片确实弯曲，那就要矫正了；或者调节高限位螺钉，使得在使用高档位时，链条和导链板之间有更大的间距。

问题：前变速器无法将链条变到小盘片。

解决方法：确保变速线可以正常移动。检查导链架的角度是否平行于盘片，低限位螺钉的设定是否能让前变速器充分向内移动，以及前变速器的鼻端是否略微弯向链条。

问题：前变速器无法将链条变到大盘片。

解决方法：检查导链架是否平行于盘片，高限位螺钉的设定是否能让前变速器充分向外移动，以及前变速器的鼻端是否略微弯向链条。

问题：前变速器无法将链条变到中盘。

解决方法：确保中盘安装正确，如果装反了，前变速器将无法将链条变到中盘。

问题：锚定螺栓溢扣了。

解决方法：尝试将螺孔攻成更大口径，使用更大的螺栓。

问题：链条在导链架上磨出了一个洞。

解决方法：如果可以，就安装一个新的导链架；否则更换前变速器。骑行时，避免使链条摩擦新的前变速器。

前变速器的基本保养

1 前变速器移动缓慢，难以正常完成换档，说明运动部件上可能有沙砾和污垢。通常，彻底清洗和润滑前变速器可以极大地改善其性能。

直接润滑安装在车上的前变速器是最容易的。因为可以来回操作前变速器，同时润滑不同的转点。然而，清洁是另一回事。彻底清洁前变速器的最佳方式就是将其从自行车上拆下来，浸泡在溶剂中。幸运的是，拆卸前变速器的过程很简单，只需少量时间。首先，操作变速拨杆完全释放变速线张力，然后松开锚定螺栓，将线从变速器上取出。

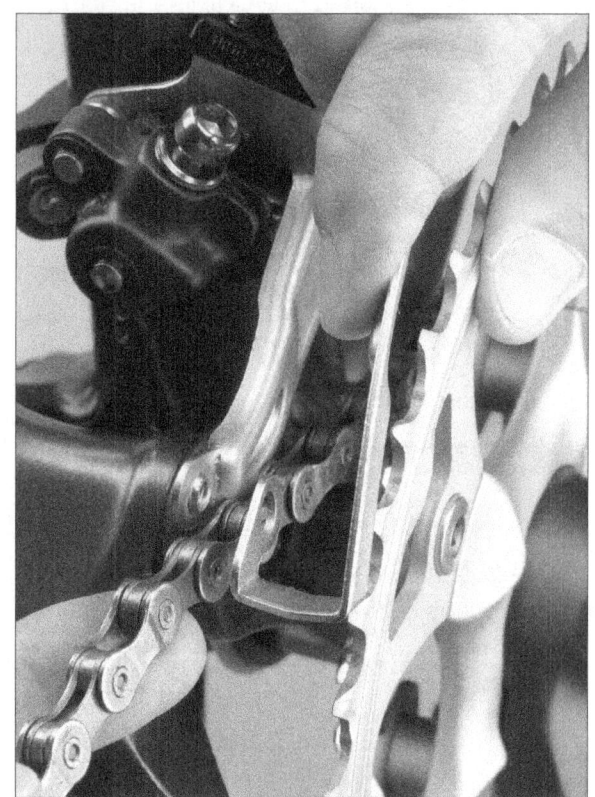

2 现在妨碍取下变速器的主要问题是穿过导链架的链条。可以使用截链器截断链条，但是更简单的解决方法是取出导链架尾部的销钉。松开用于固定销钉的螺栓，取下销钉，然后将链条从导链架中取出。如果前变速器的导链架是一体的（常见于20世纪90年代末以后的诸多车款），我们的建议是，卸非需要更换，否则不要拆卸。在清洗时也不需要将其拆下来。拆卸时，必须截断链条。如果前变速器老化，需要更换，那就用钢锯截断导链架，取出链条。另一种方法就是降低前变速器的位置，这样和拆卸链条后一样容易清洗。

3 当变速线和链条都被拆下后，就可以把前变速器从自行车上拆下来了。找到固定前变速器的螺栓，拧松并将其卸下。拆下前变速器后，应把螺栓放回去，以防丢失。

4 如果前变速器是用夹环固定的，那打开夹环后即可将其取下（见右图）。取下后将前变速器浸泡在溶液中，松动支撑面的污垢，清洁并抛光立管的下部，尤其是被前变速器遮住的那部分。

用旧牙刷或硬毛刷清除前变速器上的顽固油污，再用溶液清洗一次，然后用抹布擦干。把干净的前变速器放在一边，让溶液蒸发。

尽量将前变速器装回原来的位置，然后按照第206页的说明进行正确调整。正确安装后，重新装回变速线，在每个转点处喷上少许的轻质润滑油或链条油。操作前变速器，再喷上更多的润滑油。来回操作前变速器几次，让润滑油渗入零件，然后用干净的抹布擦去多余的润滑油，否则，留在外表面上的润滑油会沾染新的灰尘。

前变速器的安装

1 安装前变速器时，如果链条已经在车上了，那就没必要截断链条了（有些前变速器的导链架无法打开，这种前变速器在安装时需要截断链条），只需打开导链架的尾部，装入链条，再重新闭合就可以了。如果链条本来就是断开的，则没有必要打开导链架了。安装前变速器后，将链条穿过导链架后连接好即可。如果前变速器是使用夹环安装的，那就取下螺栓，打开夹环，用夹环夹住立管，调整到正确的高度后，装回螺栓。

拧紧螺栓，防止其打滑，但不要拧得太紧，应该能用手调节（见左图）。

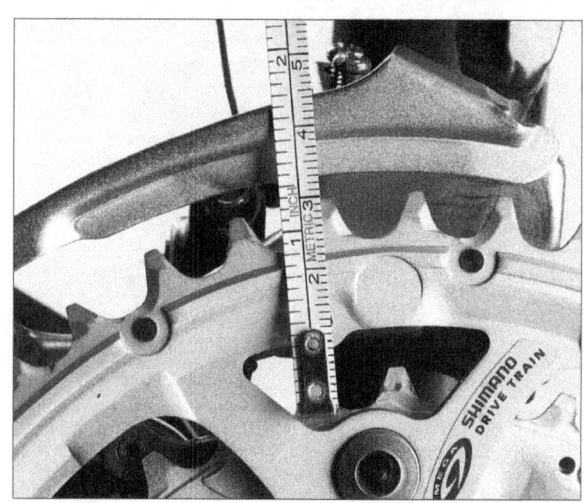

2 如果前变速器是挂耳式的，则要将它固定在挂耳上，然后稍微松开高度调节螺栓。

在重新连接变速线之前，应设定前变速器的高度和角度。调节时，将链条从盘片上取下,挂在五通上。

将导链板拉到大盘的上方，注意外导链板与大盘齿的位置。调节前变速器的高度，使外导链板距离大盘齿的最高点1~3mm。

3 放开前变速器，然后从正上方观察，确保外导链板与牙盘平行（见左图）。一旦设定好高度和角度，就要完全拧紧螺栓了。

4 将链条穿过导链架，挂在小盘上，重新关闭导链架或重新连接链条（见右图）。使用WD-40或White Lightning Clean Streak冲洗每一部分线管，然后从变速把手处穿新的变速线，使其经过线管，最终连接到前变速器上。

要注意有些变速线需要从五通上方穿过，有些从五通下方穿过，还有一些从上管连接下来。另外，还要注意一些前变速器直接将裸露的变速线穿过即可，而其他一些则留有线管槽，需要将带线管的变速线插入。如果新买的前变速器与你的自行车不兼容，那就去车店更换。

5 将变速线穿过变速器的锚定螺栓并拉直。用钳子拉紧变速线末端，同时拧紧锚定螺栓。来回操作变速把手几次以拉伸变速线，然后松开锚定螺栓，重新拉紧变速线后再次拧紧锚定螺栓。

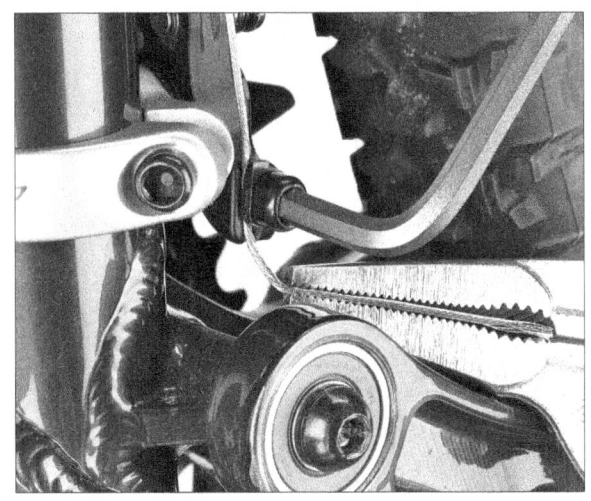

6 新变速线通常比需要的长一些。安装后，变速线末端要留1~1 1/2英寸，并用剪线钳剪掉其余的变速线（见右图）。要装上线帽，防止变速线散开。

安装前变速器后，要在骑行前按照206页和207的步骤进行调节。

前变速器的调节

1 安装新的前变速器后要设定其活动范围，此后这种调节工作可能需要定期进行。如果无法变速或者变速过度，说明需要调节了。

首先，将链条变换到最小牙盘和最大飞轮上，找到限定前变速器向内移动的螺钉。带有两颗水平排列限位螺钉的前变速器有两种基本类型：传统式和上摆式。如果前变速器是挂耳式的或者夹环位于导链板上方，那么这个变速器是传统式的，低限位螺钉是靠近车架的那一颗；如果车架夹环位于导链架上端的下方，则说明是上摆式前变速器，限位螺钉是远离车架的那颗。上摆式前变速器的限位螺钉旁边通常标记有"High"和"Low"字样，以避免混淆（见左图）。如果它们是垂直排列的，那很可能是上面那颗。设置好限位螺钉，使内导链板距离链条内侧2mm。

2 将链条变换到最大盘和最小后飞轮上，设定另一颗限位螺钉，使外导链板距离链条外侧约2mm（见左图）。

设置后，链条可以在盘片之间变换，而不会蹭到导链板，一定要通过试骑来检查调节结果。如果设定后，链条仍然会蹭到导链板，那么需要略微拧松限位螺钉，但不要松得太多，否则快速换档时，链条容易掉落。另外，导链架向外运动时，不应该碰撞曲柄。

3 如果前变速器换档不畅,那么要仔细观察它的形状。大多数制造商都会稍微向内弯曲导链板,使导链架的鼻端更窄,从而保证变速性能。如果你的前变速器也需要这样做,那就用钳子轻轻弯曲导链板。

4 有时用后变速器变速时,链条可能会蹭到前变速器的导链架末端(见右图)。这种情况在窄导链架和9速、10速或11速飞轮的自行车上非常常见。这种摩擦最终会损坏变速器,通常只需要轻微推动左(或前)变速杆就可以了,就是所谓的微调变速器。

5 如果要消除或至少减少这种摩擦,可以尝试加宽导链架的尾部(如果导链架无法打开就没办法了)。拔出部分导链架尾端的螺栓,中间加入一片小垫片,然后重新拧紧螺栓。

使用前变速器可能遇到的最后一个问题就是,在使用某些齿比组合时,链条会拖拽导链板尾端。例如,在使用小盘搭配最小飞轮时,链条会往下移,从而拖拽导链架的尾部。解决方法很简单,就是换用别的齿比组合。

链条拖拽的原因也可能是前变速器和牙盘不匹配。例如,使用小盘搭配一个为旅行车设计的变速器时就会出现这个问题(见右图)。这里的解决方案是显而易见的,如果你打算使用最小的盘片,则应该使用相应的变速器。这种不匹配的问题无法通过机械来调节修正。

后变速器

第十一章

后变速器的出现和完善，使得档位选择范围变得更广，从而使骑车变得更方便、更愉快。除此之外，后变速器宽泛的档位选择，造就了另一种骑行方式的出现，这就是现在的山地骑行。经过不断努力，才出现与现在典型链条驱动的变速自行车上一样的，轻型、高效的档位变化系统。

在骑行中一旦后变速器不工作，立即就能感知到。这可能是从一个档位变换到另一个档位时出现迟缓；也可能是齿轮错位，导致链条在两个档位之间来回跳动（当然，通常是在最不合适的时间更糟的情况是，变速器可能将自己和链条绞进后轮的辐条里，瞬间让你结束这次骑行）。

骑行中要注意保护你的后变速器。如果骑车时和道路上的石块接触，或者与路上的骑车人碰撞，又或者在最喜欢的咖啡店外面的人行道上不幸摔倒，都可能使后变速器报废，而且还有其他潜在的威胁，它们通常不那么容易被察觉。

制约后变速器性能的因素主要有灰尘、砂砾、腐蚀和正常使用造成的磨损。就算是少量的清洁和保养，也能延长制作精良的后变速器的使用寿命，几乎可以一直使用。后变速器是通过将链条从一个齿轮拨动到另一个齿轮来达到变速目的，这也是它名字的由来。通过变速把手操纵变速线，拉动后变速器内部的弹簧。当操作变速把手时，变速线会克服弹簧的阻力，在某个方向上拨动链条。当变速把手释放变速线时，弹簧收缩，向相反的方向推动链条。

在使用摩擦式下管变速装置和五速旋飞时，你会发现变速线很短，连接方式也更直接，因此保持后变速器正常工作相对容易实现。在很多情况下，关闭就是尽可能地闭合。现代科技使飞轮片的间距更加靠近，将刹车和变速功能融为了一体，内部使用了精密的装置。这一切都将后变速器的保养和维修的复杂性提升到了一个全新的水平。

后变速器的类型

有两种基本的后变速器类型，即短腿变速器和长腿变速器。"腿"是指固定两个导轮的两片导链板。短腿变速器主要用在双盘片的传动系统组合中，常见于公路竞速自行车上。长腿变速器能够接受更大范围的盘片组合，所以在三盘片或者后飞轮齿数变化非常宽的自行车上非常常见。还有中腿后变速器，有时会受到某些山地车手的青睐，因为他们喜欢使用两片式牙盘组，而不是通常的三个盘片。

升级

更换后变速器时，需要注意几个兼容性问题。

首先要考虑，玻璃柜里吸引眼球的那闪闪发光的新变速器，能不能和车上的变速把手和飞轮组兼容。对于定位变速而言，在7速飞轮上使用8速变速器，在8速飞轮上使用9速变速器，或者在9速飞轮上使用10速变速器，也许均能够正常工作，但是其他方式则不行。还需要知道Campagnolo与Shimano或SRAM不兼容，老款的Suntour除了和新款Suntour兼容之外其他都不能兼容。新款Suntour和Shimano兼容，有些SRAM型号和Shimano兼容，但有些则不行。首先要排除Sachs或者Proshift等品牌的产品，因为要找到与它们兼容的产品更难。这是一个复杂的问题，但是有时却又很幸运，因为自行车店里总会有知识渊博的人，他们真的喜爱讨论这些兼容性之类的微妙问题。可以请他们帮助决定什么可以使用，什么不能使用。

后变速器的工作原理

在此用非常简单的术语来讨论变速器是如何把链条从一个齿轮移动到另一个齿轮上的。后变速器的另外一个功能尽管没那么重要，但是可以在自行车全部档位上始终保持链条张力。

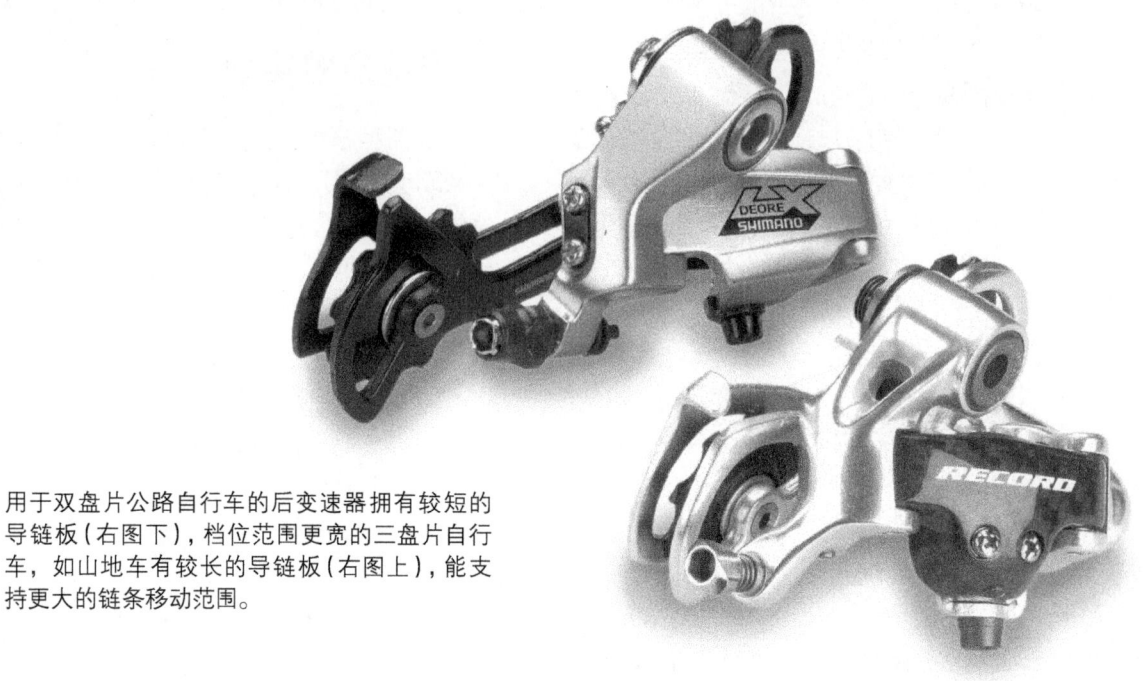

用于双盘片公路自行车的后变速器拥有较短的导链板（右图下），档位范围更宽的三盘片自行车，如山地车有较长的导链板（右图上），能支持更大的链条移动范围。

每一个后变速器的导链板都受到弹簧的张力。这个张力使导链板向自行车的尾部旋转。当链条工作在小盘片/小飞轮组合时，后变速器导链板向后旋转，拉紧链条的松弛部分。当变换到较大盘片或者较大飞轮时，导链板被向前拉，保持链条的张力，并允许链条缠绕在较大的盘片上。

在过去的几十年里，后变速器系统有了巨大的进步，现今出售的中等价位自行车上装配的后变速器，性能比20世纪80年代和90年代职业车手们用的还要好。总体来说，目前型号之间的性能差异不再像过去那样具有戏剧性。当时，质量的范围是从优秀的到糟糕的，现在是从优秀的到可接受的。

后变速器结构解析

后变速器主体有一个平行四边形结构，配有一个弹簧，用来把这个结构向一个方向上拉动，而变速线则将其向相反的方向上拉动。弹簧一直拉扯后变速器，对抗变速线的拉力。当变速线的张力完全释放时，后变速器把链条移动到最小的飞轮上。变速把手和变速线的工作就是克服弹簧的阻力。

连接后变速器主体的是后变速器导链板结构。后变速器导链板结构是包围链条的部分，用于把链条从一个飞轮移动到另一个飞轮上。导链板结构由两个垂直板（导板）和两个小滚轮（导轮）组成。链条沿着反S形路线穿过两个滚轮。上面的滚轮称为导向轮，它引导着链条从一个飞轮移动到下一个飞轮；下面的滚轮称为张力轮，用于保持链条张力。当链条从一个飞轮移动到较大或者较小的飞轮上时，后变速器导链板结构向前或向后转动，使张力轮向前或向后移动，拉紧松弛的链条或者释放链条。

目前有两种基本的后变速器设计形式，即单轴式和双轴式。SRAM的后变速器就是单轴式变速器中的一个例子。在这种设计中，后变速器主体与飞轮间有一个固定的角度，后变速器主体在整个变速过程中始终保持这个预设的角度。只有当导链板结构在为了释放或者拉紧链

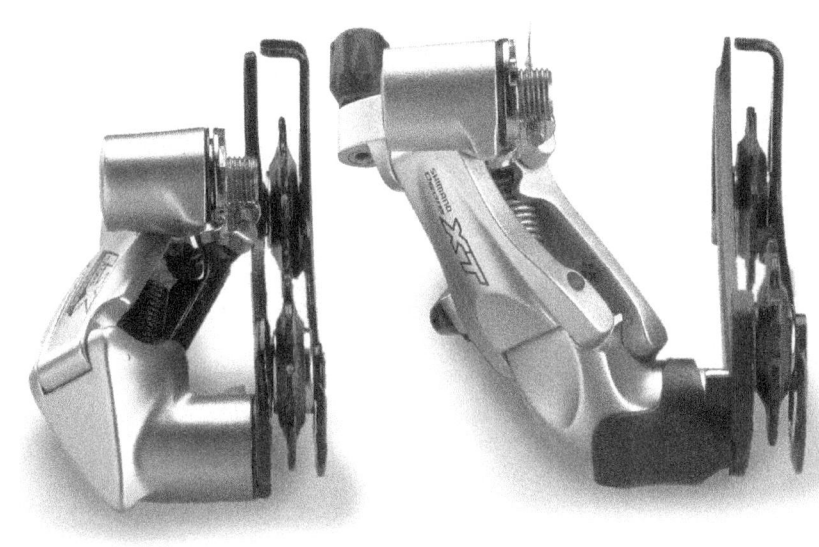

大多数后变速器是会回弹的,所以后变速器能自然地回到最小齿轮位置,也被称为高位(正拉)变速器(左图左)。相反,低位(反拉)变速器(左图右)自然状态下位于最大飞轮的位置。

条而向前或向后转动时,才会改变角度。

双轴式变速器有和单轴式变速器一样的导链板结构。它在主体上面的末端还有一个弹簧,当其将链条变换到最小飞轮时,弹簧会使变速器主体向前移动。这种向前移动可以让更多的链条缠绕在飞轮上,使链条和飞轮齿之间有更有效的咬合。这种弹簧的伸缩,还能在把链条变换到大飞轮上的同时,使后变速器向后、向下运动。

后变速器的导链板也会影响变速器的性能。导链板的长度决定着后变速器缠绕起松弛链条的能力。导链板越长,后变速器的能力也就越强。

然而,较长的导链板并不是对所有的自行车来说都是必要的,也并不都是最好的解决方法。长腿变速器产生的链条张力,很难保持像短腿变速器那样的高水平,这会导致变速缓慢。所以,如果顶尖性能是首要考虑的目标,那么在保证兼容性的前提下,就需要选用短腿变速器。

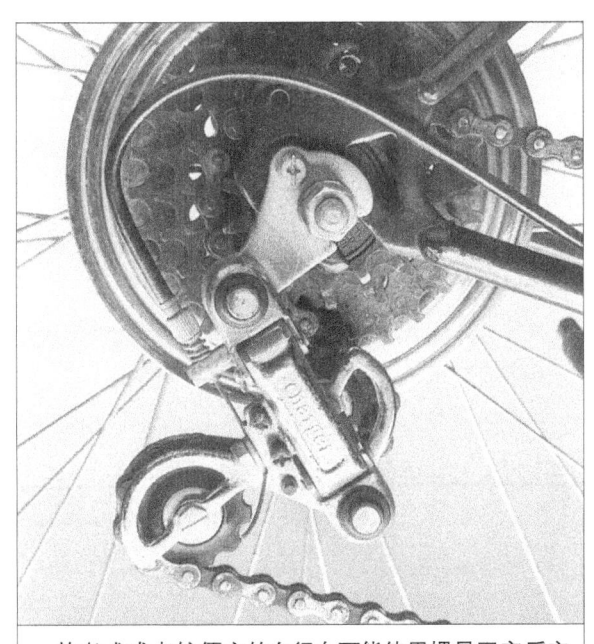

一款老式或者较便宜的自行车可能使用螺母固定后变速器。应定期检查这个螺母,保证它保持锁紧。然而,在拆后轮时,后变速器可能会脱落,从而使装回车轮的过程变得复杂。

选择新的后变速器

在选择后变速器时，必须首先考虑齿容。大多数后变速器用齿数来注明范围，例如27齿或43齿。无论多少齿，都说明它能够接受齿数的范围。这种数字被称为齿容或齿容比。

将飞轮上最大齿轮和最小齿轮之间的齿数差，加上牙盘上大盘片和小盘片之间的齿数差，即得到最佳的后变速器导链板长度。在典型山地车的传动系统上，齿容可能是43齿（42齿 − 22齿 = 20齿，34齿 − 11齿 = 23齿，23齿 + 20齿 = 43齿），而公路自行车可能是25齿（53齿 − 39齿 = 14齿，23齿 − 12齿 = 11齿，14齿 + 11齿 = 25齿）。每家制造商为每一款后变速器能够有效工作，建议了最大的齿容。下面的图表提供了一些粗略的指导，具体的后变速器可能存在细微的差异。

竞速双盘片变速器的齿容通常是20~28齿。山地自行车，配有长腿变速器和三盘片的配置，齿容可以达到45齿。

注明的数字通常是制造商的一种保守估计，建立在所有可能的盘片组合的基础上。但是，如果骑车时能避免让链条同时位于最小飞轮和最小牙盘上（当然你也应该如此），那么可能会稍稍超出制造商说明的范围。在三片牙盘组上，最小的第三层盘片通常只和飞轮组中最里面的3~5个飞轮片配合使用。

安装后变速器

在自行车车架上安装后变速器时，通常采用两种尾钩中的一种：螺钉固定尾勾或者单体尾勾。螺钉固定尾勾是最便宜的，也是在玩具店和百货商店里出售的自行车上经常使用的。它通过一颗很小的校准螺钉和自行车的轴杆螺母固定。

单体尾勾在如今的大多数自行车上都能找到，这种情况下，后变速器的挂钩其实就是钩爪的延伸。单体尾勾通常比螺钉固定尾勾更结实，更利于变速。对于螺钉固定尾勾，应该使用由厂家提供的尾勾。

因为铝材在几次弯曲和掰直后就会出现疲劳现象，产生裂纹，所以把单体尾勾设计安装在铝制钩爪上，容易更换。对于没有接受过培训的人，可能会把可更换式尾勾和螺钉固定尾勾相混淆。要想把它们区分开，只要记住装可更换式尾勾的自行车一般有垂直钩爪，而螺钉固定尾勾只能用在水平钩爪的车架上就可以了。

当使用定位变速器时，变速器尾勾的形状特别重要，因为所有的现代类型的自行车都是通过按动指拨来变换档位的。从后轴杆中心到后变速器安装孔中心的距离应该是1 1/4英寸，或者稍小一点。如果后变速器在飞轮下方太远，定位变速器可能会工作不良。

后变速器的典型最大齿容

（牙盘最大盘片齿数−牙盘最小盘片齿数）+（飞轮最大齿轮齿数−飞轮最小齿轮齿数）=齿容

导链板结构类型	简称	导链板结构的一般长度（张力轮中心至导向轮中心）/mm	最大的齿容/齿
短腿	SS	50~60	25~32
中腿	GS	70~80	29~38
长腿	SGS	90~100	39~45

注：最大齿容因生产商和变速器型号的不同而不同。

要使9速、10速和11速变速系统能工作正常，需要将后变速器尾勾校准得非常精确。用ParkTool中的一个工具（上图左），可以使变速器尾勾与飞轮达到完美平行。在紧急情况下，可以在螺栓（上图右）里插入5mm的内六角扳手，增加额外的杠杆力，用手掰直，大概调整变速器。

尾勾不弯曲是后变速器正常工作的关键。如果怀疑尾勾或者钩爪坏了，首先应拆卸后轮，装上H工具（重的钢棒，用于检查两个钩爪是不是平行，且是否在一条直线上），检查钩爪的对齐情况。如果确定钩爪没有问题，那么装上后轮，用变速器尾勾矫正仪（一个有触角的旋转钢棒，用于确定尾勾是否与后轮平面平行）检查尾勾。这个工作的更多细节可以参考第二章　车架。

一旦调整正确了，与飞轮接触良好的后变速器应该能平稳变速，而且非常可靠。当今的后变速器很少会因为失调而停止工作，现在它们出现问题的原因通常是碰撞、灰尘和错位。为了能正常工作，后变速器必须保持干净，润滑良好，校准正确，而且经常调节。

维护

如果后变速器没有想象中的性能那么好，首先应检查变速线和线管，腐蚀、磨损和灰尘都是常见的问题。试着润滑变速线，如果变速线坏了，则直接更换变速线。如果后变速器依然有问题，那么需要仔细地检查。在自行车后面俯下身仔细观察后变速器，看看变速器是否弯曲了。导链板应该和自行车的中心线平行。如果从后面看导轮是直的，那么从飞轮片延伸出来的假想线会平分两个导轮。如果导链板向车轮方向倾斜，那么导链板、变速器主体和尾勾（甚至是与尾勾连接的钩爪突耳）都可能弯曲了，这时要全面检查这三部分。

摩擦式后变速器不需要精确的尾勾校准（它

依赖于变速把手通过变速线将链条拨到位置后，靠摩擦力保持不动），所以可以尝试用活扳手和内六角扳手来矫正弯曲的尾勾。把后变速器上的螺钉拧下，从尾勾上拆下后变速器。将车轮留在车上，用活扳手的钳口掰直尾勾。如果后变速器使用内六角螺栓安装，那么可以让后变速器还留在尾勾上，只要把内六角扳手插进螺钉的操作面中，把它作为杠杆，同时向外拉后变速器，使尾勾回到垂直线上即可。

这些方法并不能满足定位变速器的需求，因为它的尾勾需要和飞轮严格平行。可以试试用活扳手来校准，但是要想调节准确，需要有好的眼力。同样，用内六角扳手可以在摩擦变速器上微校准尾勾，但是许多定位变速器用的是5mm安装螺栓，所以5mm的内六角扳手可能不能提供足够的杠杆力。总之，很有必要把自行车带到店里，用专业校准工具矫正后变速器。

摩擦变速器上弯曲的导链板有时可以用手来矫正，以保证其可以正常工作。但是弯曲的定位变速器需要直接更换，因为它们一旦损坏，就很少能正常工作了。如果尝试矫正后变速器，需要支撑住后变速器主体，以防止在把导链板弯回原位时，后变速器出现扭曲变形现象。只要不想让导链板弯曲得更厉害，就应小心地操作。弯曲的后变速器主体是最大的麻烦，因为它们很难矫正，所以这个工作还是留给商店里的技师来处理吧。

清洁

后变速器的工作部件虽然很少，但是保持组件的清洁也是很重要的。积累在后变速器主体外面的沙砾，也会慢慢粘到轴承表面上。一旦钻进了轴承里面，沙砾就会像砂纸一样，摩擦轴承的表面，导致轴承提前磨损。这种磨损可能以间隙或者污水的形式出现。在整个系统中，这意味着档位变换会变差。记住，坚实的变速器对优秀的变速性能来说很重要。

脏的后变速器在润滑之前应该先清洁。如果自行车经常使用，偶尔给链条和后变速器做一次彻底清洁和润滑是非常明智的做法。对于山地自行车，每月应该做一次。公路自行车是在较干净的环境里使用的，所以它们的后变速器不用如此频繁地清洁，每六个月清洁一次差不多就可以满足需要了。观察后变速器的外观，如果传动系统被油脂、污垢和灰尘覆盖了，说明变速器需要清洁了。

清洁传动系统部件时，既可以在车上清洁，也可以把它们拆下来清洁。如果在车上清洁，那就拆下后轮，在后钩爪里插进一根长的螺丝刀，这样可以支撑住链条，用硬毛刷和一些柴油清洁链条、变速器和牙盘。

如果想卸下传动系统进行清洁，首先拧松后变速器上的线夹螺栓，松开变速线，然后用链条工具（见172页）拆下链条。拧松尾勾上后变速器的固定螺栓，从车上把后变速器拆下，把后变速器和链条放在溶剂里，简单地浸泡一下，用毛刷清洁掉链条和后变速器工作部件里面的沙砾，然后用抹布把它们擦干净。在进行下一步操作之前，让表面的溶剂完全风干。

润滑

如果拆下了后变速器和链条，那么清洁后应按拆卸的相反顺序重新装回去。用气雾溶剂，比如WD-40或White Lightning Clean Streak，将最后一段变速线管里面的灰尘冲洗出来，然后在变速器安装点、导链板转点、导轮中心和链条上涂润滑油，比如Tri-Flow或Pedro's Extra Dry。在润滑链条的时候向后旋转脚踏，让润滑油慢慢渗透进链条里。在转动几次链条之后，用干抹布擦掉链条外表面多余的润滑油。是否在导轮齿、牙盘盘片或飞轮齿上直接涂润滑油并不重要，因为它们会在与链条接触过程中沾上所需的润滑油。在不同档位上来回变换，使后变速器的移动部件也可以得到润滑。一旦很满意了，觉得变速器和链条已经完全润滑了，就在沾上灰尘之前，用干净的抹布把所有多余的润滑油都擦掉。

变速线和链条的调节

安装新的后变速器时，必须确定链条的规格与由后变速器、牙盘盘片和飞轮组成的特定组合相匹配。把变速把手变换到最小飞轮的位置，把链条放在最小飞轮上，拧松后变速器上的线夹螺栓，将变速线从线夹中穿过。拉紧变速线，把它绷直，但不要太紧，用钳子把变速线拉直的同时，拧紧夹线螺栓，固定住变速线。

把链条变换到后最大飞轮和前最大盘片上。后变速器的导链板结构应该被拉向前，并且在可以继续工作的情况下几乎拉伸到最大程度，然后把链条变换到最小飞轮和最小盘片上，看链条是不是松弛。如果在第一种组合中，后变速器没有接近极限，但是在第二种组合中，链条是松弛的，可以截掉几节链条。应根据链条的松弛程度，判断应拆掉多少节链条。

相反，如果因为链条不够长，不能使用大/大组合，那就增加链节。此时可能会发现，在大/大组合时链条可能会不够，在小/小组合（如果是三片式牙盘，可能是小/中组合）时可能太过松弛。为了避免这些情况，必须做出折中的选择。

如果链条不够长，但是不小心使用了第一种组合，那么有可能将后轮向右侧从钩爪里拉出来。另一种情况，如果链条过长，却不小心使用了第二种组合，那么有可能使后变速器为了拉紧链条而向后弯曲。这可能导致链条相互摩擦，进而造成损伤。避免这些问题的最好办法是挑选能够为大/大组合提供足够的链条，且在小/小组合时保持链条张力的后变速器。如果更换车轮，则可改用大齿容的后变速器，方便自由变换。

安装

安装新的后变速器和重新装回刚刚清洗过的后变速器的步骤基本是相同的。需要强调的是，新装后变速器时，有些调节步骤非常关键。

即使购买的是相同型号的产品，从工厂里刚出来的变速器的限位螺栓和B角螺钉的调节，可以肯定地说，也不适合你现在的车架和飞轮，而且因为新的后变速器主体可能和旧的不一样，可能不得不增长或者削短变速线和线管，使变速线在线管卡槽和后变速器之前能有一个平滑的弯曲。

调节

因为车轮的位置会影响后变速器的性能，所以调节后变速器时要先从车轮在车架上的位置处着手。大多数现代自行车都使用垂直的钩爪，而轴杆只固定在钩爪的底端。

对于配有水平钩爪的自行车，轴杆可以被固定在钩爪的任何位置。如果轴杆被固定在钩爪的前端，那么车上的定位变速器的工作状态最佳，这也适用于Simplex式的变速器（老款）。这种变速器的上端有用弹簧拉动的转点，当车轮处在钩爪中间时，摩擦后变速器工作状态较好。

移动范围

车轮位置确定后，就可以设置后变速器的移动范围了。首先调节后变速器向内（指向辐条）移动的距离。变换到小档位（大后飞轮，小前盘片），调节低档调节螺栓（也被称为低限位螺钉，通常是后面两颗调节螺钉中上面的一颗或者最远的那颗），这样可以使导轮处在最大飞轮的正下方中心处。当链条杂音最小时，并且链条在齿轮上变换得很敏捷，也不会剐蹭到辐条时，后变速器就已经调节正确了。

设置外行程。变换到高档位（小飞轮，大牙盘），调节高档位调节螺钉（也被称为高限位螺钉），使滚轮处在最小飞轮的正下方中心处，而且链条在齿轮上迅速变换。如果链条不能轻松地变换到小飞轮上，那么拧松调节螺钉，让后变速器向外移动一点点。

最后，如果是单转点变速器，只有一颗调节螺母，那么调节这颗螺母，使导向轮的齿和最大飞轮的齿之间有大约1/4英寸的间隙。

定位变速器的调节螺母

对于定位变速器，必须微调变速器，使变速把手每操作一次，变速器都能把链条移动到新的飞轮上。否则，链条不能完美地咬合在飞轮片上，转动起来还会产生杂音。

因为定位变速系统非常依赖于精准的变速线调节，所以定位变速器有一个调节螺母，可以简单地增加或者释放变速线张力。这颗螺母位于变速线穿进后变速器的地方。它通常是塑料的，用手很轻松地就能转动。有些变速装置在变速把手处也有同样的调节螺母，骑车时也可以很容易地调节。有些变速系统的调节螺母在车架下管的过线座处，可以根据需要调节变速线张力。

在左手转动曲柄时，用右手把链条变到最小飞轮上，然后变到第二小飞轮上，链条应该立即移动到飞轮片上，而且停在上面。如果不起作用，那就逆时针旋转调节螺母，每次旋转1/8圈，直到整个系统工作既迅速又精确。如果链条移动得太远，当链条刚蹭到第三小飞轮片时，会听到杂音。在这种情况下，顺时针转动调节螺母，每次旋转1/8圈，直到链条安静地转动。可以用在所有档位上来回变换的办法来检查调节情况。

使用一段时间后，变换会不那么精确，补救的方法通常很简单，只需要逆时针旋转调节螺母1/8圈左右即可，以此增加变速线张力。

改装和配件

后变速器上可做的改装很少。一些公司制造出特殊的轻量铝安装螺栓，以此取代在一些竞技级别的后变速器上常见到的钢制螺栓。虽然这只能减轻一点点重量，但是它能使后变速器更灵活。

某些制造商提供密封轴承后变速器导轮。这些导轮滚动阻力很小，而且是密封的，所以不需要维修。

大多数后变速器不需要辐条保护器。但是，这通常存在危险，比如当自行车向右侧摔倒时，后变速器可能卡进辐条里。同样，如果后变速器尾勾向里弯曲了，后变速器在变速时可能会越过最大飞轮，此时如果被卡在辐条里了，可能会损坏后变速器，也可能损伤车轮和车架。

因为旅行自行车和山地自行车要应对更苛刻的地形，所以它们比起其他类型的自行车更可能使后变速器弯曲，因此对于这些自行车，采用辐条保护器可能是个不错的主意。塑料保护盘不会生锈，也比铁质保护器的噪声小。在安装辐条保护器时，拆下旋式飞轮或者卡式飞轮，把保护器套在塔基或者花鼓螺纹上，紧贴辐条，然后再装回飞轮即可。

后变速器能够帮助自行车变成一台高效工作并带来愉快心情的机器。安装一个适合自行车也适合其他组件的后变速器，保持后变速器清洁，正确调节，并适当地润滑，最终会获得回报——数百公里平顺的变速性能。

答疑解惑

问题： 后变速器在变换档位时卡进了后车轮里，而且被弄坏了。这该怎么骑回家呢？

解决方法： 用链条工具（确定随身携带了）把链条拆开，从后变速器里抽出来，然后在中间盘片和飞轮上重新接上，把后变速器从辐条里拉出来，矫正车轮，然后用单速慢慢骑回家。

问题： 按下变速拨杆后，后变速器没有顺利地变换到档位上，而且踩踏时还有很多金属噪声。

解决方法： 后变速器可能弯曲了，需检查一下，如果没有弯曲，则可能是变速线张力变化了。如果当移动到大飞轮时变换有延迟，那么将调节螺母向大飞轮方向旋转1/8圈，增加张力。如果变换到较小齿轮时出现问题，那么向小齿轮方向旋转螺母。

问题：弄断了变速线，不能变换到轻松的档位。

解决方法：踩脚踏使后变速器将链条变换到最小飞轮，拉住变速线上剩余的部分使其绷直，然后将变速线的上端用水壶架螺栓固定。现在通过拉变速线来变换档位（但是只有拉住不动才能保持档位），或者可以拉着变速线，变换到一个轻松的档位，然后拧紧螺栓，把变速线在这个位置上固定住。

问题：后变速器产生持续的"吱吱"声。

解决方法：导轮太干了，需要润滑。试着在导轮两侧滴些润滑油，如果不起作用，那么卸下导轮（每次拆一个），在轴承表面涂些润滑油，然后再重新组装。

问题：变换档位很困难。

解决方法：灰尘可能已经渗透进了变速线和线管里。变换到最大飞轮，然后向回操作拨杆，使变速线松弛。从卡槽里拔出线管，滑下来，使变速线暴露出来，用油脂润滑变速线，然后重新组装线管。

后变速器的拆卸和安装

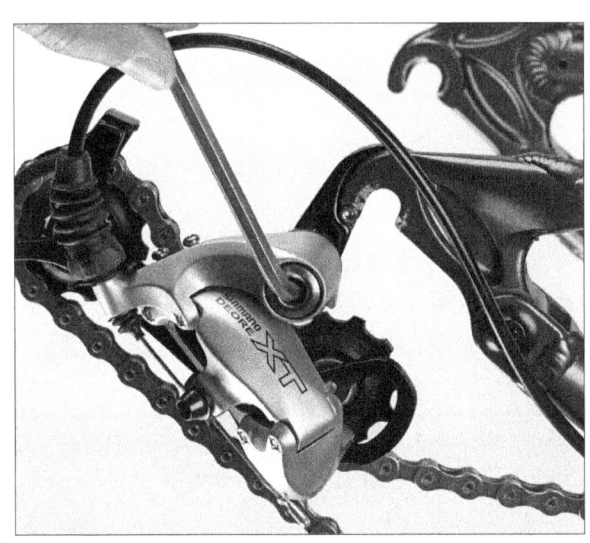

1 后变速器位于飞轮的下方，悬挂在右后钩爪的下面，由一颗螺栓固定在尾勾上（见上图）。钩爪是位于后上叉和下叉连接点处的金属片插槽，它的功能是固定住后车轮的轴杆。

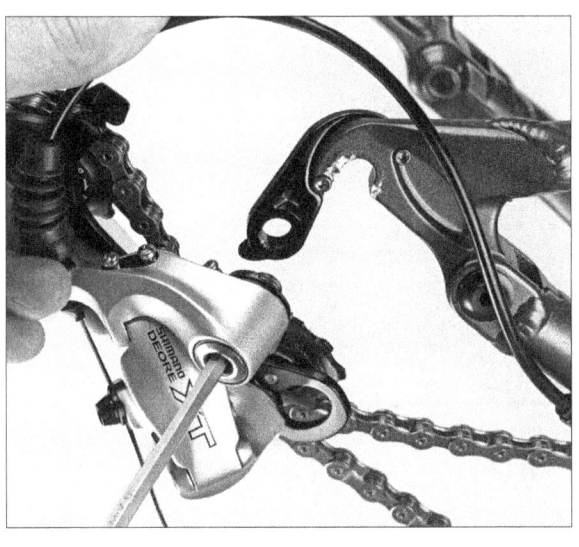

2 在高质量的自行车上，尾勾通常与后钩爪整合在一起（见上图）。一体的尾勾可更好地变换档位，因为它比便宜的螺栓固定尾勾更结实。一些一体的尾勾，比如这里展示的这款，配有可更换部分，以防止在后变速器严重弯曲时，给车架造成重大损坏。

后变速器的拆卸和安装（续）

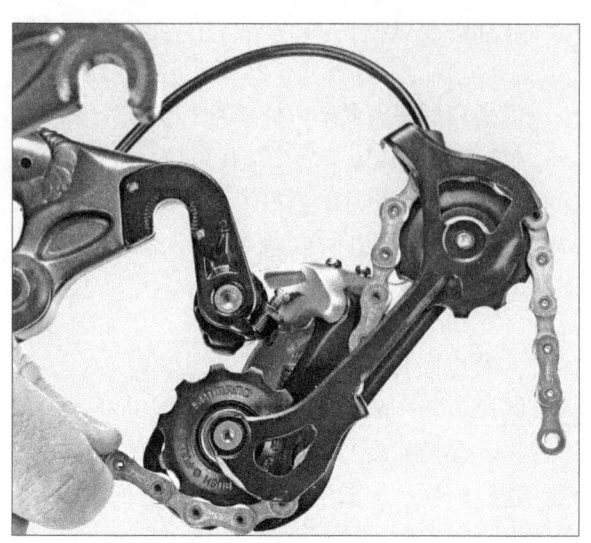

3 如果要清洁或者更换后变速器，在拆卸之前，必须松开变速线，释放掉链条张力。拆变速线很简单，只要拧松把它固定在变速器上的螺栓，然后将其抽出来即可。

从变速器上取下链条有两种方法。一种方法是用链条工具截断链条，然后从变速器的导链板结构里把链条的一端拉出来（见左图）。不要尝试把链销被推出的那一端链条从后变速器里拉出来，因为链销会被导链板挂住，应该把另一端拉出来。如果链条需要清洁或者更换，那么拆下链条是很有必要的。

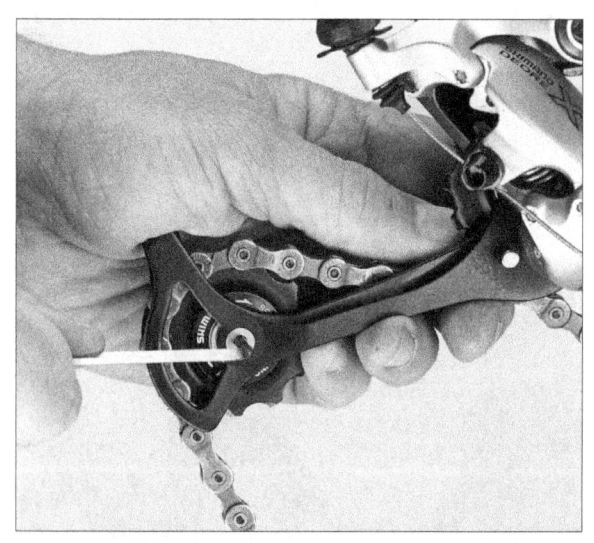

4 取下链条的另一个较简单方法是，用扳手旋出张力轮的固定螺栓（见左图），拆下张力轮，然后链条可以从导向轮上脱离。可能需要把后变速器导链板结构拆开才能取出链条，然后就可以将后变速器从尾勾上拧下来，清洁或者更换了。

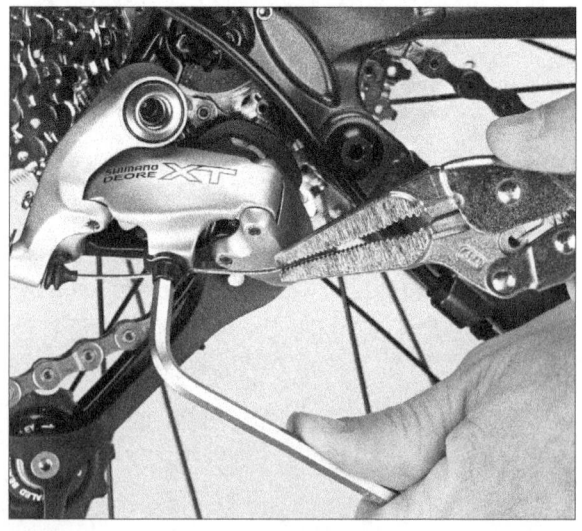

5 当安装后变速器时，按与拆卸相反的步骤进行。把它用螺栓固定在尾勾上，然后装回链条和变速线。注意，在拉紧变速线之前，应把车轮放回车上，以确保链条处在最小的飞轮上，这样后变速器可以自由地移动到最大限位之外。

操作变速拨杆，确保它处在开始的位置，使变速线处于最松弛状态，然后将变速线从后变速器主体上的线夹里穿过，用钳子拉紧变速线，同时用扳手拧紧螺栓。

6 安装新的后变速器后,检查其移动范围,并且适当地进行调节。即使只是在清洁之后重新安装原来的后变速器,检查调节也是个很不错的主意。在微调后变速器之前,应确保车轮在车架里的位置正确。根据钩爪的类型,尽量把轴杆向钩爪的前段推,或者完全放入垂直钩爪里。一些自行车配有可调节螺栓,可以矫正轴杆的位置。

后变速器的清洁和润滑

1 自行车变速档位系统的不同组件,承受着很大的压力和张力。随着污垢在组件上不断积累,组件的受力情况会更加糟糕。润滑油用于帮助保持部件工作平滑,但也可能产生相反的效果。润滑油会吸附污垢,这些污垢在这些部件里堵塞住后会加快磨损。这也正是链条、牙盘、飞轮齿轮和后变速器需要经常清洁和润滑的原因。

有一种辨别后变速器是否需要清洁的方法,那就是用手推它(见右图)。如果它很难移动,或者弹回得很缓慢,那么估计在转点里有沙砾,需要清洁。

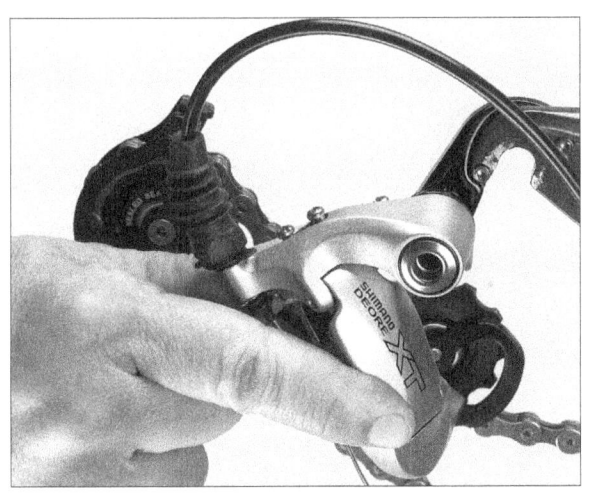

2 如果想给后变速器来一次彻底的清洁,那么把它从车上取下,并且顺便拆下车轮,清洁飞轮,同样彻底清洁链条和牙盘齿。所有这些部件通过某种方式相互作用着,在某一个部件上积累的沙砾会很快传递到其他部件上。

如果从后变速器上拆下链条时不想截断链条,那就从后变速器的导链板结构中拆下张力轮(见右图)。这样做的一个好处是,能更方便地清洁导轮和导链板。其实,也应该拆卸导向轮,这会使清洁和润滑进行得更容易、更彻底。

后变速器的清洁和润滑（续）

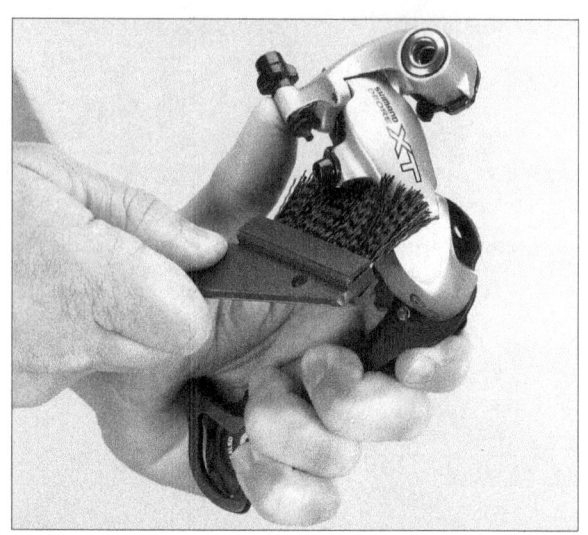

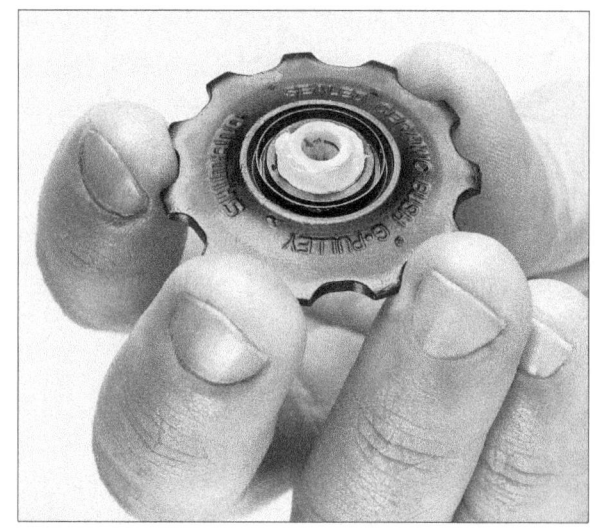

3 拧松变速线，把后变速器从车上拆下。把金属部件浸在安全溶剂里，使污垢变得稀松。在导轮的塑料表面上，使用肥皂和水或者温和溶剂清洗。

把后变速器从溶剂里拿出来，用小毛刷（旧的牙刷同样适用）擦洗（见上图）。用溶剂冲洗残留物，然后用抹布把后变速器擦干净，风干一会儿，这样溶剂可以蒸发掉。

4 把变速器重新拧紧到尾勾上。在装回导轮之前，在轴套上涂少量的润滑油（见上图）。先装回链条，再装回导向轮。

在把变速线装回变速器上之前，擦拭穿过线管部分的变速线，然后用气雾溶剂，例如White Lightning Clean Streak 或者WD-40，把灰尘从线管里冲洗出来。将变速线从后变速器上的线夹里穿过，然后拧紧螺栓，固定住变速线。

5 向后变速器的每个转点里滴入少量的通用润滑油，如Pedro's Extra Dry或Tri-Flow（见上图）。操作变速拨杆，使变速器前后变动，这将帮助润滑油扩散到所有的轴承表面，也能让你看出什么时候润滑油够了（不能使用太多）。

6 等待润滑油渗进后变速器的内部后，擦掉外表层上所有多余的润滑油，因为它只会吸附新的沙砾（见上图）。

清洁和润滑工作都完成后，将后车轮装回，遵循238页的说明，重新调节后变速器。

后变速器的调节

1 把自行车停在维修架上，用右手转动脚踏，用左手推后变速器，检查后变速器的调节情况。首先调节后变速器的内行程。操作变速把手，把链条变换到最大飞轮上，链条应该很迅速地就能落到该飞轮片上。如果延迟了，或者跳过飞轮卡进了辐条，则拧紧低限位螺钉。低限位螺钉可能是上面的那颗，或者是最后面的那颗（见右图）。逆时针旋转低限位螺钉，后变速器会靠近辐条，此时应顺时针拧动限位螺钉。

2 把链条变换到最小飞轮上，拧动高限位螺钉，直到导轮在小齿轮下方与它对齐（见右图）。

把自行车继续放在维修车架上，转动曲柄臂，在档位上来回调节，仔细观察链条在变换到最大飞轮和最小飞轮上时的情况。

如果在变换中有延迟，或者在变换后出现"哒哒"的响声，又或者有任何可能表明链条有可能跳齿的迹象，微转限位螺钉，直到变换过程安静且准确。如果没有维修车架，那就把自行车拿到外面骑一圈，检查调节情况。

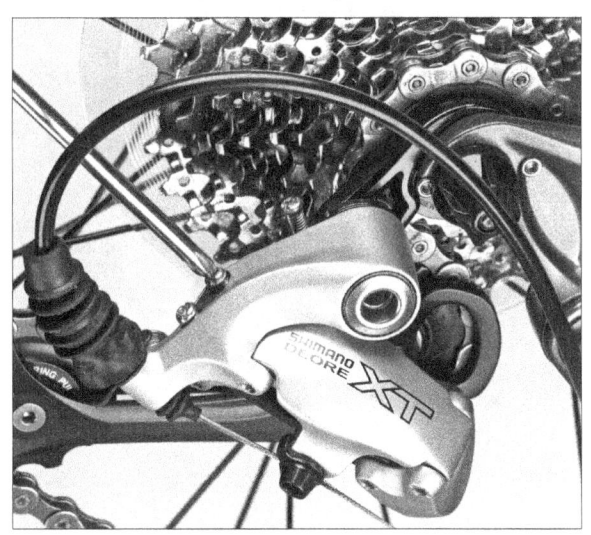

3 有些后变速器有第三个螺钉，称为B张力螺钉，或者B角螺钉（见右图），用于调节导向轮和飞轮之间的间隙。

在单轴变速器上，如SRAM的变速器，B角螺钉被用来直接调节导向轮与最大飞轮之间的距离。这个距离应该大约为1/4英寸（6mm）。这个距离足够近，可以保证快速变换，但也保持了足够的间距，使链条能在第二大飞轮到最大飞轮之间自由变动而不会接触飞轮片。

双轴变速器依靠B转向节里的弹簧，来主动调节在每个档位上飞轮和导向轮之间的间隙。理想的设置可能有点难以实现，调节B角螺钉，使导轮在不产生杂音的情况下，在任何档位上都尽可能地贴近飞轮。

后变速器的调节（续）

4 安装新的后变速器，或者改变牙盘盘片或飞轮规格之后，可能需要更改链条的长度，使后变速器可以正确工作。

链条应该足够长，这样它能够很容易地变换到最大盘片和最大飞轮上（这个档位不推荐使用，因为它产生了一个极端的链条角度，但是对于检查链条长度还是很有用的）。相反，当链条在最小盘片和最小飞轮上时（另一个不推荐使用的档位），链条不应该太松弛。

5 微调后变速器，使得每操作一次变速拨杆，变速器都可以把链条移动到新的飞轮上（除非使用的自行车是装有摩擦式变速器的老款自行车）。用调节螺母微调后变速器。当用左手旋转曲柄时，用右手操作变速把手，使链条变换到最小飞轮上。按下变速拨杆，链条应该立即移动到第二小飞轮上，并停留在上面。如果不是这样的，那就逆时针旋转调节螺母1/8圈，然后再试试。一直继续转动调节螺母，直到变速过程快而准确。如果调节过度，整个系统会产生杂音。在这种情况下，在踩踏的时候，每次顺时针旋转螺母1/8圈，直到杂音消失。

作为最后一项检查，在所有档位组合上来回变换，确保系统工作得敏捷而安静。

6 当自行车向右侧摔倒或者遭受撞击时，后变速器会受到伤害。尾勾是最可能受到伤害的，容易变形，而尾勾维修起来并不昂贵，甚至自己都可能将其修好。如果后变速器紧固螺钉是内六角螺钉，那就插入一把内六角扳手，将它和后变速器主体作为杠杆，把尾勾扳回原来的位置（见左图）。只依靠内六角扳手，可能会导致后变速器安装点或者扳手本身损伤，所以在用手向外掰动扳手时，一定要用另一只手推动后变速器一同用力。回到家后，使用尾勾校准工具，进行完美修复。关于此方法的更多内容，请查阅第二章关于车架的内容。

12

第十二章

碗组

在为爱车做保养的时候，碗组这个重要部件经常被忽视。这也许是因为碗组不容易被直接看到，但实际上碗组的功能十分重要，而且一般只有要出现很严重的问题时才会被注意到。当碗组出现故障的时候，转向会发生问题，甚至不能转向。

另一方面，经过良好保养、调校适当的碗组可以保证几年之内不出问题。适当保养好碗组，它就能在你看不到的地方默默工作，让你轻松上路，尽情享受骑行的乐趣。

到底什么是碗组呢？实际上，它就是连接前叉和车架，让前叉能够转向的部件。它要承担前叉向车架传递的巨大压力，比如在多碎石的路上下坡的时候。

碗组必须能够承受这些压力，且又不影响操控。当然，碗组不是唯一影响自行车操控的部件，但它是最重要的部件之一。如果碗组安装、调节或者保养不当，都会让自行车难以操控。

一些碗组故障表现为车把松动，遇到冲击的时候发出异响。另一个表现是如果不扶车把，车不能沿直线前进。还有就是当转动车把时，感觉前叉在头管中某个点有卡住的现象。这些现象表明，碗组需要维修或者替换了。

碗组类型和基本零件

常见的碗组使用轴挡轴碗结构。两组轴承，一组位于前叉和头管底部之间，另一组位于顶端，它们一起固定住前叉，使其能够相对车架转动。上轴挡和下碗安装在车架的头管内，下轴挡和上碗安装在前叉的舵管上。一组滚珠——无论是散珠还是使用支架——位于轴挡和钢碗之间，让舵管可以在头管内转动（每个钢碗、轴挡和滚珠可看做是一组），这就是传统的碗组。

密封式轴承碗组被越来越多地应用，它们将轴碗、轴挡、滚珠和密封圈组合成一体。它们很少甚至不需要维护，意味着可以一直使用到损坏为止，然后整体换掉。如果想要保养，只需要打

现在，自行车上最常见的碗组规格为11/8英寸无牙碗组，老式的自行车一般可能使用1英寸无牙、1英寸有牙或者11/8英寸有牙碗组。长避震行程的山地车一般需要更粗的碗组，比如1.5英寸。过去几年，车架和前叉的厂商开发了一种变径碗组，由一个锥形的车架头管和一个锥形的前叉舵管组成，底部为1.5英寸轴承，顶部为11/8英寸轴承。这种组合方式的好处是获得了1.5英寸碗组的强度和可靠性，又不会增加太多的重量。一般这些配置需要使用特定的轴承，所以在替换零件时需要根据不同车架制造商来选配。不久之前，一些厂商实验了其他一些规格，比如11/4英寸。适应这些规格的配件现在很难找到，但是Chris King公司的Devolution碗组可以兼容11/8的前叉和11/4头管的车架。

开密封圈，注入一点润滑脂让轴承保持润滑就可以延长它的使用寿命。

所有山地车和公路车碗组都是没有螺纹的。比如混合车、通勤车、女车，对碗组并没有一个标准，不同的车上可能使用不同类型的碗组。

带螺纹的碗组依靠上碗（或者上轴挡，这要看碗组的结构）直接旋拧到舵管上，上端用锁紧螺母锁紧和调节。

无牙碗组与有牙碗组的调整方式不同，需要一到两把内六角扳手。事实上，无牙碗组的调节、拆装和保养比有牙碗组更简单。两者一个比较大的差异是，需要不同结构的把立，这是调节碗组不可或缺的部件。无牙把立通过将无牙碗组箍紧在前叉的外侧来固定它。

另外一种无牙碗组是一体碗组。这种碗组不是将钢碗压入车架，而是使用卡式轴承直接装入大头管中。一体碗组的其余部分和其他无牙碗组一样。

碗组的组成

就像牙盘和花鼓，自行车上的碗组也不是简单的一个部件，而是一系列零件在一起工作的系统。虽然在设计上有些变化，但所有的碗组系统都采用类似的组合方式。从上到下，典型的有牙碗组由以下这些部分组成，可以查看本章开头的分解图。

- 锁紧螺母（用于固定碗组）
- 锁紧垫圈（防止碗组松动）
- 可调珠碗（用于调整碗组）
- 滚珠支架（滚珠用金属或者塑料的托架固定）
- 上轴承座
- 下轴承碗
- 滚珠支架
- 前叉底座

一些有牙碗组在锁紧螺母和锁紧垫圈之间还可能安装反光板的支架或刹车线座。

典型的无牙碗组部件如下（从上到下）：

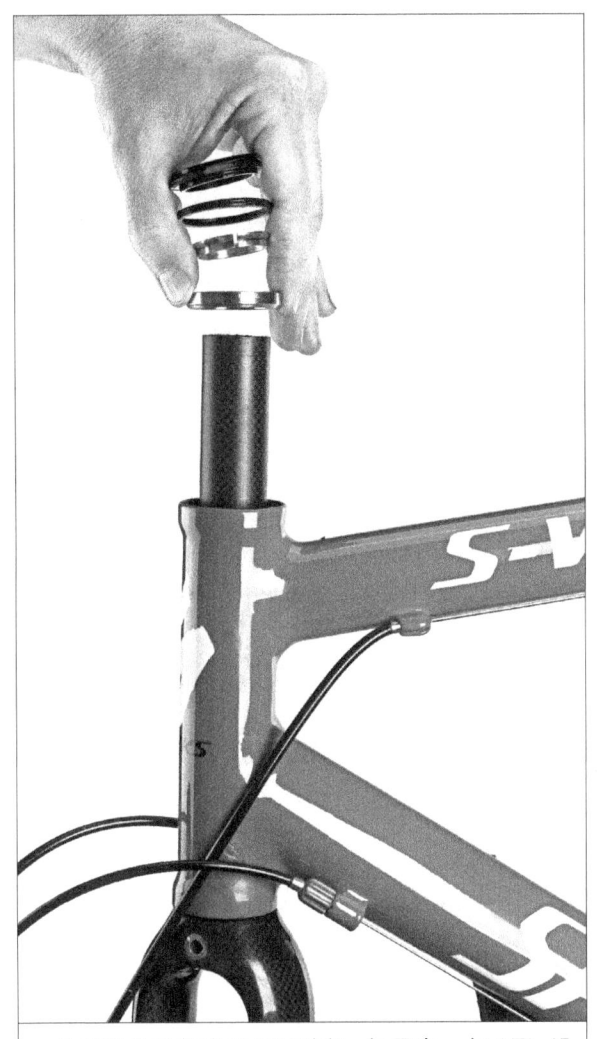

一体碗组的功能类似无牙碗组，但是有一点不同：没有压入车架头管中的单独的轴承碗，而是将整个卡式轴承直接装入特殊设计的头管中。这些系统可能使用不同于传统系碗组直径的轴承座（1 1/4或者1 3/8英寸）。这也取决于实际情况，使用前需要向经销商询问兼容性。

是密封散珠轴承还是封装卡式轴承？你有时候会看到，轴挡轴碗结构的轴承碗组也叫作密封轴承碗组。注意区别密封卡式轴承碗组。普通的密封轴承仅仅意味着它使用了一些密封件（通常是橡胶的O形圈）来保护滚珠。

因为有的前叉有螺纹有的则没有（在前叉上端接触碗组的地方），所以有些碗组有螺纹（有牙碗组），有些没有（无牙碗组）。如今，几乎

- 调节螺栓（松开把立之后调节碗组的）
- 上轴承盖
- 隐藏式螺母（安装在舵管内）
- 把立（固定在前叉上，锁定碗组轴承）
- 垫圈（可以安装在把立的上面或者下面，也可以不装）
  - 垫片
  - 卡环
  - 轴碗
  - 滚珠支架
  - 上座
  - 下座
  - 滚珠支架
  - 前叉底座

一体碗组在尺寸上会有细微区别——小到肉眼都看不出来。在开始安装碗组之前，查看车架和碗组的说明书，否则结果可能是让人沮丧的。

购买碗组

如果你要购买一个新的碗组，传统的碗组一般来说是一个不错的选择，因为它们物美价廉，设计简单且易于维修保养。

有些碗组叫作密封轴承碗组。一些较便宜的碗组，在轴碗和轴挡之间使用塑料密封圈或者橡胶O形圈来密封；有时用几层密封圈，形成一个迷宫似的严密结构，灰尘很难进入内部。这两种密封技术都可以起到很好的保护作用，而且不会影响碗组的性能，也不会给维修保养带来困难。

一些更昂贵、设计更精良的碗组上，使用真正的封装卡式轴承，比如Cane Creek、Chris King、Hope Technology和FSA的碗组。保养这种碗组相当简单，只需要偶尔打开几个密封垫，然后往轴承里注入新的润滑脂就可以了。我们甚至见过一些没有受到足够保养的King碗组在几乎20年之后还在使用的。曾经有人说过，"如果你想出租碗组，那就买一个King的"，也许没有比这更形象的描述了。

如果密封卡式轴承碗组出现问题，而且通过清洁和加注新的润滑脂无法解决，那么更换轴承也非常容易，当然和具体型号有关。可以翻阅产品手册，登录厂商的网站，或者向经销商寻求帮助。

一些轴挡轴碗式轴承碗组会使用圆锥滚子轴承，有时也称作角接触轴承而不是滚珠轴承。如果拆开碗组发现支架上不是圆珠而是圆柱体，这就是圆锥滚子轴承。这种结构的受力会比滚珠轴承大，这样就能减小压强，从而提高使用寿命。唯一的问题是当它坏掉的时候不容易找到修补件，如果这样，就只能更换整个碗组了。

传统的滚珠轴承碗组当然也能满足要求，它们非常优秀，且仍然应用于高端车型上。Cane Creek和FSA开发的一些质量优异的密封卡式轴承碗组有自己的市场。不过，它们没有那些更昂贵的碗组那么轻，但是比传统的碗组要求更少的保养维护，而且拥有同样顺畅、可靠的表现。

碗组的价格范围很大。从大约20美元到超过100美元不等，更贵的碗组通常比便宜的性能更

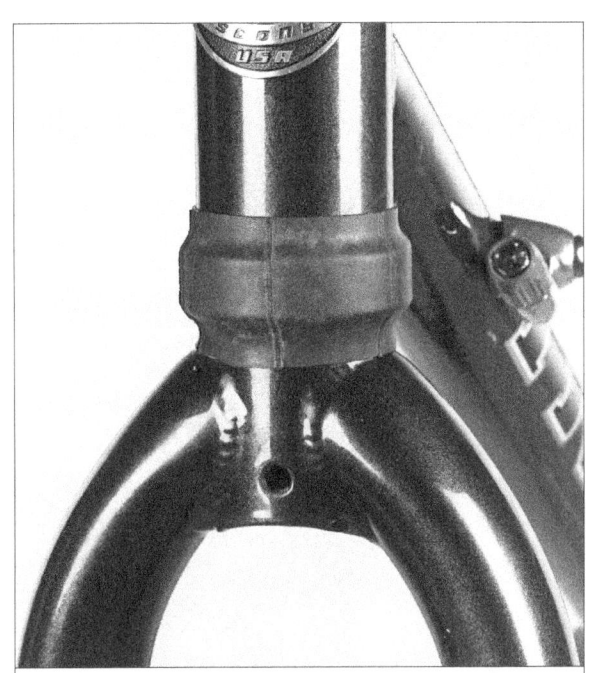

如果碗组是传统的散珠轴承,则有一些办法可以延长它的使用寿命。截取一小段内胎,套在下轴碗上。在彻底维修保养的时候,将它从下方套入头管,然后往下滑,可以保护轴承免受在潮湿路面骑行时前轮带上来的泥水的侵袭。

好,使用寿命更长。在你打算花一大笔钱更换碗组之前,估计一下整车的价格。之后,想想如果是一辆打算两三年就换的一般的自行车,那么为什么要花那么多钱买顶级碗组呢?

市面上有很多不同规格的碗组,新的和旧的规格是否一致,能否顺利安装使用是非常重要的。你也可以带上车架、前叉和碗组去店里选配。

在往爱车上安装专业级的碗组之前,如果是金属车架,最好用铣削工具处理头管。这能保证碗组的精确安装和完美性能,并延长其使用寿命。铣削工具就像大多数的精密切削工具一样,价格较贵,需要精确的测量技术来保证得到完美的效果。对于那些自行车的发烧友和收藏家来说,投资这样一套工具并学习如何使用,是非常值得的。如果你估计几年才会用到一两次,那么还是把它留给车店去处理吧。

制作碗组密封圈

如果想保护非密封碗组或者强化密封效果以应对恶劣天气,你可以在上下两个轴承开放的部位加上一层橡胶套。可以截取一段大约11/2英寸长的内胎。通常来说,想要装上保护套,需要拆卸把立和碗组。一般人只给碗组的下半部分(就是前叉和车架之间)加装保护套,因为这里是受到来自道路的泥土和杂质侵袭最多的地方。

调节

如果你的碗组有点松动(你会听到它发出"当啷"的声音,在越野路上骑行的时候会觉得前端有松动),也可能太紧(转向不顺,发出"嘎吱、嘎吱"的声音,很难撒把骑),这时就需要简单调节一下了。在调好之前需要几次尝试,所以不要因第一次调节失败就气馁。

如果碗组是无牙的,调节就非常简单了,工具只需要一两把六角扳手。碗组的零件是套在前叉上的(不像有牙碗组是通过螺纹连接的),所以只需要松开把立的紧固螺栓,拧紧把立顶上的调节螺栓(如果太紧就松开),然后拧紧上把立的紧固螺栓,固定住碗组即可。

有牙碗组要麻烦一点。需要两把扳手能够操作锁紧螺母和可调钢碗。碗组扳手是理想的工具,但不是绝对的,一个大小合适的活动扳手也可以。如果可调钢碗是钢制的,用一对活动扳手卡住它们,但是要在钢碗上包一圈碎布来保护表面。一些可调钢碗有齿状的边缘,方便用手操作。

如果碗组外露的部分是铝的,则需要专用的扳手,否则,操作时很可能弄坏。不知道是什么材质?一块小磁铁就能解决问题——如果能吸住,就是钢的。

进行碗组调节的时候,不用拆卸把立。很多人还喜欢把前轮留在车上,这样前叉松开时可以

使用两个碗组扳手对称地调节有牙碗组,即一个拧防松螺母(图上面),另一个拧可调钢碗(图下面)。

用车轮支撑,但是,不拆卸前轮会影响对碗组的诊断;另一种方式是先拿掉前轮,用锤子的把或者类似的工具放在前叉的两腿之间,稳住前叉,然后拧动锁紧螺母。

调节有牙碗组时,逆时针拧动将锁紧螺母松开。如果碗组太紧,就逆时针拧动一点可调钢碗;如果碗组太松,顺时针拧动可调钢碗。向下拧动可调钢碗,直到它碰到轴承,然后回调1/8圈或者1/4圈。当把可调钢碗拧到位后,顺时针拧紧锁紧螺母。

为了了解碗组是否需要调节或者调节是否合适,一只手握住前叉,另一只手握住车架,来回推拉前叉,检查前叉在不同角度的状态。对于无牙碗组,如果觉得前叉在哪个位置有松的感觉,重新松开把立螺栓,继续调节。对于有牙碗组,松开锁紧螺母,顺时针调节可调钢碗,然后紧上锁紧螺母。

完成之后继续推拉测试。也可以通过轻轻抓住把立提起车的前轮,然后让前轮落回地面。如果听到或者感觉到碗组里有任何冲撞,那么这个碗组还是松的。另一个方法是捏住前刹车,然后来回推拉自行车,检查碗组是否有响声和晃动。

抬起自行车的前轮,慢慢转动车把,看看轴承是否顺滑,快速检查碗组。如果碗组有不顺的地方,对于有牙碗组,逆时针拧动可调钢碗,稍稍松开一点;对于无牙碗组,松开把立上的螺栓,把顶部的螺栓稍稍松开。

同样,如果需要若干次尝试才能调好碗组,不要气馁。如果不能调得刚好合适——就是不太紧也不太松——那就调到稍微紧一点。

双锁紧螺母（仅有牙碗组） 一些碗组有两个锁紧螺母，多出来的那个用于帮助初始安装，并不会给骑行带来实际的好处。第二个锁紧螺母类似于一个有2~3个缺口的带螺纹的垫圈，安装在顶部锁紧螺母下面。如果你的碗组有两个锁紧螺母，在调节碗组时必须都松开。为了松开第二个（下面那个）锁紧螺母，需要用到锤子和冲子。当所有步骤完成之后再紧一遍上面的锁紧螺母。如果想去掉第二个锁紧螺母来简化调试过程，可以用另外一个碗组锁紧垫圈来替换掉它。这种垫圈你可以从车店买到。

彻底维修

作为定期保养的一部分，公路车碗组需要每年进行彻底的维修保养，而进行越野骑行的山地车则需要每六个月进行一次。彻底维修保养碗组没有捷径，但是当你维修保养过几次之后，就会发现其实也没那么难。为此，你需要使用和调节碗组相同的工具。唯一额外需要的工具就是用来拧松把立的（通常是5mm或者6mm六角扳手）和拆卸刹车的扳手。

还需要一些中等密度的润滑脂和新的轴承。车店机械师知道什么轴承适合你的爱车，或者也可以拿着旧的去对照购买新的。

为什么要购买新的轴承呢？因为滚珠不是完美的球形，完美的调节是不可能的。如果你的滚珠还很完整，闪闪发光就跟新的一样，就可以继续使用，如果污损、锈蚀或出现凹痕，那么就要换新的了。

在换新碗组之前，在车的下方展开一张旧的垫子，防止有滚珠掉到地上。把车放到修理架上或者挂起来，让前轮悬空，拆掉前轮。对于公路车，拧松前叉上的螺母，将前刹车拆掉。对于山地车，将线从线架上取下。然后，松开线夹，将线抽出，将夹器从前叉上拆下来（将拆下的零件用橡皮筋或者胶带捆在一起）。如果你的爱车装备的是碟刹，将卡钳从前叉上拆下来，用一块小塑料片或者折起来的纸片塞在来令片中间，以防不小心捏到刹车把手，导致来令片挤到一起。

无牙碗组 对于无牙碗组，拆卸通常都比较简单。拧下把立顶部的调节螺栓，揭开顶盖。如果顶盖被卡主（塑料的有时会这样），用螺丝刀轻轻撬一下。

复杂的顶盖 你有可能被复杂的顶盖难住，其叫作压力塞，由若干部分组成。一般有两种基本类型：一种是弹簧式，它用一颗螺栓安装，卸掉它进行调节；另一种是组合式，在内部用一颗螺栓固定涨塞，由一个带螺纹的顶盖来进行碗组的调节。弹簧式的顶盖使用一根硬弹簧，施加一个相反的力，让涨塞抓紧舵管内壁。一旦安装完成，弹簧的力会将顶盖压在碗组轴承上。

要拆掉弹簧压力塞，需要将顶部的螺栓往回拧3~4圈，一般使用5mm内六角扳手，然后用一个塑料锤轻轻敲打它。这样就能松动涨塞，将里面的部分取出来。如果第一次没成功，将螺栓再拧松一两圈，再次尝试。

对于大多数的维修工作，复合压力塞可以按照传统的顶盖来操作。使用6mm的内六角扳手拆掉顶盖，让扩张器留在前叉舵管里面，不用重新装配。如果希望完全换掉这个压力塞，不去动顶盖，用5mm内六角扳手去拧涨塞的螺栓。将涨塞的螺栓松3~4圈。不要把内六角扳手拿出来，用塑料锤敲击扳手。这样就能把涨塞松开，把整个部分取出来。如果不行，就再把螺栓松一到两圈，再次尝试。

把顶部的螺栓和顶盖拆下来时，要抓住前叉，免得它掉下去，松开固定把立的螺栓，将把立从前叉上取下。然后将碗组组件从前叉上取下，把前叉从车架上取下来。

有时候在拆掉把立之后前叉还取不下来，那是因为碗组的组件卡住了。如果出现这种状况，试着用塑料锤轻轻敲击前叉的顶部。如果这样还没成功，则敲重一点，但是注意，不要损坏前叉（确保不要失手敲到车架）。

有牙碗组 对于有牙碗组，逆时针转动涨塞螺栓（把立的顶部）就能松开把立。将螺栓转2~3圈，然后用锤子敲击。敲击可以松开把立底端涨塞的楔形块（前叉里面），这些是固定把立的结构。

如果把立很长时间没有松开过，一次敲击还不能把舵管中把立的膨胀块敲松。但是，除非使用的是塑料锤，不建议直接敲击带螺纹的螺栓，或者可以在之间垫一块小木块（带上护目镜，因为木屑可能会飞出来）。

对于很紧的把立，如果把立的螺栓已经松了，但是把立还是取不下来，可能前叉里面已经锈住了。如果运气不好，你需要以暴力将其取出。将前轮装回前叉，用腿夹紧，一点点转动车把来将把立弄松，并取出来。如果确实锈得很死，取掉前轮，用钢虎钳小心夹住前叉碗组底圈（用碎布和小木块保护一下），将把立连同把横一起拔出。

如果还不行，则把自行车倒过来，往舵管里喷一些Liquid Wrench或者类似的渗透液，这样能浸入把立楔块。放置一天之后再取，重复以上步骤，直到取出把立。轻敲把立可以帮助Liquid Wrench渗入锈蚀的地方。如果你有足够的耐心，Liquid Wrench可以分离锈在一起的地方，把立就能取出来，但是这会花费一些时间，甚至是若干天。

松掉之后，将把立和把横从舵管上方取下来。把它们挂在上管上，因为后刹车线管和变速线管还在上面。如果你想把车把取下来，就需要把所有线管都松开。

逆时针旋转碗组的锁紧螺母将它取下来。如果碗组有两个锁紧螺母，则两个都要取下来。取出紧固垫圈、反光板支架、线管挂钩以及所有可调钢碗上面的东西。

从下面稳住前叉，逆时针旋动可调钢碗将它取下来。注意，如果轴承是散珠的（没有装在支架里），在拆下可调钢碗的时候，滚珠可能粘在上面，然后掉落在地板上。如果这样，在拆掉可调钢碗之前，将车架从架子上拿下来，倾斜车架，小心地将滚珠倒在布上或其他不会乱滚的地方。即使计划更换滚珠，也需要知道一组一共有多少颗，以及是什么尺寸。

如果可能，在取出舵管时，将车架倒过来（至少要放平）。如果自行车倒过来，下面轴承里的滚珠就不会掉在地上。尽量保证轴承里的两组滚珠分开放置——有些碗组的上下两组滚珠数量不一样。在带上它们去车店选配新滚珠之前，把它们数好清洗干净。如果发现有滚珠损坏，看看轴承座圈里面有没有对应的伤痕。

大部分的碗组都用的是5/32英寸滚珠，也有一些使用3/16英寸和1/8英寸滚珠。唯一确定的方法就是测量一下。使用Park的SBC-1辐条尺测量或者拿到车店去选配，尽管尺寸的不同看似无关紧要，但这可能会导致碗组不能正常工作。如果购买散装的滚珠，多买一点以防止遗失。

清洁可调钢碗、上座、下碗以及前叉碗组底座圈。检查它们有没有伤痕。如果有，可能要更换部分，甚至全部碗组部件。随后我们将详细讲解碗组的更换方法。

组装有牙和无牙碗组 当你买到了新的滚珠，所有零件也都清洁干净、状态良好，就可以重新组装碗组了。在前叉碗组底座、下轴碗、上座和可调钢碗上涂上厚厚的润滑脂。不要吝啬你的润滑脂——多出来的部分将在组装后溢出。

如果舵管是钢制的，从前叉碗组底座到顶部以及螺纹都涂上润滑脂（对于无牙碗组，在安装把立的地方不要涂）。这样既能防锈，又能让安装轻松一些。如果使用的是密封卡式轴承，也涂上润滑脂。

如果打算使用碗组护套，将护套安装在下方头碗上。将护套往上卷动，尽可能靠近车架，这样不会干扰到碗组的调节。

将滚珠装进倒过来的车架头管下碗里，滚珠如果放在支架上，要确保支架的方向正确。为了保证正确，仔细查看支架。它有两种类型，即一种的截面是圆形的，另一种的截面是扁的。无论哪种，滚珠之间的金属栏呈半圆形。将这种支架的封闭侧称之为半圆形的背面。如果封闭的部分靠近轴承的内圈，这种就是圆形截面的。安装时，支架应该背对轴承的碗状滚动面，就是说开口的方向对着锥面。如果是扁的，则支架的封闭部分靠着锥面。

如果轴承没有支架，装入和以前相同数量的滚珠。如果不确定是几颗，尽量往里装，直到留下一个小缺口。将车架倒过来，使碗面朝上；装回前叉时，润滑脂可以粘住滚珠。如果有滚珠掉落，捡起来，洗干净再装回去，这样污物才不会进入碗组。

当滚珠已经就位，小心翼翼地将前叉插入车架，让滚珠充分接触下方的底盖。抓住前叉，将车架正过来，往上轴承座加装滚珠。同样，如果滚珠没有支架，将与原来相同数量的滚珠装入，并涂上足够的润滑脂粘住滚珠。

对于有牙碗组，安装的可调钢碗（或者轴挡，这取决于碗组的结构）让它沿着舵管往下压住上轴承。如果是没有支架的轴承，稳住碗组，顺时针拧动前叉，让滚珠顺利装入碗里。对于无牙碗组，将上碗装入，拧入锁紧垫圈或者轴承盖，然后装上其他垫圈。

对于有牙碗组，将锁紧垫圈、反光板架、刹车线管挂钩，以及其他从舵管拆下来的结构，按正确的顺序装回。当这些都完成之后，拧入锁紧螺母，但是现在不要拧紧。如果打算安装保护套的话，现在装入。将它越过锁紧螺母，尽可能往下，这样它就不会干扰碗组了。

对于无牙碗组，已经即将完成碗组的安装和调节。将把立滑入，压上顶盖，将螺栓从顶上旋入（如果顶盖是由几个零件组成的，后面会提到）。拧入螺栓，直到前叉在头管里能顺畅转动，推拉前叉时没有松动。拧紧把立上的螺栓，完成调节（首先确保把立和前轮对齐），这样就完成了。

对于有牙碗组，安装并固定住把立，因为这会影响有牙碗组调节。然后，抓稳可调钢碗让它处于恰当位置的同时顺时针拧动锁紧螺母，并将其拧紧。

处理压力塞 在拆卸时无牙碗组中有种复杂结构的顶盖，叫作压力塞。这种顶盖由若干部件组成，用一个楔形块卡在舵管中。这和传统的大多数无牙碗组的嵌入式螺母（有些时候叫作花心）有区别，嵌入式螺母被特殊的工具压入前叉中，靠螺母周围的弹片固定在前叉内壁上。

压力塞一般用于碳舵管（前叉装入后在车架内的部分）的前叉，因为带弹片的吊花结构，对金属前叉没有伤害，但是会伤到碳管，导致破裂而无法使用。然而，压力塞的结构和其锁紧原理更加温和。还有一个好处是，它们可以重复使用（花心一旦装上，就很难再拆下来，所以它们通常会留在前叉中，必须为新的前叉配个新的花心）。

有两种常见的压力塞 第一种是弹簧式，在开始装备碗组之前可以很容易地将弹簧塞装入前叉。从塞子开始整体安装，但是要确保弹簧没有压缩。将塞子滑入舵管，直到顶盖接触到管口，然后拧紧螺栓，直到感觉涨塞紧紧卡住了舵管的内壁。移除螺栓、顶盖、弹簧和垫圈，注意安装顺序。正常安装前叉和碗组，然后安装顶盖、螺栓、弹簧和垫圈，进行最后的碗组调节。最后对准把立，拧紧螺栓，锁紧碗组。

复合型的压力塞结构稍微复杂一点，但是操作极其简单。复合塞的安装是在安装碗组过程的末尾。首先移开顶盖，弄明白结构和工作原理。涨塞上的螺栓需要使用5mm的内六角扳手来拧紧，螺纹与顶盖的螺纹拧合。使用6mm的内六角扳手拧动顶盖，从这个螺纹孔可以伸进5mm的内六角扳手拧动涨塞上的螺栓。把顶盖装回，将它往下拧，直到涨塞上还剩1~2圈螺纹露在外面。把塞子装入已经组装完成的前叉、碗组和把立系统中，使顶盖接触把立的顶部。使用5mm的内六角扳手拧紧涨塞螺栓，直到感觉它已经紧紧卡住了舵管内壁。使用6mm内六角扳手拧紧顶盖，完成碗组的调节。最后校正把立，拧紧螺栓固定碗组。

如果塞子没有卡住舵管，就不可能顺利完成轴承的调节。通常出现这样的问题，是因为没有以正确的顺序安装。仔细研究一下，确定如何安装才能让涨塞卡在舵管里。一般可以通过观察确定顺序，因为这是有逻辑可循的。或者尝试找到看上去正确的顺序。在大多数情况下，顶部的螺栓向外拉起一部分，就会引起另一部分膨胀，从而就能让底部卡住。

如果还是不清楚，可以阅读碗组安装说明。如果有必要，把压力塞带到车店寻求帮助。为了你的安全，对碗组进行正确的调节是很重要的。

微调 握住前轮和车把，以相反方向推拉它们，检查前叉能否来回活动。也可以轻轻握住把立，将前轮抬起来，然后往下释放，让前轮和地面发生冲击——听有没有异常的声音，有声音就意味着碗组松动。无论什么方式，只要发现碗组有任何松动的地方，就继续调节。对于无牙碗组，拧松把立调节螺栓，然后重新紧上把立。对于有牙碗组，拧松锁紧螺母，将可调钢碗顺时针拧动一点，然后重新拧紧锁紧螺母。随后再次进行检查，直到碗组没有地方有松动，也要确保不会太紧。提起前轮，慢慢转动车把，感觉轴承在转动的各个位置有没有不顺畅的地方。如果碗组有不顺畅的地方，就会导致碗组过快磨损，并阻碍转向动作。松掉把立的螺栓和调节螺栓（逆时针）就能松开无牙碗组，然后重新拧紧把立。逆时针拧动一点可调钢碗，可以松开有牙碗组，再次检查。重复以上步骤，直到没有松动且转向顺滑。

一旦碗组的调节完成，拧紧把立，安装前轮，确保把立和前轮在一条直线上。重新装上刹车和线管，调节刹车，使车轮在刹车中间。安装好后，展开碗组保护套，让它盖住碗组暴露的部分。

调节提示

假设你已经非常小心了，但还是调节不好碗组。下面列出了一些可能的问题和解决的方法，还有重要的调节检查地方。

1. 如果轴承不是太松就是太紧，而且碗组是散珠轴承的，检查上下滚珠数量是否正确。有可能安装时弄掉了。

2. 如果无论怎么调节，碗组都是太紧，而且滚珠都是安装在支架里的，那么确保支架方向正确。如果上下装反了，会导致碗组不顺。

3. 确保把立安装正确。有时感觉螺栓拧紧了但是把立并没有固定住。扭动车把，确保把立安装得足够紧，不会松动。

4. 如果碗组转动不顺而且最近摔过，把车带去车店检查有没有变形的地方，如果有，矫直或者换掉。最好的办法是去附近的车店解决这个问题。顺便检查舵管有没有变弯，如果有，舵管或者整个前叉都得换掉。

5. 确保所有垫圈、反光板架和其他原来装在舵管上的部件都回到了正确的位置。如果有丢失或者损坏，就必须换掉，否则碗组将无法正常工作。

安装新碗组

如果计划把现在的碗组装在较老的自行车上，更换相同型号的碗组是最容易操作的。一英寸有牙碗组可能有一些尺寸变化，比如前叉座圈直径和螺距，这取决于车架和前叉的款式。这一点同样也适用于整个碗组：有许多不同的卡式轴承规格，而且它们并不完全兼容。如果你打算使用不同的款式，可以参考Sutherland的《Handbook for Bicycle Mechanics（自行车技术手册）》或者向附近的自行车店求助，确定新的碗组是否适用于你的车架。车架和前叉必须经由专业工具调节，来安装新的碗组。

更换1 1/8英寸的碗组不复杂：这个标准基

本全球通用。有一点需要注意的是碗组的压入深度。大部分的11/8英寸的碗组压入深度是10mm,所有的11/8英寸车架都能适应。一些为速降和自由骑设计的重型碗组需要两倍的深度,即20mm。如果你的车架不是这种压入深度设计的,则可以使用头管铣削工具修正头管。

正确拆卸和安装碗组需要使用专业工具。痴迷者会很乐意花数百美元去买专业的工具;节俭一点的爱好者很少会去买专业的工具,他们可以去附近的车店进行拆装。

拆卸旧的钢碗和顶座圈需要头碗拆卸工具,比如Park Tool的RT-1,这种工具可以将钢碗从车架上拆下来,而且不会偏向一边,从而导致头管扩张或变形。可以用前叉碗组座圈拆卸工具,比如Park CRP-1将前叉上的碗组座圈拆下来,这种工具可以在底座的下方将其卡住,然后拉出,且不会损坏前叉和座圈。

将头管和前叉碗组座圈进行加工,让它们能和新的碗组部件兼容。这种工具价格非常贵,使用时需要特别的技术,并应十分细心。

要安装新的碗组,首先确保轴承的安装座已经处理得当——就是用铣削工具让头管的两个端面完全相互平行。不进行处理就安装碗组不仅会损坏碗组,还会损坏车架。

压入式碗组的表面需要涂上润滑脂,然后使用专用的工具一个一个压入,确保安装正确。将前叉座圈的内圈涂上润滑脂,然后用Park CRS-1座圈安装器或者类似的工具将其装入。当前叉座圈、下方的头碗、上方的顶圈都安装完毕,就可以根据碗组大修的说明进行安装了。

碗组快速维修

如果在转动前叉时发现有不顺畅的地方,这是因为轴承滚动面被滚珠压出了凹痕,这就是布氏效应(硬淬表面变形现象)。唯一彻底解决的方法是彻底拆开碗组,换掉受伤的部分。但是,如果没有替换零件,可以临时维修,解一时之急。

拆掉前轮、前刹车、把横和把立,将前叉转三圈然后重新装上刚才拆下的部件。旋转可以让滚珠重新排列在内外圈中略有不同的位置,这种重排可以减少凹点的影响。记住,这是临时维修,应及时去车店买到合适的部件进行彻底的维修。

碗组实现了一些重要的功能,它让你能够快速改变骑行方向和不断进行方向的调整,从而保持平衡。它不仅让车架前叉这两部分一起工作,还能够承受住骑手身体的重量和相当大的冲击。如果进行了良好的润滑和调节,它能表现很好,让你可以完全信任它。

不过,不要这么想。要对碗组经常进行检查和调节,当把自行车放在汽车顶上时,保护轴承不被风所侵蚀,一年至少进行一次完整彻底的维修。如此,顺滑安全的操控将一直伴随着你。它值得你付出。

一种常见的碗组磨损是布氏效应(硬淬表面变形现象)。滚珠在滚动面上磨出坑洼,这会导致转动车把时感到有顿挫的地方。如果问题很严重,可能导致不能转向,不能撒把骑行。

答疑解惑

问题：对于有牙碗组，将把立的紧固螺栓松了几圈了，但是把立还没有松。

解决方法：用木棒敲打把立的顶端，能够松动把立固定在舵管里面的涨塞，这样就能松开把立了。

问题：对于有牙碗组，尽管拧紧了锁紧螺母，碗组在调节过程中仍然是松的。

解决方法：保证锁紧螺母和可调底座之间有带缺口的锁紧垫圈，再拧紧锁紧螺母固定住可调轴挡。

问题：当前叉拆下准备彻底维修时，前叉座圈是松的（应该紧到不能用手取下）。

解决方法：用一个松紧合适的前叉座圈换掉松的，或者用一些黏合剂将它固定住，或者去车店把前叉上的座圈座加大。

问题：有牙碗组不能牢牢固定住，就算拧紧了锁紧螺母也是这样。

解决方法：前叉舵管可能太长，卸掉把立，查看锁紧螺母顶端和前叉顶端之间有没有小间隙。如果没有间隙，拆下锁紧螺母，加装一个垫圈，然后再次调节碗组（太长的前叉舵管会导致锁紧螺母锁紧的是前叉而不是轴挡）。

问题：对于无牙碗组，已经拆掉了顶部的螺栓，但是取不出顶盖。

解决方法：不用这样拆掉它。试着拧松并拆下把立，顶盖自然就跟着拆下来了，收好顶盖和前叉里面的顶盖零件（如果它们从前叉上掉出来了）。

问题：你打算安装前叉，但是前叉舵管直径和车架碗组不匹配。

解决方法：最好是使用匹配的车架和前叉。如果坚持使用舵管较细的前叉，有可以兼容1英寸前叉和11/8英寸车架或者11/8英寸前叉和11/4英寸车架的碗组。因为兼容极限是11/2的前叉，有几家厂商提供了能兼容11/2英寸车架和现在标准的11/8英寸的转换座。

问题：在尝试拆卸有牙碗组时，一直拧动可调钢碗，可就是拧不下来。

解决方法：很不幸，这通常意味着可调底座和前叉的螺纹坏了。故都得换掉。

问题：把立螺栓已经松掉，但是把立还是不能松动。

解决方法：把立可能被锈蚀住了。小心地用钳子牢牢地夹住前叉底座圈然后扭动把手，取下把立，如果还是不管用，则用一些Liquid Wrench，等待一个晚上再试试。如果还不行，继续往里滴加渗透液继续等待，这个过程可能需要几周时间。

问题：对于有牙碗组，已经拧松了把立上的螺栓，然后用木棒敲了。感觉把立已经松了，但就是取不下来。

解决方法：把立的楔形块可能被卡在了车架里面。拧下把立上的螺栓，将把立移开，这时应该能看到前叉里面了。将螺栓拧回到楔形块上，把螺栓当作一个把手来扭动，即可拆掉楔形块。重新装上把立，确保所有部件都涂上了润滑脂。

有牙碗组的调节

1 如果碗组太松或者太紧,就应该进行调节,因为这两种情况都有可能影响自行车的转向,造成碗组不必要的损坏。碗组里面轴承太紧或者太松在骑行的时候能明显感觉到。但是,有一些简单的办法不用骑车就能确定碗组是否需要调节。

检查碗组的松紧时,站在自行车的旁边,一只手抓住车把,一只手抓住前轮,将它们往相对或相悖的方向推拉(见上图)。

2 如果感觉晃动,说明轴承太松。为了全面检查,在几个不同的前叉位置重复这个测试。如果发现前叉在一个位置有松动,在另一个位置没有松动,表明轴承圈上有缺陷,这样就需要换掉轴承而不是简单地调节了;另一个检查碗组有没有松动的办法是,将前轮提到离地几英寸高的地方,然后让前轮落下(见上图),如果能听到碗组里面有声响,说明轴承松动的。

3 检查碗组是否太紧,握住车把,慢慢转动前轮,让它从一边转到另一边(见上图)。在做这个测试时最好将前轮稍稍抬离地面,这样排除地面摩擦对转动的阻碍。如果感觉在某些位置有不顺畅的地方,则将碗组调松一点。

4 尽管可能需要多次的尝试,但调节碗组并不是一件非常困难的事。首先拧松舵管上端的锁紧螺母。如果有专门的扳手来配合锁紧螺母,就用这种扳手;如果没有专门的扳手,则可以用活动扳手(见上图),注意不要磨坏了操作平面。

有牙碗组的调节（续）

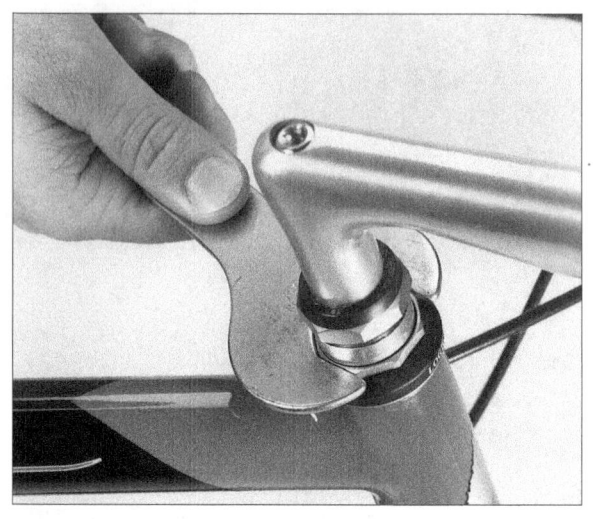
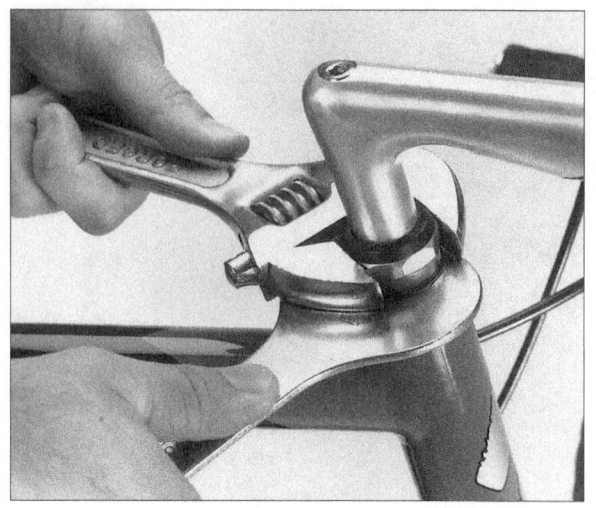

5 如果感觉碗组有松动，顺时针拧动可调碗，直到感觉它已经碰到轴承，然后回1/8~1/4圈，再进行检查。最好是用手调，也可以用合适的工具（见上图）。在调节钢碗的时候，如果反光板架或者刹车线管架妨碍了你的动作，就把它们连同锁紧垫圈和锁紧螺母，向上移动。

如果感觉碗组不顺，逆时针转动可调碗，稍稍松开。开始转动1/8~1/4圈，然后再次检查。每次调节轴挡后，都要锁紧螺母，然后重新检查调节情况。

6 继续进行微调并检查，直到觉得碗组不紧也不松了。保持耐心，试着把碗组调到刚刚好。如果不能很容易地精确地找到这个点，就调得稍微紧一点。调好之后，把可调钢碗拧到合适的位置，拧上锁紧螺母。

有牙碗组的彻底维修

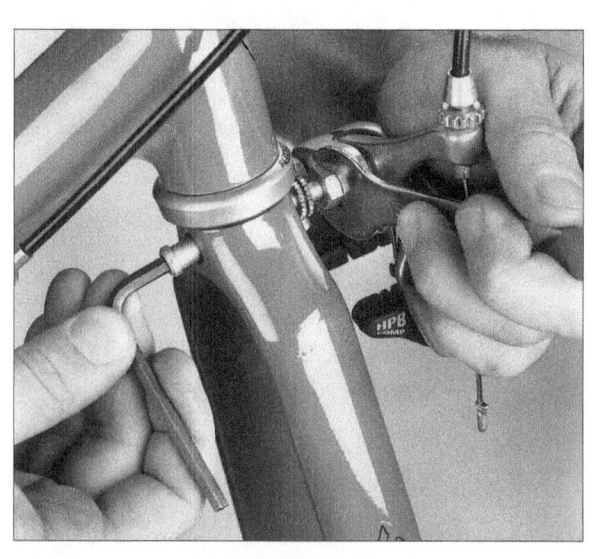

1 大多数的自行车，碗组都需要每年进行一次彻底维修保养，包括拆卸、清洁和检查、安装新轴承、涂上润滑脂、重新安装。

首先把自行车放到修车架上，在下面铺一张旧的垫子。如果有滚珠散落，垫子可以接住它们，防止遗失。数好滚珠的数量，将滚珠保管好准备重装。再准备几颗，带到车店去对比并购买同规格的滚珠。

要拆掉碗组，需要从头管上拆卸把横和把立，车把上的刹车和线管会比较麻烦。在一些情况下，需要将刹车装置从前叉上拆掉。

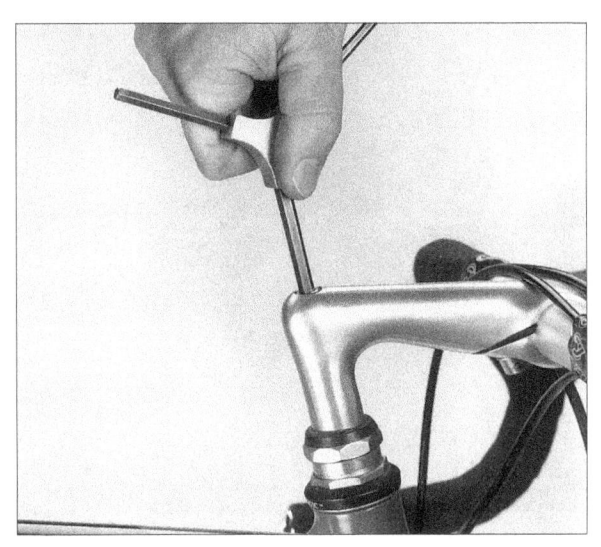

2 逆时针拧动涨塞螺栓2~3圈，松动把横和把立。不要拧太多——你肯定不希望把螺栓从把立底端的楔形块上完全拧下来。

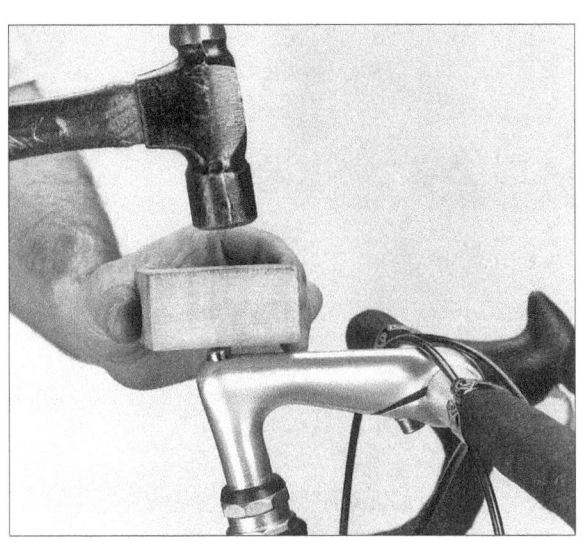

3 将一块小木块垫到螺栓上面（见上图），敲击木块，将涨塞楔形块从舵管内壁敲出来。如果一两次敲不下来就多敲几次，并将把横和把立从舵管上取下来，挂在上管上。也可以松开后刹车和变速线，这样就可以将把横放到一边。然后拆掉前轮。

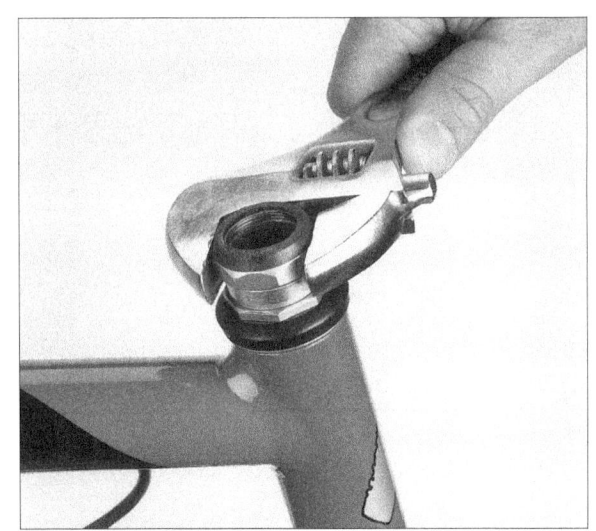

4 逆时针拧动碗组锁紧螺母（见上图）。如果拧得太紧，用锤子把别住前叉，并用扳手拧锁紧螺母。将它完全拧出舵管，放在旁边。如果有两个锁紧螺母，则都取出来。

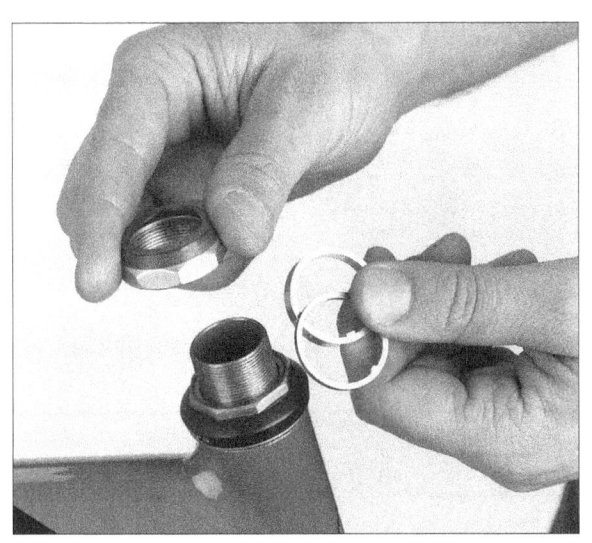

5 取出锁紧垫圈、反光板架、刹车支臂、刹车线夹，以及其他锁紧螺母和可调钢碗（见上图）。记住取下来的顺序，需要以相反的顺序装进去。

然后开始拆可调钢碗。用一只手握住前叉，先不要让下面的轴承掉出来。

有牙碗组的彻底维修（续）

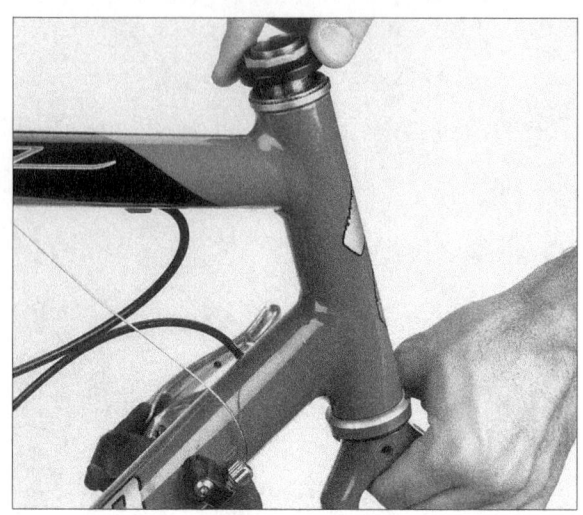

6 拆可调钢碗时要小心，上面的滚珠可能会掉落到地上。如果看到滚珠装在一个金属的支架里，就不用担心滚珠掉落了。但是，不要认为上方的轴承滚珠装在支架里，那么下方的轴承也是。要注意散珠滑落，除非能确定它们也装在支架里。如果发现在可调钢碗面的轴承是散珠的，立刻拧回可调钢碗，将自行车放斜，碗组接近地面。然后，取下可调钢碗，滚珠就会落在准备好的容器里或者垫子上。

8 如果可以，将车架倒过来，防止拿出前叉时头管下方的轴承滚珠掉落。将前叉放到一边，取出滚珠（见上图）。

将两组滚珠分开放置，因为它们的尺寸和数量可能不完全一样。清洁并数好这些零件，然后带着样品到车店购买修补件。

检查滚动面有没有凹痕和裂纹，更换损坏了的部件。如果前叉上的碗组底座圈，下方的头碗，或者头碗圈有磨损，则必须换掉。让车店做这些工作，他们有专业的工具和技能。

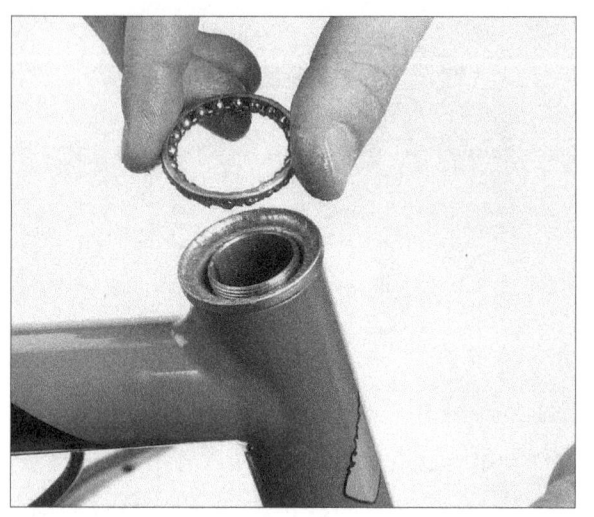

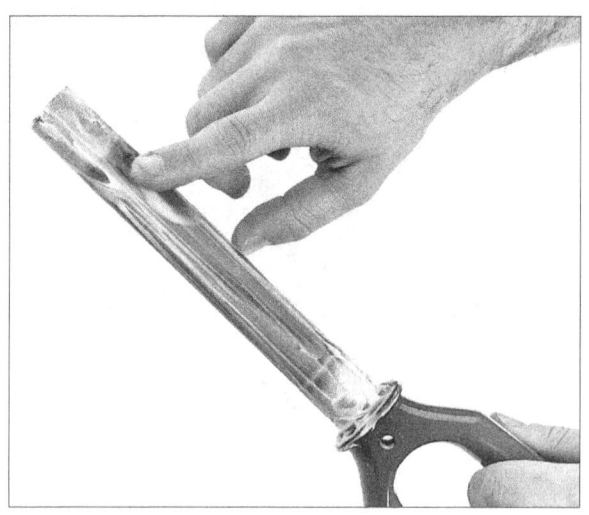

7 从头碗圈里取下滚珠，并将它们检查放好。

9 重新装配碗组前，将舵管从前叉上的底座圈到顶端，包括螺纹都涂上润滑脂（见上图）。这将有助于防止腐蚀，保护工作部件免受灰尘的侵扰和磨损。

10 将润滑脂挤入下方的头碗、可调钢碗和顶圈上。如果你希望的话，还可以在下方钢碗上装上一个橡胶的保护套，在碗组装配好之前将它卷起来。在下方的钢碗里装入一组轴承。

每组轴承都有正反面，必须按正确的方向安装。如果支架的边圈在滚珠圈的外侧（见右图），这个边圈需要背对钢碗。相反的，如果支架的边圈在滚珠圈的内侧，就要对着钢碗。

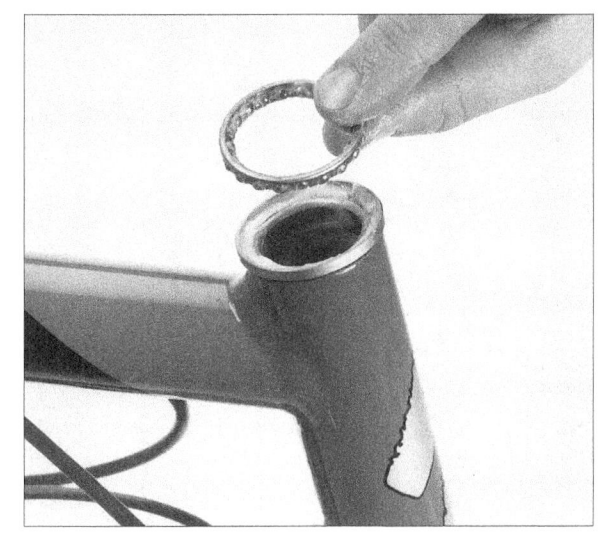

11 将前叉的舵管重新装入头管，将前叉碗组底座圈压住轴承。往上圈里装入轴承，然后拧上可调钢碗，让它接触轴承（见右图）。

在把立安装好之前不要微调碗组。重新装上反光板架、刹车线管夹、锁紧垫圈和其他之前取下来的零件。确保所有零件的顺序都正确，但是此时不要拧紧锁紧螺母。

12 将把立装到舵管上。调节好高度和角度，顺指针拧膨胀螺母，锁紧涨塞楔形块（见右图）。

根据第235和236页的内容检查碗组调节。钢碗调节完成时，钢碗和滚珠之间不会松动和太紧，固定住钢碗不动，拧紧锁紧螺母。

重新连上刹车，装上前轮，现在你的车已经准备好下次骑行了。

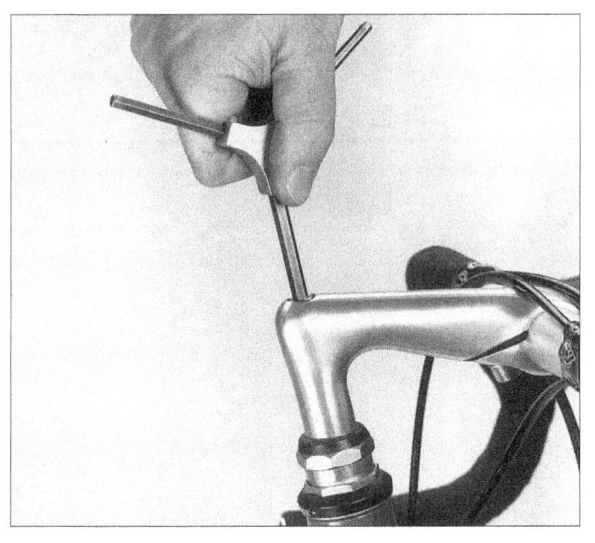

无牙碗组的调节和彻底维护

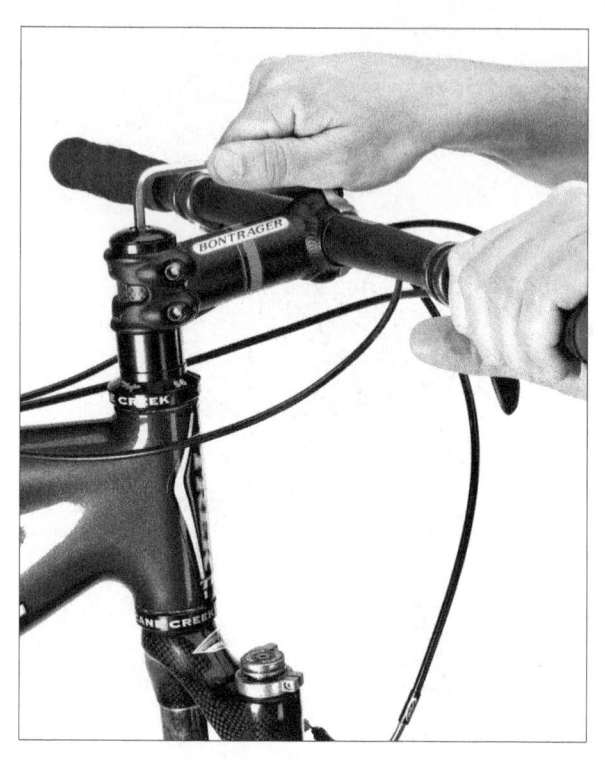

1 无牙碗组在设计上相对于轴挡和锁紧螺母组合的老款有牙碗组，能减少维护频率。无牙碗组的部件只需简单地滑入前叉的舵管上，安装和拆卸都很容易。把立边上的紧固螺栓将碗组系统固定在合适的位置。如果偶尔出现问题，需要调节，也只需要一两把内六角扳手就足够了。

　　一只手握住前叉，另一只手握住车架的下管，上下推拉前叉，感觉是否松动。也可以抬起自行车的前端，然后让它自由下落，碰撞地面时聆听碗组里是否发出声响。另一个方法是捏住前刹车，前后推拉自行车。检查有没有碰撞的感觉，如果有的话，说明碗组松动。

　　要检查碗组是不是太紧，提起前轮，慢慢转动前轮，看轴承是否顺畅。转动起来应该非常顺滑，如果不是，有可能太紧。

　　调节碗组，先松掉把立的螺栓，紧上把立顶部的调节螺栓（见左图），如果太紧的话就松一点，然后紧上把立上的螺栓，固定住碗组部件。再次检查，需要的话继续调节。

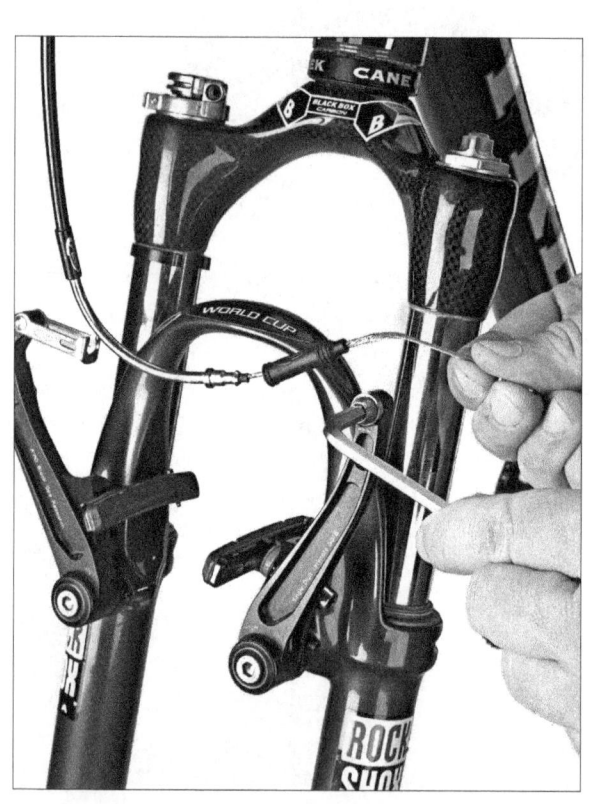

2 如果你无法调好碗组，或者在转动的时候，碗组发出"吱嘎"的声音，而且很脏，那么需要对碗组进行彻底的保养或者换掉轴承。将自行车放到修车架上，先松开前刹车线或者整个拆掉刹车装置，并拆掉前轮，这样方便拆掉前叉（见左图）。

3 然后，拧掉顶部的螺栓，取下顶盖（把零件按顺序放好，以备安装）。松掉把立的紧固螺栓，一只手握住前叉，另一只手将把立取出，这样前叉就不会摔在地上。用一块布垫一下，保护漆面，用绳子或者橡筋或者带弹性的绳子将把组绑在车架上（见右图）。

现在可以将碗组的部件从前叉上取出，然后将前叉从车架中取出。保管好拆下的部件，以便之后安装。现在可以取出前叉了。

如果发现比较紧，不能轻易取出，用锤子小心地敲击（可以敲重点，但是必须小心）。

如果碗组是轴挡锥碗类型的，无论滚珠有没有支架，清洗并检查所有部件，查看滚动接触面有没有凹痕和裂纹。更换所有损坏的部件。如果前叉底挡、下碗或者上碗需要更换，就要去车店，让他们用专业工具来完成。

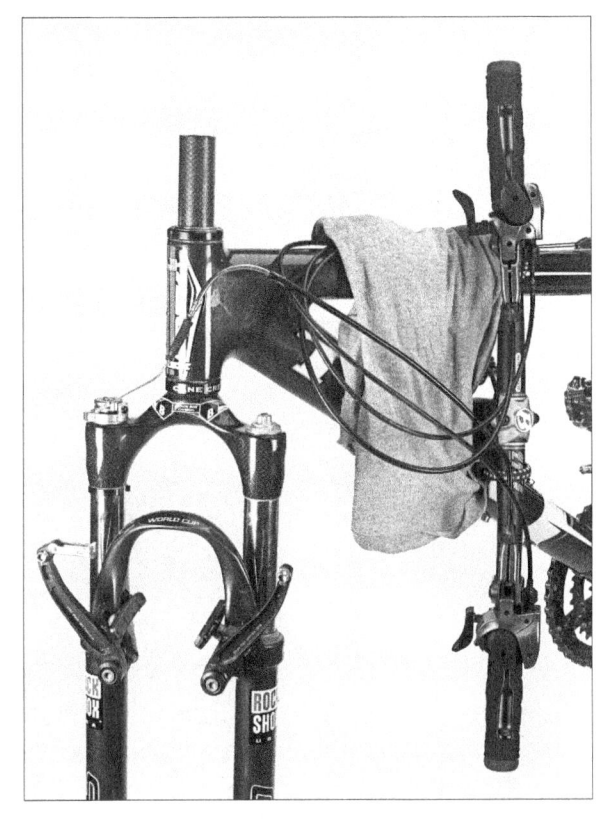

4 大多数的无牙碗组都是使用的卡式轴承。轴承是密封的，保证外界杂物不能进入，而且在滚珠接触面磨损之后可以直接换掉，不需要维修。但是湿气还是能进入轴承，导致过早地磨损。为了增加密封轴承碗组的使用寿命，应做外常规保养内容，定期涂上一些润滑脂。

小心地取出盖住轴承的橡胶圈。用轻有机溶剂，比如WD-40或者White Lightning Clean Streak 清洗轴承，然后晾干。注入新的润滑脂，将密封圈盖回去。

准备重装碗组之前，将舵管上涂上润滑脂防锈，但是顶部装把立的地方不要涂。如果是滚珠轴承的碗组，就要将润滑脂涂入钢碗中以及滚珠上，然后将滚珠装进钢碗。注意确保安装方向正确（见239页图）。

现在可以将前叉以及其他部件，比如把立、顶盖和调节螺栓重新装上。拧紧螺栓，使前叉可以顺畅转动但是又不松动。最后，对齐把立和车轮，拧紧把立紧固螺栓，并固定碗组部件。

刹车系统

第十三章

自行车有了车轮才能够前行，但如果没有刹车，恐怕就享受不到第二次骑行了。早期的自行车没有独立的刹车系统，车手们只能依靠腿力阻止曲柄转动才能逐渐减速；现代场地车仍然采用与早期自行车类似的固定齿比传动系统。这两者的共同点是既难以应对繁忙的路口，也难以度过交通高峰期，因为它们都没有装刹车。

现在，马路更加通畅，变速系统也得到了发展，自行车可以骑得更快了，甚至超过市区汽车的速度。想要骑得快，就必须能够停下来，甚至是急停，因此一套可靠的刹车系统就显得尤为重要。即使是骑行在小镇、乡间或是树林中，能否利用良好的刹车系统控制速度，可能就是顺利地转向或是一头栽进水沟的差别。

刹车的主要类型

现今的刹车系统主要有两类：花鼓式刹车和圈式刹车。花鼓式刹车是通过向花鼓施加制动力进行制动；圈式刹车是通过向轮圈两侧施加压力以达到制动效果。

常见的花鼓式刹车有三种：倒刹、鼓刹和碟刹。倒刹常见于童车和沙滩车上，因为儿童的手比较小，肢体运动也不是很协调，所以其他类型的刹车对于儿童来说弊大于利。由于这种刹车十分耐用，我们在此不做过多描述。如果需要进行保养，商店的技师就可以搞定。

虽然碟刹的出现使鼓刹几近淘汰，但在老式双人车以及城市通勤车上仍然可以见到。双人车更重且速度更快，即使是制动力最强的圈式刹车也难以满足它的要求。要给行驶中的总重达300~400磅的车子减速，单靠摩擦轮圈来制动的话，产生的热量足以熔化内胎。如此一来，很容易造成摔车。而花鼓式刹车不但可以产生足够大的制动力使车子减速，产生的热量还不足以在你手指上烫出一个水泡。

通勤者需要的是简便和可靠，倒刹恰好具有这两方面的优势。用在城市自行车上的倒刹没有用在双人车上的那么大，但有足够的制动力以及厚实的来令片，一般的通勤者可以用上好几年。除此之外，轮圈上微小的偏摆和凹坑会在不经意中将圈式刹车磨损殆尽，而花鼓式刹车仍然可以正常使用。假如你在上班路上撞断了一根辐条，却仍然可以按时到班，这将是一件多么令人欣慰的事。

碟刹的优点是轻量且精致，很好地平衡了制动力的输出和调节（即控制和反馈制动力的能力）。

花鼓式刹车，比如碟刹，与圈式刹车相比，一个重要的优势是施加在轮组上的制动力更加均匀。所有花鼓式刹车都需要搭配相应的花鼓，而且车架也要能够承受制动时施加在后叉上的反力。自从有了公认的碟片和卡钳的安装标准之后，大部分山地车、双人车、通勤车甚至很多休闲车也都开始配备碟刹了。即使是已经装配了圈式刹车的车型，也在叉脚处预留了碟刹卡钳安装座，可以根据车主的意愿进行升级。其中一些甚至配备了碟刹花鼓，可以轻松实现两种刹车方式的转换。

碟刹的缺点是在碟片摩擦的过程中可能会发出噪声，专业的器材需要专业的服务，由此造成较高的维护费用。相比之下，鼓刹显得普普通通、笨重且难以调校。

液压碟刹

如果你的车上配备了液压碟刹，最好去弄一本用户手册，按照上面的要求进行使用和保养。如果需要更换来令片或调整卡钳，最好让专业技师来操作。虽然不同的液压刹车系统的基本原理是一致的，但是调整的步骤和必须遵守的要求略有不同。爱好动手的人都知道，不同的液压刹车系统很少有共通点。

液压的基本原理

毫无疑问，讨论液压原理的文章已经有很多了，应用在自行车上也就更容易了。这套系统由刹把推动主油缸里的活塞开始，当拉动刹把时，活塞将主油缸内一定体积的液压油压入油管。液压油经油管，最终流入带有工作油缸的卡钳中。当工作油缸中充满了液压油后便推动活塞外行，使来令片夹住碟片。液压系统可以施加高达3000 psi的压力，虽然活塞和碟片的面积比较小，仍然可以产生巨大的制动力。

维护和保养

碟刹在安装及调试好后基本不需要常规保养。当然，什么都不可能一劳永逸，你的碟刹也不例外。除了在来令片磨光后进行更换以外，还有很多事可以做，以便始终保持刹车处在最佳的工作状态。

保持清洁　碟刹来令片极易受到油的污染。即使是皮肤上的一点油脂，也有可能造成来令片永久失效。无论何时接触来令片或是碟片，尽可能减少刹车面与皮肤的接触。如果你确实碰到了刹车面，或是不确定是否碰到，都要使用酒精或是专用清洗剂如Disc Doctor或White Lightning Clean Streak擦拭来令片和碟片。如果你的来令片不幸被油浸泡，那就果断更换新的吧。油一旦浸入来令片就不可能排出，刹车时产生的摩擦热会降解来令片材料，造成制动力下降和磨损加剧。

让它脏吧　信不信由你，平时最好不要清洗碟片。粘油是另一回事，但是日常的尘土和泥污不但不会降低制动力，反倒有可能提升制动力。微小的灰尘颗粒可以嵌入来令片和碟片的表面，从而增大摩擦力。实际上，在清洗或更换来令片后，会有一小段时间制动力较弱。这时可以轻捏住刹车骑行几分钟，叫作刹车磨合，来令片材料上的微粒就会嵌入碟片表面，从而恢复制动力。

液压油的种类　自行车刹车系统常用的液压油主要有两种——矿物油和DOT油。这两种油各有特点。矿物油是纯天然制品，易于处理，

左图所示的六钉国际标准是最常见的碟片安装座。右图所示的Shimano中央锁死（中锁）制式可以使用铆接铝支架的钢碟片以减轻重量和减缓热衰退。

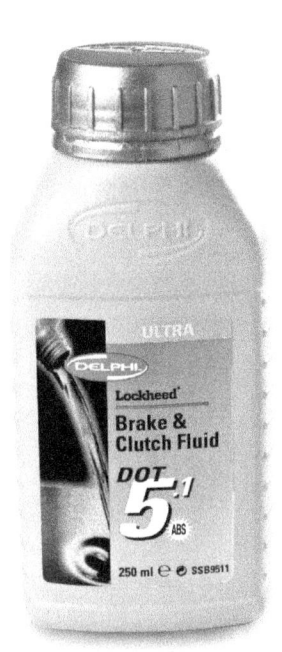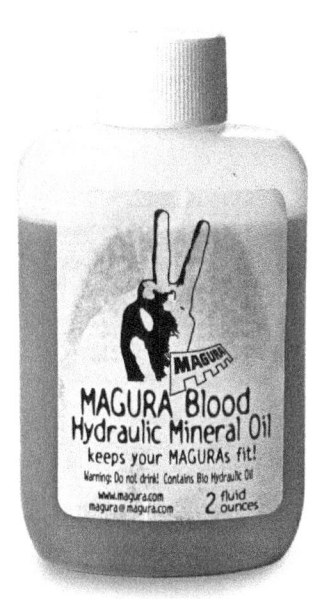

一些厂家采用环保的矿物油作为液压油，其他厂家则使用高性能但有腐蚀性的用于汽车和摩托车上的DOT油（如DOT-4或DOT-5.1）以增强耐热性。绝不能使用非厂家指定的液压油。DOT油会浸入刹车系统中原本为使用矿物油而设计的密封圈，反之亦然。即使都是DOT油也并不完全一样，因此如果你不确定上次使用的是哪种油，那就应该清洗整个刹车系统重新灌油，而不是直接注进去。

但是不如DOT油耐热，经过长时间高强度刹车后可能会膨胀。DOT油抗热膨胀，沸点可以超过500°F，但DOT油有极强的腐蚀性，一定要注意避免接触皮肤或喷涂表面。

注意事项

记住只能使用厂家推荐的液压油。矿物油和DOT油不可混用，使用错误的液压油会对刹车系统造成严重损害。没有证据证明使用不同品牌的矿物油会造成长期损害，即使如此，最好还是在Shimano的刹车中使用Shimano的液压油，Magura的刹车中使用Magura的液压油，因为这是在刹车系统研发过程中使用的油。然而，DOT油却有一点棘手。通常来讲，DOT-3、DOT-4和DOT-5.1是可以互相换用的，最好是优先选用沸点更高的DOT-4和DOT-5.1。除此之外，一定不要混用两种不同类型的液压油，最好也不要混用来自不同厂家的同样标号的油，等等。还有更容易混淆的：DOT-5不能与DOT-5.1混用，因为DOT-5是硅脂基的，会损伤市面上现有的刹车系统中的密封垫和O形圈。因此，虽然DOT油大量用于汽车和摩托车的零件中，但你最好还是从当地的车店购买，因为车店只卖可用于自行车刹车的液压油。

请勿乱动 在操作碟刹时，有一种最常见的错误也是最难以改正的。无论何时，只要车轮从车架或前叉上取下，一定不要捏刹把！这样做，会导致来令片相互压在一起，无法回弹。如果发生之后再去分开来令片就需要做外科手术般的技巧和耐心，最坏的结果就是大量漏油。零售的碟好在大部分碟刹在安装好之后很少需要保养。实际上，一款好的刹车系统仅需要偶尔更换一下来令片，换油的次数就更少了。然而并没有一种通用的换油方法可以适用于每一款液压碟刹，所以必须遵循厂家的要求。在保养液压刹车之前，请仔细学习相应的用户手册，并确保有必需的所有工具、物品和技术。

机械（线拉）碟刹

虽然机械碟刹的制动力不如液压碟刹强，但是同样有着碟刹的最大优势——全天候稳定性，而且在易用性上可以媲美圈式刹车。机械碟刹与圈式刹车一样，通过刹把带动刹车线，拉动卡钳运动。卡钳与刹车臂不同，一侧来令片固定不动，另一侧与活动旋钮相连。刹车线拉动杠杆臂，引起旋钮转动，带动活动侧来令片推向碟片，将碟片压在固定侧来令片上。虽然在两侧来令片都接触碟片之前，碟片的偏斜会损失一部分制动力，但车手是很难感觉出来的。机械碟刹有着易用性方面的优势，虽说相比于液压碟刹会损失一部分制动力，但许多车手都认为其优势胜过劣势。

安装碟片 在早期，每一家碟刹厂家都有其特有的碟片安装方式。这样，某一品牌的刹车只能搭配特定品牌的花鼓，对此，消费者当然不满意，因此碟刹销量的增长十分缓慢。当20世纪90年代中期，Hayes公司决定涉足该领域时，他们所做的第一件事就是联合各厂家制定统一的卡钳和碟片安装标准。六钉国际标准由此诞生，碟刹的销量暴增。

目前存在着两种标准——六钉国际标准和Shimano中央锁死。中锁制式可以使用更轻的碟片和花鼓，安装和拆卸更加快速方便。Shimano的碟片采用了通用的直径标准，因此Shimano的花鼓和碟片可以与其他品牌的卡钳通用，反之亦然。当然也可以使用六钉转中锁的转换座。

调整卡钳 碟刹厂家们有不同的卡钳安装方

碟刹产生的制动力很强，因此直径超过165mm的碟片只能用在厂家允许安装大尺寸碟片的前叉上。

刹系统会附带一个可以塞入卡钳的垫片，取下车轮之后塞进去可以防止发生这种尴尬而令人沮丧的问题，但是大部分配备碟刹的整车并不会带有垫片。如果你没有垫片，可以叠一片硬纸板或是几张名片塞到来令片之间。

阅读细则 在保养液压刹车之前，必须了解相应的步骤，不同型号之间即使很相似但是仍有区别。

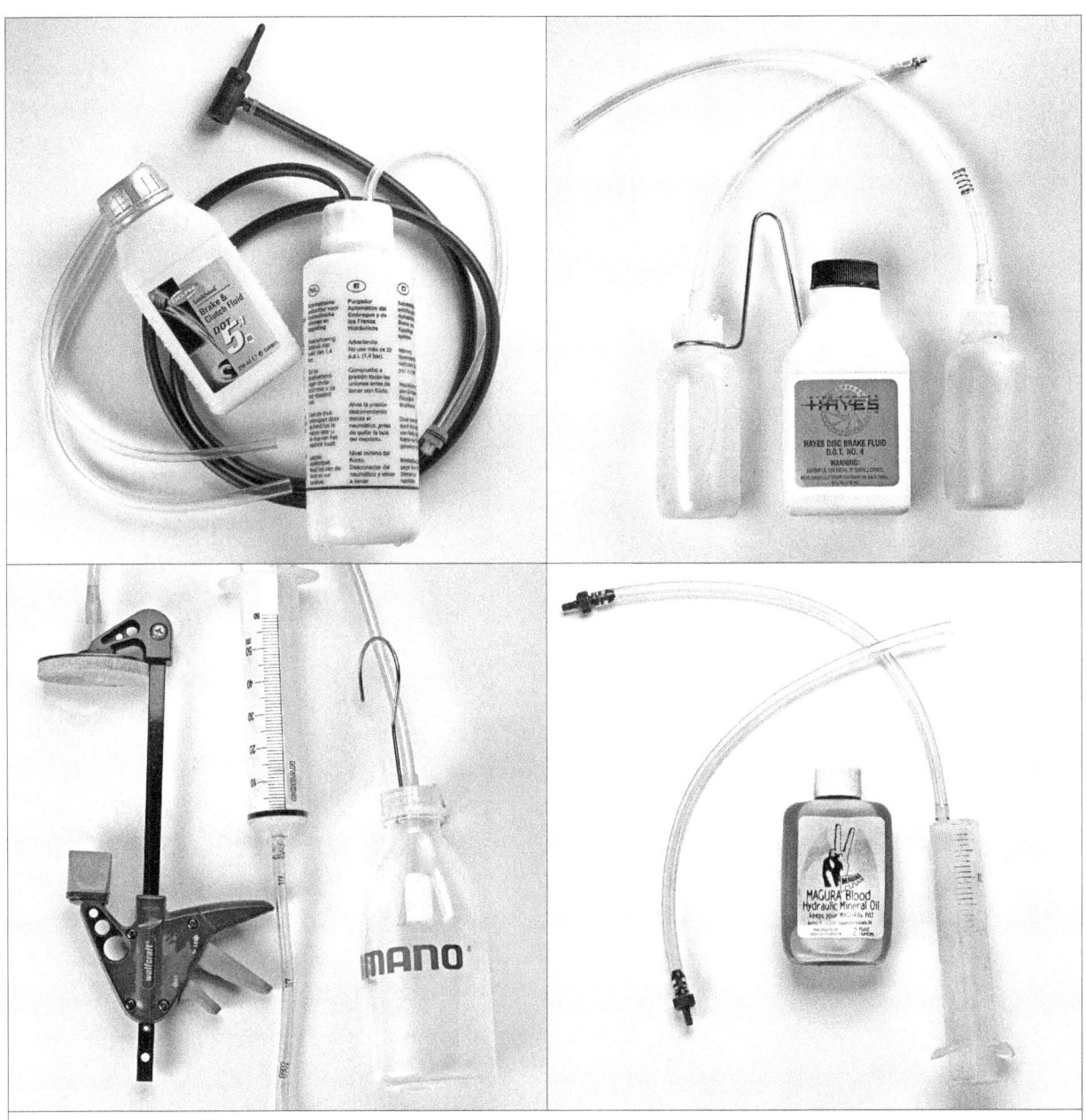

液压碟刹换油的基本原理是相通的。然而，每个厂家都针对特定型号的刹车研发了最合适的换油工具套装。如果你要给刹车换油，强烈建议你购买一套原厂的换油工具，仔细按照要求进行。

式。最常用的两种是垫片式和浮动式，其中浮动式又有两种不同的具体方式。

Hayes采用的是浮动式安装。Hayes碟刹卡钳需要使用转换座才能安装在车架或前叉上。卡钳在锁紧到转换座上之前，有一定的横向浮动空间，可以通过调整使碟片居中。但是也有两个例外，一个是不需要转换座的直装式前叉，另一个是20世纪90年代后期左下叉采用Hayes安装制式的山地车架。在这两种情况下，虽然不需要转换座，但是上述的步骤依然是适用的。

首先要确认连接转换座与车架或前叉的两颗螺栓已经锁紧。使用5mm内六角扳手松开连接卡钳和转换座的两颗螺栓。拧松大约一圈，卡钳就可以左右浮动了，此时纵向的浮动空间也是最小的。如果卡钳总是偏向一侧，多半是受油管走线的影响，只要拆卸油管的线卡就可以解决。

用橡皮筋将车把和刹把绑在一起，使卡钳一直夹紧碟片，你才能空出双手来调整卡钳。若两侧活塞的位移是相同的，那么碟片应该位于卡钳的正中。

Hayes的浮动式安装要求逐步锁紧连接卡钳和转换座的螺栓。将一颗螺栓拧动1/8圈，再去拧动另一颗，如此反复直到两颗螺栓都锁紧。

拆卸橡皮筋，检查卡钳位置是否正确。从一侧观察卡钳，将一张白纸放在另一侧，从来令片和碟片之间的缝隙中应该可以看到白亮。如果一侧来令片与碟片接触，或是在轮子转动时发生蹭碟，应稍微松一下连接卡钳和转换座的螺栓，调整卡钳位置，使两侧来令片与碟片之间的间隙匀称。

Avid采用的也是浮动式，但是带有一组半球形的垫圈，可以使卡钳沿着任意方向调整，以补偿车架或前叉碟刹座的公差。

Avid的卡钳和转换座在出厂时已经装配在一起。这组垫圈的排列次序是CPS系统正常工作的重要保证，在弄清楚之前，请不要随意拆散。用附带的螺栓将卡钳和转换座安装在车架或前叉的相应位置上。如果只是调整已经装好的卡钳，只需要松开刹车线即可。

将连接卡钳和转换座的螺栓松开一整圈，此时卡钳应能在垫圈间浮动。Avid机械碟刹在卡钳的两侧各有一个红色的旋钮，用来调整来令片的位置。顺时针旋转使来令片靠近碟片，逆时针旋转使来令片收进卡钳中。通过调整旋钮，将碟片夹紧在卡钳的中央。对于Avid液压碟刹来说，用橡皮筋将刹把和车把绑在一起后，采用与上述Hayes刹车同样的方式进行调整即可。

逐步锁紧连接卡钳和转换座的螺栓。最好的方法是先将一颗螺栓拧动1/8圈，再拧动另外一颗，如此反复直到卡钳锁紧。这样可以防止卡钳与螺栓间的摩擦力带动卡钳移动。

随后，在机械碟刹上，逆时针旋转外侧旋钮，将外侧来令片收到底，然后逆时针旋转内侧旋钮几格。用手推一下卡钳的杠杆臂，确保来令片完全收回。轻轻转动车轮，如果发生蹭碟，逆时针旋转外侧旋钮，每次一格，直到碟片与来令片不再接触。理想的情况下，碟片与固定侧来令片之间只有不到0.5mm的间隙却不发生蹭碟。

现在可以固定刹车线了。首先按照预定的方式从刹把到卡钳进行走线，然后使用拉线钳拉住刹车线的末端，将杠杆臂推至1/4行程处，锁紧压线螺栓。再用力捏几次刹把，确保所有部件安装到位。最好是在安装时一步到位，不再用微调旋钮去调节。微调旋钮主要用在外出骑行时进行快速调整，以补偿来令片的磨损。

最后，剪掉多余的刹车线，从压线螺栓算起，留下20mm（3/4英寸）以内即可，防止与碟片发生干涉。再压上线帽，你的工作就完成了。

其他品牌的碟刹，包括Magura、Hope、Shimano在内，应在卡钳和碟刹座之间套入垫片，这些垫片其实就是一定厚度的薄垫圈。在这些碟刹系统中，垫片被成组地垫在卡钳和碟刹座之间，使卡钳与碟片保持合适的位置。这种方式相对简便，但是下手要稳，而且需要一定的技巧才能装好。好处是，你只需要套一次垫片。

虽然都是从拧螺栓、调整卡钳位置开始，但是油管会将卡钳拉向某一侧，影响卡钳位置的精确调整。只要拆卸车架或前叉上的线卡就可以减小这种影响。

用橡皮筋将车把和刹把绑在一起，使来令片持续受压。卡钳两侧活塞的行程应该相等，而且碟片应位于卡钳的中央。

每颗螺栓应配的垫片数量是需要经过反复尝试才能确定的。能够使卡钳和碟刹座紧密压合在一起的垫片数量就是最合适的，很可能两颗螺栓需要的垫片数量并不相同。Magura和Hope的垫片是圆环状，需要拆掉螺栓才能套进去；而Shimano的垫片是Y形的，可以用尖嘴钳方便地安装和拆卸。锁紧固定螺栓，再仔细检查一下就可以了。

检查来令片的间隙时，首先要拆掉橡皮筋。理想的情况下，来令片与碟片之间会有一点缝隙，透过缝隙能看到光亮。拿一张白纸放在卡钳的对侧就很容易观察到了。

圈式刹车

现在常用的圈式刹车有两种：侧拉式刹车和吊刹。第三种是中拉式刹车，可以在20世纪六七十年代的公路车以及20世纪80年代的山地车上见到。

侧拉式刹车在20世纪50年代早期和中期很流行，因为当时只有这一种刹车。到了20世纪50年代晚期和60年代早期，Universal、Mafac和Weinmann发明了更好用的中拉式刹车，中拉式刹车很快受到欢迎。虽然现在很难在美国见到配备中拉式刹车的新车了，但是中拉式刹车仍在使用。中拉式刹车之所以吸引人，其中一方面原因就是中拉式刹车仅需要初次安装和调整，在以后的使用中会自动对中，而侧拉式刹车会向一侧偏，因此总是有一侧摩擦轮圈，这个问题现在已经解决了。

另一方面是当时与侧拉式刹车相比，中拉式刹车在机械结构上的巨大优势，因为中拉式刹车的转轴更靠近轮圈。侧拉式刹车以一颗位于轮胎正上方的固定螺栓作为转轴，相比之下，中拉式刹车在两侧各有一个转轴，减少了刹车块到转轴的距离，从而提高了刹车的力度。

这种创新设计使用了比侧拉式刹车更轻巧的杠杆，对于青少年和女性等手小的车手来说是一个明显的优势。

虽然中拉式刹车具有一定的机械优势，但是到了20世纪70年代中期却逐渐没落，侧拉式刹车重新得到了车手们的青睐。自从Campagnolo推出Record夹器，新式的侧拉式刹车开始出现在市场上。中拉式刹车的特色现已被整合至新式的侧拉式刹车上，快速释放、微调旋钮以及更加靓丽的外形成为当今的主流。现在甚至已经有了双轴侧拉式刹车，凭借更靠近刹车块的转轴，制动力更强且更容易对中。说实话，这样的设计已经非常完美了，很难说中拉式刹车是否能够东山再起。

吊刹的工作原理与中拉式刹车类似，但是它的臂杆更短、刚性更强，而且是以固定在前叉或车架后上叉的刹车座为转轴。臂杆更靠近轮圈且有独立的转轴，吊刹有着巨大的机械优势，这就是吊刹常用于双人车和旅行车上的原因，它们比一般自行车要承受更大的载荷。同时吊刹也用在很多低端山地车和越野公路车上。用在山地车上是因为常规的刹车不能容纳宽大的轮胎，而用在越野公路车上则是看中了它制动力和排泥性的综合优势。

越野车手常常深入丛林探险，在危险的下坡路段检验自己的技术，普通的刹车已经无法满足他们的要求，因而在20世纪80年代晚期，两种新式的山地车刹车系统应运而生——U刹和罗拉刹。这两种刹车的制动力都比吊刹要强，连续多年被作为许多山地车的标准配置。U刹其实就是重型的中拉式刹车，但是臂杆是像吊刹一样固定在车架上的；罗拉刹使用凸轮结构以增强制动力。它们的一个共同特点是不会像吊刹那样从车架侧边突出来，在小车架上可以留出更多的空间，在摔车时不容易伤到你。因为它们难以调节且维护周期较短，很快便淡出了人们的视线，但是吊刹仍然很好用。自从这两种刹车停产之后，保有量越来越少，到现在已经十分罕见了。

吊刹的不断改进最终诞生了直拉式刹车——因为Shimano的V型刹车广受欢迎，有时也叫作V刹。直拉式刹车更轻，制动力更强。有趣的是，它融合了吊刹和侧拉式刹车的优势。臂杆安装在前叉或车架上的刹车座上，但刹车线却是直接拉动臂杆，而不是像常规吊刹那样拉动一个吊钩，因此提高了效率，简化了调试的过程。与传统吊刹相比，加长的臂杆提高了制动力。由于加长了臂杆，因此要达到同样的制动力，拉动刹把所需的力量就变小了。

刹车线管

从Campagnolo开始，几乎所有的刹车厂商都在使用螺旋钢带式线管。这种线管的绕圈钢带相互之间以平面接触，而不是像老式线管那样绕在一起，因此钢带之间的压缩和滑动更少，带来更加硬朗的手感。

线管通常会有一层尼龙的内衬，可以使刹车系统反应更加灵敏，刹车线的表面也覆有特氟龙涂层。线管摩擦问题一直是刹车系统的老大难，但是当把多项改进措施整合在同一个系统中时，这个问题也就迎刃而解了。

甚至还有超级线管系统，比如由SRAM的Flak Jacket线组和其他附件组成的Pit Stop系统，包括内线、线管和线管帽。这些超级线管最大的特点是一旦装配完成，线管就被密封起来了，任何污垢都无法进入线管内部，加之采用了低阻力的材料，使内线运动极为顺畅。每对刹车线或变速线售价约50美元，比普通的内线和线管要贵得多。但是，如果你想要提升刹车或变速的性能，还想减少维护次数，或是正在寻找一种能让内线在扭曲蜿蜒的线管中工作顺畅的方法，这些超级线管能起到很大的作用。

购买合适的刹车

在购买新的刹车之前，首先要确保这对刹车适合你的车。对侧拉式刹车来说，首先要用卡尺量一下刹车座到轮圈中央面的距离。有两种常用的尺寸——47mm的短距和52mm的长距。这两种尺寸都有5~10mm的调节范围。市面上也有其他尺寸存在，但是有90%的轻型车都是用的这两种。确保你看中的那款刹车适合你的车架，最好的办法就是拿着车去车店试一下。

吊刹和直拉式刹车就更简单了。无论是山地车、旅行车还是双人车，只要有刹车座，绝大部分都适用。现在刹车座的位置有了统一的标准，几乎全部吊刹和直拉式刹车都适用。

如果你恰好有一辆配备U刹或罗拉刹的老式自行车，那就要单独来看了，因为它们使用的刹车座安装在不同的位置上。因此，最好还是使用原来的刹车。如果你确实需要换掉它，那就得找一位车架工人拆掉原先的刹车座，并且在合适的位置焊上新的刹车座，才能兼容现在的吊刹或直拉式刹车。虽然花不了多少钱（约50美元），但是焊接会损伤漆面，你可能需要重新喷涂整个车架或者某一部分。

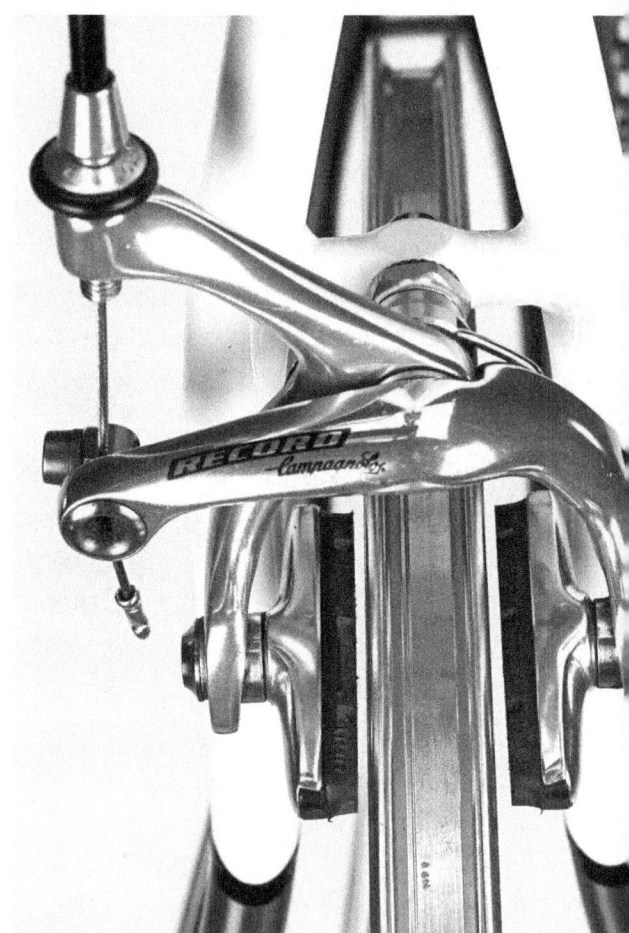

购买新的刹车之前，确保它适合刹车座到轮圈中央面的距离。

安装刹把

无论安装什么类型的刹把，你都要先确定哪一只刹把与哪一只刹车相连。北美地区一般是左前右后，按照规定，骑车的时候需要用左手示意移动，因为这样更容易被看到。左手离开了车把，就只能用右手控制刹车。在紧急刹车时，如果先刹前刹会造成前空翻。所以从逻辑上讲，如果你生活在像英国或者日本一样靠左行驶的国家，刹车就必须是左后右前。一些车手喜欢用惯用手控制更常用的后刹，对左撇子来说，就是用左手控制后刹。你可以根据自己的爱好去尝试，但是一定要记清楚哪只刹把连着哪只刹车。

公路刹把 公路刹把有两种类型——气动刹把和非气动刹把，它们通常安装在弯把上，但是安装方式并不相同。如今气动刹把已经非常普遍了，线管从刹把内部引出，在把带下面走线。这样可以使车头更加流线，相比于传统的刹把来说对内线和线管的保护更加到位，握把的位置也更加舒适。可以将车子倒过来修理，因为不会有碍事的线管。传统刹把在一些老式公路车和旅行车上仍然可以见到，与气动刹把的区别在于线管是从手变上部引出的。

安装非气动刹把的第一步是将它固定在车把上。Shimano手变在侧面有一个5mm内六角螺栓，用六角扳手伸进橡胶套里面就能够到；Campagnolo和SRAM手变的这颗螺栓在靠近手变上部的位置，需要将橡胶套翻起来才能看到。在所有的SRAM手变中，这颗螺栓的规格都是5mm内六角；Campagnolo手变则是T25或是5mm内六角，根据型号有所不同。

在所有的手变中，这颗螺栓的作用是收紧夹环，将手变固定在弯把上。这个夹环能够夹紧大多数的弯把，而在碳纤弯把上则需要涂抹防滑剂防止夹环滑动。防滑剂是由许多微小的塑料珠悬浮在稀薄的胶体中所形成的膏状物，当把它涂在相互夹紧的零件之间时，塑料珠便填入空隙中，形成一层摩擦带防止发生滑动，但是并不会真正粘在一起。现在已经有很多厂家推出了防滑剂，FSA和Tacx是最常见的两家供应商，基本上在所有的车店都能找到。只需要在夹环的内表面涂上一点，然后将手变固定在合适的位置就可以了。多出来的防滑剂一定要擦掉，否则会影响把带背面的黏性。

所有的手变都带有橡胶套，但过去并非总是如此。当你握着手变休息时，橡胶套可以使骑行更加舒适。如果你想修补一对缺少橡胶套的老手变，或是你正在用的橡胶套已经磨损严重了，那就买一副新的吧。在手变装在弯把上之前就应该套上橡胶套。在新橡胶套里面喷一点酒精，可以更容易装上，当酒精挥发之后不会再滑动了。

当然，在你安装新手变之前肯定要先拆掉原来的，也就意味着需要拆掉把带。旧的把带很少能重复使用，买新手变时记得捎一条新的把带。即便是你没有换新的手变，只是调整一下位置，那你也得先拆掉原来的把带才能挪动。（如果只是挪一点点，只需要扭一下，可能就不用拆掉把带了。）

拆下把带后，松开压线螺栓，放松刹车线。将刹车线从刹把上解下，拆掉刹车线和线管。手变的固定螺栓在侧面或头部，藏在橡胶套下面，使用内六角扳手即可松开。SRAM或Campagnolo手变可以将橡胶套向前翻起，Shimano手变需要从前面将工具塞入手变和橡胶套之间进行操作。

手变的位置可以根据个人骑行风格进行调整，但是老手们总结出的标准安装位置是将刹把下端与弯把末端平齐。可以根据自己的喜好在此基础上进行微调。

如果你安装的是非气动刹把，首先找到合适的工具，然后将手变锁紧在弯把上。要注意：一些型号的手变的固定螺栓会影响转轴销的活动。如果你将固定螺栓拧得太紧，手变可能会不灵活。在这种情况下，只需要将固定螺栓拧到恰好不会让手变滑动的程度就可以了。

副刹把 之所以叫作副刹把，是因为它截断了主刹把到夹器之间的线管。上把位的视野和操控性比其他把位要好，有了副刹把，握住上把骑行时也可以刹车了。因此，副刹广受公路越野车手和通勤者的欢迎。

安装副刹先要拆掉把带和刹车线，但大部分副刹采用了铰链式夹环，并不需要拆掉主刹把。副刹把应尽可能远离把立，但不能距离手变太近，以免发生干涉。

向下转动副刹把10°~30°，这是最舒服的位置。按照厂家要求的扭力锁紧固定螺栓。

首先截取从夹器到副刹把的合适长度的线管，将一端打磨平整后塞入刹把中。线管从副刹把伸出约1.5英寸后用电工胶布将线管绑在弯把下面，使线管沿着弯把走线。

线管应当以平缓的弧度过渡，使线管的这一端能以合适的角度插入副刹把的止线槽中。如果副刹把要求安装线管帽，就应将线管末端修剪平整后塞入线管帽。你可以根据线管和止线槽的配合间隙修剪线管，使线管和线管帽能够紧密得配合，既不会发生晃动，也不需要用很大力气才能塞入。如果手头恰好有一把卡尺，可以量一下止线槽的直径。如果直径在5mm左右，就不需要线管帽；如果直径是6mm或以上，那就需要线管帽。当线管的这一段弄好后，多缠一两圈胶布，将线管牢牢绑在弯把上。

第二段线管是从副刹把到夹器，或是到车架头管、把立或是碗组（仅对吊刹而言）上的止线槽为止。这一段的长度的确定与通常安装线管的方式大致相同，考虑到副刹把的动作范围，线管的长度要多出一些。最理想的长度是弯曲弧度较平缓，且不影响车把转动和副刹把动作的最小长度。

装上一条新的刹车线，将刹车调整至正常工作状态（详见269~289页的刹车调整部分）。试一下主刹和副刹是否能够正常操作，确保不存在干涉，也没有过多的空行程和阻力。将车把向左和右分别转动90度，看一下是否会拉扯线管。

当你把这一系列工作都完成后，刹车就能够正常工作了，现在的任务是缠把带。首先按照306页所示的方式进行缠绕，直至线管与车把分离，开始向副刹把延伸的地方。从此处开始，把带从线管下方绕过将线管包住，继续缠绕至全部完成。这项工作比较麻烦，尤其缠背面带胶的把带，但你最终得到的是一根缠绕紧密的把带，既不会脱落，也不会影响线管的走线和刹车的正常工作。如果很难从线管下方绕过，可能需要解开刹车线，使线管暂时被拉上去。最后，按照307页所示斜着剪断把带，用胶布将把带末端粘牢。

山地车刹把 拆装山地车刹把需要先拆掉把套。如果只是更换旧把套，用刀子割下拿掉就可以了。割把套时要十分小心，不要割到下面的把横，你肯定不想划伤你的碳把。

如果想留下旧把套，可以用小螺丝刀撬起把套的一边（还是要注意不要划伤碳把），滴一点酒精进去。稍微旋转一下把套，再滴几滴酒精，直到把套从把横上脱落。然后用内六角扳手松开刹把上的固定螺栓，将刹把从把横上取下。

安装新的刹把时，首先应考虑一下指拨和刹把的安装顺序。有时指拨装在里面，有时刹把装在里面。在锁紧刹把前，调整一下安装位置，使刹把的末端不超过把横外端。这样可以保证当你摔车时，把横比刹把先碰到地面，也就不容易损坏刹把。

更重要的是，当你坐在坐垫上握住把套休息双手时，刹把的角度应该同手腕自然弯曲时相一致，你肯定不想拧着手腕去捏刹把。当刹把的角度和位置调整好后就可以锁紧固定螺栓了，然后安装指拨和把套。安装把套时，可以加一些酒精做润滑剂。刚装上去的时候容易滑动，但是当酒精挥发掉后，把套就牢牢地固定在上面了。

安装刹车

拆掉一对旧的侧拉式刹车夹器，只需要松开固定螺栓上的螺母，将夹器拆下即可；若是安装一对新的夹器，首先应比较固定螺栓的长度，分清前后夹器。配有长螺栓的是前夹器，短螺栓的是后夹器。分清楚之后，将固定螺栓插入车架上的安装孔中，从另一端旋入螺母并锁紧。在夹器与轮组对中之前，螺母不用拧得太紧。

吊刹和直拉式刹车是用两颗螺栓将其安装在车架上的刹车座上。当松开刹车线后，只需要拆掉这两颗螺栓就可以将夹器取下。要记住刹车臂内小零件的装配关系，一次只拆一侧。这样的话，即便你装不起来，也可以参照另一只的结构来了解各个部件是怎样装配在一起的。如果在拆卸时将拆下的零件都摆放在一起，它们就不会丢了。

当安装吊刹或直拉式刹车时，要对刹车座表面进行润滑，将臂杆安装到位，确保所有的弹簧和垫圈都在正确的位置上。然后安装固定螺栓（一般会带有一个垫圈），将其全部拧入刹车座中。有时候新刹车上的固定螺栓在出厂时会涂有螺纹胶。如果你的螺栓上没有，那就在安装之前涂上一点，这样可以防止螺纹松动。一定要注意不要拧得太紧，点到为止即可。如果拧得过紧，有可能会损伤刹车座，影响刹车正常工作。

当夹器安装好后，就可以调节刹车块了。刹车块应当恰好只摩擦轮圈，位置太高可能会蹭外胎，太低的话可能会挤到轮圈下面。还要确保刹车块在两侧要对称。

刹车线和线管

下一步是安装刹车线。许多车手为了减少刹车线受到的摩擦，尽可能地减少线管的长度，往往比原车自带的短好几英寸。无论是在车把上方还是前方，抑或是其他方向，显然都不需要过长的线管。虽然线管过长，阻力会增大，但是太短同样会增大阻力，这样会使刹车线紧紧压在线管上，甚至会限制车把的转动幅度。安装新线管时，应裁掉多余的线管，但是要留出足够的长度，绕一个足够大的弧，当车把快速转动时，线管不会相互扭结在一起，否则会造成过度磨损。

对山地车来说，要按照原来的方式走线。后刹车线可以从把立的任意一侧走线，所以后刹车线引出刹把的地方通常比较棘手。两侧都试一下，选择转向阻力最小的走线方式。一般是从刹把起，绕过把立的左侧，插入上管的止线槽中。

如果安装的是气动手变，那么在裁剪之前应仔细测量线管的长度。后刹线管绕过头管前方，顺着上管上的导线槽延伸至后刹。应确保线管够长，车把可以自由转动。前后刹车线管都应该留出足够的长度，沿着车把的形状，在把带下面走线，从把立附近引出。在裁剪之前，应对刹车线进行润滑，然后装进手变中，穿过线管，最后夹在夹器上的压线螺栓中。拉一下刹车线的末端，使线管安装到位。在拉动刹车线的同时捏住夹器，锁紧压线螺栓。可以用"第三只手工具"（一种可以勾住两侧刹车块并相互拉紧的专用工具）或是一根绑带拉住夹器。

将手变锁紧在车把上，使刹把下端与弯把末端平齐。每一侧都用胶带将线管绑在车把上。最后检查一下线管是否够长，车把能否自由转动而不拉扯线管。

整理线管

当你布置好线管的走线，并且定好了线管的长度，下一步就是裁剪线管了。所需要的工具是一把像Felco C-7或是斜口钳那样的专用剪线钳，一把小锉刀以及一把锥子或类似的尖头工具。

对气动手变来说，刹车线已经装在里面了，所以你必须要将刹车线从线管中抽出一些来。松开压线螺栓，轻捏刹把即可。当刹把打开后，用尖嘴钳伸进去夹住线头将其拉出。因为你要在夹器附近裁剪线管，所以不需要把刹车线拉出很多。

使用剪线钳将线管裁剪至合适的长度。注意

观察线管末端是否产生了毛刺。如果产生毛刺，就重新剪一下或是将末端挫平。通常情况下，还需要挑开线管的内衬层，这就是准备锥子的原因了。把锥子塞进去，将内衬层撑开。

如果是安装一对新刹车，线管的两头可能会带有金属的线管帽，或者是散装在包装袋里。如果是散装的，那就剪完线管后再装上。这些线管帽不但可以保护线管末端，而且可以起到一定的支撑作用。如果不用线管帽，线管会向一侧歪斜，不再与刹把或夹器上的止线槽对齐，不但会使手感变得绵软，而且会加剧磨损。即便如此，有些刹车还是选择不使用线管帽。如果你试着往线管上装线管帽，但总是不合适，或许这对刹车本来就不需要线管帽。

连接刹车线

如果安装的是气动手变，需要将刹车线重新连在夹器上。将刹车线穿入手变，从线管中穿出，拉一下线尾使刹车线头部安装到位。再将刹车线穿过压线螺栓中，捏住夹器，锁紧压线螺栓。

如果是非气动刹把，在将刹车线穿入线管之前，需要润滑刹车线，并安装线管帽（如果刹车自带的话）。从刹把上的小洞中穿入刹车线，令刹车线头落入刹把中的线头座中，将线头座翻转过来，当刹车线拉紧时线头便可以自行落座。

对山地车刹把来说，需要拧微调旋钮，使两个缺口对齐，这样才能把刹车线放进去。当刹车线和线管装好后，顺时针将微调旋钮拧回原来的位置。

当刹车线穿过线管后，将其固定在夹器上并剪掉多余的线。此时，将夹器压紧在轮圈上，同时锁紧刹车线。拉线钳的工具就是专门用在这个地方的，它能在压紧刹车的同时拉住刹车线，帮助你轻松地锁紧压线螺栓。如果不想花钱买工具，那就叫朋友来帮忙，或者用一根鞋带或者绑带来拉住刹车块，然后锁紧压线螺栓。还有一种方法就是先轻轻拧住压线螺栓，然后用一只手捏住夹器的同时拉紧刹车线，另一只手锁紧压线螺栓。都试一下就能找到最适合你的方法。

在锁紧刹车线之前，确认一下快拆旋钮（公路夹器上张开夹器便于更换轮组的拨杆或按钮）已经关闭。将微调旋钮拧到底，再往回拧几圈。确认刹车线尾挂在合适的位置上，线管末端落座在止线槽内。全部确认完毕后，便可以拉紧刹车线，锁紧压线螺栓了。

反复捏几次刹把，拉伸一下刹车线。如果刹车线被拉长太多，则当用力捏刹车时刹把会碰到车把。重新将刹车块压紧在轮圈上，进一步拉紧刹车线。在未刹车的状态下，每侧刹车块与

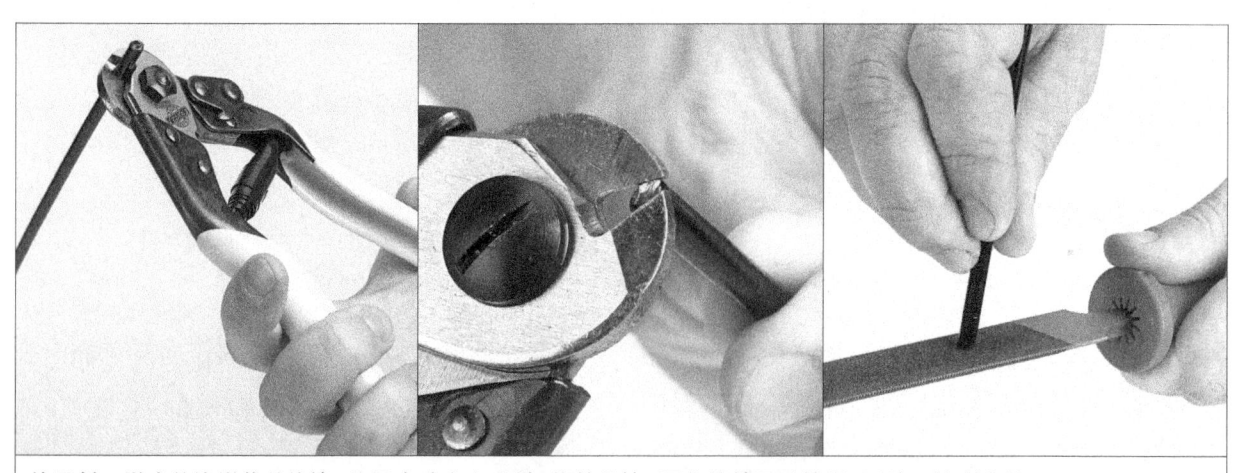

使用斜口钳或剪线钳裁剪线管。如果末端产生毛刺，将其剪掉，再将线管两端挫平，以防干扰刹车线。

轮圈之间应留有1/8~3/16英寸的间隙；用力捏刹车时，刹把与车把之间应留有1/2~1英寸的距离（你可以在此基础上进行调整）。当刹车线调整到合适的位置上后，锁紧压线螺栓，以防在大力刹车时刹车线脱出。刹车线应留出1/2~1英寸的余量，用剪线钳将多余的部分剪掉。

当把线尾剪断后，还要防止被线尾划伤，锋利的线尾碰到手可不是件好事。防止划伤的一种方法是安装线帽。线帽有铝的，也有塑料的。铝线帽是从线尾套入，再用钳子夹紧；塑料线帽的安装方法类似，只是不需要夹紧了。线帽很容易安装，但不是长久之计。

如果没有线帽，也可以把线尾焊住。这样做需要一把焊枪（打火机也可以）、焊料和助熔剂。首先用酒精擦掉线尾上的灰尘和油渍，然后用线尾蘸一些助熔剂，将焊枪的喷嘴对准线尾。随着温度上升，助熔剂开始冒烟并发出"嘶嘶"的声音。再将焊料与线尾相接触，当焊料开始熔化时，将其涂抹到线尾上。最后，趁焊料还未完全凝固，用湿抹布擦干净。

提示：只焊刹车线的末端，不要焊靠近压线螺栓的部分。焊过的刹车线会变硬，但是要想让刹车灵活工作，刹车线必须要柔韧。另外，根据压线螺栓结构的不同，变硬的刹车线可能会更容易被压断。

中拉式刹车、吊刹以及U刹

中拉式刹车、吊刹以及U刹与侧拉式刹车有一些相似的地方。首先刹把的固定方式是一样的，但是刹车线连接夹器的方式不同。中拉式刹车、吊刹以及U刹的主刹车线连接在一个金属的吊钩上，吊钩上又横挂着一根短刹车线，被称作刹车吊线。刹车吊线的两端连接在夹器的臂杆上。当你拉动刹把时，主刹车线拉起刹车吊线，从而拉动夹器臂杆，带动刹车块靠近轮圈。

中拉式刹车与侧拉式一样，主体以同样的方式固定在车架上，只需要一颗螺栓和螺母。相比之下，吊刹的两只臂杆并没有连接在同一个主体上，反而每一侧都是独立连接在车架上的。吊刹的每一半都是用螺栓固定在刹车座上，并配有钢弹簧，在刹把松开时拉动刹车块远离轮圈。

U刹像吊刹一样固定在车架上，但是看起来像一个重型的中拉式刹车。另外，后刹一般是固定在后下叉（靠近五通处）而不是后上叉上。

在中拉式刹车上，你能在悬挂在夹器上方的吊钩上找到一个止线槽，一般位于碗组或立管的顶部，取决于是前刹还是后刹。有些吊钩是与把立一体或是直接焊在车架后上叉上的。

U刹的后刹止线槽位于下管的下部。线管仅到止线槽为止，刹车线则会延伸至吊钩处。后刹线经由五通下面的过线座连接至吊钩。

对于这三种刹车来说，如果吊钩带有快拆，在调整刹车线长度之前要确保处于关闭状态。吊钩上带有一个中空的螺栓。将刹车线穿过这颗螺栓。当刹车线穿过螺栓后，刹车吊线便定位在了吊钩上预留的槽中，然后将刹车线拉紧，锁紧压线螺栓。

固定刹车线的同时要将刹车块压在轮圈上。对于侧拉式刹车来说，合适的刹车线长度应保证在未刹车的状态下，每侧刹车块与轮圈之间应留有1/8~3/16英寸的间隙。当初步锁紧压线螺栓后，捏几次刹把将刹车线拉紧并压实线管。如果必要，可以调整压线螺栓将刹车线收紧。当完成刹车线的预拉，并且将刹车先固定在合适的位置上后，便可剪去多余的线头了。仅留下1~2英寸的余量，这样线尾便不会干扰夹器的活动了。按照上文所述方法，安装线帽或将线尾焊住，以防止被线尾末端划伤。

直拉式刹车

安装直拉式刹车的第一件事就是确认你有配套的零件，直拉式刹车只能搭配专用的刹把。如果你将直拉式刹车与普通刹车的刹把安装在一起，它们是不会配套的。通常来说最好购买成套的刹车和刹把。但是，有些时候却很难买到成套的，一个明显的例子就是直拉式刹车搭配弯把手变的双人车，但这种手变并不是用来搭配直拉式刹车的。一些厂家推出了相应的转换器，这个问题已经得到了很好的解决，只要将转换器安装在刹车线或是刹把上，两者就可以搭配在一起使用了。

如果你确定刹把是配套的，那么直拉式刹车的调试就变得相当简单了，调试的最终结果是两根臂杆接近平行。然而不同的轮圈宽度不等，为了达到这样的效果，每一块刹车块都带有一个厚的和薄的垫圈。将合适的垫圈放入刹车块与臂杆之间（一个在内侧，一个在外侧），并将刹车块锁紧，确保能平整地接触轮圈。（直拉式刹车不需要带有束角的刹车块。）方便调整刹车块的一种方法是将弹簧解下。这样便可以轻松地将刹车块压在轮圈上，便于找到最佳的位置并锁紧刹车块。逐步调整刹车线直至臂杆接近平行，这样才能保证有合适的间隙和良好的制动力。如果无论你是松开还是捏住刹车，总有一侧更靠近轮圈，应通过调节十字头的对中螺钉将刹车对中。拧紧会使刹车块远离轮圈，拧松则会靠近轮圈。

直拉式刹车的制动力很强，可以将刹车块的间距适当调大一些。实验证明，刹把越靠近车把，制动效率就越高。一些职业车手也喜欢这样做，还可以确保刹车块不会蹭到轮圈。

刹车的校正

在校正刹车之前，首先转动轮子，观察轮组是否居中、是否安装到位。如果不是，则需要先将轮组安装好或居中；否则，轮组将会摩擦刹车块，或是将某一侧张力调松，从而造成刹车工作不稳定。如果在轮组旋转的过程中，刹车块与轮圈之间有时有1/4英寸以上的间隙，有时又相互接触，那你的轮组肯定是需要校正了。

当轮组能够准确转动后，便可以检查刹车块与轮圈的间距了。若要检查侧拉式刹车的夹器是否居中，适当松一下后面的固定螺母，恰好可以使夹器挪动，但不能松得太多，否则会使夹器乱晃。捏住刹把，使刹车块紧紧地压在轮圈上。继续捏住刹把，锁紧固定螺母至夹器不再绕叉肩或刹车桥转动。

松开刹把，检查夹器是否居中。如果两侧刹车块不能同时接触轮圈，或是松开刹把后一侧刹车块仍然贴在轮圈上，你就必须要调整夹器了。具体的步骤取决于刹车的类型。

将侧拉式刹车居中的方法有很多。首先，松开固定螺栓，转动夹器，重新锁紧固定螺母。这种方法适用于Shimano和Campagnolo的双轴夹器。如果需要精确居中，Shimano刹车的顶部和Campy刹车的侧边会有居中螺钉进行调节。这只能作为辅助方法，主要还是靠重新定位夹器。

低端的侧拉式刹车没有居中螺钉。如果你的刹车没有居中，而且重新定位也不起作用，那就试试调节固定臂杆的那两颗螺母。首先，逆时针拧内侧螺母，顺时针拧外侧螺母，使两颗螺母相互压紧。用两只扳手分别夹住前后两颗螺母，向同一个方向同时拧动两只扳手，使夹器主体绕轴旋转，完成居中。

如果需要将夹器顺时针旋转才能居中，将扳手卡在前面外侧的螺母上；如果是逆时针旋转，则卡在内侧的螺母上。这样你才能在不松动螺母的情况下进行调整。

一些侧拉式刹车在夹器和车架之间有一颗调整螺母，可以用开口扳手进行调节。拿一把开口扳手卡在螺母上，调整夹器向左或向右转动，将螺母锁紧在固定螺栓上后位置便固定了。如果已经锁紧了，那就用两把扳手卡住两颗螺母，同时向预定的方向扳动即可。

中拉式刹车的居中比侧拉式简单一些，因为只需要调整一颗螺母。松开固定螺栓末端的螺母，转动夹器至居中，保持位置锁紧螺母即可。（必要时也可以用木槌敲击夹器一侧进行居中。）

吊刹的刹车块应当对称安装，才能保证稳定的制动效果。如果臂杆的移动速度不一致，则需要将吊钩向动作较慢的刹车块一侧移动。反复捏几次刹车，观察刹车块是否保持居中。如果不能，则要从一侧解开刹车吊线，增大动作较慢一侧臂杆的弹簧张力。刹车在一定角度内可以自由转动，过了这个点后阻力会明显增大。到达临界点后，继续转动刹车1/4圈，这样便可以增大弹簧张力。你可能需要多转几次才能达到足够的弹簧张力。

许多刹车都为弹簧张力不均匀提前做了准备，看看刹车座上预留的多个弹簧孔就知道了。如果有多个孔，你就可以更改弹簧的固定位置从而调整弹簧张力。

直拉式刹车、U刹和吊刹的另一个特点便是带有张力调节螺钉（居中螺钉）。一些刹车在两侧都有张力调节螺钉，其他的只在一侧有。张力调节螺钉在直拉式刹车上是十字头的，在其他刹车上是1.5mm或2mm内六角的。顺时针拧可以增大弹簧张力，带动刹车块远离轮圈；逆时针拧则会减小张力，使另一侧刹车块远离轮圈。

如果一个U型刹车偏离中心过多，螺钉调整范围可能不够大。为了进行更大范围的调整，解开跨线然后松开弹力较弱的一侧臂杆的旋转螺母，旋转臂杆（刹车块一端）使之远离轮圈然后上紧螺母，这样弹簧弹力被复位。刹车块离轮圈越远，弹簧弹力越大。一些吊刹也是这样调整的。

关于刹车居中的最后一点：卡住的刹车块可能会让你觉得刹车居中不正，其实刹车块才是罪魁祸首。当刹车块的位置调整错误时，刹车块会不均匀地磨损。其中接触轮圈的部分会磨损严重，而没有接触轮圈的部分会形成一个小楞。使用刹车时，这个台阶和轮圈接触，进而导致一边的刹车卡住无法回弹。解决这个问题的方法是，用刀子把小楞切去，然后打磨刹车块使之平整。之后重新调整，让刹车块正确地接触轮圈。

刹车居中调整完毕，最后再检查下刹车行程。如果刹车块和轮圈的距离在1/8英寸以内，那么调整就结束了。否则，松开刹车线，释放一定行程，然后重新上紧刹车线过线螺钉。最后利用手柄微调螺钉使刹车块和轮圈的距离在3/32~1/8英寸之间。

使用刹车的时候，你可能会发现刹车线会有一定程度的拉伸。你可以用微调螺钉来调整行程。如果拉伸过大以至于超出了微调螺钉的调节范围，那就把微调螺钉拧回去，把夹器按在轮圈上，然后重新调整行程。

一些常见问题的解决方法

新刹车和新刹车块的一个常见的令人头疼的问题是有响声，通常这是由刹车块未对齐造成的。如果刹车块紧密地贴合轮圈或者后部先接触到轮圈，它们会振动并发出响声。有几种方法可以修复这个问题，但多数都要改变刹车块接触轮圈的方式。刹车块的前方应比后方更早地接触轮圈，这被称为束角。

在侧拉式刹车上，有的刹车允许刹车块调成一定角度，有的只能弯曲臂杆。具体做法是，拆下刹车块，同时使用两个可调扳手，把扳手卡在臂杆的平面上，然后用力弯曲刹车臂。当你把刹车块重新装上时，你会发现它们的位置改变了。刹车块后部和轮圈的间隙不应该过大——1/16英寸就差不多了。如果你把刹车臂拧得太多，可以拆下刹车块然后反着调整束角。

大多数吊刹和U刹的刹车块固定器上有些特别的垫片，这些垫片允许你调整刹车块的角度。你可以这样调束角：松开固定螺母然后用手移动刹车块或者垫片，当刹车块处于正确的位置时，拧紧螺母。

如果你重新调整了刹车块以后你的车仍然会响，试试用中号数的砂纸打磨轮圈。打磨后的轮圈在刹车块接触的时候能提供额外的摩擦力。

刹车块变硬也会导致发出异响，这会随着时间的推移而发生。用你的指甲试着刮刹车块上的橡胶，应当能感觉到弹性，而不是坚硬。如果橡胶变硬了，只能更换刹车块了。

现在山地车上的一个常见问题是直拉式刹车不管你怎么调整都会响。如果你遇到这种情况，可以试试装个刹车加力片，这是一种铝制或者碳纤维的马蹄形装置，安装在连接刹车和车架的那个螺母上。加力片可以起到支撑的作用，将车架两边连接起来，减小车架的形变和振动，进而消除异响。

加力片还能增大制动力，因为它避免了刹车时刹车座向外弹性形变。尽管难以察觉，时间长了你就会喜欢它的。

线管也有可能受到外力影响。编织线管以及特氟龙线管不但价格昂贵，外露的部分还需要经常保养。每隔一段时间就把线管擦干净，然后抹一层润滑油或者润滑脂。如果车上有止线槽，可以将线管拉出来，线管就会松弛。放松线管的具体做法是，打开刹车快拆，将线管拉出止线座，上下滑动线管以润滑刹车线。这是一种简单快速给线管清理、上油的方法，可以让线管保持润滑且耐用。

你可以根据骑行的频率和环境来决定更换线管的时间，通常不短于一年。如果经常在复杂地形中骑行，最好经常更换线管，才能保证线管始终处于可靠的工作状态。

圈式刹车利用轮圈和刹车块之间的摩擦力进行制动，所以不要拼命地给刹车上油。只需要在刹车的转点涂一点油——包括固定螺栓、刹车臂的粗糙表面（如果有的话）和回弹弹簧的转点。涂油之后擦掉多余的油，不要润滑碟刹夹器的任何部分。哪怕一点油滴到刹车块上都会影响刹车效果并且可能会永久损坏来令片。

日常维护流程

为了让刹车系统处于最佳工作状态，应养成每次骑行结束后清理刹车系统的习惯。用湿抹布（如果轮圈上有橡胶残渣的话蘸点酒精）擦干净轮圈，去掉刹车表面的灰尘，保证刹车表面的清洁。完成擦拭后，用干净小刷子清理抹布和手指够不到的缝隙。如果骑行的路况十分泥泞，用抹布、刷子、清洁剂和热水把刹车系统清洗干净，然后少上一点润滑油，否则会导致尘土粘在刹车上。

最后，打开刹车快拆然后检查刹车块的软材料表面上有没有嵌进什么东西。如果有东西嵌进去了，用一个小螺丝刀小心地把它撬出来。注意不要让螺丝刀打滑脱出以免伤到轮圈和外胎。

刹车故障的处理方法

不论你有多么小心，总有一天你的刹车将会坏掉。最常见可能也是最危险的故障是骑行中某根线断了。因此，我们建议你在多日骑行中带一根备用线。

如果遇到了故障，却没有备用线怎么办？你只能暂时用一个刹车骑行了。在这种情况下，你的第一反应可能是使用后刹车。然而事实上，前刹比后刹更重要。当两个刹车一起使用的时候，前刹车提供了65%~70%的制动力。因此，如果前刹车线断了，最好把后刹车线拆下来装在前刹车上，这样可以提供最大的制动力，让你可以撑到下一个可以换线的地方。注意仅使用前刹车可能会翻车，而且转向时会导致抓地力下降，所以控制好你的速度，不要超出刹车的能力。如果必须大力刹车，尽量把身体后移，抵消前空翻的惯性。

刹车系统极为重要，需要认真对待。其他部件罢工，最多意味着麻烦——骑不快或者出现噪音。如果你的刹车罢工，可能意味着你会冲进下一个十字路口然后撞到汽车引擎盖上。不要搪塞敷衍地对待你的刹车，还是要让它们一直保持最佳状态。

碟刹答疑解惑

问题：来令片经常蹭到碟片。

解决方法：对于单侧来令片经常摩擦碟片的

情形，有两种可能的解决方法。检查碟片进入和离开夹器的位置，如果碟片在夹器正中，意味着有一个活塞卡住了。拆下轮子和来令片，用一个宽扁的工具，比如平头螺丝刀，插入活塞之间，然后轻捏几下刹把，让两侧活塞各露出大约3/16英寸。这么做可以让夹器内部的油润滑O形环。在活塞露出的部分喷点酒精清洗干净，然后晾干。用螺丝刀小心地把活塞推回夹器。当心不要划伤活塞，特别是侧面。均匀平稳地用力，并且不要来回撬动或者拧动螺丝刀。

如果夹器不正，即碟片不在夹器正中间，或者上述的方法不管用，你需要按照本章前述的方法重新对齐夹器。

如果刹车的摩擦是断断续续的，有可能是碟片变形了。尽管把一个弯曲的碟片重新调平几乎是不可能的，你可以用几个常见的工具把它调得相当接近平整。拆下卡钳（如果使用了转换座，请一并拆下）。在叉脚或者车架管上绑一根塑料尼龙扎带，然后把它剪短。现在你有了一个临时的"卡钳"来测量碟片的哪部分弯曲。挪动扎带使扎带的端头和碟片之间只有很小的距离，然后慢慢地旋转车轮。用一个可调扳手轻轻地搬动碟片不平整的地方。整个过程十分冗长乏味，但是节省了更换一张昂贵的刹车碟片的费用。

问题：刹车响。

解决方法：一些碟刹就是会响，无法避免，真是个不幸的事实。有几种方法可以减轻响声。首先，拆下来令片，然后用砂纸轻轻地打磨它们。你不需要用力打磨，轻蹭几下就可以让来令片的表面不那么光滑。

试试用几种不同的来令片。不同的来令片成分甚至标明同样成分但是由不同厂商制造的来令片引发振动的原因差别巨大。注意不同的来令片的性能表现也不同。你应权衡费用和完美性能以及低噪声，然后做出最终决定。

你还可以使用"波浪形"自清洁碟片，类似Galfer出品的波浪形碟片可以在转动中轻轻地擦拭来令片。有些人认为波浪形碟片还可以把冷空气推入来令片之间，使刹车系统在长距离刹车时不会过热。

问题：刹车油管弯折。

解决方法：对于被弯折过的刹车油管，没有简便的修复方法，但是这个问题不应该被忽视。弯折的刹车油管会影响液体流动进而影响卡钳动作的顺畅度，更严重的会导致漏油。所以一旦出现弯折必须立即修复。如果弯折处在两头并且油管长度足够，那么可以截短油管然后把两头重新接上去。如果弯折处靠近中间或者太短以致无法再截，把整根线换掉。

问题：刹车手感模糊。

解决方法：如果刹把能拉到离把手很近的位置，有多种原因引发这个问题。

检查来令片，如果来令片的任何一点的厚度磨损都不足0.5mm，那么来令片该更换了。当新来令片更换好的时候，随动的活塞就会被推回油缸内，随之油也会回到主油路中，手感会和新的一样。

把油室加满。如果你的刹车有一个外置油室，例如Shimano、Magura、Hope以及其他品牌，拿下盖子然后灌油去。具体做法是，找一块抹布包住刹把周围，保持盖子开着，灌油到油室大概半满的位置。慢速并稳定地捏几下刹把以排除空气并令油进入到系统中，轻敲刹把可以帮助气体逸出。当空气排除以后，关闭油室并盖上盖子。

圈刹答疑解惑

问题：松开刹把以后，一侧刹车块仍然贴着轮圈或者比另一侧刹车块距离更近。

解决方法：检查车轮是否装正。检查车圈是否正圆。如果还是蹭刹车，进行刹车居中调整。还蹭？检查刹车块。如果它们磨损得不均匀，可能会卡在轮圈上。如果是这样，切割或者打磨刹车块使之平整。

问题：刹车响。

解决方法：确保刹车块正确对齐，并且调整角度，使得刹车的时候前端比后端更早接触轮圈（这被称为束角）。如果仍然响，试试用中号砂布打磨轮圈让表面粗糙。如果还在响，若是山地车可以加个加力片，或许可以消除响声，这个装置安装在两侧刹车柱上，将它们连在一起。

问题：刹车手感模糊，并且刹把行程太长。

解决方法：检查刹车块的磨损情况，并且必要的话换对新的。确认刹车线的固定螺钉够紧——线可能会被拉长。可通过逆时针旋转刹把或者夹器上用于调整行程的螺母来调整。

问题：刹车有点粘连，捏刹把的时候手感不对。捏刹把的时候比以前更费劲，并且刹把不能回弹到位。

解决方法：检查刹车线（从线头的位置往刹把里面看）以及线管（检查是否有破损和生锈），如果磨损了那么更换一副新的。如果刹车线没问题，试试涂油润滑。刹车夹器的转点同样也应润滑。

问题：制动力度不足。

解决方法：检查轮圈和刹车块上是否有油。检查刹车块的磨损情况，如果必要的话换对新的。换掉太旧的刹车块，因为时间长了刹车块会变硬，抓不住轮圈。另外，线管要有较好的弯度、形状，必要的话换一副新的。

问题：刹车手感太紧。捏放刹把的时候刹车的动作很小。

解决方法：刹车线调得太紧。检查线管，看看有没有扭曲的或者从车架线管座中脱出的。线管正常？那么稍微松一下刹把或者夹器上的微调螺母（顺时针旋转）。确保刹车块和轮圈之间至少有1/8英寸的空隙，吊刹和直拉式刹车的空隙要更大一些。

问题：吊刹的一边很紧，不能自由转动。

解决方法：可能是固定螺钉的扭力太大了，这会导致螺钉连接的刹车柱膨胀，进而卡住刹车。拆下固定螺钉和刹车臂，打磨刹车柱使刹车正好能套上去。不要把螺钉上得太紧。

问题：维护的时候拆下线管，然后发现刹车动作非常缓慢。用手捏夹器，手感很硬并且夹器几乎不动。

解决方法：组件锈蚀导致刹车卡住，拆下刹车然后用砂纸打磨刹车和刹车柱上面的锈迹。润滑所有的活动部件（不要让刹车块沾上润滑油），然后重新组装。

问题：摔车后，刹车或刹把弯曲。

解决方法：如果你还能骑，骑回家。如果零件严重弯曲，换掉它——当你尝试把零件掰直的时候它会断掉，或者更糟的，在以后某次骑行中断掉。如果只是轻微弯曲，你可以小心地用手或者一把钳子矫正。

问题：吊刹的一边刹车块蹭在轮圈上。

解决方法：如果在主刹车线的末端有一个三角形的线架，将它往一边推，可以让刹车块靠近或离开车圈。

问题：长距离下坡中，当你渐进地刹车时听到令人不安的摩擦音。听起来就像金属和金属之间的摩擦，并且制动力度变得很小。

解决方法：检查刹车块，它们可能磨光了。有时候你的车的刹车块是坏的（甚至一些新的刹车块也很差劲）。换掉它们。刹车块可能被轮圈上的铝屑或者路面上的沙土弄脏。用锥子挑出这些碎片或者更换刹车块。

问题：把车把转到一边时，后刹车会摩擦轮圈。

解决方法：线管可能太短了，还有可能是扭曲了。修复线管，这样你在转车把的时候刹车就不会动了。

手变和刹车线的安装

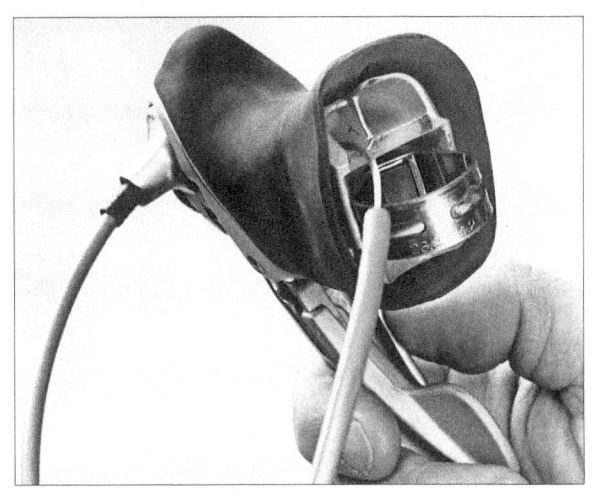
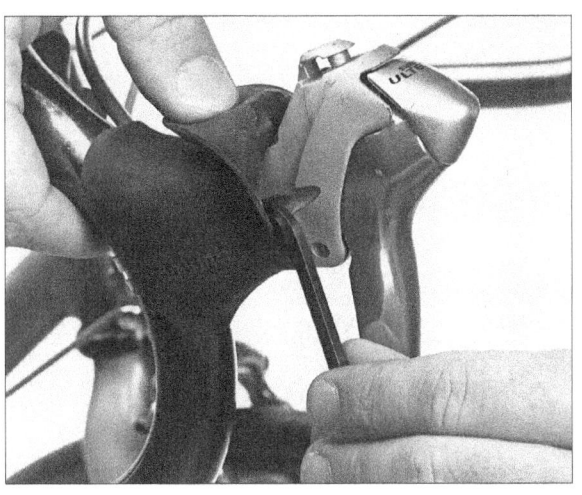

1 在安装手变时，应仔细地将线管和线帽（如果有的话）固定在手变上，这一点十分重要，因为二者中任一出了问题都会使刹车线卡住并影响刹车效果，进而对安全构成威胁。首先将手变从车把上取下，在刹车线上涂一层薄薄的润滑油，然后将它依次穿过手变、线帽和线管（见上图）。这时要求刹车线端已被修剪平整以便保证顺利地穿过线管。若非如此，应用剪线钳将其剪至符合要求。同样的，线管两端应确保平整无刺，必要时也需再次修剪。

3 将线管移动至手变上的管槽内，并将手变装到车把上。可以将橡胶套向后翻折以便操作。接下来，如上图所示，应将手变固定在合适的位置。确定手变位置最常用的方法是，拿一把直尺抵在车把最下端，保持水平，然后让刹把从车把上向下滑动，刹把顶端恰好与直尺相触时所在的位置即为合适位置。当然，刹把必须是垂直面向直尺而不能以某个角度斜对。最后用六角扳手拧紧手变内部的螺钉以确保手变安全可靠。

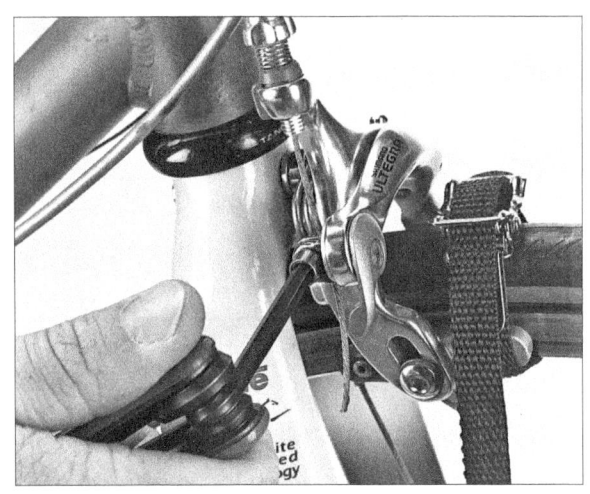
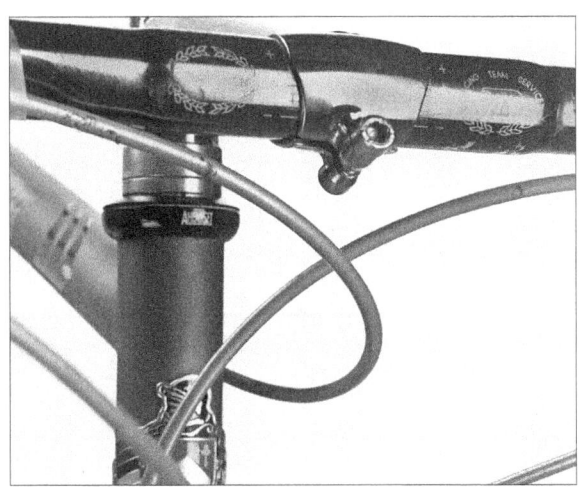

2 将刹车线穿过夹器上的调整钮和过线螺钉，借助引线器、内六角扳手或是直接用手握紧夹器，然后拉动刹车线直至刹车线球头以及线管固定在手变内部。接下来，如上图所示，旋紧螺钉，然后松开夹器，这时刹车弹簧的张力就会使线管和线帽卡在手变内部合适的位置。

4 手变刹车线管的后半部分在连到上管的线管座之前应从把立前方通过，这时线管性能最好。如上图所示，这一小段弯曲的线管会保证你在转动车把时十分轻松，不受拘束。为了达到最佳的刹车效果，走线应顺畅、弯度平缓。

手变和刹车线的安装（续）

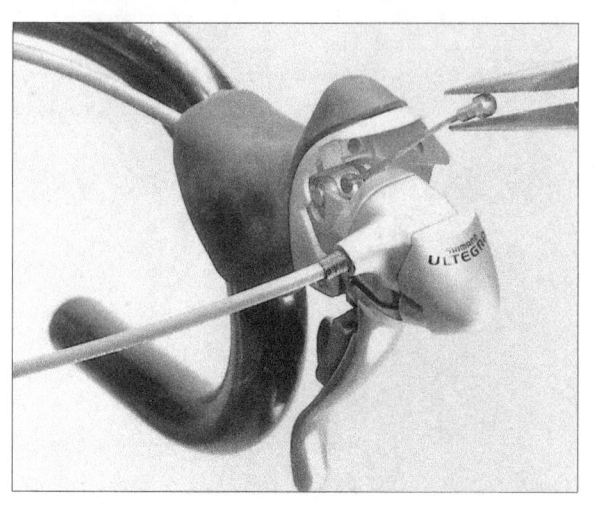
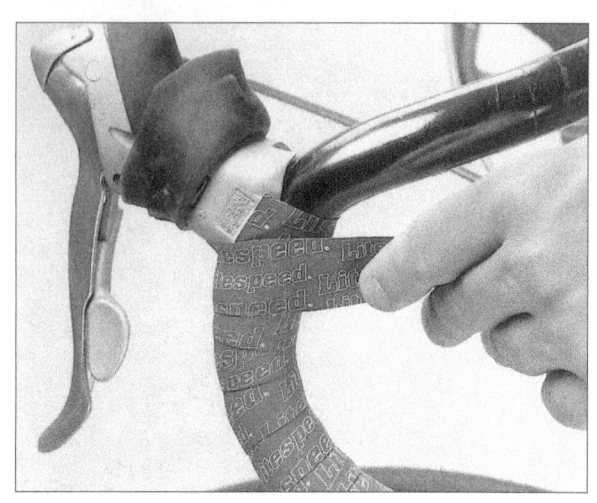

5 用绝缘胶带将线管固定在车把下面。此外，应减去多余的线管以保证刹车足够灵敏。为此，首先拧松刹车线固定螺钉使刹车线稍稍松弛，如上图所示，用尖嘴钳捏住刹把中的刹车线球头，将刹车线从线管中拉出足够长的一段，然后剪去多余的线管即可。同时，应再次确认线管端口平整无刺，必要时可用剪线钳或是锉刀修整。

6 将刹车线穿回线管和刹车线固定螺钉。使用辅助夹臂工具压缩夹器，在拉紧刹车线的同时拧紧螺钉。缠好把带。为了方便起见，在缠绕手变底部时可将橡胶皮套翻折上去。

副刹把的安装方法

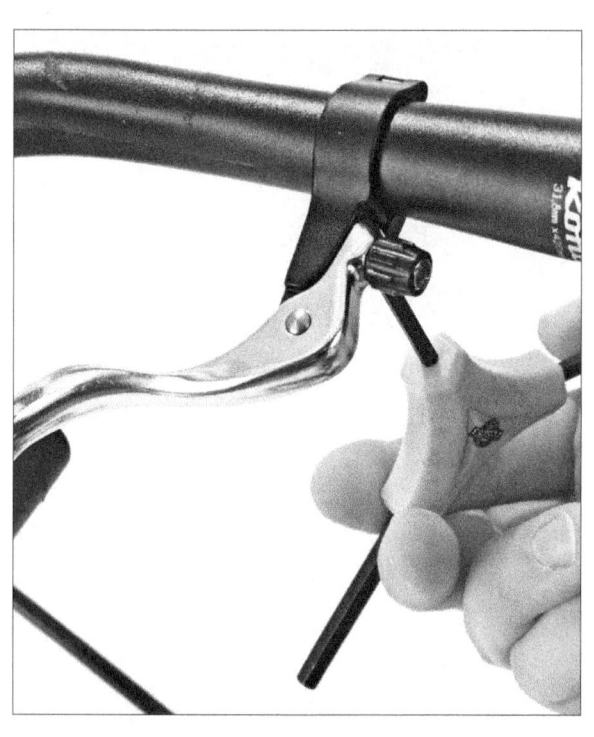

1 副刹把即中断式刹把，以截断主刹把和刹车夹器之间的线管的工作方式而得名。在骑行过程中，当骑行者双手握住把横位时，可以通过副刹刹车。相比下把位或者上把位的骑姿，骑行者可以有较好的视野，对车的控制力也会增强。如此一来，副刹成为公路越野赛车和日常通勤车中常见的部件。

安装副刹，首先拆掉把带并将刹车线取下。大多数副刹都配有合页式的夹环，因此在安装时不必将主刹车从车把上取下。在车把长度允许条件下，安装副刹时应尽量远离把立，但不要离手变太近以防相互影响。

然后稍微向下调整刹把角度，一般来说，能舒服地控制刹把的角度在低于水平面10°~30°之间。最后，以厂家建议的扭矩为准，旋紧夹器上的螺钉。

2 测量主刹把和副刹把之间第一段刹车线管的长度，截取线管，将端头打磨至平整无刺后插入主刹把，然后将线管从中引出，沿车把导线槽引至距副刹把1¹/₂英寸处，并在此处用聚氯乙烯绝缘胶带将其固定在车把上。

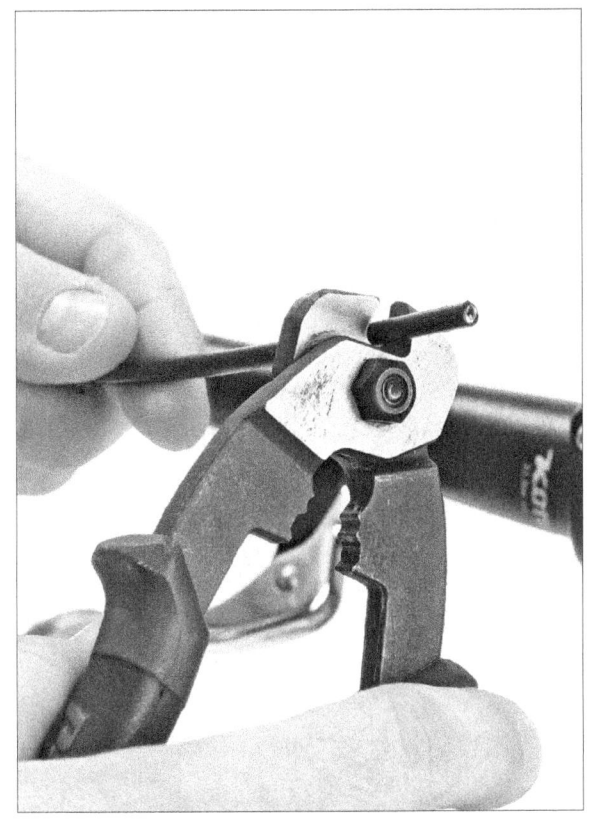

3 线管的尾部应稍稍弯曲离开车把，使其最终呈直角插入副刹接口。注意修剪线管端头，如果必要的话可把它打磨平整，以便使其顺利插入副刹接口。

　　如果副刹的设计兼容，就可以使用线管帽。你可以根据线管与副刹上的线管座的契合程度来决定是否使用线管帽。线管与线管座应当契合，应使二者留有最小的活动余地但又无需将线管硬塞进线管座。如果你有卡尺，可以测量一下线管座的直径。小于5mm的线管不必使用线管帽，6mm及以上则有必要。

　　正确调整好此处的线管后，用绝缘胶带在此处多缠绕几圈，使其固定在车把上。

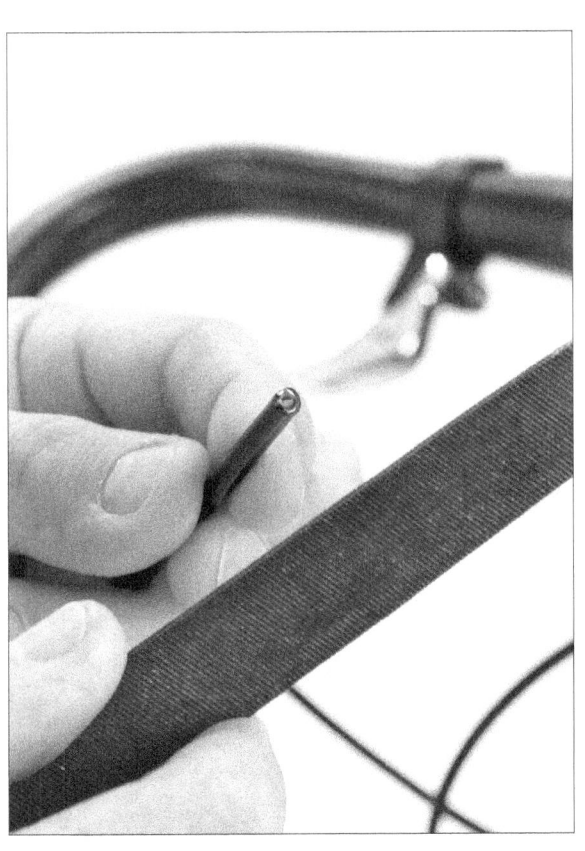

副刹把的安装方法（续）

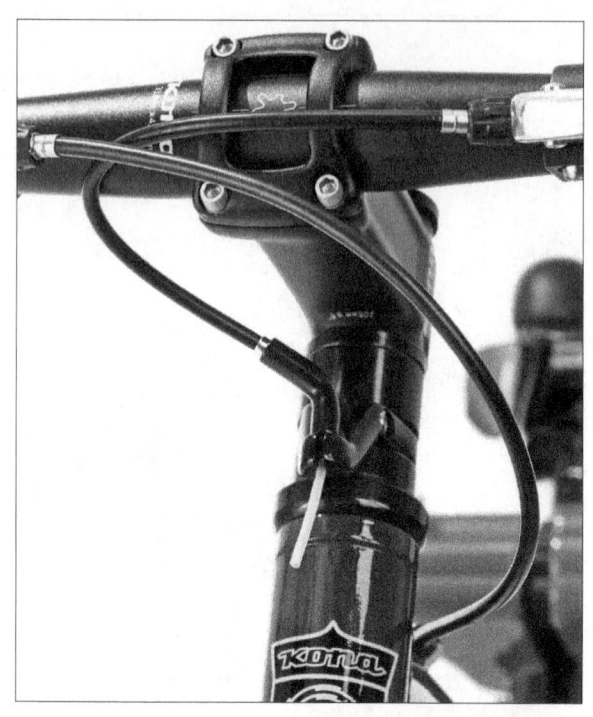

4 第二段线管从刹把连接到夹器、车架上的线管座，或者连接到把立、碗组上的过线座（吊刹）。正常情况下，确定这部分线管长度的方法和其他部分的方法相同。现在为了保证副刹把的活动范围需要保留更长的线管。理想的线管长度应能形成一个小的弧形，保证车把正常转动，且副刹把工作正常。

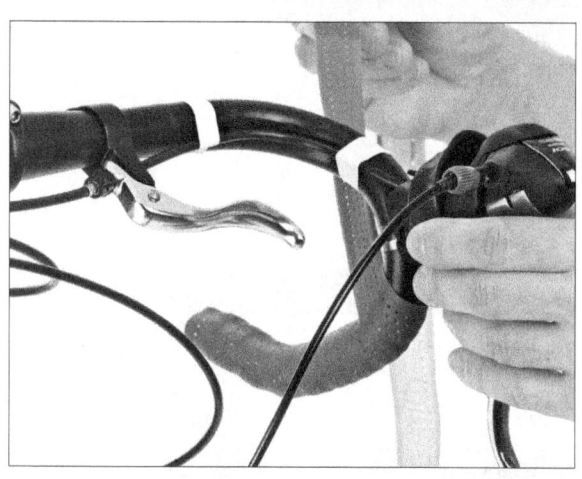

5 确定线管的长度后，接下来要缠把带，具体方法参见本书306页。应注意，在缠绕过程中，向内缠至线管与车把分离处，向外应避开刹把位置。

6 接下来缠绕线管下方的车把，这样整个缠把带工作才算完成。这项工作并非易事，缠绕反面有黏性的把带则更为棘手，但另一方面黏性把带缠绕后更为紧实、不易移位，不会拉动线管进而影响刹车效果。如果感觉缠绕线管下面的把带实在困难，那有必要从夹器中拆下线管，暂时抽开这部分线管。缠绕至最后，将把带末端斜剪并用绝缘胶带固定，具体方法参见本书307页。

7 如果你抽出刹车线，最好再换一条新的。工厂焊接出的刹车线尖端可以恰好穿过线管，既不会磨损也不会太紧，保证了安装工作的顺利进行。

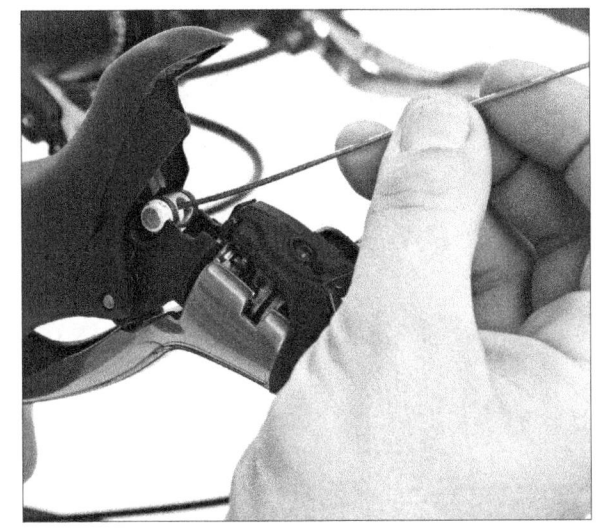

8 调整刹车并固定刹车线。如果你只安装了普通的刹把，那么可按常规方法调整夹器。对于有特殊要求的夹器，设置及调整方法详见本书269~289页。

　　刹车线的固定要求做到紧实整齐，并安装线帽防止散开。

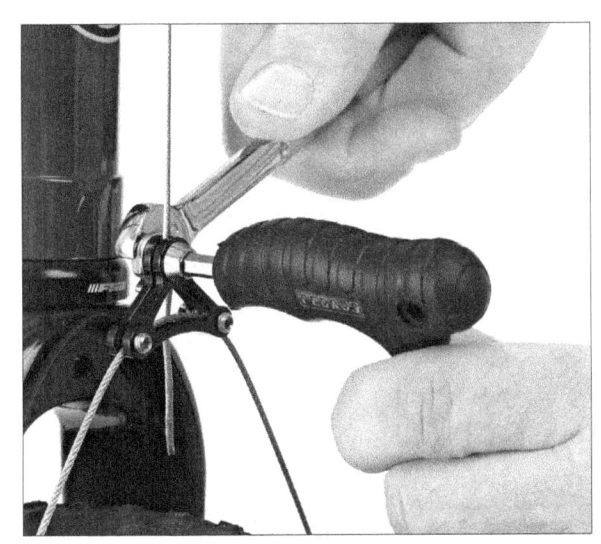

9 完成缠把带的工作后，应再次检查确认刹车线已经绷紧，试一下副刹把及主刹把，确保你在捏任何一个刹把时都轻松流畅。

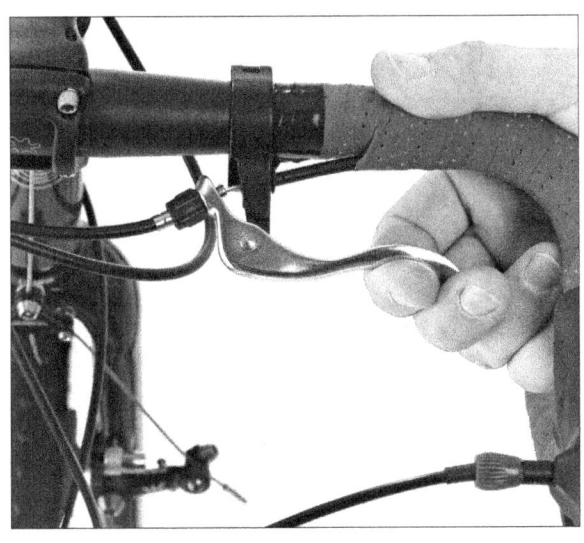

山地车刹把和刹车线的安装

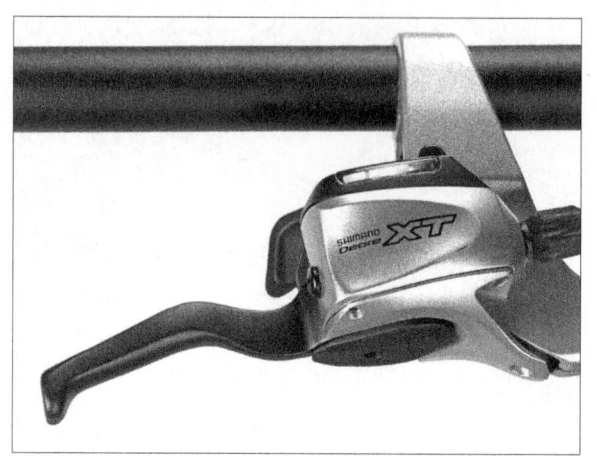

1 拆卸和安装山地车刹把意味着要拆掉把套。如果想要替换一对磨损了的把套，那简单，用工具刀将把套割开。要小心：刀子在圆形的把横上操作很容易打滑！

如果你想保留旧把套，用小螺丝刀撬起把套的一边，滴一点酒精进去。稍微旋转一下把套，然后再加一点酒精，直到把套从把横上滑出来。然后用内六角扳手松开刹把上的固定螺栓，将刹把从把横上取下。

安装新的刹把时，首先应考虑一下指拨和刹把的安装顺序。有时指拨装在里面，有时刹把装在里面。在锁紧刹把前，先找好刹把的位置，不要让刹把外缘超过把横的端部（见左图）。这样可以保证当你摔车时，把横比刹把先碰到地面，刹把也就不容易损坏。

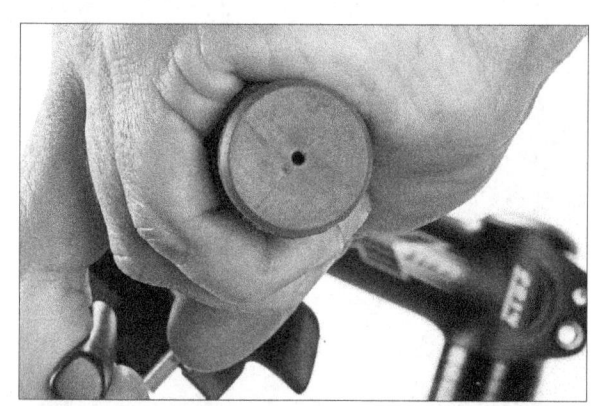

2 更重要的是要调节刹把的角度，让它和你手腕自然弯曲的位置对齐，调节的时候你要坐在车座上，并将手放在把套上（见左图）。刹车时拧着手腕你肯定会难受的。当刹把的角度和位置调整正确后就可以锁紧固定螺栓了，然后安装指拨和把套。安装把套时如果需要的话可以用酒精润滑。刚装上去的时候容易滑动，但是当酒精挥发掉后，把套就牢牢地固定在上面了。

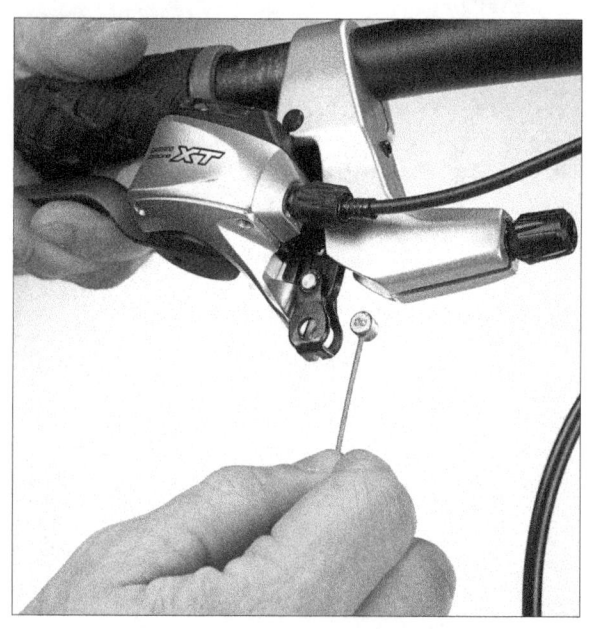

3 往刹把上装刹车线时，要旋转微调旋钮，使两个缺口对齐。捏住刹把，露出刹车线座，将刹车线（先要抹好黄油）的头放到线座中（见左图）。将线填进刹把和微调旋钮的沟槽中，顺时针转动微调旋钮，使线就位。接着按动刹把并同时拉动刹车线，以确认它们工作顺畅。如果不顺畅，则仔细检查问题，必要的话重新安装刹车线。

对于山地车来说，要按照原先的方式走线。通常唯一棘手的部分就是后刹线引出刹把的地方。后刹线可以从把立的任意一侧走线。两侧都试一下，选择转向时阻力最小的走线方式。通常来讲是线管走把立左边的时候（把横转动阻力小）。

公路刹把的更换

1 刹把很少会磨损到不行或者坏掉，但如果遇到了碰撞就什么都有可能了。也有可能是因为你要更换把横，所以要拆掉刹把。

对于弯把公路车，不把把带从手变夹环处解开，是没法拆卸或者重新安置手变的（见右图）。你也可以把整个旧把带解开，然后装完刹把后再缠上新把带。

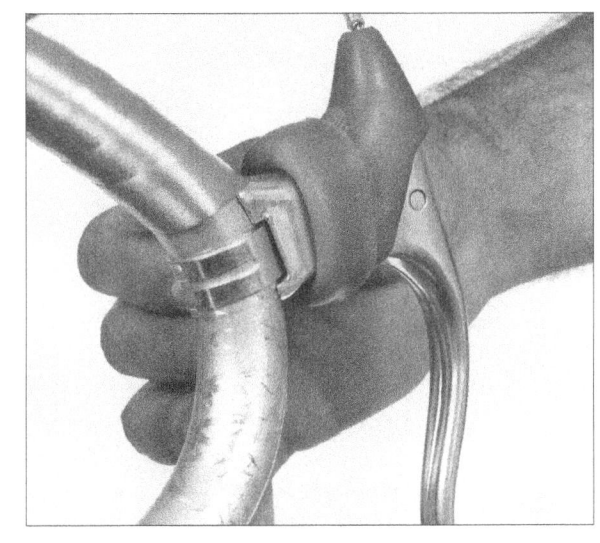

2 要想完全拆掉手变，首先得松开连上去的刹车线。松开夹器上的压线螺栓，将线拔出来。

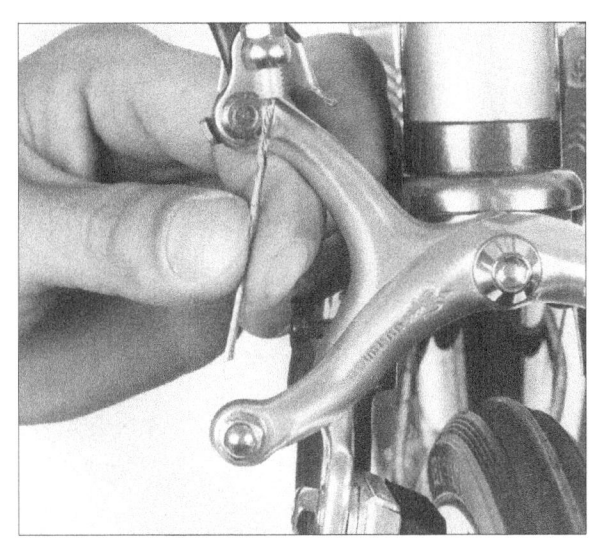

3 把刹车线的另一头从手变的线座中松开（见右图），将线整个从刹把和线管中抽出来。

如果你仅仅想调整刹把的位置而不是拆卸手变，你可以将线留在刹把内。将线从线座中松开，把线拉出来一些，以便不妨碍你拧松刹把的固定螺栓。

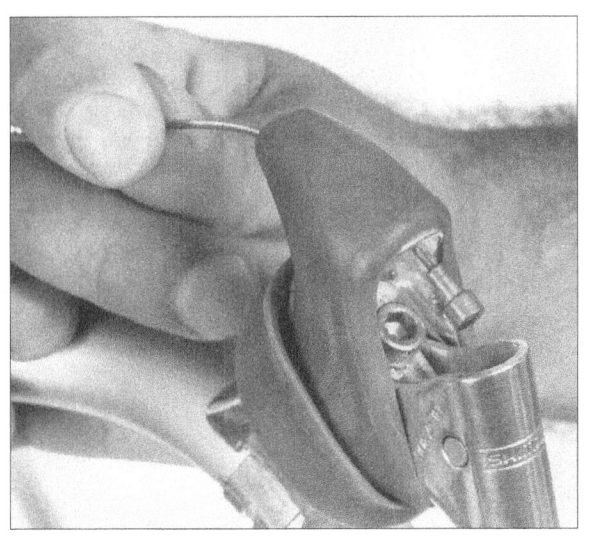

公路刹把的更换（续）

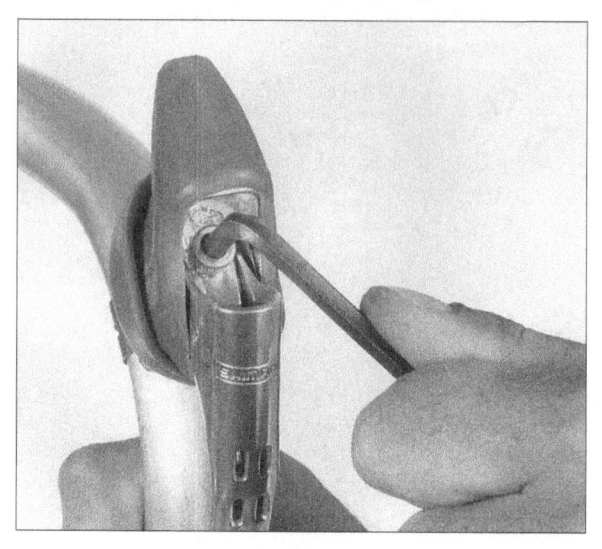

4 当你准备好拧松固定螺栓时，再一次按下刹把。朝夹器的内部看，可以看到有一个用于固定刹把夹环的螺栓，用合适的工具拆掉它（见左图）。可能你要用到平头螺丝刀、六角扳手或者薄壁套筒。

要把这个紧固螺钉拧得足够松，好让手变的位置可以移动调整，滑过弯把的弯曲处或者从弯把上滑出来。如果你喜欢，还可以在拆卸刹把后用旧把带清除弯把上的残胶。

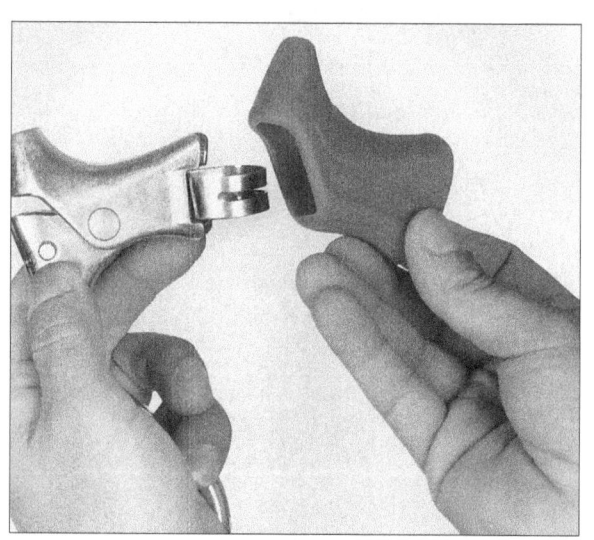

5 所有的手变都带有合适的橡胶套，但过去并非总是如此。当你握着手变休息时，橡胶套可以使骑行更加舒适。如果你想修补一对缺少橡胶套的老手变或是你需要一副新的，那就在手变装上弯把之前买一副新的套在手变上。

将手变套在弯把上后，从水平和垂直两个方向调节它们的位置。正确的手变位置是让你感到舒适的同时能够可靠地进行刹车动作。最好的位置基本上都是在弯把的正前方，而不是呈一定角度。

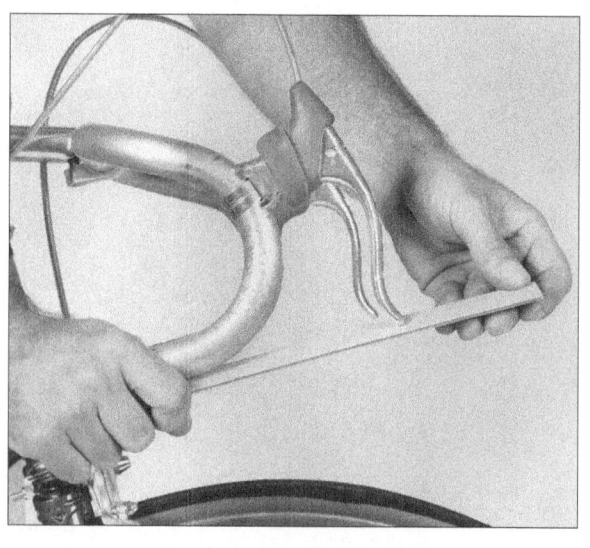

6 刹把的垂直位置则更加随车手的喜好。不过，很多富有经验的车手都会选择这样的标准——刹把的尖端和弯把最低点齐平。将一把直尺靠在弯把下方，可以帮助你找到准确的手变安装位置（见左图）。

当刹把调整到你想要的位置后，拧紧夹环螺钉。检查这个螺钉是否干扰手柄的制动动作。如果干扰的话，尝试松一下螺钉，看看是不是会缓解这个问题。要确保刹把夹环足够紧，以防止用力刹车的时候手变会转动。手变安装妥当后，重新缠绕把带，然后安装并调整刹车线。

侧拉式刹车的安装

1 拆卸侧拉式刹车时，首先拧松压线螺钉，松开刹车线，然后将夹器固定螺栓后部的螺母拧下来。

拧下这颗螺母后，将夹器从车架（前叉）上抽出来（见右图）。如果你拆下夹器不是为了拆掉它而是要保养维护让它继续服役，那么你要彻底清洁它。用一块蘸了溶剂的抹布和刷子，使卡钳表面和隐藏在角落、缝隙中的油脂和污垢松动、脱落。

2 除非你用的是酒精一类温和的溶剂，一定不要让溶剂沾到刹车块上。更好的做法是把刹车块拆下来单独清洁。

由于润滑油和润滑脂有沾灰的特点，只在需要的地方使用它们。对于侧拉式刹车，"需要的地方"意味着转轴和夹器后面的弹簧固定销。

为了降低刹车块打滑的风险，在弹簧和弹簧固定销摩擦的地方抹润滑脂，而不要用润滑油。不拆开夹器的话往转轴里加润滑脂是很难的，所以可以往转轴处喷一点点含特氟龙的润滑剂。

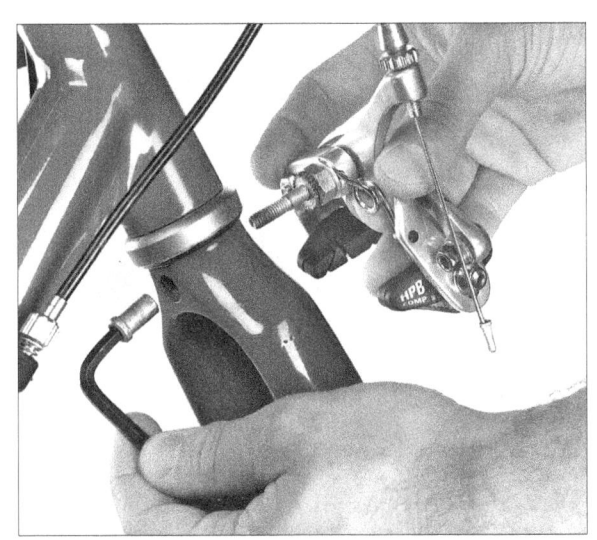

3 安装夹器时，将固定螺栓插入车架（前叉）的孔中，拧上螺母。稍微拧紧这颗螺母，但要让它有一定可松动度，可以用手调整夹器相对于轮组的居中。重新将刹车线装到夹器上，然后按照253页的说明调节刹车线长度。

在你适当地校准夹器之前，请确保车轮不椭圆、不偏摆，且位于车架中线。如果车轮不正，夹器再怎么调也不会有良好的刹车性能。

在尝试调整夹器之前，检查夹器刹车臂之间的配合。如果它们太紧了，松了刹把之后它们不会回弹的。

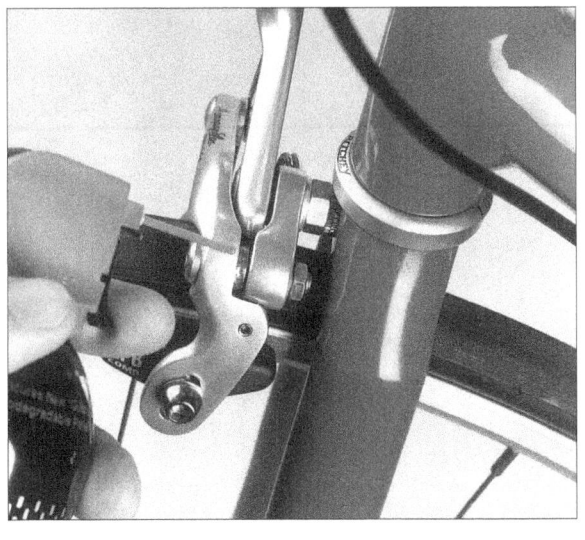

侧拉式刹车的安装（续）

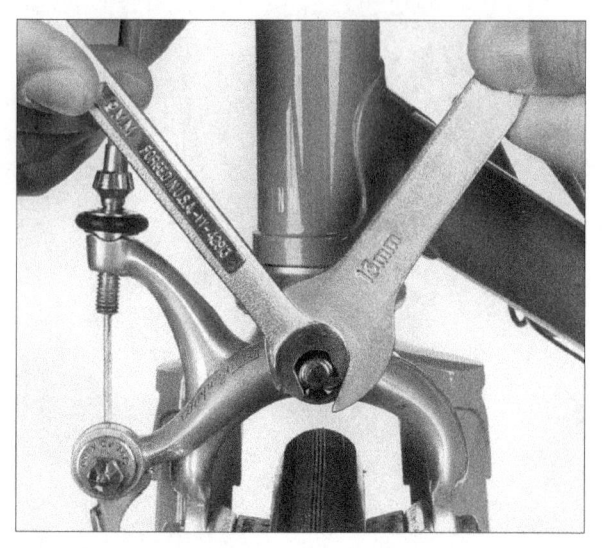

4 如果在车轮转动时，将夹器按到轮圈上会过多地振动，则证明刹车臂太松了，它们应该在运行自如的前提下尽量紧些。

较低端的夹器的松紧度是靠一个或者一对螺母来控制的，这种螺母安装在夹器固定螺栓的前部。因为这部分也作为夹器的转轴，它通常被称为转点螺栓。如果有两个螺母，外侧的螺母必须拧松，靠内侧螺母来调节夹器臂的松紧。在夹器刚刚表现出转动的阻力时，就不要再拧紧内侧螺母了，然后把这两个螺母相对拧紧，保持住刚才的调节程度（见左图）。

5 如果你的夹器的前方仅有一个单独的螺母或者螺栓头，那就拧动这个螺母或者螺栓头来调节夹器臂的松紧。转动夹器使刹车块居中。拧紧固定螺母的时候要保持夹器在这个位置不动（见左图）。

反复按压刹把，看看刹车块是不是同时接触轮圈，刹车之后夹器是否仍然居中。如果夹器需要细微调到正中，而且是比较新的双轴夹器，调节顶部或者任意一侧的居中螺钉即可。转动这些螺钉会让夹器略微移动，以相对车轮调正。

6 对于老式的侧拉式刹车，再次固定住夹器在这个位置不动，稍微再拧紧一下固定螺母。然后一起转动两把扳手，使这个夹器朝着你需要的方向转动，将它调到正中。

碟刹维护基础

1 当来令片材料的微粒嵌入碟片表面时，碟刹的制动力才最强，因此最好不要频繁清洗碟片。时刻牢记碟刹来令片极易受到油的污染：哪怕是指尖上的一点油脂也会影响刹车的性能。

最好的方法很简单，那就是不要碰碟片，还要防止油滴溅到碟片上。说起来容易，其实很难做到。清洗碟片时要使用专用的碟片清洗剂，比如Wrench Force Metal Prep、White Lightning Clean Streak或Disc Doctor，以防被油污染。如果没有这些清洗剂，厂家推荐使用异丙醇，能在任何药店买到，而且清洗效果非常好。

找一块干净的抹布，用蘸满清洗剂的一角擦拭整张碟片，再用干燥的一角把碟片擦干。

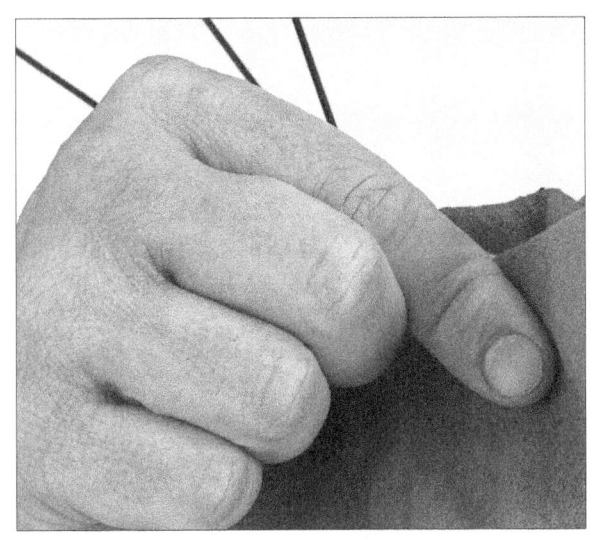

2 如果油渍还是沾到了来令片上，你可能要用砂纸打磨来令片，直到打磨出干净的平面。如果刹车块直接泡到油里，或是来令片受污染之后又受热（比如骑行时磨合碟片），估计你只能换一对新的了。

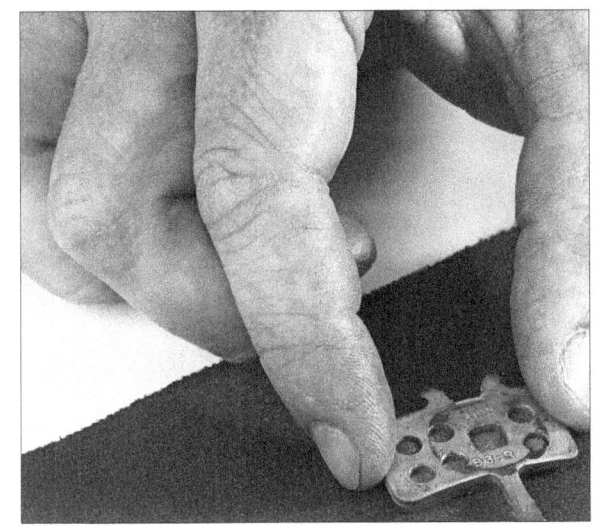

3 正确安装碟刹卡钳才能发挥碟刹的性能。如果按照标准的步骤进行安装和调试后，制动力度还是很绵软，那你可能需要打磨一下碟刹座了。

打磨的过程就是对车架上的碟刹座进行整形，使安装面与碟片严格平行。碟刹座整形的专用工具对于不常用的家庭用户来说实在太贵了，所以建议你去当地的车店处理。

碟刹维护基础（续）

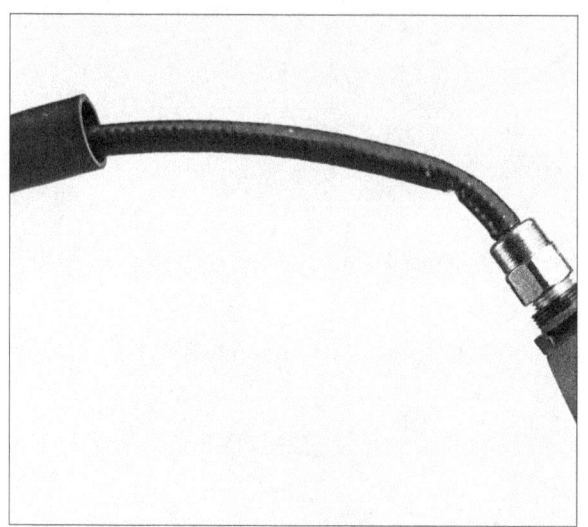

4 一根弯折的油管实在是令人不爽，内衬层也会被连累，最终造成刹车失效。

　　如果油管是在接头附近弯折，而且剩余的油管足够长，那就裁掉弯折的部分，重新灌油。如果弯折处距离接头太远，那就只能换根新的了。

5 如果碟片碰到了石头或是树枝很可能会弯折，如果只是瓢了，那还有救。拆掉卡钳，在前叉叉筒或叉脚处绑一根扎带，将末端剪短至合适的长度，当作临时的整形标尺。

6 以标尺为基础，看一下碟片哪里瓢了，瓢的程度有多大。使用Morningstar碟片修整工具或是活动扳手掰碟片。这样掰后肯定不会像以前那样平整，但是不影响使用。

液压和机械（线拉）碟刹卡钳的安装和调试（Avid及类似产品）

1 Avid碟刹卡钳的安装需要使用一组半球形垫圈。这种独特的安装方式可以使卡钳沿着任意方向调整，以补偿车架或前叉碟刹座的公差。

　　Avid的卡钳和转换座在出厂时已经装配在一起。这组垫圈的排列次序是CPS系统正常工作的重要保证，在你弄清楚之前，请不要随意拆散。用附带的螺栓将卡钳和转换座安装在车架或前叉的相应位置上。如果只是调整已经装好的卡钳，只需要松开刹车线即可。

　　将连接卡钳和转换座的螺栓松开一整圈，此时卡钳应当能够在垫圈间自由地活动。

2 Avid机械碟刹在卡钳的两侧各有一个红色的调节旋钮，用来调整来令片的位置。顺时针旋转使来令片靠近碟片，逆时针旋转使来令片远离碟片。通过调整旋钮，将碟片夹紧在卡钳的中央。若是Avid液压碟刹，则用橡皮筋将刹车手柄和车把绑在一起，使来令片夹紧碟片。

　　先将一颗螺栓拧紧一点，再拧紧另一颗，如此反复直到两颗螺栓都锁紧，将卡钳固定在转换座上。在此过程中应当注意观察卡钳，确保卡钳的位置不会因为螺栓锁紧而改变。

　　若是液压碟刹，此时便可以拆掉橡皮筋了；如果是机械碟刹，则逆时针旋转外侧旋钮，将外侧来令片收到底，然后逆时针旋转内侧旋钮几格。用手推一下卡钳的杠杆臂，确保来令片完全收回。轻轻转动轮组，如果发生蹭碟，逆时针旋转外侧旋钮，每次一格，直到碟片与来令片不再接触。理想的情况下，碟片与固定侧来令片之间只有不到0.5mm的间隙却不发生蹭碟。液压碟刹卡钳则要求两侧来令片与碟片间距相等。

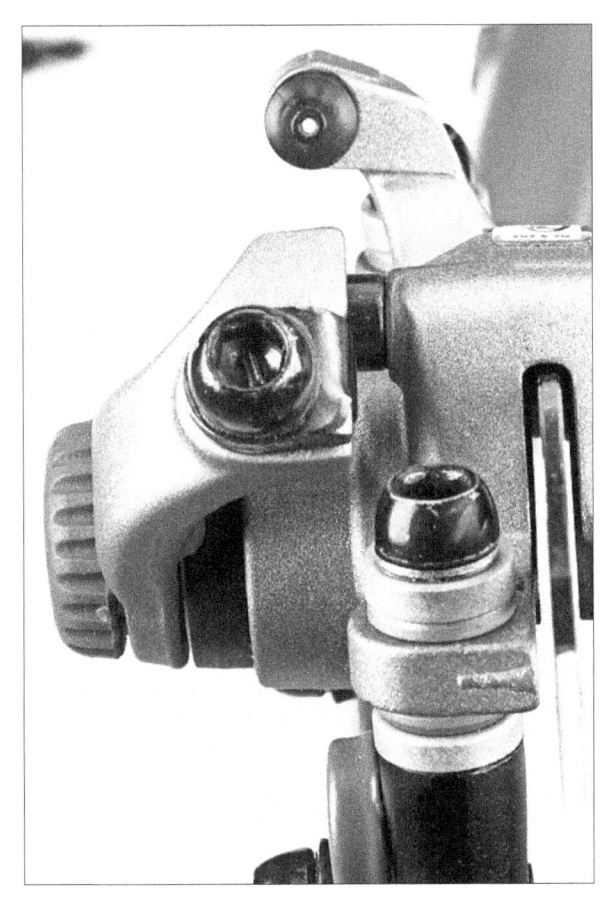

液压和机械（线拉）碟刹卡钳的安装和调试（Avid及类似产品）（续）

3 至此，液压碟刹的安装就完成了，但是机械碟片还需要几步。顺时针旋转外侧旋钮，每次几小格，用手推动杠杆臂至约1/2行程处。使用5mm内六角扳手锁紧压线螺栓。使用拉线钳在拉住刹车线的同时，将卡钳杠杆臂推至1/4行程处。捏几次刹车手柄使线管和来令片安装到位，然后调整刹车线。在调整的过程中，你会发现最好的方法是从压线螺栓处调整刹车线，而不是拧动刹车手柄上的微调旋钮。微调旋钮主要是在外出骑行时进行快速调整，以补偿来令片的磨损。

4 剪掉多余的刹车线，从压线螺栓算起，留下20mm或3/4英寸以内即可。线尾过长会缠入碟片中，造成车轮抱死，后果就是车把你扔出去。将线末端安装线帽，这样你才能好好地骑车。

液压碟刹的安装和调试（Hayes及类似产品）

1 Hayes刹车卡钳需要使用转换座才能安装在车架或前叉上，卡钳与转换座组成一个完整的系统。有两个例外，一是Manitou前叉，采用了可以直接安装Hayes卡钳的设计；二是20世纪90年代中期到后期左下叉采用Hayes安装制式的山地车架。在其他的情况下，上述步骤虽然没有提及转换座，但仍然是适用的。

使用5mm内六角扳手锁紧连接转换座和车架或前叉的两颗螺栓，并拧松连接卡钳和转换座的两颗螺栓约1/2圈。此时，卡钳应当可以左右浮动。将油管从后叉上的导线槽中解下，帮助卡钳顺畅地活动。

2 用橡皮筋将车把和刹车手柄绑在一起，使来令片持续受压，夹住碟片。若两侧活塞的位移是相同的，那么碟片应该位于卡钳的正中。

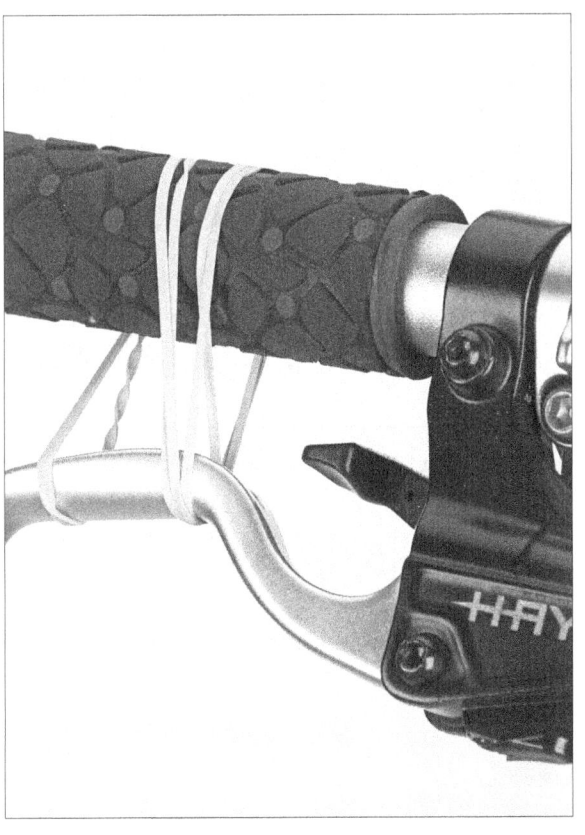

液压碟刹的安装和调试（Hayes及类似产品）（续）

3 将一颗螺栓拧一点，再拧另一颗，如此反复直到两颗螺栓都锁紧，将卡钳固定在转换座上。在此过程中应当注意观察卡钳，确保卡钳的位置不会因为拧紧螺栓而移动。

4 拆掉绑在刹车手柄上的橡皮筋。从一侧观察卡钳，在来令片和碟片之间的缝隙中应该可以看到白亮。拿一张白纸放在卡钳的对侧就更容易观察到了。

液压碟刹的安装和调试
（Shimano、Hope、Magura及类似产品）

1 Shimano、Hope、Magura及类似碟刹在碟刹座和卡钳之间使用薄垫片进行安装和调整。垫垫片听起来很简单，但是要做好则需要耐心。在紧凑的空间中安装和调整小零件很容易失误，但是一旦弄好了就可以长舒一口气了，也许你再也不用碰它们了。

将螺栓拧2~3圈，使卡钳挂在相应的位置上。此时，卡钳应能够左右浮动。将油管从后叉上的导线槽中解下，帮助卡钳顺畅地活动。

2 用橡皮筋将车把和刹车手柄绑在一起，使来令片持续受压，夹住碟片。若两侧活塞的位移是相同的，那么碟片应该位于卡钳的正中。

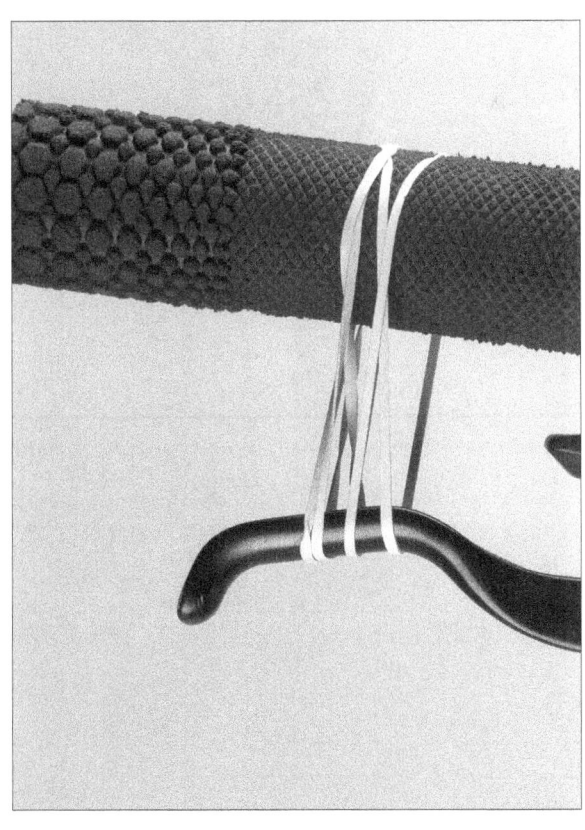

液压碟刹的安装和调试
（Shimano、Hope、Magura及类似产品）（续）

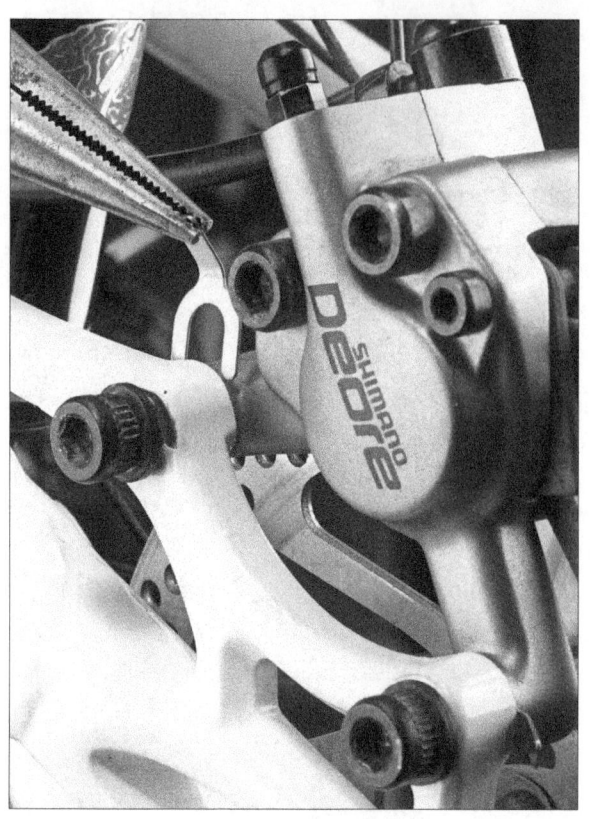

3 确定每颗螺栓应配的垫片数量，而这是需要经过反复尝试才能确定的。能够使卡钳和碟刹座紧密地压紧在一起的垫片数量就是最合适的，很可能两颗螺栓需要的垫片数量并不相同。Magura和Hope的垫片是圆环状，需要拆掉螺栓才能套进去；而Shimano的垫片是Y形的，可以用尖嘴钳方便地安装和拆卸。使用5mm内六角扳手锁紧固定螺栓。

4 拆掉绑在刹车手柄上的橡皮筋。从一侧观察卡钳，从来令片和碟片之间的缝隙中应该可以看到白亮。拿一张白纸放在卡钳的对侧就更容易观察到了。

直拉式刹车（V刹）的调试

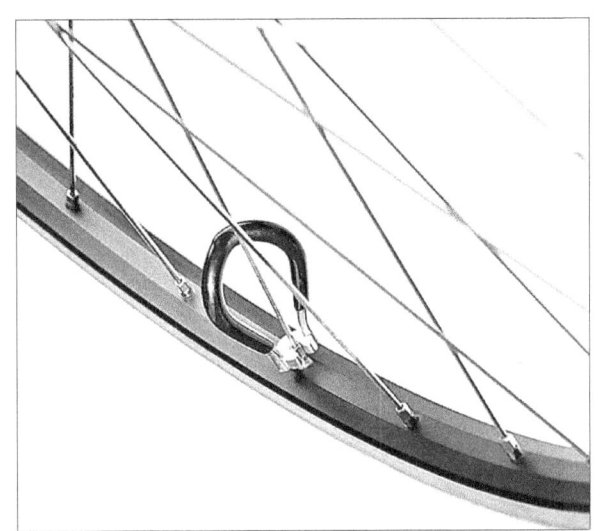

1 直拉式刹车非常好调。只需要记住一点：直拉式刹车必须搭配拉线更多的专用刹车手柄，否则刹车效果不好。当然，有相应的转换座可以使用。如果要使用其他的刹车手柄，那转换座则是必备的。若轮组有问题，刹车的调试也会变得麻烦。因此，在调试刹车前要确保轮组不偏不跳（见上图）。

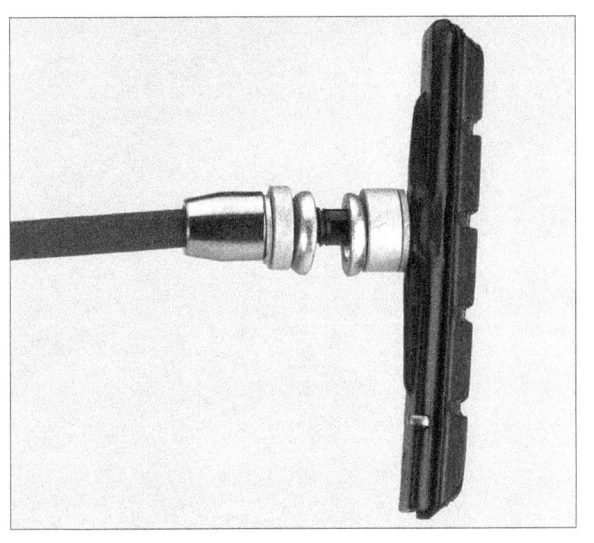

2 若调试正确，两根刹车臂是接近平行的。然而不同的轮圈宽度不等，为了达到这样的效果，每一块刹车块都带有一个厚的和薄的垫圈。将合适的垫圈放入刹车块与刹车臂之间（一个在内侧，另一个在外侧）。逐步调整刹车线直至刹车臂接近平行。

3 当调整刹车块时，有一种好方法是把一侧弹簧解下，于是另一侧的弹簧便会将刹车块压在轮圈上。注意观察刹车块的位置。其他类型的刹车都要有一个微小的束角，但是直拉式刹车要求刹车块以平面接触轮圈，而且以轮圈中心线左右对称（见上图）。如果不是这样，应松开5mm内六角固定螺母，然后调整刹车块并锁紧，最后将弹簧归位。

4 如果无论是捏紧还是松开刹车，始终有一个刹车块更靠近轮圈，调节刹车臂底部的十字头螺钉进行居中。顺时针拧动，则增大弹簧张力，逆时针拧动，则减小弹簧张力。

直拉式刹车（V刹）的调试（续）

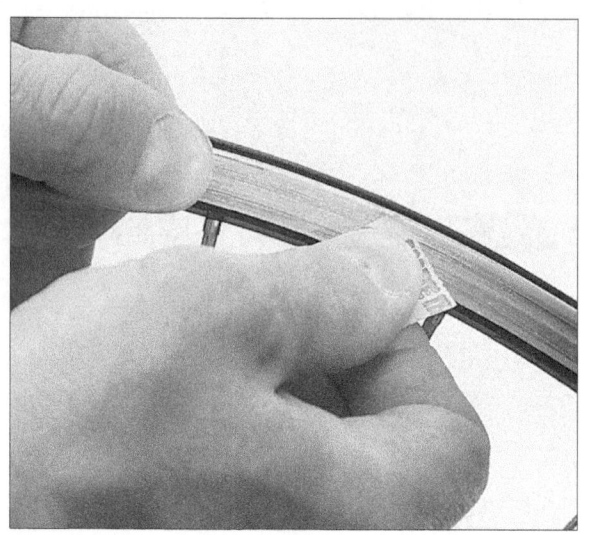

5 消除刹车的异响是很棘手的，可以试试以下几种方法。首先检查固定螺栓，确保刹车臂安装牢靠。如果不是这里的原因，用砂纸打磨轮圈刹车边，使表面粗糙。如果还是响，那就带着一根5mm内六角扳手出去骑一圈。在这种情况下，你可以将刹车块调至不同的束角，看看是否能够消除异响。（刹车块前端应比后端先接触轮圈。）如果不管用，则换别的牌子的刹车块试试。如果还是不行，则买个刹车加力片装上，它可以两个刹车座连为一体，使刹车系统刚性更强。如果这些方法都不起作用，很可能是刹车块磨损过度了。一些直拉式刹车使用连杆推动刹车块，如果连杆松动了，很可能就会造成异响，这也是需要更换的信号。

刹车块的维护

1 刹车块很小，但是很重要。刹车块应与轮圈保持适当的距离和位置关系，才能在刹车时既不会碰到轮胎（可能造成爆胎），也不会卷入辐条中（可能造成摔车）。刹车块装不好也会降低刹车效果，造成异响和振颤。刹车块的磨损和老化会降低使用寿命，因此定期维护、检查和更换刹车块是一项重要的工作。

不同类型的刹车使用不同的刹车块，但是所必需的基本维护是相同。除了保证刹车块锁紧和对齐，也要保证清洁。若沙砾溅落到轮圈上，在刹车时便会被压入刹车块中。当刹车块中嵌入大量沙砾时就会变得非常粗糙，刹车时会对轮圈造成严重磨损。你可能会想只有山地车才能遇到这种问题，但实际上只要条件合适，任何刹车都会发生这种问题。为了保持刹车块的清洁，应该定期仔细检查，用锥子或尖锐的工具把刹车块中的沙砾挑出来（见左图）。先拆掉轮组会让工作更简单。

2 要注意磨损不均匀的问题。如果刹车块的位置过高或过低,使用一段时间后会产生一道"楞"。

这种情况可能会导致刹车块挤入轮圈下面,因为凸起那一块会被卡住。用刀子将刹车块修剪平整即可(见右图)。如果只是有一点点不平整,用砂纸打磨一下就可以了。

刹车块的使用寿命变化很大。如果是去泥浆多的地方越野,很可能骑一次就会把刹车块磨光!然而,日常的公路骑行可以用上好几年。

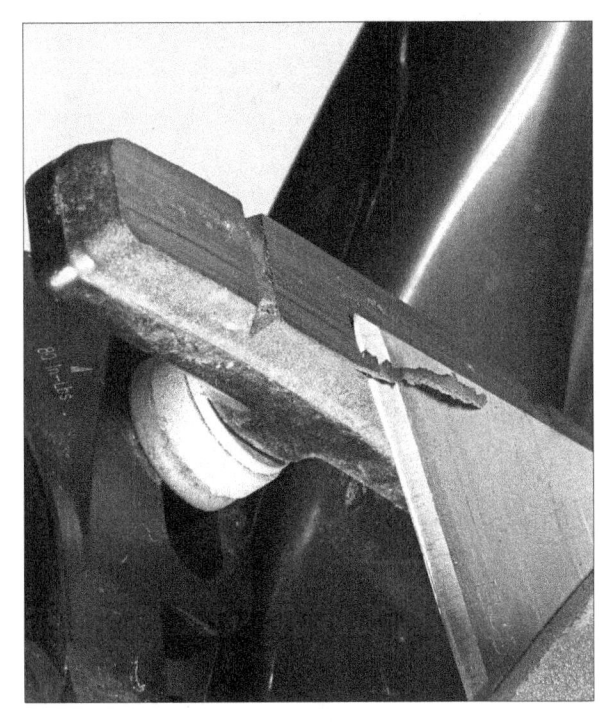

3 大部分刹车块上带有凹槽,用来估算磨损程度(见右图)。当凹槽开始消失时,就该换刹车块了。如果刹车块磨出金属座,那就必须立刻更换。如果金属摩擦轮圈,会对刹车面造成严重损害。如果不幸出现这种情况,制动力便会大大降低,并且会听到尖锐的摩擦声。

刹车块的维护（续）

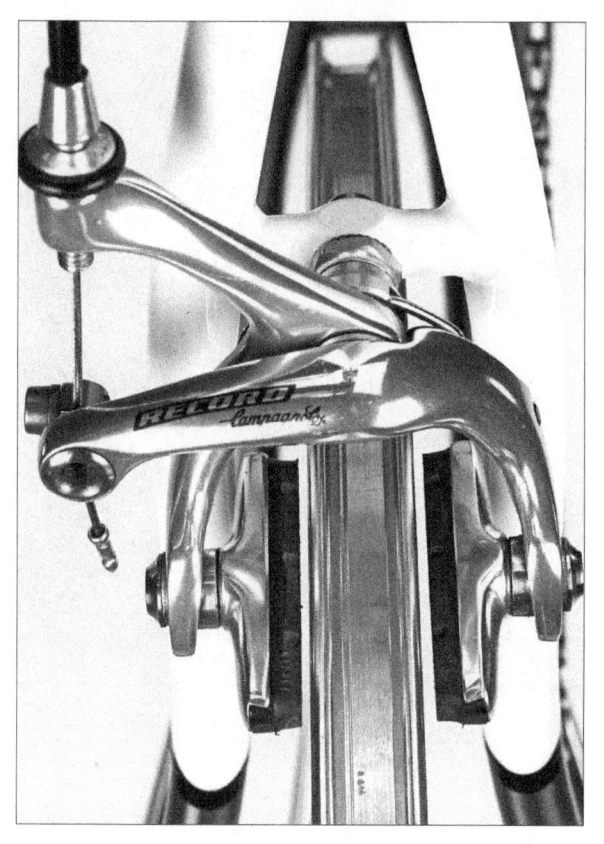

4 刹车块有两种基本类型：一体式刹车块和抽屉式刹车块。在更换刹车块时，一体式刹车块必须整体拆下，而抽屉式刹车块只需要将橡胶刹车皮从蹄座中抽出，再装入新的即可。

抽屉式刹车块的更换更快捷、方便，因为更换新的刹车皮并不需要重新安装蹄座（重新安装蹄座意味着重新对齐轮圈）。

如果你的车子原配的是一体式刹车块，等它们磨光了就换对抽屉式刹车块吧。如果你骑的是配备直拉式刹车或常规吊刹的山地车，它们很快就能磨光。

更换一体式刹车块时，先装一侧，这样你就可以与另一侧对照安装位置。拆掉弹簧的话，安装起来会方便一点。调整新的刹车块，使其能够平整地接触轮圈。除直拉式刹车外，刹车块应带有一点束角。也就是使刹车块的前端先接触轮圈，这样可以消除异响。

5 当刹车块安装好后将其锁紧，继续下一步。如果刹车块不管怎么调始终不能对齐（通常发生在侧拉式和中拉式刹车上），继续调整刹车块或是用扳手掰刹车臂，使刹车块呈一定束角。有时需要用两把扳手分别钳住两只刹车臂，才能达到比较好的效果。用其中一把扳手固定住刹车，再用另一把扳手掰刹车臂。

6 安装抽屉式刹车块时，先找到固定刹车皮的螺钉或销钉。如果找不到，就用扁口螺丝刀塞进去，将刹车皮撬出来，然后装入新的刹车皮。如果太紧，可以用大力钳夹住捏一下。

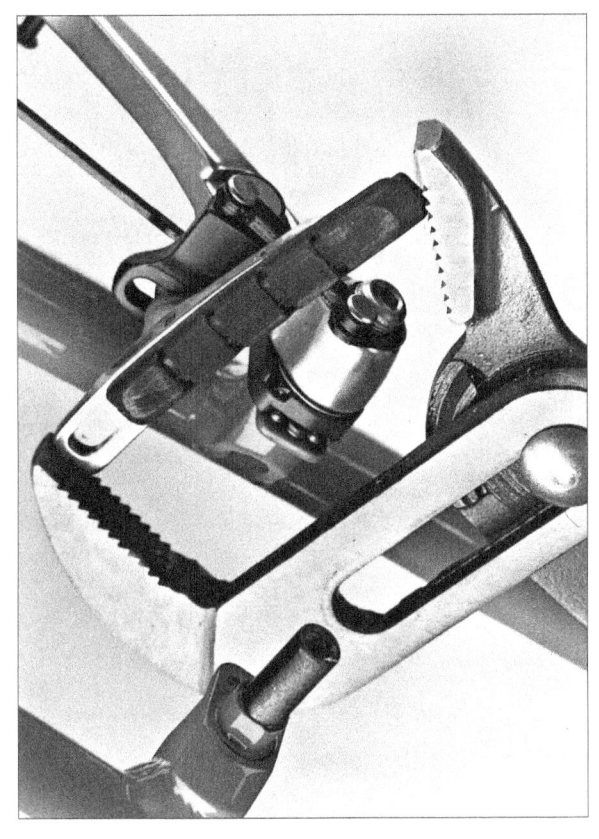

7 如果刹车块有固定螺钉或销钉，依次拔出销钉，装入新刹车皮，重新插入销钉。你可能需要压住刹车块，才能把销钉完全插入。当销钉插好后，尾端应该能在蹄座下方看到。

中拉式刹车的安装

1 中拉式刹车需要用到两根刹车线：长的主刹车线与用在侧拉式刹车上的相类似，短的是刹车吊线。两根刹车线通过一个三角形的金属吊钩相连。主刹车线是用螺栓连接在吊钩上的，吊钩则将刹车吊线的中部吊起（见左图）。

刹车吊线的两端分别连接两个夹器的刹车臂。当拉动刹车手柄时，主刹车线提起吊钩，吊起刹车吊线中部，从而拉动夹器向轮圈靠近。

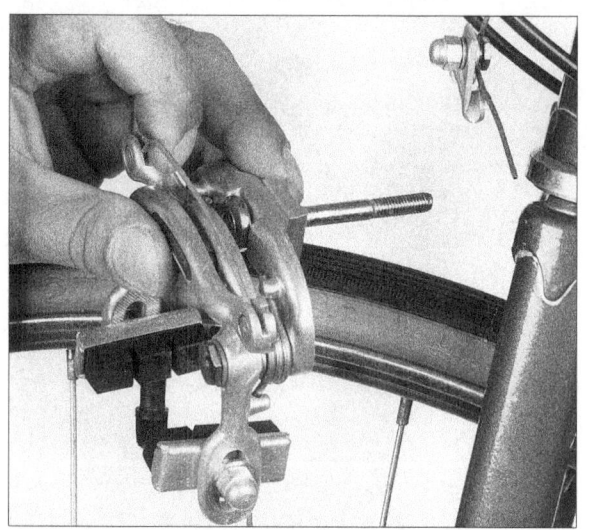

2 拆卸中拉式刹车时，首先将吊钩从刹车吊线上取下。松开固定螺栓后面的螺母，取下刹车。

如果要继续使用原先的刹车，需要进行彻底的清洗。用浸过溶剂的抹布和小刷子清除夹器刹车臂和转轴区域的油脂和灰尘。要避免刹车块接触任何溶剂。应用酒精清洁刹车块，并用细砂纸打磨表面以增强摩擦力。

3 安装中拉式刹车时，将固定螺栓穿过车架上预留的孔，拧入固定螺母。锁紧螺母前，确保轮组位于前叉正中，将刹车进行居中。

用手晃动刹车，使刹车块到轮圈侧边的距离相等（见左图）。锁紧固定螺母，将刹车固定到位。

4 确保刹车吊线末端固定在夹器刹车臂的压线槽内（见右图），将吊钩挂在刹车吊线的下方。

5 将微调旋钮拧到底，给后续调整留出余量。用绑带或辅助工具将刹车块压在轮圈上。将主刹车线拉紧并用钳子拉住，同时用扳手锁紧压线螺母（见右图）。

松开夹器，捏几次刹车手柄测试一下刹车。如果换了新线，刹车线可能会被拉长一些，这时你需要调整压线螺栓进行紧线。最后，用微调旋钮精确调整刹车线的长度，使刹车块与轮圈之间仅留有1/8~3/16英寸的间隙。

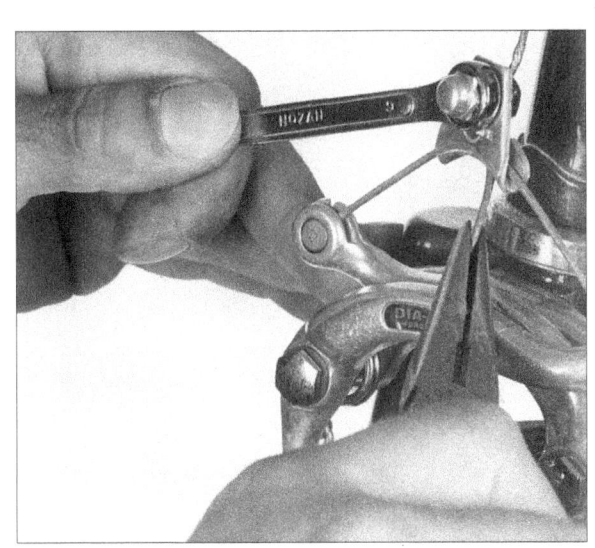

6 捏刹车手柄，检查一下两侧刹车块是否同时接触轮圈。如果不能，调整吊钩在刹车吊线上的位置，向动作较慢的一侧移动。如果不能解决问题，可以试着掰一下弹簧，增加该侧刹车臂的张力。

对夹器的运动件进行适当的润滑。向两只刹车臂相接触的地方以及刹车臂的转点处涂抹一点润滑脂或是喷一些润滑剂。

吊刹的安装和调试

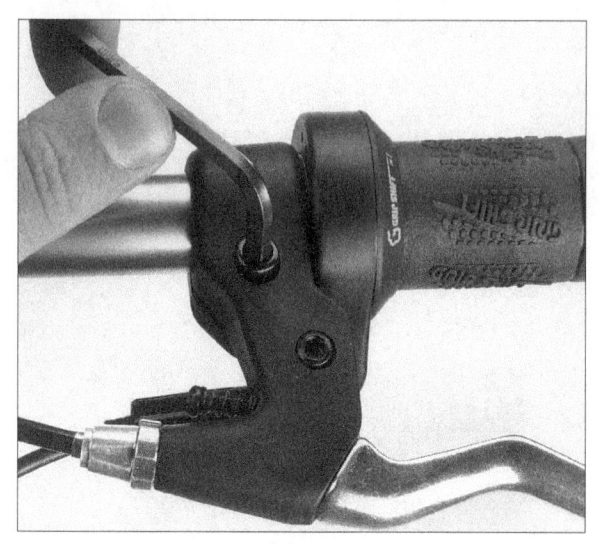

1 山地车通常配备直把，常规刹车手柄以及吊刹。因为山地车的车把不用缠把带，所以调整刹车手柄的位置或是更换都非常方便。调整刹车手柄的位置，首先要找到紧固螺栓并松开（见左图），然后移至合适的位置，重新锁紧螺栓即可。

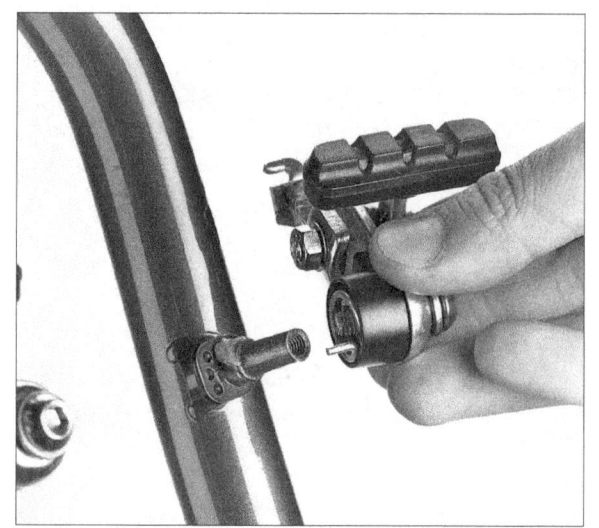

2 用在山地车、双人车和大部分旅行车上的吊刹与侧拉式或传统的中拉式刹车的安装方式不同。前刹是用螺栓安装在前叉前侧的刹车座上的（见左图）；后刹则是安装在后上叉后方的刹车座上。

吊刹所用的刹车块与夹器式刹车略有不同。刹车块后面的安装柄很长，可以用来调整刹车块与轮圈的距离。

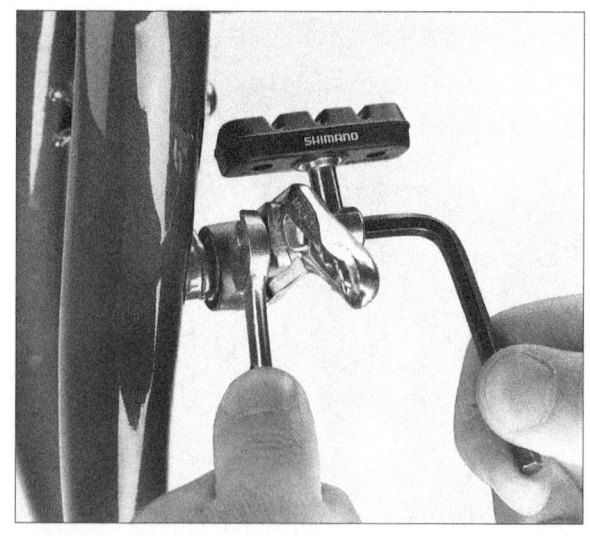

3 当安装新的吊刹或是调整原有的吊刹时，要确保轮组装在车架正中。将刹车块安装在与轮圈等距的地方。你可能需要一把内六角扳手来拧动螺栓头，再用一把扳手卡住末端的螺母（见左图）。

要想正确安装刹车块，需要考虑两点。首先，先要把刹车块转过来，才能与轮圈平行。然后，应将刹车块锁紧，当刹车臂推向轮组时，刹车块能够结实地压在轮圈上。位置过高可能会摩擦轮胎，位置太低则会卡入辐条中。

4 吊刹同中拉式刹车一样，需要用到一根短刹车线——刹车吊线来连接两侧的刹车臂。这根线的一端是一直固定在刹车臂上的。于是，另一端就用螺栓固定，而且可以调节线的长度。

将刹车线的头部卡入刹车臂的线头座中（见右图），将另一端从刹车臂上的压线螺栓中穿出，将刹车线固定在什么位置在一定程度上取决于车架的结构。通常来说，当拉动刹车吊线中部时，两段形成的夹角应该小于90°，这才是合适的长度。

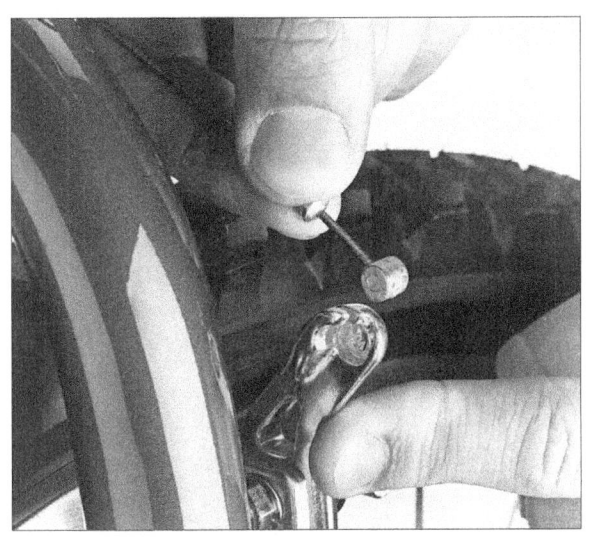

5 对主刹车线进行适当的润滑，穿入线管中，将头部放入刹车手柄上预留的凹槽中。将吊钩勾在刹车吊线的中部，再将主刹车线穿过吊钩上的压线螺栓。如果是Shimano的吊刹，这根刹车线不会止于吊钩，而是穿过吊钩，最终固定在刹车臂上。

在将主刹车线固定在吊钩或刹车臂上之前，将刹车手柄上的微调旋钮拧到底，当刹车线拉紧后便可留出足够的调节余量。

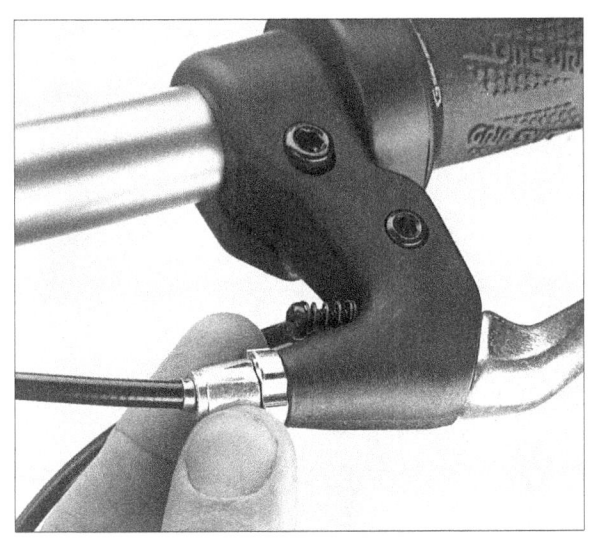

6 将刹车臂推向轮圈，拉紧主刹车线，锁紧螺栓固定刹车线（见右图）。如果主刹车线穿过吊钩延伸至刹车臂上的压线螺栓，确保两侧的刹车线等长后，还要锁紧吊钩上的螺栓。

反复捏几次刹车，看看是否需要调整刹车块的位置和线的长度。如果两侧刹车块不能同时接触轮圈，可以把吊钩沿着刹车吊线向动作较慢的一侧移动。如果不能解决问题，就试试刹车臂侧边的居中螺钉，或是松开刹车吊线解开刹车，将动作较慢的刹车臂向远离轮圈的方向掰一下，以增强弹簧张力。最后别忘了将刹车挂好。

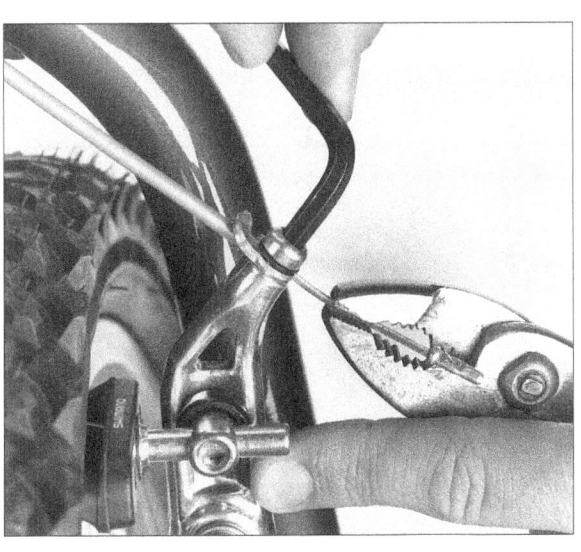

U刹的调试

1 U刹现在已经被淘汰了，但是还是有可能碰见的。U刹是专为山地车而设计的强力版的中拉式刹车。U刹与吊刹类似，都是由螺栓固定在刹车座上的，这也是它们制动力强的原因之一。U刹通常安装在后下叉的下面。调整U刹时，将车子翻过来会方便一些。在五通下面的导线座处，对刹车线进行润滑，并将吊钩挂在刹车线上。

2 锁住刹车线上的吊钩，但是不要锁得太紧，吊钩应当可以在刹车线上滑动。将吊钩滑到五通下面的导线座处，拉住后刹车手柄。这样可以使吊钩移动到正确的位置上。用拉线钳和扳手锁紧吊钩（见左图）。注意不要拧得过紧，因为这些小螺栓很容易损坏。随后便可以检查一下刹车线的张力了。

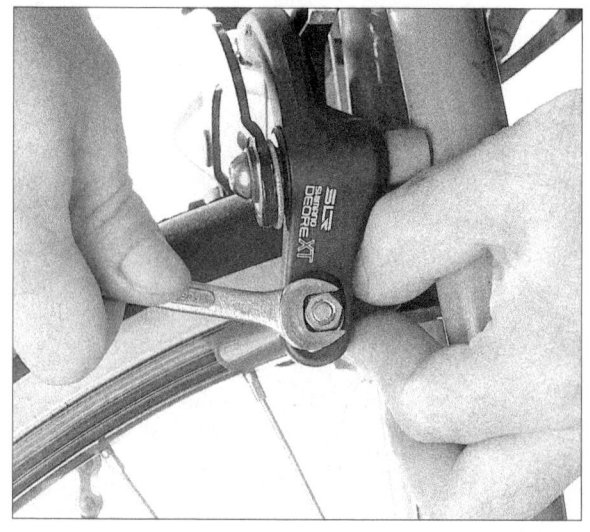

3 松开刹车块上的螺母，一次松动一个，调整刹车块的位置，使其平整地接触轮圈。要考虑到如刹车块磨损等影响刹车块行程的因素。现在调好可以防止以后发生问题，比如刹车块挤到轮圈下面、卡到辐条里，或是蹭到外胎。刹车块应带有一定的束角，使前端比后端先接触轮圈。用手指固定住刹车块，再用扳手锁紧。刹车块必须锁紧，否则大力刹车时刹车块的位置会发生变动。

4 松开刹车吊线的压线螺栓,将刹车吊线穿过吊钩及螺栓(见右图)。拉紧刹车吊线,同时将刹车块压在轮圈上,锁紧固定螺栓。捏几次刹车手柄拉伸刹车线,测试一下压线螺栓(吊钩和刹车臂上的)是否锁紧。如果某一根线从压线螺栓中滑脱,那就松开压线螺栓,重新调整刹车线,再锁紧压线螺栓。一定要用两把扳手将压线螺栓牢牢地锁紧。

5 解开刹车吊线,将刹车臂向远离轮圈的方向掰以增大刹车臂弹簧的张力,使用内六角扳手锁紧转点螺栓(见右图)。锁紧转点螺栓时,刹车块距离轮圈越远,弹簧张力就越强。如果其中一根刹车臂比另一根张力大,导致刹车块蹭轮圈,那就增大另一侧的张力或是减小这一侧的张力。最终目标就是当松开刹车手柄时刹车块到轮圈的距离相等。

6 一些U刹的刹车臂上带有小微调螺钉,可以帮助调节弹簧张力。使用内六角扳手拧这颗螺钉可以增大或减小该侧的弹簧张力(但会影响两侧的刹车臂)。逆时针旋转会减小弹簧张力,从而使另一侧刹车臂远离轮圈。

把横与把立

第十四章

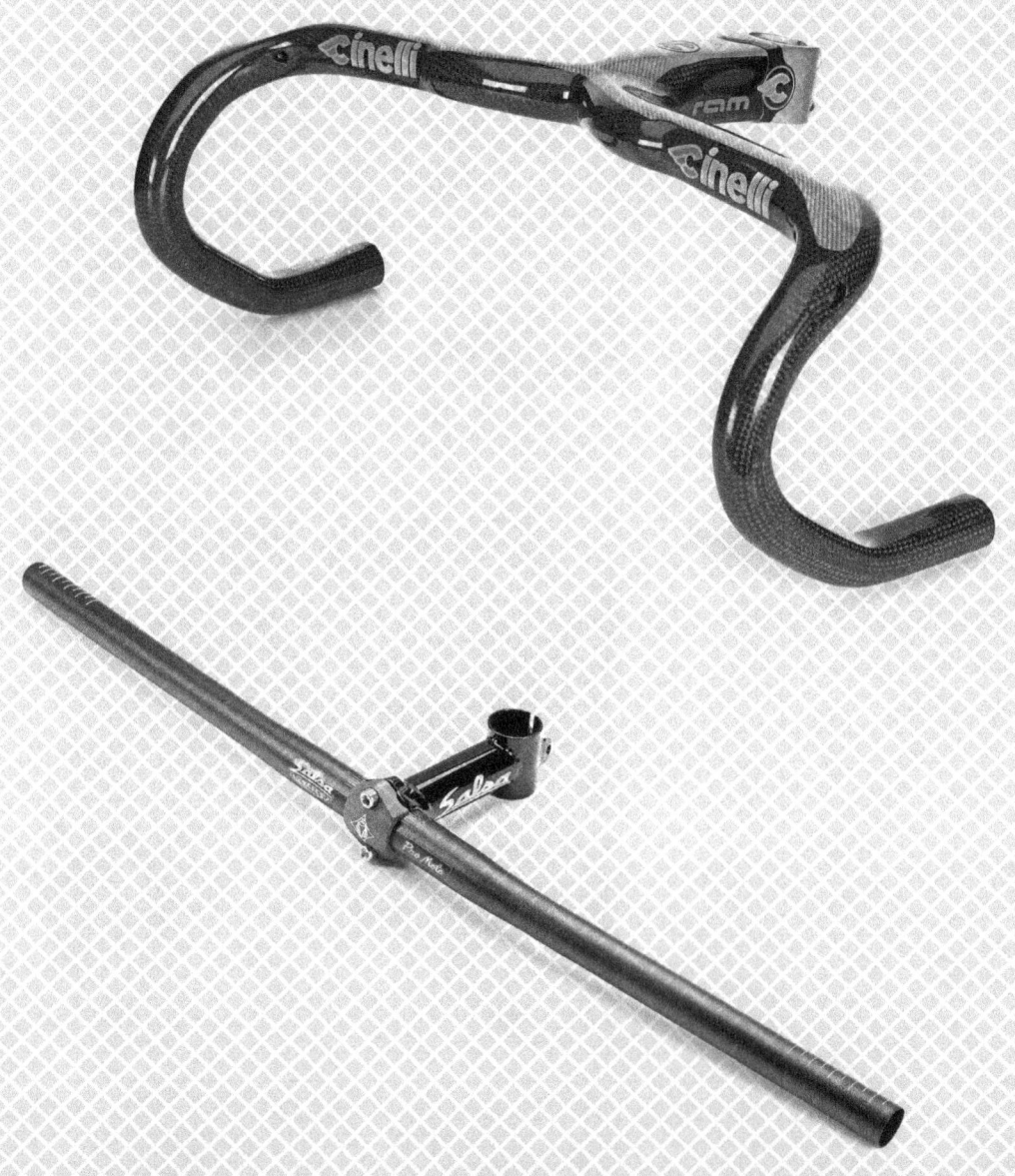

车架是基础，轮组使其成为自行车。变速器和传动系统让它能够前进，刹车又让它能够停下来。但是选择什么样的把横和把立，关系着你是否能够舒服地骑乘，否则你将饱受痛苦。

在选择了适合你的把组之后，即使车架的大小有些出入，也可以让这辆车像是为你量身打造的一样。或者你可以从一辆专为某一目的而调校的自行车开始，然后做一些改进。我们经常可以看到退役后的旧款轻量化竞赛用车仅仅在更换上更舒适的把横和把立之后，它们就变成了时尚的通勤车或城市休闲车。

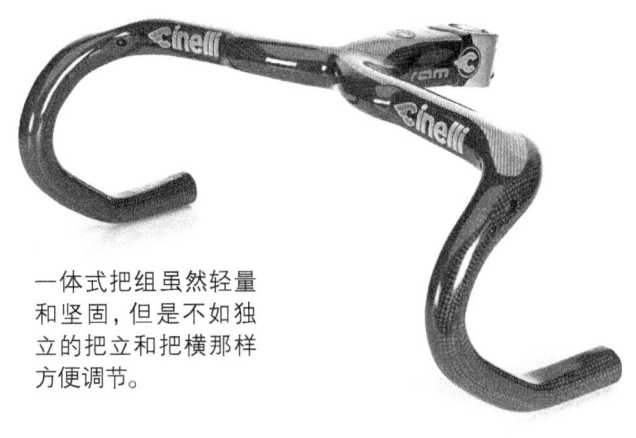

一体式把组虽然轻量和坚固，但是不如独立的把立和把横那样方便调节。

正确的把立

在购买新的把立之前，你需要知道自己的车子适用把立的规格，把立有两种主流的规格：无牙式把立和鹅颈式把立。

无牙式把立

无牙式把立是目前通用的标准。几乎所有价位上的自行车都在用这种把立，这种把立夹紧前叉舵管的外壁，而不像鹅颈式把立是夹紧舵管的内壁。辨认无牙式把立的最简单的方法是查看把立的任意一边是否有一个或一对锁固螺栓夹紧前叉舵管。

无牙式把立有多种规格，尽管1 1/8英寸是目前为止最常见的规格。事实上，1英寸的无牙式把立只使用了很短一段时间，如今，大多数把立制造商用一个垫圈来兼容1英寸的无牙舵管和1 1/8英寸把立，而不再单独提供1英寸的把立。

对于山地车而言，有一种被称为"1.5"的1 1/2英寸规格，适用于直径更大的舵管，从而提高长行程避震前叉的强度，减少形变。

跟有牙舵管与鹅颈式把立的组合相比，无牙系统更好地利用了材料的属性，让这种把立和前叉组合比鹅颈式把立组合具有更高的强度和更轻的重量。

但是无牙式设计也有一个缺点。一旦把立的高度确定后，就需要切割下舵管多余的长度，这使你无法轻易升高把横的高度，除非更换把立。对于这种情况，习惯做法是保留较长的舵管，然后在露出把立的那部分装上垫圈，这样就可以自由地调整把立高度直到合适的位置。记住，你可以截短舵管，但你不能让它变长。

鹅颈式把立

鹅颈式把立呈"L"形，20世纪90年代以前，各种自行车上都可以找到，那时无牙式把立正在慢慢普及。现在，鹅颈式把立通常出现在休闲自行车上，比如混合自行车和童车。这种把立的一部分通过一个在把立底部的胀塞（吊心）安装在前叉里面。当贯穿把立中心的膨胀螺栓拧紧时，胀塞就被向上拉，从而将把立塞卡在了前叉内。你可以通过把立正上方的一颗6mm六角螺栓或者12mm或13mm的普通螺栓来辨别这种把立。（不要与无牙式把立上盖上的5mm六角螺栓相混淆。）

把立的直径一定要和前叉的规格相匹配。对于鹅颈式把立来说，首先要确定好你的前叉匹配的是法标22.0mm、相当普遍的22.2mm（即通常所说的1英寸）、20世纪90年代25.4mm的山地车的标准（即1 1/8英寸），还是比如28.6mm（1 1/4英寸）或32mm（1 3/8英寸）之类短暂流行的大直径鹅颈式把立。如果这些数字似乎并不对应,这是因为我们将毫米作为把立的规格单位,而舵管则以英寸为单位。很困惑？是的。不过,如果你和当地车店说需要一根11/8英寸的鹅颈式把立,他们非常明白你要什么。

如果你没有内径千分尺或者内径卡尺,一个简单的方法,就是借几个不同直径的把立来试试,或者把车带到车店去。除非你的车是一辆老式法国公路车,否则你不太可能会有22.0mm直径的把立。

还有第三种尺寸,即0.833英寸,大多数用于美国百货公司出售的品牌自行车上。然而,在绝大多数情况下,使用鹅颈式把立的轻量化自行车都使用22.2mm或者25.4mm的规格。

把横以及把立上安装把横的位置也有多种直径。更换前要先确认你的把横和把立的规格。

把横与把立的兼容性

在确定好哪种把立适合你的前叉后，然后需要知道把立与把横是否相互匹配。曾经有多种公路车把横的直径：日本以25.4mm为标准；3T公司是以25.8mm为标准；Cinelli制造的把横以26.4mm为标准。Nitto公司现在仍然以25.4mm为标准，这并不是一个大问题，因为它也是山地车把横和把立最原始的标准。而其他各个品牌刚刚决定以26.0mm作为共同标准，但是又提出了一个新的大号标准——31.8mm。

目前，31.8mm和26.0mm一样在很多新款公路车上很常见，但是31.8mm的把横和把立正日益流行起来。

过去，所有山地车的把横和把立都使用25.4mm作为标准。大概就在公路车开始使用31.8mm作为标准的同时，山地车也开始使用这种规格。

无论是公路车还是山地车，都可以通过使用超大直径的把组获得多方面的优势。公路把横可以在提高强度和刚性的同时降低重量。山地车把横可以在不损失或稍稍损失重量的同时使强度达到最大化。这就像要看金币的正反面一样。

规格的通用性对山地车和公路车还有另一个好处。在不增加供应商和零售商的库存货的同时，把立的销售对象增加了一倍。因此，一个喜好较低骑行姿势的XC选手，如果希望使用轻量化把立，那么他可以使用公路把立；而一名休闲公路车手，如果他想使用坚固、角度上扬的把立来完成一些轻装旅行，那么他可以安装一个山地把立。

一旦你知道哪种把立符合你的前叉和把横的规格，接下来就得根据自身的情况来决定把立的长短和角度。不幸的是，目前还没有一套简单的方法来完成这项工作。要想拥有合适的把立长度是需要考虑很多因素的，而且因素之间并不总是以同样的方式相互关联，这些因素包括躯干长度、上臂和前臂长度、坐垫位置、上管长度、把横的选择和骑行目的。

你与自行车之间的良好匹配开始于车架的选择（请参考27页关于车架与身体之间关系的讲解）。当选定车架后，你可以通过调整座垫高低和微调座垫前后位置来优化人车之间的关系。这些调整会影响你的大腿和踏板的相对位置。当座垫位置调整完毕后，就能够根据它来决定一个更合适的把横位置了。有一个用于公路车的传统方法，就是将肘部的后面顶住车座的前端，然后将小臂伸向把横和把立。按照一般规则来说，指尖应该距离把横顶部有1英寸的距离。

你可能会想让把立稍稍靠近一些，这样更有利于呼吸并拥有更直立的骑行姿势。这样尤其适用于负重旅行的车手，或者那些骑行时间很长的车手。竞赛选手和一些运动车手喜欢把横更向前一些，因为他们偏好更舒展的骑行姿势。

对于山地车而言，这些指导可能部分适用于XC车手，但是速降车手和自由骑车手会想要有一个更短的操控空间，从而在技术性路段更好操控。

如果你很难确定一个舒适的姿势，那么一种解决技巧是安装一个可调把立，然后骑一小段时间，在骑乘过程中找到最有效的姿势。不过，必须保证自行车其他零部件已经确定，只是调节把立角度来体会姿势，这个方法才会有效。

同样的，当使用可调节把立时，每次更改的量要小一些，这样你的身体才有机会来适应每次变化，从而做出正确的评估。当你觉得长短合适时，不要忘了测量出具体数值，这样才能选择相应的新把立。

选择把横

与把立一样，把横的规格同样应该根据使用者的身体条件来决定。公路车手和休闲车手会需要一个与肩同宽的把横，这样可以让他们能够更顺畅地呼吸。山地车手则需要根据地形和骑乘风格来决定把横的尺寸。一般而言，XC越野车手会选择一个大于肩宽1~3英寸的把横。而那些在高难度林道上骑行的车手通常会更喜欢27英寸或更宽的把横，从而获得较好的稳定性。

在任何情况下，把横的长度和高度都应该能使你自然地握住刹把，这很重要。而握在下弯把的把弯处，应该能够使你的手臂和后背发出最大的拉力。

公路车把横

公路车把横曾经有一些很具体的特点，很容易彼此区分。而现在似乎有无限种公路车把横，互相之间仅有微妙的差异。从超轻的一体成型碳纤维把横和把立的组合，到符合人体工程学的舒适型公路车把横和旅行把横，总会有某个厂商制造出的一款产品能适合几乎每个骑车人的需求。

为公路竞赛、运动和旅行车手设计的把横都有一些共同的特征。把横的水平顶部能提供一个"直立"的骑行姿势，双手握把的距离虽然不到肩宽，但是足够让车上的人在平地发力或稳步爬行缓坡。当你把双手放在手变头或者把横的第一个弯曲处时，会出现一个更加向下俯的姿势。这种姿势有利于更快地发力，因为身体受到的风阻更小，这样也有利于胸腔扩张，从而方便呼吸。与手握把横水平顶部的姿势相比，这种姿势将双手置于非常不同的角度上。经常在这两种姿势间进行切换，能舒缓双手受到的压力。

当双手移到"下把"或者把横的底部时，根据自行车设置的不同，上半身被迫向下形成很低的姿势。这个姿势能最大限度地降低身体的风阻，同时能最大限度地发挥背部力量，例如全力冲刺。以这种姿势骑太久会有一个问题，即需要用手掌支撑大部分上身重量。这将压迫尺骨神经并导致双手发麻，有时可能需要好几个小时才能让双手恢复灵敏。

不管你最终选择的是哪种公路车把横，重要的是它要适合你。大多数向下弯的把横都有不同的宽度和下沉量。宽度（通常测量把横底部的两

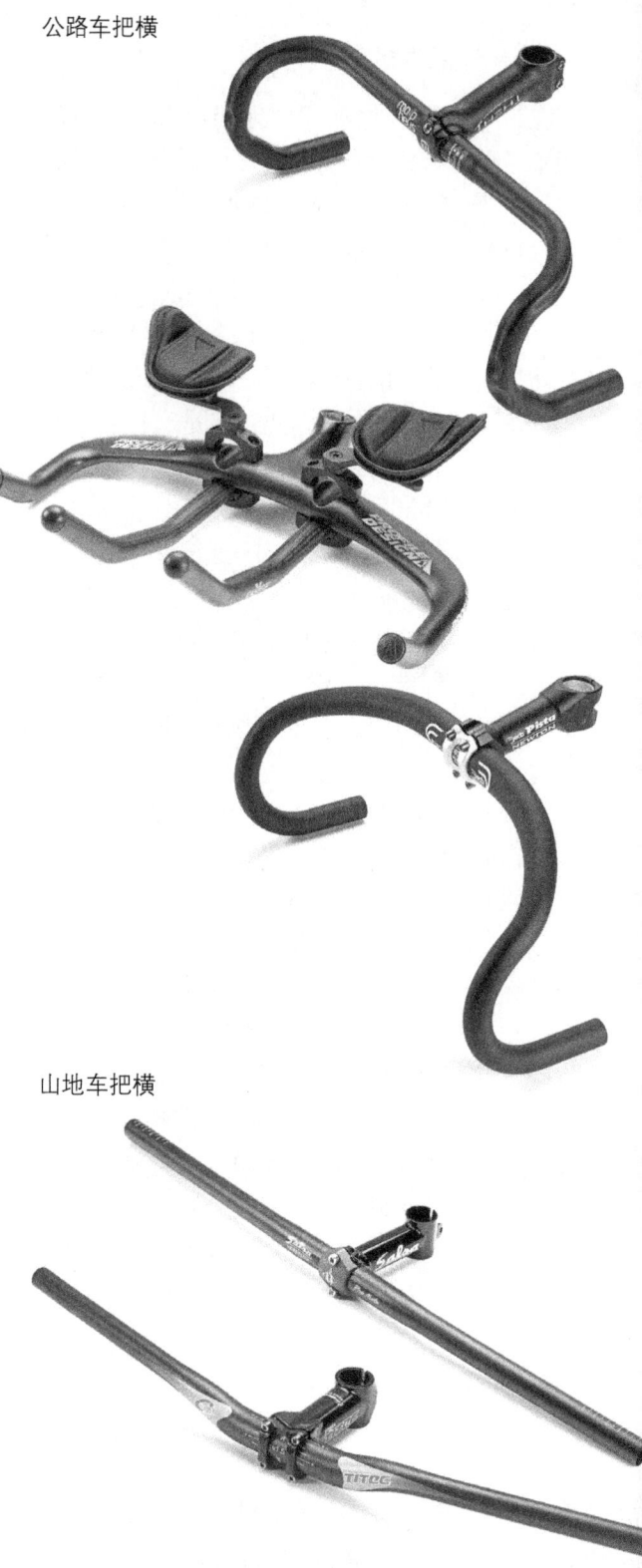

公路车把横

山地车把横

最常见的三种公路车把横是：解剖学公路车把横、计时赛/铁三把横和场地自行车把横。
两种基本的山地车把横是：直把和燕把。

个中心点之间的距离）应该接近于你的肩宽。一个简单的检查办法就是让一个朋友将把横靠在你的背部上比一比，查看把横是否与你肩膀差不多宽。宽把横也适合那些经常爬坡的车手，因为它增加了杠杆作用。坐在双人自行车前面的那个骑行人会喜欢宽把横，因为杠杆作用能提高操控性。身材较小的车手使用较窄的把横会更舒适。

把横的下沉量指的是把横下弯部分的深度。手更大的车手通常喜欢更大的下沉量，反之亦然。

山地车把横

山地自行车有两种基本的把横类型：直把和燕把。

直把并不是完全直，而是在夹紧把立的那个区域两边稍微弯曲3°~11°。由于它们在轻量与刚性之间的平衡，所以XC竞赛选手很喜欢这种把横。

尽管直把和更高的把立似乎也可以实现更加坚固而轻量的把横，但是在越野车手们当中更加受欢迎的却是燕把。燕把有1~2.5英寸不等的上升高度，并且两边各自向后弯曲6°~15°。

直立把横

对于那些渴望长久的直立骑行姿势的车手而言，旅行把横是一种选择。这种把横是水平的或者略有上升，把横末端向后弯，跟以前英式三速自行车的把横很像。这种把横实际上只提供一种握把姿势：握住把横末端的把套。同时，这种把横必须装备类似于山地车上那种直刹把。

这三种基本把横类型仅仅是市场上众多把横风格中的一部分。我们在本文中努力涵盖自行车爱好者感兴趣的最常见把横类型。请放心，不管你追求什么样的把横——不论是为了休闲的直立骑行姿势或者是为心爱的古董自行车打造复古外观，总会有一种合适的把横在等着你。

安装把横和把立

安装把横和把立非常简单。松开螺栓，分开把横夹板，然后拆卸并替换把横。

如果是不能完全打开的把立，最好是先将把横安装到把立上，然后再将把立装到车上。这样你就可以向各个方向扭动把横（下弯的把横在安装时经常需要扭转），避免它们挂在车前端。

山地车的直把通常很容易安装。松开把立的把横固定螺栓，将把横装上，使把横中间鼓起的部分位于夹板的中心。有些设计需要在把横和把立之间使用垫片，使工作变得有些复杂。这需要你将另一个东西也装正。如果把横匹配得很紧，那么在装入把横时，你可以试着用螺丝刀轻轻地将夹板松开一些。（你可不想弄弯夹板。）如果你的夹板使用一颗螺栓拧紧把横，就试试硬币方法：拆下螺栓，在连接狭槽内插入一枚硬币，然后将螺栓拧回，夹板会压在硬币上。拧紧这颗螺栓将会分开夹板，从而再安装把横会更容易。

正确安装山地车把横也至关重要。把横末端有稍微弯曲的角度，这是为了符合手腕的自然弯曲角度。为了寻找把横的最佳位置，你要坐在车上，然后旋转安装在把立上的把横，直到手腕感到自然为止。通常只有一个位置能感觉自然——纯粹向后弯或者有很小向上或向下角度地向后弯——如果你使用另一个角度，将承受手腕酸痛的代价。

安装下弯把横时最令人沮丧的事情是把横在把立内卡住了。有一个能消除这一问题的技巧，那就是看看夹板——它的宽度在底部接近螺栓的部分变窄了。在你插入把横时，要慢慢来并持续旋转把横，这样在插入把横并对正时，能让更紧的把横内径一直靠近夹板较窄的部分。一旦把横处于居中位置后，只需要适当地旋紧螺栓，避免把横移动就可以了。

一旦将把横和把立安装在一起后，你可能

会发现在安装刹把和把套或给把横缠上把带之前将它们安装在车上会更容易一些。如果你正在使用的是鹅颈式把立，就要更谨慎一些。在将把横和把立安装于自行车上之前，要先确定前叉舵管上的螺纹长度，看看最小的插入深度是多少。把立的膨胀部分（位于底部）必须超越这个深度，否则变形甚至舵管破裂的概率将大大增加，因为螺纹部分的管壁很薄。无论怎样，1英寸（22.2mm）的鹅颈式把立插入前叉的深度绝不能低于23/16英寸，11/8英寸（25.4mm）的鹅颈式把立不应低于21/2英寸——要想有足够的强度就必须达到这样的深度。现在大多数鹅颈式把立的制造商都会在把立上标示最低插入点，这样你就能知道插入的深度是否足够。

在将鹅颈式把立插入前叉舵管之前，要在插入部分涂上厚厚的一层润滑脂，避免不同的金属间锈蚀粘结，同时能形成一个油封来隔绝水分。将把立插入一个你认为合适的深度（要记住安全限制）并旋紧螺栓。

如果你骑车时大量出汗或者经常在雨中骑行，那么水分可能会渗透进头管之中。应对这个问题的一个办法是更换碗组上的锁紧螺母，并选用一个带有O形环密封圈的锁紧螺母来替换。这样能最大限度地减少出现锈蚀的可能性，如果任由腐蚀加重，它真的能将把立和舵管粘结起来。

如果你使用无牙式把立，就不太容易出现问题了。它们可能卡在前叉上，但是通常稍稍扭动就可以脱落。它们也很容易安装，因为只需套在前叉顶部，然后旋紧紧固螺栓。唯一棘手的部分在于，无牙式把立是碗组（转向轴承）系统的一部分，所以每当你安装或拆下把立时，都必须进行碗组调节。

副把 有些人喜欢在直把和燕把上添加副把。副把能提供另一种握把姿势，有助于消除一些颠簸骑行带来的不适感。在技术性爬坡时它们用起来也很方便，因为有了副把之后，车手可以通过改变身体姿势来提高抓地力。

正确安装副把很重要。要注意在安装副把时不要刮伤或过度夹紧把横末端，因为这可能导致把横破裂。夹紧副把时，只要能让它支撑你的体重并不会移动就足够了。副把的位置要正确，当你舒服地坐在车上时，你应该能感觉到副把就是手腕的自然延展。如果在骑行中你的手腕感到任何的不适或压力，那么副把的安装角度很可能就是错误的，应该重新调整。在刚开始的几次骑行中要带一把扳手，这样方便你将副把调整到位。

最后，当你骑着装有副把的自行车时，不要错误地一直使用它。当你手握副把时，就需要花更多的时间才能捏到刹车。要把副把留到安全路段再使用，而且在危险的下坡时一定要避免使用副把。

添加把横衬垫

许多人发现在长期骑行之后，双手会开始感觉到麻木，这是一个不容忽视的问题，因为它可能发展成为一种严重的慢性疾病。解决这个问题的一个简单方法就是使用带衬垫的手套；另一种方法就是在把横上垫上某种填充物。检查你的座垫、把立和/或把横的调节是否导致了这一问题，比如让更多的体重施加在把横上或使手腕处于紧张的姿势。

为直把增加衬垫时，应该尝试不同的把套类型和形状。

对于弯把而言，现在市场上有各种减震把带和衬垫。有一些还附带不同厚度的硅胶垫，将这些硅胶垫粘附在公路把横的顶部和底部，然后用把带包裹起来。浸染凝胶的把带也很受欢迎，通过将一层凝胶材料与一层把带结合起来，就制造出了一种更加舒适的把带，同时不会增加把套的总体直径。有些竞赛选手希望提高舒适度，但又不想冒险使用会消耗冲刺能量的厚把套，那么这种把带对他们非常有益。这对于双手较小的车手而言也是个好消息。

安装刹把

当你在车上安装一个新弯把或把立时,最好在缠绕把带之前设置好刹把。这样你就可以对手变头的位置进行微调,直到找到最舒服的一个点。

将手变套进把横,稍微拧紧螺栓,然后把夹环调整到适当的位置。适当的起始位置是在安装手变时,使刹把的末端与弯把的底部保持在同一直线上(或高1/2英寸),在这部分把横的下面握住一把直尺,帮助对齐刹把。稍微拧紧螺栓,然后试验舒适度。如果不够好,那就将手变移动至更舒服的位置。关于安装公路手变有关的详细指导,请查看261页。

如果你想在公路手变下面使用衬垫,现在就加上,然后在把横上缠绕把带。

在设置山地车刹把位置时,要坐在车上,然后将双手放在刹把上。不断移动刹把,直到不必弯曲手腕就能让双手自然地搭在刹把上。

缠绕把带

有两种缠绕把带的方式:从上往下缠绕和从下往上缠绕。这两种方法都有各自的优点和缺点。从上往下缠绕的优点在于,把带上最开始缠绕的那一端可以巧妙地将自己包裹起来,而另一端能够塞进把横内并用一个塞子封住。这样把带的两端都不会散开。缺点是重叠的部分在把横拐弯处会朝向上的。随着时间的推移和使用量的增加,来自双手的压力倾向于使把带往外卷起。

从下往上缠绕把带就能避免这个问题。在开始缠绕的地方预留一些把带,并将预留的把带塞进把横内,然后用一个塞子封住。然而,在缠绕末端必须用某种方法固定以免散开。一般的方法是用电工胶带或彩色塑料弹力带裹住末端。电工胶带弹性非常好,所有你可以在缠绕胶带时用力拉紧。放开后,电工胶带就会往回缩,它会与把带紧密地粘结在一起。

不管你选择哪种缠绕方法,要在真正开始缠绕把带前,先从每卷把带上剪一小段下来,长度只要能覆盖所在那一侧的安装夹环即可。不要剪得太多,以免把带不够用。同时要检查包装袋,制造商可能已经在里面放了两小段把带。

如果可能的话,在缠绕把带时要尽量重叠把带1/2的宽度。当到达把横弯曲部分时,将不得不在内侧弯曲面重叠更多把带,而在外侧弯曲面重叠得更少。具体重叠多少取决于把带的长度。不幸的是,你只能通过不断地尝试来确定合适的重叠宽度。如果你在缠绕完把横之前就用光了把带,那就只能松开把带并再缠一次。另外,不要忘了在缠绕把带时要拉伸把带,使其保持一定张力。这能使把带平稳贴合把横,并帮助你获得足够长度的把带。

当缠绕到达手变时,将减下来的一小段把带覆盖在夹环上,同时缠绕一个"8"字形,并围着手变多缠绕一圈,参见305页的插图,这能缚住那一小段把带并将夹环完全隐藏起来。缠完把带之后,不要忘了在把横末端塞上把堵,即使你不需要把堵来固定把带,也要将把堵塞好,因为如果你摔车并撞到裸露的把横末端,将会伤得很重。

安装山地把套

尽管安装山地把套看起来简单,其实可能也不是那么容易。把套的设计要求它不能滑动,否则把套很难紧紧地附在把横上,同时这可能导致它们很难拆卸和安装。如果把套磨损了,那么拆卸把套的最简单方法是用工具刀小心地将它切开。如果你打算重新使用这个把套,那就试着用刀片或很薄的螺丝刀在把套下面滑动几圈并往里注入一些外用酒精。如果在把套下面注射的酒精足够多,你就能把它拆下来。千万不要使用油,否则把套永远都很滑。

安装新把套时,要确保把横上没有任何油渍

或润滑脂，它们会使把套四处滑动。在把套内侧涂上外用酒精并将其套上去，要确保把套能完全套进去。酒精会迅速蒸发，所以你的动作要快。有些技师会推荐发胶，发胶也有类似的效果，在一开始先润滑把套，等它迅速蒸发后，把套就粘在了把横上。

我们发现的一个有用的技巧，就是在把套上缠绕金属线（特别是在非常潮湿的条件下）。山地车选手经常遇到泥泞的路况，可能导致把横上的把套松开。一旦把套松动，车手在控车时就会有麻烦。在把套的两个地方缠绕细金属线，然后处理好金属线的末端，这样就固定好把套了。完成这项工作时，要切断金属线并将末端压进把套内以避免划伤自己。不管你的骑行环境多么泥泞，这个方法能确保把套不会松开。或者，你可以买一副锁死把套，这种把套通常在一个坚硬的塑料套筒上使用柔软的橡胶把套材料，在把套一端或两端有紧固螺栓来避免把套旋转或松开。它们会比传统把套稍微重一些，但是安装很便捷，只要松开紧固螺栓，将把套套进把横，然后根据制造商的建议重新拧紧螺栓就可以了。

调整把横和把立

在座垫调整到合适的高度和角度之前，是不可能调整好把立和把横的高度的。一旦调整好后，要检查把横高度与座垫的相对关系。

对于一般用途的骑行，把横最好低于座垫1英寸左右。还有另一种检查把横高度和把立长度的方法，就是坐于座垫上，并将双手置于手变（公路车）的正后方或握住把套（山地车）。当你伸直手臂和后背时，你的后背应该与地面形成45°夹角。

同样的，对于专业的骑行需求，这个规则就可能有所改变。那些主要以直立姿势骑行的车手可能希望把横与座垫有大约相同的高度，甚至略高于座垫。那些希望以符合空气动力学的低姿势进行大量快速骑行的车手，可能会希望把横低于座垫数英寸之多。1英寸规则应该被视为一个起始点，人们可以根据自身特殊需求在此基础上进行调整。为了尝试不同的把横和把立高度，要在每个高度上使用一两个星期，并且每次的调节量不应多于1/4英寸。这会让你的身体更容易适应，也能公平地尝试每种设置。

要记住，无牙把立通常不会有太大的高度调整范围。有时为了调整到合适高度，你可以将把立下面的垫片放到把立上面去，反之亦然。有些把立可以反装，增加或减少比如6°。很多这种把立在两边都有标识，所以无论你选择什么角度，都会有一个正面朝上的标识。如果没有的话，你可以买一个上扬角度更大的把立或者新把立来纠正你的姿势。

把立高度调整好后，最后一项需要调整的就是把横位置。对于公路弯把，许多车手喜欢把横末端的水平部分与上管保持平行；而其他人则喜欢将把弯往前推一些，让把横末端稍微向下倾斜。我们建议让把横的倾斜末端能沿着一条假想线与后上叉的中点相交。因为在这个位置上，当你的双手握住把弯时，手腕将处于最自然和最舒适的姿势。

对于山地车直把，要不断调整角度，直到你能舒适地握住把横并且手腕不会感到任何压力。

因为把横角度很容易调整，所以你可以尝试各种设置。如果你想改变自己的姿势，那么每次只能改变一点点。在再次改变姿势之前，你要先让身体适应每次的调整量。要不然，你可能很难适应这一变化。

身体和自行车之间几乎1/3的接触都在于你的双手，而且双手负责执行90%的操控任务，所以值得花一些时间和精力来寻找最舒适、最高效的把横位置。不正确的骑行姿势将刺激双手和手臂的神经并使背部肌肉变得紧张。这反过来又会导致双手麻木，脖子、肩膀和后背肌肉酸痛。这样肯定无法获得骑行的乐趣。只要花些时间寻找合适的装备并调整到最佳姿势，你获得的回报将不只是骑行的乐趣。

第十四章 把横与把立

车手的姿势是由许多因素决定的，包括车架几何、把立高度和长度、把横形状。许多公路车装有一个又长又低的把立和一个拥有多个握把位置的弯把——握在把横顶部可以有舒适的直立姿势，握在手变头上有更多操控和效率，而握在下把（把横上较低的弯曲部分）上更有空气动力学优势和更大的力量输出。另一方面，山地自行车和混合自行车通常使用一个更短更高的把立和一个较宽的直把（或者稍微上升），这样更加直立的姿势能在低速和技术性地形上拥有更多的舒适性和操控性。

答疑解惑

问题：当你站起来爬坡时，从鹅颈式把立上传来连续的"咔哒"声。

解决方法：松开把横的连接螺栓，移开把横并在把横中心部分涂上润滑脂，然后再将把横重新装好。

问题：你已经松开了鹅颈式把立和螺栓。螺栓现在有些松，把立也转得动，但是当你拉拽把横时，把立却不能从车架上脱离。

解决方法：把立底部的楔子（位于前叉内）很可能卡在了里面。先要完全松开螺栓并将把立从前叉内拉出，然后小心地将螺栓重新拧进楔子，你会在前叉里面看到把立底部的楔子。扭动把立螺栓从而把楔子弄出来，然后重新组装把立。

问题：你在骑行时感觉双手变得麻木。

解决方法：尝试使用更厚、更软或不同形状的把套。在下弯把上，可以在把带下添加衬垫，戴上有衬垫的手套，在骑行中每过几分钟就动一动双手，确保把立和把横的位置不会使太多的体重施加在把横上。

问题：你已经拧了很多圈鹅颈式把立螺栓，但把立还是不够紧。当你扭动把横时，把立会转动。

解决方法：拆下把立，并确保把立底部的楔子安装正确。有时楔子在安装时会歪到一边，所以即使拧紧螺栓也不能固定住把立。要重新定位楔子来将它卡在正确的位置上，然后重新拧紧螺栓。如果还是不行，则确保在把立上只有微量的油脂。

问题：把立在前叉内部锈蚀了，取不出来。

解决方法：使用一些渗透溶剂。用钢丝钳夹紧叉肩（用木头块保护叉肩），然后左右扭动把横使粘结的地方分开。

问题：拧紧了把横紧固螺栓，但是弯把无法跟把立紧固在一起，而且当大力刹车时，它们会改变位置。

解决方法：把横的直径和把立的把横夹钳直径应该互相匹配。如果它们不匹配，那就去买能够匹配的零部件。如果尺寸确实匹配，那就松开紧固螺栓，然后用砂纸把把横中间部分打磨得足够粗糙（只能在铝合金把横上打磨，千万不能打磨碳纤维把横），之后再重新安装把横并拧紧螺栓。

无牙碗组类把立的安装和拆卸

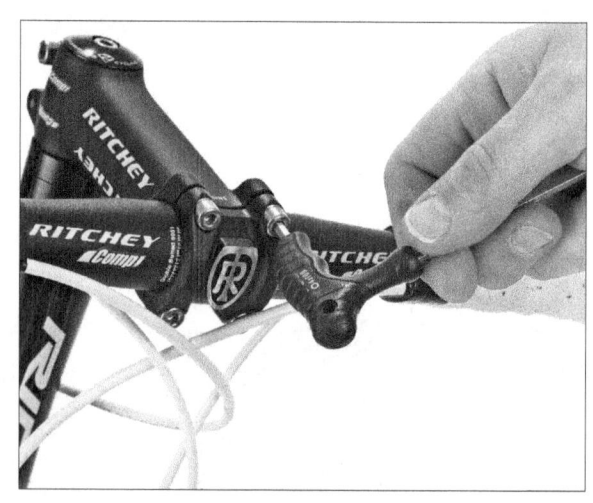

1 拆下把立的面板以拆卸把横。

为了从老式的夹式把立上取下把横，可以试试这个方法：取下把立螺栓，然后在螺栓之间放置一个硬币。把螺栓放在较低的孔洞上并往里拧紧，直到螺栓碰到硬币。不断拧紧螺栓，夹口将慢慢打开，使得把横安装变得更容易。但是不要拧得太紧，如果拧得太紧，夹钳可能会发生永久性变形，而且无法把螺栓拧回原处。

2 在把立的一侧或两侧松开用来夹紧前叉舵管的紧固螺栓。不需要完全取下螺栓，只要拧到足以松开把立即可。

最好在这个位置用某种方法将前叉固定在车架上。用鞋带或备用的脚趾带穿过叉腿之间，并绑在车架下管上系紧。把立将所有这些零件连接在一起，所以一旦拆下把立，前叉就会从车架上脱离下来。

3 拆下碗组上盖。大多数上盖都是用一颗螺栓固定的，螺栓适用5mm六角扳手。完全取下这颗螺栓，上盖就可以拿开了。

如果你的碗组使用了压力塞，那就用一把6mm六角扳手来松开上盖，并把它从上管内的固定锚上拆下来。

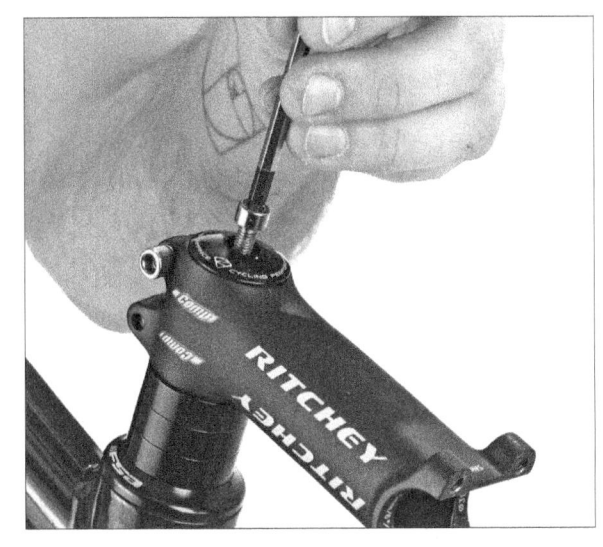

4 拆下把立。它应该能很轻松地从上管内滑落，但是如果你遇到了麻烦，那就在往上拉的同时左右旋转把立。

无牙碗组类把立的安装和拆卸（续）

5 重新安装就是将这些步骤反过来做一遍。将把立装回上管，重新装上上盖和螺栓。在此之后，你就可以拆开此前在拆卸把立时用来固定前叉的鞋带之类的东西了。

拧紧把立上盖，这也能调整碗组轴承。用一只手抓住前叉，另一只手抓住车架，然后推拉一番查看是否有松动。一直拧紧上盖螺栓，直到碗组没有松动而且前叉能够顺畅地左右转动。

6 一旦感觉调整正确之后，就把把立对正，并拧紧把立这一边的紧固螺栓。

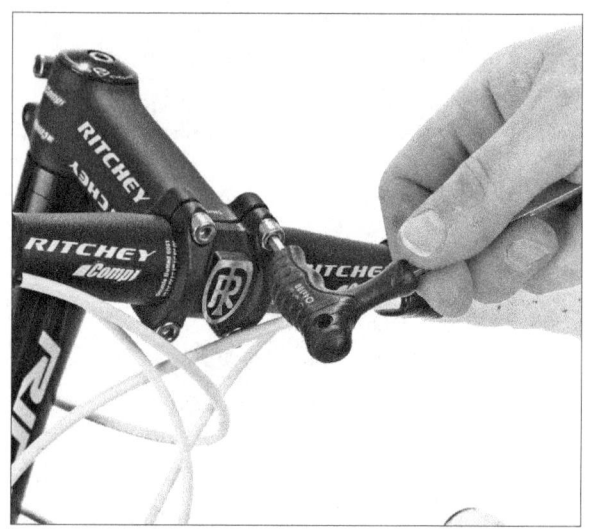

7 重新安装把立、夹板和螺栓。将把横角度调整到自己喜欢的程度，然后拧紧螺栓将其固定。

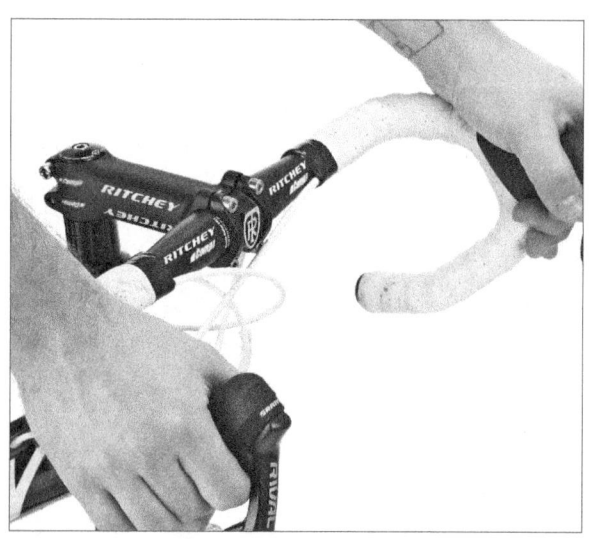

8 仔细检查把立是否与前轮对齐，以及碗组是否调整正确。如果你想知道更多有关无牙碗组的调整细节，可以参见第12章碗组的相关内容。

把横和把立的调整

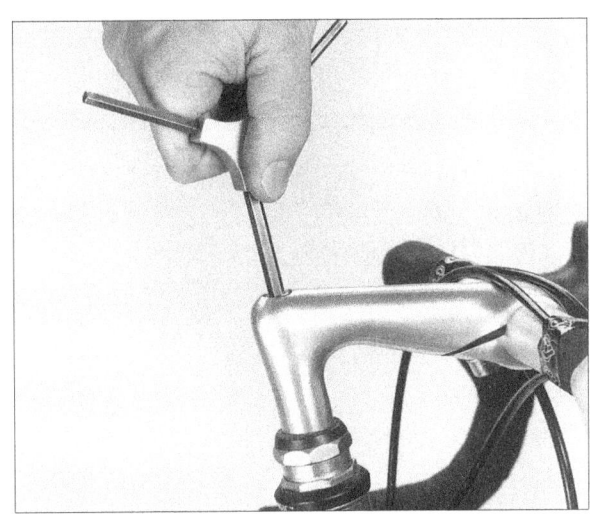

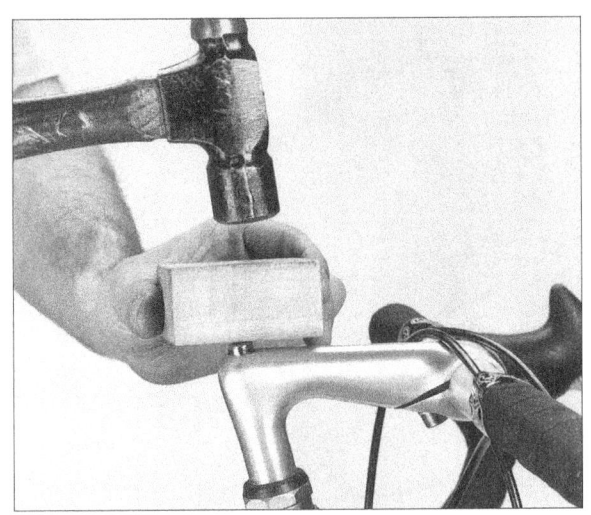

1 摔车时,把横通常会转动错位。甚至是在压到不平的路面上时强力拉拽把横也可能造成这种情况。不管是什么原因,都要尽早校正把横的位置,然后认真地拧紧把立,把再次发生错位的可能性降到最低。

在对把横进行横向调整之前,要先松开把立。在鹅颈式把立上,逆时针方向旋转涨芯螺栓1~2圈(见上图)。在无牙式把立上,拧松把立上的紧固螺栓。用膝盖夹紧前轮,然后左右扭动把横,直到把立与车轮正确对齐。重新拧紧螺栓(见上图)。

在拧紧内六角形的鹅颈式把立涨芯螺栓时,要用小扳手尽量将其拧紧。如果螺栓头能用一把大号的活动扳手扳动,那就不要拧得太紧,因为这有可能把舵管撑裂。

2 有一种测试把立是否足够牢固的方法,就是把前轮夹在两个膝盖之间,然后用力扭动把横。你应该无法轻易地扭动把横。对于一般的骑行用途,把横应该低于座垫1英寸。为了调整这个高度,你要拧松把立涨芯螺栓。如果把立已经有段时间没有拆过了,你会发现在松开螺栓时,涨芯楔子(仅鹅颈式把立)并不会随之滑落。在这种情况下,就用塑胶锤用力敲打螺栓头。如果没有这种工具,那就在螺栓头上垫一块木头以缓解冲击,然后用锤子敲击(见上图)。

3 在设置把立高度时,要确保鹅颈式把立至少插入前叉舵管2$\frac{3}{16}$英寸。许多制造商在把立上都标注有最低插入线(见左图)。要确保把立插入的深度足以遮盖这条线。

把横和把立的调整（续）

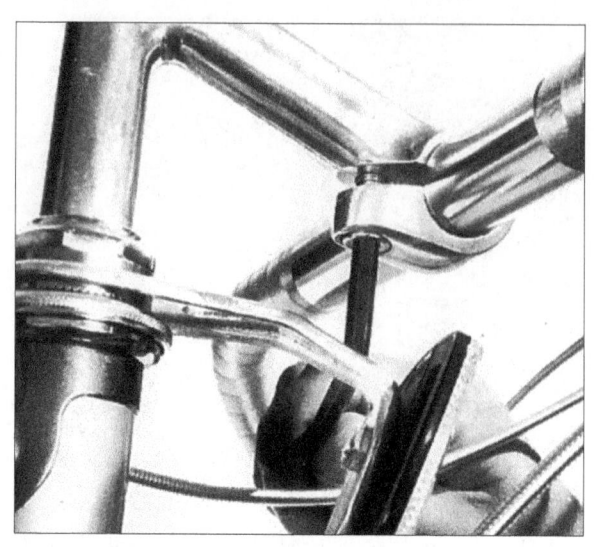

4 在设置把横时，有些人喜欢让弯把的底部与上管保持平行。另一些人喜欢将把横设置成从把横延伸出来的假想线能够与座垫和后轴之间的中点相交。你应该至少把把横设置在这个范围之内。为了调整把横的角度，要松开夹钳上的螺栓（见左图）。将把横旋转到所需的位置，然后重新拧紧螺栓。

5 在从鹅颈式把立上拆下把横之前，你必须去掉把带和刹把，然后你可以松开螺栓并将把横从把立中取下。

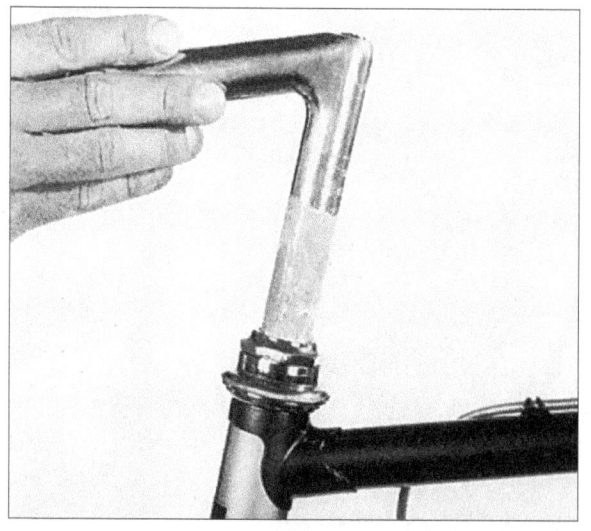

6 在安装新把立或者重新安装旧把立之前，要在即将插入上管的那部分把立上涂上较多的油脂。这会让以后把立的拆卸更加容易，而且能防止水分的渗入。

缠绕把带

1 把带既很实用又有装饰效果。与裸露的金属相比，车手通过把带能够将把横握得更牢、更舒适。同时，颜色鲜艳且缠绕得当的把带大大增加了自行车的视觉美感。

即使永远不更换把横，也还是需要时不时地更换把带。经过一段时间后，任何把带都会磨损、变脏。新把带很便宜，并且是一个使自行车焕发新貌的好方法。

在使用新把带之前，要清除旧把带留下的任何残留物。同时，利用这个机会查看手变的位置和松紧度。用于锁紧这些夹环的螺栓位于手变内侧或橡胶套底下。

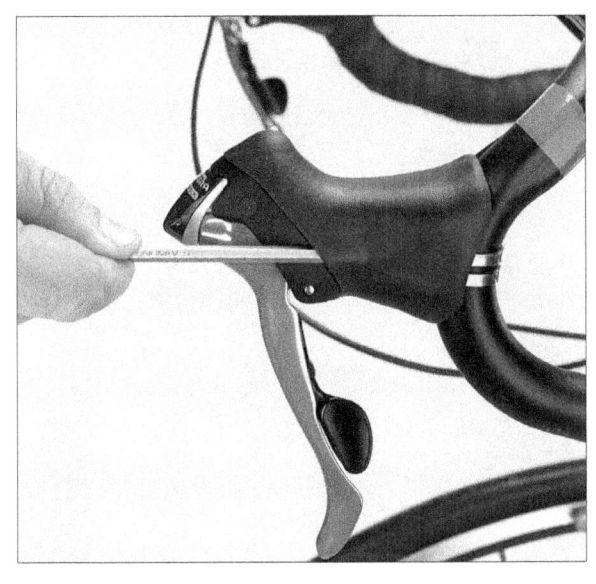

2 如果购买的新把带没有附送预先剪好的一小段把带，那就在每卷把带的末端剪一小段（见右图），长度只要能覆盖夹环的可见部分即可（见右图）。在缠到夹环部分之前，你可以把它放在一边。你可以采用两种缠绕方式：从上往下或者从下往上。我们建议后一种方式，因为这样把带更不容易翻起。

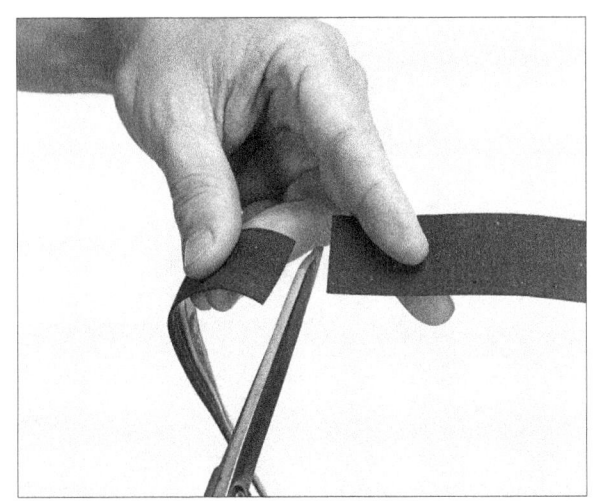

3 从末端开始缠绕把横，一直向上缠绕到把立附近。将把带末尾用胶带粘好，使第一圈把带宽度的2/3包住把横的末端。将多出的把带塞进把横末端的孔中，并用把堵封住（见右图）。

完全压住第一圈后，继续沿着把横向上缠绕，每一圈应该重叠上一圈的1/3~1/2的宽度。在缠绕把带时要把把带拉紧，让它稍微伸展一点。

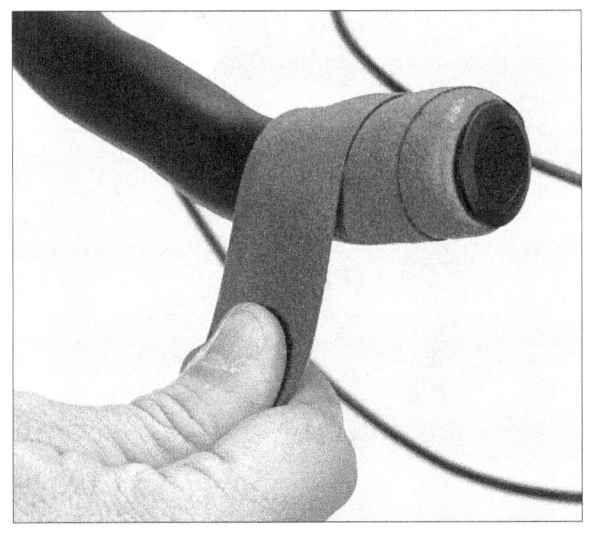

缠绕把带（续）

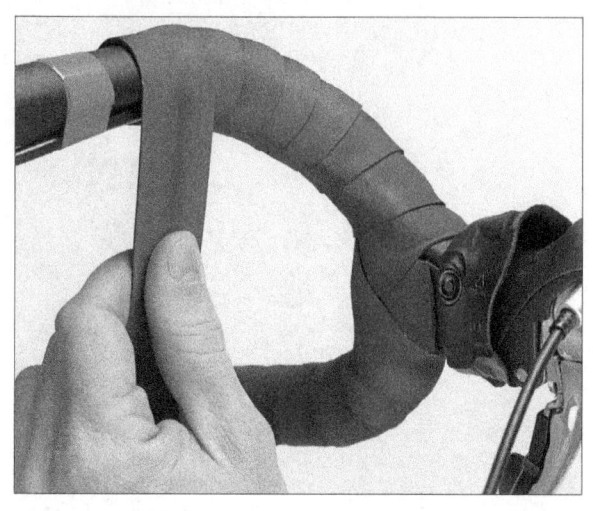

4 在缠绕把横弯曲部分时，在弯曲部分内侧的重叠部分要稍多一些，而在外侧的重叠部分要少一些。

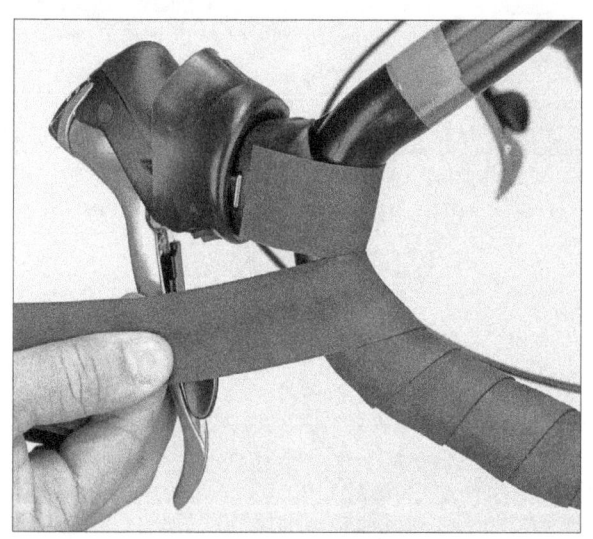

5 为了使手变夹环部分能够齐整，要拿一小段把带贴紧夹环，并在上面用把带按照"8"字形缠绕（见左图）。在"8"字形缠绕的末端开始沿着把横用正常方式继续缠绕。

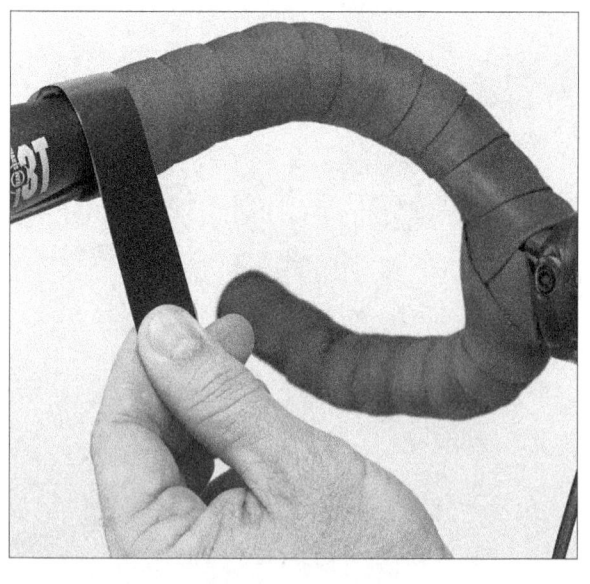

6 缠到把横顶部后，应该还有把带。在确保缠绕过程中没有留下缝隙之后（如果有缝隙，那就解开把带重新缠绕），将剩余把带剪掉。用电工胶带绕着把带贴一圈使其固定，然后大功告成。胶带可以使用一个对比色来增添档次。

如果你是从上往下缠绕，要将把带的最后一圈折叠起来并塞进把横，剩余的把带也要一并塞入。在把横末端塞进一个把堵，封住把带。

如果你没有足够的把带完成缠绕工作，那是因为你重叠得太多了。要解开大部分或全部把带，并卷成一卷，然后重新缠绕。这次要更加拉紧把带，把带因此会变得更长，但是不要拉得太用力，否则会把把带拉断。

15

第十五章

车座与座杆

骑车人与自行车直接接触的地方有三处：脚踩在脚踏上提供动力，手握在车把上负责转向，以及屁股坐在座位上支撑身体。不过最后一点可能比你原本以为的要更复杂些。

把自行车上的座位称作"座垫"会更合适些。尽管这看起来好像有点咬文嚼字，其实并不是这样。因为座垫能提供很多功能。最明显的，当你坐在自行车上时，它能承受你身体的大部分重量。其次是能矫正你的坐姿，使踩踏达到最大效率。最后，它充当一个非常重要的控制界面，能让你在转弯时充分利用你的体重。这样一来，坐垫就不仅仅是让你坐的地方。

作为一名骑车人，你和车上任何部分的亲密程度，都比不上你和座垫的关系。这可能也正是在你骑车感到疼痛的时候，为什么最先怪罪于座垫的原因。座垫不舒服往往是因为它没有调好，或者不符合骑车人的身体结构。自行车座垫并不都是一样，几乎每款座垫都有其不同的设计和原材料。但无论差异如何，适合你才是最重要的。

对于常规座垫，需要记住的最重要原则是：每个人的臀部形状都不同，一个人觉得舒服的座垫可能对另一个人来说是一种折磨。不仅如此，非常适合于短距离、速度竞赛项目的座垫可能并不适合长距离的旅行。选择适合的座垫必须把身体结构和骑行需要等因素考虑在内。总之，座垫是因人而异的，所以不管别人说什么设计好或什么设计不好，最后的决定必须由你做出。

座垫基本构造

自行车座垫由两部分组成，即直接坐在上面的外壳和支撑外壳的座弓或框架。

外壳可以用钢铁、皮革或者塑料来制作。钢制的外壳往往用于较便宜的青少年和成人自行车上。它覆盖着一层被乙烯塑料包裹的低密度泡沫，尽管这种座垫感觉非常柔软，但是并不舒服。泡沫很容易被压碎，所以最后你会感觉到，你只是坐在一块让你觉得很不舒服的钢板上。

有一种座垫在它的金属结构上装有一层厚厚的皮革，这可能是目前仍在使用的座垫中风格最古老的。只要能有足够的时间来磨合皮革表层，它就会变得非常柔软而且富有弹性，从而也更符合使用者特定的体型。曾经有段时间，这种皮制座垫的价格范围很宽，但是现在，只能用高价才能买到。这种类型的皮制座垫需要特殊养护。如果你可能遭遇暴风雨，需要随身携带一个塑料套，保护它别被雨淋湿。像这样的皮制座垫，在完全贴合你臀部之前，还需要一段时间的磨合。你可以用某种座垫保养用品来辅助这个磨合过程。有些人使用座垫皂，而其他人使用另外的一些产品，比如座垫制造商布鲁克斯提供的Proofide座垫养护油，或者一般的皮革处理产品，如Lexol或Hydropane。

尽管一些高端的产品已经用碳纤维作为底座，但是目前最常见的座垫，还是用乙烯塑料作为底座，包括乙烯塑料、真皮或者人造皮革。有些座垫结构非常简单，只有一个在外观上和皮制座垫非常相似的壳。有些座垫设计比较奇特，外壳的各部分厚度不一样，使得座垫在不同的位置能有不一样的柔软硬度。这种座垫用高密度的泡沫来填充，个别位置凸起。这种凸起部分是在盆骨连接处多放置一些填充物，以此来舒缓臀部受到的压力。这种构造的座垫一般被称为人体工程学座垫，而且常常是用乙烯塑料或者真皮来做表层材料。

座弓和支架是承托外壳并把它和座杆连接起来的部分。座弓通常由钢、铝或钛金属制成，而高端座垫是由碳纤维材料制成。一般来说，对于体型大的骑车人，或者在骑行条件比较恶劣的情况下，钢制座弓是最佳的选择。钛制座弓可以稍微弯曲，所以能缓解一些小的冲击。

座垫的前端（座鼻）是靠构架的一端支撑，而座垫的尾部由构架的另一端支撑。座垫座弓就是这个构架，把两端连接起来。而且，这两根座弓还把座垫和座杆连接在一起。

座垫

座垫有三种基本类型：通勤型、舒适型和竞赛型。通勤型座垫非常宽，有时装有弹簧，而且还装有很多缓冲垫。类似于通勤型座垫，舒适型座垫设计时也考虑舒适性，就像它的字面意思那样，但是还要考虑如何使踩踏更方便。这种座垫的种类非常多。竞赛型座垫从一个稍微不同的角度考虑舒适性：在长时间高节奏的踩踏中，坚固支撑和修整外观，使摩擦和过度运动最小化。

通勤型座垫　通勤型座垫是为了能给骑车人提供大量缓冲而设计的，这样他们可以安心地坐实在座垫上。这种座垫很宽，所以不适合快速踩踏。但是如果只是在家周围随便骑骑，它们还是相当优秀的。

舒适型座垫　舒适型座垫设计的适用范围非常广，无论骑车人想在附近街道随便骑一骑，还是想参加远距离、长时间的长途旅行，这个类型的座垫都可以满足需求。最舒适的座垫有额外的填充物，能帮助缓解颠簸乡间道路和未铺设的小路带来的冲击。额外的填充物通常被放置在坐骨下面，当你坐下的时候，骨盆的骨头会压入座垫中。坐骨承着上半身的重量。你常常能看到这些额外的填充物，它们是以凸起部分的形式出现在座垫上的。虽然一些座垫看不出来有凸起部分，但是额外的填充物还是的的确确存在的，只是这里的"凸起部分"是嵌入座垫里面，而不是凸出来的。因为这些额外的填充物会增加重量，所以许多竞赛选手都会选择放弃。

奇怪的是，这么多年来，被长途旅行者和纯粹骑行者青睐的座垫，反而是那些第一眼看上去最不舒服的座垫。像布鲁克斯制作的硬牛皮座垫，它通常需要几百英里来磨合，在那段时间里，它逐渐地更大程度上符合骑车人臀部的形状。尽管起初的500英里会比较痛苦，但是结果是使座垫符合你的体型，只要适当地保养，它能让你在未来几十年里骑得非常舒服。

竞赛型座垫　竞赛型座垫的设计是为了踩踏时腿部受到最小摩擦，可以充分活动。这种设计理念造就了一些非常有趣，但看起非常奇怪的形状。由于多年来的精心开发，现在可以找到一种竞赛型座垫，在提供高效的踩踏平台的同时，还可以减少疲劳和麻木。这种座垫类似于曾经有过的那种修长型座垫。

因为女性有着比男性更宽的臀部，所以她们也有更宽的坐骨。这意味着，当她们坐在男性座垫上时，坐骨不能被座垫支撑，因而感到非常不舒服。女性的座垫设计有稍宽些的尾部，以保证盆骨能得到适当的支撑。女性人体工程学的座垫有时通过减轻材料，或者完全切掉头部，来增加骑行舒适性。但要记住，不是所有的女性都觉得女性座垫很舒服。有些女性反而觉得其他类型的座垫会更舒服些。

舒适槽座垫、镂空座垫、柔软中心座垫和导流座垫本质上都是一回事。通过在座垫的中心部分制造空隙或软点，缓解与生殖系统相关的软组织受到的压力。

座垫对于生殖系统健康的影响，和座垫的适合性一样，变量很大，因人而异。一些骑车人能毫无问题地骑行数千英里，而有些人却非常敏感。不过，"安全第一"还是很重要的，所以自从镂空座垫推出以来，短短几年就已经售出了几百万个。

因为有些人还是感觉镂空坐垫不够舒适，所以发明家们一直在打破常规，思考各种奇异的座垫。他们设计出一种充气座垫，在每一侧配有独立的气垫。这种座垫形状很怪异，你可能都会非常怀疑自己是否能真的坐上去。

座垫的选择

自行车座垫种类很多，所以可以向朋友和熟人征求意见。我们也可以和其他的骑车人交流，比如那些体型和骑车习惯与你很相似的人。他们会根据自己的经验，给你一些关于座垫的建议，这样能帮助你缩小选择的范围。同样，别忘了

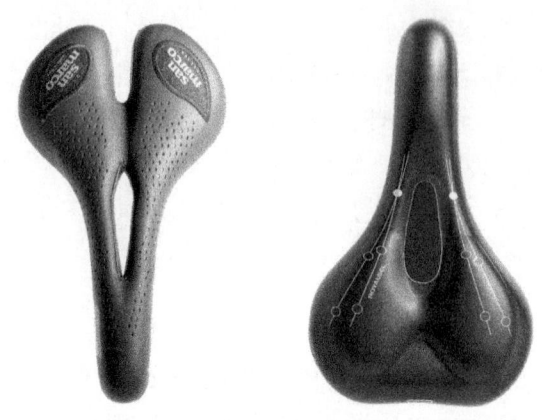

这种镂空座垫可以降低敏感区域的压迫，消除骑车后的麻木以及其他长期健康风险。

和自行车零售商交流，他们比大多数人更了解座垫，知道哪种最流行，还知道每种座垫的质量和使用材料。

如果你喜欢现有的座垫，但又想尝试新座垫的话，千万别傻乎乎地在确定你所喜欢的新款之前，就把旧座垫扔掉，不然你可能会后悔。当你决定买一个新款座垫时，一定要确定你买的这个适合你。不用理会别人用的都是什么座垫，你要做的是找到一款贴合你骨骼结构和你骑车风格的座垫。打个比方，如果你的臀部比较宽，那么就不能仅仅因为设计的外观好看，就选择一个较窄的座垫。如果一个较宽的座垫，即使它是为女性而设计的，为了适合于你的身体，也不妨试一试。现在有些座垫制作商已经给他们的零售商配备了基本测量工具，用来帮助你决定什么宽度的座垫是最适合于你的。

最重要的是，如果你的座垫让你的胯部产生麻木感，或者造成其他的疼痛，那千万可别还固执地非要坚持使用这个座垫。如果你只是刚开始骑车，可能需要渐渐习惯这个座垫，所以你需要在这个磨合期里多骑车。假如这个座垫很适合于你，即使刚开始让你有疼痛感，但随着你习惯之后，疼痛感慢慢地消退下去。如果还没有消退，那就试试不同的座垫。骑车的时候最好穿带垫的骑行短裤，或者起码是在胯部没有接缝的短裤，因为这些小小的接缝也会让你感到麻木和疼痛。

座杆

座杆把座垫连接到车架上。同时，它还能帮你调节座垫的高度和前后位置。

一根自行车座杆是由一根支柱和一套夹具组成。有时，这些部分被合成一个整体，在这种情况下，我们通常称之为"一体座杆"。座杆最基本的类型是由两部分组成，一部分是直的或锥形的管，另一部分是安装在这根管顶部的夹具。夹具夹住座弓，从而固定住座垫。在这种类型的座杆上，夹具通常是钢制成，而且还有锯齿，这样能让座垫可以向上或者向下倾斜，设置不同的角度。这些锯齿比较粗大，能用来承受骑车人的重量，可惜它们不能支持微调。座杆上夹具紧扣的支柱部分既可以用钢制成，也可以用铝制成。

一体座杆比传统座杆要更坚硬，因为夹具被整合进座杆的顶端。这能给骑车人一个更好的反推作用力，所以更有效率。基本上，一体座杆的夹具和传统式的夹具是一样的，同样能控制座垫的倾斜角度和前后位置。

最便宜的一体座杆和传统座杆在某些方面很相似，它们都有一个布满锯齿的夹具，调节范围很有限，此外还有一颗螺栓横穿夹具。这种"单螺栓"系统的设计非常便于使用，而且还很可靠。你可以在这种座杆上进行角度微调，但这在没有螺栓的一体座杆上是无法实现的。

当你关注更高品质的产品时，会发现在有些一体座杆上，有一颗螺钉垂直穿过夹具。这些座杆的调节能力更好。

在目前的座杆中，双螺栓微调座杆具有最棒的调节系统。两颗螺栓反向拉紧座垫，这能让座垫在座杆上进行更小角度的改变。这套系统能始终保持住座垫的角度，除非螺栓断了，或者座垫的座弓弯了。

整合型座杆

整合型座杆并不是一个新名词。尽管这种设计一直没有普及，但是它的示例产品早已经存在几十年了，目前只能在一些最特制的竞速自行车上才能看到，比如场地追逐赛自行车。这种比赛在自行车馆（有坡度的椭圆形赛道）里举行，两个人或者两支由四人组成的队伍，在赛道相对的两个位置发车，以最快的速度骑行，看谁能最快完成4km的赛程。在这种竞争激烈的规则下，骑车人需要一种特制的自行车，不仅要质量轻，还要能尽可能地符合空气动力学。专业车手和奥运会水平的车手用的车，基本都是完全为其个人专门定制的，而且还在风洞里经过反复的试验。为了能尽可能地获取空气动力学的优势，设计者们放弃了传统设计（将可拆卸的座杆插入车架的座管里，然后将其夹紧），而是采用一种更轻量的、更复杂的设计（车架上延伸出一个完整的座杆，然后将座垫直接夹在其顶部）。不过这种设计有一定的局限性，比如，设定好的车架，可调范围很小，只能适用于一个车手。

一些聪明的制造商已经提出了几种不同的解决方法，渴望能把整合型座杆的好处带给普通人。

第一种是一种简单的细长型座管。根据另一辆自行车或者计算得出的高度，截取座管长度，然后将配有一个非常短的座杆的座垫托架安装上去，以此来提供一定的调节范围，以便于骑车人日后更换脚踏或者座垫。把夹具设计在顶部，比座垫稍低点，而且在骑车人的两腿之间，这样相比较于把夹具安置在座管顶部的设计来说，能产生更少的空气阻力。另一个小的好处是可以减轻重量。因为座杆是车架结构的一部分，又因为座垫托架上的座杆非常短，所以总重量比传统的座杆要更轻些。然而，最大的好处在碳纤维车架上才能体现，根据谨慎

整合型座杆

的车架设计制造出来的座杆更坚硬，有利于更好地传输动力，同时，特殊的碳纤维结构还可以吸收震动。

第二种类型的座杆和第一种非常相似，都需要切除多余的部分来达到合适的尺寸，但是这种类型，座垫托架是用一个膨胀器做成的，可以从内部夹住座杆。座垫的高度可以用垫片来达到微调，这种设计最终不仅能保证类似的轻量化设计，还能获得一个更简洁的外观效果。

第三种类型的座杆采用一种不需要切割的座管延伸设计。和第二种正好相反，这款设计有一个外部套管，在座杆的外面将其夹紧。它有几种不同长度的款型，可以提供调整座垫高度需要的范围。和其他类型的座杆比起来，尽管这一款可能在外观上没那么简单，但是它特别轻，而且因为座杆有上下限移动的范围，因此它更便于调节。因此如果你想卖掉你的车架，再也不用祈祷来看车的人的腿比你短了。

座垫倾角

很多时候,人们在骑车时觉得不舒服,这并不是因为座垫设计上的缺陷,而只是因为调节得不合理。比如,如果座垫的前部是向下倾斜的,那么骑车人的身体重量就会向前转移,给手臂和肩膀造成更大的压力。相反,如果座垫的前部向上倾斜,骑车人就会觉得生殖器官附近很不舒服。

作为一般原则,你的自行车座垫应该与地面平行。如果你的座垫表面是倾斜的或者是弯曲的,可以沿着座垫的最高点放置一把标尺(直尺也可以),从最前端到最后端,以此作为你的参考线。铁人三项运动员有时更喜欢把座垫的前端稍稍前倾,因为这可以帮助他们在保持空气动力学姿势时,感觉更舒服些,这也会消除外阴部的不适感。不过按照惯例,座垫前端是不能比水平线高的。

如果你的座垫有一个标准的夹具,或者是单个螺栓的一体设计,你可以拧松夹具,调整座垫使其与地面平行,然后再拧紧夹具。在双螺栓的座垫设计中,如果你想向前倾斜,你可以拧松后面的螺栓;同理,如果你想向后倾斜,你就把后面的螺栓拧紧。

在有些比较便宜的自行车上,座垫是夹在一根单独的座杆上的(这种座杆与夹具是独立的)。这些夹具很容易打滑,在你骑车的时候就很容易改变座垫的角度。如果你的座垫高度发生了变化,或者改变角度已经有一段时间了,说明这个夹具可能磨损了,需要更换。最好把座垫或者车带到商店里,以便于找到正确的夹具。现在有5/8英寸和7/8英寸两种尺寸的夹具,后者更常见些。

处理夹具的时候,你会发现,拧紧夹具后,锯齿会让夹具保持住它的位置。但是,当这些凹槽磨损时,座垫就会打滑。所以在安装夹具式座垫时,这样做非常重要:找到水平位置,再牢牢地拧紧夹具。起初你要拧开螺母,把黄油抹在从夹具里穿过来的螺栓螺纹上。然后确定座杆穿过了夹具,并且比夹具的顶端还突出一点(否则夹具不能很充分地夹紧)。最后在你确定座垫已经达到想要的角度时,拧紧夹具。如果你的夹具有两颗螺栓,那你就均匀地拧紧它们,直到座垫不能横向转动或者上下摆动。

座垫高度

合适的座垫高度非常重要。如果座垫太矮了,骑车会感觉非常困难。如果太高了,你就不能让曲柄充分发挥杠杆作用,很难高效地踩踏。不当的高度会造成伤害:当座垫过低时,膝盖承受着过大的压力;当座垫过高时,你的臀部往往会左右摆动,导致你和座垫过度摩擦,还可能会造成伤痛。

正确的座垫高度可以使骑行既舒服又高效。为了找到正确的高度,你需要坐在车上,双脚踩在脚踏上。你可以手扶着墙稳定身体,也可以请朋友帮忙扶着,或者把车放在骑行训练台上(确保车和地面平行)。向后踩脚踏,让一个脚踏在6点钟位置,另一个脚踏在12点钟位置。

把你的脚后跟放在较低的脚踏上。在这个位置,你的腿应该是完全伸直的。如果此时腿是弯曲的,那就升高座垫。如果臀部必须歪向这一侧才能踩到脚踏,或者你的腿根本就碰不到脚踏,那就降低座垫。在正常踩踏时,你的腿应该几乎完全伸直,但又略微弯曲。

调节座垫高度的时候,拧松座管上的座管夹螺钉,向上或者向下移动座垫到想要的位置,然后再拧紧。大多数自行车需要内六角扳手,或者其他类型的扳手来拧开座管夹螺栓。但是,有些自行车,主要是山地车,都使用了快拆座管夹。这种螺栓能让你不需要工具就可以调节座垫高度。这对山地车手来说非常有用,因为他们在陡峭的下坡上骑行时,更喜欢降低他们的座垫。对于公路车用户来说,这种功能不是非常有用,因为地形比较恒定。还有一点,就是这种快拆座管夹很容易让座垫成为小偷们下手的目标。

在根据推荐的方法调整好座垫高度之后，骑上去试试看。如果你的腿很长，而且你在踩踏时常常脚面向前下方倾斜，你可能会发现现在的座垫太矮了。这时不要立即升高座垫，或许你的身体只是需要再次适应正确的踩踏位置而已。多试一段时间，看看你骑车时舒适性和效率是不是真的提高了。

一旦你的座垫已经达到合适的高度，你需要重新评估自己的座垫角度。一般情况下，平行于地面的角度是最好的。但是你还是要骑车试一段时间，看看感觉如何。如果必要的话，接下来你可以把座垫前端抬高一点或降低一点，以找到你觉得最舒服的位置。

前后位置

前后适当的座垫位置，可以让你通过肌肉得到最大的杠杆效应。如果太靠前，你会牺牲杠杆效应；如果太靠后，你的背部又会产生劳损。和座垫高度、角度一样，座垫的前后位置也是很有必要调整正确的。

为了找到正确的位置，你需要借助某个人或者某些东西来支撑自己，双脚踩在脚踏上，坐到车上。然后，向后踩脚踏，这次让两个脚踏分别位于3点钟位置和9点钟位置。

在绳子的一端系上一个重物（螺母或者小扳手都可以），然后把绳子挂在前面一条腿的膝盖旁边。抓住绳子的一端放在膝盖骨侧面的凹槽处，绳子应该从脚踏轴心处经过。如果绳子在脚踏轴心的后面，那就拧松夹具，把座垫往前移动。如果绳子是在脚踏轴心的前面，那就把座垫往后移动。在完成前后位置调整之后，再次检查，确定你的座垫角度正确。

如果你完成了所有的调整，又已经骑了一段时间，但还是觉得座垫不舒服，那就试试新的座垫。许多骑车人发现，座垫的更换能大幅度地改变他们对自行车运动的看法。既然可以选择的座垫有这么多种设计，那么为什么还要在骑车时承受着长久以来的不舒服呢？

穿骑行短裤也能在舒适感上产生重要的影响。平常的健身短裤和运动裤在裤裆区域有接缝，可能会和身体产生摩擦，也可能会压迫血管，导致麻木或者其他的不适。这些年来出现了各种风格的骑行裤（不仅仅是紧身弹力裤），这种裤子有一个软垫和无接缝的裤裆。穿着合身的骑行裤骑车，会感到出奇的舒服。

答疑解惑

问题：你尝试着抬高或降低你的座杆，可是发现，不管是拉，还是转，还是拖，都没反应。

解决方法：完全拧松你车架上的座管夹螺栓。把渗透油滴在座管的顶端，然后用塑料锤轻轻敲击座杆，这样会帮助油渗透进车架里。持续这样做一个星期，同时也一直尝试拔座杆，只要等待的时间足够长，座杆就可以自由出进了。如果你很着急，不妨这样试试：拆掉座垫，把车倒过来，用坚固的台虎钳夹住座杆的顶端。然后抓住车，并且左右拧动它，使座杆能自由移动。不过对于一些轻量的座杆来说，这样做非常有可能导致座杆无法保全，所以你要确定，愿意为了方便而做出这种牺牲。

问题：座垫不能保持住位置。每次在你遇到颠簸时，它就会移动位置，要么向上倾斜，要么向下倾斜。

解决方法：如上现象说明夹具已经磨损了，你需要把它换掉。如果是一体座杆，那就更换支撑座垫的那部分。夹具磨损通常是因为座垫松了你还在骑。只有拧紧它，才能用得更长久。

问题：你不能把座垫调平，它要么是稍微向上倾斜，要么就是稍微向下倾斜。

解决方法：你可能在稍微倾斜的情况下骑起来感觉会比较好。如果不是这种情况，那就把座垫角度调整到稍向上倾斜，然后用塑料锤敲几下座垫，或者你用手稍微弯曲座弓（不要过度弯曲，如果是碳纤维座弓，千万别这么做），使座垫达到你想要的效果。

问题：座杆的尺寸是正确的，而且车架上的螺栓也是正常的，但是在你骑车的时候，座管会向下滑。

解决方法：拿出座杆，然后轻轻地打磨，使其表面粗糙些。你只需要打磨处在车架内的那一段座杆。通常这会增加摩擦力，保证座杆不再向下滑。

问题：当你在降低座杆时，拧松螺栓，然后座杆向下降到某个地方就再也降不下去了。

解决方法：你可能把座杆弄弯了。拆下座杆，把它放在一块平坦的地面上检查一下。如果是弯曲的，那就更换掉。如果没有弯曲，检查一下是不是车架里面有什么东西阻止座杆下降，比如水壶架螺栓，或者车架的某个部位。如果你想永久地降低座杆，那你可以从座杆的底端切掉一部分，便可以更多地降低车座高度。

问题：在你骑车的时候座垫会"咿呀咿呀"地响。

解决方法：在插进座垫内部的座弓附近，和夹紧座弓的座垫夹具上滴少量的油。皮质座垫有时会像精致的皮鞋一样"咿呀咿呀"响，这种情况很正常，什么都不需要做。

问题：当你拧紧车架上座管夹螺栓时，座杆在车架里却没有被夹紧。

解决方法：如果你的车架上有两个螺栓夹紧座杆，很有可能是螺栓已经拧到最底端了，所以不能把座杆再拧紧。这可以通过在螺栓一端添加垫圈来解决，这样会增加螺栓的长度，让你能拧得更紧些。然后座杆应该就可以在车架里被夹紧了。

问题：你已经尝试了带软垫的短裤，而且也尝试了各种座垫角度，但是你在骑车的时候屁股还是会觉得麻木。

解决方法：尝试不同的座垫，直到你找到你觉得舒服的。别排除一些外观独特的座垫，比如某些座垫有奇怪的形状或者有镂空。在最没有办法的时候，你不妨考虑不同的车，例如躺车。

问题：你拧松了座管夹螺栓，然后座杆完全滑进车架里了。

解决方法：把车上下倒过来，用锤子轻轻敲打车架，让座杆可以活动。如果幸运的话，座杆会滑出来。如果没有滑出来呢？试着往车架里滴一些润滑油，然后再试试敲车架（在地上铺张报纸接住滴下来的润滑油）。如果还是卡住呢？那么就找一个衣架来，把衣架掰直后在其一个尾端弯一个小钩，然后用衣架把座杆拉出来。

座垫的安装和调整

1 如果感觉座垫不舒服,则小心地调整座垫位置可能会产生很大的效果。能让骑车人和车之间达到整体上最佳的拟合,当然是至关重要的。如果调整座垫还不起作用,那座垫和你的骨骼结构之间的贴合度可能就比较差了。唯一的补救措施就是试着换个座垫。

　　插进车架座管里的座杆深度,决定着座垫的高度。把座垫紧扣在座杆上的夹具,控制着座垫的倾斜角度和前后位置。

　　老式的座垫夹具在两侧都有螺母,在拆座垫或者调节座垫角度和前后位置之前,你必须拧松这两颗螺母(见右图)。因为这种夹具上的锯齿比较粗大,所以不能细微调整。

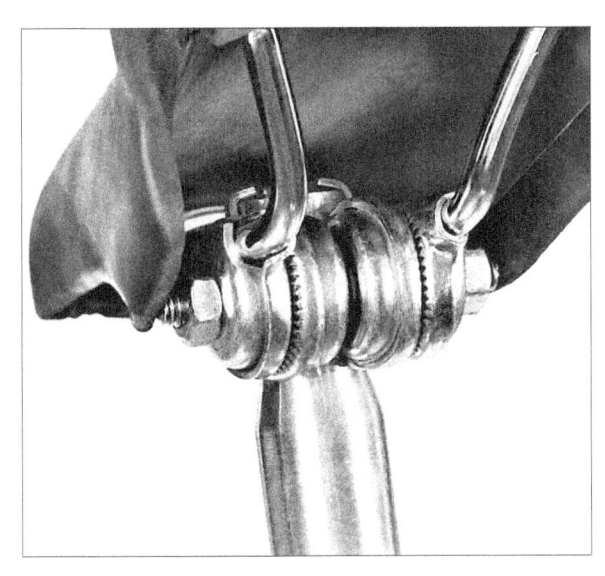

2 另一种常见的座杆是配有单螺栓夹具系统的座杆,它可以支持非常细微的调整。当这颗螺栓被拧松后,座垫的座弓就能在夹具的钳口里前后滑动了,还可以改变夹具的倾斜角度。然后再把螺栓拧紧,把座垫保持在新的位置上。

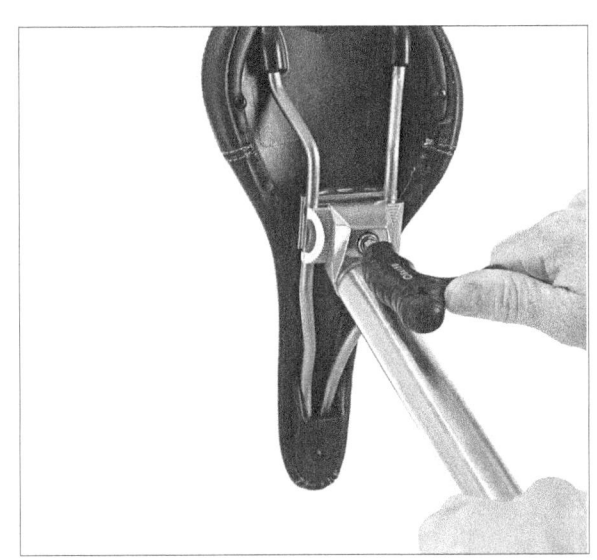

3 还有一种座杆是真正能做到微调整。这种座杆有前后两颗螺栓(见右图),通过拧松一颗螺栓和拧紧另一颗螺栓来改变座垫的倾斜角度。这个系统能让座垫角度实现非常细微的改变,除此之外还能让座垫在调整后的地方夹合得非常牢固。

座垫的安装和调整（续）

4 为了能从座杆上完全拆下座垫，必须将螺栓拧到足够松，让座垫座弓可以从夹具钳口里取出来（见左图）。但是在调整座垫位置的时候，夹具不需要被拧松到这种程度。

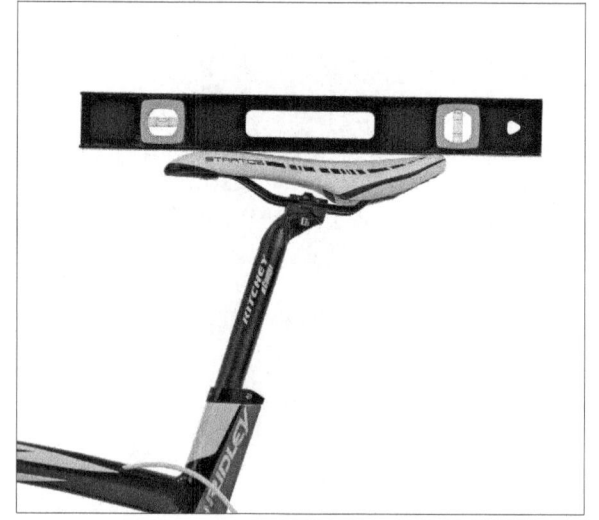

5 设置座垫倾斜度的时候，拧松座杆的夹具，只要能够让座垫的前端上下摆动就行。沿着座垫的最高处放个水平仪或者直尺，调整座垫角度直到水平（如果车的上管和地面平行，也可以让直尺与上管平行），然后拧紧夹具的螺栓。

　　座垫前后位置的设置，需要根据在曲柄旋转到某一特定位置后，膝盖和脚踏的相关情况来决定。既然座垫的高度也会影响座垫前后位置的设置，那么就需要最先设置座垫高度。

6 为了确定最合适的座垫高度，你需要穿着骑行服坐在车上。在这时如果能有一个朋友握住你和车，是非常有用的。或者把你的车放在门口，或靠近墙，或者能把车放在与地面平行的固定骑行训练台上。

　　把曲柄回转到12点钟和6点钟位置。然后把你的脚后跟踩在最低的脚踏上。在这个位置上时，你的脚后跟应该是很舒服地踩在脚踏上，而且你的腿应该是完全舒展开的（见左图）。

　　如果你的膝盖有很明显的弯曲，说明你的座垫太矮了。如果你在往后踩脚踏时，只有摆动你的臀部才能够着脚踏，说明座垫太高了。这两种情况下，你都需要重新调整座垫的高度。

7 在升高或者降低座垫时，你需要拧松位于座管顶部的座管夹螺栓（见右图）。根据需要往上或往下移动座杆。再次检查，保证座垫和上管对齐后，再拧紧座管夹螺栓。

8 为了能适应快速而且频繁地调节座垫高度，在一些城市自行车和某种山地自行车上都装有快拆座管夹（见右图）。如果你需要调节座杆高度的话，这种设计确实非常好，还特别方便。但是，这个装置也很容易让小偷取走你的座垫和座杆（最好的办法是你在离开车的时候拆下它随身携带）。对于大多数类型的骑行，你一旦决定了想要的座垫高度，就保持这个高度，别再调了。

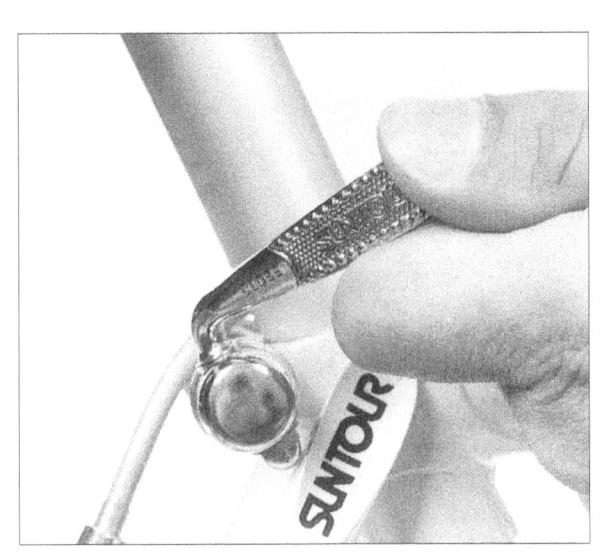

9 在升高座垫的时候最需要关心的是制造商标记的建议最大高度安全线（见右图）。如果座杆超过这条线，骑起来是非常危险的，因为在座管里没有足够的座杆长度来支撑你的体重。如果你在那条线的范围内不能将你的座垫调节到合适的高度，那你就可能需要一个更大尺寸的车架了。稍便宜点的解决方法是买一根更长的座杆。

座垫的安装和调整（续）

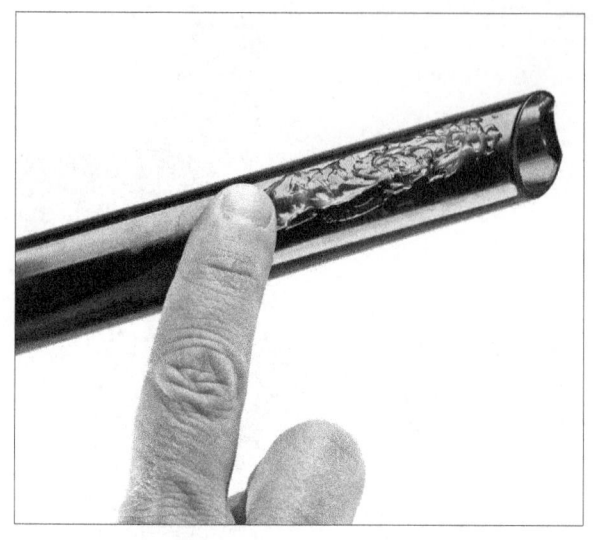

10 无论你什么时候把金属座杆（钢、铝或钛制作的）从金属车架里拔出来，都需要在重新插进去之前，把座杆擦干净，再涂上一层新的油脂（当有钛材质的时候，抗粘复合物或者钛专用的油脂是最好的选择）（见左图）。这能保护座杆不被腐蚀，也能让座垫很容易地被升高或降低。像组装剂等的止滑剂，尽管是只能用在碳纤维车架和座杆上的，但其实可以用在任何地方，不用考虑车架和座杆的材质是碳纤维的、钢的、铝的还是钛的。组装剂里含有有助于防滑而又不损伤部件的颗粒物，但是千万别在碳纤维的车架和座杆上用油脂。

11 在把座垫调整到合适高度后，再调整前后位置。像以前那样坐在车上，把曲柄回转到3点钟和9点钟位置。在你前面那条腿的旁边拎根垂直线（或者在一端系上重物的线）。线的上端放在你膝盖骨的凹槽处，观察重物落在什么地方。垂直线和膝盖接触的点应该和脚踏轴心在一条直线上。

如果重物落在脚踏轴心的前面，座垫需要向后移。如果重物落在脚踏轴心后面，座垫需要向前移。拧松座杆的夹具，在你需要的方向上移动座垫。

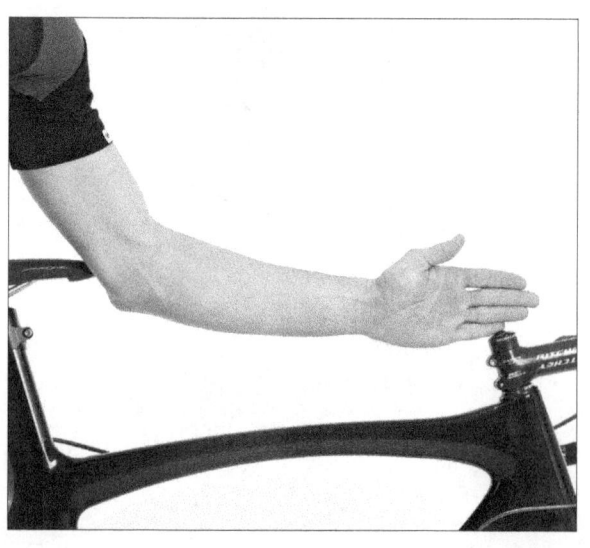

12 一旦已经设置好了座垫高度、倾斜角度和水平位置，就检查车把的位置。为了适合普通骑行，车把的最高端需要设置得比座垫最高端低1英寸。

有一个检查车把和座垫间距离的粗略指导方法，那就是把你的手肘靠在座垫的最前端，然后向车把的方向伸展开你的前臂，你的指尖应该距离把横还有1英寸（见左图）。竞赛车手可能需要车把稍低些，而且距离座垫更远些；休闲车手可能更想车把稍高些，车把和座垫之间能更近些。如果两者之间的距离无法适合你的骑行类型，那么就更换把立，以适应你的骑行姿势。

16

第十六章

脚踏

脚踏不仅是将肌肉力量应用于自行车传动系统的手段，而且还是一个重要的控制平面。通过将脚踏移动到不同位置和改变踩踏的力量，可以使你更快、更精确地操控自行车，在爬坡时增强后轮抓地力，并在下坡和技术林道上保持车辆稳定。

所有这些能力都有自己的具体要求。脚踏必须很强大，具有高润度的轴承，而且为鞋子提供补充帮助。最后这一点并非可有可无。简而言之，如果你选择的鞋子不能与脚踏保持紧密相连，那么其他事情即使不能说完全不可能，但也会变得很困难。

自行车脚踏有许多不同的类型和质量水平。那些最严肃的车手使用的一些脚踏类型是专门为与特殊的鞋子搭配而打造的。这些鞋子在底部装有锁片，能扣紧脚踏，极大地提高踩踏效率。其他脚踏不能与锁片搭配使用，比如入门级自行车上的塑料脚踏，还有用于技术性越野骑行和花式骑行的宽大水平脚踏。

虽然脚踏有许多不同的形状，但是几乎所有脚踏都有一些共同的特点。脚踏的中心是一根轴杆，它旋进曲柄的末端中。两组轴承套在这根轴杆上：一个位于靠近曲柄的一端，另一个在相反的另一端。脚踏主体指的是双脚所踩的地方。脚踏主体有时用钢、尼龙塑料或碳复合材料制成，但是常用的还是铝金属。脚踏主体还包含脚踏轴承的外轴挡，从而在踩踏时轴杆能够在内部旋转，同时保持脚踏主体与双脚的相对位置。

许多脚踏之间的明显区别只在于外观的差异，它们的内部构件通常惊人地相似。稍后你也将看到，不同类型甚至不同品牌脚踏的维修保养程序往往也是相同的。

脚踏的类型

选购脚踏时，先明确自己的骑行方式是有好处的。举例来说，如果你是一个很少停下来的公路车手，那你很可能不会在意你的鞋是否适合走

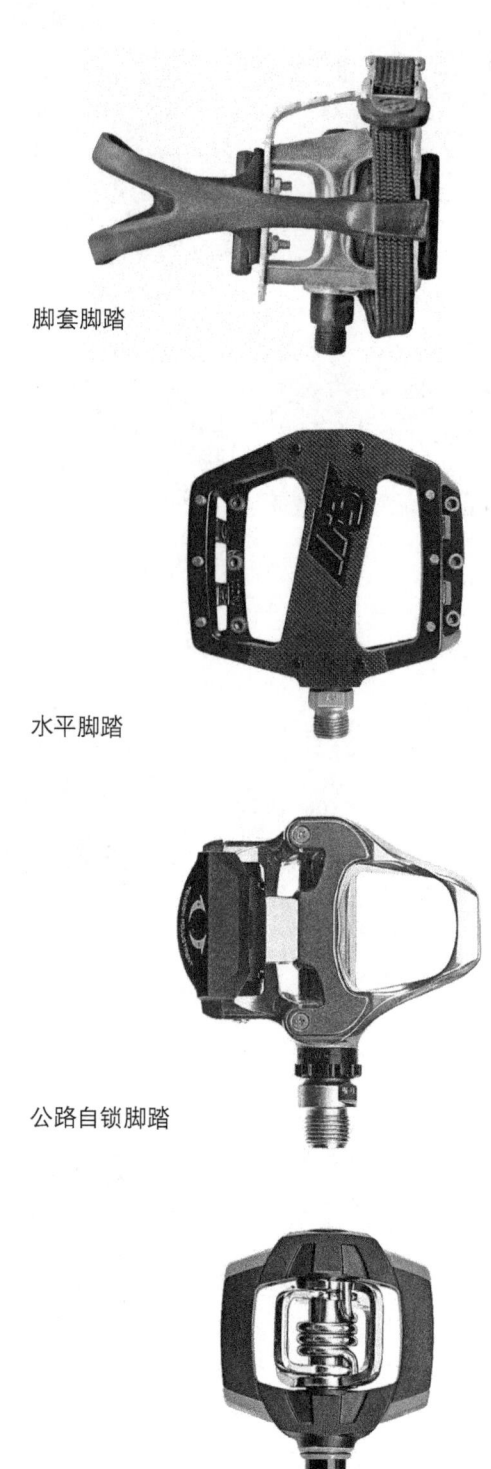

脚套脚踏

水平脚踏

公路自锁脚踏

山地自锁脚踏

脚踏的四种基本类型

路。旅行车手、山地车手或者通勤骑行者发现走路相当重要，所以他们喜欢真正可以抓地的鞋底和有一定弹性的鞋子，在你选择脚踏时要将这个因素考虑进来。休闲车手可能只想要一个可以搭配任何日常鞋子使用的脚踏。

脚踏可分为两个基本的类型——水平脚踏和自锁脚踏。在这些基本类型内有许多差异，而且每年都有新型脚踏出现。与自行车百年的历史相比，自锁脚踏是一种相对较新的设计。它利用一种夹紧机制，卡住固定在锁鞋上的锁片，从而取代了脚套和束脚带。与老式脚踏相比，自锁脚踏更容易使用也会更舒适。一旦你习惯使用自锁脚踏，那么在出现摔车或紧急情况时，最好的自锁脚踏几乎瞬间就能让你的双脚解锁。现在各种类型的车手都广泛使用自锁脚踏，因为自锁脚踏拥有许多优势。

水平脚踏

水平脚踏是最基本的类型，我们从小时候骑童车开始就熟悉这种脚踏了。形状、大小、材料和结构虽然不同，但是所有水平脚踏都主要只是让你将力量应用于曲柄的一个地方，在每次向下踩踏时为你提供前进的动力。

有专门为山地骑行打造的水平脚踏，脚踏主体宽大、粗糙，并且布有短齿或短钉，防止你在崎岖或泥泞地形上骑行时，双脚从脚踏上滑脱。还有橡胶表面的水平脚踏，适合城市休闲骑行和偶尔穿着皮革鞋底的通勤者。使用尼龙塑料制造的廉价脚踏能够经受日常骑行的颠簸，还有适应希望保持自行车苗条的人的需求的小型轻量脚踏。

自锁脚踏

在山地车和公路车狂热爱好者之中，从最传统的脚踏，到束脚带，再到脚套系统，长期以来的不断发展，不可避免地迎接脚踏/锁片组合系统的到来，这种系统能够将车手的双脚锁定在脚踏上。这种特性使得脚套、皮带，以及它们的调节功能变得过时——也因此有了"自锁"这个名称。自锁脚踏能快速轻松地上锁和解锁，所以比其他的现代脚踏更安全、更方便。Look脚踏由Look雪具公司研发、生产，是第一款成功的自锁脚踏。

目前有十多种不同的自锁脚踏系统，其中常见的有Look、Shimano、Speedplay和Time。系统间主要的区别在于脚踏扣紧锁片的方式。重要的是，在选购锁鞋时，一定要选择与脚踏的锁片系统相兼容的鞋子。

脚踏的一般特性

现在你通常只能在旧车和中低档自行车上见到皮带式脚踏。有一种误解认为脚套的目的在于防止双脚在脚踏上向前滑动，而实际上它的主要功能在于支撑皮带，这样你就可以轻松地将脚套入皮带环。皮带的功能则是防止双脚从脚踏上滑落，特别是如果你穿的是锁鞋，踩踏行程的后半圈还可以稍微向上提拉。在正常情况下，大多数人不会把皮带拉得很近，只要不太松就好。这样皮带就能提供一定程度的安全性，同时不会妨碍快速地将双脚从脚踏上拿开。只要稍加练习，在脱出脚套之前让双脚往上提的技术就会成为你下意识的动作。

自锁脚踏可以适应公路车手和越野车手的许多种骑行风格，以下只是其中的一部分可能性。

脚套应该足够长，当双脚的拇指球位于脚踏轴杆上方时，脚套应该为你的脚趾提供一定间隙，这说明脚套的长度正确。你的脚趾不应该挤着脚套。如果你的脚特别大，也许需要在脚踏和脚套之间增加垫片，从而提供所需的间隙。

同其他零件一样，密封轴承在脚踏上也很普遍。有些型号需要特殊的工具来拆下轴承进行维护，最好把这项工作留给专业的车店技师。

为了符合当今对服务性的要求，大多数现代"密封"设计都可以使用日常的工具拆卸。所谓的密封实际上是指紧固在普通脚踏轴承结构周围的防护圈，这些脚踏的维修保养方式与任何"非密封"脚踏的处理方式是一样的。

自锁脚踏的各种设计可能相差很大，但它们在卡住锁片时都会发出"咔"的一声，而你需要做的只是将脚踩到这个装置上面。这种积极结合的关系提升了操控和踩踏效率。自锁脚踏只要双脚稍微转动几度就能解锁，从而比老式的脚套使用起来更简单也更安全。

保证自锁脚踏工作

自锁脚踏必须能紧紧地固定锁片，以紧固车手的双脚并防止意外脱锁。要尽量避免走路，以减少锁片磨损。除非是允许行走的嵌入式锁片设计，大多数公路自锁锁片如果用来走路就会很快磨损，因为它们并没有像山地或旅行自锁那样在锁片周围有橡胶鞋底保护。如果你预计自己需要下车推行，那就在自己的骑行服口袋里带一副锁片保护套。保护套不仅能保护锁片，而且具有防滑作用，这样你就不必担心在咖啡店休息时会因为脚底打滑而泼了手里的咖啡。如果你没有保护套，那么最好脱掉鞋子穿着袜子走路。

如果你发现双脚在脚踏上时过于松动，说明锁片已经磨损了。有些自锁脚踏允许双脚能稍微旋转，但是当锁片磨损后，锁鞋会四处移动并发出噪声。当Shimano SPD锁片磨损后，就很难把脚从脚踏上拿下来。你也可以用新锁片来对比，从而确定锁片是否已磨损。在锁片容易脱锁或出现Shimano SPD那种难以脱锁的情况发生之前，应该及时更换已磨损的锁片。

脱锁装置的另一部分是扣住锁片的脚踏部件，这些零部件可能由塑料、碳纤维或钢制成，但不管是哪种材料，长期使用都会造成磨损。零件也可能会变得松动。如果这个装置松动，锁片和脚踏之间的配合就不够安全，上锁和脱锁也会受到影响。另外，你会听到恼人的"吱吱"声，在爬坡时尤其明显。噪声来自于两片塑料或钢（锁片和脚踏尾板）的互相摩擦。你可以通过给脚踏和锁片涂上油或者ArmorAll来暂时消除塑料零件的噪声。但是如果噪声长期存在，那么根本的解决方法还是更换零件。要保持锁片干燥清洁，至少是较为干燥清洁——因为自行车毕竟是户外用品。如果你的脚踏和锁片是钢质的，比如Shimano SPD脚踏，那你要偶尔用油布擦拭其表面以防止锈蚀。

在潮湿和寒冷的环境中，因为山地锁鞋和脚踏上常见的锁片与卡扣装置很小，容易塞满泥浆和冰雪，造成上锁状况不佳。制造商已经意识到这一点，并且改进了锁片和脚踏形状，然而，有些车手在极端情况下还是会遇到麻烦。减轻堵塞的一个技巧就是使用Pam烹饪喷雾剂或相似的润滑油。就像它能防止鸡蛋粘在煎锅上一样，也能在你骑行泥泞环境时避免锁片和脚踏上塞住泥浆和冰雪。

张力和浮动调整

大多数自锁脚踏都可以进行解锁力度的调整。车手需要能轻易地上锁，但更重要的是能在公路和林道变得危险时可以紧急解锁。找一找位于脚踏两端或脚踏本体内的一颗小螺栓，通常都会有某种标识，大多数情况下，逆时针旋转螺栓是放松张力，而顺时针旋转则是收紧张力。

另一个需要考虑的问题是浮动，即双脚在上锁状态下可以稍微旋转，以保护膝盖。一些脚踏设计依靠锁片提供浮动，所以更换不同的锁片来满足对浮动的需求。有些脚踏上设置有用于调节浮动量大小的螺钉。

随着新型自锁脚踏系统的不断涌现，最好的办法是研究产品手册，了解你的自锁脚踏所提供的所有调整功能以及调节方法。

锁片调整

尽管锁片调整并不属于自行车养护范畴，但它是设置锁鞋时要考虑的一个重要因素。锁片使你的双脚固定在脚踏的某个位置上，但问题是锁片的位置有可能出现错误。每个人都有自己踩在脚踏上的自然步态或位置，如果锁片调整错误，则会迫使你的双脚以一个不自然的姿势踩踏，这会让膝盖受到压力并常常导致受伤。另外，如果没有适当地调整锁片，也会很难卡进自锁脚踏。

现在的许多脚踏系统具有浮动功能，这意味着锁片能在脚踏上有一定的活动量，从而允许双脚向两旁旋转。这种浮动功能是为了让双脚能在整个踩踏循环中都能找到自然的位置。如果认为因为锁片有一些浮动，就可以随意设置锁片位置，那就大错特错了。正确的锁片位置应该处于锁片浮动范围的中心，这样你的双脚才能在骑行中根据需要左右移动。

调整锁片最好的方法是让一家使用经过认证的测量人车匹配度的系统（尤其是诸如Fit Kit等专注于锁片校正的系统）的车店来调整。你可能需要多问几家车店才能找到提供这种服务的车店。Fit Kit的自行车尺寸系统包括旋转调整装置，这种装置实际上是两个用来测量锁片位置的特殊脚踏，从而让技师将锁片调整到在生物力学上最适合你的膝盖的位置。这大大减少了膝盖受伤的概率并确保能轻松上锁。

保养脚踏的时机

一般在四种情况下需要对脚踏进行维护保养。

第一种情况就是正常磨损。在没有任何异常的条件下，山地车脚踏应该每6个月进行一次保养，而公路车脚踏应该每年进行预防性养护。打开脚踏并确保脚踏内没有水或其他污染物。（密封脚踏能在这两方面发挥很好的效果。）这些问题很难从脚踏外部检查出来。

第二种情况是，当你每旋转一圈脚踏或曲柄时，都听到或感觉到了恼人的"咔哒"声。噪声可能源自一个松动的中轴碗、曲柄或脚套螺栓，所以先检查那些容易确定的问题。如果这些零件都很紧而"咔哒"声继续出现，那很可能是脚踏轴承里面出了问题。如果你最近彻底检修过脚踏，那就试着找到有问题的脚踏，单独维修检查。如果已经有一段时间没修过脚踏了，那你应该现在就维护保养一下。有趣的是，你可能永远也找不到那些引发问题的小灰尘，但是这些灰尘一般在清洗和重新上油之后就会消失。

最后两种情况，经过简单的检查就能轻松检测到。每隔几次骑行，你都应该定期做这些检查。在绕着曲柄转动脚踏时，用指尖捏住脚踏主体。如果感觉到转动不顺畅，则表明脚踏轴承内有尘土或者有些失调。如果脚踏定住不动，则说明脚踏轴承非常脏或者极度失调。如果脚踏在这方面运转良好，那就试着来回摇一摇。如果你发现轴承有任何问题，那就应该进行调整。

要特别记住，彻底检修廉价脚踏是得不偿失的。可替换的零件很少，所以最好升级到更好的产品。

拆卸脚踏

你不需要经常拆卸脚踏。在携带自行车去旅行或者参加赛事时，你可能需要为了让自行车装进运输箱而拆卸脚踏。拆卸脚踏能让维修保养工作变得更简单。为了升级到更好的脚踏或更换为不同类型的脚踏，你也一定需要拆卸旧脚踏。

很多人在拆卸脚踏时会遇到麻烦。这通常是因为他们不了解一个事实：左侧脚踏的螺纹是反向的。这意味着你需要顺时针旋转才能让它变松。右侧脚踏的螺纹是正常的方向，逆时针旋转才能变松。左侧脚踏的螺纹之所以是反向的，是因为如果是正常方向，那么踩踏动作会导致脚踏从曲柄上松开。正因为它是反向的，踩踏动作的方向才正好是拧紧脚踏的方向。对于那些充分拧紧或已安装了一段时间的脚踏，要花相当大的力气才能拧松。而且附近还有牙盘之类尖锐的东西，不小心的话会让你受伤。当你拆卸右侧脚踏时，最好将链条变到大盘。链条能防止你被盘齿戳伤。

有时脚踏似乎卡住了。如果你确信自己旋转的方式正确，但是脚踏并没有松动，那想到的第一件事就是加一些Liquid Wrench之类的渗透油（penetrating oil）。如果渗透油也不能松开脚踏，那只能借助于蛮力了。在你的脚踏扳手上加一个加长臂，五金商店里的一小段重型管子通常会奏效。拆卸整个曲柄并用台虎钳夹紧，能帮你获得所需的杠杆作用。在台虎钳的钳齿上垫一些木块之类的软材料以免曲柄受损，然后使用扳手和加长臂。作为最后的手段，用丙烷火焰稍微加热曲柄能够分解那些将曲柄和脚踏粘在一起的锈迹。警告：高温会使曲柄永久变色甚至破坏用于防腐蚀的阳极氧化层。同样的，如果你加了任何渗透油，在使用这种方法时要特别小心，因为这些渗透油可燃。最后，尽管似乎很简单但也值得一提：永远不要对碳纤维曲柄使用火焰——造成的损害也许不会立即可见，但可能导致碳纤维结构出现灾难性故障。

清洁和润滑

你可以在脚踏还连接着曲柄时对它做一些调整，但是不要试图在这样的情况下拆卸脚踏。你可能需要一根15mm的薄扳手，它类似于在大多数中轴工具箱中的固定碗扳手的一端。要记住两个脚踏的螺纹方向与各自所处车上的左右位置方向是一致的。这意味着当你跨立在车上时，右边脚踏逆时针旋转是变松，而左边脚踏顺时针旋转是变松。在各自情况下，拆卸脚踏都是要将扳手向后旋转。

从曲柄上取下脚踏后，为了拆卸一个标准的开放或密封轴承脚踏，要用具有软钳齿的台虎钳夹住朝下的有螺纹的那一端，或者在台虎钳内垫两个木块。用合适的工具拆卸防尘盖。在防尘盖下面，你将会发现外侧轴承的锁紧螺母和轴挡。

这时，你要确定正在检修的这个脚踏是否可以轻松拆卸，如果不行最好拿去车店处理。有些脚踏有密封性很好的卡式轴承，需要用轴承推出和压入工具才能操作。与开放轴承相比，密封轴承需要的维护工作较少，因为泥土和水很难进入。但是它们也会磨损，产生晃动。如果密封轴承需要保养或更换，你最好找车店的技师来进行。卡式轴承所有能看到的部分就是密封圈（轴承在密封圈底下），通常是一个上面有字迹的黑色塑料环。而普通轴承在取下防尘盖之后就很容易看到。它们是亮闪闪的小钢球。

如果脚踏用的是普通轴承，用一把扳手松开锁紧螺母时，要用另一根扳手固定轴挡。如果在紧急情况下没有可用于轴挡的扳手，你有时可以通过在轴挡和脚踏主体内部之间楔入一把螺丝刀来旋开锁紧螺母和轴挡。

可以用镊子夹出滚珠，或是握住脚踏主体内的轴杆，将脚踏颠倒过来，把珠子倒进容器内。在进行下一步之前，你要数一数珠子的数目——如果你在拆卸过程中丢失任何珠子，导致内部轴承的钢珠数目不对，你可能并不知道自己是否已经找到了所有拆下来的钢珠。不要将脚踏主体抽离轴杆，否则里面所有的钢珠都会掉到地板上。要将脚踏上下颠倒放置，然后将轴杆从脚踏主体中抽出来。如果脚踏有橡胶密封圈，要轻轻地撬开它，好让里面所有的滚珠都能被轻松地取出来。取出后要立即数一数，以免丢失。用新滚珠更换旧的滚珠。旧滚珠总会有点不够圆，所以将它们组装进脚踏后就很难进行调校。大多数滚珠脚踏使用的是0.125英寸的珠子，但你应该带个样品去车店以确保完全匹配。

所有零部件都要用抹布擦拭干净。用溶剂清洗所有金属部件，但要让溶剂避免接触塑料零件和橡胶密封圈。要使用酒精之类更温和的清洗剂来清洗那些零件。要确保拆卸脚踏主体内部所有的旧油脂。如果你没有拆卸脚踏主体内端的橡胶密封圈，并且无法清洁密封圈后的部分，那就轻轻地将其从主体内撬出来。

如果轴碗的表面有凹痕甚至是不浅的沟槽，则应该更换。不同制造商的产品品质有着很大的差别。

要在脚踏主体内的钢碗上涂一层中等粘度的润滑油。将内端朝上拿住，并将所需数量的滚珠轴承放入润滑油层内。外端重复同样的操作。小心地将一半轴杆插入主体内，然后直接在滚珠上再涂一层油脂，也可以将油脂涂在外侧轴碗上。完全装入轴杆并旋转一下以确保没有卡住。内部轴承渗出的润滑脂说明轴承已经被油脂完全塞满，能够防止污染。

紧紧抓住脚踏主体内的轴杆，转动脚踏，并将轴挡在轴杆上旋转几圈。固定住轴挡，并旋转轴杆，这样轴挡可以压在轴承上。安装锁紧垫片和螺母。现在你已经准备好进行脚踏调节了。

脚踏的调节

轴承调节好时，轴杆应该能够顺畅旋转而没有任何晃动。微调锁紧螺母并感觉调整程度。如果很紧（卡住），就旋松锁紧螺母，将锥碗外旋，然后再次旋紧螺母，重新检查。如果太松，就旋松锁紧螺母后并旋紧轴挡，然后锁紧螺母。重复这样的过程，直到脚踏能在轴杆上舒畅地旋转。重新装上防尘盖，然后就大功告成了。要慢慢地旋紧防尘盖，因为大部分的防尘盖都是塑料的。

脚踏看似是自行车上微不足道的一个部件，有时候也是你应该信任的部分。虽然与刹车调节和碗组调节相比，脚踏调节对于自行车的安全运转，重要性要低一些，但是仍然不可轻易忽视这个调节过程。一个能顺畅旋转的脚踏能大大提高骑行的效率和乐趣，而这一切所需的仅是一些时间和适当的保养工作。

答疑解惑

问题：骑行时脚踏发出"吱吱"声。

解决方法：往锁片上喷一些ArmorAll或润滑油（注意，这时不要穿着刚上过油的锁鞋在室内走路）。

问题：在潮湿或寒冷的天气里进行山地越野骑行时，锁片无法卡住脚踏。

解决方法：在骑行前往锁片和脚踏上喷一些Pam烹饪喷雾剂，这样就不会粘上泥浆和冰雪了。

问题：你在自己的SPD类型自锁脚踏上解锁时遇到了麻烦。

解决方法：锁片很可能已经严重磨损，从而无法推开脚踏夹具解锁。要更换新锁片。

问题：你的脚很大，找不到合适的脚套。

解决方法：在脚踏和脚套之间添加垫片以增

加空隙，或者试一试其他脚套更大的脚踏。

问题：每一次踩踏行程中，都会听到来自某一边的一个"咔哒"声。

解决方法：也许脚踏变松了，要将其拧紧。

问题：你在上锁时遇到了困难。

解决方法：确保锁片在锁鞋上安装正确。重新查看方向或向车店寻求帮助。如果是Look系统的塑料公路锁片，而且你的脚较小，那你也许在旋紧锁片时将锁片压得太弯了。锁片必须相当地平，才能正确咬合脚踏。用塑料片填充锁片边缘，使之变平。

问题：即使你使用的是一把很好的脚踏扳手，仍然无法拆下脚踏。

解决方法：确保你以正确的方法旋转扳手。右侧脚踏逆时针方向旋转是变松，而左侧脚踏变松需要顺时针旋转。如果还是拆不下来，则在脚踏扳手上加一个加长臂。如果还是没有松动，则试一试滴加Liquid Wrench之类的渗透油，或者用更长的加长臂以增强杠杠力量。

问题：你很难在自锁脚踏上解锁和上锁。

解决方法：脚踏上的卡锁零件可能松动了，需要拧紧螺钉。如果脚踏没有问题，则检查锁鞋底部的锁片。如果锁片磨损或断裂，那就更换锁片。

问题：你需要更换自锁脚踏锁片，但是螺栓头却塞满了脏东西或者已经破损。

解决方法：用锥子清洁污垢，然后用锤子将一个六角扳手敲进去。如果能用六角扳手修正螺栓孔，应该就能旋松螺钉了。

问题：你将脚踏安装在了错误的一侧。现在左侧脚踏安装在了右侧曲柄上，而右侧脚踏却在左侧曲柄上。

解决方法：下一次要看清楚脚踏轴杆的螺纹部分。通常脚踏上都会标示有"R"和"L"，分别标示右和左，标有"R"的脚踏应该安装于右侧曲柄，而标有"L"的脚踏应安装于左侧曲柄。对于安装错误的问题，你所能做的只有拆下脚踏并希望结果不会太坏。将脚踏旋入错误的一侧通常会破坏曲柄里的螺纹。如果是这样的话，则需要更换曲柄。你可以试着让车店使用被称为螺纹护套的工具修复曲柄，但这并非总能奏效。好消息是，脚踏应该能够继续使用，因为曲柄螺纹比较柔软，并不会破坏脚踏螺纹。

问题：因为螺栓受损或冻结，所以锁片无法从脚踏上脱下来。

解决方法：使用渗透润滑剂，然后用冲子和锤子松开螺钉。使用一个尖头的冲子敲击螺栓，敲出一个小操作孔。将冲子的尖头放入孔中并敲击冲子，使敲打的力量推动螺钉逆时针旋转变松。

问题：锁鞋内的螺纹垫片脱落了。

解决方法：有一些锁鞋能够将鞋垫取出，然后更换螺纹垫片。即使不是这样，也可以在鞋子上切一个足以让你更换螺纹垫片的小洞。然后你可以用胶水和胶带将鞋垫粘回原处，或者换一个新的。

问题：你需要拆下脚踏，但是找不到一个能用上脚踏扳手的地方。

解决方法：这种脚踏也许只能用六角扳手安装和拆卸。查看曲柄的背面，看看在脚踏轴杆上是否有个六角形的洞。如果确实如此，那就找一个合适的6mm或8mm六角扳手来旋松并拆下脚踏。

问题：你此前摔车了，现在觉得在骑行时脚踏有晃动的情况。

解决方法：你很可能在摔车时弄弯了脚踏轴杆，这会导致在踩踏时有不稳定的感觉。如果你经常骑的话，还可能导致脚踝出现问题。你也许能买到一个替换轴杆，或者更换单只或一对脚踏。

问题：你想将一条定趾皮带穿过脚套，但是皮带太厚了，穿不过去。

解决方法：修剪皮带的末端，使其变尖，然后尽量往脚套里面伸。再用一个小老虎钳夹住末端往外拉，从而使皮带穿过脚套。

山地自锁脚踏的保养

1 大多数脚踏都有弹簧张力调整装置。在脚踏前面和后面寻找一个螺钉（如果是单面脚踏，则只在后面有）。每个螺钉旁边都有一个方向箭头，用来显示应该朝哪个方向旋转才能收紧（通常用一个"+"号表示）或者更容易上锁和解锁（"−"）。如果锁片张力没有问题，那就检查锁片是否完全正确地咬合脚踏。

首先熟悉脚踏的基本保养位置。在脚踏上面，有一对螺钉用来固定颚片。每个颚片后部的转点有时是一颗压入式钉栓，有时是一颗头朝内的螺钉，朝向曲柄。这样的螺钉应该定期检查，因为可能会变松。另外，活动颚片的转点上每一个月左右都应该滴一滴润滑油——如果经常弄湿就应该缩短上油间隔。

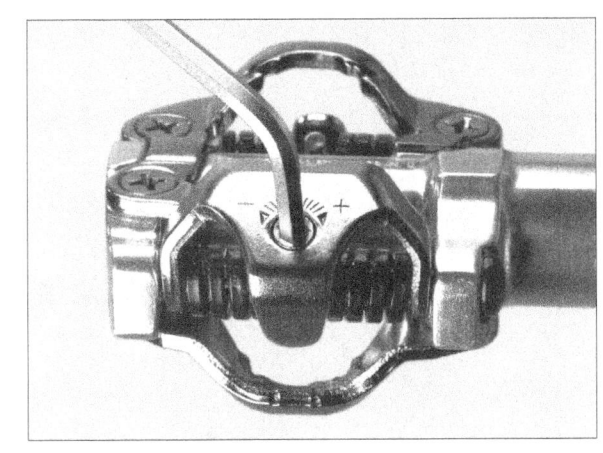

2 我们并不建议润滑锁片，但是使用钢锁片的脚踏如果完全干燥，那么骑起来会"吱吱"响。你只需在锁片与颚片的各个接触点上涂一层很薄的链条油即可。不要涂抹得太多，因为涂抹太多润滑油会容易粘上沙子和砂砾，反而加速磨损锁片。

所有脚踏在使用到一定程度之后都会磨损，变得难以解锁。为了安全起见，在第一次发现不可靠的迹象时就应该更换锁片。用记号笔在锁片周围画出轮廓或做上标记。

如果无法松开锁片螺栓，那就使用锤子和冲子迫使螺钉逆时针旋转。为螺栓涂润滑脂，对齐标记，装上新锁片。

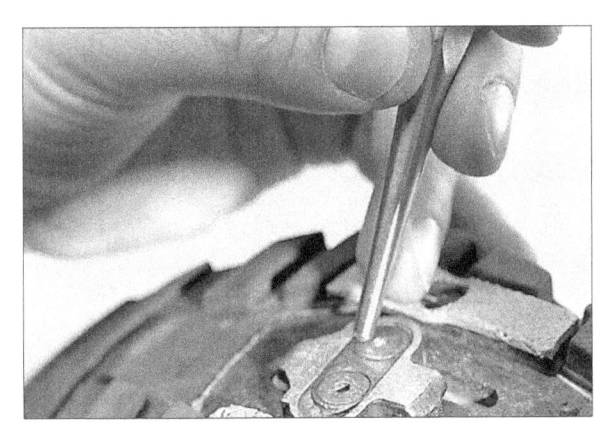

3 拆卸脚踏时，要将链条变到大盘，并使脚踏处于3点钟方向（右侧）和9点钟方向（左侧）的位置。脚踏扳手应与曲柄几乎处于一条直线上，向下压扳手，旋松并拆下脚踏（见右图）。如果转不动扳手，你可以让一个更强壮的朋友来帮你忙，试一试滴加Liquid Wrench之类的渗透油，或者在扳手上加一个加长臂以增强杠杠力（要记住，左侧脚踏需要顺时针旋转才能变松）。取下脚踏之后，用手旋转脚踏轴杆。如果轴杆旋转时有阻力，或者感觉很干、很紧、很松或很生涩，那么就给轴承涂抹润滑脂。如果在旋转脚踏时有一种顺滑的液压阻力，那么说明润滑脂还可以继续使用。

山地自锁脚踏的保养（续）

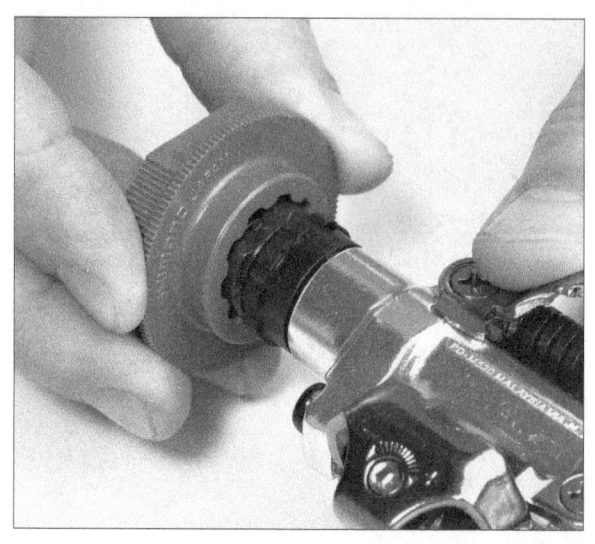

4 许多Shimano（以及其他一些品牌）的脚踏在拆卸时，需要整体拧松并拆下轴杆和轴承。使用脚踏轴杆工具（见左图）或合适的扳手旋松轴杆/轴承组件。用台虎钳夹住右脚踏，使轴杆直立，然后顺时针转动工具来旋松轴杆；要旋松左侧脚踏轴杆，需要逆时针转动工具。

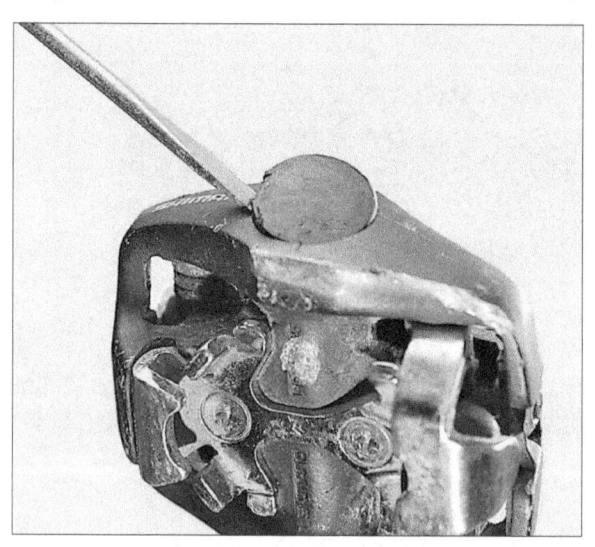

5 有些自锁脚踏，需要先拆下一个防尘盖才能接触到轴承。防尘盖可以撬开，可能需要使用六角扳手或一字螺丝刀。大多数情况下，拆卸防尘盖的方法都很明显。由于当前使用的不同设计有很多，所以在深入操作之前最好查阅用户手册。

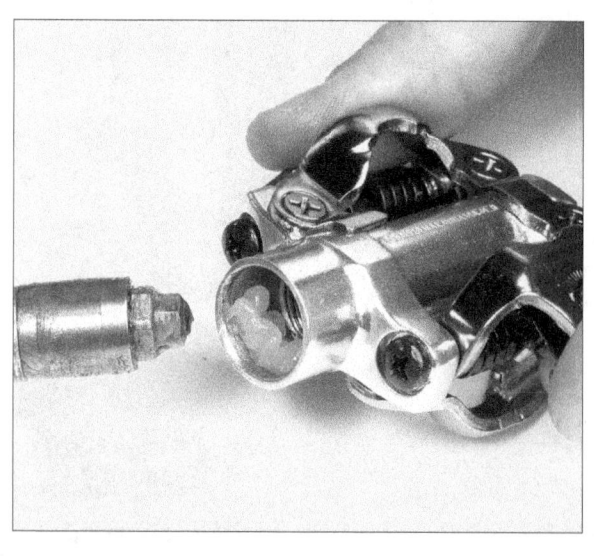

6 如果你每隔几个月就添加润滑脂，那脚踏可能永远不需要新的零件。对于卡式轴杆/轴承的脚踏，要在脚踏主体内添加约0.5盎司的润滑脂并重新安装轴杆组件，这样足以润滑所有轴承（见左图）。润滑Speedplay脚踏时，需要拆卸两端的小螺栓，用尖嘴油枪注入润滑脂。对于有塑料防尘盖的Shimano脚踏，要拆卸防尘盖，然后将润滑脂压入显现出来的轴承。将轴杆上的橡胶密封圈拉回，并向内部的轴承注入新润滑脂。

卡式轴杆的保养

1 卡式轴杆的脚踏密封性非常好，在绝大多数情况下都能防止水和尘土的渗入。检查脚踏时，要将脚踏从曲柄上拆下，用手指慢慢转动轴杆，并向各个方向晃一晃看是否有松动旷量。如果轴杆转动时有液体的顺滑感，推拉轴杆时也没有旷量，这说明脚踏状况良好而无需保养。如果轴杆转动不畅或有松动，那就根据以下步骤进行维护保养。

对于许多这种类型的脚踏（包括Look，Mavic以及一些Shimano型号）需要用轴杆拆卸工具，还要在旋转脚踏主体时用台虎钳夹住轴杆拆卸工具。如果你手劲很大，有时你可以用手抓住脚踏，并用大号活动扳手或32mm花鼓扳手来转动工具。

大多数Shimano脚踏有17mm的平面，看起来似乎任何旧的活动扳手都可以操作，但确实也是这样。但是你要小心，因为这些平面是由柔软的铝材制成的。如果你不怕出现一点点破坏，那就用活动扳手；但更好的办法是用Shimano的TL-PD77工具或一个高质量的17mm花鼓扳手。

2 对于诸如Shimano型号等需要使用花键类工具的脚踏，要使操作面朝上，用台虎钳夹住工具，然后将脚踏装上。转动脚踏以拧松并拆下轴杆（见右图）。如果你仔细查看工具表面，会看到上面有标志表明左侧和右侧的脚踏各应该往哪个方向旋转。右侧脚踏，顺时针转动拧松；左侧脚踏，逆时针转动拧松。

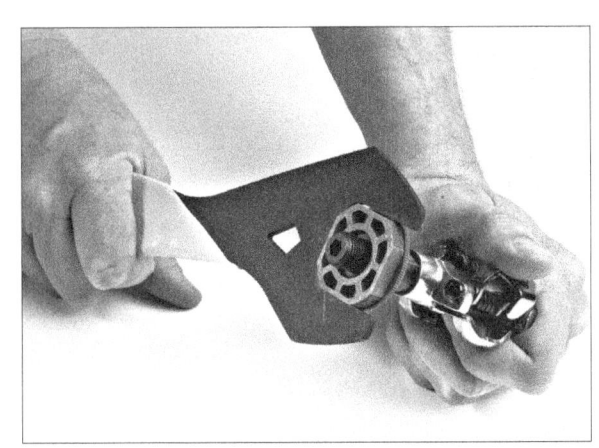

3 不使用逼迫工具。如果稍加压力后工具没有转动，那可能是你的旋转方向不对。如果转不动，那就向另一个方向用力，旋转几圈之后，应该能够将轴杆从脚踏中拉出。

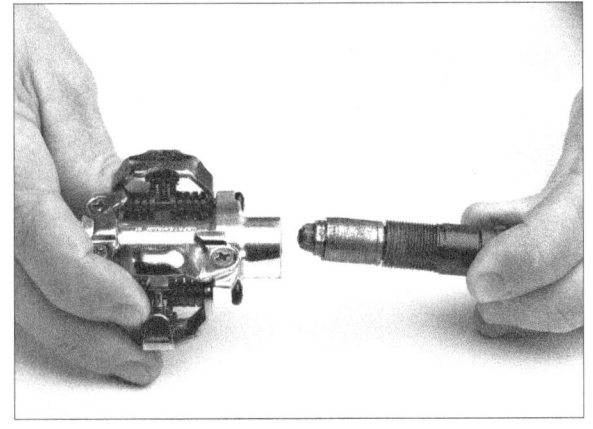

卡式轴杆的保养（续）

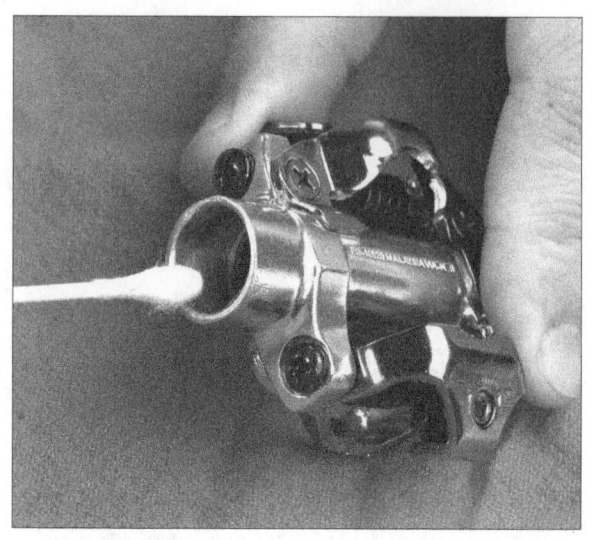

4 清除轴杆末端的污垢，此处正是一个轴承的所在。清除轴杆其余位置的任何污垢或肮脏的润滑脂。用一个药签从脚踏主体内清除出污垢、脏的润滑脂或者水。

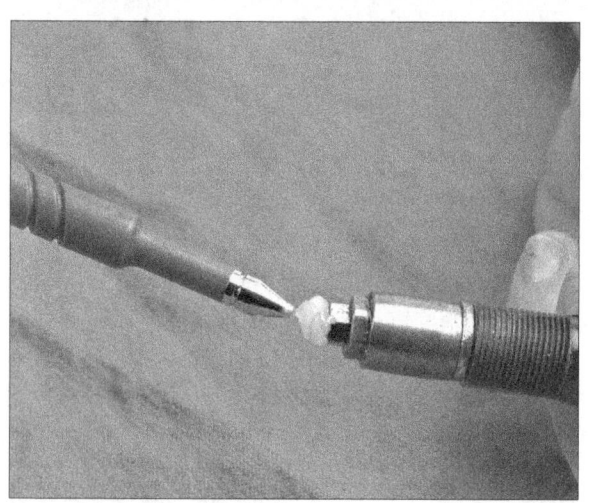

5 在轴杆组件的末端放一团润滑脂（见左图）。在脚踏主体内放一小团（大约一个弹珠大小）的润滑脂，徒手旋转，将轴杆往脚踏内旋转数圈，把轴杆取出来并重复同样的操作。这能将新的润滑脂推进轴杆并穿过轴承。

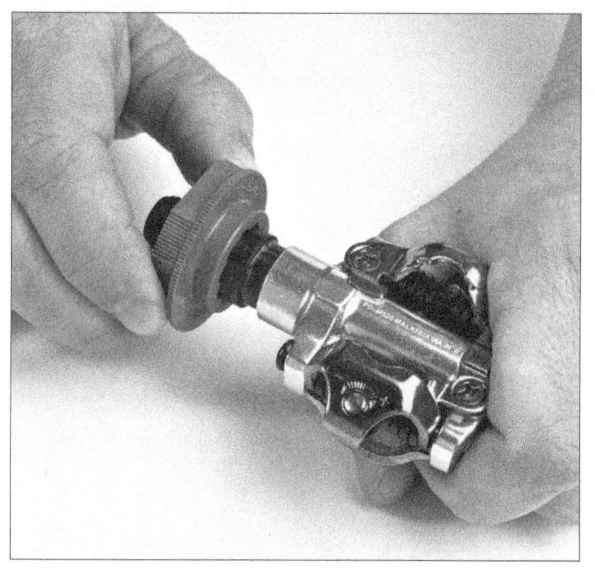

6 为完成这项工作，将工具装在轴杆上，用手将轴杆完全旋进脚踏主体（见左图）。有时新的润滑脂会造成液压阻力，如果你用力压迫轴杆，这种阻力将损坏脚踏内的塑料零件。如果轴杆在任何点都遇到阻力，那就取出来重新开始。当你已经用手将轴杆完全旋进脚踏之后，要用扳手夹住工具并旋紧轴杆。不要过度旋紧——只要稍微用力就能保持紧固。脚踏轴杆现在应该能够顺畅地旋转并没有任何旷量。用手指旋转轴杆，使润滑脂遍及内部所有位置，擦去从轴杆渗出密封圈的多余润滑脂。在轴杆螺纹上涂一薄层润滑脂，清洁曲柄内的螺纹，重新装上脚踏。

传统脚踏的维修与保养

1 把脚踏从曲柄上拆下来才最容易保养。要记住，左侧脚踏螺纹与右侧脚踏螺纹的方向是相反的。

为了旋松并拆下脚踏，要将曲柄向前（朝向车子的前面部分）旋转，然后用脚踏扳手拧脚踏，此时应朝着地面向下压动扳手。这个过程对两侧的脚踏都适用。

拆卸脚踏，要先取下轴杆螺纹端对面一端的防尘盖。在许多型号上，你可以用一个一字螺丝刀或类似的工具（见右图）撬开防尘盖。

如果你有一把台虎钳，那就在拆卸脚踏时利用它来保持脚踏直立。如果没有，那就用锁钳或用手抓住脚踏，这会使工作变得更容易。

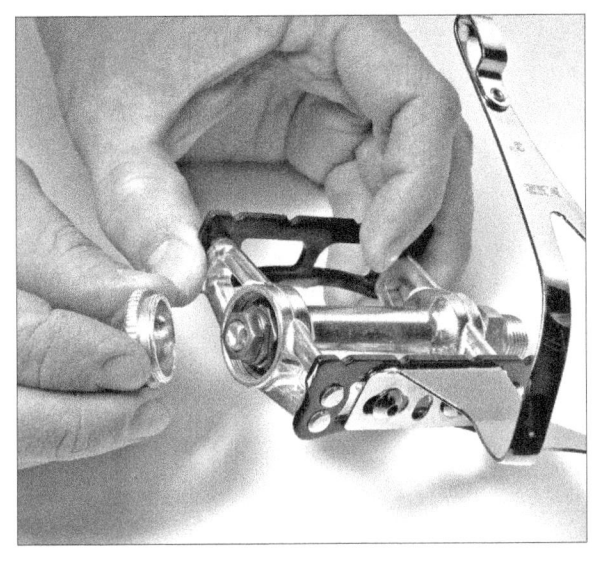

2 一旦取下防尘盖，你将在轴杆端看到一个锁紧螺母，它将轴杆和轴承固定在脚踏内。

当用合适尺寸的扳手旋松这颗锁紧螺母时，要用一个15mm扳手抓住轴杆。通常有一个锁紧垫圈分开轴挡和锁紧螺母，因此在松开锁紧螺母时无需固定住轴挡。

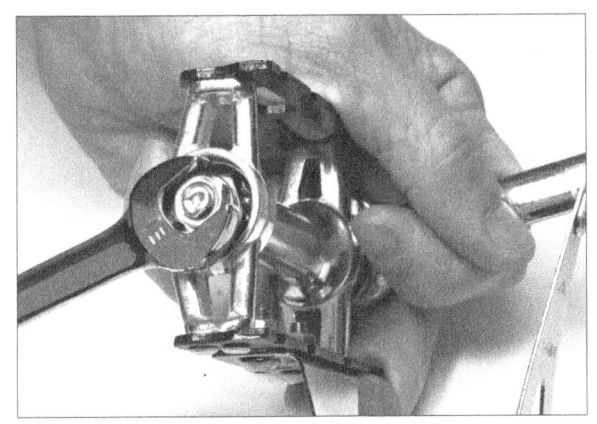

3 取下锁紧螺母以及后面的锁紧垫圈。拧出轴挡。要小心，因为轴挡后面有滚珠，所以很容易掉出来。

要想取出滚珠，你既可以将脚踏颠倒过来并摇晃脚踏使滚珠落进容器内，也可以用镊子一个一个拿出来。在拆卸第一组轴承时，要确保轴杆仍处于脚踏主体内。一旦将外轴承取出，就要记录下数目，这样你就能知道应该放多少新滚珠进去。

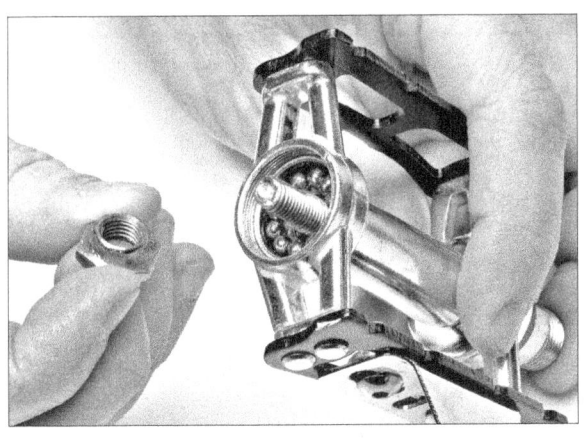

329

传统脚踏的维修与保养（续）

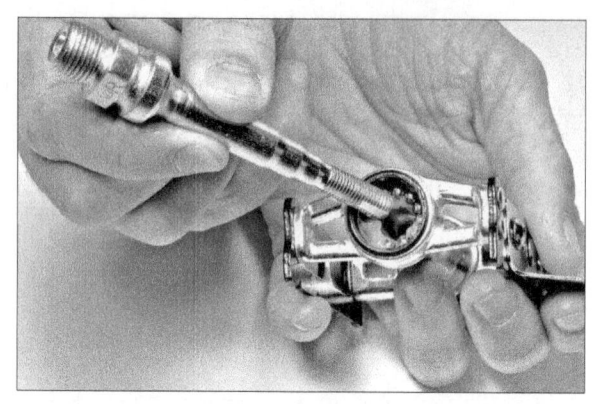

4 把脚踏倒过来并拉出轴杆。如果轴杆有一个橡胶密封圈，则需要一些力气。一旦取出轴杆后，就要拆卸第二个轴承并计算滚珠的数目。购买替换滚珠时，你要随身携带一个样品。用溶剂清洗所有的金属部件，对于塑料零件和橡胶密封圈，要使用酒精之类更温和的清洗剂，要从脚踏主体内清除所有旧的润滑脂。检查轴承的滚动面，如果轴承滚动面有凹痕，要去车店看看是否有可替换的零件。

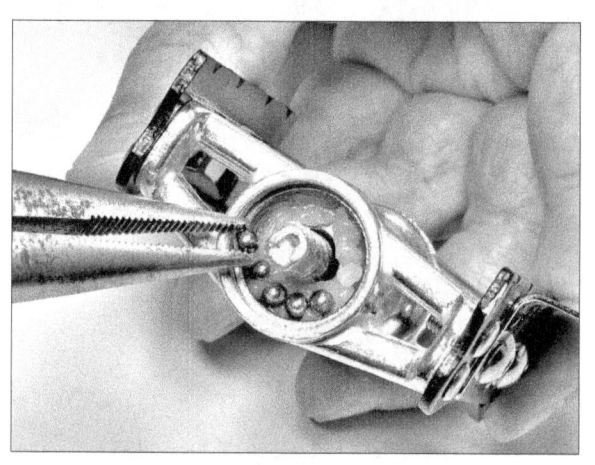

5 重新组装脚踏，在轴承滚动面上挤入中型润滑脂，并安装新的轴承。当你插入轴杆时，一定不要旋转它，因为这会使轴承离开原位。

　　将脚踏倒过来。如果你只是拧上轴挡，可能会弄乱轴承的上碗，迫使你重新定位，再来一次。抓住脚踏轴杆的底部向上推，使轴杆完全插入脚踏。像这样拿着脚踏轴杆，拧几圈轴挡。抓住轴挡，同时转动轴杆底部，使轴挡压在轴承上。不要转动轴挡或脚踏，只转动轴杆，这会将轴挡压在轴承上，而又不影响轴承。将锁紧垫圈装回原处，并将锁紧螺母旋回轴杆上。要确保锁紧螺母足够松，给自己留出操作空间，然后退回轴挡，直到它太松了。慢慢地旋下轴挡。感觉到达旷量最小点时，用一把15mm的扳手固定轴杆，并用另一把扳手旋紧锁紧螺母。

　　旋转脚踏。如果你感受到有任何卡住的情况，说明调校得太紧了。如果上下摆动轴杆时，能感觉到轴承有旷量，那就旋松锁紧螺母并将轴挡向下旋转一些。

　　像这样，用很小的幅度慢慢调整，直到调校到一个既不会卡住也不会松动的状态。然后确保锁紧螺母牢牢固定住，并重新装上防尘盖。

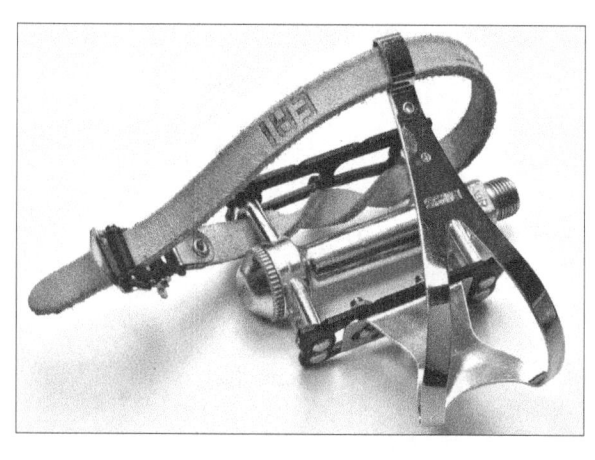

6 安装束脚带时，在皮带穿过脚踏两边时拧一下，这样可以防止它错位。将皮带继续穿过脚套的顶端，然后打开皮带扣，将皮带末端直接穿过皮带扣的内外两个扣环（见左图）。松开皮带扣时，皮带末端应该卡在皮带扣的内扣环和外扣环的牙之间。

17 档位

第十七章

由于活动范围和总输出功率的限制，人体很难进行长时间、长距离的快速运动。当然，有些超级运动员能够跑两趟马拉松，但是我们这些普通人呢？

有了自行车之后，即使是最普通的人也能用比走路少得多的力气进行长距离的快速运动。这都是多亏了传动装置。

再加上变速传动系统提供的变速功能，我们的活动范围可以延伸至数百公里之外。低档位可以让你轻松爬上陡坡，而高档位可以推动你飞速前进。当然，我们不能忘记那些异常舒适的中间档位，它们既适合去街角商店，也可以去海滩边的冷饮店买冰激凌。

术语

在美国，特定的齿轮大小可以追溯到高轮自行车的时代，你有时可以在阵亡将士纪念日游行上看到这些古董车。那种大小轮车上的脚踏完整地转动一圈，车轮也会相应地转动一圈。前轮的直径是衡量你可以前进多快的标准。一辆前轮直径为56英寸的车要比前轮直径为48英寸的车更快，但是上山也更困难。

现在我们仍然沿用当时所使用的这种齿比计算方法，即在26英寸或700C轮径的自行车上踩动脚踏一圈，车前进的距离。

例如，你骑行时用的是53齿的盘片和13齿的飞轮，那么齿比就是53/14，即3.786。如果你将这个比率乘以标准变速公路车26.5英寸的车轮直径，那就得到了100英寸的档位。（见342~349页的表格，其中列出了大多数自行车盘片组合所对应的档位。）

要注意，齿比是盘片齿数除以飞轮齿数的结果——53 ÷ 14=3.786。所以53齿盘片与14齿飞轮是3.78：61的比率关系。如果盘片尺寸减到30齿，飞轮尺寸增加到30齿，那将会是1：1的比率关系。我们发现，这样的盘片与飞轮组合，对于一辆典型的700C车轮，那么把这个比率乘以车轮直径将会得到一个只有26英寸的档位。这些数字大小的差异反映了骑车时所需力量的大小。同样是踩动脚踏一圈，使用100英寸的档位能比你使用26.5英寸的档位快3.786倍。然而，小档位能使你在负载很重的情况下继续爬上陡坡，而更大的档位只在快速下坡时有用。如果你足够强壮的话，那在平地上也可以使用。

公路盘片组合示例

（单位：英寸）

		盘片齿数	
		39	53
飞轮齿数	12	86	117
	13	80	108
	14	74	100
	15	69	94
	16	65	88
	17	61	83
	19	54	74
	21	49	67
	23	45	61
	25	41	56

在本章后面，会有常见公路车和山地车齿轮范围的图表，显示不同的盘片和飞轮组合。现在，我们要搞清楚这些数字的由来和意义。数字越高，盘片相对于飞轮的尺寸就越大，也就更难驱动车子前进（换句话说，盘片越大，越难踩踏）。相反，数字越小，盘片相对于飞轮的尺寸就越小，也就更容易驱动车子前进（换句话说，盘片越小，越容易踩踏）。

通过这种方式，你可以看到有两种方式能变化到比现有的更大（更难踩踏）或更小（更容易踩踏）的档位。为了变到更大的档位，你可以选择将链条变到更大的盘片上或是更小的飞轮上。这两种变动都能提高齿比，相应地就增大了档位。相反的，将链条变到更大飞轮或更小盘片上，从而得到一个更小的档位。

自行车传动系统的设置方式让我们更容易记住高、低档位之间的区别。盘片越小或飞轮越大，则越靠近自行车车架；盘片越大或飞轮越小，则离车架越远。因此，最低的档位（最容易踩踏）即由前后最靠近车架的盘片和飞轮组成。如果链条同时位于最外面的盘片和飞轮上，则此时就处于最高档位（最难踩踏）。

如果你准备规划如何使用不同的档位，或做一些分析工作，为了方便起见，我们用数字表示不同的飞轮片，用字母表示不同的盘片。我们将飞轮从内到外编号，反映它们档位的影响。因此，最靠里的飞轮片为1，最外面的飞轮片称为9、10或11（根据飞轮片总数而定）。同样的方式，我们用L表示内盘片（即产生较低齿比的盘片），并用H表示外盘片（即产生较高齿比的盘片）。对于三片式牙盘组，用字母M来代表中盘。

在这套体系下，由内牙盘和最内飞轮组成的盘片组合则可以表示成L-1，而由外牙盘和最外飞轮组成的齿轮就是H-9（或H-10、H-11）。无论是双片式牙盘还是三片式牙盘，都可以使用这套体系，由三片式牙盘的中盘组成的齿轮可以表示成M-1、M-2等等。

绘制档位系统图表的最常用方式是在图表顶部一行标上盘片齿数，在左侧的竖列标上飞轮齿数，计算所有的组合方式（或用一张齿比图表查找），并将结果以英寸为单位列在表中。在这一章，我们已经提供了两种常见的盘片组合表格。

制作这样一张表格的主要价值在于，它们能让你快速地进行数值比较，这样你就能计算出还有几个齿轮可用或者齿轮之间的变化有多大。一旦知道了这一点，你也许会决定更换零件，以更好地适应地形或自己的骑行力量。

然后，更换零件的难易程度取决于传动系统组件。一些飞轮和盘片容易更换，而另一些则很难更换。不过，更换整套系统通常更容易一些，而且能够满足大多数车手的需求。

变速系统的简化

回到旋飞的时代，骑旅行车、山地车，甚至是通勤车的人都可以按照需要定制传动装置。当时的档位很有限，通常只有5片式或6片式飞轮可选，这样就需要牺牲一些齿比来获得需要的档位，从而也失去了顺畅的变速顺序。

现在的定位变速系统，即使在最恶劣的条件下也能顺利变速，而且9速、10速甚至11速的飞轮提供了更大的齿比范围，定制的需求就减少了。也许可以预见的是，可选项也变少了。定位变速系统依赖于精确的飞轮和牙盘片的间距，所以大多数制造商只提供有限的替代品。这使得很难对传动系统进行大改。幸运的是，所提供的选择能够满足大部分需求，并且与定位变速的控制装置配合使用效果最好。

为了让你了解现代的传动系统，这里有一些常见的公路车和山地车传动系统的例子。公路车可能配备39齿和53齿的牙盘，并配合使用12齿、13齿、14齿、15齿、16齿、17齿、19齿、21齿、23齿和25齿的10速飞轮。山地车可能配备22齿、32齿和42齿的牙盘，并配合使用11齿、12齿、13齿、14齿、16齿、18齿、20齿、23齿、28齿和34齿的9速飞轮。还有10速山地车传动系统，配备低至26齿的小盘和高达42齿的大盘。10速飞轮具有很宽的齿轮范围，11~36齿。

公路车的变速装置是许多竞赛自行车的一个

山地车盘片组合示例

（单位：英寸）

	盘片齿数		
	22	32	42
11	53	77	101
12	49	71	93
14	42	61	80
16	36	53	70
18	32	47	62
20	29	42	56
23	25	37	48
28	21	30	40
34	17	25	33

(飞轮齿数标注在最左侧列)

代表。最低的齿轮组合具有40英寸的档位，足以让一名普通的骑车人以合理的速度爬上大多数盘山公路。最高的盘片组合产生117英寸的档位，足以实现全速冲刺和下坡加速。在飞轮中靠外侧的那部分，每片飞轮之间相差1齿，这能使处于训练或竞赛中的车手逐渐改变理想的力量输出水平，从而在平地或下坡快速前进时能优化齿轮。在靠近车架的那部分飞轮中，每片飞轮之间相差2~3齿，因为这些齿轮用于爬坡，此时前进速度很慢，每次变速需要有更大的齿数变化。

正常情况下，公路车手通过后变速来优化齿轮选择——后变速器每转变一个位置，只会对踩踏力量产生微小的影响。对于很大的改变，他们会通过前变速器来选择不同的盘片。

山地车具有更广的选择范围，可以更好地适应越野骑行的需要，包括陡峭的上坡和颠簸的林道。这两种传动系统最大的一个区别在于第三片牙盘，它常被叫作老奶奶盘片（大概是因为它足以让老奶奶爬上山），而且至今仍然是山地车传动系统的标准配置，尽管公路车式的双盘片搭配10速飞轮的配置越来越普及。你还会注意到，山地车档位的高数值部分并没有公路车的那么高——因为外胎尺寸、形状和应用地形的不同，山地车在非铺装路面所达到的速度很少跟公路车一样快。此外，飞轮片之间的间距也比公路车的宽，所以不管是前变速还是后变速，每一次变速都至少有2个齿的变化。这一点很重要，因为山地车的速度通常没有公路车的速度快，所以每一次变速都最好有合理的齿轮变化。

就像公路车手一样，山地车手通常在需要略微改变踩踏力量时使用后变速器，而前变速器则用来实现大的变化。由于山地车通常配备的是三片式牙盘，而且越野地形会比公路路面的变化更突然，所以山地车骑行中会更频繁地用到前变速器。

修改传动装置

为了使传动装置适应你的特定需求，你需要确定5件事情：

1. 一个最佳的高档位。
2. 一个最佳的低档位。
3. 一个适当的变速模式（每个盘片组合的区别）。
4. 在选定的变速模式下，能够实现这些盘片整合的盘片和飞轮。
5. 合适的变速器、指拨和链条。

如果你想改装当前的自行车，但是不愿更换整套传动系统，那就先决定最合适的高档位和低档位，然后选定变速模式，最后选择与你的变速器兼容的可更换飞轮和盘片。利用364页和365页的表格，快速确定能实现所需齿比范围的组合。

在纸面上，可以计算出任何齿轮范围和变速顺序。但实际上，选择是有限的。在埋头处理数据之前，要先去车店看看能买到什么样的可更换飞轮和盘片，然后再相应地安排你的传动系统改装工作。

最佳高档位

大多数自行车上90~120英寸的高档位反映出一种基于人体局限的档位上限。即使最强壮的公路车选手也只使用稍微大一点的档位（大概在127英寸）。实际上，普通车手即使在平路上，也无法使用117英寸档位保持快速踩踏，这样的档位是专为下坡和顺风的情况而设计的。

如果你不介意因为滑行下坡所损失的那么一点点速度，那你可以使用稍微小的高档位（95~100），并降低整体的齿轮模式，加强中等和较低的档位范围。山地车手和携带大量装备的旅行车手通常会这么做。

最佳低档位

与选择最佳最高档位相比，选择最低档位要难得多。一些需要考虑的因素包括：你的力量、经常遇到的最难山路的长度和陡度、可能携带的额外重量。你还应该考虑齿轮数之间变化的大小，以及为了得到特别低的齿比，你所愿意忍受的额外变速困难。

显然，大量的个人因素会影响你对所需的最低齿轮数的决定。不过，对于那些还没有什么经验，不知道如何选择最低档位的骑车人，我们在表格可以给出粗略的建议。其中推荐的齿轮范围适合各个级别的普通骑车人和更强壮的骑车人。从级别的角度来思考是很重要的。比如现在有一名携带沉重装备旅行的强壮骑手，还有另一名筹划载重旅行的普通的自行车竞赛选手，那后者可以使用一个更高的最低档位。

多少档位

你的传动系统中有几个档位，并不会影响你选择最高和最低档位，但它会影响中间的档位。一个精心挑选的9速飞轮搭配一个双片式或三片式牙盘，组成18个或27个档位，能满足大多数骑车人的需要。

现在的公路车手通常会发现自己车上用的是10速甚至是11速飞轮，它们能提供广泛的齿轮数可能性，从而无需为不同地形准备多种飞轮。额外的齿轮既可以用在高齿轮那一端，也可以用在低齿轮那一端，或者用来衔接齿轮间太大的变动。旧式传动系统可能只有7个或更少的飞轮片可选，车手们经常会发现传动系统无法提供自己想要的齿轮数。如果他们往上调一个飞轮，就变得太容易踩踏；如果往下调一个飞轮，则太难踩踏。用了10速或11速飞轮之后，就几乎不会发生这种情况。

为你的公路车选择双片式牙盘或三片式牙盘时，要考虑你所骑行地形的变化程度。有些人生活于西弗吉尼亚州或落基山脉的群山之中，毫无疑问他们需要使用小盘——至少偶尔需要用一次。而对于那些生活于佛罗里达海岸或是只计划参加环形公路绕圈赛的人，他们几乎肯定会认为第三个盘片带来的重量和复杂性都是负担，而且没有任何好处。

这两者之间的一种妥协是选择压缩牙盘。压缩牙盘是具有34齿和50齿的双盘片组合，而

三片式公路盘片组合示例

（单位：英寸）

	盘片齿数		
	30	42	52
飞轮齿数 12	66	93	115
13	61	86	106
14	57	80	98
15	53	74	92
16	50	70	86
17	47	65	81
19	42	59	73
21	38	53	66
23	35	48	60
25	32	45	55

压缩盘公路盘片组合示例

（单位：英寸）

	盘片齿数	
	34	50
飞轮齿数 12	75	110
13	69	102
14	64	95
15	60	88
16	56	83
17	53	78
19	47	70
21	43	63
23	39	58
25	36	53

不是大多数双片式公路牙盘的39齿和53齿的组合。既没有像三片式牙盘那么小，也没有像其他双片式牙盘那么大，压缩牙盘专注于中间端的档位，而我们大多数人出门享受骑行时也只

需要这些。

山地车手仍然主要使用9速飞轮，这种飞轮已经普及了大约10年。泥土以及像树叶和树枝这样的杂物可能夹在飞轮片之间，进而导致传动系统出现问题。9速飞轮系统这些年来已经被证明是一种性能、耐用性和可靠性三者的理想组合。

但是，不放过任何重量优势的选手也可以选择类似于SRAM XX套件所采用的2×10传动系统。舍弃牙盘组中的小盘能够降低重量，并提高前变速器在最严苛的竞赛环境下的可靠性，而增加的第10个飞轮片的重量相对而言却很小。特为XC越野竞赛设计的2×10系统的档位选择要小于传统的3×9系统。

组装

在这一点上，我们应该提醒你，如果你需要改变车上大部分的传动系统组件才能获得所需的盘片组合，把车卖了可能更划算，然后再去买一辆档位合适的车子。另一方面，如果你正在考虑从一个车架开始自己组装，那就可以随意安排齿轮数。

你的自行车上那些直接从展架上拿来的装备能满足大多数人的需求。而其他人可能需要更换飞轮片，也许是一个新的牙盘，这样做是最便宜的方法。如果要更换整个牙盘组，甚至添加第三片牙盘，相对应的中轴杆也必需要更换，那么成本将会猛增。自行车档位的重大改变可能也会需要新的变速器，在你开始前一定要检查它们的齿容。

一般来说，如果你要买一个新的中盘或一套新牙盘组，最好买一个比你自认为需要的更小的盘片。你通常可以搭配更小的飞轮来实现足够大的齿比。如果你需要较小档位，那么更换飞轮部分会比改装牙盘来得更容易，也更有性价比。

自行车上的传动系统使人类能够大大地超越人体的速度与距离的界限。简而言之，你是驱动自行车的马达。就像一辆汽车在一定转速（r/min，每分钟转动圈数）下能达到最高效率，你的身体也在一定转速下同样能够维持一个最高效的骑行，这个转速叫作踏频（每分钟踩踏的圈数）。如果档位与你的骑行能力及地形相适应，而且你知道如何使用不同的齿比，那么你的踩踏将会极其高效。

关键在于经常且正确地变速，这是一项必须掌握的简单技巧。不要担心自己正在使用的是什么档位，以及这样的档位是否正确。相反的，要根据自己的感觉来变速。你应该保持让自己感觉舒服的踏频，即对你来说最高效的转速。大多数车手在刚开始学习骑行时，踏频大约为60，当他们积累一定经验后踏频会提高到90。顶级选手的踏频可能超过150。

为了最有效地运用齿轮，你所要做的就是注意自己的踩踏速度，随着时间推移会成为自己的第二天性。当它低于你的舒适速率时，就将变速器调成更容易踩踏的档位。如果你不得不过快踩踏，那就调成更难踩踏的档位。你的目标在于能够长久维持一个舒适的踩踏节奏。通过练习，变速将成为一种本能——你甚至都不会意识到自己正在变速。你的变速技巧会让长距离山路骑行变得更轻松。

如果不去利用现代变速系统所提供的简易、范围宽泛的变速功能，那就是忽视了现代自行车设计和装备所取得的最重要的进步。因此，即使你不打算改动传动系统，也应该花时间去了解它的优点和缺点。

推荐的低档位

骑行类型	地形	档位（齿比×轮径）
山地车骑行	陡坡	17~20
	技术性林道	17~20
	土路	20~27
负重旅行车	陡坡	20~27
	中等山坡	32~42
休闲公路骑行	陡坡	27~37
	中等山坡	32~42
	平地	37~47
公路车竞赛	陡坡	47~60
	平地以及起伏路	57~66

档位图表

作为参考，你会在下面列出的页码中找到常见公路车和山地车的档位范围图表。

700C车轮齿比轮径值表	342页
26英寸车轮齿比轮径值表	344页
29英寸车轮齿比轮径值表	346页
650B车轮齿比轮径值表	348页

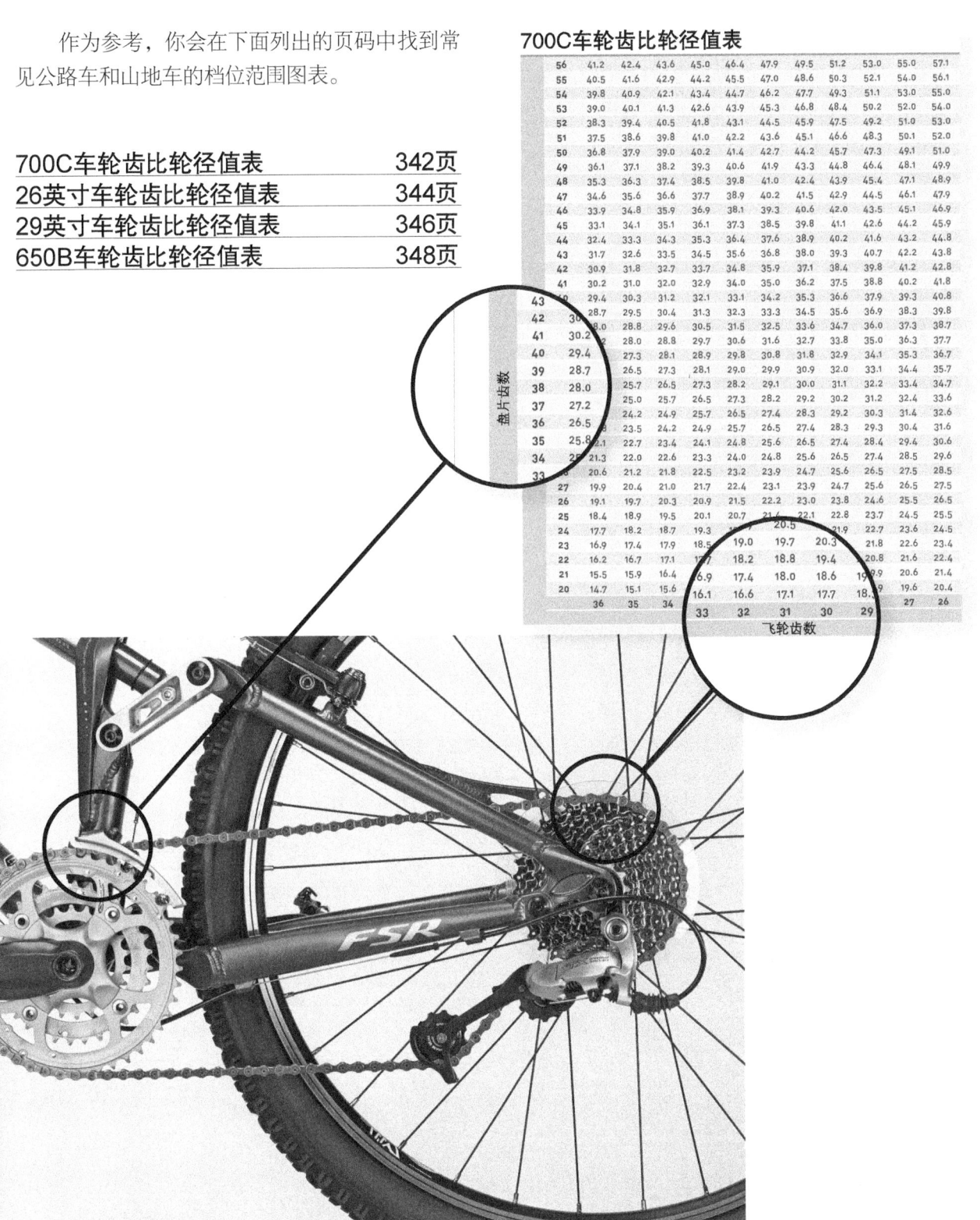

700C车轮齿比轮径值表

700C车轮齿比轮径值表

盘片齿数												
56	41.2	42.4	43.6	45.0	46.4	47.9	49.5	51.2	53.0	55.0	57.1	59.4
55	40.5	41.6	42.9	44.2	45.5	47.0	48.6	50.3	52.1	54.0	56.1	58.3
54	39.8	40.9	42.1	43.4	44.7	46.2	47.7	49.3	51.1	53.0	55.0	57.2
53	39.0	40.1	41.3	42.6	43.9	45.3	46.8	48.4	50.2	52.0	54.0	56.2
52	38.3	39.4	40.5	41.8	43.1	44.5	45.9	47.5	49.2	51.0	53.0	55.1
51	37.5	38.6	39.8	41.0	42.2	43.6	45.1	46.6	48.3	50.1	52.0	54.1
50	36.8	37.9	39.0	40.2	41.4	42.7	44.2	45.7	47.3	49.1	51.0	53.0
49	36.1	37.1	38.2	39.3	40.6	41.9	43.3	44.8	46.4	48.1	49.9	51.9
48	35.3	36.3	37.4	38.5	39.8	41.0	42.4	43.9	45.4	47.1	48.9	50.9
47	34.6	35.6	36.6	37.7	38.9	40.2	41.5	42.9	44.5	46.1	47.9	49.8
46	33.9	34.8	35.9	36.9	38.1	39.3	40.6	42.0	43.5	45.1	46.9	48.8
45	33.1	34.1	35.1	36.1	37.3	38.5	39.8	41.1	42.6	44.2	45.9	47.7
44	32.4	33.3	34.3	35.3	36.4	37.6	38.9	40.2	41.6	43.2	44.8	46.6
43	31.7	32.6	33.5	34.5	35.6	36.8	38.0	39.3	40.7	42.2	43.8	45.6
42	30.9	31.8	32.7	33.7	34.8	35.9	37.1	38.4	39.8	41.2	42.8	44.5
41	30.2	31.0	32.0	32.9	34.0	35.0	36.2	37.5	38.8	40.2	41.8	43.5
40	29.4	30.3	31.2	32.1	33.1	34.2	35.3	36.6	37.9	39.3	40.8	42.4
39	28.7	29.5	30.4	31.3	32.3	33.3	34.5	35.6	36.9	38.3	39.8	41.3
38	28.0	28.8	29.6	30.5	31.5	32.5	33.6	34.7	36.0	37.3	38.7	40.3
37	27.2	28.0	28.8	29.7	30.6	31.6	32.7	33.8	35.0	36.3	37.7	39.2
36	26.5	27.3	28.1	28.9	29.8	30.8	31.8	32.9	34.1	35.3	36.7	38.2
35	25.8	26.5	27.3	28.1	29.0	29.9	30.9	32.0	33.1	34.4	35.7	37.1
34	25.0	25.7	26.5	27.3	28.2	29.1	30.0	31.1	32.2	33.4	34.7	36.0
33	24.3	25.0	25.7	26.5	27.3	28.2	29.2	30.2	31.2	32.4	33.6	35.0
32	23.6	24.2	24.9	25.7	26.5	27.4	28.3	29.2	30.3	31.4	32.6	33.9
31	22.8	23.5	24.2	24.9	25.7	26.5	27.4	28.3	29.3	30.4	31.6	32.9
30	22.1	22.7	23.4	24.1	24.8	25.6	26.5	27.4	28.4	29.4	30.6	31.8
29	21.3	22.0	22.6	23.3	24.0	24.8	25.6	26.5	27.4	28.5	29.6	30.7
28	20.6	21.2	21.8	22.5	23.2	23.9	24.7	25.6	26.5	27.5	28.5	29.7
27	19.9	20.4	21.0	21.7	22.4	23.1	23.9	24.7	25.6	26.5	27.5	28.6
26	19.1	19.7	20.3	20.9	21.5	22.2	23.0	23.8	24.6	25.5	26.5	27.6
25	18.4	18.9	19.5	20.1	20.7	21.4	22.1	22.8	23.7	24.5	25.5	26.5
24	17.7	18.2	18.7	19.3	19.9	20.5	21.2	21.9	22.7	23.6	24.5	25.4
23	16.9	17.4	17.9	18.5	19.0	19.7	20.3	21.0	21.8	22.6	23.4	24.4
22	16.2	16.7	17.1	17.7	18.2	18.8	19.4	20.1	20.8	21.6	22.4	23.3
21	15.5	15.9	16.4	16.9	17.4	18.0	18.6	19.2	19.9	20.6	21.4	22.3
20	14.7	15.1	15.6	16.1	16.6	17.1	17.7	18.3	18.9	19.6	20.4	21.2
	36	35	34	33	32	31	30	29	28	27	26	25

飞轮齿数

注：1. 列出了大多数自行车上最常见的盘片和飞轮齿数，以及对应的齿比×轮径值。
2. 这个齿比轮径值以英寸为单位，用以比较具有不同盘片、飞轮和车轮尺寸的齿比轮径值。
3. 齿比轮径值=盘片齿数÷飞轮齿数×26.5英寸。

61.8	64.5	67.5	70.7	74.2	78.1	82.4	87.3	92.8	98.9	106.0	114.2	123.7	134.9
60.7	63.4	66.3	69.4	72.9	76.7	81.0	85.7	91.1	97.2	104.1	112.1	121.5	132.5
59.6	62.2	65.0	68.1	71.6	75.3	79.5	84.2	89.4	95.4	102.2	110.1	119.3	130.1
58.5	61.1	63.8	66.9	70.2	73.9	78.0	82.6	87.8	93.6	100.3	108.0	117.0	127.7
57.4	59.9	62.6	65.6	68.9	72.5	76.6	81.1	86.1	91.9	98.4	106.0	114.8	125.3
56.3	58.8	61.4	64.4	67.6	71.1	75.1	79.5	84.5	90.1	96.5	104.0	112.6	122.9
55.2	57.6	60.2	63.1	66.3	69.7	73.6	77.9	82.8	88.3	94.6	101.9	110.4	120.5
54.1	56.5	59.0	61.8	64.9	68.3	72.1	76.4	81.2	86.6	92.8	99.9	108.2	118.0
53.0	55.3	57.8	60.6	63.6	66.9	70.7	74.8	79.5	84.8	90.9	97.8	106.0	115.6
51.9	54.2	56.6	59.3	62.3	65.6	69.2	73.3	77.8	83.0	89.0	95.8	103.8	113.2
50.8	53.0	55.4	58.0	61.0	64.2	67.7	71.7	76.2	81.3	87.1	93.8	101.6	110.8
49.7	51.8	54.2	56.8	59.6	62.8	66.3	70.1	74.5	79.5	85.2	91.7	99.4	108.4
48.6	50.7	53.0	55.5	58.3	61.4	64.8	68.6	72.9	77.7	83.3	89.7	97.2	106.0
47.5	49.5	51.8	54.3	57.0	60.0	63.3	67.0	71.2	76.0	81.4	87.7	95.0	103.6
46.4	48.4	50.6	53.0	55.7	58.6	61.8	65.5	69.6	74.2	79.5	85.6	92.8	101.2
45.3	47.2	49.4	51.7	54.3	57.2	60.4	63.9	67.9	72.4	77.6	83.6	90.5	98.8
44.2	46.1	48.2	50.5	53.0	55.8	58.9	62.4	66.3	70.7	75.7	81.5	88.3	96.4
43.1	44.9	47.0	49.2	51.7	54.4	57.4	60.8	64.6	68.9	73.8	79.5	86.1	94.0
42.0	43.8	45.8	48.0	50.4	53.0	55.9	59.2	62.9	67.1	71.9	77.5	83.9	91.5
40.9	42.6	44.6	46.7	49.0	51.6	54.5	57.7	61.3	65.4	70.0	75.4	81.7	89.1
39.8	41.5	43.4	45.4	47.7	50.2	53.0	56.1	59.6	63.6	68.1	73.4	79.5	86.7
38.6	40.3	42.2	44.2	46.4	48.8	51.5	54.6	58.0	61.8	66.3	71.3	77.3	84.3
37.5	39.2	41.0	42.9	45.1	47.4	50.1	53.0	56.3	60.1	64.4	69.3	75.1	81.9
36.4	38.0	39.8	41.6	43.7	46.0	48.6	51.4	54.7	58.3	62.5	67.3	72.9	79.5
35.3	36.9	38.5	40.4	42.4	44.6	47.1	49.9	53.0	56.5	60.6	65.2	70.7	77.1
34.2	35.7	37.3	39.1	41.1	43.2	45.6	48.3	51.3	54.8	58.7	63.2	68.5	74.7
33.1	34.6	36.1	37.9	39.8	41.8	44.2	46.8	49.7	53.0	56.8	61.2	66.3	72.3
32.0	33.4	34.9	36.6	38.4	40.4	42.7	45.2	48.0	51.2	54.9	59.1	64.0	69.9
30.9	32.3	33.7	35.3	37.1	39.1	41.2	43.6	46.4	49.5	53.0	57.1	61.8	67.5
29.8	31.1	32.5	34.1	35.8	37.7	39.8	42.1	44.7	47.7	51.1	55.0	59.6	65.0
28.7	30.0	31.3	32.8	34.5	36.3	38.3	40.5	43.1	45.9	49.2	53.0	57.4	62.6
27.6	28.8	30.1	31.5	33.1	34.9	36.8	39.0	41.4	44.2	47.3	51.0	55.2	60.2
26.5	27.7	28.9	30.3	31.8	33.5	35.3	37.4	39.8	42.4	45.4	48.9	53.0	57.8
25.4	26.5	27.7	29.0	30.5	32.1	33.9	35.9	38.1	40.6	43.5	46.9	50.8	55.4
24.3	25.3	26.5	27.8	29.2	30.7	32.4	34.3	36.4	38.9	41.6	44.8	48.6	53.0
23.2	24.2	25.3	26.5	27.8	29.3	30.9	32.7	34.8	37.1	39.8	42.8	46.4	50.6
22.1	23.0	24.1	25.2	26.5	27.9	29.4	31.2	33.1	35.3	37.9	40.8	44.2	48.2
24	23	22	21	20	19	18	17	16	15	14	13	12	11
						飞轮齿数							

注：1. 打满气的700×23C车轮的直径大约为26.5英寸，但应该注意的是，不同制造商生产的轮胎，甚至是标明的尺寸相同但型号不同的轮胎，都可能存在差异。

2. 这些数字表示"齿比轮径值"，可以用来比较不同的盘片和飞轮的组合。数值越低，表示该档位越容易踩踏，反之亦然。

26英寸车轮齿比轮径值表

盘片齿数												
56	40.4	41.6	42.8	44.1	45.5	47.0	48.5	50.2	52.0	53.9	56.0	58.2
55	39.7	40.9	42.1	43.3	44.7	46.1	47.7	49.3	51.1	53.0	55.0	57.2
54	39.0	40.1	41.3	42.5	43.9	45.3	46.8	48.4	50.1	52.0	54.0	56.2
53	38.3	39.4	40.5	41.8	43.1	44.5	45.9	47.5	49.2	51.0	53.0	55.1
52	37.6	38.6	39.8	41.0	42.3	43.6	45.1	46.6	48.3	50.1	52.0	54.1
51	36.8	37.9	39.0	40.2	41.4	42.8	44.2	45.7	47.4	49.1	51.0	53.0
50	36.1	37.1	38.2	39.4	40.6	41.9	43.3	44.8	46.4	48.1	50.0	52.0
49	35.4	36.4	37.5	38.6	39.8	41.1	42.5	43.9	45.5	47.2	49.0	51.0
48	34.7	35.7	36.7	37.8	39.0	40.3	41.6	43.0	44.6	46.2	48.0	49.9
47	33.9	34.9	35.9	37.0	38.2	39.4	40.7	42.1	43.6	45.3	47.0	48.9
46	33.2	34.2	35.2	36.2	37.4	38.6	39.9	41.2	42.7	44.3	46.0	47.8
45	32.5	33.4	34.4	35.5	36.6	37.7	39.0	40.3	41.8	43.3	45.0	46.8
44	31.8	32.7	33.6	34.7	35.8	36.9	38.1	39.4	40.9	42.4	44.0	45.8
43	31.1	31.9	32.9	33.9	34.9	36.1	37.3	38.6	39.9	41.4	43.0	44.7
42	30.3	31.2	32.1	33.1	34.1	35.2	36.4	37.7	39.0	40.4	42.0	43.7
41	29.6	30.5	31.4	32.3	33.3	34.4	35.5	36.8	38.1	39.5	41.0	42.6
40	28.9	29.7	30.6	31.5	32.5	33.5	34.7	35.9	37.1	38.5	40.0	41.6
39	28.2	29.0	29.8	30.7	31.7	32.7	33.8	35.0	36.2	37.6	39.0	40.6
38	27.4	28.2	29.1	29.9	30.9	31.9	32.9	34.1	35.3	36.6	38.0	39.5
37	26.7	27.5	28.3	29.2	30.1	31.0	32.1	33.2	34.4	35.6	37.0	38.5
36	26.0	26.7	27.5	28.4	29.3	30.2	31.2	32.3	33.4	34.7	36.0	37.4
35	25.3	26.0	26.8	27.6	28.4	29.4	30.3	31.4	32.5	33.7	35.0	36.4
34	24.6	25.3	26.0	26.8	27.6	28.5	29.5	30.5	31.6	32.7	34.0	35.4
33	23.8	24.5	25.2	26.0	26.8	27.7	28.6	29.6	30.6	31.8	33.0	34.3
32	23.1	23.8	24.5	25.2	26.0	26.8	27.7	28.7	29.7	30.8	32.0	33.3
31	22.4	23.0	23.7	24.4	25.2	26.0	26.9	27.8	28.8	29.9	31.0	32.2
30	21.7	22.3	22.9	23.6	24.4	25.2	26.0	26.9	27.9	28.9	30.0	31.2
29	20.9	21.5	22.2	22.8	23.6	24.3	25.1	26.0	26.9	27.9	29.0	30.2
28	20.2	20.8	21.4	22.1	22.8	23.5	24.3	25.1	26.0	27.0	28.0	29.1
27	19.5	20.1	20.6	21.3	21.9	22.6	23.4	24.2	25.1	26.0	27.0	28.1
26	18.8	19.3	19.9	20.5	21.1	21.8	22.5	23.3	24.1	25.0	26.0	27.0
25	18.1	18.6	19.1	19.7	20.3	21.0	21.7	22.4	23.2	24.1	25.0	26.0
24	17.3	17.8	18.4	18.9	19.5	20.1	20.8	21.5	22.3	23.1	24.0	25.0
23	16.6	17.1	17.6	18.1	18.7	19.3	19.9	20.6	21.4	22.1	23.0	23.9
22	15.9	16.3	16.8	17.3	17.9	18.5	19.1	19.7	20.4	21.2	22.0	22.9
21	15.2	15.6	16.1	16.5	17.1	17.6	18.2	18.8	19.5	20.2	21.0	21.8
20	14.4	14.9	15.3	15.8	16.3	16.8	17.3	17.9	18.6	19.3	20.0	20.8
	36	35	34	33	32	31	30	29	28	27	26	25

飞轮齿数

注:1. 列出了大多数自行车上最常见的盘片和飞轮齿数,以及对应的齿比×轮径值。

2. 这个齿比轮径值以英寸为单位,用比较具有不同盘片、飞轮和车轮尺寸的齿比轮径值。

3. 齿比轮径值=盘片齿数÷飞轮齿数×26英寸。

档位图表

档位图表

60.7	63.3	66.2	69.3	72.8	76.6	80.9	85.6	91.0	97.1	104.0	112.0	121.3	132.4
59.6	62.2	65.0	68.1	71.5	75.3	79.4	84.1	89.4	95.3	102.1	110.0	119.2	130.0
58.5	61.0	63.8	66.9	70.2	73.9	78.0	82.6	87.8	93.6	100.3	108.0	117.0	127.6
57.4	59.9	62.6	65.6	68.9	72.5	76.6	81.1	86.1	91.9	98.4	106.0	114.8	125.3
56.3	58.8	61.5	64.4	67.6	71.2	75.1	79.5	84.5	90.1	96.6	104.0	112.7	122.9
55.3	57.7	60.3	63.1	66.3	69.8	73.7	78.0	82.9	88.4	94.7	102.0	110.5	120.5
54.2	56.5	59.1	61.9	65.0	68.4	72.2	76.5	81.3	86.7	92.9	100.0	108.3	118.2
53.1	55.4	57.9	60.7	63.7	67.1	70.8	74.9	79.6	84.9	91.0	98.0	106.2	115.8
52.0	54.3	56.7	59.4	62.4	65.7	69.3	73.4	78.0	83.2	89.1	96.0	104.0	113.5
50.9	53.1	55.5	58.2	61.1	64.3	67.9	71.9	76.4	81.5	87.3	94.0	101.8	111.1
49.8	52.0	54.4	57.0	59.8	62.9	66.4	70.4	74.8	79.7	85.4	92.0	99.7	108.7
48.8	50.9	53.2	55.7	58.5	61.6	65.0	68.8	73.1	78.0	83.6	90.0	97.5	106.4
47.7	49.7	52.0	54.5	57.2	60.2	63.6	67.3	71.5	76.3	81.7	88.0	95.3	104.0
46.6	48.6	50.8	53.2	55.9	58.8	62.1	65.8	69.9	74.5	79.9	86.0	93.2	101.6
45.5	47.5	49.6	52.0	54.6	57.5	60.7	64.2	68.3	72.8	78.0	84.0	91.0	99.3
44.4	46.3	48.5	50.8	53.3	56.1	59.2	62.7	66.6	71.1	76.1	82.0	88.8	96.9
43.3	45.2	47.3	49.5	52.0	54.7	57.8	61.2	65.0	69.3	74.3	80.0	86.7	94.5
42.3	44.1	46.1	48.3	50.7	53.4	56.3	59.6	63.4	67.6	72.4	78.0	84.5	92.2
41.2	43.0	44.9	47.0	49.4	52.0	54.9	58.1	61.8	65.9	70.6	76.0	82.3	89.8
40.1	41.8	43.7	45.8	48.1	50.6	53.4	56.6	60.1	64.1	68.7	74.0	80.2	87.5
39.0	40.7	42.5	44.6	46.8	49.3	52.0	55.1	58.5	62.4	66.9	72.0	78.0	85.1
37.9	39.6	41.4	43.3	45.5	47.9	50.6	53.5	56.9	60.7	65.0	70.0	75.8	82.7
36.8	38.4	40.2	42.1	44.2	46.5	49.1	52.0	55.3	58.9	63.1	68.0	73.7	80.4
35.8	37.3	39.0	40.9	42.9	45.2	47.7	50.5	53.6	57.2	61.3	66.0	71.5	78.0
34.7	36.2	37.8	39.6	41.6	43.8	46.2	48.9	52.0	55.5	59.4	64.0	69.3	75.6
33.6	35.0	36.6	38.4	40.3	42.4	44.8	47.4	50.4	53.7	57.6	62.0	67.2	73.3
32.5	33.9	35.5	37.1	39.0	41.1	43.3	45.9	48.8	52.0	55.7	60.0	65.0	70.9
31.4	32.8	34.3	35.9	37.7	39.7	41.9	44.4	47.1	50.3	53.9	58.0	62.8	68.5
30.3	31.7	33.1	34.7	36.4	38.3	40.4	42.8	45.5	48.5	52.0	56.0	60.7	66.2
29.3	30.5	31.9	33.4	35.1	36.9	39.0	41.3	43.9	46.8	50.1	54.0	58.5	63.8
28.2	29.4	30.7	32.2	33.8	35.6	37.6	39.8	42.3	45.1	48.3	52.0	56.3	61.5
27.1	28.3	29.5	31.0	32.5	34.2	36.1	38.2	40.6	43.3	46.4	50.0	54.2	59.1
26.0	27.1	28.4	29.7	31.2	32.8	34.7	36.7	39.0	41.6	44.6	48.0	52.0	56.7
24.9	26.0	27.2	28.5	29.9	31.5	33.2	35.2	37.4	39.9	42.7	46.0	49.8	54.4
23.8	24.9	26.0	27.2	28.6	30.1	31.8	33.6	35.8	38.1	40.9	44.0	47.7	52.0
22.8	23.7	24.8	26.0	27.3	28.7	30.3	32.1	34.1	36.4	39.0	42.0	45.5	49.6
21.7	22.6	23.6	24.8	26.0	27.4	28.9	30.6	32.5	34.7	37.1	40.0	43.3	47.3
24	23	22	21	20	19	18	17	16	15	14	13	12	11

飞轮齿数

注：打满气的26×2.1英寸车轮的直径大约为26英寸，但应该注意的是，不同制造商生产的轮胎，甚至是标明的尺寸相同但型号不同的轮胎，可能存在差异。

29英寸车轮齿比轮径值表

盘片齿数												
56	44.3	45.6	46.9	48.4	49.9	51.5	53.2	55.0	57.0	59.1	61.4	63.8
55	43.5	44.8	46.1	47.5	49.0	50.6	52.3	54.1	56.0	58.1	60.3	62.7
54	42.8	44.0	45.3	46.6	48.1	49.6	51.3	53.1	55.0	57.0	59.2	61.6
53	42.0	43.2	44.4	45.8	47.2	48.7	50.4	52.1	53.9	55.9	58.1	60.4
52	41.2	42.3	43.6	44.9	46.3	47.8	49.4	51.1	52.9	54.9	57.0	59.3
51	40.4	41.5	42.8	44.0	45.4	46.9	48.5	50.1	51.9	53.8	55.9	58.1
50	39.6	40.7	41.9	43.2	44.5	46.0	47.5	49.1	50.9	52.8	54.8	57.0
49	38.8	39.9	41.1	42.3	43.6	45.0	46.6	48.2	49.9	51.7	53.7	55.9
48	38.0	39.1	40.2	41.5	42.8	44.1	45.6	47.2	48.9	50.7	52.6	54.7
47	37.2	38.3	39.4	40.6	41.9	43.2	44.7	46.2	47.8	49.6	51.5	53.6
46	36.4	37.5	38.6	39.7	41.0	42.3	43.7	45.2	46.8	48.6	50.4	52.4
45	35.6	36.6	37.7	38.9	40.1	41.4	42.8	44.2	45.8	47.5	49.3	51.3
44	34.8	35.8	36.9	38.0	39.2	40.5	41.8	43.2	44.8	46.4	48.2	50.2
43	34.0	35.0	36.0	37.1	38.3	39.5	40.9	42.3	43.8	45.4	47.1	49.0
42	33.3	34.2	35.2	36.3	37.4	38.6	39.9	41.3	42.8	44.3	46.0	47.9
41	32.5	33.4	34.4	35.4	36.5	37.7	39.0	40.3	41.7	43.3	44.9	46.7
40	31.7	32.6	33.5	34.5	35.6	36.8	38.0	39.3	40.7	42.2	43.8	45.6
39	30.9	31.8	32.7	33.7	34.7	35.9	37.1	38.3	39.7	41.2	42.8	44.5
38	30.1	30.9	31.9	32.8	33.8	34.9	36.1	37.3	38.7	40.1	41.7	43.3
37	29.3	30.1	31.0	32.0	33.0	34.0	35.2	36.4	37.7	39.1	40.6	42.2
36	28.5	29.3	30.2	31.1	32.1	33.1	34.2	35.4	36.6	38.0	39.5	41.0
35	27.7	28.5	29.3	30.2	31.2	32.2	33.3	34.4	35.6	36.9	38.4	39.9
34	26.9	27.7	28.5	29.4	30.3	31.3	32.3	33.4	34.6	35.9	37.3	38.8
33	26.1	26.9	27.7	28.5	29.4	30.3	31.4	32.4	33.6	34.8	36.2	37.6
32	25.3	26.1	26.8	27.6	28.5	29.4	30.4	31.4	32.6	33.8	35.1	36.5
31	24.5	25.2	26.0	26.8	27.6	28.5	29.5	30.5	31.6	32.7	34.0	35.3
30	23.8	24.4	25.1	25.9	26.7	27.6	28.5	29.5	30.5	31.7	32.9	34.2
29	23.0	23.6	24.3	25.0	25.8	26.7	27.6	28.5	29.5	30.6	31.8	33.1
28	22.2	22.8	23.5	24.2	24.9	25.7	26.6	27.5	28.5	29.6	30.7	31.9
27	21.4	22.0	22.6	23.3	24.0	24.8	25.7	26.5	27.5	28.5	29.6	30.8
26	20.6	21.2	21.8	22.5	23.2	23.9	24.7	25.6	26.5	27.4	28.5	29.6
25	19.8	20.4	21.0	21.6	22.3	23.0	23.8	24.6	25.4	26.4	27.4	28.5
24	19.0	19.5	20.1	20.7	21.4	22.1	22.8	23.6	24.4	25.3	26.3	27.4
23	18.2	18.7	19.3	19.9	20.5	21.1	21.9	22.6	23.4	24.3	25.2	26.2
22	17.4	17.9	18.4	19.0	19.6	20.2	20.9	21.6	22.4	23.2	24.1	25.1
21	16.6	17.1	17.6	18.1	18.7	19.3	20.0	20.6	21.4	22.2	23.0	23.9
20	15.8	16.3	16.8	17.3	17.8	18.4	19.0	19.7	20.4	21.1	21.9	22.8
	36	35	34	33	32	31	30	29	28	27	26	25

飞轮齿数

注:1. 列出了大多数自行车上最常见的盘片和飞轮齿数,以及对应的齿比×轮径值。
2. 这个齿比轮径值以英寸为单位,用以比较具有不同盘片、飞轮和车轮尺寸的齿比轮径值。
3. 齿比轮径值=盘片齿数÷飞轮齿数×28.5英寸。

66.5	69.4	72.5	76.0	79.8	84.0	88.7	93.9	99.8	106.4	114.0	122.8	133.0	145.1
65.3	68.2	71.3	74.6	78.4	82.5	87.1	92.2	98.0	104.5	112.0	120.6	130.6	142.5
64.1	66.9	70.0	73.3	77.0	81.0	85.5	90.5	96.2	102.6	109.9	118.4	128.3	139.9
62.9	65.7	68.7	71.9	75.5	79.5	83.9	88.9	94.4	100.7	107.9	116.2	125.9	137.3
61.8	64.4	67.4	70.6	74.1	78.0	82.3	87.2	92.6	98.8	105.9	114.0	123.5	134.7
60.6	63.2	66.1	69.2	72.7	76.5	80.8	85.5	90.8	96.9	103.8	111.8	121.1	132.1
59.4	62.0	64.8	67.9	71.3	75.0	79.2	83.8	89.1	95.0	101.8	109.6	118.8	129.5
58.2	60.7	63.5	66.5	69.8	73.5	77.6	82.1	87.3	93.1	99.8	107.4	116.4	127.0
57.0	59.5	62.2	65.1	68.4	72.0	76.0	80.5	85.5	91.2	97.7	105.2	114.0	124.4
55.8	58.2	60.9	63.8	67.0	70.5	74.4	78.8	83.7	89.3	95.7	103.0	111.6	121.8
54.6	57.0	59.6	62.4	65.6	69.0	72.8	77.1	81.9	87.4	93.6	100.8	109.3	119.2
53.4	55.8	58.3	61.1	64.1	67.5	71.3	75.4	80.2	85.5	91.6	98.7	106.9	116.6
52.3	54.5	57.0	59.7	62.7	66.0	69.7	73.8	78.4	83.6	89.6	96.5	104.5	114.0
51.1	53.3	55.7	58.4	61.3	64.5	68.1	72.1	76.6	81.7	87.5	94.3	102.1	111.4
49.9	52.0	54.4	57.0	59.9	63.0	66.5	70.4	74.8	79.8	85.5	92.1	99.8	108.8
48.7	50.8	53.1	55.6	58.4	61.5	64.9	68.7	73.0	77.9	83.5	89.9	97.4	106.2
47.5	49.6	51.8	54.3	57.0	60.0	63.3	67.1	71.3	76.0	81.4	87.7	95.0	103.6
46.3	48.3	50.5	52.9	55.6	58.5	61.8	65.4	69.5	74.1	79.4	85.5	92.6	101.0
45.1	47.1	49.2	51.6	54.2	57.0	60.2	63.7	67.7	72.2	77.4	83.3	90.3	98.5
43.9	45.8	47.9	50.2	52.7	55.5	58.6	62.0	65.9	70.3	75.3	81.1	87.9	95.9
42.8	44.6	46.6	48.9	51.3	54.0	57.0	60.4	64.1	68.4	73.3	78.9	85.5	93.3
41.6	43.4	45.3	47.5	49.9	52.5	55.4	58.7	62.3	66.5	71.3	76.7	83.1	90.7
40.4	42.1	44.0	46.1	48.5	51.0	53.8	57.0	60.6	64.6	69.2	74.5	80.8	88.1
39.2	40.9	42.8	44.8	47.0	49.5	52.3	55.3	58.8	62.7	67.2	72.3	78.4	85.5
38.0	39.7	41.5	43.4	45.6	48.0	50.7	53.6	57.0	60.8	65.1	70.2	76.0	82.9
36.8	38.4	40.2	42.1	44.2	46.5	49.1	52.0	55.2	58.9	63.1	68.0	73.6	80.3
35.6	37.2	38.9	40.7	42.8	45.0	47.5	50.3	53.4	57.0	61.1	65.8	71.3	77.7
34.4	35.9	37.6	39.4	41.3	43.5	45.9	48.6	51.7	55.1	59.0	63.6	68.9	75.1
33.3	34.7	36.3	38.0	39.9	42.0	44.3	46.9	49.9	53.2	57.0	61.4	66.5	72.5
32.1	33.5	35.0	36.6	38.5	40.5	42.8	45.3	48.1	51.3	55.0	59.2	64.1	70.0
30.9	32.2	33.7	35.3	37.1	39.0	41.2	43.6	46.3	49.4	52.9	57.0	61.8	67.4
29.7	31.0	32.4	33.9	35.6	37.5	39.6	41.9	44.5	47.5	50.9	54.8	59.4	64.8
28.5	29.7	31.1	32.6	34.2	36.0	38.0	40.2	42.8	45.6	48.9	52.6	57.0	62.2
27.3	28.5	29.8	31.2	32.8	34.5	36.4	38.6	41.0	43.7	46.8	50.4	54.6	59.6
26.1	27.3	28.5	29.9	31.4	33.0	34.8	36.9	39.2	41.8	44.8	48.2	52.3	57.0
24.9	26.0	27.2	28.5	29.9	31.5	33.3	35.2	37.4	39.9	42.8	46.0	49.9	54.4
23.8	24.8	25.9	27.1	28.5	30.0	31.7	33.5	35.6	38.0	40.7	43.8	47.5	51.8
24	23	22	21	20	19	18	17	16	15	14	13	12	11

飞轮齿数

注：打满气的29×2.0英寸车轮的直径大约为28.5英寸，但应该注意的是，不同制造商生产的轮胎，甚至是标明的尺寸相同但型号不同的轮胎，可能存在差异。

650B车轮齿比轮径值表

盘片齿数 \ 飞轮齿数	36	35	34	33	32	31	30	29	28	27	26	25
56	42.8	44.0	45.3	46.7	48.1	49.7	51.3	53.1	55.0	57.0	59.2	61.6
55	42.0	43.2	44.5	45.8	47.3	48.8	50.4	52.2	54.0	56.0	58.2	60.5
54	41.3	42.4	43.7	45.0	46.4	47.9	49.5	51.2	53.0	55.0	57.1	59.4
53	40.5	41.6	42.9	44.2	45.5	47.0	48.6	50.3	52.1	54.0	56.1	58.3
52	39.7	40.9	42.1	43.3	44.7	46.1	47.7	49.3	51.1	53.0	55.0	57.2
51	39.0	40.1	41.3	42.5	43.8	45.2	46.8	48.4	50.1	51.9	53.9	56.1
50	38.2	39.3	40.4	41.7	43.0	44.4	45.8	47.4	49.1	50.9	52.9	55.0
49	37.4	38.5	39.6	40.8	42.1	43.5	44.9	46.5	48.1	49.9	51.8	53.9
48	36.7	37.7	38.8	40.0	41.3	42.6	44.0	45.5	47.1	48.9	50.8	52.8
47	35.9	36.9	38.0	39.2	40.4	41.7	43.1	44.6	46.2	47.9	49.7	51.7
46	35.1	36.1	37.2	38.3	39.5	40.8	42.2	43.6	45.2	46.9	48.7	50.6
45	34.4	35.4	36.4	37.5	38.7	39.9	41.3	42.7	44.2	45.8	47.6	49.5
44	33.6	34.6	35.6	36.7	37.8	39.0	40.3	41.7	43.2	44.8	46.5	48.4
43	32.8	33.8	34.8	35.8	37.0	38.1	39.4	40.8	42.2	43.8	45.5	47.3
42	32.1	33.0	34.0	35.0	36.1	37.3	38.5	39.8	41.3	42.8	44.4	46.2
41	31.3	32.2	33.2	34.2	35.2	36.4	37.6	38.9	40.3	41.8	43.4	45.1
40	30.6	31.4	32.4	33.3	34.4	35.5	36.7	37.9	39.3	40.7	42.3	44.0
39	29.8	30.6	31.5	32.5	33.5	34.6	35.8	37.0	38.3	39.7	41.3	42.9
38	29.0	29.9	30.7	31.7	32.7	33.7	34.8	36.0	37.3	38.7	40.2	41.8
37	28.3	29.1	29.9	30.8	31.8	32.8	33.9	35.1	36.3	37.7	39.1	40.7
36	27.5	28.3	29.1	30.0	30.9	31.9	33.0	34.1	35.4	36.7	38.1	39.6
35	26.7	27.5	28.3	29.2	30.1	31.0	32.1	33.2	34.4	35.6	37.0	38.5
34	26.0	26.7	27.5	28.3	29.2	30.2	31.2	32.2	33.4	34.6	36.0	37.4
33	25.2	25.9	26.7	27.5	28.4	29.3	30.3	31.3	32.4	33.6	34.9	36.3
32	24.4	25.1	25.9	26.7	27.5	28.4	29.3	30.3	31.4	32.6	33.8	35.2
31	23.7	24.4	25.1	25.8	26.6	27.5	28.4	29.4	30.4	31.6	32.8	34.1
30	22.9	23.6	24.3	25.0	25.8	26.6	27.5	28.4	29.5	30.6	31.7	33.0
29	22.2	22.8	23.5	24.2	24.9	25.7	26.6	27.5	28.5	29.5	30.7	31.9
28	21.4	22.0	22.6	23.3	24.1	24.8	25.7	26.6	27.5	28.5	29.6	30.8
27	20.6	21.2	21.8	22.5	23.2	24.0	24.8	25.6	26.5	27.5	28.6	29.7
26	19.9	20.4	21.0	21.7	22.3	23.1	23.8	24.7	25.5	26.5	27.5	28.6
25	19.1	19.6	20.2	20.8	21.5	22.2	22.9	23.7	24.6	25.5	26.4	27.5
24	18.3	18.9	19.4	20.0	20.6	21.3	22.0	22.8	23.6	24.4	25.4	26.4
23	17.6	18.1	18.6	19.2	19.8	20.4	21.1	21.8	22.6	23.4	24.3	25.3
22	16.8	17.3	17.8	18.3	18.9	19.5	20.2	20.9	21.6	22.4	23.3	24.2
21	16.0	16.5	17.0	17.5	18.0	18.6	19.3	19.9	20.6	21.4	22.2	23.1
20	15.3	15.7	16.2	16.7	17.2	17.7	18.3	19.0	19.6	20.4	21.2	22.0

注:1. 列出了大多数自行车上最常见的盘片和飞轮齿数,以及对应的齿比×轮径值。
2. 这个齿比轮径值以英寸为单位,用以比较具有不同盘片、飞轮和车轮尺寸的齿比轮径值。
3. 齿比轮径值=盘片齿数÷飞轮齿数×27.5英寸。

档位图表

64.2	67.0	70.0	73.3	77.0	81.1	85.6	90.6	96.3	102.7	110.0	118.5	128.3	140.0
63.0	65.8	68.8	72.0	75.6	79.6	84.0	89.0	94.5	100.8	108.0	116.3	126.0	137.5
61.9	64.6	67.5	70.7	74.3	78.2	82.5	87.4	92.8	99.0	106.1	114.2	123.8	135.0
60.7	63.4	66.3	69.4	72.9	76.7	81.0	85.7	91.1	97.2	104.1	112.1	121.5	132.5
59.6	62.2	65.0	68.1	71.5	75.3	79.4	84.1	89.4	95.3	102.1	110.0	119.2	130.0
58.4	61.0	63.8	66.8	70.1	73.8	77.9	82.5	87.7	93.5	100.2	107.9	116.9	127.5
57.3	59.8	62.5	65.5	68.8	72.4	76.4	80.9	85.9	91.7	98.2	105.8	114.6	125.0
56.1	58.6	61.3	64.2	67.4	70.9	74.9	79.3	84.2	89.8	96.3	103.7	112.3	122.5
55.0	57.4	60.0	62.9	66.0	69.5	73.3	77.6	82.5	88.0	94.3	101.5	110.0	120.0
53.9	56.2	58.8	61.5	64.6	68.0	71.8	76.0	80.8	86.2	92.3	99.4	107.7	117.5
52.7	55.0	57.5	60.2	63.3	66.6	70.3	74.4	79.1	84.3	90.4	97.3	105.4	115.0
51.6	53.8	56.3	58.9	61.9	65.1	68.8	72.8	77.3	82.5	88.4	95.2	103.1	112.5
50.4	52.6	55.0	57.6	60.5	63.7	67.2	71.2	75.6	80.7	86.4	93.1	100.8	110.0
49.3	51.4	53.8	56.3	59.1	62.2	65.7	69.6	73.9	78.8	84.5	91.0	98.5	107.5
48.1	50.2	52.5	55.0	57.8	60.8	64.2	67.9	72.2	77.0	82.5	88.8	96.3	105.0
47.0	49.0	51.3	53.7	56.4	59.3	62.6	66.3	70.5	75.2	80.5	86.7	94.0	102.5
45.8	47.8	50.0	52.4	55.0	57.9	61.1	64.7	68.8	73.3	78.6	84.6	91.7	100.0
44.7	46.6	48.8	51.1	53.6	56.4	59.6	63.1	67.0	71.5	76.6	82.5	89.4	97.5
43.5	45.4	47.5	49.8	52.3	55.0	58.1	61.5	65.3	69.7	74.6	80.4	87.1	95.0
42.4	44.2	46.3	48.5	50.9	53.6	56.5	59.9	63.6	67.8	72.7	78.3	84.8	92.5
41.3	43.0	45.0	47.1	49.5	52.1	55.0	58.2	61.9	66.0	70.7	76.2	82.5	90.0
40.1	41.8	43.8	45.8	48.1	50.7	53.5	56.6	60.2	64.2	68.8	74.0	80.2	87.5
39.0	40.7	42.5	44.5	46.8	49.2	51.9	55.0	58.4	62.3	66.8	71.9	77.9	85.0
37.8	39.5	41.3	43.2	45.4	47.8	50.4	53.4	56.7	60.5	64.8	69.8	75.6	82.5
36.7	38.3	40.0	41.9	44.0	46.3	48.9	51.8	55.0	58.7	62.9	67.7	73.3	80.0
35.5	37.1	38.8	40.6	42.6	44.9	47.4	50.1	53.3	56.8	60.9	65.6	71.0	77.5
34.4	35.9	37.5	39.3	41.3	43.4	45.8	48.5	51.6	55.0	58.9	63.5	68.8	75.0
33.2	34.7	36.3	38.0	39.9	42.0	44.3	46.9	49.8	53.2	57.0	61.3	66.5	72.5
32.1	33.5	35.0	36.7	38.5	40.5	42.8	45.3	48.1	51.3	55.0	59.2	64.2	70.0
30.9	32.3	33.8	35.4	37.1	39.1	41.3	43.7	46.4	49.5	53.0	57.1	61.9	67.5
29.8	31.1	32.5	34.0	35.8	37.6	39.7	42.1	44.7	47.7	51.1	55.0	59.6	65.0
28.6	29.9	31.3	32.7	34.4	36.2	38.2	40.4	43.0	45.8	49.1	52.9	57.3	62.5
27.5	28.7	30.0	31.4	33.0	34.7	36.7	38.8	41.3	44.0	47.1	50.8	55.0	60.0
26.4	27.5	28.8	30.1	31.6	33.3	35.1	37.2	39.5	42.2	45.2	48.7	52.7	57.5
25.2	26.3	27.5	28.8	30.3	31.8	33.6	35.6	37.8	40.3	43.2	46.5	50.4	55.0
24.1	25.1	26.3	27.5	28.9	30.4	32.1	34.0	36.1	38.5	41.3	44.4	48.1	52.5
22.9	23.9	25.0	26.2	27.5	28.9	30.6	32.4	34.4	36.7	39.3	42.3	45.8	50.0
24	23	22	21	20	19	18	17	16	15	14	13	12	11

飞轮齿数

注：打满气的650B×2.0英寸车轮的直径大约为27.5英寸，但应该注意的是，不同制造商生产的轮胎，甚至是标明的尺寸相同但型号不同的轮胎，可能存在差异。

中英对照术语表

A

可调碗（Adjustable cup）：非封闭中轴左手边的盖子，用于调整中轴轴承；在拆卸中轴时要拆卸。

流线型刹把（Aero levers）：采用隐藏线管的公路刹把，线管从刹把后面伸出，并从把带底下穿过。

碗组（AheadSet）：以前由DiaCompe和Cane Creek制造的无牙碗组的产品名称。

艾伦扳手（Allen wrench）：一种特定品牌的六角扳手。

全地形自行车（All-mountain bike）：一种设计用于平衡爬坡和下坡能力的山地车，稍微更注重下坡能力；特征是4~6英寸的前后避震行程。

轴杆（Axle）：外部部件绕着它旋转的那根固定的长杆，比如花鼓轴杆。

B

副把（Bar-ends）：一根方向朝前的短握把，装在山地车车把的末端，能提供另一种握把姿势。

BB：中轴的通用简称。

沙滩车（Beach cruiser）：一种设计用于休闲舒适骑行的自行车，特征是宽大的26英寸轮胎、宽大的座垫，宽大的车把和橡胶脚踏，车架设计成适合休闲骑行的角度。

连接螺钉（Binder bolt）：一种用于将把立紧固在前叉竖管内或者将座杆紧固在座管内的螺钉。

小轮车竞赛（BMX）：一种在封闭土路上进行的比赛，赛道上有各种障碍，使用的通常是20英寸或24英寸车轮的单速自行车。

中轴（Bottom bracket）：车架上的圆柱形部分，用于装配牙盘和曲柄、两套滚珠轴承、一个固定碗和一个可调碗。

刹车块/来令片（Brake pad）：①一块固定于圈刹卡钳末端的硬橡胶、聚氨酯或软木材料；刹车时，刹车块挤压轮圈，也被称为"Brake block"。②薄薄的一片树脂或金属混合材料；刹车时，它会由卡钳推动来挤压碟刹的碟刹片。

刹车制动片（Brake shoe）：用于夹持刹车块的金属部件，用螺钉拴在刹车卡钳的末端。

铜焊（Braze-ons）：用于安装变速拨杆、变速器、水壶架和货架等的部件，通过一种称为铜焊的焊接方法固定于车架上。

渗碳硬化（Brinelling）：一种轴承组件的磨损，特征是垫圈或轴承碗上的一系列凹陷。

衬套（Bushing）：装在两个部件之间的套筒，起到轴承的作用，通常在避震系统中可以见到。

变径管（Butted tubing）：具有不同直径和管壁厚度的管材，用于在管材末端保持或增加强度，同时在不需要很高强度的管材中间部分减少重量。

C

线管帽（Cable end）：安装在刹车线管和变速线管末端的小铝盖，防止线管磨损，也被称作"Cable crimp"。

导链板（Cage）：在前变速器上，将链条向左右推动的那一对平行的导板；在后变速器上，上面安装有导轮的那一套导板，用于将链条从一片飞轮换到另一片飞轮。

卡钳（Calipers）：①伸展到车轮两边的刹车臂，将刹车块压向轮圈；②碟刹系统上用于夹持来令片和活塞的固定部分。

悬臂式刹车（Cantilever brakes）：安装在叉腿或后上叉上具有转点的轮圈刹车。

夹钳头（Capital）：将座垫的座弓夹在座杆或一体式座杆顶部的那一组零件。

卡式飞轮（Cassette）：安装于卡飞花鼓上的一组飞轮片。

卡飞花鼓（Cassette hub）：一种具备塔基的可以直接装卡式飞轮的后花鼓。

盘片（Chainring）：安装在右侧曲柄上用于驱动链条的一个齿片。

盘片螺母扳手（Chainring nut spanner）：一种专用工具，用于卡住有开槽的盘片螺钉（位于内盘片的背面）的特殊工具，这些盘片螺钉将盘片固定在曲柄上。

后下叉（Chainstays）：车架上从中轴延伸到后钩爪的那两根车管。

链条扳手（Chain whip）：一种包含金属棒和两部分链条的工具，在拆卸飞轮盖时，链条扳手可用于固定飞轮。

铬钼钢（Chrome-moly）：一种高品质钢管材；也称为"Chrome molybdenum"或"Cro-mo"。

绕圈赛道（Circuit）：一种环状的公路自行车竞赛赛道。

绕圈赛（Circuit race）：根据UCI和USA自行车协会的定义，指的是在环形赛道举行的公路赛事，每圈至少8km（5英里）。

开口外胎（Clincher tire）：一种轮胎边缘勾住轮圈向内弯边缘的轮胎。

自锁脚踏（Clipless pedals）：配有锁鞋和解锁装置的脚踏，但不需要使用脚套。

倒刹（Coaster brake）：内置于后花鼓的用脚操作的刹车；通常可见于单速童车和休闲车、沙滩车上。

飞轮片（Cog）：直接固定在单速车上后花鼓的齿轮，或者是安装在变速自行车上飞轮组的一部分。

飞轮组（Cogset）：安装在卡飞花鼓或旋飞主体上的一组齿轮。

玉米棒（Corncob）：一个用来描述竞赛飞轮组的术语，其相邻飞轮之间的齿数差异很少。

开口销牙盘组（Cottered crankset）：一种曲柄是通过螺纹开口销和螺母固定到轴杆上的牙盘组。

无销牙盘组（Cotterless crankset）：一种曲柄是通过精确匹配锥度的螺母或者螺钉（而不是开口销）固定在轴杆上的牙盘组。

曲柄（Crankarm）：一种零部件，一端固定在中轴上，另一端固定住脚踏。通过向前转动，提供驱动自行车所需的杠杆力量。

曲柄螺钉（Crankarm bolt）：在无销牙盘组上，将曲柄固定在轴杆末端的螺钉。

牙盘组（Crankset）：自行车上的中轴、花键、两个曲柄和一个或两个盘片。

环形公路赛（Criterium）：一种在短程环形赛道进行的公路车竞赛，根据UCI和美国自行车协会的定义，环形公路赛赛道每圈通常为1~3km，但是也可能是0.8~5km/圈；环形公路赛的持续时间既可以用时间来衡量（30~90min），也可以用距离来衡量（30~100km）。

XC越野山地车（Cross-country bike）：一种适合竞赛或在不同地形上进行一般越野骑行的山地车。

XC越野比赛（Cross-country race）：一种山地车比赛形式，根据UCI和美国自行车协会的定义，这种比赛在环形越野赛道上进行，赛道包括森林道路、森林或野外的小道、土路或砾石路面，或者这些路况的任意组合。

C形扳手（C-spanner）：一种具有字母C形状的扳手，用于拧松一些中轴和把立上的锁环。

公路越野车（Cyclocross bike）：一种专门设计用于公路越野比赛的自行车。比赛中，选手用类似于公路车的轻量自行车在越野路面比赛，赛道包括必须下车扛车跑的路段；车子的特征包括特定的车架结合、下弯把、齿胎和吊刹式刹车。

D

阻尼（Damping）：控制避震行动的过程，如果没有阻尼，避震前叉就会像高跷一样上下弹跳。

变速器（Derailleur）：安装在座管或车架尾勾上的一种装置，能够将链条从一个齿轮推到另一个齿轮上。

尾勾（Derailleur hanger）：右边后钩爪下延伸出来的螺纹金属部件，用于安装后变速器。

钻石车架（Diamond frame）：传统自行车车架，由前后两个三角形组成，构成一个菱形与钻石（即金刚石）晶体的形状相似，故得此名。

碟刹（Disc brake）：一种刹车系统，有一个安装在前钩爪或后钩爪附近（通常在左边）的小卡钳，卡钳通过夹紧固定在花鼓上的不锈钢碟片产生制动力量。

碟形（Dish）：在装有卡飞或旋飞的变速自行车上，后轮花鼓壳体比左侧辐条的角度更倾斜，乍一看就像轮圈偏移了一样，就像餐盘的边缘偏离了盘底一样，因此得名"dish"。

速降山地车（Downhill bike）：一种设计用于冲坡的山地车；其特征包括长行程（7英寸以上）的全避震车架，装有7~8英寸碟片的大尺寸高制动力碟刹，而且在许多情况下，还有配备特殊导链器的单盘。

速降比赛（Downhill race）：一种山地车计时赛，根据UCI和美国自行车协会的定义，这种比赛在陡峭的下坡赛道上进行，包括林道、土路、砾石路，有时还有跳台、落差或其他技术性林道特征。

下管（Down tube）：从碗组延伸到中轴的车管；是车架主三角的一部分。

下管变速拨杆（Down-tube shift levers）：安装于车架下管的变速拨杆。

跟骑（Drafting）：紧紧跟在另一名车手的身后，这样对方将会为你破风，替你节省能量。

传动系统（Drivetrain）：自行车上的变速器、链条、飞轮和牙盘组的总称。

下沉量（Drop）：①连接前后车轴的水平线与五通的垂直距离；一种确定中轴与车架其他部分相对位置的方法；有时被称为五通下沉量（bottom bracket drop）。②座垫顶部的水平线与车把水平中心线之间的垂直距离。

钩爪（Dropout）：车架和前叉上的凹槽，前轮和后轮都要装入这些凹槽。

下弯把（Drops）：公路车把上刹车把手之下的弯曲部分。

双肩叉（Dual-crown fork）：避震前叉的一种类型，在头管上下各有一个叉肩，这能增加刚性。

双人回转对抗赛（Dual slalom）：一种山地车比赛形式，根据UCI和美国自行车协会的定义，在比赛中两名车手骑下相互隔离的两条相似的下坡赛道，有时候赛道上有弯墙、跳台和其他技术性路段。

全避震车（Dual-suspension bike）：一种前后都有避震器的自行车。

防尘盖（Dustcap）：安装于花鼓壳体上的一个金属或塑料盖，避免花鼓轴承受到污染；或者是为了防止脚踏外侧轴承或曲柄的紧固螺钉受到污染的一个金属或塑料端盖。

E

优力胶（Elastomer）：一种用在避震系统上提供减震性能的材料（通常是聚氨酯）。

把堵（End plugs）：安装在车把末端的盖子。

山地越野耐力赛（Epic）：一种了不起的山地车骑行，因为其长度、高度爬升和壮观的风景而卓尔不群。

Ergopower：Campagnolo手变的名称。

F

铣面（Face）：指的是修整五通外缘或者头管上端和下端的外缘，使它们能够互相平行，并且能与车管的中心线成直角，这样在安装中轴和把立后，轴承能尽可能顺畅地运行。

套管环（Ferrules）：可移动的圆形柱金属或塑料盖，用于加强线管的末端。

固定碗（Fixed cup）：非封闭中轴右侧的盖子。

固定齿轮（Fixed gear）：见于场地自行车和一些城市通勤车上，这种花鼓和飞轮组合的设计要求车手必须一直踩踏；不能用于滑行。

紧固螺钉（Fixing bolt）：用于将曲柄固定在牙盘组轴杆上的螺钉。

法兰盘（Flange）：花鼓壳体上用于固定辐条的部分。

前叉（Fork）：车架上安装在头管内的部分，并能固定住前轮；有时也用来描述后上叉和后下叉的连接部分。

叉腿（Fork blades）：从叉肩延伸到前叉钩爪的车管。

叉肩（Fork crown）：叉腿与前叉竖管连接的那个位置。

前叉偏移量（Fork rake）：前轴与头管向地面延伸的虚线之间的水平距离。

自由骑山地车（Freeride bike）：一种设计用于骑行最具技术性和最危险下坡林道的山地车；其特征包括长行程（7~8英寸）前后避震，以及为终极强度而打造的车身组件。

旋式飞轮（Freewheel）：一种后花鼓上可拆卸的组件，组件外部承载有飞轮，组件内部包含一个棘轮装置来连接车轮实现踩踏前进，同时也可以滑行；有时指的是卡式飞轮内部的棘轮装置。

摩擦式变速装置（Friction shifters）：传统（非定位变速）拨杆，通过摩擦垫圈来保持拨杆的位置。

前三角（Front triangle）：不是一个真正的三角形，而是有一条短边的四边形，指的是车架上头管、上管、立管和下管组成的部分。

G

档位（Gear）：传动系统上的一个位置；例如，最大盘片对着最小飞轮就是最大的档位。

老奶奶盘片（Granny）：三片式牙盘中最小的那个盘片的俗称。

把套（Grips）：装在直把末端的橡胶或泡沫套筒；骑行时你要抓住把套。

H

碗组（Headset）：盖子、轴挡和滚珠轴承组合而成的轴承装置，能够使前叉竖管在头管内旋转，从而使你能实现转向。

头管（Head tube）：主三角上最短的车管；内部有前叉竖管在转动的车管。

内六角扳手（Hex key）：一种通常为L形的小型六角扳手，能够插入螺丝的凹槽；有时被称为"Allen key"或"Allen wrench"。

线管（Housing）：刹车线或变速线外面套着的塑料管。

花鼓（Hub）：车轮的中心，包括一个用于固定辐条的花鼓壳体，包含一根轴杆、两套轴承、轴挡、锁紧垫圈、锁紧螺母以及将车轮固定在车架上的零部件。

花鼓刹车（Hub brake）：通过对车轮花鼓而不是对轮圈施加制动力量的刹车（如碟刹、鼓刹等）。

液压刹车（Hydraulic brake）：通过密封流体系统而不是靠刹车线进行操作的刹车。

I

张力轮（Idler pulley）：后变速器上离飞轮最远的导轮，用于保持链条的张力；有时也被称为"Tension pulley"。

国际山地自行车协会（IMBA, International Mountain Bicycling Association）：一个山地车林道的运动组织。

定位变速系统（Index shifters）：能定位到与飞轮片对应的特定位置的变速系统，每次变速后无需再进行微调。

整合型座杆（Integrated seatmast）：不使用传统座杆的车架特征。相反的，座管向上延伸超过了上管，并装有一个用于夹紧座垫（车座）的夹钳装置；有些一体座杆必须截短以适应车手的腿长，而其他座杆则利用夹钳装置的不同长度来适应不同的腿长。

J

导向轮（Jockey pulley）：后变速器上离飞轮最近的导轮，在变速时将链条从一个飞轮导向另一个飞轮；有时称为"Guide pulley"。

K

齿胎（Knobby tires）：胎面分布有相对稀疏的大橡胶块的重型轮胎，用来在越野地形提供良好的抓地力。

L

左旋螺纹（Left-hand threading）：与普通螺纹方向相反的螺纹，意味着你必须向左转才能拧紧，向右转才能拧松；通常见于左侧脚踏上；也被称为"Reverse threading"。

直拉悬臂式刹车（Linear-pull cantilever）：一种长臂悬臂式刹车，通常用于20世纪90年代以来的山地车上；随着Shimano生产的称为"V刹"的直拉悬臂式刹车越来越流行，所以现在直拉悬臂式刹车通常直接被称为V刹。

载重旅行车（Loaded tourer）：一种具有结构强度、车架几何和专门设计用于载重旅行的旅行车。

锁紧螺母（Locknut）：花鼓轴杆上的一个螺母，与轴挡相互锁紧，用来保持轴承调整；锁紧螺母也是花鼓与钩爪内表面的接触点。

锁环（Lockring）：①装在有些中轴的左侧的那个有凹口环，用于防止可调盖子转动；②在固齿车轮上，用于防止飞轮松动的那个有凹口的环，其为左旋螺纹。

锁紧垫圈（Lockwasher）：一种有一个防止垫圈转动的突出的金属连接处的垫圈，比如在有牙碗组的锁紧螺母下的垫圈，或者在有些老式花鼓上锁紧螺母和轴挡之间的垫圈。

宽松滚珠轴承（Loose ball bearings）：组件内的轴承，不是用金属或塑料保持架来固定。

套管（Lug）：一种外部金属套筒，在车架的连接处将两根或两根以上的车管组合在一起。

M

山地马拉松（Main triangle）：一种长距离XC越野山地车比赛；根据UCI和美国自行车协会的定义，马拉松比赛的长度通常为60~100km。

马拉松自行车（Marathon）：一种用于XC越野耐力赛的山地车；一般来说，重量较轻，而且有大约4英寸的后避震行程，用于实现性能和长距离舒适性之间的平衡。

主链节（Master link）：自行车链条上的一个特殊链节，可以通过弯曲链片、拆卸螺钉或其他不是拔出链销的方式将其打开。

米科特车架（Mixte frame）：一种用两条侧向车管来代替上管的车架，从头管一直向后延伸到后钩爪。

山地车（Mountain bike）：一种具有笔直的车把、结实的宽轮胎，以及为越野路面设计得很宽的齿比范围的自行车。

四人争先赛（Mountain cross）：一种山地车比赛形式；根据UCI和美国自行车协会的定义，比赛中四名车手在预先准备好的下坡赛道上进行计时赛，赛道包括弯墙、跳台以及其他技术性特征；也被称为"4X"。

N

辐条帽（Nipple）：一个旋进轮圈的小小金属件，用于连接辐条的末端螺纹。

导线管（Noodle）：直拉悬臂式刹车两边的L形管材件。

P

驮包（Panniers）：固定在车轮一边或两边的成对的行李包。

带销扳手（Pin spanner）：在叉端带有销钉的扳手，用于拧转有些中轴上的可调盖子。

枢轴螺钉（Pivot bolt）：夹器刹车臂转动枢轴上的螺钉，同样也有将刹车安装在车架上的作用。

等径管材（Plain-gauge tubing）：在整个长度上管壁厚度和直径恒定不变的管材；也称为"Straight-gauge tubing"。

土豆片车轮（Potato chipped wheel）：一个弯曲得很严重以致于像炸土豆片一样的车轮。

预压（Preload）：一种重要的避震器调整，通常包括调整气压或调整弹簧，来确保避震器与车手的体重相匹配。

法式气嘴（Presta valve）：一种自行车内胎气嘴，气阀杆的顶部有个小螺母，在充气时必须先松开螺母，而不是像美式气嘴一样直接充气。

Q

魔术扣（Quick link）：一种特殊的连接链节，不用使用工具就可以拆卸和重新组装变速链条。

快拆（Quick release）：一种凸轮杆装置，用于快速上紧或松开车架上的车轮，或是上紧或松开座管上的座杆。

快拆杆（Quick-release skewer）：一根贯穿轮轴中心的细杆；在快拆杆一端固定有凸轮杆，另一端有螺纹来旋入螺母。

鹅颈（Quill）：把立装入前叉竖管内的部分；鹅颈式7字形把立是与有牙前叉和碗组搭配使用。

R

滚道（Races）：滚珠旋转时所接触的轴承内圈和外圈的弯曲金属表面。

后三角（Rear triangle）：由后下叉、后上叉和座管组成的车架三角形。

躺车（Recumbent）：一种使车手向后倾斜仰面躺着的自行车。

普通螺纹（Regular threading）：大多数自行车零件上的螺纹；向右转是拧紧，向左转是拧松。

可替换尾勾（Replaceable derailleur hanger）：一种尾勾，在损坏后可以用手工具轻松地更换。

保持架（Retainer）：将轴承保持在碗组或中轴内的金属或塑料托架。

轮圈（Rim）：车轮的金属圈，用以装配外胎、内胎以及辐条的外端。

轮圈式刹车（Rim brake）：通过将刹车块压向轮圈壁来提供制动力的刹车。

燕把（Riser bar）：两端（装把套的位置）比中间（把立固定位置）高的山地车把。

公路车（Road bike）：一种轻量化的变速自行

车，以下弯把为特征。

公路车骑行（Road cycling）：①骑一辆公路车；②涉及多组车手骑公路车比赛的竞赛形式，包括公路赛、绕圈赛和环形公路车赛。

公路赛（Road race）：一种骑公路车进行比赛的形式；根据UCI和美国自行车协会的定义，公路赛的长距离赛道，既可以是点到点、往返、环形赛道，也可以是这些赛道形式的组合，通常长度为80~200km。

骑行台（Rollers）：一种静态训练装置，有一个箱子一样的车架，车手在三个旋转圆筒（一个用于前轮，两个用于后轮）上保持平衡和踩踏。

S

座垫（Saddle）：自行车上坐的位置。

美式气嘴（Schrader valve）：一种和摩托车轮胎上的气嘴相类似的气嘴。

密封轴承（Sealed bearings）：装进密封容器内防止污垢污染的轴承。

有缝管材（Seamed tubing）：弯曲钢带的两边边缘直到它们互相碰到，然后将其焊接在一起的一种管材。

无缝管材（Seamless tubing）：由金属块直接造出的管状管材。

座结（Seat cluster）：上管、座管和后上叉的连接处，靠近座管的顶部。

座杆（Seatpost）：夹紧座垫的零部件，并装入座管内。

后上叉（Seatstays）：从座管顶部延伸到后轴的那对平行的车管。

座管（Seat tube）：从座结延伸至五通的那根车管。

半光头胎（Semislick tire）：一种胎纹较少的山地车轮胎；常见于技术性要求不高的赛道，因为和齿胎相比，它能滚动得更快。

倾斜角度（Shallow angles）：使车架车管更加偏离垂直线、更加靠近水平线的角度；也被称为"Slack angles"。

跳齿（Skipping）：在你用力踩踏时，传动系统传来的突然变动的感觉；在链条、飞轮或者盘片出现磨损时就会出现这种情况。

溶剂（Solvent）：一种用于清除油脂和污垢的液体，比如清洗组件或链条时所用的那种。

扳手（Spanner）：扳手（wrench）的另一种名称。

曲柄爪（Spider）：用螺钉固定于齿盘的多爪部件；通常是右侧曲柄的一部分。

旋转轴杆（Spindle）：在部件内按照固定方向旋转的一根长杆，比如中轴的主轴和脚踏主轴。

辐条（Spoke）：一根用于将花鼓置于轮圈的中心，并将负载从车轮的轮圈转移到花鼓和车架上的金属丝。

运动旅行车（Sports tourer）：一种结构强度、车架几何和零部件的设计是为了让它介于竞赛用车和负重旅行车之间的自行车；适于一般的休闲骑行。

齿轮（Sprocke）：一种带齿的用来驱动链条的圆盘；适用于盘片和飞轮片的总称。

不锈钢（Stainless steel）：一种不会生锈的钢；制造辐条的理想材料。

骑行台（Stationary trainer）：一种可以在上面骑车的装置，从而你能在固定的位置骑行。

陡峭角度（Steep angles）：与倾斜角度相比，陡峭角度使车管更加垂直向上。

前叉竖管（Steerer tube）：构成前叉上端的那根管，它在头管内转动。

把立（Stem）：安装在前叉竖管上的那个零件，并固定住车把。

跨越式车架（Step-through frame）：一种车架，用于一些混合车和城市车上，车架上管被第二根下管所替代；这使得上下车更方便，但是也大大减弱了车架的结构强度。

STI：Shimano变速拨杆和刹把的名称。

跨线（Straddle cable）：悬臂式刹车和吊刹式刹车上的一小段刹车线，线的每一头固定在两边刹车臂上，拉起跨线的中间以启动刹车。

跨线架（Straddle hanger）：用于连接主刹车线和跨线的三角形金属件。

等径管材（Straight-gauge tubing）：见Plain-gauge tubing。

避震系统（Suspension）：一个由弹簧和阻尼构成的系统，用于使车手避开从崎岖路面（岩石、树根、坑洼路面）传导来的冲击；任何弹簧前叉和车架设计的通用术语。

摇臂（Swingarm）：避震自行车上可移动的车后端。

T

双人自行车（Tandem）：车上的座垫、车把和脚踏是为两个或两个以上的骑手设计的自行车，骑手们一前一后坐着。

螺纹加工（攻螺纹）（Tap）：在管材的内部切割螺纹；同样是完成这项切割工作的工具的名称。

有牙碗组（Threaded headset）：一种搭配有牙前叉竖管使用的碗组；螺纹适用于固定前叉和调整碗组轴承。

无牙碗组（Threadless headset）：一种搭配无牙前叉竖管使用的碗组；碗组零件和把立都是安装在前叉竖管的外面，通过压紧组件上方的一个上盖来调整，然后拧紧把立固定一切部件。

螺纹固化剂（螺纹胶）（Thread-locking compound）：一种应用于螺纹的液体，用来确保零件安装后能够保持紧密。

三交叉（Three-cross）：一种辐条编法，一根辐条穿过另两根辐条，并在固定到轮圈之前处于第三根辐条的下方并交叉的编法。

拇指变速器（Thumbshifter）：一种用拇指操作的变速器设计，比如Shimano公司的Rapid Fire和SRAM公司的Trigger型号。

脚套（Toeclips and toe straps）：一个固定在脚踏上并且像笼子一样的装备，让你的双脚处于正确的位置上（自锁脚踏上则不必要）。

上管（Top tube）：连接座管和头管的那根水平车管。

骑游者（Tourist）：指的是以骑车方式旅行的人，通常会携带数个驮包，包内装有衣物和野营装备等。

场地自行车（Track bike）：一种用于室内自行车赛场（velodrome）的自行车；与公路车非常相似，但是它的特征在于单速（固定齿，没有棘轮滑行），而且没有刹车。

攀爬车比赛（Trials）：一种山地车比赛，考验车手应付大障碍物的能力，比如巨石、圆木或停放着的汽车；这些比赛评判的是车手的技术能力而不是速度。

三片式牙盘组（Triple crank）：装有三个盘片的牙盘组，设计目的是为了提供广泛的齿比范围。

管胎（Tubular）：一种将内胎缝制在编织层内的轮胎，并且是粘在轮圈上的；也被称为"Sew-up"。

转把变速器（Twist shifter）：一种通过扭转变速把来实现变速的装置，比如GripShift。

U

U形刹（U-brakes）：安装在车架刹车柱上的重型吊刹式山地刹车。

国际自行车联盟（UCI，Union Cycliste Internationale）：国际奥林匹克委员会承认的各类自行车竞赛的国际官方管理机构。

U形锁（U-lock）：形状类似字母U的车锁；在英国被称为D形锁。

超级马拉松（Ultra-marathon）：一种XC越野山地车比赛；根据UCI和美国自行车协会的定义，赛事距离应该在100km以上。

单肩叉（Unicrown fork）：一种叉腿在顶部向内弯曲并焊接入前叉竖管而形成叉肩的前叉。

通用连接线（Universal cable）：一种适用于所有类型的刹把或变速拨杆的刹车线或变速线；在线的每一端都有一个不同的导线头，你可以切断不需要的线头。

美国自行车协会（USA Cycling）：美国的各类自行车比赛的官方管理机构，被美国奥林匹克委员会和国际自行车联盟所承认。

V

V刹（V-Brake）：Shimano生产的直拉式刹车的名称。

W

轴距（Wheelbase）：车子前后轴之间的距离。

风阻训练器（Wind trainer）：一种包括一个固定着自行车的结构的训练装置；自行车可以在原地骑行，还有一个风扇用来创造风阻，模拟实际的道路骑行。

Z

扎带（Zip-tie）：一种在穿过带子的一头并拉紧后，就能将刹车线、变速线或号码牌固定在车子上的塑料带子。

单车笔记

单车笔记